本丛书系国家哲学社会科学基金项目"现代性的维度及其当代命运"（04BZX009）成果

微观政治哲学研究丛书

衣俊卿　主编

社会历史理论的微观视域（上）

衣俊卿◇编

黑龙江大学出版社
中央编译出版社

图书在版编目（CIP）数据

社会历史理论的微观视域／衣俊卿编． -- 哈尔滨：

黑龙江大学出版社；北京：中央编译出版社，2011.5（2021.9重印）

（微观政治哲学研究丛书／衣俊卿主编）

ISBN 978 - 7 - 81129 - 411 - 8

Ⅰ．①社… Ⅱ．①衣… Ⅲ．①历史社会学 Ⅳ．

①K03

中国版本图书馆 CIP 数据核字（2011）第 064604 号

社会历史理论的微观视域

SHEHUI LISHI LILUN DE WEIGUAN SHIYU

衣俊卿　编

责任编辑　李小娟　张爱华

出版发行　黑龙江大学出版社　中央编译出版社

地　　址　哈尔滨市南岗区学府三道街 36 号　北京市西单西斜街 36 号

印　　刷　三河市春园印刷有限公司

开　　本　720 毫米 ×1000 毫米　1/16

印　　张　50.5

字　　数　751 千

版　　次　2011 年 5 月第 1 版

印　　次　2022 年 1 月第 2 次 印刷

书　　号　ISBN 978-7-81129-411-8

定　　价　118.00 元（全二册）

目　　录

上　　卷

一、开启社会历史理论的微观视域

二、微观史学篇

下　　卷

三、微观政治学篇

四、日常生活批判篇

五、中国学术界对社会历史理论微观视域的初步思考

自觉地开启
社会历史理论的微观视域

衣俊卿

如何能够比较集中地、比较清楚地展示微观政治哲学的初步样态,自觉地开启社会历史理论研究的微观视域,是我近年来在从事国外马克思主义文化批判理论、文化哲学理论,特别是现代性语境中的日常生活批判等问题研究时,常常思考的问题。① 2006 年我在第六届马克思哲学论坛上作了题为"论微观政治哲学的研究范式"的大会发言,开始有意识地探讨这一问题,此后又陆续发表了几篇关于这一主题的论文②。然而,这些工作还是很初步的,自觉意义上的微观政治哲学尚未露出地平线,要建立相对成熟的微观政治哲学还面临着诸多困难,任重而道远。其中的困难和问题是多方面的。直接的或者表面的困难在于,这一问题尚未引起学术界足够的重视,很少有学者自觉地关注或者投身到这一问题的阐发上。

① 微观政治哲学是我主持的黑龙江大学文化哲学研究中心近年来的主要研究方向之一。这套丛书是研究中心在这一研究领域的第一批比较集中的学术成果。

② 衣俊卿:《日常生活批判与社会科学范式转换》,《光明日报》2006 年 2 月 14 日;衣俊卿:《论微观政治哲学的研究范式》,载《中国社会科学》2006 年第 6 期;YI Jun-Qing, On Micro-political Philosophy, In *Diogenes*, February 2009 vol. 56 no. 1, 41–52;衣俊卿:《作为社会历史理论的文化哲学》,载《哲学研究》2010 年第 2 期;衣俊卿:《历史唯物主义与当代社会历史现实》,载《中国社会科学》2011 年第 3 期等。

而深层的原因则在于,微观政治哲学不是一个独立的哲学研究领域,更不是政治哲学的一个分支,而是一种蕴涵于当代哲学社会科学诸多研究领域之中,对当代社会历史理论的发展具有重要影响的研究范式或者理论方法论的东西。换言之,微观政治哲学作为社会历史理论研究范式重要的当代转换,与哲学社会科学诸多领域都处于交叉、交融、渗透、内在化等复杂的关系之中,而我们的研究工作不是去新建一个理论研究领域,而是促使当代社会历史理论中已经自觉或者不自觉地包含着的某种趋势性的东西走向自觉,走向整合。

这显然是一个十分困难、十分复杂的理论任务,我们在从当代社会历史理论文献中进行这种理论提炼和理论建构的时候,面临着许多需要回答和澄清的问题,例如,把哲学社会科学不同领域中的一些思想和趋势性变化提炼整合起来,表述为一种重要的社会历史理论的研究范式,是否具有合理性或合法性?会不会存在某种理论"强迫症"的问题?把哲学、历史学、政治学等领域的一些共同的或相近的理论趋势用"微观政治哲学"这一范畴来统摄,是否合适?会不会有以偏概全的问题?进而,这种研究是否符合马克思的思想传统?对于社会历史理论微观视域的强调和凸显会不会导致对社会历史理论宏观视域的忽视或削弱,从而导致否定社会历史规律的后果?如此等等。因此,我在丛书的序言中,除了对我们所理解的微观政治哲学的基本内容进行一般的介绍和基本限定外,还尽量对我们近年来在探讨中遇到的一些理论困惑和某些理论质疑作一点有针对性的讨论。① 当然,无论如何限定和解答,目前的研究肯定是初步的、不成熟的,因为这一理论研究本身注定是开放性的。

---

① 需要说明的一点是,为了在丛书一开始比较清晰地介绍与微观政治哲学相关的一些基本问题,我这篇比较长的序言并非是一篇完全的"新作",而是把近几年我的相关论文中的基本观点重新梳理综合而成。为了保持对于微观政治哲学或者微观社会历史理论范式的基本问题前后一贯的阐述,我对自己相关论文中,包括收录到这套丛书中的《现代性的维度》对一些基本问题的概括和表述,没有作大的修改,基本上是直接在这里搬用。考虑到一种新的理论形态或者理论范式的建立,大多需要反复的描述、阐发和强调,才能给读者或者研究者留下印象,因此,对于序言中的类似重复,敬请读者理解。

一、关于"微观政治哲学"的称谓辨析

从该丛书所收录的三本专著和一套文集，我们不难看出，虽然我们把它们都冠以"微观政治哲学"，但是实际上，它们所涉及的领域不仅包括传统意义的政治学和政治哲学，而且还包括哲学、历史学等其他社会历史理论领域。这样概括或者命名的依据是什么，会不会导致以偏概全的理论误差？

我们必须承认的是，微观政治哲学的兴起，首先是当代政治学和政治哲学研究的重大进展之一。一般说来，20世纪70年代以来，政治哲学研究在西方全面复兴并很快在中国学术界引起了政治哲学研究的热潮，这是一个不争的事实。罗尔斯的《正义论》发表后，诺奇克等人的自由至上主义、哈贝马斯的话语政治理论和社群主义等同罗尔斯的新自由主义正义理论展开了全方位的争论；福柯、德勒兹、加塔利等后现代理论家对于知识权力、欲望政治等问题开展了政治哲学分析；拉克劳、墨菲、雅索普等后马克思主义者通过领导权、社会主义策略、资本主义国家等问题的研究在西方马克思主义中实现了政治哲学转向。这些不同侧面、不同流派的共同努力，推动了当代政治哲学的复兴和发展。

问题不在于如何判定政治哲学当代复兴这一事实，而在于如何把握这一复兴的深层意蕴，如何在当代哲学研究中为政治哲学进行定位。应当说，这样的思考在我国目前的政治哲学研究中相对比较少。关于政治哲学的复兴所带来的转变和当代政治哲学的定位，国内外学者从不同的角度有一定的涉猎。例如，有的学者注意到在罗尔斯等人的新自由主义政治哲学中，西方政治哲学主题发生了从"自由"到"正义"的重大变换；有的学者关注到当代政治哲学与伦理学或价值哲学不可分割的联系。也有的学者通过对现代性批判理论和西方马克思主义的"后现代"转向的分析，概括出从文化批判向政治批判回归的基本理论逻辑。

然而，我认为，上述分析还不足以揭示当代政治哲学的重要性，我们应当在研究范式的层面上把握当代政治哲学复兴的深刻意义。首先必须

承认西方政治哲学在许多方面呈现出多样化的特征,我们不能强制地把各种政治哲学流派纳入一个统一的模式之中。然而,换一个角度看,我们又必须承认,无论这些政治哲学流派有多大差异,它们当中的确存在着某些不同于传统政治哲学的共同的特征和重要的发展趋势,这些特征和趋势在深层次上以特有的方式折射出我们时代理论和实践的一些重大变化。因此,捕捉这些特征和趋势应当是当代政治哲学研究的一个重要的任务。我认为,在当代西方政治哲学的许多流派中正在自觉不自觉地发生着研究范式的转变:从宏观政治哲学向微观政治哲学转变。我们不能断言这是西方政治哲学的唯一发展趋势和基本特征,但可以断定,这肯定是不容忽视的重要特征和发展趋势。对于这一趋势作认真的分析,可以为我们的政治哲学研究开启新的地平线。

对于微观政治哲学的具体内涵,我们需要逐步展开,在这里,可以围绕着权力的类型作一点基本的概括。一般说来,政治哲学是对人类社会的政治现象或政治事物的本质规定性和政治体制的合法性基础进行形而上的反思,对政治体制的建构和政治活动的开展进行价值判断,并提供理念基础的哲学反思活动。政治具有丰富的内涵,但它的主要功能是调节人与人之间的关系,通过不同形式的制度安排调控社会秩序,因此,政治的核心是权力和控制。所谓宏观政治是指国家制度的安排、国家权力的运作等宏观的、中心化的权力结构和控制机制;而所谓微观政治是指内在于所有社会活动和日常生活层面的弥散化的、微观化的权力结构和控制机制。在现代性的视域中,宏观政治主要表现为理性化的权力运作和制度安排,而微观政治既包括不同形式的知识权力,也包含自发的文化权力。

当我们把所讨论的问题集中于权力和控制,特别是集中于微观权力问题时,我们的研究就开始在新的层面上拓展和深化:一方面,它使政治哲学研究的理论范式意义更加突出;另一方面,它开始突破传统政治学和政治哲学的阈限,进入社会历史理论的更广阔的视野。我们对微观权力的类型稍加分析和分类,问题就会更加清晰。应当说,在不同文明时代、不同历史条件下,微观权力的形态和作用都有很大的差异。在以自然经济为基础的传统社会中,微观权力主要表现为日常生活世界中的各种控制机制,例如,氏族、家庭、家族、宗族、血缘网络、乡里制度、民间组织及与此相适应的家规家法、习俗习惯、礼俗乡约、道德纲常等自发的规范体系。这些控制机制既表现为政治权力,也表现为文化权力。随着人类社会的理性化进程的不断深化,在现代社会中,除了不同程度地保留着日常生活权力之外,又产生了其他各种类型的微观权力结构,其中最为重要的体现在两个基本方面:一是宏观的、中心化的理性权力机制向社会生活和个人生活所有层面的渗透所形成的微观控制机制;二是随着公共领域的扩大、非政府组织的增加、新社会运动的兴起而产生的各种边缘化的微观权力结构。

关于微观权力的这种分析和分类,不仅使我们对当代人类社会的权力和控制问题有了更为丰富的理解,看到当代社会运行的权力机制的新变化,而且使我们的研究从政治哲学进入了其他社会历史理论领域,在研究范式的层面上打通了政治学、历史学、哲学等多个学科领域。核心的问题在于,如上述展示的那样,在微观权力层面上,政治权力、文化权力,以及其他各种类型的权力开始"合流",相应地,政治哲学、文化哲学、历史学、社会学等领域也呈现出交汇交融的态势。对于当代社会历史条件下权力特征或者政治特征的这种变化,其他一些研究者也已经有所认识。例如,佩里·安德森在《思想的谱系——西方思潮左与右》中就指出:"政治不是一种自我封闭的行为,不能够自行孕育出一个内部的概念体系。与某一时期一系列被视为政治冲突有关的观念的东西,是因时因地而变化的。时至今日,它已经远远超出了政治科学的范围。哲学、经济学、历史学、社会学、心理学,更不要说地理学、生命科学和艺术,在经典定义中都与政治领域有着各自不同的相交点。正式的政治理论虽然远远谈不上消失，但它也只占据一部分领地。"①近年来，中国学者也在高度关注政治学和政治哲学的复兴问题。例如，赵汀阳在自己的新作《每个人的政治》中断言，"政治哲学在今天变得如此重要，几乎成为哲学中最突出同时也是最活跃的部分，以至于成为当下哲学体系中的'第一哲学'，这一变化可以称为哲学的政治学转向"②。

对于上述现象和上述观点，既可以说是对政治领域、政治学领域、政治哲学视域的进一步拓宽和延伸，也可以说是对传统政治学和政治哲学的限度的突破。对此如何评价并不重要，重要的是这种现象和态势让我们看到开启一种能够真正有效地面对今天的社会历史现实，并且贯通哲学社会科学不同学科领域的理论范式的可能性。因此，我们虽然使用或者"借用"了政治哲学的术语，把我们的研究称之为微观政治哲学，但是，实际上我们在探讨一种重要的社会历史理论的研究范式。

二、传统宏观社会历史理论研究范式的局限性

在探讨这一问题时，首先必须加以说明和限定的是，我们只是在相对的、有限的意义上区分宏观权力和微观权力，区分社会历史理论的宏观视域和微观视域。实际上，微观权力和宏观权力是相互交织的，同样，绝对排斥微观视域的宏观社会历史理论和绝对排斥宏观视域的微观社会历史理论也是不存在的。我们不能用绝对的、非此即彼的态度来把二者对立起来。在上述限定的基础上，我们必须承认，在不同社会历史时期，社会的宏观权力和微观权力的发达程度、活动机制、相互关系是不同的，相应地，不同时期、不同类型的社会历史理论，并不能确保在任何时候都能够合理地、辩证地处理对社会历史现实的微观透视和宏观把握。特别需要指出的是，在人类历史的不同时代，不同的社会历史理论的确会出现由于无法提炼出社会历史运动的宏观发展趋势和规律而停留于对纷繁杂乱的

---

① （英）佩里·安德森：《思想的谱系——西方思潮左与右》，袁银传、曹荣湘等译，社会科学文献出版社2010年版，"前言"第1～2页。

② 赵汀阳：《每个人的政治》，社会科学文献出版社2010年版，第9页。

微观现象进行描述的状态，或者由于把社会历史规律的普遍适用性强调到极端而完全忽略或者否定微观权力的作用机制的问题。因此，当我们今天批评宏观社会历史理论范式及其"宏大叙事"时，并非一般地拒斥或否认对于社会历史现实进行宏观解释的合理性，更不是完全不承认建构宏大叙事和把握历史规律的价值，而只是批判那种完全遮蔽了微观视域，完全忽视了微观权力的社会历史理论范式，我们习惯地称之为传统社会历史理论。①

我在这里作一个假定性的判断②：今天我们在这里重新关注的微观权力和重新开启的社会历史理论的微观视域并不是全新的东西，只是它们在历史演进中，经历了被遗忘、被遮蔽的过程。实际上，在漫长的传统农业社会和自然经济时代，人类生存和活动的主要寓所和平台是自在自发的衣食住行、饮食男女、婚丧嫁娶、生老病死、礼尚往来的日常生活世界，这个世界，以及那时尚未从日常生活世界中彻底分化出来的政治、经济以及精神生产等非日常生活世界，都主要是由异常丰富的、日常的、微观的文化权力和政治权力编织而成的。与这种社会历史现实的基本状况相适应，那个时代的相对不发达、不够自觉的社会历史理论，也充满了对于微观社会现象的描述和体悟。随着航海时代对地理空间的扩展，及其现代性所逐步开启的世界历史进程，加之近现代自然科学范式的深刻影响，明晰的历史感和自觉的宏大叙事在哲学社会科学领域中逐步占据主导地位，而微观权力要素和微观历史描述逐步退居次席或者退隐到背景世界之中。我们可以对这一理论转型的后果加以简要的分析。

西方马克思主义创始人卢卡奇在《审美特性》中曾把日常生活比做一条长河，他认为，科学、艺术等更高的对象化形式都是从这条生活长河中分化出来的。他的学生赫勒在《日常生活》中明确把日常生活界定为

---

① 实际上，"传统社会历史理论"是一个很模糊的概念，并非代表着前此一切社会历史理论，而是特指受自然科学普遍化和抽象化范式支配的，极端排斥和否认微观权力的差异性和多样性的宏观社会历史理论。

② 之所以说这是"一个假定性的判断"，并非指这一判断属于没有任何史实和文献根据的臆想，而是说对这一判断的内涵我们在本文中不去展开具体的历史考证和论证。

"那些使社会再生产成为可能的个体再生产要素的集合"。她认为,如果没有个体的再生产,任何社会都无法存在。然而,与每一个体的生存息息相关,而又无言地孕育和滋养着人类社会的衣食住行、饮食男女的日常生活世界,却长期处于哲学社会科学的视野之外,成为人们熟知的但又熟视无睹的背景世界,一种与物换星移、花开日落无异的自然氛围。把日常生活世界从背景世界中拉回到理性的地平线上,使理性自觉地向生活世界回归,是20世纪哲学的重大发现之一,胡塞尔、维特根斯坦、许茨、海德格尔、列菲伏尔、哈贝马斯、赫勒等许多理论家从不同层面推动了这一哲学转向。对我国哲学界而言,生活世界的概念已经不再陌生,但是,回归生活世界的真实含义以及这一转向对于哲学社会科学范式转换的重大意义,还远远没有开展出来。

生活世界之被遗忘是在两个层面上完成的:首先,在社会结构层面上,历史的进展呈现出从日常向非日常的演化趋势,即从原初的、未分化的衣食住行、饮食男女、婚丧嫁娶、礼尚往来的日常生活世界中逐步分化出哲学世界、艺术世界、科学世界、政治系统、经济体系等非日常世界。相应地,人类社会和历史发展的重心也由日常向非日常转移。其次,在理性反思的层面上,哲学和历史科学的关注点越来越被非日常世界所吸引。近现代,哲学社会科学经历了"自然科学化"的过程,习惯于把自然科学所揭示的因果现象、必然性、线性决定特征、还原性、可计算性、普遍性等,放大为统一的、一元的、无限的世界的普遍规律,由此建立起以理性逻辑、绝对真理、普遍规律为核心的形而上学、认识论和各种社会科学体系,人真实地生活于其中的日常生活世界则被完全从理性的视野中放逐。一种遗忘生活世界的社会科学理论范式生成了:围绕着在社会历史现实中越来越占据主导地位的宏观的政治权力、经济权力及其宏观的政治体系和经济体系,哲学成为描述普遍精神和绝对理性的纯粹意识哲学,历史学表现为环绕着政权更迭和国家兴亡的宏观史学,政治学表现为以政治权力和制度安排为核心的宏观政治学,经济学成为揭示基本经济运动规律的国民经济学,等等。

应当说,这种以追逐普遍性的宏大叙事为特征的哲学社会科学范式有其存在的合理性,因为,理性的反思性本身就具有抽象性和普遍性的本质特点。在人类历史由自发走向自觉的时代,对日常的微观的生活现象进行理论抽象,有助于在偶然的、差异的、个别的、多样化的社会现象中把握人类历史运行中的某些规则性和普遍性的机制。但是,当宏观的哲学社会科学把人具体地生存于其中的生活世界完全视做无足轻重的、平庸的日常琐屑而加以蔑视时,当以价值和意义为特征的人的生活世界完全被以必然性和普遍性为特征的自然世界所消解时,这种遗忘生活世界的社会科学理论范式之弊端就充分显现出来。

弊端之一:否定差异性和个体性。李凯尔特曾分析过,自然科学是一种排斥特殊性和个别性,强调同质性和规律性的"普遍化的方法",而文化科学则是探讨文化的价值和意义内涵,强调个别性和差异性的"个别化的历史方法"。遗忘生活世界的社会科学理论范式的根本缺陷是用普遍化的方法来研究文化和社会现象,从而否认差异性、个别性、主体性和自由。黑格尔在《精神现象学》中甚至断言,在精神的普遍性已经大大地加强的时代,"个别性已理所当然地变得无关重要",而绝对理念的普遍性要求统治一切。

弊端之二:忽略社会发展的文化内涵。遗忘生活世界的社会科学理论范式对差异性和个体性的否定,实际上是对生活世界的内在文化内涵和意义结构的排斥。结果,在这种宏大的哲学社会科学体系中,不仅生活世界和伦理道德世界的特殊性和个别性被抽象掉,变成数学化和理念化的无限自然世界图景中的一个案例,而且,从原初的生活世界中分化出来的经济领域、政治领域、科学世界等非日常世界,也变成没有内在文化规定性和价值约束的机械的、冷冰冰的自然领域,历史成为"无主体的"自在运动。

弊端之三:理论研究的抽象化顽症。马克思关于从抽象上升到具体的方法论强调思维中的具体,即思维中包含"许多规定的综合"和"多样性的统一"。恩格斯曾断言,任何一种社会哲学,它的研究结论如果没有包括"使它得以成为结论的发展过程"就毫无价值。我们发现,遗忘生活世界的社会科学理论范式的根本特征正是在普遍的知识和原理中抽象掉这些多样性和过程性,从而形成空泛的、大而化之的理论结论。目前,这种抽象化的毛病不仅在哲学研究中而且在社会科学各个领域中普遍存在,例如,在社会学和人类学研究中,人们开始习惯于不必亲自动手开展"田野工作",而从现成的原理和结论出发,使用现有的各种思想资料和实证材料,进行逻辑推演或范畴排列。甚至回归生活世界在许多理论研究中也与现实的日常生活的文化意义结构无关,变成一种理论标签和理论口号,变成关于生活世界的基本特征、功能、规律等的抽象概括。关于实践的研究,也往往热衷于争论实践的规定性、功能、要素、形式等理论思辨,而与具体的、历史的、现实的实践无关。结果,我们的哲学社会科学研究提供的许多原理和结论往往没有明确的"所指",呈现为"能指的狂欢"。

三、当代社会历史理论微观视域的逐步开启

在某种意义上可以说,这种忽略或者遮蔽微观权力要素和微观视域的,传统哲学社会科学的宏观的和抽象的理论范式,在黑格尔的泛理性化的和泛逻辑化的绝对精神的普遍运动中达到了登峰造极的地步。黑格尔的哲学范式显然受到自然科学的普遍化方法的支配,他对精神和理论的普遍化的强调和对体系的完整性或者完美性的追求已经走到了极端。他在《精神现象学》"序言"中强调作为科学的体系和科学的认识的真理。按照他对普遍性的重视,在真理的体系中,个人的认识以及个别性的东西,是微不足道的或者没有任何位置的。"在我们现在生活着的这一个时代里,精神的普遍性已经大大地加强,个别性已理所当然地变得无关重要,而且普遍性还在坚持着并要求占有它的整个范围和既成财富,因而精神的全部事业中属于个人活动范围的那一部分,只能是微不足道的。"①

---

① (德)黑格尔:《精神现象学》(上卷),贺麟、王玖兴译,商务印书馆1979年第二版,第50页。

也正是由于黑格尔哲学的这种鲜明的特征和独具的地位,他的哲学构成了哲学社会科学基本研究范式的一个重大的拐点。不难发现,黑格尔身后,许多重要的哲学流派和其他理论领域都从不同的侧面批判黑格尔,特别是拒斥他的泛理性化和泛逻辑化的理论体系的宏大叙事和极端思辨化、抽象化的宏观研究范式。从叔本华开始的人本主义哲学思潮和由孔德开启的科学主义或者实证主义哲学思潮,从不同侧面批判和超越黑格尔哲学的这种普遍化和抽象化特征,例如,艾耶尔《二十世纪哲学》讨论罗素和摩尔的逻辑实证主义的一章(即该书的第二章),就使用了"叛离黑格尔"的标题①。不过,必须指出的是,真正自觉地、深刻地批判传统哲学社会科学的抽象化和思辨性的是马克思和恩格斯。他们都深受黑格尔哲学的影响,但是,他们真正从黑格尔那里继承的只是巨大的历史感、基于劳动和实践的辩证法和批判的革命的精神,他们对黑格尔哲学的思辨体系和过分抽象化特征,则持彻底批判的态度。正如恩格斯指出的那样:"黑格尔本人,虽然在他的著作中相当频繁地爆发出革命的怒火,但是总的说来似乎更倾向于保守的方面;他在体系上所花费的'艰苦的思维劳动'倒比他在方法上所花费的要多得多。"②

因此,如果我们使用今天的学术术语,那么可以断言,虽然在马克思的学说中并没有形成自觉的微观政治哲学、微观史学或者微观社会历史理论范式,或者说没有使用微观理论范式之类的术语,但是,马克思的宏观社会历史理论及其所揭示的社会历史规律是建立在关于各种社会现象的丰富的微观分析的基础之上的,在马克思的社会历史理论中具有丰富的微观理论思想资源。在这方面,有两点特别能够说明马克思恩格斯对自己理论定位的清醒意识。一是反对理论思辨和抽象化。马克思从自己的哲学生涯伊始,就对思辨哲学范式的体系化特征深恶痛绝,反复强调哲学要以其内在的批判的自我意识冲破体系的束缚,在现实的社会历史中

---

① (英)艾耶尔:《二十世纪哲学》,李步楼等译,上海译文出版社1987年版,第25页。
② 《马克思恩格斯选集》第4卷,人民出版社1995年版,第220页。

11

而不是在纯粹的理性王国中开展批判。人们常常引用马克思在《〈科隆日报〉第179号的社论》中的那句"哲学不是世界之外的遐想"的断言。马克思在批判德国哲学时多次直指它的思辨意识哲学范式的弊端。"哲学,尤其是德国哲学,爱好宁静孤寂,追求体系的完满……就像一个巫师,煞有介事地念着咒语,谁也不懂得他在念叨什么。"①二是反对脱离生活世界的思辨历史观。马克思和恩格斯在《德意志意识形态》中明确把"现实的生活生产"当做历史的基础,反对脱离日常生活的历史观。他们这样批判传统历史观:"迄今为止的一切历史观不是完全忽视了历史的这一现实基础,就是把它仅仅看成与历史过程没有任何联系的附带因素。因此,历史总是遵照在它之外的某种尺度来编写的;现实的生活生产被看成是某种非历史的东西,而历史的东西则被看成是某种脱离日常生活的东西,某种处于世界之外和超乎世界之上的东西。"②

因此,我们在马克思恩格斯的各种文献中,处处可见的都是这种关于现实的人和具体的社会历史现象和现实的具体的、微观的分析。例如,人的问题、人的自由和全面发展、人的解放一直占据马克思恩格斯思想的核心,但是,在他们的著作中,我们看不到那种对"抽象的"、"理想化的"、"大写的"人的一般呼唤或描绘,而是对各种具体的人及其境遇的描述,例如,马克思《1844年经济学哲学手稿》中异化的、非人化的劳动者,恩格斯《英国工人阶级状况》中饱受压迫的女工、童工、工人家庭等,他们的《德意志意识形态》中作为"一切历史的第一个前提"的吃喝住穿等日常生活,以及作为"历史发展过程的第三种关系"的人自身的生产、繁衍、家庭关系等。③ 因此,马克思恩格斯认为,他们所理解的历史的前提是现实的人及其物质生活条件,"这些前提可以用纯粹经验的方法来确认"④。再如,马克思特别重视具体化的方法论,他在揭示现代社会运动时,并非

---

① 《马克思恩格斯全集》第1卷,人民出版社1995年版,第219页。
② 《马克思恩格斯选集》第1卷,人民出版社1995年版,第93页。
③ 《马克思恩格斯选集》第1卷,人民出版社1995年版,第78、80页。
④ 《马克思恩格斯选集》第1卷,人民出版社1995年版,第67页。

抽象地推演生产力和生产关系、经济基础和上层建筑的原理,而是深入劳动、价值、生产、交换、流通、工资、资本、地租、利润、价格、供给、需求、市场等社会经济运动和社会生活的许多方面。我们还可以列举许多类似的分析。这些思想资源,连同马克思学说的批判精神和实践精神,对 20 世纪的人类思想发展产生了重要的影响,对此福柯也充分意识到了,例如,他在《知识考古学》中探讨年鉴学派开启的微观历史视角时,明确指出,"今天,历史的这一认识论的变化仍未完成。然而这种变化并不是从昨天才开始,因为我们肯定会把它的最初阶段上溯到马克思"①。

当然,必须在这里明确的一点是,虽然马克思的社会历史理论包含着丰富的微观理论思想资源,但是,在马克思的学说中并没有强调或者使用微观政治哲学、微观史学或者微观社会历史理论范式,马克思当时所关注的作为历史发展基础的是宏观的社会领域(经济领域)和宏观的权力(政治权力)及其普遍的规律,例如,生产力和生产关系、经济基础和上层建筑的矛盾运动的规律,人类社会从原始社会到共产主义的宏观的发展模式等。这些也刚好构成人们通常所理解的经典历史唯物主义的宏大叙事和宏观理论范式的基本内涵。我想,造成这种状况的原因并不复杂,我们可以从两方面加以分析。首先,每一时代的社会历史现实对于理论研究提出的任务都是不同的,马克思处在人类历史主要由经济、政治等主导领域和宏观权力所左右的时代,他所面对的社会现实刚好是全球化的世界历史进程、世界性的市场、资本的逻辑、机械化的大生产构成的主宰一切的宏大的经济力量,以致马克思强调"我的观点是把经济的社会形态的发展理解为一种自然史的过程"②。其次,在马克思所处的时代和之前的相当长的历史时期,社会历史理论的总体倾向是不承认人类历史发展中存在着规律和必然性,因此,马克思在对繁杂的社会历史现象分析的基础上,有意识地突出人类社会历史的规律性。恩格斯在《在马克思墓前的讲

---

① (法)米歇尔·福柯:《知识考古学》,谢强、马月译,三联书店 2003 年版,第 12 页。
② 《马克思恩格斯选集》第 2 卷,人民出版社 1995 年版,第 101~102 页。

话》中对此作了说明,他指出,正如达尔文发现了有机界的发展规律一样,马克思发现了"历来为繁芜丛杂的意识形态所掩盖着的"、"人类历史的发展规律"。① 这里还需要指出的一点是,当我们断言马克思学说中没有形成自觉的微观社会历史理论范式时,是针对今天我们的社会历史理论研究忽视微观分析的问题而言的,实际上,在马克思恩格斯那里,根本就不会有类似的问题提出,因为微观分析和宏观分析不可分的有机统一是他们一直坚持的理论范式。这种理解,对于当今的哲学社会科学也一直产生着重大的影响。具体说到 20 世纪在哲学社会科学不同学科领域中逐步形成的自觉的微观理论视域,我们可以从两个方面加以简要的描述。

首先需要分析的是,在全球化和信息化时代,人类社会历史现实本身发生了重要的变化,为哲学社会科学的微观理论视域的开启奠定了现实的基础。我认为,对于社会历史理论具有实质性意义的社会历史现实变化至少有以下两个大的方面。一是从社会结构或构成上来看,由于信息化背景下的文化整合,伴随着工业文明而彼此分化的社会诸领域呈现"再一体化"和相互渗透融合的趋势,从而导致各领域之间界限的模糊,并使社会构成呈现内在差异化和多态化,消解或削弱了主导型领域的统治地位或控制作用。经济、政治和精神文化领域之间,在尊重各个领域的相对独立性自律性、尊重合理的社会分工原则的前提下,通过自觉的文化整合而形成社会各个领域的有机的一体化。其中,文化不再是与政治经济相分离的、外在的、相对独立的、被决定的精神文化,而是真正成为人类生存的自觉方式和社会各个领域内在的机理和图式。信息化、数字化、网络化是最能展示文化的整合力量的方式,它使文化的力量体现在社会的各个领域之中,极大地改变了人的生存方式和社会运行机制,在这种背景下,文化和经济、政治、社会生活的传统界限或外在性开始消失或模糊,呈现出一体化的特征。这样一来,原本彼此分离的、自律的宏观社会领域之间的界限变得模糊,彼此渗透和相互融合,形成了既相互区别又相互交织的

① 《马克思恩格斯选集》第 3 卷,人民出版社 1995 年版,第 776 页。

多态化的、非中心化的社会领域的复杂星丛。二是从社会运行和控制机制来看,由于社会诸领域的"再一体化"和相互融合,社会的主导型、中心化的宏观权力逐步分化为非中心化的、弥散的微观权力(例如,微观政治权力、文化权力等),从而使社会的控制机制由几种宏观权力的彼此冲突或相互博弈逐步让位给多态化的微观权力的相互制约和差异化共生。在传统社会中,特别是在工业文明的普遍的理性化进程中,构成社会运行、控制和治理机制的核心要素是宏观力量或宏观权力,其中既包括宏观的生产、交换体系所形成的经济规律和经济力量,也包括由国家机构和社会管理机制形成的宏观政治权力,由此形成的宏观政治一般指国家制度的安排、国家权力的运作等宏观的、中心化的权力结构和控制机制。在这种社会运行机制中,社会的控制和治理主要依靠国家权力和政治管理体制等宏观的公共权力来实施,而在社会转型和社会变革时,一般要通过宏观的革命(多半是暴力性质的变革)和政治运动来实现。而在信息化时代或者在后现代的背景中,构成社会运行、控制和治理机制的要素除了宏观的政治权力或者宏观的经济力量外,越来越多地大量涌现出非中心化的、分散的、弥散化的、多元差异的微观权力,例如各种相对自律的公共领域、非政府组织、边缘群体、社会微观结构和层面上的微观权力,以及以符号、形象、符码、仿真等形式表现出来的非经济的经济权力和渗透到所有社会领域和层面的、无所不在的文化权力。这种内在于社会生活和日常生活所有层面的弥散化的、微观化的权力结构和控制机制形成了所谓的微观政治,而社会的运行和控制机制开始表现为这种中心化的宏观权力和多态化的微观权力相互交织相互制约的网络。一般说来,这种政治、经济、文化相互融合,真实与符号(符码)彼此渗透的多态化的微观权力结构或者微观政治结构,既可能为个体的自由和个性发展提供空间,也可能使理性对人的统治渗透到生活的每一个角落。而对这种控制机制的抗拒和改造往往同样需要各种多态化的、边缘化的微观权力的多维反抗,而无法沿用传统的宏观政治变革模式。

其次,通过分析20世纪哲学社会科学的主要领域中的一些深层次变化,我们发现,与社会结构和运行机制从自律的宏观领域和宏观权力向多态化的微观领域和微观权力的这一深层次转变相适应,当代哲学社会科学的思想模式也经历了从宏大叙事向微观叙事,从宏观理论范式向微观理论范式的自觉转变。例如,在政治学和政治哲学领域,传统的理论主要以国家权力的运作、政治制度的安排、政权的更迭、重大历史事件的发生为对象,而很少关注社会生活其他层面的边缘化的权力结构和日常生活领域中的微观控制机制。而 20 世纪出现的多种形式的微观政治学,则或者是主张从日常生活的机制去思考制度安排问题,探讨微观权力秩序的重建问题,或者像福柯那样,从监狱、医院、军队、学校等被传统政治学忽略的边缘领域,开展了关于理性权力结构的微观政治学的批判,揭示分散的、不确定的、形态多样的、无主体的、弥散于日常生活和不同社会层面的微观权力,也即知识性的权力或文化权力。微观政治学或政治哲学还确立了微观权力的反抗模式,即各种多元的抵抗,多元的自主斗争。后马克思主义代表人物拉克劳、墨菲、雅索普等人更是基于微观权力样态提出社会主义的新策略,他们关注新兴的女权主义,少数种族、少数民族和性少数的抗议运动,人口边缘阶层发动的反制度化生态斗争等,围绕着领导权而展开微观的政治斗争。①

　　这里要特别提到 20 世纪史学领域的重大范式转变。众所周知,传统史学与传统宏观政治学往往有着共同的主题和共同的爱好,都以宏观政治,即宏观权力为核心。在传统史学的宏观理论范式中,大人物、大事件、大政权、大结构之外的日常生活和细微的社会结构或领域,基本上没有任何地位和史学价值。对 20 世纪史学理论作出最大贡献的是法国的年鉴学派,它最先自觉地开始了对传统史学的宏观理论范式和宏大叙事的解构和颠覆。在它的影响下,陆续出现了意大利的微观史学派、德国和奥地利的日常生活史学派、英国的"个案史"学派,以及新文化史、系列史、心

---

　　① Laclau, E. and Mouffe, Ch., *Hegemony and Socialist Strategy: Towards a Radical Democratic Politics*, Verso,1985, p.1.

态史等,这些流派都反对只写重大历史事件和只关注政治、经济、军事、外交等宏大叙事的历史学,而主张把关注中心转向具体的和微观的日常生活世界的各个领域。年鉴学派代表人物布罗代尔的《15—18世纪的物质文明与资本主义》共分三卷,其中第一卷就是《日常生活的结构》,主要讨论15—18世纪人们的日常生活,包括这一时期人们衣食住行的各个方面和细节,把日常生活作为解读这一时段历史的重点。20世纪70年代之后,更是出现了以"历史的碎片化"为特征的后现代历史叙事。

此外,与传统政治学和历史学相比,理性化进程中深受自然科学普遍化范式影响的意识哲学最集中、最典型地展示了这种宏观理论范式的特征和本性。理性的普遍化要求、自然科学所揭示的因果必然性、线性决定特征、还原性、可计算性、普遍性等范畴对思维模式的深刻影响,使得纯粹意识哲学和思辨理论哲学无论面对自然的对象还是社会的存在,都以普遍的、绝对的、放之四海而皆准的规律和必然性为核心,而生活世界、个体的活动、日常的琐碎存在所体现出的个体性、差异性、特殊性等统统都被抹平。而20世纪各种文化批判理论的兴起,从不同侧面反对以宏大叙事为表现形态的意识哲学,自觉或不自觉地开始形成文化哲学的微观理论范式。例如,20世纪哲学的重大创新之一是把日常生活世界从背景世界中拉回到理性的地平线上,使理性自觉地向生活世界回归,日常生活批判范式的要点在于,它不再孤立地探讨和强调政治、经济等宏观社会历史因素的决定作用,而是把所有的社会历史因素都放到生活世界的文化意义结构中加以审视和评价。再如,西方马克思主义的文化批判理论把批判的触角延伸到现代社会的各个层面和现代人的生活的各个角落,一直深入到性格结构和心理机制批判、消费社会文化心理分析,等等。后现代理论思潮更是把解构宏大叙事、彰显微观权力的导向发展到了极端。

在这里需要指出的是,历史学、政治学、哲学等不同领域中关于微观理论研究范式的探讨和建立,并非彼此孤立的现象,而是相互影响、相互交织的思想进程,因此,我们把分散在哲学社会科学不同领域中的微观思想理论资源加以整合,并使之自觉地建构成为一种社会历史理论的微观范式,是有合法性依据的。我们可以举一个典型的例子,这就是福柯本人就承认他的微观政治学受到了年鉴学派史学范式的影响。他在《知识考古学》的引言中特别分析了法国年鉴学派①的"长时段"史学方法的重要理论意义。他指出,年鉴学派的新史学家强调从政治事件的变幻不定的背后揭示一些在较长历史时段中相对稳定的、深层次的现象,"一些因传统叙述的混乱而被掩盖在无数事件之下的静止和沉默的巨大基底"②。当然,福柯在这里并不是要寻找一种不变的、决定性的和连续性的结构和力量,相反,他在史学家关于深层长时段历史现象的深层挖掘中,发现了内在复杂的结构,发现了复杂结构的各种断裂。这里有一段非常精彩的表述:"这些方法使历史学家们能够在历史范畴中辨别各种不同的沉积层。过去一向作为研究对象的线性连续已被一种在深层上脱离连续的手法所取代。从政治的多变性到'物质文明'特有的缓慢性,分析的层次变得多种多样:每一个层次都有自己独特的断裂,每一个层次都蕴含着自己特有的分割;人们越是接近最深的层次,断裂也就随之越来越大。"③

当然,必须承认,当代哲学社会科学思想模式、研究视角和理论范式的转变毫无疑问存在着许多问题,有的学科或领域存在着走向极端和片面化的问题,对此,我们必须加以分析、鉴别和批判。但是,必须看到,这种从宏观理论范式向微观理论范式的自觉转型不是随心所欲或者心血来潮,而是适应当代社会历史现实深刻变化所作出的积极的调整和理论创新。在这种意义上,我们不得不遗憾地承认,目前我们的历史唯物主义研究无论是对当代社会历史现实的深层变化还是对当代哲学社会科学的范式转换,都没有给予足够的重视,更没有积极的应答。这是我们的哲学研究鲜有创新的根本原因之一。我们在讨论微观理论范式时曾遇到一些质疑,一些研究者认为这种微观理论研究不符合马克思的思想传统和哲学

---

① 关于年鉴学派比较详细的介绍,我们将在《现代性的维度》的第一章确立现代性研究的理论假设和方法论预设时具体展开。

② (法)米歇尔·福柯:《知识考古学》,谢强、马月译,三联书店2003年版,第1页。

③ (法)米歇尔·福柯:《知识考古学》,谢强、马月译,三联书店2003年版,第1页。

立场。这实际上是一种误解,如上所述,在马克思恩格斯那里,根本就不会提出宏观分析和微观分析哪种范式更为重要的问题,他们一直坚持微观分析和宏观分析不可分的有机统一。问题出在20世纪受哲学教科书影响的当代一些马克思主义的理解,在这里存在着严重的纯粹意识哲学或者思辨理论哲学的问题,他们抛弃了马克思恩格斯理论中丰富的微观分析的思想资源,导致了严重的理论抽象病。萨特就注意到了这一点,他认为,马克思的整体化(总体化)方法具有很大的优势,并且马克思思想的优越性在于他没有因为强调总体化而否定微观的和差异化的分析。他指出:"马克思主义的力量和宝贵之处,在于它曾是整体性阐述历史过程的最激进的尝试。"①马克思本人是富有创造性地运用总体化方法进行历史分析的典范,其成功的主要之点在于,在马克思那里,总体化不是脱离具体的"实体",不是抑制或否定个性和个体的整体性,而是包含着具体的丰富多样性的总体化,因此,能够形成关于人类社会历史运动的合理的把握。而在当代马克思主义那里,马克思所坚持的这种具体的总体性,这种活的总体化不存在了,剩下的是强调抽象的普遍性,强调整体对个体和特殊性的压抑的绝对的总体化。"对于当今大部分马克思主义者来说,他们认为思考就是在整体化,并以此为借口而用普遍性来代替特殊性;也就是说把我们重新引向具体,在基本的但有抽象的规定性这个标题下来显现我们。黑格尔至少让作为被超越的特殊性的个体存在下去;而一个马克思主义者认为,试图理解一种资产阶级思想的特殊性,就将是浪费时间。在他看来,重要的是表明这种资产阶级思想是唯心主义的一种形式。"②显而易见,当马克思的具体的总体化方法在当代马克思主义这里变成抽象的总体化方法时,个体自由和价值、历史的多元差异的丰富内涵都无法保留,当代马克思主义中的"人学空场"就是这样形成的。因此,

---

① (法)让-保罗·萨特:《辩证理性批判》(上卷),林骧华等译,安徽文艺出版社1998年版,第27页。

② (法)让-保罗·萨特:《辩证理性批判》(上卷),林骧华等译,安徽文艺出版社1998年版,第44~45页。

萨特断言："这种方法不能使我们感到满意：它是先验的；它不是从经验史中得出自己的概念——或者至少不是从它力图了解的新经验中得出的——它已经形成了这些概念，它已经确信它们的实在性，它将把构成性模式的角色分配给它们：它唯一的目的是把被研究的事件、人或行为放入预先制造好的模子。"①萨特的这种批评或许有些过于尖刻和偏激，但是，对于揭示当代那些忽略或者否定微观分析的哲学社会科学的根本病症，可谓一针见血。在这里，还可以提及阿尔都塞关于宏观与微观相互依存的关系的论述，他指出："人们可以把微观联系'当作'非存在；这并不是说它不存在：而是它对认识说来不存在。但无论如何，宏观的必然性'归根到底'正是在这种无限的微观多样性中'向前发展'，即取得胜利。"②这些思想都从不同侧面要求人们关注社会历史的微观分析，确立微观视域和宏观视域相结合的理论范式。

四、微观理论范式对于社会历史理论的丰富和完善

如前所述，随着现代社会的开放程度的提升，随着政治权力多元化的进程，微观权力结构在人类社会中的地位越来越重要。微观权力是多维度的、多层面的、丰富多彩的、多元差异的、蕴涵不同价值内涵的复杂的星丛。对于微观权力所编织的复杂的社会之网的细致分析和把握，有助于我们真正恢复历史的多样性、文化的多样性和社会实在的丰富内涵，从而防止把社会历史发展规律变成排斥一切差异和特殊性的自然科学规律，防止社会历史发展的线性决定论，进而为历史发展道路的多样性提供坚实的学理基础。在这里，我们简要概括微观政治哲学研究范式的几个主要特征，几个主要的理论要点。

第一，在政治、经济、文化等社会诸领域重新整合和融合的基础上，建立起影响和制约当代社会运行的新的权力谱系。其中特别要梳理清楚那

---

① （法）让－保罗·萨特：《辩证理性批判》（上卷），林骧华等译，安徽文艺出版社1998年版，第35页。

② （法）路易·阿尔都塞：《保卫马克思》，商务印书馆2006年版，第108～109页。

些在传统社会历史结构中被宏观的经济权力和政治权力所遮蔽,而在当今社会结构中越来越显示出重要影响的微观权力。例如,要充分认识以下几种类型的微观权力及其活动机制。一是与宏观权力同构的微观权力。在很多历史情形中,宏观政治体制和国家政权的稳定同深层次的微观政治权力或文化权力的支撑密切相关。一个典型的例子是中国传统社会以家庭为本位、"家国同构"的宗法专制的政治制度。在这种情形中,整个社会从体制到具体运行都表现为围绕着家庭而形成的血缘关系、亲属关系、宗法体系等日常控制机制的扩大,由此形成一个超稳定的国家政权和行政管理体系。另一个典型例子是福柯、德勒兹等人所批判的现代理性社会的微观权力机制。中心化的、理性的宏观政治权力机构是凭借着渗透到学校、医院、军队等社会的每一层面、每一个角落的微观权力而编织一个全方位的"宰制社会"或"全景监狱"。二是阻碍宏观权力机制更新的微观权力。转型期的中国社会,以及其他发展中国家在建立民主、法治、理性的政治体制过程中经常受到来自日常生活世界的经验式、人情化的微观权力机制的严重阻滞。这充分说明,任何一种政治体制或社会控制模式,例如民主体制、法治模式的建立,都不可能凭借一般的理论号召就得以确立,如果不考虑社会各个层面,包括日常生活中各种微观的、多元差异的权力结构的特点和价值取向,是无法真正扎根的。三是反抗宏观政治霸权的微观权力。后现代政治理论、话语政治理论、后马克思主义政治理论等从不同视角不约而同地强调公共领域、市民社会、文化领导权、新社会运动、非政府组织等微观政治现象,其根本原因在于,要保护自由、公正、平等、民主的社会秩序和自主的生活世界体系不受某种总体化的政治权力或经济权力的"殖民化",其有效途径并非简单地用一种新的中心化的宏观权力来取代另一种宏观权力,而是激活社会各个层面和生活世界的各种微观权力的话语和力量,形成多元的反抗力量和多元差异的社会调控体系。显而易见,对于当代社会丰富多彩的微观权力的类型和性质的深入研究,对于建立宏观视域和微观视域相结合的理论范式至关重要。

第二,以丰富的微观权力的网络体系或者复杂"星丛"为中介或者活动平台,建立起经济基础与上层建筑的宏观结构与个体的微观活动结构之间的有机联系和互动交融关系,走出关于二者关系的外在对立和决定论的宏观理解模式。我们知道,唯物史观的确立对于人类的历史认识的确具有重大的意义,它一方面把历史奠定在人所特有的实践活动的基础上,另一方面强调人类历史服从于内在的规律,这两方面的思想构成历史唯物主义的核心。然而,在抽象的宏观理论范式中,二者之间的关系常常呈现为外在的二元对立的状态,人们或者强调经济基础和上层建筑的宏观社会结构决定个体的活动,或者强调个体的自由自觉的和对象化的实践活动决定社会结构的变化和发展。显而易见,关于历史唯物主义的许多根本争论都与此有关。我认为,只有用自觉的微观理论范式去完善和补充传统唯物史观的宏观理论范式,并以自觉地建构起来的微观权力网络体系为中介和活动平台,才能真正建立起自由自觉的实践活动和宏观的社会结构及其规律之间的内在统一。在这方面,萨特在建构存在主义马克思主义时所作的方法论探讨,对于我们建构微观理论范式具有一定的启示意义。如上所述,萨特认为,马克思主义的总体化(整体化)方法具有重要的历史感,但是,当代马克思主义研究中的过分普遍化容易导致对个体和特殊性的压抑,即"人学的空场",因此,萨特提出要用中介方法和前进－回溯方法来补充和完善马克思主义的总体化方法。具体说来,中介方法的主要特征是,在对人的行为的分析中,不是简单断言社会构成因素对人的直接决定,而是充分重视精神分析学、微观社会学等辅助学科的作用,寻找人和历史条件之间相互作用的中间环节和因素,如与人的活动直接相关的家庭、童年的经历、周围的直接环境、个体心理、情感因素、两性关系等,从而使人成为历史运动中的丰富的个体。他进而强调,要运用前进－回溯方法具体分析社会整体和个人实践之间的复杂关系,无论是社会整体通过各种中介因素对个体行为的影响和决定,还是个体实践在各种中介因素的制约下对社会环境的自主选择,都不是单向的和一次性完成的运动,而是双向往复的运动。①

第三,充分把握政治、经济、文化等社会诸领域通过信息化背景下的文化整合而重新一体化的趋势,对社会结构和运行机制进行宏观的、微观的、多维的、多层面的、多视角的透视,解构单纯宏观权力霸权的宏大叙事,破除外在的决定论历史模式。具体说来,一方面,鉴于在当代社会结构中,不再存在界限分明的政治领域或经济领域,因此对于经济、政治等社会领域不再作单纯的经济学或政治学的封闭的分析,而是开展经济学、政治学、历史学、文化学、哲学等多学科的综合把握;另一方面,无论对于经济、政治,还是别的领域的分析,都不能停留于一般的抽象的宏观把握,而是要深入文化哲学的微观分析层面,例如,对于政治治理的分析,要综合国家权力、宏观政治治理、行政管理、公共领域、社会自治领域等多层面以及政治文化理念、宏观经济调控、微观市场运行、个体政治参与等多视角的微观分析,从而真正深入社会历史现实的丰富内涵,回到人类实践活动的历史丰富性和文化丰富性,形成宏观视域与微观视域结合、社会诸领域内在融合的社会历史分析。在这样的理论视域中,不再有经济决定论、政治决定论或者文化决定论的空间,无论是宏观的历史规律还是具体的实践活动都不再是一种受制于人的活动之外的铁的必然性的自然进化论和线性决定论进程,而是充满文化创造力的人的历史进程。在这种意义上,我们所理解的作为历史解释模式的文化哲学正是这样一种新的社会历史理解范式。文化哲学反对意识哲学用自然科学的普遍化的方法去剪裁人的实践活动的丰富的文化内涵的做法,反对把历史的内涵简单化地归结为生产方式、经济、技术等几个决定性的因素,更反对运用几个决定性因素把历史描绘成一种类似自然的线性决定过程。它坚信,任何一种因素,无论如何重要,都不可能独自决定历史的全部内涵和命运,它肯定人类历史发展的多样化、个别性、差异性及其价值内涵,强调历史是人的

---

① 参见(法)让－保罗·萨特:《辩证理性批判》(上卷),林骧华等译,安徽文艺出版社1998年版,第34~50页。

23

实践活动的各个维度的全面展开的过程,它所揭示的社会历史规律是包含着多样性和差异性的基本发展趋势。

五、微观理论范式与社会历史规律

近年来,我们在微观政治学、微观政治哲学、微观史学、日常生活批判、文化哲学等领域的研究中,经常遇到的一种质疑就是,这种微观视域的研究或社会历史理论的微观理论范式不符合马克思主义的传统,并且容易导致否定社会历史发展规律,从而存在着背离历史唯物主义的危险。因为按照一种比较常见的理解,历史唯物主义从本质上讲必然是宏大叙事,它的创立对社会历史理论的革命性贡献,就是超越繁杂琐碎的社会历史现象,揭示出关于人类历史运动的普遍的、"放之四海而皆准"的一般规律。

对此,我的看法是这样的:是否承认社会历史发展的规律,与对社会历史发展进行宏观分析还是进行微观分析,没有必然的因果关联;但是,宏观分析是否拥有扎实的和丰富的微观分析做基础,所揭示的规律的性质和所表述的宏大叙事的性质是有质的差别的。进而,并非任何关于规律的认识都适合于我们对人类社会历史运动的真实把握。

前面已经说过,对宏观权力和微观权力、宏观政治和微观政治、宏观政治哲学和微观政治哲学的区分只是相对的,实际上并不存在着截然不同、彼此分离的微观政治和宏观政治,即使德勒兹和加塔利等力主微观政治学的后现代思想家,也强调微观政治和宏观政治之间不存在着固定不变的区分,强调政治既是宏观政治,也是微观政治。[1] 列菲伏尔在《日常生活批判》中曾指出:"'宏观'和'微观'层面之间虽然存在着间距和鸿沟,但这并不意味着容许我们把其中的一个层面与另一个层面二分开来,更不允许我们'忽视'其中的某一个层面。不可还原性并不等同于截然分立。在'宏观'层面和'微观'层面之间,存在着多种多样的关系、对应

① 参见(美)道格拉斯·凯尔纳、(美)斯蒂文·贝斯特:《后现代理论:批判性的质疑》,张志斌译,中央编译出版社2006年版,第123页。

性以及同源性。"①因此,不存在绝对的宏观解释模式或者微观解释模式,一种健全的和富有解释力的社会历史理论,一定是兼顾宏观分析和微观分析,一方面善于根据特定的社会历史现实而突出其中的某一个维度,另一方面又善于保持二者间的有机结合,不会用其中的一个维度来否定或取消另一个维度。分析一下当今人类的思想发展状况,特别是社会历史理论发展状况,就会发现,能否将宏观解释和微观解释有机结合直接影响到特定理论的解释力和说服力。在这方面,如上所述,马克思思想的确是一种我们应当学习的楷模,赵福生在分析这一问题时,认为马克思研究范式的优势在于:"他走入实证科学,又走出实证科学;他走入微观分析,又走向宏观分析;他走入具体人群,又走向全人类;他走入微观史学,又走向总体史学",而相比之下,"传统意识哲学和后现代哲学共同的弊病就在于只有走入,传统意识哲学走入宏观视域,而没有走出宏观视域,所以陷入抽象化、体系化;后现代哲学走入微观视域,却没有走出微观视域,所以陷入断裂化、破碎化"②。这种分析有其合理性。

对于社会历史理论研究范式同社会历史规律的把握之间的特殊关联问题,需要作具体的分析。可以说,那种笼统地、不加分析地断言微观视域必然会导致否定社会历史规律的说法,是没有根据的。但是,构建什么样的理论研究范式,对于能否真正把握社会历史规律,却是关系紧密的。具体说来,在今天的理论研究中,人们一般都承认,不能把社会历史规律等同于严格意义上的自然规律,否则,就会取消历史发展道路的多样性、差异性和人的历史创造的可能性。但是,人们较少考虑另一个重要的问题:社会历史规律和自然规律虽然有着本质的联系,但是存在着根本性的差别,因此,必须运用不同的研究方法和理论范式才能真正有效地加以把握。假如运用自然科学的研究方法去揭示和概括社会历史规律,就会把历史必然性变成与自然科学规律无异的"经济决定论"。李凯尔特在《文

---

① Henri Lefebvre, *Critique of Everyday Life_Foundations for a Sociology of the Everyday*, Verso, 2008, p. 140.

② 赵福生:《论马克思的微观哲学视域》,载《求是学刊》2008 年第 1 期,第 40~41 页。

化科学和自然科学》中就专门探讨了两种科学在方法论上的不同。他认为，自然科学的方法是一种普遍化的方法，它排斥特殊性和个别性，而强调自然之物中的普遍性和同质性，寻找规律性，它强调"事物和现象的本质就在于它们与同一概念中所包摄的对象具有相同之处，而一切纯粹个别的东西都是'非本质的'"①。而与自然现象的给定性和客观性不同，文化作为人为的现象的突出特征是其价值内涵，因此，文化科学的方法不能是普遍化的方法，"只有个别化的历史研究方法才是适用于文化事件的方法。如果把文化事件看作自然，亦即把它纳入普遍概念或规律之下，那么文化事件就会变成一个对什么都适用的类的事例（Gattungsexemplar），它可以被同一个类的其他事例所代替"②。

这正是我们担忧的地方和问题：我们今天的哲学研究、社会历史研究，甚至包括社会学、文化人类学等实证性很强的学科，常常由于忽略、懒于、不屑于或者拒斥微观分析，不仅没有对今天的社会历史现实作出具体的、微观的深刻分析，而且对马克思恩格斯当年在得出各种理论结论时所作的具体的和微观的历史分析也不甚了解。结果人们常常轻车熟路地、得心应手地从现成的原理和结论出发，对今天的现实作一些蜻蜓点水式、外在观望式、标签套用式的笼而统之的远眺。这常常容易导致双重消极后果：一是由于把历史规律变成了自然规律式的"铁的必然性"，变成了盲目的经济逻辑，结果人们以一种貌似坚定不移地"坚守"历史规律的方式取消了历史规律；二是使我们的理论研究无法切中和穿透今天的社会历史现实，成为缺乏创造力和解释力的抽象教条和思辨的理论推演。因此，我们提出加强社会历史理论的微观视域的建构，以宏观研究和微观研究相结合的方式面对今天的社会历史现实，绝不会导致否定历史发展规律的结果，相反，这应当是在今天的条件下丰富进一步丰富历史唯物主义的重要途径。只有这样，我们才可能获得真正切中今天的社会历史现实

---

① （德）李凯尔特：《文化科学和自然科学》，涂纪亮译，商务印书馆 1986 年版，第 37 页。
② （德）李凯尔特：《文化科学和自然科学》，涂纪亮译，商务印书馆 1986 年版，第 72 页。

的,包含着丰富的多样性和差异性,包含着丰富的创造性空间的社会历史规律性的认识。而这正是马克思所强调的,摆脱了思辨抽象性的具体:"具体之所以具体,因为它是许多规定的综合,因而是多样性的统一。"①

在这里,我们应当重温恩格斯晚年在给康拉德·施密特的信中所表达的对德国青年理论家的担忧。恩格斯发现,一些青年人把历史唯物主义的原理当做标签"贴到各种事物上去,再不做进一步的研究";并且只是用历史唯物主义的套语"来把自己的相当贫乏的历史知识"尽速"构成体系,于是就自以为非常了不起了"。因此,恩格斯告诫:"必须重新研究全部历史,必须详细研究各种社会形态的存在条件,然后设法从这些条件中找出相应的政治、私法、美学、哲学、宗教等等的观点。"②恩格斯120年前的这些语重心长的话语,真的好像是在说我们今天的事儿。在那封信中,恩格斯还特别说道:"一切都可能被变成套语。"③这正是我们对今天的理论研究的担忧所在。因此,我们积极探索,用一种微观分析的视域认真思考今天丰富的现实,从而形成关于社会历史规律的更加丰富的认识,防止把我们的社会历史理论变成各种"标签"和"套语"。

这套丛书只是关于微观政治哲学或者社会历史理论的微观研究范式的初步探讨。在这里,我想指出的一点是,丛书的几位作者并非一般意义上具有某种理论共识或者理论诉求的学术同路人,而是一个非常紧密的小型学术团队。《福柯微观政治哲学研究》的作者赵福生和《年鉴学派史学范式研究》的作者张正明都曾是我指导过的博士研究生,前者2003年入学,2008年通过博士论文答辩;后者2005年入学,2010年通过博士论文答辩④,我们在一起共同研究已经有七八年的时间了。从研究丛书的结构来看,我的《现代性的维度》属于哲学,特别是文化哲学领域的研究;赵福生的《福柯微观政治哲学研究》侧重于政治哲学领域的研究;张正明

①　《马克思恩格斯选集》第2卷,人民出版社1995年版,第18页。
②　《马克思恩格斯选集》第4卷,人民出版社1995年版,第692页。
③　《马克思恩格斯选集》第4卷,人民出版社1995年版,第692页。
④　两篇博士论文在答辩时都获得了"优秀",赵福生的博士论文2010年获得了全国百篇优秀博士论文提名奖。

的《年鉴学派史学范式研究》侧重于历史哲学领域的研究；论文集《社会历史理论的微观视域》也主要是从以上三个学术领域精选的国内外自觉地开启社会历史理论的微观研究的代表性文献。因此，丛书的规模虽然不大，但是，无论其内在的思想，还是外在的构成，都是具有内在的、有机的联系的。当然，理论探索总是艰辛的，开辟一个新的研究领地，所遇到的困难和问题就会更多。虽然我们已经尽了最大的努力，但是由于学术水平、知识背景和思想穿透力等方面的局限，这套丛书的不成熟之处、不合理之处在所难免。恳请学界各位同人和读者批评指正，我们尤其期待着那种真诚的、具体的而不是那种简单地判定"立场"的笼统的批评。

2011 年 2 月 1 日（农历大年二十九）于哈尔滨

前　言

衣俊卿

　　我在这套丛书的序言中曾经作过一个判断：微观政治哲学作为社会历史理论研究范式的深层次的、重要的当代转换，与哲学社会科学诸多领域都处于交叉、交融、渗透、内在化等复杂的关系之中，我们的研究工作不是去新建一个理论研究领域，而是促使当代社会历史理论中已经自觉或者不自觉地包含着的某种趋势性的东西走向自觉，走向整合。因而，我们在完成《现代性的维度》、《福柯微观政治哲学研究》和《年鉴学派史学范式研究》三本专著之后，专门编辑了这本论文集，定名为《社会历史理论的微观视域》，以期展示20世纪哲学社会科学不同领域中所蕴涵的微观理论范式的思想理论资源。

　　我们在这本文集中主要选择了政治学、历史学和哲学三个领域的有关文献。如果从我们对这些资源的理论范式意义的提炼的角度来看，也可以说我们主要考虑了政治哲学、历史哲学和文化哲学这三种在当代很有影响的哲学形态。在具体介绍我们对这三个领域有关资源的选取之前，需要指出的一点是：在哲学社会科学其他领域的当代发展中，也同样包含着很丰富的微观思想资源，例如，微观经济学、微观社会学等。对此我们可以在这里略加介绍。

　　可以断言，微观经济学（microeconomics）是20世纪经济学发展的主要内涵之一。人们一般认为，1890年，马歇尔《经济学原理》的发表初步开启了20世纪的微观经济学，从此微观经济学经历了一个世纪的黄金时期。与以整个经济为研究对象，研究整个经济的运行方式与规律，从总量上分析经济问题的宏观经济学不同，微观经济学也被称做个体经济学或小经济学,它主要以单个经济单位为研究对象,在微观层面上研究个体消费者、企业或者产业的经济行为,及其生产和收入分配。例如,微观经济学分析单个生产者或者厂商、公司如何将有限资源分配在不同商品的生产上以取得最大利润,单个消费者或者家庭如何将有限收入分配在不同商品消费上以获得最大满足,等等。微观经济学经过 20 世纪的发展,内容十分丰富,不断拓宽,形成了诸如价格理论、生产理论、成本理论、分配理论、消费者行为理论、市场均衡理论、福利经济学理论、新制度经济学理论、信息经济学理论等,并且开展关于政府作用的微观分析和经济政策的微观评估等。

同样,微观社会学(microsociology)也是 20 世纪社会学理论发展的主要内涵之一。同以社会整体为研究对象,主要研究社会结构、社会组织、社会制度、社会流动、社会变迁等社会现象,对社会整体进行宏观角度分析的宏观社会学不同,微观社会学也被称为小型社会学,它以社会个体或者小群体为研究对象,主要研究社会个体的社会互动、社会角色、个体的社会化、小群体的内在结构和互动等社会现象,其中,微观社会学侧重于互动和人际关系,特别是社会行为的研究,它以个体行为为主要研究课题,进而扩展到对群体行为、组织行为、民族或国家行为的研究。可以说,微观社会学是对社会的微观角度分析,正如有的学者指出的那样,这是一种对社会的"细胞分析"。萨特在《辩证理性批判》中讨论中介方法论时,就认为美国以小群体为研究对象的微观社会学"是有道理的"①。

微观经济学、微观社会学,以及哲学社会科学其他领域中的微观分析方法的出现,对于我们的研究课题具有重要的价值,因为这一现象至少从一个侧面证明,哲学社会科学微观视域的出现不是某种个别的、偶然的、孤立的现象,而是一种比较普遍的趋势,因此,这种现象是人类思想在 20 世纪所呈现出的不容忽视的发展态势。然而,在确定这一基点之后,我们需要加以说明的是我们没有把微观经济学和微观社会学的有关文献也纳入这本文集的原因。首先,我们为论文集所定的标题是"社会历史理论的

---

① (法)让－保罗·萨特:《辩证理性批判》(上卷),林骧华等译,安徽文艺出版社 1998 年版,第 59 页。

微观视域",这就意味着我们不是一般地挖掘哲学社会科学各个学科的微观研究思想资源,而是围绕着社会历史发展这个核心,选择那些直接探讨人类社会历史进程的学科。在这种意义上,我们没有必要逐一枚举哲学社会科学各个学科的研究成果。其次,更为深层的原因在于,虽然经济学和社会学领域同历史学、政治学和哲学等领域一样,都出现了微观分析、微观研究范式,但是,其价值取向并非完全一致的。正如我们分析的那样,就价值内涵而言,不同类型的微观权力对于人的发展和社会进步的意义是不同的,同样,不同学科领域的微观分析的价值内涵也有很大差异。微观社会学和微观经济学的一个共同特点在于,它们的微观视域的开启,在方法论方面深受自然科学的影响,具有某种意义的数量化、计量化、自然科学化的特征。例如,在微观经济学领域,计量经济学是其重要的方法论基础,从 20 世纪 30 年代起,数理经济分析法就构成微观经济学的基本方法,取得了飞速发展,此外,博弈论的引入也从另一个侧面推动微观经济学的发展。再如,微观社会学的建立和发展同样有赖于对自然科学方法的运用。美国是微观社会学比较发达的国度,从 20 世纪中叶,以小社会群体为研究对象的微观社会学就在美国获得了很大的发展,并逐步成为当代美国经验社会学研究最普遍和最发达的一个领域。小群体微观社会学深受实证主义的影响,它的主要方法论,如社会测量学、群体动力学、行为主义等方法论,都深受自然科学,包括逻辑学和心理学的影响,其中的"社会引力规律"、"社会动力规律"、"场"概念等都是直接从自然科学领域中搬用的。[①] 显而易见,微观经济学和微观社会学在研究范式或者方法论上的自然科学化和计量化特征,与我们所倡导的社会历史理论微观研究范式的价值取向并不一致,我们所强调的是通过微观分析来展示历史的丰富性和文化的丰富性,从而使我们的社会历史理论在其宏观建构中能够维护差异、多样性、自由、个体性的权利和地位。在这种意义上,微观经济学和微观社会学的自然科学化和计量化不仅对于差异和多样性、自由和个体性的展示和丰富发展没有帮助,而且其强调调控和控制的特征,以及实证主义思想基调,很容易导致理性控制和理性统治的精密化

---

① 参见卢朝峰:《美国的微观社会学》,载《国外社会科学》1987 年第 1 期。

和微观化,而这正是微观政治哲学的批判锋芒所指向的对象。①

　　基于上述考量,我们主要选择了历史学、政治学、哲学这几个领域在20世纪的新进展,来具体展示人们用微观分析和微观视角来丰富社会历史理论,建立宏观视域和微观视域有机统一的社会历史理论的尝试。我想,这样做,既符合20世纪人类思想和理论的发展实际,也符合不同理论领域的学科定位,因为,在哲学社会科学的众多领域中,直接以人类社会历史发展为对象的,主要是政治学、历史学和哲学这几个学科。我们发现,在20世纪的历史进程中,关于人类社会历史发展最有影响的理论认识和路径设计,无论是保守的还是激进的,无论是右翼的还是左翼的,无论是传统的还是革新的,大多来自哲学、政治学和历史学这几个领域。正是在这种意义上,佩里·安德森在《思想的谱系》中为了全面勾勒当代西方思潮的左与右,所选择的学科也基本上是这三个领域。他甚至把价值取向和基本导向的左与右的分野,同学科的性质挂钩,全书按照右、中、左翼思潮共分为三部分,安德森分别使用了"政治学"、"哲学"和"历史学"作为这三部分的题目,他指出,"作为全书红线的政治谱系,同样在很大程度上决定了本书的话题范围。左、中、右三派对同样的主题或学科并没有给予同等的关注。政治思想的经典传奇人物,从柏拉图直到尼采,以及领导这个世界(不管是国内还是国外)的当前任务,早已经成为右翼最为关心的话题。标准化的哲学建构已经成为中间派的专长。经济、社会和文化的探索——不管是过去的还是眼前的——则主导着左翼的产出。任何企图想一把抓住这三派观点的人,均如同强行横穿崎岖之地"②。

　　本论文集从结构上大体分为五个部分。第一部分是想介绍一下国内外关于哲学社会科学领域的微观视域或者微观理论范式等问题总论性的文献,但是,这项任务比较困难,因为理论家大多侧重自己所属的具体学科来讨论问题,我们最后选择了萨特《辩证理性批判》中关于中介方法的

---

　　① 当然,我们只是在微观经济学和微观社会学总体上受自然科学研究范式和方法论影响的意义上作出这种判断,由此并不否认在微观经济学和微观社会学中,特别是在其近期进展中,也有一些与微观政治哲学的批判精神相吻合的东西,如诺斯对经济过程的社会学性质的微观分析等。

　　② (英)佩里·安德森:《思想的谱系——西方思潮左与右》,袁银传、曹荣湘等译,社会科学文献出版社2010年版,"前言"第3页。

论述、道格拉斯·凯尔纳和斯蒂文·贝斯特《后现代理论》结论部分关于建立一种多向度、多视角的批判理论的思考，以及我本人的两篇论文。第二部分集中介绍微观史学的文献，可以说，20世纪史学领域最重大的突破就是年鉴学派的史学范式的建立，我们在这里一方面选择了年鉴学派主要代表人物，如布罗代尔、勒高夫等人关于年鉴学派史学方法论或理论范式的著述以及研究年鉴学派的有影响的文献，另一方面则致力于介绍年鉴学派在其他国度产生的影响，特别是按照微观史学范式所建立起来的新的史学学科，例如，日常生活史、新文化史、大众文化史、案例史、系列史、心态史、乡村史、气候史等。第三部分重点介绍微观政治学的思想，主要选择了福柯和德勒兹等思想家直接论述微观政治学及其方法论的文献，特别是关于知识考古学、谱系学、块茎思维、游牧思维等方面的论述。此外，我们在本论文集中没有单独设立后马克思主义篇章，而是把尚塔尔·墨菲的一篇论文收录到微观政治学篇。第四部分重点介绍20世纪哲学中回归生活世界的思想导向和日常生活批判的基本理论范式，虽然并非所有回归生活世界的理论家的论述都符合我们关于微观社会历史理论的思考，但是，为了比较全面地展示生活世界理论和日常生活批判理论，我们还是尽可能地把这一领域最有影响的理论家，如胡塞尔、列菲伏尔、许茨、赫勒、科西克等人的主要思想都加以介绍，主要突出他们关于日常生活批判的范式、方法论、理论定位、价值取向等方面的总体性论述。当然，尽管作了较大努力，但是限于篇幅，卢卡奇、海德格尔、维特根斯坦、哈贝马斯等人的相关文献还是没有收录。第五部分简要介绍中国学术界对于开启社会历史理论微观视域的一些初步探索，主要选择中国学术界自觉地尝试在政治学、历史学、法学、政治哲学、文化哲学等领域中建立哲学社会科学微观视域或者微观理论范式的一些代表性论文，而中国学者几篇有影响的一般性介绍国外研究进展的论文，我们没有放到这里，而是直接按学科分别纳入前面几部分之中了。

最后需要解释的一点是，在论文集中收录了我本人的多篇论文，这样做并非要突出自己的研究，而是想借此机会把我过去20年在中国现代化进程中的日常生活批判、西方马克思主义的文化批判理论和文化哲学领域的研究的内在联系和逻辑思路展示出来。

当然，我深知，要编辑这样一本论文集，无论如何选择，无论如何解释和限定，都会有很多不尽如人意的地方，都会有不少不合理的地方，因此，恳请这一领域的同人和读者批评指正，也期待着更多的人在这一领域进行更高水平的开拓和建构，因为，我一直深信，自觉开启社会历史理论的微观视域，建构宏观视域和微观视域内在统一的理论范式，对于我们更加有效地面对今天的社会历史现实，具有重要的价值。

2011 年 2 月 8 日（农历大年初六）于哈尔滨

上　卷

一、开启社会历史理论的微观视域

建立一种多向度、多视角的批判理论

[美]道格拉斯·凯尔纳,[美]斯蒂文·贝斯特

我们已经看到,后现代视角与观点纷繁复杂,后现代理论可以被运用于各种完全不同的理论和政治目的。后现代理论可以被用来攻击现代性或为现代性辩护,可以用来重建激进政治或宣布其为不可能,可以用来发展马克思主义理论或指责它,也可以用来支持各种女性主义批判或瓦解它们。不过,几乎所有的后现代理论都摧毁了既有学科——如哲学、社会理论、经济、文学等——之间的界限,造成了一种新型超学科话语。后现代理论批判了诸如再现、真理、理性、体系、基础、确定性、一致性以及主体、意义和因果关系等现代理论的核心概念。正如哈桑所指出的,后现代理论是一种"消解"(unmaking)文化中的一部分,这种消解文化的原则包括:非创造(decreation)、解体(disintegration)、解构(deconstruction)、非中心化(decentrement)、置换(displacement)、差异(difference)、非连续性(discontinuity)、离散(disjunction)、消散(disappearance)、分解(decomposition)、非定义(de-definition)、去神秘化(demystification)、非总体化(detotalization)、去合法化(delegitimation)(1987:92)。

在我们的批判质疑中,我们强调了各种后现代理论之间的差异,并指出了后现代理论中的极端一翼与重建性的一翼之间的一个重要差异:前者宣称与现代性和现代理论之间的彻底断裂,而后者则运用后现代洞见来重建批判社会理论和激进政治。极端后现代理论(博德里拉以及利奥

塔、福柯、德勒兹与加塔利的某些方面)对现代理论与现代政治作了激进的批判,并呼吁建立适合当前时代的新的理论和政治。然而,重建性的后现代理论(杰姆逊、拉克劳与墨菲、弗兰克斯以及其他后现代女性主义者)则在他们的理论与政治观点中将现代观点和后现代观点结合了起来。①

在结论中,我们想指出,以现代性和现代理论为攻击目标的极端后现代批判,在抛弃现代性的可疑方面时,错误地把启蒙、民主及社会理论等进步遗产也一同抛弃了。我们发现,对于那些仍然有价值的理论和政治计划来说,许多后现代批判有些太过分、太抽象且具有颠覆性。极端后现代理论家试图完全抛弃批判社会理论,否认它的元理论假设(如再现、社会一致性、能动性等),甚至宣称在当今的后现代社会中"实体已经瓦解为碎片,而且主体也正在走向消失"(博德里拉)。别的后现代理论家(福柯、利奥塔、德勒兹与加塔利、拉克劳与墨菲)则声称现代理论是还原论的、过于总体化的,并且是立基于基础主义神话之上的。尽管这些批评准确地揭示了现代理论的某些方面,但是也有一些理论家,他们虽然是站在现代传统中,但是也同样对现代性提出了批判,这些批判既预想到了后现代批判的许多重要方面,同时又避免了后现代批判完全拒斥现代理论与现代性的缺陷(参见 Antonio and Kellner 1991a)。②

尽管几乎所有的现代理论都存在着过度总体化和实证化的倾向,但是在现代理论自身内部也还是有人对实证主义、科学主义、还原主义提出了批判。现代理论的一个传统(例如马克思、杜威、韦伯以及解释学)就一直呼吁理论应具有反思精神和自我批判精神,应该注意自己的预设、兴

---

① 我们所说的极端的后现代理论与重建性的后现代理论在我们已经讨论过的不同的理论家那里表现程度各不相同。博德里拉是典型的极端后现代主义者,他完全拒斥现代理论。像福柯和利奥塔这些理论家则结合了极端和重建这两种倾向,而像杰姆逊、拉克劳与墨菲等理论家则明显是重建论者。关于我们是否有可能完全摆脱现代理论和现代性,也有一些问题有待研究,无疑,即使是在如博德里拉、克洛克和库克等这些最极端的后现代主义者那里,也存在着许多现代成分,尽管他们与现代理论的决裂程度已相当之大,而其描绘的观点和新视角也足以为他们赢得"极端"的标签。

② 我们是在广义上使用"现代理论"这一概念的,它包括哲学、社会理论以及精神分析等在内的所有现代理论话语。和安东尼奥与凯尔纳(1991a)一样,我们也认为现代理论既有批判的主题和传统,又有独断的主题和传统,甚至在同一位思想家或同一个学派那里,情况有时也是如此。本节中我们所作的元理论研究得益于我们同罗伯特·安东尼奥的讨论,虽然他不完全同意我们这里提出的所有观点,但是,我们同他的对话却帮助我们澄清了我们的观点和措辞。

趣和局限。这一传统因而绝对不是独断性的，它允许否定和修正，从而回避了对确定性、基础、普遍规律的寻求（尽管绝大多数现代理论未能避免这一错误）。现代理论中的这些批判主题提供了一种非科学主义的、容错的、解释学的、对新的历史情境、理论观点和政治实践保持开放的理论模型。因此，我们认为现代理论中的批判传统仍然能够为今天的社会理论提供有用的观点、方法和概念，因而拒斥这一传统将是一种错误。

此外，那些最优秀的现代社会理论家在为现代性的整体特性和宏观特征提供语言的同时，也认识到了现代性的分化和片断化特征。现代理论的这一传统已经对现代社会中日益增长的复杂性进行了分析，既分析了社会日益严重的理性化、个人化和分化的现象（如马克思、韦伯、哈贝马斯等），也分析了诸如商品化、大众化、物化以及统治等这些构成现代社会的宏观过程。事实上，古典社会理论基本上就是关于现代性的理论，它分析了现代社会的结构、构成和发展轨迹（Antonio and Kellner，即将出版）。现代社会理论的历史任务就在于分析经济、国家、社会和文化等因素如何相互作用，形成了历史上不同于传统社会的一种特殊社会组织形式。某些现代理论家强调经济的优先性，另一些则强调国家或科层机构的优先性，其他一些则强调现代文化与价值的优先性，并且各自给这些不同领域赋予了不同的结构比重和因果分量，不过，所有那些主要的现代社会理论家都试图分析现代社会的基础结构和过程。

大部分后现代理论家则拒斥这一计划。有些理论家（如利奥塔）声称这种总体化的分析必然是还原主义的，它将会助长极权主义思维方式和政治压迫。另一些人（如博德里拉）则声称：在一个超片断化（hyper-fragmented）的、到处充斥着媒体的社会中，根本不可能区分出影像与实体、符号与指示物，因而无法作出那些在从前曾是古典社会理论之标志的区分、连接以及系统化分析。对于极端后现代主义者来说，社会实体是不确定的，无从图绘的，我们所能做的充其量只是生活在一个解体了的社会秩序的片断里。

甚至像杰姆逊这样的提倡重建的后现代理论家也倾向于把后现代状况说成是一个使人晕头转向的复杂的"超空间"。在杰姆逊看来，后现代资本主义夷平了先前存有的坚固界限和区分，其中不仅包括雅俗文化之间的区分,而且也包括真实与非真实、虚构与史实之间的区分。后现代文化同时还造成了价值、政治及经验的危机。不过,尽管杰姆逊预感来者有些不善,并且描述了"有形空间自身内部的一种突变……一种迄今为止尚没有相应的主体转变(或适应性反应)相伴随的客体巨变",但是他拒绝博德里拉对物化的妥协,呼吁用新的认知策略来说明这些变化,并试图为此去修正美学、理论和政治。

我们赞同杰姆逊的如下观点:资本主义力量构造出了比以往任何时候都要多的社会生活领域,这一过程在里根、布什、科尔以及英国保守主义政党的统治下变得越来越明显,且越来越犬儒化。因此,我们宁愿认为后现代理论有助于我们去更加精确地图绘当前时代,它更新和修正了古典社会理论,也不愿像博德里拉那样认为后现代理论宣告了社会图绘的终结。后现代理论描绘了那些被许多古典社会理论所忽视的微观现象和边缘现象,肯定了常常被过去的宏大理论所压制的差异性、多元性和异质性。但是,后现代理论倾向于从事片断性的图绘,忽视了现代社会理论所关注的社会结构中的那些较为系统的方面和关系。故此,我们呼吁在批判的前提下,将现代理论和后现代理论批判结合起来,以便既能图绘出社会组织和社会冲突中的那些较为广泛的方面,同时又能图绘出其片断性的方面以及各种微观领域。因此,在接受后现代理论对理论重建所提出的某些建议时,我们反对它对宏观理论的放弃。

后现代理论家并不直接从事社会理论本身的研究,而是折衷地把片断的社会学分析、对文学与文化的解读、对历史的理论描述以及哲学批判等揉和到一起。他们倾向于推崇文化与哲学分析,而不重视社会理论,因而未能直面那些对我们的社会世界最具决定作用的因素。不过,不同于大多数后现代理论,我们相信重建社会理论这一计划本身仍然是一项有价值的计划。正像个人需要关于他们城市的认知地图以便应付他们的空间环境一样,他们也需要关于他们社会的地图以便睿智地分析、讨论和介入社会过程中去。在我们看来,社会理论提供了关于当代社会的地图:使我们能够认识到它的组织;它的基本的社会关系、实践、话语及制度;它的整体性及相互依赖性;它的冲突与片断化特征;它的权力结构以及它的压迫与统治模式。社会理论分析这些要素如何相互配合,共同构成了特定的社会,以及社会如何才能有效地运转或为什么不能有效运转。

因此,社会理论为社会现实提供了指南,它提供了社会的模型和认知地图,这种"大画面"能够使我们看到,譬如说,经济、政治、社会制度、话语、实践以及文化等因素如何通过相互作用产生了社会系统。社会理论描绘并连接了不同的社会现实领域,从理论上揭示了经济、国家、性、话语等社会或个人日常生活中的各种不同力量之间的因果关系。现代社会理论包含两个传统:一个传统分析那些大的、宏观的社会结构和关系;另一个传统则聚焦于日常生活的微观要素,而最近则出现了将这两个传统结合起来的尝试。我们相信宏观理论仍然有其重要性,认为正是由于后现代对宏观分析的攻击,导致了后现代理论的各种困境和缺陷。我们的观点是:尽管对于变动不居的复杂社会过程,不可能有固定不变的、穷尽一切的知识,但是要想描绘社会的基本领域、结构、实践以及话语,弄清它们如何形成、如何相互作用仍然是可能的。因此,在结论的剩余部分,我们将论证把微观分析和宏观分析结合起来,建立一种超学科的社会理论的必要性。

我们相信,由于缺乏对经济、国家以及这些领域同社会、文化、日常生活之间互动关系的理论分析,从而使得后现代理论失去了效力,并且导致了对社会理论本身的不当屏弃。正如我们已经看到的,所有的后现代理论家都未能对经济、资本主义的当代发展等问题提出恰当的分析,许多人干脆完全回避了政治经济学。同时,后现代理论也未曾对国家作出系统的说明,没有对经济、国家以及其他社会领域与过程之间的关系作出任何实质性的分析。某些后现代理论家忽视了媒体的基本作用(福柯),而另一些则脱离政治经济学来分析媒体(博德里拉)。没有哪位后现代理论家提出这样一种社会理论,将社会看做是一个系统组织,看做是一种拥有特定社会关系、制度和组织的生产模式。

对于我们所提出的计划,后现代的回答可能是:我们目前正处于一种全新的社会历史情境之中,面对新的社会情境,以往的一切理论都成了过时的废物,我们必须建立一种新的理论化模式。对此,我们的回答可以分成两个方面:我们认为,(1)这种极端的宣称尚未被证实;(2)要这样做就需要进行一种元理论证明,而这种元理论证明却又恰好正是现代理论的特征。认为我们正处于一种全新的后现代性之中,这种断言本身就预设了一种关于历史中的一个新阶段的断代理论——考虑到后现代理论家们本身对叙事和总体化分析的批判,这其实是一个更宏大的宣称——而且,也没有哪种后现代理论对这种断裂作过恰当的理论说明(参见《后现代理论》第八章第 2 节中的进一步讨论)。在本章的结论部分,我们将提出我们自己的观点:我们正处于现代性和一种新的、至今尚未得到妥当理论说明的社会情境的分水岭上。在这个转型时代,无论是现代理论还是后现代理论都有助于从理论上说明过去的现象与新奇的"后现代"现象之间的连续性。

　　此外,我们还将指出,为了进行那种构成后现代理论之特色的文化与社会政治分析,就需要有这样一种社会理论,它能够使我们站在更大的背景下来理解那些为最优秀的后现代理论所关怀的各种具体现象(如知识与权力的关联;精神病治疗、医学或监狱中的微观权力的组合;类象与媒体;以及新技术等)以及它们之间的关系。正如杰姆逊睿智地指出的那样,尽管人们可以把文学或文化分析视为对社会经济动态过程的辩证阐释,但是这种解读需要将这些现象放置到由社会理论所描绘的一个更大的背景当中,任何文化和理论分析都必须由社会理论为其提供这样的背景。例如,如果没有一种关于社会的理论,就不可能形成关于电视的适当理论,而在资本主义社会中,如果没有关于资本主义的理论,没有政治经济学,也就不可能形成适当的社会理论(Kellner 1990)。

　　后现代理论虽然成功地挑战了马克思的唯经济主义(economism)、工人主义和国家主义(statism),但却往往忽视了经济与生产问题,并且也很少谈及资本和国家,而这些力量无疑仍然是当前社会结构中最重要的决定因素。后现代理论试图将经济非中心化,以便将注意力集中到微观现象之上,这种做法尽管可能会产生一些具有重要意义的结果,福柯的理论就是一例,但是,我们认为,在资本主义社会中经济仍然是一种至关重要的具有建构力的制度,因而像后现代理论那样明显地无视经济实在是一个错误,按照我们的观点,社会、文化和政治理论不能与资本主义理论分离开来,不能与对资本主义不同层次之间的系统关系的分析以及对资本主义制度的分析分离开来,无论这是对资本主义各个层次或制度之独立运动的分析,还是对它们在资本主义生产模式中的互动的分析。因此,我们坚持认为,新马克思主义理论——它试图运用关于资本主义当前阶段的理论来说明各种社会现象——仍然有其重要性,尽管我们也认为,各种新出现的现象,诸如后现代理论所分析的那些新现象,需要我们对以往的所有社会理论进行全面的重建。从这一视角看,我们发现那种从原则上排斥政治经济学的后现代理论实在是有些抽象和盲目,无法对当前时代的基本过程和发展趋势作出恰当的分析。

毋庸讳言,许多现代社会理论家是以一种笨拙的、还原的、诉诸于本质的、可疑的方式来图绘社会的。从这一点讲,后现代理论是很有价值的,因为它引起了我们对现代社会理论的某些危险和局限的警觉。但是我们发现,完全排斥社会理论的后现代趋势不仅使得后现代理论变得残疾,而且还导致了与初衷相反的后果。不过我们相信,尽管有这些局限,但是对于发展一种关于当前时代的批判社会理论和激进政治来说,后现代理论还是有很重要的贡献的。它对现代理论的挑战迫使社会理论家认识到了以往社会理论模型的某些局限。它关于新的社会历史情境之重要性的宣称向我们提出了重新书写理论和修正先前正统理论的要求,因而有可能会重新引发对当前时代的批判分析。

更具体地说,后现代理论的贡献包括:对现代性的制度与话语以及它们对主体实行规范和惩戒的具体方式所作的详尽的历史系谱学分析(福柯);对欲望在资本主义中如何被殖民化以及如何因此导致了潜在的法西斯主体的微观分析(德勒兹与加塔利);对大众媒体、信息系统以及技术等这些彻底改变了政治、主体性和日常生活之性质的新型统治方式的理论阐述(博德里拉与杰姆逊);对微观政治、新的社会运动以及新的社会改造策略之重要性的强调(福柯、德勒兹与加塔利、利奥塔、拉克劳与墨菲);对现代性的那些有缺陷的哲学要素的批判(德里达、罗蒂、利奥塔);以及对女性主义和后现代理论的新的综合(弗兰克斯、弗雷泽、尼科尔森)。

尽管如此,正如我们已经指出的那样,后现代理论发展至今仍然存在着一些根本性的缺陷。大多数后现代理论具有一种简单化倾向,独断地排斥竞争性的观点,且极度地偏狭。大多数后现代理论忽视了政治经济学,因而未能恰当地阐明社会的经济、政治以及文化层次之间的相互关系。为了根除后现代理论的这些缺陷，我们呼吁重建一种多向度、多视角的社会理论。

一种多向度的批判理论将提供对社会现实之不同层次与领域的相对自主性的分析，以及对它们通过相互作用形成一种特定的社会组织模式的具体方式的分析。多向度的批判理论是辩证的、非还原的。它将对社会的经济、政治、社会等向度之间的关系作出概念分析，并拒绝将社会现象还原为任何一个向度。一种辩证的理论将会描述那些把各种社会现象彼此联系起来并把它们同占主导地位的社会组织模式联系起来的中介环节或相互作用。例如，一种对广告业的辩证分析将从理论上说明广告业在资本主义经济中的兴起过程，说明它的经济功能和经济效应；它将指出广告业如何采纳了某种文化形式，进而反过来影响了文化的生产；它还将分析广告技术如何被政治所同化以及如何使政治形式发生了改变，并且因此分析广告业、经济、政治、文化和社会生活之间的相互关系。

因此，辩证的分析把特定社会现象同一个社会的各种基本力量以及社会中的各种关系联系了起来，一方面揭示了资本主义社会的结构和动因如何构成了各种特定的现象，另一方面也说明了对这些特定现象的剖析有助于我们去了解广泛的社会力量。从这一角度看，对资本主义社会经济过程之基本特征（如商品化、物化、拜物教）的分析，可以说明诸如流行音乐这类现象，而对音乐的微观分析则又可以反过来说明广泛的社会过程。因此，正如阿多尔诺所分析的那样，辩证的批判理论将会保留特殊性，一方面试图说明特殊事件和人工产品，另一方面又试图说明构成或限制这些事件或产品的更广泛的社会力量。辩证的批判理论也是历史性的，它对历史事件和历史变迁保持开放，因而能够根据历史的发展来修正它自己的理论和政治。

批判社会理论还关注并且能够说明重大的社会问题、冲突以及矛盾，指出解决这些问题、实现社会进步的可能途径。批判理论分析统治与剥削的基本关系，分析等级制、不平等以及压迫等现象是如何被熔铸到社会关系和实践中去的。辩证的批判理论因而是一种政治理论，它将理论和实践相结合，寻求改造现存社会的可能途径。例如，马尔库塞的多向度的概念(1964)就主张根据各种现存事态是否具有更高的潜在可能性来评估它们,由此形成批判的立足点,从而判定现存社会中的哪些东西应予以否定或变革,以便建立一个更美好的社会组织。因而,一种多向度理论认为社会总是由多重向度组成的,并且包含着实现社会变革的潜在可能性。

　　一种多向度的批判理论强调社会之每一向度的相对自主性,因而它允许从各种不同的视角来探讨社会现实领域,探讨它们如何被构成以及如何互动。一种多视角的社会理论从多个视角来观察社会。一个视角就是一种观察方法,一种分析特定现象的有利位置或视点。视角一词意味着每个人的视点或分析框架绝不可能完全如实地反映现象,它总是有所取舍,总是不可避免地受到观察者本人先有的假设、理论、价值观及兴趣的中介。视角这一概念同时也意味着没有哪个人的视点能够充分地说明任何一个单一现象的丰富性和复杂性,更不用说去完全地说明一切社会现实的无穷的联系和方面了。因此,正如尼采、韦伯等人所言,一切关于现实的知识都来源于某个特定观察点,一切"事实"都是由人们建构起来的解释,一切视角都是有限的,不完全的。因而一个视角就是解释特定现象的一个特定的立足点、一个聚焦点、一个位置甚或是一组位置。一个视角就是一个解释社会现象、过程及关系的特定的切入点。

　　视角包括如社会学或政治科学之类的学科视点,或这些学科中的各种彼此竞争的范式,各种学派内部的不同观点(如马克思主义或女性主义的不同流派)以及新的个人理论或观点。例如,社会学就包含了从马克思到韦伯、到涂尔干、再到帕森斯的各种视角。这些视角中的每一种都强调了现代社会性质的不同层面,马克思强调生产方式,韦伯强调科层制、理性化、文化分化,涂尔干强调社会再现和将个人整合到社会中去的各种制度,而帕森斯则关注社会角色和社会实践。所有这些视角,以及其他各种理论,都对发展一种社会批判理论作出了重要贡献,同时,每一种又都有其自身的盲点和局限。例如,马克思主义传统长于阶级分析,而疏于性别分析,而某些形式的女性主义则弱于阶级分析。马克思主义长于分析阶级冲突和社会矛盾,涂尔干和帕森斯虽弱于这些方面,却长于分析社会整合。

　　不仅如此,像经济学、社会学或哲学这些学科观点都有其典型的长处与缺陷,洞见与盲点。因此,一种多向度且多视角的理论从多种多样的有利位置来观察社会,有时从经济学观点来说明特定现象,有时则从国家观点或从经济学与政治学的交叉点来说明之。有些时候韦伯的视角或许能提供阐明某一特定现象的最佳视角,而在别的一些时候,一种马克思的视角,或马克思、韦伯和女性主义视角的交叉也许能提供最富洞见的阐发(articulation)。

　　这里所说的阐发,是指在进行具体分析或发展理论观点时对各种不同视角的调合。为了对社会现象提出综合性的观点,从各种不同的主体立场来观察事件、制度或实践是很有用处的。在解释阶级斗争事例时,有必要从资本和劳动这两个角度,甚至还需要从性别和种族角度来观察具体事件。同样,在解释文化文本(例如政治演讲或电影)时,从各种不同的主体立场出发往往能够提供说明这些文化文本的有利视角和深刻洞见,而这些有利视角和洞见却常常被那些较为"中立的"、"客观的"思维模式或话语所遗漏。举例来说,女性主义理论所阐发的妇女的主体立场,就提供了经常被男性理论立场所遗漏的那些文本或事件向度的洞见。采取种族视角和各种边缘立场也能提供被某些视角所遗漏的洞见。可见,各种不同的主体立场提供了关于社会和文化现象的不同视角,而多样立场化往往能提供较为全面透彻的分析。由此可见,视角就是受理论观点所影响的特定的视点。当然,我们并不是像尼采式的超级相对主义者那样用视角这个词来表明一切立场都仅仅是主观的,仅仅是个人用来观察问题的位置或方法而已。相反地,我们使用视角一词来表明在历史的某个既定时刻理论所能运用的一系列既存的观点。

　　既然在今天并不存在可以作为社会理论之基础的真实的、确定的或绝对有效的视角,那么,批判社会理论就必须向新的理论话语和视角敞开胸襟,以避免陷入教条主义和理论上的固步自封。多视角的理论能够把诸如批判理论、后结构主义、后现代理论、女性主义理论以及其他重要的理论话语结合起来,从而为当前时代发展出一种激进的理论和政治。这将意味着应当去借鉴从阿多尔诺到哈贝马斯的批判理论所提出的各种特定视角,或者借鉴从德·波芙娃(Beauvoir)到克利丝蒂娃的女性主义理论。从政治角度看,一种多视角的批判理论将意味着将具有各种立场的人团结起来,阐发他们的共同利益,尊重他们各自的差异——这一点我们将在第八章第3节中再次讨论。

尽管某些起源于尼采的后现代理论流派强调视角多样化的重要性,但是当后现代理论家们在进行社会分析时,却经常表现得并不言行一致,而是往往热衷于单向度的、简单化的分析(例如博德里拉就只是从技术学的视角来看待媒体)。不过从另一方面看,往往是那些对特定观念或观点的专注探索,才有可能产生对社会理论有价值的洞见,例如,博德里拉就是从媒体、新技术或类象这一狭窄的角度得出了重要的结果。但是,假如我们要构建关于当前时代的社会理论,或者分析诸如监狱、性、媒体或家庭这类复杂现象,那么,最好还是采取尽可能多的视角。极端后现代视角好比是管中窥豹,如果得不到其他视角的补充,就只能见其一斑。

我们可以通过一些例子来说明多视角批判理论的价值。例如,对于现代性来说,采用多重视角,从新的资本主义经济及工业革命、新的科学技术、新的民主革命形式和阶级斗争形式、新的观念与意识形态、新的艺术形式、新的时空经验形式和日常生活方式等方面去分析现代性的起源和发展过程,就要比仅仅从经济角度(某些马克思主义者)、技术角度(麦克卢汉和博德里拉)或文化角度(如布鲁曼伯格和坎洪纳等知识历史学家)进行分析可取得多。同样地,如果想发展一套关于当代社会的理论——不论是后现代理论还是其他什么理论——我们就不应该仅仅从话语和知识视角(早期福柯和利奥塔),或是仅从媒体和类象角度(博德里拉),或者仅仅从资本的文化逻辑这一角度(杰姆逊),或仅从资本主义发展过程中的新的后福特主义(post-fordist)阶段这一视角(哈维)来解释当代社会,而应该从经济、技术、文化、政治以及社会发展等多重角度来考察它,并且同时说明这些现象是如何相互联系的。这样一种理论将能够说明资本主义生产方式的变化与新的政治形式、新的技术、新的审美实践以及新的经验形式之间的联系和互动。

同样,如果要想建立一套电视理论,像麦克卢汉和博德里拉那样,仅仅从其技术形式角度来诠释电视,把它看做是纯粹的媒体,或者像某些文化理论学家那样,仅从其内容和意识形态效应来解释它,这是远远不够的。一种多视角的观点认为,我们不可能仅仅通过分析政治经济对电视的决定作用,或仅仅通过分析电视的政治功能,或分析其作为一种文化形式的具体构成,就能掌握电视的所有向度,尽管很明显所有这些方面都很重要。相反地,我们应当去分析电视的政治经济学、它对当今政治斗争的介入、它的不断变化的文化形式与效果、它对新技术的采用以及观众对它的不同使用方式等多重向度之间的内在联系,以便提出一套更具包容性的电视理论。与此相同,对电视文本的解读需要运用多重方法来抓住文本的各个向度,包括符号学方法、意识形态批判、精神分析、女性主义以及其他批判方法(请参考 Kellner 和 Best and Kellner 的相关论述;有关对电影的多视角分析,请参阅 Kellner and Ryanand Kellner 的著作)。这就需要敞开胸怀容纳多种类型的理论话语,并允许发展出多视角的分析。

与此相反,后现代理论往往排斥竞争性的理论与政治视角①,而那些后现代理论的批评者们也常常表现得相当独断,拒不接受新的后现代视角(哈贝马斯的某些信徒及卡林尼科斯)。后现代理论通常主要从文化和推论视角来分析现象,并且常常分析一些互不联系的片断,不能抓住各种现象之间的系统性的相互关系,例如资本主义国家与经济以及大众媒体之间的联系。这种片断化的分析复制了卢卡奇所说的物化过程,借助这种物化过程,资本主义意识形态使人们无法去了解限制他们行动的各种结构和阶级关系,从而使人们无法得出恰当的政治结论。例如,福柯虽然偶尔也在资本主义国家及经济这一背景下分析规戒性技术和规范化策略,但是,在大多数情况下,他对权力所作的描述脱离了这一背景,并且从来没有对这些宏观制度作详细说明。德勒兹与加塔利在资本主义经济这一广阔背景中对欲望、精神分裂以及家庭作了理论说明,但是他们却将政治经济学消解为力比多经济学,并且后来追求千高原式的零散片断。与此相对应,博德里拉及其追随者脱离资本主义经济策略与机制来谈论符号和形象的生产,对其进行唯心主义式的文化主义分析,将他们自己对某些当代现象的解释投射到整个的当代社会。利奥塔、拉克劳与墨菲所关

---

① 参见《后现代理论》第四章第 2 节中所提到的博德里拉对福柯的批驳就是一例。

注的只是话语,未能去分析制度和经济。杰姆逊虽然对资本主义作了系统分析,突出了文化与经济的重要性,却未能将他的理论同其他理论协调起来。

由此看来,后现代理论的视角过度地倾向于文化主义。在后现代理论中几乎没有具体的社会与政治分析,有些后现代理论家越来越使自己远离了一切社会分析和社会批判。尽管博德里拉70年代的著作充满了对当代社会发展的精辟洞见,但是他80年代的著作却越来越倾向于形而上学、片断化、远离政治(apolitical)乃至反对政治(anti-political)。利奥塔也逐渐地转向了哲学,远离了社会分析与社会批判。福柯从未对当前时代作具体分析,尽管有许多方法论上的迹象表明分析当前时代正是他的目标。

因此,为了避免简单化做法,为当代社会提供更具包容性的视角,我们应当从多种角度来研究经济、政治、社会、文化等现象,弄清它们是如何构成和如何相互影响的,以及最近发生了哪些变化。这就需要将马克思、韦伯、哈贝马斯等经典现代思想家的视角同福柯和博德里拉等后现代理论家的视角结合起来。但是为了避免彻底的折中主义和自由多元主义,辩证的社会理论必须对视角主义认识论和视角主义理论中存在的某种陷阱和危险保持警惕。必须避免那种认为"什么都行的"极端相对主义。有些向度的确要比其他向度更切实际且更重要,某些批判理论和方法确实更适合于某种特定的情境和问题。折中主义的多元论无法确认在特定的情境中哪些现象最为重要,也无法提出独特且有力的理论分析,以便提供新颖的、具有创新精神的看待问题的方法。换言之,社会理论的任务并不仅仅是去将视角多元化,而是提供新颖的能说明问题的视角以便引起人们对新现象的关注,揭露那些迄今为止一直被遮蔽的关系,甚至提供新的看待问题的方法,正如马克思指出了占统治地位的观念与统治阶级之间的关系,或者如福柯使我们注意到了在特定学科、制度、话语以及实践中权力与知识之间的联系。

一个人的目标、背景、理论与政治取向等将明显地决定哪些视角最适合于既定的情况。要想发展一套关于电视在当代美国社会中的社会功能和效应的理论,就需要分析电视工业与国家以及跨国资本之间的关系,这样一来,政治经济学就必然要在这一计划中处于优势地位。而要想分析电视对性别的反映,就必然要重视女性主义理论,或许还要重视精神分析理论或符号理论。要想从理论上阐明"后殖民主体",就必然要涉及宏观理论,必然要运用帝国主义理论、依附理论、不发达理论以及关于反帝国主义斗争与运动的理论。要想解释广告对社会的影响,可能需要把宏观理论和微观分析结合起来,前者关注的是广告在资本的循环中以及在生产消费者的需求中的作用,后者关注的则是个人和群体对广告的反应以及广告对他们的思想和行为所产生的影响。而这又可能需要同探究广告形象与个性形成之间的关系问题的符号学或精神分析理论相结合。

究竟选择何种视角以及选取几种视角要视具体的主体和计划而定。多视角分析并不排斥就某些特定现象进行集中而有力的分析,也不排除形成某种特定的视角。由于以下两点理由,视角多了并不一定是好事:首先,一种细致且具体的单视角分析可能要比一种高度抽象的多视角分析更有力且更能说明问题。此外,多视角分析也可能由于不加区别地乱用不同的视角而失去效用,因为把互相矛盾的假设和逻辑结合到一起会使分析陷入混乱和漫无目的。因此,多视角分析不应该不加区分地把各种理论囫囵吞枣地"综合"到一起,在这一点上,后现代对差别和不可通约性的强调很有价值。事实上,多视角主义必须去判断:对于特定事例来说,在各种相互竞争的理论中,究竟有哪些观点是有用的,哪些观点是没有用的。

在进行实际理论分析时,我们还必须在那些不相容的视角中间作出选择,或者去重构视角以避免不一致。例如,我们必须在一种系统的、总体化的思维形式和后现代对总体化的宣战之间作出选择。不过假如我们选择了系统分析,我们也应当认识到具体分析的重要性,而且,在某些情况下,还应当把微观视角和宏观视角结合起来。多视角理论致力于结合微观视角和宏观视角这一当代问题,此外还主张使用互补的视角,例如福柯和博德里拉对权力的分析,或哈贝马斯和利奥塔对共识与歧见的讨论(在某些场合下应使用前一种模式,而在别的场合下则应使用后一种模式)。

因此,批判理论所面临的挑战就是要将它的视角结合到一种更能阐明关于当前时代的理论当中。这一计划需要为最好的批判理论所具有的那种辩证观点和想象力。建立一套辩证的、多视角的社会理论,不仅需要整合和协调各种理论视角,而且还应当清晰地认识到社会的进步与退步因素,认清社会的统治与解放力量。此外,还需要结合理论与实践,弄清实现进步性社会转变的力量和可能性。例如,在马尔库塞的分析中,就始终包含着对解放和统治的考虑,并明确指出了重要的统治力量和解放力量。虽然在有些时候,他的理论太过于强调统治形式而忽略了解放力量,但是在其他时候,他却达到了一种较为辩证的平衡。由于他的理论得到了很好的阐发,因而他在当前的理论及政治辩论中总是观点分明,这使得他能够在各种相互竞争的理论和政治立场中间作出裁决。

既然我们自己处于一个与从前不同的历史时期,面对着各种互不相同而又相互竞争的理论和政治,我们就不能仅仅求助于马尔库塞的或任何其他人的理论观点。相反地,应当去建立关于当前时代的具有包容性的鲜明的理论与政治。我们已经发现,由于后现代理论偏好玩弄碎片(博德里拉)、放弃宏观理论(利奥塔以及某种意义上的福柯)、强调离散的微观现象或话语分析(拉克劳与墨菲)或重视文化现象而忽略经济、社会与政治,不能提供一种语言来说明社会的各个方面以及各个领域是如何相互联系、相互依赖、互为中介的,因而,它往往会成为重建理论与政治这一计划的障碍。大多数后现代理论并不去区分不同的社会领域以及它们的互动模式,而是把经济、社会和文化等一股脑儿地消解为一种压迫性的机器或统治系统,同时推出它们自己的总体化理论形式。例如,虽然福柯提到要保留差异并攻击总体化理论,但是,我们发现,在他的具体分析中,他却常常给我们描绘出一幅关于权力/知识之统治的总体化的系统图画,一幅能够将一切反抗力量与异质性成分都消解掉的权力/知识统治图画。

与后现代宣布放弃理论的做法不同,我们呼吁重建社会理论。正如我们在第七章中所指出的,虽然阿多尔诺和哈贝马斯二人都预想到了并且分有着后现代理论的一些重要方面以及后现代对主体性、形而上学及社会的批判,但是他们并没有像后现代理论那样简单地不假思索地把现代理论的这些重要成分拒之门外,而是试图重建主体和历史与社会理论。

尽管我们呼吁重建社会理论,但是我们并不认为任何现有的理论、方法、传统或风格都能成为当前时代的批判理论模式。相反地,我们主张一方面吸取后现代理论之精华,另一方面吸取现代理论[马克思、尼采、韦伯、杜威、迪布瓦(Du Bois)、德·波芙娃等人]之精华,从而生产出各种各样的社会批判理论。

我们发现,许多后现代视角很有价值,可以为力图避免主流社会理论和极端后现代理论二者之缺陷的当代社会批判理论所用。与现代理论不同,后现代转向的辩护者们认为,对差异概念的强调正是后现代理论与众不同的地方,而且现代理论对当代社会理论之重要意义也正在于此。例如,莱默特(Charles Lemert)(1990)就认为,后现代理论家所倡议的差异概念,要求社会理论必须注意到不同文化、种族、性别、阶级群体与类别以及这些群体内部的不同成员在视角上的差异性。从这一点看,后现代理论的突出特点就在于它拒斥那种将自己群体对某个研究主题的观点或特有的偏见强加给其他人的文化帝国主义,在于它尊重那些不能被同化到某种同质化的普遍理论中去的差异性和非连续性。

韦尔什(Wolfgang Welsch)(1988)也指出,后现代理论的多元主义观点是一个重大的贡献,具有重要的理论和政治意义。韦尔什认为,后现代拒绝给某一种特定的话语赋予特权,这种做法摧毁了为许多当代社会理论所具有的那种独断论和还原论。此外,他还认为,多元主义观点对于后现代政治也具有重要价值,因为后现代政治拒绝给某一政治主体或问题赋予特权,它肯定问题和运动的多样性。不过,尽管我们和后现代理论家一样也提倡建立一套多视角的社会和政治理论,但是,我们一直认为,有一些至关重要的视角被后现代理论遗漏掉了,后现代理论虽然攻击了现代理论的独断论和还原论缺陷,但是它自己却又常常陷入独断论和还原论。

例如,我们发现后现代拒斥系统性与历史性理论的倾向就很成问题。虽然后现代话语对于描述社会、文化、理论以及艺术中的各种新的、正在发展中的情况可能有些用处,但是,却没有对这些多向度的转变作出理论说明,或者发展出一套恰当的后现代性理论。福柯和利奥塔二人虽然都提到了新的后现代状况概念,却并没有将之理论化,而是把他们对后现代

的分析仅仅局限于新的知识与话语领域。拉克劳与墨菲虽然在建立激进
民主理论时吸纳了后现代理论的某些方面,但却没能像杰姆逊那样对后
现代状况进行广泛的文化分析,也没有触及历史断代问题。博德里拉及
其追随者虽然提出了关于后现代状况的观点,但是,他们对后现代状况所
作的描述却过于总体化和单向度,而且往往缺乏具体的经验基础。这些
极端后现代主义者未能直面如下一些核心问题:是什么原因造成了历史
的断裂与非连续性? 其历史因素是什么? 有哪些连续线和非连续线? 资
本主义是否仍然是一种占支配地位的历史力量? 杰姆逊试图分析后现代
主义的各个层面,把它放在广泛的社会和历史框架之中,从连续性和非连
续性角度来阐释它,他把后现代主义看成是一个文化整体,这也许是对后
现代主义的最妥当的分析,但是,他的解释也常常过于总体化,玩弄辞藻
有余而理论阐释不足。而最近的女性主义理论基本上只是照搬了后现代
的认识论概念,未能发展出实质性的后现代社会理论。

　　因此我们认为,迄今为止,还没有人对假设中的现代性与后现代性之
间的断裂作出恰当的分析,也没有人对所谓的新后现代社会作出恰当的
说明。这种说明的一个重要内容就是要指出现代性与后现代性之间的连
续性。

　　(摘自于[美]道格拉斯·凯尔纳、斯蒂文·贝斯特:《后现代理论——批判性的
质疑》第八章"重建批判社会理论",张志斌译,中央编译出版社 2001 年 9 月版,第
329～350页。)

中介问题和辅助学科问题

[法]让·保罗·萨特

那么,我们为什么不干脆成为马克思主义者呢?这是因为我们把恩格斯和加罗迪的论断看做指导原则、指示的任务和问题,而不是看做具体真理;这是因为他们的论断在我们看来不够确切,像这样的论断可以有多种解释。总之,这是因为在我们看来它们是一些起调节作用的理念。相反,当代马克思主义者们认为它们是很清楚、很确切和单义的;对当代马克思主义者来说,它们已经构成一种知识。与此相反,我们认为仍要从头做起:必须找到方法和建立学科。

毫无疑问,马克思主义能确定罗伯斯庇尔(Maximilien de Robespierre)的一次演说和山岳派(Montagnards)的政策在无套裤汉(sans-culottes)中的地位,能给经济管理和国民公会通过的"最高限价"法案(les lois de "Maximum")①以及瓦勒里(Paul Valéry)的诗歌或《历代传说》(La Légen de des siècles)②确定地位。那么,什么是确定地位(situer)呢? 如果参阅当代马克思主义者的著作,我就会看到,他们认为这就是要确定被研究客体在整个过程中的实际地位:他们将会确定它赖以存在的物质条件、产生它的阶级、这个阶级(或这个阶级的一个派别)的利益、它的运动、它

---

① 1793 年 5 月 4 日,国民公会在罗伯斯庇尔提议下,通过"粮食最高限价法案"。——译者注

② 《历代传说》(1859—1877 年)是雨果的诗集,分三卷出版。——译者注

反对其他各个阶级的斗争的形式、存在的力量关系、政治赌注等等。于是,演说、投票、政治行动或书籍在它的客观现实中表现为这种冲突的某种契机;他们从它所取决的因素出发,并通过它施加的实际作用来确定它的特点;由此,他们将使它作为典范的表现,重新回到被认为是一般上层建筑的意识形态或政治之中。这样,他们就把吉伦特派(Girondins)确定为商人和船主构成的资产阶级,这种资产阶级通过唯利是图的帝国主义挑起战争,但又几乎立刻想停止战争,因为战争损害了对外贸易。相反,他们会把山岳派说成是出现较迟的资产阶级的代表,这种资产阶级从通过购买国有财产和供应军需品而致富,因此其主要兴趣是延长冲突的时间。这样,他们就以一种根本的矛盾出发,来解释罗伯斯庇尔的行为和演说:为了继续进行战争,这个小资产者应该依靠人民,但指券(assignat)[1]贬值、囤积居奇和食品危机导致人民要求实行统制经济,这种经济危害了山岳派的利益,并同他们自由主义的意识形态相抵触;在这种冲突的后面,他们发现了专制的议会制和直接民主之间更为深刻的矛盾。[2] 谁会想要确定一位作者今天的地位? 唯心主义是一切资产阶级赖以产生的肥沃土壤;这种唯心主义在运动之中,因为它以自己的方式反映了社会的深刻矛盾;它的每一种概念都是反对新生的意识形态的一种武器——武器是防御性的或进攻性的,这要根据形势来定。说得准确些,它首先是进攻性的,然后变成防御性的。因此,卢卡奇就把第一次世界大战之前的时期和战后的低落时期区分开来,战前表现为"偶像化的内在性的一种持久的狂欢节"和艰难的苦行,而在战后,那些作家寻找"第三条道路",以便掩盖自己的唯心主义。

这种方法不能使我们感到满意:它是先验的;它不是从经验中得出自己的概念——或者至少不是从它力图了解的新经验中得出的——它已经形成了这些概念,它已经确信它们的实在性,它将把构成性模式的角色分

---

① 指券是 1789—1797 年流通于法国的一种由国有财产担保的证券。——译者注
② 这些看法和后面那些看法,我是从达尼埃尔·盖兰(daniel Guérin)的著作《第一共和国时期的阶级斗争》(La Lutte des classes sous la première République)(伽利玛出版社 1946 年版)中汲取的。这部著作往往会引起争论,但能引人入胜,富有新的看法。虽然有种种错误(这起因于想歪曲历史),它仍然是当代马克思主义者对历史研究作出的唯一能充实思想的成果之一。——作者注

配给它们：它唯一的目的是把被研究的事件、人或行为放入预先制造好的模子。请看卢卡奇：在他看来，海德格尔的存在主义在纳粹分子的影响下变成了行动主义（activisme）；相反地，自由主义和反法西斯主义的法国存在主义表现了德国占领时期被奴役的小资产阶级分子的反抗。说得多动听呀！不幸的是，他忽略了两个主要事实。首先，在德国至少有一种存在主义思潮拒绝同希特勒主义狼狈为奸，并且在第三帝国灭亡后继续存在：这就是雅斯贝斯的存在主义思潮。为什么这个不遵守纪律的思潮没有遵循强加的模式？ 这是否像巴甫洛夫（Ivan Petrovich Povlov）的狗一样有一种"自由反射"？ 其次，哲学上有一个重要的因素：时间。写一部理论著作需要很多时间。他明显地援引了我的书《存在与虚无》（*L'Etre et le Néant*），但这本书是我从 1930 年以来的研究结果；我第一次读到胡塞尔（Edmund Husserl）、（Max Scheler）、海德格尔和雅斯贝斯的著作是在 1933 年，那时我在柏林的"法国之家"住了一年，就在那时候（因此是在海德格尔应该处于全盛的"行动主义"的时候），我受到了他们的影响。最后，在 1939 年和 1940 年之间的冬天，我已经掌握了方法和主要的结论。"行动主义"如果不是用来同时清除某些只在表面上相似的意识形态体系的一种空洞的形式概念，又是什么呢？ 海德格尔从来不是"行动主义者"——至少因为他只在哲学著作中表达自己的看法。这个词不管如何模糊，都说明这位马克思主义者完全不理解其他人的思想。是的，卢卡奇拥有理解海德格尔的工具，但却不能理解他，因为要理解就得去读他的书，一句一句地去理解那些句子的意思。但据我所知，不再有一个马克思主义者还会这样去做。① 最后，从布伦塔诺（Franz Clemens Brentano）②到胡塞尔，从胡塞尔到海德格尔，有着一整套辩证法，而且十分复杂：影响、对立、一致、新的对立、不理解、误解、否认、超越等等。总之，可以称所有这些构成的东西为一种地方史。是否应当把这种地方史看做一种纯粹的副现象

---

① 这是因为他们不能摆脱自己：他们拒绝敌人的句子（由于害怕、憎恨或懒惰），正是在他们愿意向它开放的时候。这种矛盾使他们停止不前。严格地说，他们一点也不理解自己读的东西。我指责这种不理解不是以我也不知道是何种资产阶级客观主义的名义，而是以马克思主义的名义：由于他们首先知道他们谴责和批判的东西：所以他们否定和谴责得比较确切，他们将批判得更加得意洋洋。——作者注

② 布伦塔诺（1838—1917 年），德国哲学家、心理学家，行为心理学的创始人。——译者注

(épiphénomène)呢？那么就让卢卡奇这样说吧。或者说,是否存在着一种理念运动,胡塞尔的现象学是否作为被保存和被超越的契机而进入海德格尔的体系？在这种情况下,马克思主义的原则并没有改变,但情况却变得复杂得多。

同样,尽快实现从政治性到社会性的归纳的愿望,有时也使盖兰(D. Guérin)的分析走了样:人们很难同意他的看法,即革命战争自 1789 年以来是英国人和法国人在贸易上竞争的新插曲。吉伦特派的好战从本质上说是政治性的;毫无疑问,吉伦特派在政治上表达了使他们产生的阶级和支持他们的阶级的利益:他们高傲的理想,他们让他们蔑视的人民从属于启蒙运动的资产阶级精英的愿望——就是把博学的独裁者的角色赋予资产阶级的愿望,他们口头上的激进主义和实践上的机会主义,他们的敏感和轻率,这一切都带有一种标记,但是,这样表达出现的,是即将取得政权的知识界小资产阶级的陶醉,而不是船主和商人们已经过时的高傲的谨慎。

当布里索(J. Brissot)①为拯救革命和揭露国王的背叛使法国投入战争之时,这种幼稚的马基雅弗利主义充分表达了我们刚才描写的吉伦特派的态度。② 但如果人们设想自己处于当时的时代,并看一下这以前发生的事情:国王逃跑、共和派在马尔斯练兵场遭到屠杀、垂死的制宪会议逐渐右倾、对君主制度感到厌恶且对镇压感到害怕的群众犹豫不决、巴黎

---

① 布里索(1754—1793 年),法国记者、政治家,吉伦特派领袖之一。1793 年 2 月 1 日,法国根据他的报告向英国和荷兰宣战。——译者注

② 然而,不应忘记的是,山岳派的罗伯斯庇尔在 1791 年 12 月初和之前一直支持布里索的建议。更有甚者,他的概括能力使付诸表决的法令问题变严重了,因为他直接说到要害之处:11 月 28 日,他要求人们别去管“小的国家”,而是直接对皇帝说这样的话:“我们勒令您解散(集结的军队),否则我们就对您宣战……”不久之后,他在俾约－瓦伦(Billaud-Varenne)＊(俾约－瓦伦对雅各宾派强调内部敌人的强大和我们边境防御的糟糕状况)的影响下改变了看法,这点也十分重要;看来,当罗伯斯庇尔获悉纳博纳伯爵(comte de Narbonne)被任命为陆军部长时,俾约提出的理由在罗伯斯庇尔的眼中获得了它们真正的含义。从此之后,冲突在他看来是一个巧妙地设置的圈套,是一种爆炸装置;从此之后,他突然理解了外部敌人和内部敌人的辩证关系。马克思主义者不应该忽视这些所谓的“枝节”:它们表明,政治家的一切直接活动都是为了宣布战争,或者至少是为了从事战争冒险。在最深谋远虑的政治家那里,相反的活动立即显示出来,但它的根源并不是和平的愿望,而是怀疑。——作者注

＊俾约－瓦伦(1756—1819 年),法国政治家。法国大革命后加入雅各宾俱乐部,曾任救国委员会委员。1794 年 7 月与人密谋,促使罗伯斯庇尔垮台。——译者注

资产阶级大量弃权（市政选举时，八万选民中有一万人弃权），总之，革命
发生了故障；如果人们也考虑一下吉伦特派的雄心壮志①，是否真正需要
立刻回避政治的实践？是否需要回忆一下布里索的话："我们需要伟大的
背叛？"是否应该强调为使英国不参加战争——在盖兰看来，这种战争将
会针对英国——而在 1792 年中采取的预防措施？是否必须把这种行
动——这种行动通过同时代的演说和文章来揭示自己的意义和目的——
看做掩盖经济利益冲突的一种靠不住的表象？ 一个历史学家——即使是
马克思主义的——不能忘记，政治现实对于 1792 年的人们来说是绝对
的、无法消除的。当然，他们犯了一个错误，就是看不到表现得不太清楚、
不太容易被识别、但要强大无数倍的力量的作用；但是，正是这点使他们
成为 1792 年的资产者。要犯想把握错误，要拒绝一种同他们的行动及其
确定的政治动机有关的不可还原性，这是否是一个理由呢？ 另外，这也不
是要一劳永逸地确定上层建筑抵制粗暴的还原企图时的一些现象的性质
和力量：这将是用一种唯心主义来反对另一种唯心主义。必须抛弃的只
是先验论（apriorisme）：在每一种情况下，只有对历史客体作毫无成见的
研究，才能确定一种行动或一项事业是否反映了由某些基本的制约产生
的群体或个体的超结构动机，或者确定人们是否只有以经济矛盾和物质
利益冲突作为论据时才能解释这些动机。尽管拥护联邦政府的人都是清
教的唯心主义者，对美国南北战争还是应该直接用经济术语来解释，同时
代的人已经意识到了这一点。相反地，法国革命战争虽说从 1793 年起带
有十分明确的经济意义，但是在 1792 年却不能直接归结为商业资本主义
的百年冲突：必须经过具体的人、基本的制约赋予他们的特点、他们使用

---

① 我们在此要提醒，即使在 1792 年 12 月 15 日法令颁布之后，犹豫不决和小心谨慎的态
度依然存在。布里索和吉伦特派竭尽全力阻止荷兰入侵，银行家克拉维埃尔（E. Clavière）＊（布
里索派的朋友）反对把指券引入被占领的国家，德布里（J. Debry）建议发表祖国不再处于危险之
中的声明，并建议废除救国委员会强制推行的一切措施。吉伦特派看到，战争使人们不得不实
行一种越来越民主的政治，而这点正是吉伦特派所害怕的。但是，吉伦特派左右为难：有人每天
提醒他们，是他们宣战的。实际上，12 月 15 日法令有一个经济目的，但这是——如果可以这样
说的话——一种大陆性经济：让被征服的国家来承受战争的开支。因此，同英国进行的战争的
经济的（也是灾难性的）方面，只是在 1793 年大局已定时才表现出来。——作者注

＊ 克拉维埃尔（1735—1793 年），原籍瑞士的金融家、政治家。1792 年 3 月在吉伦特派的政
府中任财政部长。1793 年 6 月被控告和逮捕时自杀身亡。——译者注

的意识形态工具和革命的实际环境的中介;尤其不能忘记的是,政治通过自身具有一种社会的和经济的意义,因为资产阶级在同衰老的封建主义的束缚进行斗争,而衰老的封建主义在内部阻止它实现充分的发展。同样,把意识形态的宽容过快地归结为阶级利益也是荒谬的:人们最终会认为那些今天被称为"马基雅弗利主义者"的反马克思主义者有道理。当立法议会决定进行一场解放战争时,它无疑是进入了一个复杂的历史过程,这个过程必然导致它打一场征服战争。但是,如果有人认为 1792 年的意识形态只起到掩盖资产阶级的帝国主义外衣的作用,那么此人就是一个十分可怜的马基雅弗利主义者:如果我们不承认它的客观现实性和有效性,我们就会重新落到马克思曾经常揭露的、被称为经济主义的那种唯心主义的形式之中。①

我们为什么感到失望呢?我们为什么作出反应来反对盖兰出色而虚假的论证?因为具体的马克思主义应该深入研究实在的人,而不是使他们在硫酸溶液中解体。然而,把战争看做那种商业资产阶级的行动的仓促而过于简单的解释使布里索、加代(M. Guadet)、让索内(A. Gensonné)、

---

① 由国家财产购买者和军需品供应者构成的那种所谓山岳派资产阶级,我认为是为了某种需要而编造出来的。盖兰从一根骨头出发把它再现出来,就像居维叶(G. Cuvier) * 那样。而这根骨头就是富有的康邦(J. Cambon) * * 在国民公会的存在。确实,康邦是山岳派、好战分子和国家财产的获得者,是罗伯斯庇尔相当明确地反对的 12 月 15 日法令的鼓动者。但是,他受到迪穆里埃(C. Dumouriez)的影响。他的法令——或者说是这位将军和一些军需品商人有牵连的一件持续时间很长的麻烦事——的目的是允许查封和出售教会和贵族的财产,因为这样就能使法国的指券在比利时流通。尽管有同英国开战的危险,这个法令还是获得了投票通过,但在康邦和所有支持这个法令的人看来,法令本身同法国和英国的经济竞争没有任何实际关系。国家财产的购买者,是囤积居奇者,对最高限价法案深恶痛绝。他们对把战争推向极端没有特别的兴趣,他们中的许多人在 1794 年情愿和解。军需品商人被人怀疑,受到严密的监视,有时还遭逮捕,所以不是一种社会力量。不管是否愿意,都应该承认,在 1793 年和 1794 年之间,革命逃脱了大资产阶级的手掌,落到了小资产阶级的手中。小资产阶级继续战斗,先是同人民一起用革命运动来反对大资产阶级,然后则用它来反对人民:这就是它的终结和革命的结束。如果说罗伯斯庇尔和山岳派在 12 月 15 日并没有对扩大战争作出更有力的反应,那主要是出于(同吉伦特派的原因相反的)政治原因:和会表明为吉伦特派的一个胜利。然而,对 12 月 15 日法令的否决会成为和平的前奏。这一次罗伯斯庇尔担心和平只会是一种休战,担心会出现第二次联盟。——作者注

* 居维叶(1769—1832 年),法国动物学家。他曾把现代野生动物和化石遗骸作构造上的系统比较,从而创建了比较解剖学和古生物学。——译者注

* * 康邦(1756—1820 年),法国政治家。1791 年 10 月任立法议会议员,后被选入国会。——译者注

韦尼奥(P. Vergniaud)①这些我们十分熟悉的人们消失了,或者最终把他们构成为他们的阶级的纯粹的消极工具。但是,在1791年年底,大资产阶级正在失去对革命的控制(它只是在1794年才重新取得这种控制):在权力的阶梯上攀登的新人是一些小资产者,他们是社会地位较低的穷人,没有太多的依附关系,所以热情地把自己的命运同革命的命运联系在一起。当然,他们受到了一些影响,他们被"上流社会"[同波尔多(Bordeaux)的上流社会完全不同的巴黎上流社会]所吸收。但是,在任何情况下,他们都不能以任何方式自发地表达波尔多的船主和商业帝国主义的集体反应;他们赞成财富的增长,但是,在战争中用使革命遭到危险的方法,来保证大资产阶级的某些派别获得利益的想法,同他们是格格不入的。另外,盖兰的理论使我们得出一个出人意料的结果:从对外贸易中获利的资产阶级使法国投入一场反对奥地利皇帝的战争,以便摧毁英国的力量;同时,掌权的代表竭力把英国排除在战争之外;一年之后,当我们最终向英国宣战时,上述资产阶级在成功之时泄了气,不再对此有任何兴趣,所以就由新的地主组成的资产阶级(这种资产阶级不想扩大冲突)取而代之。这场如此漫长的讨论是为了什么?一位最优秀的马克思主义作家举例表明,他们过快地失去了需要整体化的实在物,并在没有证据的情况下把意义变成意图,把结果变成真正的目标。同时也表明绝对不能用一些尚未完全定型的集体(由进出口商组成的资产阶级)来代替完全确定的、实在的群体(吉伦特派)。吉伦特派存在过,他们追求过一些确定的目的,他们在外部条件的基础上,在确切的情景中创造了历史;他们以为回避革命对他们有利,实际上,他们已使革命激进化和民主化。应该从这种政治矛盾的内部来理解他们和解释他们。当然,有人会对我们说,布里索派的公开目的是一种伪装,说这些革命的资产者自以为是并表现自己像杰出的古罗马人,还说客观的结果真正确定了他们所做的事。但是,我们得小心谨慎:马克思的独特思想,正如大家在《路易·波拿巴的雾月十八日》中看到的那样,是试图对愿望和结果作出困难的综合:但在当代,

---

① 加代(1758—1794年),法国政治家、吉伦特派首领。让索内(1758—1793年),吉伦特派在立法议会中的首领之一,曾任国民公会主席。韦尼奥(1753—1793年),法国政治家、吉伦特派最雄辩的发言人。——译者注

对这个思想的运用是肤浅的和不诚实的。实际上，如果我们把马克思的隐喻推向极点，我就会对人类的行动得出一种新的想法：请试想一下，一个演员在演《哈姆雷特》(*Hamlet*)并且扮演了主角；他穿过母亲的卧室，为的是杀死躲在帷幔后面的波洛涅斯。然而，这并非他做的事：他穿过观众前面的舞台，从舞台左侧走到右侧，为的是生存，为的是得到荣誉，这种实际的活动确定了他在社会中的地位。但是，人们不能否认这些实际的结果以某种方式存在于他虚构的行为之中。人们不能否认王子的虚构活动以某种偏离的和折射的方式表达了他的实际行为，也不能否认他认为自己是哈姆雷特的方式是他知道自己是演员的方式。我们回过来谈那些1789年的"古罗马人"。他们说自己采用加图(Caton)①的方式，即把自己变为资产者的方式：这些资产者是一个阶级的成员；这个阶级发现了历史，但已经想使历史停止不前：这个阶级自以为是普遍的阶级，把它的成员们引以为自豪的个人主义建立在竞争的经济基础上；最后，这些人是一种古典文化的继承者。关键就在这里：说自己是"古罗马人"和想要使革命停止不前是一回事；或者说，越是装出布鲁图(Brutus)②或加图的样子，就越使革命停止不前；这种连自己也不甚清楚的想法产生了一些神秘的目的，这些目的包含着对客观目的的模糊认识。这样，人们就既可以谈论主观的喜剧——不掩盖任何东西、任何"无意识"成分的表象游戏——又可以谈论在某种意识或一种预先考虑好的愿望尚未组成这种结构的情况下，为达到一些实际目的而对实际手段所作的客观的和有意的组织。只是因为虚构的实践的真实性存在于真实的实践之中，而前一种实践由于把自己只看做是虚构的，所以包含着对后一种实践以及对其解释的不明言的参照。1789年的资产者在否定历史和用美德来代替政治时，并不认为成为加图就会使革命停止不前；他也不认为只要自己像布鲁图，就可以对他所进行的或避开他的一个行动有一种神秘的理解：这两者同时并存。正是这种综合使人们能在每个人中发现同时作为客观的实际行动的对偶

---

①　加图有大小之分。大加图(前234—前149)，古罗马政治家、演说家。公元前184年当选为监察官，所以又称为监察官加图。小加图(前94—前46)，古罗马政治家、大加图的曾孙、元老院贵族党领袖。——译者注

②　布鲁图(约前85—前42)，古罗马政治家、小加图的侄子、凯撒的养子。——译者注

物和模型的一种虚构行动。

但是,如果人们想说的就是这一点,那么就必须让布里索派在不知不觉中对经济战争负责。这种层叠的外部责任必须作为他们政治喜剧的某种模糊含义而被内在化。总之,这里评论的是人,而不是肉体的力量。这种毫不动摇但极其正确的观念调节着主体和客体的关系,就我而言,我完全接受这种观念。然而,必须以这种观念的名义替吉伦特派洗清这条罪状:他们的喜剧和内心的梦想同他们行为的客观组织一样,都同法国与英国未来的冲突无关。

但在今天,人们往往把这种难以理解的观点归结为一种微不足道的自明之理。人们通常认为布里索不知道自己在干些什么,并强调一种众人皆知的道理,即在较长的时间之后,欧洲的社会和政治结构将会引起战争的普遍蔓延。因此,立法会议对那些亲王和皇帝宣战,也是对英国国王宣战。这是立法会议在不知不觉中做的事情。然而,这种观念并没有马克思主义特有的任何成分,而只是重新肯定一向为众所周知的东西:我们行为的后果最终总是被我们忽略,因为任何共同参与的行动一旦实现,就同整个世界发生关系,而这种关系的无限多元性超越了我们的理解力。如果这样间接地看待事物,人类行动就会被归结为一种体力的行动,这种体力的作用显然取决于它在其中表现出来的体系。正是由于这一点,人们不能再谈论做了。在做的是人们,而不是一大批事物。我们的马克思主义者们的不诚实,在于同时玩弄两种观念,以使在掩盖他们对通过合目的性所作的大量而粗浅的解释的同时,要保存目的论解释的有利之处。他们使用第二种观念,以便使众人的眼睛看到一种对历史的机械论解释:目的都已消失。同时,他们使用第一种观念,以便在暗中把人类活动所包含的必然的而又不可预料的后果变成这种活动的实际目标。正因为如此,马克思主义的解释具有这种令人疲倦的犹豫不决性质:历史活动的每一个阶段都由一些目的(这些目的往往只是没有料到的结果)暗中确定,或者归结为一种物质运动在一个惰性环境中的蔓延。是矛盾?不是。这是不诚实:不能把彩蝶飞舞一般的理念同辩证法混为一谈。

马克思主义的形式主义似乎是一项歼灭性的事业。方法通过执意拒绝分化而和恐怖同一,它的目的是花最小的力量来进行完全的同化。这并非要在保持这种多样化的相对独立的同时来实现它的一体化,而是要把它消除。这样,朝着同化的永久运动反映了官僚主义者们的统一性实践。特定的规定性在理论上产生的怀疑,同人们在现实中产生的怀疑是一样的。对于当今大部分马克思主义者来说,他们认为思考就是在整体化,并以此为借口而用普遍性来代替特殊性;也就是说把我们重新引向具体,在基本的但又抽象的规定性这个标题下来显现我们。黑格尔至少让作为被超越的特殊性的个体存在下去;而一个马克思主义者认为,试图理解一种资产阶级思想的特殊性,就将是浪费时间。在他看来,重要的是表明这种资产阶级思想是唯心主义的一种形式。当然,他将会承认,1956年的一本书同 1930 年的一本书并不相像,这是因为世界已经改变。从一个阶级的角度来反映世界的意识形态也是如此。资产阶级进入了退却的阶段,唯心主义将具有另一种形式,以便表达这种新的地位,这种新的策略。但是,对于马克思主义的知识分子来说,这种辩证的运动没有离开普遍性的范围;必须在其一般性中来确定这种运动,并表明它在被研究的著作中的表达方式和在相同日期出版的所有著作中都相同。因此,马克思主义者要把一种行为或一种思想的实际内容看做一种表象,当他使个体在普遍性中解体时,他满足于自己把表象归结为真理。实际上,他只是在确定他对现实的主观看法时才确定自己。因为马克思同这种虚假的普遍性相距如此遥远,所以他企图逐渐从最广泛的规定性提高到最具体的规定性,从而辩证地形成他关于人的知识。他在给拉萨尔(F. Lassalle)的一封信中把自己的方法确定为"从抽象到具体"的研究。对他来说,具体就是对被等级化的规定性和实在性的等级整体化。因为"如果我不提大众赖以形成的这些阶级,那么大众就将是一种抽象的概念;如果我不知道作为这些阶级的基础的成分,如雇佣劳动、资本等,那么这些阶级也是一个毫无意义的词"。但是,反之,如果我们把这些基本的规定性同支持它们和被它们改变的实在性分隔开来,那么它们就仍将是抽象的。19 世纪中叶的英国大众只要被单纯看做数量,就是一种抽象的一般概念,就是"整体的一种混乱的表现";但是,如果我们不首先确定作为经济范畴的英国大众,即在工业化最发达的资本主义国家里生活和创造历史的真实的人们,那么经济范畴本身就不能充分地被确定。依靠这种整体化,马克思就能表明上层建筑事实上对基础的作用。

但是,只要我们尚未用最基本的结构来确定大众,只要大众还没有作为概念在马克思主义解释的范围内取得一席之地,"大众"就确实是一种抽象的概念,同样确实的是,当这个范围存在时,对于十分熟悉辩证方法的知识分子来说,人、人的客观化、人的工作以及人类关系是最具体的东西;因为第一种概似法毫不困难地把它们重新放回自己的层次上,并发现了它们的总体规定性。在一个我们已了解其运动和特点、生产力的发展和生产关系的社会中,任何新的事实(人、行动、作品)表现为已经在其概括中定位的东西;所谓进步,就是用被研究的事实的独特性来阐明更加深刻的结构,以便能反过来用基本的结构确定这种独特性。这里存在着一种双重的运动。但是,今天的马克思主义者们却表现得仿佛马克思主义并不存在,仿佛他们中的每个人都在智力活动的一切行为中把马克思主义重新创造得完全像他自己一样。他们表现得似乎人、群体或书在他们的眼中以"整体的混乱表现"的形式出现(而人们十分清楚地知道,某本书是由某个资产阶级的作者在某个资产阶级的社会里,在社会发展的某个时刻写的,他们知道所有这些特点已经由其他马克思主义者们确定)。对于这些理论家来说,在发生一切事情时,仿佛必须把这种所谓的抽象——某个个人或他的文学作品的政治表现——归结为一种"真正"具体的实在(资本主义的帝国主义、唯心主义),而实际上,这种实在在自身之中只是一种抽象的规定性。这样,一部哲学著作的具体实在就是它的唯心主义内涵;著作只是它的一种暂时形式;著作本身的特点只是缺点和虚无;它的存在就是它经常还原为"唯心主义"实体的可还原性。由此产生一种永久的偶像化。①

　　我们可以看一看卢卡奇。他那"偶像化内在性的永久狂欢节"的格言不仅仅是学究气的和含义模糊的：它的表象本身就是可疑的。狂欢节使人想起色彩、拥挤和喧闹，使用这个强烈而又具体的词有着明显的目的，即掩盖概念的贫乏及其毫无根据。总之，或者他只是想指出这一时代的文学上的主观主义，不过这是显而易见的道理，因为这种主观主义已被公布，或者他认为作者和他的主体性的关系必然是偶像化，不过这话说得太早了；王尔德（Oscar Wilde）、普鲁斯特（Joseph-Louis Proust）、柏格森（Henri Bergson）、纪德（André Gide）、乔伊斯（James Joyce）这样的名字有多少，和主体性的不同关系就有多少。相反，人们可以表明，不论是乔伊斯还是普鲁斯特和纪德，都是内在性的盲目崇拜者；乔伊斯想要创造一面照出世界的镜子，否认共同语言，并奠定一种新的语言普遍性的基础；普

---

　　①　然而，是一位名叫亨利·勒费弗尔的马克思主义者想出了一种在我看来简单而无可指责的方法，以便从唯物辩证法的角度把社会学和历史学融为一体。这段话值得全文引述。勒费弗尔在开始时指出，农民的实在首先以一种横向复杂性表现出来；这是一个掌握技术和具有农业生产力的人类群体，这种农业生产力同那些技术相适应，用由技术决定并反过来制约技术的社会结构来确定。这种人类群体的特点，在很大程度上取决于国家和世界的宏大整体（这些整体在国家的范围内制约着专业化），它表现出应该被描写和确定的方面（人口、家庭结构、居住条件、宗教等方面）的多元复合性。但是，勒费弗尔立即补充说，这种横向的复杂性同时是一种"历史的"或"纵向的复杂性"；确实，在农村的世界里，人们发现"年龄构成和不同日期的共存"，这两种复杂性"相互作用"。例如，他发现一个十分惊人的事实，即只有历史（而不是经验论和统计社会学）可以解释美国农村的事实：移民在空闲的土地上进行，土地的占领从城市开始进行（而在欧洲，城市是在农民的环境中发展起来的）。这样，人们就可以解释农民文化为什么在美国完全不存在，或者为什么它是城市文化的一种次等形式。为了研究这样一种（纵向的和横向的）复杂性和这样一种相互关系的相互性而又不至于在其中迷失方向，勒费弗尔提出"一种十分简单的方法，这种方法使用辅助手段，其中包含好几种契机：

　　（1）描述（descriptif）。——观察，但是用一种由经验和总体理论提供情况的目光……

　　（2）分析－逆向推论（analytico-régressif）。——分析现实。努力推定它的确切日期……

　　（3）历史－发生（historico-génétique）。——努力再现现在，但这是被澄清、理解和解释的列在。"［参见亨利·勒费弗尔：《农村社会学透视》（*Perspectives de sociologie rurale*），参见《社会学手册》，1953年。］

　　在这个如此清楚、如此丰富的文本中，我们可以补充的就只有这种方法，以及它从现象学角度描述的句子和它选逆向后顺向的双重运动，我们认为这种方法——以及它的客体可能迫使它作出的改动——适用于人类学的一切领域。另外，正像人们将会看到的那样，这种方法将被我们应用于意义、个体和个体之间的具体关系。只有这个方法可能是启发式的；只有它能在允许比较的同时得出事实的特殊性。不过遗憾的是并没有在其他马克思主义知识分子之中看到有人仿效勒费弗尔。——作者注

鲁斯特在分析中分解自我,他唯一的目的是通过纯回忆的魔法,在其绝对的独特性中再现真正的外部客体;纪德则坚持亚里士多德人文主义的传统。这个概念并非从经验中得到,也不是在研究特定的人们的行为时确定的;它的虚假特征使它变成一种创造自己的工具的黑格尔的理念(就像不幸的意识或美妙的灵魂)。

这种懒散的马克思主义把所有的东西都混杂在一起,把实在的人变成它的神话的象征:唯一真正能抓住人类存在的复杂性的哲学,就这样变成了偏执狂的梦想。对于加罗迪来说,"定位"就是把两种普遍性联系在一起:一种是一个时代、一种条件、一个阶级以及它同其他阶级的力量关系的普遍性,另一种是一种防御的或进攻的态度(社会实践或意识形态概念)的普遍性。但是,抽象的普遍性之间的这种对应体系,是为了消除他们认为是在研究的群体或人而特地构建起来的。如果我想了解上世纪末法国小资产阶级这个具体的历史群体中的一个小资产阶级知识分子瓦勒里,我最好去请教马克思主义者:他们用来代替这个在数目上确定的群体的,将是对它的物质条件、对它在其他群体中的地位("小资产者总是说:一方面……另一方面")以及对它的内部矛盾的看法;我们将回到经济的范畴,我们将重新看到这种同时受到资本的集中和人民的要求两方面威胁的小资产阶级所有制,这一点自然会被他们看成是它的社会态度左右摇摆的原因。所有这些都十分正确:普遍性的这个骨架是在抽象层次上的真理;我们再进一步看:当被提出的那些问题仍然处于普遍性的领域之中时,这些概括的成分通过自己的组合,有时能使人们找到答案。

但这里所说的是瓦勒里。抽象的马克思主义者不会为区区小事动心:他将会肯定唯物主义的不断进步,然后将描写某种分析的、精确的和略带悲观主义的唯心主义,最后将对我们说,这种唯心主义是对新生哲学的唯物主义理性主义的一段防御性的回击。它的所有这些特点都将根据这种唯物主义来辩证地加以确定;它总是被介绍为自变量,它从不承受;对历史主体的这种"想法"是对历史实践的表达,起到积极施感者的作用;在资产阶级的作品和思想中,他们只想看到实际的(但总是徒劳的)企图,以便避开越来越激烈的进攻,以便封住口袋、堵住缺口的裂缝,以便抵消敌人的渗透。被这样描述的意识形态几乎是完全不确定的,因此他们就能把它变为支配当代作品的制作的抽象模式。到这时,分析停止,马克思主义者认为自己的工作完成了。而瓦勒里则已烟消云散。

我们也认为唯心主义是一个客体,证据是它被人们称呼、讲授、采纳或反对,它有自己的历史,并在不断演变。它过去是一种活的哲学,现在是一种死的哲学;它过去证明了人们之间的某种关系,现在表达了无情的关系(例如资产阶级知识分子之间的关系)。但是,正因为如此,我们不愿把它变成一种对精神来说是先验地透明的客体;这并不说明这种哲学在我们看来是一个物。不是。我们只是把它看做一种特殊的实在:一种理念－客体。这种实在属于我们将在稍后研究的"集合体"的范畴。对我们来说,它的存在是真实的,我们除了通过经验、观察、现象学的描写、理解和专门化的工作之外,不会知道更多的东西。这个实在的客体在我们看来是对客观的一种文化规定性;它过去是一个新生阶级的辛辣的和批判的思想;它现在成为中产阶级的某种保守的思想形式(还有其他一些形式,例如某种唯科学主义的唯物主义,这种唯物主义会根据不同情况使功利主义或种族主义合法化)。这种"集体机构"(appareil collectif)会在我们眼前展现一种同哥特式教学完全不同的实在,但它同哥特式教堂一样具有现时的存在(présence)和历史的深度。许多马克思主义者认为,只需把它看做分散在世界各地的思想的共同意义,认为自己比他们更实在。这样我们就更有理由拒绝把各个项颠倒过来,把机构偶像化以及把唯心主义的知识分子看做是它的表现。我们把瓦勒里的意识形态看做一个存在物的具体的和特殊的产物,这个存在物的部分特点是它和唯心主义的关系,但人们应该首先从它产生的具体群体出发,并在它的特殊性中来破译它。这绝不是说明它的反应不会包含它的环境、它的阶级等方面的反应,而只是说明我们将通过观察,并在我们对关于这个问题可能有的知识的总和进行整体化的努力中,后天地获悉它的反应。瓦勒里是一位小资产阶级知识分子,这是没有疑问的。但是,任何小资产阶级知识分子并非都是瓦勒里。当代马克思主义的启示性不足,就包含在这两个句子里。要理解在一定的历史时刻以及在一个阶级和一个社会的内部产生人和他的产物的过程,马克思主义缺少一种中介等级。马克思主义把瓦勒里看做小资产者,把他的作品看做是唯心主义的,就只会在这两者之中重复找到它已经确定为偶然的结果。恩格斯写道："恰巧某个伟大人物在一定时间出现于某一国家,这当然纯粹是一种偶然现象。……但是,假如不曾有拿破仑这个人,那末他的角色是会由另一个人来扮演的。……历史上所有其他的偶然性和表面的偶然性都是如此。我们所研究的领域愈是远离经济领域,愈是接近于纯粹抽象的思想领域,我们在它的发展中看到的偶然性就越多……如果您划出曲线的中轴线……这个轴线愈接近经济发展的轴线,就愈是跟后者平行而进。"①换句话说,这个人的具体特点在恩格斯看来是一种"抽象的意识形态特点"。现实的和可以理解的东西只有(一种生活、一种历史、一个党或一个社会群体的)曲线的中轴线,这种普遍性时刻同另一种普遍性(严格意义上的经济)相对应。但是,存在主义把这个声明看做辩证运动的一种任意限制,看做思想的一种停顿,看做对理解的一种否定。它不愿把现实生活交给其出身不可设想的偶然性来支配,以便观赏一种只是在自身中不确定地反映出来的普遍性。② 它希望在忠于马克思主义理论的情况下,找到能够从生产力和生产关系的一般矛盾出发来产生生活、注明日期的现实斗争和人的特殊的具体事物的中介。例如,当代马克思主义指出,福楼拜(Gustave Flaubert)的现实主义同第二帝国小资产阶级的社会、政治演变有着相互象征化的关系。但是,它从不指出这种透视的相互性的产生。我们既不知道为什么福楼拜喜欢文学甚于一切,为什么他过着隐居的生活,也不知道为什么他写了这些书而不是写迪朗蒂(L. Duranty)③或龚古尔兄弟(E. et J. de Goncourt)的那些书。马克思主义确定地位,但不再使人发现任何东西:它让其他一些无原则的科学来确定生命和人的确切情况,然后再表明,它的模式又一次得到了证实。事物就像实际存在的那样,阶级斗争已具有某种形式,所以属于资产阶级的福楼拜应该过他曾有过的生活,应该写他写过的东西。但是,避而不谈的正是"属于资产阶级"这六个字。因为使福楼拜变为资

---

① 恩格斯致汉斯·施塔肯堡的信(参见《马克思恩格斯全集》第39卷,人民出版社1974年版,第200页)。——译者注

② 这些平行的中轴线其实可以归结为一条线:从这个角度来看,生产关系、社会 - 政治结构和意识形态(就像在斯宾诺莎的哲学中一样)仿佛只是"同一个句子的各种不同表述"。——作者注

③ 迪朗蒂(1833—1880年),法国作家,现实主义运动的主要代表之一。——译者注

产者的主要不是地租,也不是他工作的纯智力性质。他属于资产阶级是因为他出生在其中,也就是说,因为他属于一个已经是资产阶级的家庭环境①,这个家庭的一家之主是鲁昂的外科医生,被卷入他的阶级的上升运动之中。如果说他像资产者那样思考和感觉,那是因为他在尚未理解别人强加给他的举止和作用的意义时已经被人变成这样。就像所有的家庭一样,这种家庭也是特殊的;他的母亲同贵族有姻亲关系,他的父亲是村里一个兽医的儿子,他的哥哥从表面上看更有天赋,所以很早就成为他憎恨的对象。因此,居斯塔夫·福楼拜是在一种历史的特殊性中,通过这个家庭固有的一些矛盾来隐隐约约地了解他的阶级的。偶然并不存在,或者不像人们所认为的那样;孩子成为这样或那样,是因为他把普遍性体验为特殊性。这个孩子在特殊性中体验了自以为在复苏的君主制度的宗教盛典同他的父亲——小资产阶级知识分子和法国大革命的产物——的不信教态度之间的冲突。一般说来,这种冲突显示了过去的地主反对国家财产的获得者和反对工业资产阶级的斗争。这种矛盾(在王朝复辟时期被一种暂时的平衡所掩盖),福楼拜是为了他自己一人,并通过他自己来体验的;他对贵族的向往,特别是对宗教信仰的向往,不断被父亲的分析精神压下去。后来,他在自身之中安置了一个压垮别人的父亲,这位父亲即使在死后还在不断摧毁自己的主要对手上帝,并把儿子的感情冲动变为自身的情绪。只不过小福楼拜是在不知不觉中体验到这一切的,他并没有真正地觉悟到,而是在恐慌、逃避和不理解之中体验到的,是通过他那吃得好、照顾得好但又无能为力、与世隔绝的资产阶级子女的物质条件体验到的。他作为孩子,通过向他提供那些职业来体验他未来的条件。他对哥哥——医学系的高才生——的憎恨挡住了他走向医学的道路,他不想也不敢成为"小资产阶级的"精华中的一员。剩下的是一条规律:通过这些他认为是低下的职业,他对自己的阶级感到恐惧;这种恐惧既是一种觉悟,又是对小资产阶级的最后异化。他也体验了资产阶级的死亡,这种从诞生之日起就伴随着我们的孤独,但他是通过家庭的结构来体验死

---

① 人们也会遇到这种环境:正因为有人是在后来成为小资产者,有人则生来就是资产者,所以他们不是同样的小资产者。——作者注

亡的：他同妹妹一起玩耍的花园同他父亲进行解剖的实验室相邻；死亡、尸体、他那不久后死去的小妹妹、他父亲的科学和不信教，这一切都将结合在一种复杂的、十分特殊的态度之中。幼稚的唯科学主义和没有上帝的宗教的爆炸性混合构成了福楼拜，他企图用对形式艺术的爱来克服这种混合；如果我们清楚地了解这一切都发生在儿童时代，即发生在同成人的条件截然不同的条件之中，我们就能解释这种混合：是童年时代形成了不可超越的偏见，是童年时代使人在训练的暴力中和被训练的动物般失去理智中，感到对环境的从属是一个特殊的事件。今天，只有精神分析法能使人深入研究，一个孩子在不理解的情况下，暗中摸索着扮演成年人强加于他的社会角色的方法；只有精神分析法能向我们表明，孩子是否在自己的角色中感到不自在，是否竭力摆脱这个角色或是否完全领会这个角色。只有精神分析法使我们能在成年人中重新找到完整的人，即不仅是他现在规定性，而且还有他的历史责任。要是认为这门学科同辩证唯物主义相对立，那就完全错了。当然，在西方有一些业余爱好者创立了一些关于社会或历史的"分析"理论，这些理论确实都通向唯心主义。有多少次，人们向我们作了对罗伯斯庇尔的精神分析，却又不知道他的行为的矛盾是由形势的客观矛盾来制约的。当人们已经知道，因民主制度而瘫痪的热月党资产阶级如何在几乎被迫的情况下要求军事独裁的时候，读到一位精神病科医生所写的关于拿破仑的心理可以用他的失败行为来解释，这确实令人恼火。比利时社会党人德·芒（H. de Man）走得更远，他把阶级的冲突建立在"无产阶级的卑劣情绪"的基础上，相反，已成为普遍知识的马克思主义却想把精神分析法掐死后再将其归并；它将精神分析法变为一种自然地在一个枯竭的体系中找到自己位置的僵死理念：这是以一种以伪装再现的唯心主义，这是内在性崇拜的一种化身。但是，在这两种情况下，人们都把一种方法变为教条主义：精神分析法的哲学家们在马克思主义的"模式化工作者"中找到为自己辩解的理由，反之亦然。实际上，辩证唯物主义不能再长期失去可以从中获益的中介，因为中介能使它从一般的和抽象的规定性转入某些特殊的和个别的特点。精神分析法没有原理，没有理论基础，它只有——在荣格（Garl Jung）和弗洛伊德的某些著作中———一种完全无害的神话。实际上，它是一种方法，它关心的首先是确定儿童在一定的社会中体验他的家庭关系的方式。这并不意味着它怀疑机构的优先性。恰恰相反，它的客体取决于某个特殊的家庭，而这个家庭只是某个阶级所特有的家庭结构在某种情况下的某种独特化；这样，精神分析法的专题著作——如果他们可以接受的话——就会自行突出在十八世纪和二十世纪之间法国家庭的演变，而法国家庭则以自己的方式表达了生产关系的总体演变。

今天的马克思主义者只关心成年人。读过他们的书，人们就会认为，我们是在第一次拿到工资的时候才出生的；他们忘记了自己的童年。读了他们的书，事情仿佛变得是这样的，即人们首先在他们自己的劳动中感到自己的异化和自己的物化，而每个人首先感到这些是在孩提之时，是在他父母的劳动中。他们遇到一些过分强调性欲的解释，就利用这些解释来批判一种认为可以用历史来代替每个人的本性的解释方法；他们还不理解性欲只是在某个层次上、在某种个人奇遇的角度来体验我们的生存状态的整体的一种方式。相反，存在主义认为可以归并这种方法，因为它在人的阶级地位中发现了附着点，即作为普遍性的阶级和个人之间的中介的特殊的家庭。确实，家庭是在历史的总体运动中、并通过这种运动而构成的，并在童年时代的深处和不透明性中被体验为一种绝对。福楼拜的家庭是半驯化式的家庭，同福楼拜的父亲所接触或来往的工业化家庭相比有点落后。福楼拜的父亲认为受到自己的"老板"迪皮特伦（Dupuytren）的伤害，就用他的长处、他的声誉、他那伏尔泰式的讽刺、他可怕的愤怒或伤感的冲动来对所有的人实行恐怖统治。因此，人们将会轻而易举地了解，小居斯塔夫和他的母亲的关系从来也不是决定性的；她只是可怕的大夫的一种反映。因此，这是一种相当明显的差距，这种差距后来常常使福楼拜和他同时代的人分隔开来。在那个世纪里，夫妻的家庭是富裕的资产阶级通常的类型，迪康（M. Du Camp）和勒普瓦特万（A. Le Poittevin）和两个从父权（patria potestas）中解放出来的孩子，而福楼拜的性格则是"固著"在父亲身上。相反，同年出生的波德莱尔（Charles Baudelaire）却终生固著在母亲身上。这种区别可以用环境的不同来解释：福楼拜从属的资产阶级是粗鲁的、新生的（同贵族有着模糊的姻亲关系的母亲代表了正在消灭的地主阶级；父亲出生于乡村，在鲁昂仍穿着农民的古怪服装,冬天穿山羊皮衣服)。这个家庭来自农村并回到农村,因为它逐渐富裕之后就购买土地。波德莱尔的家庭是资产阶级的,住在城里的时间要早得多,被认为有点像穿袍贵族:它拥有股份和头衔。有一段时间,母亲处于两个主人之间,却独自一人出现在独立自主的光辉之中;后来,奥皮克(J. Aupick)徒劳地装得"冷酷无情",奥皮克太太虽然愚蠢、爱虚荣,却十分可爱,她是时代的宠儿,一向凭她自己而存在。

但是,我们必须注意到:每个人都在迷失或晕眩中经历自己最初的岁月,并把它们体验为一种深刻而孤独的实在:外在性的内在化在这里是一个不可还原的事实。小波德莱尔的"精神失常",当然是因为过于漂亮的母亲的寡居和再婚;但是,这也是他的生活的特点,是一直折磨到他去世的一种平衡失常和不幸;福楼拜"固著"在他父亲身上,是一种群体结构的表现,是他对资产者的憎恨、他"歇斯底里式的"发作和他修道士式的志向。在一个辩证的整体化的内部,精神分析法一方面同客观结构和物质条件相联系,另一方面同我们不可超越的童年时代对我们成年生活的作用相联系。从此之后,就不可能把《包法利夫人》(*Madame Bouary*)同政治－社会结构和小资产阶级的演变直接联系在一起;应该把作品同当时的现实联系起来,因为福楼拜通过自己的童年时代来体验这种现实。当然,由此会产生某种差距:作品对于它问世的时代有一种滞后现象;这是因为作品应该在自身中集合一定数量的当时意指和表达社会最近的但已被超越的状况的其他一些意指。这种向来被马克思主义者们忽视的滞后现象(hystérésis)却阐明了真正的社会现实,在这种现实中,当时的事件、产物和行为的特点是它们在时间深度上差异特别大。后来有一个时候,福楼拜显得领先于他的时代(在《包法利夫人》发表时),因为他当时落后于他的时代,因为他的作品偷偷地向对浪漫主义感到厌恶的一代人表达了1830年的一个中学生在浪漫主义时期之后的绝望。这本书在客观意义——马克思主义者们作为泰纳(H. Taine)①的好学生,天真地认为这种客观意义通过作者受到契机的制约——是一种调和的结果,即新的

---

① 泰纳(1828—1893年),法国文学批评家、实证主义哲学家和历史学家。他认为世界观和创作不是由经济和社会因素决定,而是受种族、环境、时代三个因素决定。——译者注

青年一代从自己的历史出发所要求的东西和作者从自己的历史出发可以对青年一代提供的东西之间的调和，这就是说，作者实现了知识界小资产阶级的两个过去的契机（1830—1845）的反常结合。从这点出发，人们就可以在新的前景中将这本书用作反对一个阶级或一种制度的武器。① 但是，马克思主义对这些新方法没什么可害怕的：它们只是恢复了实在事物的一些具体区域，当人们想到人的不适应具体地表现了人的异化时，人的不适应就具有它真正的含义；在今天，存在主义在精神分析法的帮助下，只能研究源自童年时代起在其中迷失的一些情景，因为在一个以剥削为基础的社会里，不存在别的情景。②

　　我们还没有摆脱中介：在生产关系的层次上和在政治－社会结构的层次上，特殊的人受到他的人类关系的制约。毫无疑问，这种制约在它最初的和一般的真实性中同"生产力和生产关系的冲突"发生关系。但是，所有这一切并不是如此简单地被体验的。或者不如说，问题在于还原是否可能。人通过他对一些群体的所属，比较清楚地体验和了解自己的状

---

① 这些青年读者是失败主义者：他们要求自己的作家们表明行动是不现实的，以便消除他们没有搞成革命的耻辱。对于他们来说，现实主义就是对现实的谴责：生活就是彻底的翻船。福楼拜的悲观主义有其肯定的补偿（美学的神秘主义），这种肯定的补偿在《包法利夫人》中到处可见，是明摆着的东西，但读者并没有将它"吸收"，因为他们没有在书中寻找它。只有波德莱尔看得清楚。他写道："《诱惑》*和《包法利夫人》有着同样的主题。"但是，他能用什么来反对阅读对一本书的改变这种新的和集体的事件呢？ 直到今天，《包法利夫人》的这种意义仍被掩盖着：因为在 1957 年了解这部作品的任何青年，是在不知不觉中通过一些使它偏离的死人而发现它的。——作者注

　　* 即《圣安东的诱惑》（1849—1870 年），福楼拜的散文诗，发表于 1874 年。——译者注

② 然而，有一个问题提了出来：马克思主义者认为，一个人的社会行为是由他那个阶级的总体利益来决定的。这些利益——起初是抽象的——通过辩证法的运动成为束缚我们的具体力量。这些利益挡住了我们的视线，这些利益通过我们的嘴表达出来，并在我们想要彻底理解自己的行为时，在我们企图脱离自己的环境时阻止我们。这种论点是否同童年时代制约我们现在行为的想法水火不相容呢？ 我不认为是这样；相反，很容易看到分析性中介不会改变任何东西。当然，我们的偏见、我们的想法和我们的信仰对我们中的大多数人来说是不可超越的，因为它们首先在童年时代被体验；我们儿时的盲目和我们被延长的恐慌——部分地——阐明了我们不合情理的反应和我们对理性的抗拒。但是，这种不可超越的童年时代，如果不是体验环境的一般利益的一种特殊方式，又是什么呢？ 一切都没有变化。相反，顽强、疯狂而罪恶的热情和英雄主义，都重新获得自己真正的深度、自己的根深蒂固的过去。被理解为中介的精神分析法并未使用任何新的解释原则，它甚至不想否定个人同环境或阶级之间的直接的和现时的关系；它重新引入历史性和消极性的方式，这与人作为一个确定的社会阶层的成员而实在化的方式相同。——作者注

况。这些群体大部分是局部的、确定的和直接产生的。显然,工厂的工人受到他的"生产群体"的压力;但是,如果像在巴黎那样,他居住的地方离开他劳动的地点相当远,他同样也受到他的"居住群体"的压力。然而,这些群体对他们的成员产生各种各样的作用;有时,甚至"岛状住宅群"、"居住区"或"街区"也会在每个人中抑制在工厂或车间里时产生的冲动。问题在于马克思主义是否会将居住群体解体为它的成分,或者它是否会承认居住群体有一种相对的独立性和一种中介能力。要想作出决定并非这样容易,一方面,人们确实很容易看到居住群体和生产群体的差距,居住群体比生产群体"落后",这只会证实马克思主义的基本分析;从某种意义上看,这里没有任何新的东西;共产党从诞生时起就已表明,它知道这种矛盾,因为它在能够做到的所有地方组织企业支部,而不是组织街道支部。但是,从另一方面到处都能看到,资方在企图使其方法"现代化"时,都在促使政治以外的制动群体的构成,这种群体在法国的作用无疑是使青年们脱离工会和政治生活。例如,安西工业化十分迅速,就把旅游者和渡假者一直赶到湖边的那些街区,调查者们在那里发现无明显特点的小团体(文化与体育协会、电视俱乐部等)的出现犹如雨后春笋:毫无疑问,它们在提高其成员的文化水平——不管怎样,这将是无产阶级的一个成果——但是,它们肯定是解放的障碍。另外,还须看在这些协会里(在大多数情况下,雇主们巧妙地让这些协会完全独立),文化是否必然有倾向性(即具有资产阶级意识形态的倾向。统计资料表明,工人们最喜欢的书是资产阶级的畅销书)。这些研究的目的是要把"同群体的关系"变成一种实在,这种实在为它本身的目的而被体验,并具有一种特殊的有效性。例如,我们所关心的是,这种实在无疑像屏幕一样隔在个人和他的阶级的总体利益中间。群体的这种稳定性(不应把它同我也不知是何种集体意识混为一谈)本身就可以证明美国人所说的"微观社会学"是有道理的。再者,社会学在美国因其有效性而得到发展。对于那些企图把社会学只看做以掩盖历史为唯一功能的一种静态的唯心主义知识的人们,我确实要提醒,在美国是资方在赞助这门科学,尤其是赞助把小群体看做在一个确定的情景中人类接触的整体化的研究;另外,美国的新父道主义和人类工程学(Human Englneering)几乎仅仅以社会学家的研究作为自己的基础。但是,不应以此作为借口而立刻采取相反的态度,并坚持拒绝这种态度,因为这是"资本家手中的一种阶级武器"。如果说这是一种有效的武器——它已证实是这样一种武器——那是因为它在某种程度上是真的武器;而它在"资本家的手中",则是要把它从资本家手中夺过来,并转而用来反对资本家的另一个理由。

毫无疑问,研究的原则往往是一种被掩盖的唯心主义。例如莱温(K. Lewin)(就像所有格式塔①心理学家一样)对整体化有一种偶然崇拜:他不是把整体化看做历史的真实运动,而是将它物化,并将它实在化为已经组成的整体:"必须把情景及其所有的社会和文化蕴涵看做一种动态的具体整体。"或者说:"一种动态整体的结构特点同它各部分的结构特点并不相同。"另外,这是一种外在性的综合:对于这种已知的整体,社会学家仍然是外在的。人们要保持目的论的有利因素,同时又想仍然处于积极的状态,即在同时又取消或掩盖人类活动的目的。在这时,社会学为自身而设立,并同马克思主义相对立。它并非通过肯定它的方法的暂时独立性——这样反而会产生使它一体化的方法,而是通过肯定它的客体的彻底独立性。关于存有论的独立性:确实,不管如何小心谨慎,人们都不能阻止被这样理解的群体成为基本的统一体——即使是特别在这样的情况下,即人们出于经验主义的愿望,确定自己的存在只是通过它的作用。方法论的自主性在于:对于辩证的整体化的运动,人们用一些事实上的整体来取而代之。这自然导致对辩证法和历史的拒斥,其原因在于辩证法首先只是一个形成过程中的统一体的真正运动,而不是对一个已经形成的统一体的研究,即使这种研究是"功能性的"和"动态的"。对于莱温来说,任何规律都是一种结构性规律,它阐明一种功能或一个整体的各个部分之间的功能关系。正因为如此,他心满意足地研究勒费弗尔过去所说的"横向复合"(complexité horizontale)。他既不研究个体的历史(精神分析法),也不研究群体的历史。我们在上面引述的勒费弗尔的指责,放在他身上最为合适:据说他的方法可以确定美国的一个农民团体的功能特

---

① 格式塔是德语 Gestalt 的音译,指事物被"放置"或"构成整体"的方法。在心理学中,该词常表示"模式"或"完形"。——译者注

点,但是,这种方法通过整体的变化来解释这些特点;因此,这种方法会忽略历史,因为它不会去解释在新教徒的农民中间值得注意的宗教同质性:农民团体易受城市模式的影响,这种完全的可渗透性在美国产生的原因是,农村从城市出发,通过已经掌握相当先进的工业技术的人而形成,但了解这一点对这种方法来说并不重要。莱温会根据他自己的公式,把这种解释看做一种亚里士多德式的因果论;但是,这恰恰说明他无法理解一种以辩证法为形式的综合。对他来说,综合必须是已知的。最后还有实验者和实验群体的相互独立性问题;社会学家未被定位,即使他已被定位,只要采取具体的预先措施,就可以使他失去确定的地位(désituer);他可能会试图同群体一体化,但这种一体化是暂时的,他知道他将摆脱出来,他将客观地记载自己的观察;总之,他就像电影里典型的警察一样,这类警察取得一个匪帮的信任,以便能更好地将匪帮揭发出来:即使社会学家和警察参加一个集体行动,这个行动也肯定是附带性的,并只是被他们变成为"最高利益"服务的行动。

同样,人们也可以指责卡迪纳(A. Kardiner)①企图引入美国新文化主义(néo-culturalisme)②的"基本人格"(personnalité de base)的概念:如果人们只想把这个概念看做人在自身中并通过自己将社会整体化的某种方式,那么这个概念就是无用的,关于这一点,我们在下文中即将看到;如果我们掌握一种能帮助理解劳动者如何从物质和历史条件出发,朝着自己的对象化来投射自己的方法,那么谈论法国无产者的"基本人格"将会是荒谬而又徒劳的。相反,如果我们把这种人格看做强加于群体成员的一种客观实在,即使是作为"他们的人格基础",这也是一种盲目崇拜的偶像:我们在人之前提出人,并重新建立因果关系。卡迪纳把他的基本人格确定在"(表达环境对个人的作用的)初期建构和(表达个人对环境的反应的)二期建构之间的中途"。不管怎样,这种"循环性"(circularité)仍然是静态的,另外,任何事物都没有像这种"中途的"地位那样清楚地表明上述概念的无用。确实,个人受到社会环境的制约,并反过来制约社会环

---

① 卡迪纳(1891—),美国精神分析学家、人种学家。——译者注
② 文化主义是近代美国的一种人类学学派,强调文化环境对个人的作用。——译者注

境;正是这一点——而不是其他任何事物——构成了他的实在性。但是,
如果我们能够确定初期建构,并理解个人在超越初期建构时产生的运动,
我们为什么还要做这套现成的服装呢?"基本人格"在后天的抽象普遍
性和作为已形成的整体的具体实体之间摇摆不定。如果我们把它看做在
将要产生的整体以前存在的整体,那么它或者使历史停止不前,并把历史
归结为一种生活类型和方式的不连续性,或者使历史通过本身的持续运
动将它粉碎。

这种社会学的态度也可以从历史学角度得到解释。超经验论——超
经验论一般忽视同过去的联系——只能产生在历史比较短的国家里;把
社会学家置于经验场域之外的愿望,同时表达了资产阶级的"客观主义"
和某种被体验的排斥。莱温被赶出德国,受到纳粹分子的迫害,就临时充
当社学家,以便找到实际方法,以恢复他认为被希特勒破坏的德国共同
体。但是,由于他是个被放逐、无能为力的人,并在反对大部分德国人的
情况下,要得到这种恢复,就只能用外在的手段,通过一种在同盟国的协
助下施加的作用。这个遥远的、封闭的德国,在将他排斥的同时,为他提
供了动态的整体题材。(他说,要使德国民主化,就必须给它另一些首领,
但这些首领只有在整个群体变得能接受他们时才会被人听从。)令人惊讶
的是,这个背井离乡的资产者毫不考虑产生纳粹主义的现实矛盾和他不
再体验到的阶级斗争。一个社会的四分五裂和分歧,这就是一个德国工
人在德国可能得到的体验,这可能使他对非纳粹化的现实条件有一种完
全不同的看法。实际上,社会学家是历史的客体:"原始人"的社会学建
立在一种更加深刻的关系的基础上,譬如可以是殖民主义;他对此调查的
是一些人之间的一种生动的关系[莱里斯(M. Leiris)在其出色的著作《幽
灵的非洲》(*L' Afrique fantome*)中企图描写的正是这种在整体中的关系]。
实际上,社会学家和他的"客体"构成一对,其中每个成分都需要通过另
一个成分来解释,这一对的关系应该被破译为历史的一个契机。

如果我们采取了这些预先措施,就是说,如果我们重新将社会学的契
机在历史的整体化中一体化,那么,社会学是否还有一种相对的独立性
呢?我们对此并不怀疑。如果说卡迪纳的理论是可以怀疑的,他的某些
调查却有一种无可置疑的趣味,特别是他在马克萨斯群岛所作的调查。

他强调了马克萨斯群岛(iles Marquises)居民中潜在的焦虑,其根源可以在某些客观条件中找到:缺粮的威胁和女人的匮乏(每250个男人只有100个女人)。用防腐香料保存尸体和吃人肉是因为缺粮,这是在相互对立中相互制约的两种矛盾的反应;他指出同性恋是女人匮乏(和一妻多夫制)的结果,但他走得更远,并通过调查指出,同性恋不仅仅是性欲的满足,而且是对女人的报复。最后,这种状况使女人真正变得冷漠,使父亲在同孩子们的关系中变得十分温柔(孩子是在他的父亲们中间长大的),这就造成了孩子们的自由发展和早熟。早熟,作为对冷酷无情的女人报复的同性恋,表现在各种行为中的潜在焦虑,这些都是不可还原的概念,因为它们使我们同实际经验联系起来。卡迪纳使用精神分析法的观念来描述这些概念,这一点并不重要;事实上,社会学可以把这些特点确定为人们之间的实际关系。卡迪纳的调查同辩证唯物主义并不矛盾,即使他的想法仍同辩证唯物主义相对立。我们可以在他的研究中获悉,女人匮乏的具体事实如何被体验为两性之间和一些男性之间的关系的某种方面。只是他的研究把我们引向某个具体层次,而现代马克思主义却一贯忽视这一层次。美国社会学家们由此得出结论,认为"经济并非完全是决定性的"。但是,这句话既不对也不错,因为辩证法并不是一种决定论。即使爱斯基摩人确实是"个人主义者",达科塔人(les Dakota)确实有合作精神,而"他们维持自己生活的方式"又相像,也不应由此得出结论,认为马克思主义的有决定性的不足一面,而只应认为它发展得不够。这说明社会学在对一些确定的群体进行调查时,因为自己的经验论而提供了一些能够发展辩证法的知识,同时又迫使辩证法把整体一直推向对这些知识的一体化。爱斯基摩人的"个人主义"即使存在,也应该受到一些因素的制约,这些因素和在马克萨斯群岛的共同体中被研究的那些因素是同一类型的。这种个人主义本身是一个事实(或者像卡迪纳所说的那样是一种"生活方式"),这个事实同"主观性"毫无关系,是从个人在群体内部的行为中和在同生活的日常现实(居住、饮食、节日等)以及劳动的日常现实的关系中显示出来的。但是,由于社会学是通过自身对这类事实的展望性关注,所以它是一种启示性的方法并迫使马克思主义成为这种方法。确实,它揭示了新的关系,并要求人们把新的关系和新的条件联系起来。然而,"女人的匮乏"就是一种真正的物质条件:这种匮乏不管怎样都是经济性的,因为经济通过匮乏来确定,这是一种定量关系,严格制约着一种需要。不过,卡迪纳倒是忘掉了列维－斯特劳斯(Claude Lévi-Strauss)在其著作《亲属关系的基本结构》(*Les Structures élémentaires de la parenté*)中十分清楚地表明的论点:婚姻是完全给与的一种形式。女人并非只是床上的伴侣,她也是一个劳动者、一种生产力。"在最原始的层次上,地理环境的艰苦和技术的原始状况使狩猎和园艺同拾取和采摘一样是碰运气的事,生存对于一个自己照料自己的个人来说几乎是不可能的……可以毫不夸张地说,在这样的社会中,婚姻对于每个个人来说是生死攸关的大事……每个个人(首先)想要找到……一个配偶,但也想防止他的群体遇到原始社会的两种灾难:独身者和孤儿。"①这说明永远不应该对简单的唯技术论让步,不应把技术和工具说成是在只有它们所特有的背景中制约社会关系的事物。除了传统和历史(勒费弗尔所说的纵向复合)在劳动和需要的层次上产生作用之外,还存在其他的物质条件(女人的匮乏是其中之一),这些条件同技术和生活的实际水平有一种循环制约的关系。这样,缺粮越是严重,工具越是简陋,两性之间的数目关系对生产和上层建筑的关系来说就越是重要。只是不要先验地使任何事物处于次要地位:人们会徒劳地说,女人的匮乏是一种普通的事实(以便把它同技术的建构特性相对立),因为这种匮乏总是只出现在一个共同体的内部。从这一点出发,任何人就不能再指责马克思主义的解释不是完全"决定论的":确实,只要逆退－渐进法同时考虑到物质条件的循环性和建立在这一基础上的人类关系的相互制约(女人们的冷淡、父亲们的宽容、产生同性恋倾向的怨恨和孩子们的早熟,在它的层次上直接的真实关系是建立在一妻多夫制的基础上的,而一妻多夫制本身是群体对匮乏的反应;但是,这些不同的特点并非像篮子里的鸡蛋那样已经装在一妻多夫制里:它们通过自己的相互作用丰富起来,犹如在一种永久的超越中体验一妻多夫制的方式)。在这种观察的形式下,由于它缺乏理论做基础和辅助方法——调查、测试、统计等——的准确性,社会学作为历史整体化的临时

---

① 参见《亲属关系的基本结构》,第48～49页。

契机,揭示了具体的人同他们谋生的物质条件之间、人类关系和生产关系之间以及人们和阶级(或者另一类集团)之间的一些新的中介。

我们可以毫不困难地承认,群体(groupe)一直没有、也不会有人们竭力赋予它的那种形而上的存在;我们同马克思主义一样重复这一点:只存在人和人之间的实际关系;从这个观点来看,群体在某种意义上只是一种关系,以及这些关系之间的一种多元复合关系。我们这样确信,正是因为我们把社会学家和他的客体的关系看做一种相互关系;调查者可以一直处于一个群体"之外",只是因为他"在"另一个群众"之中"——除非是在极端的情况下,即这种放逐是一个真正的排斥行为的反面。这些不同的观察足以表明,像这样的共同体无论在哪个方面都不会引起他的注意。

然而,这不应使他不去确定集体客体特有的实在性和有效性类型,这些集体客体充满了我们的社会场域,在习惯上被称为世界的隙缝。一个钓鱼协会既不是一块石头,不是一种超意识,也不是普通的照会,用于指出它成员之间具体的和特殊的关系:它有自己的章程、自己的预算、自己吸收会员的方式和自己的功能;从这一点出发,它的成员在自己之间建立了关系中的某种相互性。当我们说:只存在人和人[我要补充一点,对梅洛－庞蒂(Maurice Merleau-Ponty)来说,还有一些物和一些动物等]之间的实际关系时,我们只是想说,集体客体的物质基础应该从个人的具体活动中去寻找;我们不想否定这些客体的实在性,但我们认为这种实在性是寄生性的。马克思主义同我们的观念并不十分遥远。但是,在它目前的状况中,人们从这个角度可以对它提出两点主要的指责:当然,它指出了迫使个人反对个人利益的"阶级利益",或是指出了市场,市场起初只是人类关系的复合,后来逐渐变得比售货员和他们的顾客更为实在;但是,它仍然不能确定这些"集合体"(collectif)的性质和根源:马克思勾勒的偶像崇拜的理论从未发展过,另外,这种理论也不能扩展到一切社会现实;这样,它拒绝有机论,却又缺乏反对有机论的武器。它把市场看做一种物,并认为它的无情规律会促进人际关系的物化,但是,如果像亨利·勒费弗尔说的那样,一个辩证的戏法突然向我们显示,这种怪物般的抽象是真正的具体事物(当然,这是一种异化的社会),而个人(例如服从于劳动力市场冷酷规律的工人)也落到抽象之中,在这时,我们就会认为自己已回到黑格尔的唯心主义。因为出卖自己劳动力的工人的从属地位绝不能说明这个劳动者已落到抽象的存在之中。恰恰相反,不管市场规律如何无情,它的实在性,乃至它的具体表象,都把异化个人的实在性和分离作为基础。必须从头开始研究集合体,并指出这些客体非但没有以一种一致的直接统一作为特点,而是表示了一些流失的前景。这是因为在一定条件的基础上,人们之间的直接关系取决于其他特殊关系,而这些特殊关系又取决于另外一些关系,并依次类推,因为在具体的关系中存在着客观的约束;产生这种约束的不是他们的在场,而是他们的不在场,不是他们的结合,而是他们的分离。我们认为,集体客体的实在性建立在复现的基础之上;它表明整体化总是没有完成,整体至多只是作为被非整体化的整体(totalité détotalisée)而存在。①

这些集合体原封不动地存在着,它们立刻向行动和感觉显示出来;在每个集合体中,我们总是可以找到一种具体的物质性(运动、总公司、建筑、语词等),这种具体的物质性维持并展现一种将它侵蚀的流失。我只要打开我的窗,就可以看到一座教堂、一个银行、一个咖啡馆;这就是三个集合体;这张一千法郎的钞票是另一个集合体;我刚买的那张报纸又是一个集合体。人们可以对马克思主义提出的第二点指责,是它从未想到要在这些客体之中来研究它们,也就是说,在社会生活的各个层次上来研究它们。然而,人了解自己的状况,是在他和集合体的关系之中,是在他的"社会场"中以最直接的面貌被观察;在这里,特殊的联系仍是实在和在其物质性中体验的普遍性的一种方式;在这里,这种特殊性仍有它自己的不透明性,这种不透明性使它不能在基本的规定性中解体。这说明,我们生活的"环境"(milieu)以及它的机构、它的纪念碑、它的工具、它的文化的"无限"[这些无限像自然观念一样真实,像于连·索黑尔(Julien Sorel)或唐璜(Don Juan)一样虚构],它的偶像、它的社会时间性和它的"描述逻辑"空间,在应该成为我们研究的客体。这些不同的实在的存在同人类的非存在成正比,这些实在通过人类的关系,在它们之间并且同我们一起维持着一种多元复合性关系,这些关系可以并应该在自身中被研究。人是

---

① 我已在《辩证理性批判》这部著作的第二部中对这些论点进行了阐述。——作者注

他的产物的产物,经过他的劳动和生产的社会条件的加工,他同时存在于他的产物中间,并提供侵蚀他的"集合体"的实体;在生活的每个层次上都有一个短暂的循环,横向经验促使人在他最初的物质条件的基础上发生变化;儿童体验的不仅是他的家庭,他也体验——部分通过家庭,部分独自体验——他周围的集体背景;在这种特殊的经验中,向他揭示的还有他的阶级的普遍性。① 因此,必须构成横向的综合,在横向综合中,被研究的客体能自由地发展它们的结构和规律。这种横向的整体化既表明它同纵向综合的从属关系,又表明它的相对独立性。它既不能自给自足,也不是靠不住的。因此,从纯表象的方面来否定"集合体"的企图将是徒劳的。当然,不能根据现代人对它们的看法来评价它们;但是,如果人们只从深层角度来研究它们,就会失去它们的独特性。如果要研究在某些工厂看到的一些文化群体中的某一个,人们就不会用"工人们认为他们在阅读"(因此这个集体客体是文化的)这种老掉牙的口号来摆脱它们,实际上,他们只会在自身之中推迟无产阶级的觉悟和解放。因为有一点十分确实,即他们在自身之中推迟了这种觉悟的时刻;但是,另一点也十分确实,即他们在阅读,他们的阅读是在一个团体内部进行的,这个团体促进阅读,并通过阅读得到发展。这里只举出一个客体为例,人们会承认一座城市是一种物质的和社会的组织,这个组织从它不在场的普遍存在中取得它的实在性;它存在于它的每条街之中,因为它总是在别处,而且关于首都的神话同它的秘密一起足以表明,人类直接关系的不透明性出现在其中,是因为这些关系总是受到其他一切关系的制约。巴黎的秘密来自同各种环境的基本分隔相联系的各种环境之间绝对的互相依存。但是,城市的每个集合体都有它自己的面貌。有些马克思主义者对此作了可喜的分类,他们从经济演变的角度出发,把农业城市同工业城市,把殖民地城市、社会主义城市等区分开来。他们就每个类型指出,劳动的形式和分

---

① "夏洛特(Charlot)的整个一生处于这砖和铁的背景之中……兰伯斯街(Lambeth Road)变成了伊齐街(Easy Street)的背景。在好孩子街,夏洛特点上……胖子耐尔斯(Nénesse)家有的那种煤气灯……"他说:"这就是他童年时代的所有房屋,夏洛特在认出这些房屋时,比别人更激动。"[保罗·吉尔松(Paul Gilson)]他的贫困的童年时代集体环境在他内心变成符号、神话和创作的源泉。——作者注

工如何同生产关系一起产生了城市功能中的特殊组织和特殊分配。但是,这点还不足以同经验相符合:巴黎和罗马有很大的区别,前者是十九世纪典型的资产阶级城市,后者同前者相比既落后又进步,它以一个贵族结构的中心作为自己的特点(穷人和有钱人住在同一幢房子里,就像1830年以前我们的首都一样),中心周围是借鉴美国城市规划而建造的现代化街区。这些结构上的区别符合这两个国家经济发展中的根本区别,用理论工具装备起来的当代马克思主义能够阐明这点,但是光指出这些还是不够的;①同时必须看到,这两个城市的构造直接制约着他们居民的具体关系。罗马人通过富裕和贫穷的混杂,简略地体验了他们国民经济的演变,但这种混杂因它本身而成为社会生活的一种直接资料;它通过一种特殊的人类关系表现出来,它意味着每个人在城市的以往历史中根深蒂固,意味着人们同历史遗产有着具体的联系(这种联系不像人们可能认为的那样,在很大程度上取决于劳动类型和阶级,因为一些作为历史遗产的房屋被众人——也许更多地是被人民,而不是被大资产者——居住和使用),意味着对空间的某种组织,也就是说用某些方式把人们引向其他人或引向劳动。如果我们缺乏研究这个"社会场域"的结构和影响的必要方法,我们就完全不可能从生产关系的一般规定性中发现某些典型的罗马式态度。价格昂贵的餐厅位于最贫困的街区;在气候宜人的季节,有钱人在露天座上吃晚饭。这个事实——在巴黎是不可想象的——涉及的不只是个人:对于阶级关系被体验的方式来说,它本身就意味深长。②

　　这样,社会学就更加容易同马克思主义整合,因为社会学认为自己是一种超经验论。社会学如果只有自己一门学科,就会陷入本质论和断裂状态;如果作为一种被监视的经验论的契机,回到历史整体化运动之中,社会学就重新获得自己的深度和活力,但它将保持社会场域的相对的不可还原性,它将在总体运动之中突出地表现为抵抗、制动、模棱两可和含糊不清。另外,还不是要把一种方法添加到马克思主义之中:辩证哲学的发展本身应该使它在同一个行为中产生横向综合和深入的整体化。要是

---

　　① 罗马是一个农业中心,后来变成了行政性的首都。严格意义上的工业在那里发展得不多。——作者注

　　② 这并不说明阶级斗争不激烈,恰恰相反,这只是说明阶级斗争是不同的。——作者注

马克思主义拒绝这一点，其他一些方法就会企图代替它这样做。

换句话说，我们指责当代马克思主义在偶然性方面抛弃了人类生活的一切规定性，并且不保留属于历史整体化的任何东西，只保留有其普遍性的抽象轮廓，结果它完全失去了人的含义。它只能用巴甫洛夫的抽象心理学来弥补自己的缺陷。我们在反对使哲学的观念化和使人失去人性时断言，偶然性可以并应该被缩减到最低程度。有人对我们说："拿破仑作为个人，只是一种偶然事件；而必然性的东西则是用以清除革命制度的军事专政"，但是这一点并不能使我们感兴趣，因为我们早已知道了。我们想要指出的是，这个拿破仑是必然的，这是因为革命的发展同时产生了专政的必然性以及将要实施专政的人的整个性格；这也是因为历史的进程为波拿巴将军个人准备了使他——并且由他一人——能够加速这种清除的先决权力和机会；总之，因为这不是一种抽象的普遍性，不是一种可能出现许多个波拿巴那样不确定的情景，而是一种具体的整体化，在这种整体化中，这种由真实的活人组成的真实的资产阶级应该清除这场革命，这场革命在波拿巴这个人身上产生了它自己的清除者，在它自身之中并为了它自己——即为了资产者们，而且它要亲眼目睹。对于我们来说，这并不像人们往往认为的那样，是要"使非理性恢复权利"，而是相反，是要缩小不确定的和无知的部分；这不是以第三条道路或唯心主义的人道主义名义来抛弃马克思主义，而是在马克思主义内部重新恢复人。我们刚才指出，辩证唯物主义如果不融合西方的某些学科，就会使自己变为一副骨架；但是，这只是一种否定的证明：我们所举的例子在这种哲学的中心揭示了一种具体的人类学的空缺位置。但是，如果没有一种运动，没有为整体化而作出的真正努力，社会学和精神分析法的资料都将会被搁置一边，而不会同"知"融为一体。马克思主义的缺陷使我们决心用自己的方法来实行这种整体化，也就是说，通过一些确定的行动，根据一些原则——这些原则确定我们意识形态的特点，我们在下文将对它们进行阐述——来实行这种整体化。

（摘自于[法]让·保罗·萨特：《辩证理性批判》(上卷)，"方法问题"，林骧华、徐和瑾、陈伟丰译，安徽文艺出版社1998年版，第33～72页。）

论微观政治哲学

衣俊卿

20 世纪 70 年代以来,以罗尔斯《正义论》的发表为标志,政治哲学研究在西方全面复兴。世纪之交,政治哲学开始成为中国哲学研究的热点领域之一。当代西方政治哲学在许多方面呈现出多样化的特征,展示出不同的发展趋势。我认为,在当代西方政治哲学流派中,呈现出一种不同于传统政治哲学的重要发展趋势:从宏观政治哲学向微观政治哲学转变。对于这一趋势作认真的分析,可以为我们的政治哲学研究开启新的地平线。

一、微观政治哲学的兴起

为了把握当代政治哲学研究的这一范式转换,我们首先有必要对宏观政治和微观政治,或者对宏观权力和微观权力的概念加以简单的界定。一般说来,政治哲学是对人类社会的政治现象或政治事物的本质规定性和政治体制的合法性基础进行形而上的反思,对政治体制的建构和政治活动的开展进行价值判断,并提供理念基础的哲学反思活动。政治现象和政治事物具有丰富的内涵,但是,政治的主要功能是对于人与人之间的关系的调解,通过不同形式的制度安排调控社会秩序,因此,政治的核心是权力和控制。所谓宏观政治是指国家制度的安排、国家权力的运作等宏观的、中心化的权力结构和控制机制;而所谓微观政治是指内在于所有社会活动层面和日常生活层面的弥散化的、微观化的权力结构和控制机制。在现代性的视域中,宏观政治主要表现为理性化的权力运作和制度安排,而微观政治既包括不同形式的知识权力,也包含自发的文化权力。

按上述区分,传统的政治哲学,以及传统的史学、社会学等,大多以宏观政治哲学的研究范式为主导。它们主要以国家权力的运作、政治制度的安排,以及与此密切相关的正义、平等、自由、民主、法治、权威、权利、义务等基本的政治概念为对象,而忽略社会生活其他层面的边缘化的权力结构和日常生活领域中的微观的控制机制,或者将这些微观权力视做被宏观权力决定的,微不足道的附属物。在当代政治哲学中,虽然关于宏观权力的思考依旧是研究的主题,但是,我们看到了一种政治哲学研究"微观化"的发展趋势,在福柯、德勒兹等人的微观政治学,以及后马克思主义政治哲学中,开始了对微观政治现象和微观权力结构的自觉关注。福柯关于军队、监狱、医院、学校等边缘化领域中的规诫性的、规范化的、分散化的微观权力的分析,以及德勒兹等人关于欲望政治的分析和博德里亚关于边缘与差异政治的分析,都属于典型的微观政治哲学批判。贝斯特和凯尔纳在《后现代理论》中断言,1968 年的"五月风暴"之后,许多左派的新社会运动开始"把微观政治视做政治斗争的可靠阵地。"①他们指出:"微观政治学关注日常生活实践,主张在生活风格、话语、身体、性、交往等方面引起革命,以便为新社会提供先决条件,并将个人从社会压迫和统治下解放出来。"②

当然,必须指出,对宏观政治和微观政治、宏观政治哲学和微观政治哲学的区分只是相对的,实际上并不存在着截然不同、彼此分离的微观政治和宏观政治,即使德勒兹和加塔利等力主微观政治学的后现代思想家,也强调微观政治和宏观政治之间不存在着固定不变的区分,强调政治既是宏观政治,也是微观政治。同时,我们提出微观政治哲学,并非要彻底否定或完全取代宏观政治哲学的研究主题,而是拓展政治哲学研究的视

① Best, S. and Kellner, D. , *Postmodern Theory*, New York: The Guilford Press, 1991, p. 24.
② Best, S. and Kellner, D. , *Postmodern Theory*, New York: The Guilford Press, 1991, p. 116.

野。在反思启蒙和现代性的意义上,我们必须承认传统宏观政治哲学的内在局限性。具体说来,宏观政治哲学致力于对中心化的宏观权力的宏观的、普遍化的思考和理性建构,它由于否认或忽略了多元差异的、分散化的微观权力同宏观权力之间的多元互动机制而把理性权力和宏观政治建构为历史的普遍的、决定性的力量。这种意义上的宏观政治哲学成为现代性危机的集中的理论表征。

首先,在宏观政治哲学中,宏观政治或宏观权力在某种意义上构成了现代理性文化的宏大叙事的内核。换言之,宏观权力和宏大叙事具有不可分割的、内在一致的本质关联。当代各种文化批判流派,常常把对现代性的批判集中于"宏大叙事"(grand narratives)或"元叙事"(meta-narratives)的批判。从深层次看,各种奠基于启蒙理性和契约精神的关于人的自由和人类解放的理性设计、以绝对理性的普遍运动为核心的关于绝对真理的阐发、关于历史的合目的性与合规律性的历史决定论等宏大叙事,之所以能够成立并成为现代社会历史运动的强有力的理性设计,重要的原因在于,这些宏大叙事在深层次上建立在一种关于宏观权力的信念上。换言之,正是关于宏观政治和宏观权力之必然性、普遍化、决定论的力量的信念支撑了现代性的各种宏大叙事。正因为如此,德勒兹和加塔利在自己的微观政治学中一方面批判组织化和层级化的主体及主权的权力,把它描绘成"国家机器";另一方面反对具有国家式思维方式(state-thought),强调普遍化秩序、总体性、等级制的"哲学帝国主义"。他们明确表明他们不喜欢抽象,不喜欢一、整体、理智、主体。因为,"这种思想已经与它从国家机器借来的模式相一致,因此,其目标和道路、导体、渠道、机构等整个研究方法都是由国家机器界定的"①。抛开这些论述中的一些极端成分,可以发现,其中关于国家权力同普遍化哲学之间的关联的认识具有深刻的启迪。

其次,宏观政治哲学在现代性背景中已经成为纯粹意识哲学和思辨理论哲学范式的典型体现。文德尔班在他的《哲学史教程》中断言,从古

---

① 《游牧思想——吉尔·德勒兹、费利克斯·瓜塔里读本》,陈永国编译,吉林人民出版社2003年版,第306页。

希腊起,西方哲学史上一直存在着两种不同的哲学范式:一种是追求普遍性知识的、思辨的理论哲学或意识哲学范式;一种是关注生命的价值和意义的实践哲学或文化哲学范式。前者的理论意义主要指向严密的理性逻辑、普遍的真理和知识体系,在理论形态上表现为形而上学和认识论;而后者是由苏格拉底和智者派开辟的实践哲学范式,其理论意义主要指向人的天职和使命、正当生活的价值和意义,在理论形态上表现为伦理学或道德哲学、社会哲学、美学、宗教哲学等。政治哲学显而易见属于实践哲学范式,它本应该反对理性思辨的过分普遍化特征,展示人类社会和生活世界的丰富内涵。但是,在传统宏观政治哲学那里,政治哲学不知不觉地变成了另外一种理论哲学,心甘情愿地受"自然科学化"的理论哲学或意识哲学范式的支配。近代理论哲学习惯于用自然科学所形成的无限的世界图景来构造哲学理论体系,把自然科学所揭示的因果现象、必然性、线性决定特征、还原性、可计算性、普遍性等,放大为统一的、一元的、无限的世界的普遍规律,由此建立起以理性逻辑、绝对真理、普遍规律为核心的形而上学和认识论体系;同时,又通过抽象化除去生活世界、伦理道德世界、人的历史领域的特殊性和个别性,使之成为数学化和理念化的无限自然世界图景中的一个案例。在这种背景下,传统宏观政治哲学也习惯于抽象掉内在于社会生活各个层面和日常生活世界之中的多态化的、多样性的、边缘性的、微观的权力结构和控制机制,把中心化的、宏观的权力运作和国家制度安排等宏观政治活动,以及周期性的经济活动机制,即一种理性化的政治权力或经济权力放大为人类社会历史运动的普遍的、绝对的规律和力量。

通过上述关于宏观政治哲学范式的内在局限性的分析,可以得出这样的论点:如果我们依旧停留在宏观政治哲学的视野内,如果我们依旧受那种追求普遍性知识的、思辨的理论哲学或意识哲学范式的统治,所谓拒斥宏大叙事或回归生活世界都只能是一种比较空泛的理论呼吁。在这种意义上,我们应当充分认识微观政治哲学范式的意义。可以断言,无论是现代性的生成,还是对现代性的修正,都不会简单地体现为一种忽视或排斥各种微观权力的总体化的、中心化的宏观权力的建立。同样,要保护自由、公正、平等、民主的社会秩序和自主的生活世界体系不受某种总体化的政治权力或经济权力的"殖民化",其有效途径不是用一种新的中心化的宏观权力来取代另一种宏观权力,而是激活社会各个层面和生活世界的各种微观权力的话语和力量,形成多元差异的社会调控体系。

二、微观政治哲学的理论资源

实际上,微观政治哲学的研究范式并不是我们提出的全新的东西,而是 20 世纪的哲学、历史学、社会学、政治学等许多理论领域中已经自觉地出现的重要趋向。只是在中国的语境中微观政治哲学、微观史学、日常生活批判等理论范式还相对陌生,人们习惯于用"放之四海而皆准"的普遍理论哲学范式去构造普遍的理论,讲述宏大的故事和事件,而把与每个人的生存息息相关、构成我们每个人生存之文化根基的日常生活世界置于理论的视野之外。其结果,我们的社会科学充斥着普遍化的、空洞的、飘浮的能指,呈现出"能指的狂欢"。在某种意义上,抽象化和远离生活世界已经成为我们的哲学社会科学研究的一种通病和顽症。

因此,在中国的语境中讨论微观政治哲学范式,首先有必要总结和梳理 20 世纪西方文化精神和理论中已有的与微观政治哲学相关的理论资源,并加以整合、吸纳和借鉴。我认为,至少以下四个方面的理论资源为微观政治哲学范式打下了坚实的基座。

其一,年鉴学派的新史学范式。历史学与政治学或政治哲学关系极为密切,在某种意义上,传统历史学就是历时态的政治学和政治哲学。尤其需要指出的是,传统史学与传统宏观政治学往往有着共同的主题和共同的爱好,都以宏观政治为核心。前者基本上围绕着君主、伟人、大事件而展开,主要表现为宏观政治史;后者主要围绕着国家制度安排和政治权力的运行而展开,更多地表现为传统史学的积淀。因此,当法国年鉴学派在 20 世纪初开始对传统史学发起挑战时,其影响深远的新史学在研究范式上同时就对传统宏观政治学和政治哲学构成了冲击。法国年鉴学派先后经历过三、四代著名史学家的演绎,提出了很多重要的史学思想和经典的历史分析,我们在这里不能一一展开,而只想挖掘"总体史学"和"长时段史学"两个基本范畴的范式意义。

"总体的历史"或"总体史学"是法国年鉴学派创始人吕西安·费弗

尔和马克·布洛赫提出的新史学的主要研究范式。从表面看,总体或总体性的提法似乎蕴涵着一种总体化的、线性决定论的、宿命论的历史观,实则不然。他们所提倡的是反对传统的政治事件史的历史观,主张把历史研究的视野从政治活动扩展到人类历史的每一个细节、每一个层面和每一种人文社会科学研究领域。

"长时段史学"是年鉴学派第二代代表人物费尔南德·布罗代尔对总体史学的进一步发展,这一概念对于 20 世纪史学的变革具有重大的影响。他认为,在社会现实中,存在着多元的社会时间,特别值得关注的是瞬时性和长时性两种对立的时限。一般说来,传统史学属于短时段历史学,它主要关注事件或政治时间,即历史上的革命、战争等突发现象,因此是一种事件史。而人类社会中存在着一些长时段历史现象,主要是结构或自然时间,指历史上在几个世纪中长期不变和变化极慢的现象,如地理气候、生态环境、社会组织、思想传统等。布罗代尔明确反对传统史学的政治事件史,他强调,短时段的历史无法把握和解释历史的稳定现象及其变化,长时段现象才构成历史的深层结构,构成整个历史发展的基础,对历史进程起着决定性和根本的作用。

法国年鉴学派新史学的范式意义在于它不再孤立地围绕着大事件等宏观政治来建构自己的历史解释模式,而是把政治现象放到地理环境、文化传统、经济结构等深层次、长时段的历史现实中加以把握。这种总体史学和长时段史学为我们展示了社会政治运动和经济活动的深层次的文化基础,把研究视野从重大历史事件和关于政治、经济、军事、外交的宏大叙事,转向具体的和微观的日常生活世界和社会运动的各个领域,并揭示了文化、日常生活、地理环境等因素的特殊文化内涵,以及更为深远的历史意义和历史作用。他的《15 至 18 世纪的物质文明与资本主义》共分三卷,其中第一卷就是《日常生活的结构》,主要讨论 15 至 18 世纪人们的日常生活,包括这一时期人们衣食住行的各个方面和细节,把日常生活作为解读这一时段历史的重点。

其二,生活世界理论和日常生活批判范式。年鉴学派的新史学对政治军事等大事件背后的日常生活、生产方式、文化等长时段历史要素的分析,在研究范式上与 20 世纪的生活世界理论,特别是日常生活批判范式有着深刻的一致性。把日常生活世界从背景世界中拉回到理性的地平线上,使理性自觉地向生活世界回归,是20世纪哲学的重大发现之一,胡塞尔、维特根斯坦、许茨、海德格尔、列菲伏尔、哈贝马斯、赫勒等许多理论家从不同层面推动了这一哲学转向。日常生活批判范式的要点在于,它不再孤立地探讨和强调政治、经济等宏观社会历史因素的决定作用,而是把所有的社会历史因素都放到生活世界的文化意义结构中加以审视和评价。

生活世界理论和日常生活范式是20世纪具有很大普遍性的哲学转向,由此形成了许多各有特色的生活世界理论范式。具体说来,在胡塞尔那里,作为主体(间)性的意义构造的生活世界是一个文化世界,它包含着给定的、非课题化的、前科学的、前逻辑的价值、意义、先见(或前见)等文化结构;维特根斯坦晚年关于日常语言和言语游戏的理论,把日常语言理解为基本的生活方式,这一理论在价值取向上很接近胡塞尔的生活世界理论;海德格尔所关注的此在的日常共在的世界是主体间以自在、沉沦或异化的方式交往和生存的世界,他突出的主题显然是此在日常共在的方式,即生存的特殊模式;萨特的"他人理论"对于生活世界中的交往问题的理解与海德格尔属于同一种类型;列菲伏尔把日常生活界定为个体生存和再生产的平面,个人是在这个平面或层面上被发现和创造的,其中,人的生成的焦点是基本的生存方式,即文化模式;许茨明确把日常生活世界界定为给定的主体间际的世界,界定为一个文化世界和一个意义结构;赫勒在分析作为个体再生产的领域的日常生活时,一直把它视做一种生存和存在的方式,是一种自在的类本质对象化;科西克在《具体的辩证法》中关于"伪具体性世界"的批判,对于日常生活世界的特征,以及日常生活与历史的关系作了深入的探讨;而哈贝马斯则直接把作为知识储备的文化视做生活世界的基本的构成要素。

这些理论家尽管对生活世界的透视点或着眼点有很大的差异,但是他们在最根本的意义上,都把生活世界理解为文化世界。即是说,哲学理性对生活世界或日常生活世界的关注点主要是体现在衣食住行、饮食男女、婚丧嫁娶、日常交往等活动背后的作为人类给定的知识储备、文化先见、价值取向、非课题化的规则体系、传统习惯等等。这样一来,生活世界必然与人的生存的意义和价值问题密切相关,同时与社会历史运行的内在机理紧密相连,它作为个体再生产的领域或层面,作为主体间交往的背景、视野或境域,作为社会再生产的基础,作为社会历史运动的深层基础,影响、制约、约束、规范、驱动、左右着个人的再生产和社会的再生产,以及社会历史的演变。显而易见,日常生活批判为微观政治哲学提供了重要的理论维度,无论是反思现代性还是理解人类社会的政治活动和制度安排,都离不开这一深层的文化基础。

其三,后现代的微观政治学。如果说年鉴学派的新史学范式和日常生活批判范式属于微观政治哲学可以借鉴的研究范式,那么,福柯、德勒兹、加塔利、利奥塔等后现代的微观政治学则构成了微观政治哲学的一种重要的范例。福柯、德勒兹、加塔利、利奥塔等人的现代性分析的最大特点是把关注点从中心化的宏观权力转向了多态化的微观权力。关于权力形态作用机制的认识、关于现代性的争论焦点、关于反抗理性权力的策略等,都因这一转变而发生重要的改变。限于篇幅,我们在这里只简要地介绍福柯关于现代性的微观政治学批判理论。

福柯《知识考古学》的引言是从评价年鉴学派的长时段新史学范式开始的。他认为,历史学家对于长时段的普遍关注的直接后果是开始抛弃线性连续性的观念,并充分肯定断裂和不连续性,福柯明确用他的一般历史概念来反对现代性的总体历史概念。他把这两种历史概念的差别概括为:"总体的历史概念让所有现象都环绕一个中心———一种原则、一种意义、一种精神、一种世界观、一种包容一切的形态;与此相反,一般历史概念则展现一个离散的空间。"[1]正是在不连续性和离散的叙事空间中,福柯通过知识考古的方式,而不是线性决定论的方式,为我们展现了新的微观样态的权力结构。在福柯的视野中,现代性的知识权力或理性权力不是那种围绕着国家权力而形成的中心化的、压迫性的、法权模式的宏观权力,而是在本质上呈现为生产性的权力,是分散的、不确定的、形态多样的、无主体的、弥散于日常生活和不同社会层面的微观权力。他认为,这种微观权力的运作方式也发生了很大的改变,它无需借助于法律和肉体

---

① Foucault, M., *The Archaeology of Knowledge*, New York: Pantheon Books, 1972, p. 10.

的力量,而是借助于具有领导权(或霸权)地位的各种规范和政治技术,借助于对躯体和灵魂的塑造,因此,微观权力是一种规训性的、规范化的、无所不在的权力网络。正因为如此,福柯并不热衷于对现代性或启蒙作总体性的评判,而是在精神病院、军队、学校、监狱、性、人文学科等特殊领域和边缘领域揭示无所不在、无所不包的微观权力机制。

与上述微观权力形态相适应,在后现代的微观政治学的视野中,现代性批判或启蒙批判的策略也不同于宏观政治学。具体说来,现代性的危机并不体现为中心化的国家权力体系对于社会各个层面的专制压迫,而是体现在复杂的、规训性的、规范化的、全方位的微观权力网络对于个人的监视、判断、评估、规训,这是一个没有"基本的自由空间"的全景监狱。福柯认为,既然权力是分散的、多元的、微观的,那么政治斗争形式也应当是分散的和多元的,在这里根本不存在大规模拒绝的中心和反叛的核心,而只有多元的抵抗,多元的自主斗争。福柯在谈到生态运动等反抗斗争时曾指出,反对日常权力的斗争并不以获取权力为目标,而是拒绝一切权力。

其四,后马克思主义的政治哲学。一般认为,1968 年的五月风暴之后,西方马克思主义的文化批判话语在很大程度上让位于政治哲学的话语,例如,特别典型的是拉克劳、墨菲、雅索普等人通过领导权、社会主义策略、资本主义国家等问题的研究在西方马克思主义中实现的政治哲学转向。而且,微观政治哲学在后马克思主义政治哲学中是一种很重要的倾向。我们可以通过拉克劳和墨菲的领导权理论略见一斑。

虽然后马克思主义主张重新思考国家、社会、阶级等经典宏观政治哲学的基本范畴,但是,拉克劳和墨菲反对把国家当成是社会理论解释中的真实和独立的因素,反对依靠经济决定论、上层建筑理论、阶级工具论、国家自主论等观点来解释国家,而主张以领导权作为政治哲学的核心范畴。众所周知,领导权(hegemony,一译"霸权")是早期西方马克思主义代表人物葛兰西关于西方革命战略构想中的核心范畴。我们在这里不去具体展开他的市民社会理论和领导权理论,只想指出一点,当葛兰西把市民社会及其文化领导权定位于国家上层建筑和经济基础之间时,他已经自觉不自觉地打破了传统宏观政治的一统天下,把领导权从国家、政权、政府活动等宏观权力结构中游离出来,并与社会的文化结构连接起来。我们发现,拉克劳和墨菲在关于领导权和社会主义策略的探讨中,也同样赋予领导权不同于传统宏观政治的内涵,他们从反本质主义的立场出发,强调社会关系的偶然性逻辑,强调建立在各种政治因素连接的基础上的领导权的核心地位,强调权威关系的不可根除性,以及达到和谐社会的不可能性,由此摧毁了建立在宏观权力和本质主义、客观主义基础上的线性决定论,为对抗基础上的激进的和多元的民主斗争提供了可能性。由此不难看出,他们的社会主义策略在某种意义上属于围绕着领导权而展开的微观政治斗争,他们明确指出,特别值得关注和再思考的是多元的新社会运动,例如,应当特别关注"新兴的女权主义,少数种族、少数民族和性少数的抗议运动,人口边缘阶层发动的反制度化生态斗争——所有这些都意味着社会斗争存在于更广阔的区域范围,它们正在开创潜在的、甚至不只是潜在的,而是更自由地走向民主和平等社会的趋向"①。

三、微观政治哲学研究范式的基本要点

我们从以上四个方面简要地展示了微观政治哲学的理论资源和典型样态。实际上,限于篇幅,还有很多方面无法在这里展开。不过从上述的简要点评,我们已经可以对微观政治哲学有一个初步的印象。在这里,作为这篇论文的结语,我们试着描述出微观政治哲学研究范式的几个主要特征,几个主要的理论要点。

首先,微观政治哲学在人类社会历史的大视野中,通过拆除宏观政治和宏观权力的核心地位来解构各种普遍化的宏大叙事,借助年鉴学派的总体史学和长时段史学的研究范式,把政治放到人类社会历史的多元形态中加以考察和把握,形成多视角多维度的社会历史理论。在这种意义上,微观政治哲学也是一种特殊的社会历史理论。微观政治哲学一方面反对把宏观政治权力或宏观经济要素从社会历史的关联之中抽出来,放大为无条件的历史决定因素,而把其他因素边缘化为被决定的、次要的因

---

① Laclau, E. and Mouffe, Ch., *Hegemony and Socialist Strategy: Towards a Radical Democratic Politics*, London and New York: Verso, 1985, p. 1.

素;另一方面,反对运用自然科学的普遍化方法,排除历史因素的多样性和历史选择的多元性,把历史描述为类似自然进程的因果必然规律和线性决定论的进程。微观政治哲学充分重视在长时段历史进程中,各种社会历史因素的各种可能的,包括偶然的连接,重视历史进程中的各种选择、模仿,包括各种权力模式和机制的生成,以及权力的抵抗等因素的作用,从而把人类历史真正理解为不同于自然进程的人的生成的历史。

其次,微观政治哲学在政治现象和政治事物的视野中,充分重视各种边缘的、微观的、多形态的、多元差异的政治权力的地位和作用,形成微观与宏观相结合的政治理解模式。应当说,这一点是微观政治哲学最主要的贡献,它深刻地揭示了政治体制和权力机制的多元差异的特征,反对把政治的运作简单化为中心化的宏观权力的确立和更替。一方面,任何一种政治体制或社会控制模式的建立,例如民主体制、法治模式的建立,都不可能凭借一般的理论号召就得以确立,如果忽略了社会各个层面,包括日常生活中的各种微观的、多元差异的权力结构的特点和价值取向,是无法真正扎根的;另一方面,对于任何一种不合理的政治体制或社会控制模式的改造和变革,都不可能是一种宏观权力对另一种宏观权力的简单替代,换言之,如果不考虑各种微观的、边缘的权力机制的作用,这种改革和变革是不可能真正成功的。

这一认识对于我们深刻把握 20 世纪人类重大理论问题和实践问题所环绕的核心问题,即现代性问题,具有重要的启示。在微观政治哲学的视野中,无论现代性的确立,还是现代性的危机,都不可能是一个中心化的、宏观的机制。具体说来,现代性本身包含着相互关联的多重微观的维度,例如,个体的主体性与自我意识、理性化的和契约化的公共文化精神、意识形态化的社会历史叙事、经济运行的理性化、行政管理的科层化、公共领域的自律化、公共权力的民主化和契约化等。同时,现代性的危机,即理性的危机,也不是一种中心化的宏观权力的专制统治,而是弥散于社会生活和日常生活各个层面的微观权力的理性规训和规范。凯尔纳和贝斯特在评价德勒兹和加塔利的欲望政治理论时指出,"像福柯那样,他们的中心关怀是:现代性是一种史无前例的统治阶段,这种统治以弥散于社会存在和日常生活的所有层面的规范化话语和制度的增殖为基础"①。因此,现代性不是一个摆在那里可以由我们讨论决定是加以捍卫,还是彻底抛弃的具体存在。正如哈贝马斯分析的那样,虽然现代社会和经济发展中"存在着根植于体制性的、自我生成的危险",但是,现代性"仍然包含着规范的、令人信服的内涵",因而,现代性"并非某种我们已经选择了的东西,因此我们就不能通过一个决定将其动摇甩掉"②。同样,在中国的语境中,关于现代性和启蒙的争论同样不是一种笼统地坚持还是拒斥的普遍化问题,不是一种理论哲学的宏大叙事,相反,首要的任务是在社会生活和日常生活的各个微观层面上具体分析现代性的多元维度在多大程度上得以确立,在多大程度上形成了控制机制,在多大程度上产生了危机,进而,我们可以在多大程度上调动各种世界的和本土的文化资源对之加以修正和完善。

再次,微观政治哲学通过各种微观权力机制的分析而深入日常生活世界之中,由此凸显出政治和文化的关联,因此,微观政治哲学在某种意义上也是回归生活世界的文化哲学。西方马克思主义创始人卢卡奇在《审美特性》中曾把日常生活比做一条长河,他认为,科学、艺术等更高的对象化形式都是从这条生活长河中分化出来的,哲学世界、艺术世界、科学世界、政治系统、经济体系等非日常世界的确都是从生活世界逐步分化出来的。同非日常世界中政治、经济等不同领域的相对分离状态不同,日常生活世界呈现为一个未分化的文化意义结构,因此,日常生活之中的各种微观权力机制实际上也是一些文化活动机制和文化领导权。正因为如此,后马克思主义虽然在西方马克思主义中实现了政治哲学的转折,但是,由于对领导权等微观政治的关注在某种意义上又回到并进一步丰富了文化批判的立场。同样,我们看到,罗尔斯等人实现的政治哲学复兴,虽然依旧以正义、平等、自由、民主、法治、权利等宏观政治理念为主题,但是他们在现代历史条件下已经凸显了其中的文化内涵,因此,他们的政治哲学也同时作为价值哲学和道德哲学。

---

① Best, S. and Kellner, D. , *Postmodern Theory*, New York: The Guilford Press, 1991, p. 77.

② (法)哈贝马斯:《现代性的地平线:哈贝马斯访谈录》,李安东、段怀清译中,上海人民出版社 1997 年版,第 123 页。

　　微观政治哲学同文化哲学视域的融合是具有重要意义的事情，它使回归生活世界具有更为深刻的内涵和意义。真正的日常生活批判范式是要使我们的哲学社会科学研究真正回归到不同时代、不同历史条件下的具体的生活世界，回到日常生活世界的衣食住行、饮食男女、婚丧嫁娶、生老病死、礼尚往来的具体活动，回到生活世界内在的价值、意义、传统、习惯、知识储备、经验积累、规范体系，等等。然而，问题不仅如此，重要的是在日常生活的层面上批判地考察每一时代每一文化中的个体是如何展开自己的消费、交往、思考和生存，如何形成自我同一性，如何把这些文化背景带入公共的社会生活之中，还要考察生活世界内在的图式、知识储备、规范体系等是如何同社会公共生活和制度安排形成互动。在日常生活世界的微观层面上，我们既可以揭示不发达国家的日常生活的文化机理是如何阻滞宏观的现代政治、法治、经济体制的确立，也可以在发达国家的日常生活世界中找到抵御宏观政治权力和经济体系对生活世界的"殖民化"，以及对社会自由空间的理性控制的反抗力量。同时，正义、平等、自由、民主、法治、权利等宏观政治理念只有在日常生活的微观层面上转化为内在的文化机理，才不会变成一种抽象的口号和普遍化的宏大叙事。

　　（本文原以英文首发于《第欧根尼》2009 年第 1 期，See YI Jun-qing, On Micro-political Philosophy, In *Diogenes*, February 2009 vol. 56 no. 1, 41 − 52. ）

作为社会历史理论的文化哲学

衣俊卿

"作为社会历史理论的文化哲学"这一论题还可以有多种表述,例如,作为历史解释模式的文化哲学、文化哲学的社会历史观、文化哲学视域中的社会历史理论、文化哲学范式对于构建社会历史理论的意义、文化哲学范式与社会历史观,等等。提出这样的思考命题,是基于两个方面的理论诉求:一是文化哲学研究走向深化的必然要求,虽然文化哲学已经逐步成为被人们所关注的显学,但是,关于文化哲学的界定,特别是关于文化哲学的定位和价值,存在着许多模糊的和充满歧义的观点,其中,我特别反对的是把文化哲学降格为一种一般地描述狭义的文化现象的部门哲学,而主张一种作为理论范式的文化哲学;二是社会历史理论或历史观自身进一步发展和完善的需求,众所周之,关于社会历史理论,包括唯物史观的理解,存在很多争议和理论困难,需要开辟新的视野加以完善。我以为,如果能够自觉地把上述两个方面的理论诉求有机地结合起来,则将发现一种特别的理论地平线:一方面,这一研究将有助于文化哲学走出狭义的部门哲学的藩篱,真正成为内在于哲学研究的各个领域的重要范式;另一方面,这一研究有助于社会历史观摆脱宏观的和抽象的特征,成为微观视域和宏观视域相结合、抽象和具体相融合、具有历史丰富性和文化丰富性的社会历史理论。

一、关于现行社会历史理论的反思

对于人类历史的基本结构和运行机制的思考一直是各种哲学流派的重大主题之一。不同社会历史观的争论涉及很多问题,例如,斯宾格勒曾提出研究历史必须回答的两个问题:一是历史是否有内在的逻辑和规律? 是否有某种形而上的结构或意义? 二是历史是否有统一的进程和必然的阶段?[①] 雅斯贝尔斯则把历史观的基本问题概括为"历史来自何处? 历史通往何方? 历史是指什么?"[②]此外,关于历史发展的动力、机制、目的、道路、规律等方面,存在许多不同的见解。在我看来,历史观的核心问题主要是关于历史发展或历史运动的自由和决定论问题,具体表现为两个问题:一是历史的进程是否存在着内在的规律和必然性? 二是如果存在,那么历史规律的具体存在方式和活动机制与自然规律相比,有什么独特的规定性? 或者这些规律的功能是如何发挥或实现的? 人的自由与历史必然性的关系如何?

我这里所说的"现行社会历史理论"毫无疑问主要是指关于历史唯物主义或唯物史观的理解,而且,不是一般地指涉唯物史观,而是指涉当代语境中,特别是传统哲学教科书关于唯物史观的解读和理解。在这种意义上,我以为,我们通常关于唯物史观的解读和理解主要侧重于在宏观上笼统地回答历史进程是否存在规律的问题,而对社会历史规律的独特性缺乏深刻的和足够的思考,结果是我们在一般地坚持历史唯物主义的必然性和规律性的同时,往往忽略了历史规律的内在丰富性、差异性和多样性。

关于第一个问题,即历史的进程是否存在着内在的规律的问题,在坚持唯物史观的人们当中,已经不是什么问题了。众所周知,人类关于外部自然的客观性质和规律性的认识已经有比较长的历史,而对人类历史发展本身的规律和必然性的承认和揭示则是相对晚近的事情,这同人类社

---

① 参见(德)奥斯瓦尔德·斯宾格勒:《西方的没落》(上卷),齐世荣、田农等译,商务印书馆1963年版,第13页。

② (德)卡尔·雅斯贝斯:《历史的起源和目标》,魏楚雄、俞新天译,华夏出版社1989年版,第3页。

会历史的活动方式即人特有的实践活动方式有直接关系。马克思和恩格斯所创立的唯物史观以人类的物质生产实践为基础，明确肯定"历史进程是受内在的一般规律支配的"①。恩格斯在马克思的墓前曾作了一个总结性讲话："正像达尔文发现有机界的发展规律一样，马克思发现了人类历史的发展规律，即历来为繁芜丛杂的意识形态所掩盖着的一个简单事实：人们首先必须吃、喝、住、穿，然后才能从事政治、科学、艺术、宗教等等；所以，直接的物质的生活资料的生产，从而一个民族或一个时代的一定的经济发展阶段，便构成基础，人们的国家设施、法的观点、艺术以至宗教观念，就是从这个基础上发展起来的，因而，也必须由这个基础来解释，而不是像过去那样做得相反。"②唯物史观的确立对于人类的历史认识的确具有重大的意义，它一方面把历史奠定在人所特有的实践活动的基础上，另一方面强调人类历史服从于内在的规律。

然而，我们发现，在唯物史观提出后的一个多世纪中，关于唯物史观基本思想的理解是存在着一些混乱和问题的。一方面，虽然唯物史观在它的创始人那里实际上包含着更为丰富的内涵，但是马克思和恩格斯在提出这一学说时，为了抵御历史唯心主义的影响，比较多地强调历史发展中的经济和政治等宏观要素，而对文化等因素的探讨不是很多；另一方面，马克思和恩格斯身后的很多马克思主义者在阐发唯物史观的过程中，越来越受自然科学的决定论思想的影响，逐步把唯物史观变成一种关于经济因素的绝对优先性的线性的、绝对的历史决定论，并把历史观的争论简化为决定论和非决定论的争论。这样一来，唯物史观常常被简化为一种忽略历史的复杂性和差异性内涵，关于人类历史运行的"放之四海而皆准"的铁的必然性的抽象理论体系。结果，在"自然科学化"的社会历史理论中，抽象的宏观的历史观呈现出否定人的自由、选择性和创造性的问题。对此，我们可以略加展开。

实际上，我们通常所使用的决定论（Determinism）是一个内涵十分复杂的范畴。一般说来，决定论的定义并不复杂，就是一种认为自然界和人

---

① 《马克思恩格斯选集》第4卷，人民出版社1995年版，第247页。
② 《马克思恩格斯选集》第3卷，人民出版社1995年版，第776页。

类社会普遍存在客观规律和因果联系的理论和学说。然而,无论这种理论落到自然领域还是社会历史领域,问题都不那么简单。例如,在自然科学中实际上至少存在着两种不同的决定论:一是长期以来在自然科学理论中占主导地位的严格决定论,也称物理决定论或机械决定论,它否认偶然性,只承认必然性,把一切自然现象都归结为力学现象,一切运动都归结为机械运动,认为整个自然过程可用力学原理来诠释;另一种是概率决定论,随着19世纪后期概率论在统计热力学等实证科学中开始得到普遍应用,或然性的观念逐渐兴起,一种不同于严格决定论的理论开始形成,一般被称为统计决定论或概率决定论,甚至被视为一种非决定论。

在社会历史领域,决定论思想在某种意义是自然科学中的决定论思想的引申,主要强调物质世界存在着客观普遍性、因果性、规律性和必然性,这种决定论被称为历史决定论,是指历史进程受历史因果性、历史规律性和历史必然性决定的理论。人们所称谓的马克思主义历史决定论是指建立在物质生产实践基础之上,以生产力和生产关系、经济基础和上层建筑的矛盾运动为基本规律和因果必然性的社会历史理论。在这些问题上,并没有太多可以争论的,然而,如果我们把这些思想具体化,就会发现,在历史决定论的范畴下,实际上包含着差异颇大的不同理解,对此必须具体分析。例如,一种观点在谈论历史决定论时,无非是强调,人的活动不是随心所欲的,而是受各种客观的、外在的因素和条件的制约;另一种观点,则强调在人的历史活动中存在着基本的发展趋势,一些规律性和必然性的东西;而最彻底的历史决定论观点,是在影响人类历史运动和发展的各种因素中找到一种最基本的和决定性的因素,强调这一基本因素对所有历史事件的发生负责,构成历史运动的决定性力量,推动必然朝着特定的历史目标向前推进。其中最为典型的是经济决定论,第二国际理论家们就曾把马克思的学说归结为"经济决定论"或"经济唯物主义"。

我们发现,当历史决定论走到极端,就变现为一种彻底否认人的自由和创造性的社会历史理论,它甚至否认不同地域不同民族各自在文化上和其他方面的特殊性,强调一切民族都不可避免地沿着同样的历史道路发展,因此,这实际上是把历史决定论变成了一种人们通常所说的严格的线性决定论。而这种线性历史决定论实际上就是自然科学领域中的严格决定论,即机械决定论的翻版。从方法论上来看,这种严格的历史决定论实际上是直接使用了自然科学的普遍化方法。李凯尔特曾指出,自然科学的方法是一种普遍化的方法,它排斥特殊性和个别性,而强调自然之物中的普遍性和同质性,寻找规律性,"从传统的观点看来,一切科学的概念形成或科学的阐述的实质首先在于,人们力求形成普遍的概念,各种个别的事物都可以作为'事例'从属于这种概念之下。事物和现象的本质就在于它们与同一概念中所包摄的对象具有相同之处,而一切纯粹个别的东西都是'非本质的'"①。这种普遍化方法走向阶段,就是拉普拉斯视野中的决定论世界图景:"我们应当把宇宙的目前状态看做是它先前状态的结果,并且是以后状态的原因。我们暂时假定存在着一种理解力(intelligence),它能够理解使自然界生机益然的全部自然力,而且能够理解构成自然的存在的种种状态(这个理解力广大无边,足以将所有这些资料加以分析),它在同一方式中将宇宙中最巨大物体的运动和最轻原子的运动都包罗无遗;对于这种理解力来说,没有任何事物是不确定的了;未来也一如过去一样全都呈现在它的眼中。"②不难看出,如果在人类社会历史中也存在这样一个"拉普拉斯妖",能够洞悉并严格决定人类历史的过去、现在和未来的所有变化和所有方面,那么,任何偶然性、差异性、可能性、奇迹、新奇、自由、个性、创新都将不复存在,人之为人的历史也将不复存在,万物将回归于初始的、沉寂的、默默无语的大自然。现在,我们需要思考一个问题:马克思本人关于唯物史观的理解是否就是这种自然科学化的、宏大的、线性的历史决定论? 是否就是一种严格的经济决定论? 我认为,答案是否定的③,实际上马克思并没有构想出那种基于经济必然性的线性决定论。我认为,马克思实际上同时反对严格的历史决定论(线性决定论)和历史目的论,从而在这两极之间为人的实践活动和自主的历史活动留有空间。正如卢卡奇断言的那样,"只是从非辩证的和非历史的观点来看,宿命论和唯意志论才是相互矛盾的。从辩证的历史观来看,宿命论和唯意志论只是两个必然的相互补充的对立面"。实际上,经济决定

---

① (德)H. 李凯尔特:《文化科学和自然科学》,涂纪亮译,商务印书馆 1986 年版,第 37 页。
② (法)D. 拉普拉斯:《论概率》,载《自然辩证法研究》1991 年第 2 期。
③ (匈)乔治·卢卡奇:《历史和阶级意识》,张西平译,重庆出版社 1989 年版,第 5 页。

论和历史目的论表面上看来是相互对立和冲突的两极,实际上则是两个相互补充的对立面,它们都强调用某种人的活动和历史活动之外的绝对的力量来剪裁历史,从而否认了历史的人为性质和实践活动的自由特征。因此,马克思对这两种外在论的历史观都持批判的态度。一方面,马克思虽然强调经济活动和经济必然性的基础地位,但是,并没有否认人的历史创造,而是充分肯定历史发展道路的多样性。例如,马克思在《资本论》中说到"自然历史过程"时,实际上不是一般指人类社会,而是特指"经济的社会形态"的运动,他指出:"我的观点是把经济的社会形态的发展理解为一种自然史的过程。"①然而,这种完全服从于经济决定论的"经济的社会形态"并不是人类社会的一般状态,而是应当超越和扬弃的分裂的或异化的"人类社会的史前时期"。马克思认为,这一现代社会,或资本主义社会,是社会经济形态的最高和最后阶段。"大体说来,亚细亚的、古代的、封建的和现代资产阶级的生产方式可以看做是经济的社会形态演进的几个时代。资产阶级的生产关系是社会生产过程的最后一个对抗形式,……人类社会的史前时期就以这种社会形态而告终。"②正因为如此,马克思晚年在给《祖国纪事》杂志和查苏利奇的信中,明确把自己在《资本论》中所揭示的资本主义历史必然性"明确地限于西欧各国",而反对把它变成关于"一般发展道路的历史哲学理论"。同时,马克思还提出东方社会跳越资本主义的"卡夫丁"峡谷的设想,他指出:"如果俄国继续走它在1861年所开始走的道路,那它将会失去当时历史所能提供给一个民族的最好机会,而遭受资本主义制度所带来的一切极端不幸的灾难。"③这些论述明确表明了马克思反对历史发展的线性决定论,肯定历史发展道路的多样性的基本立场。

　　另一方面,马克思也明确反对历史目的论观点,他指出:"历史不外是各个世代的依次交替。每一代都利用以前各代遗留下来的材料、资金和生产力;由于这个缘故,每一代一方面在完全改变了的环境下继续从事所继承的活动,另一方面又通过完全改变了的活动来变更旧的环境。然而,

①　《马克思恩格斯选集》第2卷,人民出版社1995年版,第101~102页。
②　《马克思恩格斯选集》第2卷,人民出版社1995年版,第33页。
③　《马克思恩格斯全集》第19卷,人民出版社1972年版,第268、130、129页。

事情被思辨地扭曲成这样:好像后期历史是前期历史的目的,例如,好像美洲的发现的根本目的就是要促使法国大革命的爆发。于是历史便具有了自己特殊的目的并成为某个与'其他人物'(像'自我意识'、'批判'、'唯一者'等等)'并列的人物'。其实,前期历史的'使命'、'目的'、'萌芽'、'观念'等词所表示的东西,终究不过是从后期历史中得出的抽象,不过是从前期历史对后期历史发生的积极影响中得出的抽象。"①

正是基于上述两个方面的分析,我们认为,马克思和恩格斯把历史归结为物质生产和人的实践活动的展开,反对脱离人的实践活动和现实的生活而按照某种外在的尺度书写历史。也就是说,关于人的活动所受到的各种制约、人的活动的机制或规律、人的自由和创造,都是人的实践活动本身的规定。在他们看来,迄今为止的各种历史观的最致命的缺陷在于:"历史总是遵照在它之外的某种尺度来编写的;现实的生活生产被看成是某种非历史的东西,而历史的东西则被看成是某种脱离日常生活的东西,某种处于世界之外和超乎世界之上的东西。"②从这些论述中,可以看出,马克思和恩格斯反对把具体历史的日常生活基础和丰富的文化内涵全部抽象掉和蒸发掉,从而把历史进程的运行机制外在于历史的,类似自然科学规律的决定论过程。显然,我们面临着如何进一步丰富和完善关于唯物史观的理解的重要任务。

二、作为一种历史解释模式的文化哲学范式

当我们作出了马克思本人并没有构想出那种基于经济必然性的线性决定论的回答后,马上提出一个新的问题:如何能够使现行社会历史理论克服或者摆脱自身的缺陷,即摆脱那种把唯物史观"自然科学化"的倾向?我们发现,当代许多马克思主义理论研究者也在努力按照马克思的实践观点来理解历史决定论思想,既反对历史非决定论观点,也对严格的、线性的历史决定论观点进行限定、修正和补充。例如,许多人强调马克思主义的历史决定论不是机械决定论,不是线性决定论,而是辩证决定

---

① 《马克思恩格斯选集》第 1 卷,人民出版社 1995 年版,第 88 页。
② 《马克思恩格斯选集》第 1 卷,人民出版社 1995 年版,第 93 页。

论,是实践决定论,是历史决定论和实践选择论的统一;马克思主义的历史决定论是动态的、活生生的,而不是机械的、僵死的;马克思主义历史决定论不是机械决定论,也不是历史宿命论,而是历史必然性与历史偶然性的有机统一,是单义决定论的线性相互作用与或然决定论的非线性相互作用的有机统一,是客体性与主体性的有机统一,等等。① 应当承认,基于人的实践活动对历史决定论进行的这种限定、修正和补充的思路和方向是合理的,符合历史本身的运行特点和规定性。然而,现在的问题不在于这些基本的原则,问题在于,我们不能停留于这些原则的一般的抽象的理论描述,而应该具体回答和展开一个根本的问题:在马克思的实践理论或社会历史理论视野内,历史必然性和历史偶然性、客体性和主体性、必然性和自由、历史决定和实践选择等等是如何具体地、历史地、有机地统一起来?

可以断言,目前学术界关于这一根本问题的解答是不能令人满意的,我们常常得到的是一些一般性的理论原则的单调重复,或者是"一方面⋯⋯另一方面⋯⋯"的理论思辨的辩证法。充其量我们能得到的就是关于"人化自然"、人的实践活动的自由自觉特征、人的历史活动的客观制约的一般性论述,还有关于恩格斯的著名"合力理论"、人的活动的偶然性和经济运动的归根结底的决定性、上层建筑各要素同经济基础的交互作用等思想阐述。这些思想对于我们正确理解马克思的社会历史思想是十分重要的,但是,目前的阐述更多停留于一般的抽象的理论描述,总是显得有些苍白,没有为我们揭示出作为人的活动的历史运行机制和历史内涵的丰富性。在这里,我们同样看到意识哲学的抽象病对哲学根深蒂固的影响。造成这种现象的原因是多方面的,我认为,其中一个根本的原因,就在于我们的社会历史理论中往往缺少文化的维度,大多表现为经济史观和政治史观等抽象的宏观历史哲学。这种抽象的宏观历史理论的最大特点是只专注于政治、经济等某种宏观社会历史现象,并热衷于构造这些因素或现象之间的决定和被决定的关系,而没有找到各种复杂的历

---

① 参见刘曙光:《马克思主义历史决定论的辩证性质》,载《吉首大学学报(社会科学版)》2001 年第 2 期等。

史现象和要素之间的内在的有机联系。

我认为,如果我们引入作为历史解释模式的文化哲学研究范式,通过透视作为历史地凝结成的生存方式和社会历史运行的内在机理的文化的演变来构造微观视域和宏观视域相结合的社会历史理论,我们关于人类历史和人类社会的把握可以极大地减少片面性和抽象性,可以更加接近历史原本的文化丰富性,从而实质性地丰富马克思的实践哲学和历史辩证法。这显然是一个大题目,限于篇幅,我在这里主要想简要说明三个问题:一是阐述文化在社会历史运行中的方位;二是从历史演进的视角审视文化所特有的规定性;三是基于文化的规定性阐述文化哲学范式的引入所形成的微观视域同宏观视域相结合的社会历史理论。

关于文化在历史演进和社会运行中的方位问题,我要强调的不仅是文化的非独立性,即文化作为内在于人的生存和社会运行所有领域中的内在机理和本质精神的特征,而且要特别强调,任何社会整体或历史进程,都无法离开内在的文化机理或文化动力而存在。社会历史包含着政治、经济、技术等各种复杂的要素,只有内在的"文化黏合剂"才真正使社会历史成为一个特定的有机整体。

关于文化的界定,是一个充满争议的领域。为了说明我们的主题,我在这里区分出两种类型的文化范畴,我称之为"外在性的"文化范畴和"内在性的"文化范畴。所谓"外在性的"文化范畴一般指狭义的文化范畴,它主要指文学、艺术、宗教等独立的精神领域,并把这一精神文化领域视做外在于政治、经济等领域,并与之交互作用的独立的存在。所谓"内在性的"文化范畴一般指广义的文化范畴,它否认文化对于政治、经济等领域的外在独立性,强调文化的非独立性和内在性,强调文化内在于社会运动和人的活动所有领域的无所不包和无所不在的特征。在广义上,人所创造的一切都可纳入文化的范畴,如政治、经济、宗教、艺术、科学、技术、哲学、教育、语言、习俗、观念、知识、信仰、规范、价值,等等。当然,人们很少用文化指谓人之具体的、有形的、可感的、不断处于生生灭灭之中的造物,而是用来指称文明成果中那些历经社会变迁和历史沉浮而难以泯灭的、稳定的、深层的、无形的东西。在最根本的意义上,文化作为人类实践活动的对象化,是人之历史地凝结成的稳定的生存方式和活动方式。

这种具有内在性、精神性、机理性的文化不具有独立的外观,而是作为活动机理、价值、规范、图式、机制、内驱力的维度内化于社会的政治、经济、社会生活等一切社会领域之中,制约着文明的进步和人的发展。

我反复强调自己使用的是"内在性的"文化范畴。这并不是自己的某种特殊的偏好,而是出于文化在社会历史运行中的特殊方位和独特功能。从表面上看,历史表现为经济、政治、技术等宏观社会运动和国家、统治、军事、武力征服等宏观权力跌宕起伏的运演,而实际上,从比较大的历史尺度来看,社会发展和历史进步并不主要表现为经济实力、生产力、生产效率、价值规律、政治权力、军事武力等的展示和角斗的线性发展过程,而是更多表现为这些宏观历史活动内在的微观文化机理和文化精神的积累、融合、升华和进步的进程。因此,我们常常遇到的现象是:经济问题、政治问题、技术问题、军事问题、管理问题等等,在深层次上都表现为文化问题,也正因为如此,我们才能理解为什么在涉及社会运行时,会有如此丰富的文化现象,如饮食文化、服饰文化、建筑文化、居所文化、交通文化、环境文化、工具文化、工艺技术文化、生态文化、制度文化、企业文化、商业文化、政治文化、管理文化、法律文化、公共文化等等。具体说来,自古至今,从作为生活世界的寓所和载体的氏族、家庭、家族、宗族、血缘网络、乡里制度、民间组织等所形成的家规家法、习俗习惯、礼俗乡约、道德纲常等自发的礼俗规范体系和自发的文化价值体系,到现代社会的开放的公共领域、制度安排、市场体系、文化的生活世界、经济运行、市场体系、商贸体系、政治体制、法律制度等所包含的自觉的文化价值理念、理性机制、人文精神等等,都在以各种方式从深层次上展示着社会的经济、政治的变化、制度安排的完善、社会整体的进步和历史内涵的丰富。如果我们以纯粹意识哲学的普遍化范式排除了社会运行和历史进程深层的微观的文化机理和文化精神,那么我们得到的只能是某种经济的、政治的、技术的线性决定论历史观。

在确定了文化在社会历史演进中的方位,把文化作为社会整体和历史整体不可分割的内在组成部分或微观机理而纳入历史观的视野之后,我们马上要回答我们设定的第二个问题,即这种作为社会历史运行的内在机理和价值维度的文化层面,具有哪些独特的特征,以便为作为社会历史理论的文化哲学或文化哲学的历史观的建构奠定一个前提性的基础。从这样的意图出发，我们在这里不是一般地分析文化现象的各种特征，而是要从历史演进的视角来解释文化影响历史进程的一些特有的规定性。我在这里试着把自己关于文化的基本规定性或影响人类社会历史进程的文化机理概括为三个基本的理论命题，我称之为"理论假设"或"理论预设"。①

（一）理论预设之一：文化是非决定的

显而易见，对于这样一个命题或断言，需要作认真细致的解释和限定，否则容易引起误读和遭致指责。首先，我在这里谈论的不是关于历史运动的非决定性，而是文化的非决定性特征，进而，我谈论的不是抽象的文化范畴，而是具体的文化。文化作为历史地凝结成的人之稳定的生存方式和社会运行的内在机理，总是具体地表现为每一时代、每一地域、每一民族、每一种族、每一群体的不同的文化模式或文化精神，表现为丰富多彩的文化观念和文化价值。断言文化是非决定的，是要说，任何一种文化无论其生成还是其发展都不是"必然如此"的，而是一个包含着历史偶然性和选择性在内的进程。这里主要是基于两个方面的考虑：一是强调文化的具体丰富性和多元差异性，防止那种用普遍性和共同性取消文化差异性的普遍决定论观点；二是强调文化演进的选择性和丰富的历史可能性，防止那种用自然科学式的因果关系来取消文化的历史丰富性的线性决定论观点。我们在这里明确反对人类学之父泰勒从普遍决定和因果决定两个基点建立文化进化论和文化决定论的做法。泰勒实际上是运用自然科学的普遍化和抽象化方法剔除了文化的历史丰富性和现实丰富性后建立起这样的体系，而现实的情形并非如此：一方面，尽管不同的文化模式或文化精神中存在着不可否认的共同性，但是，任何时候，包括全球化时代，都不会出现所有文化完全趋同和完全同一的状况，也不会出现所

---

① 称之为文化哲学的"理论假设"或"理论预设"而不称之为文化哲学的基本原则或原理，不只是想说，这些理论预设还远不成熟，而且蕴涵着一个基本的判断：这种理论概括和研究方法一开始就带有研究者自己的特性和偏好，并且没有奢望人们会很容易接受这些命题。我在这里把自己要表述的几个文化哲学的命题当做设定的理论前提、理论假设，是要从这个约定的出发点去构建自己关于社会历史观的基本理解。

有文化都经历着完全相同发展阶段的情形,相反,各种文化中存在着不可通约、不可抹杀、不可忽略的差异性和丰富性,正是文化的个性和共同性、差异性和普遍性之间的张力使文化能够保持内在的活力、创新能力和超越的能力;另一方面,尽管各种文化在历史进程中会呈现出某种阶段或时代的特征,但是,各种文化无论是其起源或诞生,还是生长或发展,都不会完全服从于内在的或外在的"必然如此"的决定性和必然性,而是各种必然因素、偶然因素、学习模仿机制和价值选择相互交织的结果,在文化的演化和发展中,始终存在着无限开放的可能性空间,存在着内在的选择和创造的机制。

可以说,在关于人的存在和社会历史运动的认识和把握上,必然性、规律性、决定性等概念一直是困扰着人们,并不断引起争议的一些重要概念,因此,需要我们在这里结合上述关于文化的认识再做一些细致的辨正工作。实际上,当我们断言文化是非决定的,并非强调文化的生成和发展是主观随意的,并不否认文化的产生和演化受各种条件和因素的制约,并不否认文化的发展存在一些规律性的东西。但是,我们这里需要防止两种简单化的理解。一种简单化的理解是把客观制约性和规律性放大为无条件的和无限定的普遍的必然性,放大为"必然如此"的决定性。实际上,所谓文化发展中的必然性无非是强调,如同生命的诞生和人的生成一样,任何一种文化都是十分复杂十分丰富的社会历史现象,它的产生、演化和更新都是无限复杂的主观条件和客观条件、内在的制约和外在的制约、自觉的选择和自发的模仿等共同作用的结果,也就是说,当这些复杂多样的制约条件和因素共同出现并相互作用时,这一特定文化一定会这样产生,一定具有这样的规定性,一定会按照这样的内在规律和机制演化。然而,正因为这些条件和因素是如此复杂如此丰富,因而,这种情形的出现和这种文化的生成本身就是"历史的偶然",就是不可随意复制的"历史奇迹"。否则,人类应当已经按照不容置疑的、普遍存在的"必然的规律"在地球上多次导致生命的诞生,同样,应当有更多类人猿一次一次地从树上走下来,成为新的人类。因此,可以说,这种历史必然性本身就是历史偶然性,任何一种文化的诞生和转型都是不可完全复制的,普遍决定论的观点实际上是把各种文化的历史复杂性简化为一些基本因素,然后断言所有文化服从于同样的规律,必然按照同样的阶段发展。另一种简单化的理解是把人们关于已经发生的历史节奏及其规律性的理解概括夸大为历史的前定的必然性和决定性。正如马克思恩格斯《神圣家族》中断言的那样:"历史什么事情也没有做,……'历史'并不是把人当做达到自己目的的工具来利用的某种特殊的人格。历史不过是追求着自己目的的人的活动而已。"①历史是不同地域、不同种族、不同民族的人类实践活动在无限复杂的主客观条件和因素的相互作用中,经历了无数的百转千回、峰回路转、崎岖险阻,逐步形成的无规则的沉积层,留下的不断叠加、不断涂抹、不断改写的杂乱踪迹。只是我们在事后回顾走过的历史时,可以从中找到一些不同时代不同地域的人们基于一些基本的价值追求和一些基本的活动方式而形成的一些带有规则性、周期性、规律性的东西。但是,思想家常常按照历史目的论和历史决定论的思路把这些历史解释和总结定义为历史的先定的或前定的必然性。以至于人们为了消灭阶级差别一定要用原始社会的无阶级状况来论证出前定的历史必然性,而不愿意把这种追求理解为文化的价值选择。总而言之,文化的历史复杂性的确不应当成为自然科学式的简单化和普遍化方法的牺牲品,否则,我们总是在按照历史之外的尺度来描述历史。正是在这种意义上,我们断言文化是非决定的。这种理解不仅对于文化本身的自觉十分重要,而且会对我们的历史理解和历史解释提供十分有益的见解。

(二)理论预设之二:文化是选择的

可以看出,"文化是选择的"和"文化是非决定的"是两个密切相关、相互补充的命题。断言文化是非决定的,并不否认文化的普遍性和进步性,而是反对把文化的发展理解为被某种外在的给定的必然性所决定的进程,而是倾向于认为,文化自身包含着更新和创造的动力机制,文化的普遍性和进步性都不是给定的,而是同文化的选择性直接相关。文化的选择性一方面体现在同一时代同一种类型的文化中的文化创新和文化传承,另一方面体现在不同文化交流中的文化模仿和文化学习。两个方面的选择机制的交互作用形成了文化中的共同性、普遍性和创新性、进步性

---

① 《马克思恩格斯全集》第2卷,人民出版社1957年版,第118~119页。

特征。

　　任何一种文化一旦产生,都会体现出某种稳定性和历史继承性,任何一种文化都是世世代代长期积累的产物,文化的前后相继和代代传递的现象,就是文化的传承。文化的发展在很大程度上体现为文化的传承,文化传承通过文化特有的社会遗传方式构成了人类历史演进的内在机制。一方面,文化的传承机制形成了历史的连续性,使人类的生产方式、消费方式和交往方式得以世代继承下来,形成不同于自然过程的人类历史进程;另一方面,文化的传承机制体现了历史的超越性,各时代的人们通常不会不加分析不加挑选地全盘复制原有的文化,而总是以自发的或自觉的方式批判地继承前人的文化,为文化增添新成分、新成果。即使在受自然经济支配的传统社会中,虽然那些自在的经验习惯、礼俗文化往往通过家庭和天然共同体的自发的文化教化而自发地传承的,但是,在这种传承中,各种文化因素和非文化因素的交互作用,已经包含着某种程度的文化选择、文化变异或文化更新。随着人类精神不断自觉不断丰富,科学、艺术、哲学等自觉的知识形式和文化精神的不断丰富,文化的传承越来越具有自觉的和主动的选择性。正是在文化的需求、物质的需求和其他各种需求和条件的交互作用中,一些新的文化价值、观念、风格、样态在选择、模仿和学习中逐步发展起来。

　　文化的选择性是多维度的。在现实中,文化的传播一般不会是同一地区、同一民族中的同一种文化的封闭的代代传递,而是通过不同文化之间的相互交流、碰撞和融合而展开的。文化的传播和交流,无论在远古时期,还是在现代,都一直是文化的基本存在方式之一,是历史发展的重要推动力之一。由于文化的传播与人类的生存是一体化的,所以文化的传播与交流的形式和方式也是多种多样的,其中最主要的载体有商品交换、民族迁徙、军事征服、宗教传播、科学传播和典型的文化交流等。不可否认的是,在各种文化传播和文化交流过程中,存在着产生文化冲突、文化碰撞和文化对抗的可能性,而且存在着强势文化向弱势文化的不平等的传播现象,以及文化强权或文化霸权的出现。但是,从人类文化发展的总体趋势来看,文化传播和文化交流更多地采取交流和融通的方式,其积极意义无论如何估计都不会过高:首先,文化传播和文化交流是历史发展的重要驱动力之一,它使历史发展呈现出加速度,通常一种文化从产生到成熟需要数百年或上千年的历史,而对它的接受和适应则需相对较短的时间;其次,一种民族文化的自我传承如果不同时伴以同外来先进文化成果的交流,就可能走向封闭和保守,失去创新能力;再次,从长远的角度看,要真正抵御各种强势文化的霸权,在根本上要依赖人类文化的进一步传播和交流,依赖文化交流和对话中各种不同文化力量的增长和加强。在不同文化的传播与交流中,文化的模仿、学习、选择、适应的机制,比在各种文化内部的文化传承中要更加明显。

通过这种分析,可以看出,文化的演化和发展具有特殊性。诚然,物质生产、经济发展、政治进步等方面,也存在着选择机制,但是,文化的选择性要更为明显和自觉。在文化传承、文化传播、文化交流中的文化模仿、文化学习、文化引入、文化适应、文化扩散等各种选择机制,随着教育的普及、科技的进步、理论的发达,特别是信息化网络化的飞速发展而越来越明显,越来越突出。相应地,文化在传承、传播和交流过程中所出现的文化更新现象,如对原有文化局限性的突破、对新的文化模式的探索、对新的文化价值和文化精神的建树等,也就是文化创新,也越来越成为当代社会发展的重要趋势。文化的创新对于文化自身的发展和人类社会的全面发展都具有特别重要的意义。一方面,文化创新是社会发展和进步的重要的内在驱动力。文化的创新需要经济、政治等实践活动的发展提供先决条件,但是,由于文化创新主要是文化精神、价值观念、存在方式、活动机制等方面的深层突破和进步,因此,它反过来对于政治、经济领域的创新,对社会历史的新突破和新发展,具有巨大的反作用,充分地体现出文化的价值导向功能和智力支撑功能。另一方面,文化创新对于个体的自由和全面发展具有重要的促进作用。文化的创新往往明显地体现在人的认识能力的提高、实践活动方式的创新和改善、人的个性的发挥、内在素质的提高、德性的提升等方面,因此,文化的创新本身就是人的自由和全面发展的集中体现。显而易见,对于文化的非决定性和选择性特征的深刻理解和把握,对于我们更加深刻地理解人类历史的发展具有特殊的意义。

(三)理论预设之三:文化是微观的

把握文化的微观特征具有重要的意义,"文化是微观的"这一命题在一定意义上可以看做是对文化的非决定性和选择性的重要补充概念。文化之所以具有历史偶然性和较大自由度的选择性，与文化具有微观特征密不可分。断言文化是微观的，并不否认文化也具有宏观的特征，正如许多文化学家指出的那样，各种文化特质和要素趋于整合为一种相对一致的、对人的活动具有制约性，甚至强制性的文化模式。然而，即使是这种带有宏观特征的文化模式，它的存在方式和活动机制也不同于经济体系、国家机器、政治统治等相对独立的宏观实体，文化总是以微观的、弥散的方式发挥自己的功能。文化的微观性一方面表现在它对人的活动和生存的内在制约性，文化通过习惯、观念、知识、信仰、价值、理想、心理机制、社会性格结构等各种微观的要素和机制内在地制约和调节着个体的生存；另一方面体现在文化对于社会存在和社会运行的内在制约性，文化作为活动机理、图式、机制、内驱力等多重维度内化于社会的政治、经济、社会生活等一切社会领域之中，影响和制约着社会历史运动。

在文化的微观性这里，我们可以比较清楚地看到文化的非决定性和选择性的特殊意义。诚然，社会的经济运动和政治活动中也存在着各种选择，甚至是完全理性化的选择。但是，这些作为宏观实体的社会运动中的选择机制与文化的选择机制存在一定的差异。具体说来，当我们选择一种技术体系、生产和交换方式、经济制度、政治制度等宏观社会实体时，选择活动本身更多地服从于带有普遍性的规律、客观的和外在的制约条件，因为这种设计或选择的客观性效果一般是可以比较明显地加以比较的。换言之，在这一类宏观性社会选择中，主观的、个体的、特性的价值和倾向，或者偶然因素的活动空间和选择空间相对狭小，更多地体现出外在必然性。而在文化传承、文化发展、文化交流中的选择，无论是个体的选择，还是群体的选择，则面临着更为丰富的活动和作用空间。即使在某种文化模式带有强制性的统治的时代，涉及习惯、观念、知识、信仰、价值、理想、心理机制、社会性格结构等文化要素的选择，或者社会的文化品位、文化追求、社会风气和时尚等的模仿和学习，以及对于经济政治活动的文化构建等等，都存在着多元差异的、丰富多彩的选择空间，尤其在网络化信息化时代，各种主观的或客观的、个体的或群体的、偶然的或一般的价值倾向或要素，都可以找到可能性空间。

可以说,上述三个理论预设为我们从文化哲学的视角丰富社会历史理论提供了重要的理论前提和理论基础。具体说,通过"文化是非决定的"、"文化是选择的"和"文化是微观的"这样三个基本命题或理论预设的表述,我们在文化哲学的视野中确立起一种必然性和偶然性、决定性和选择性、宏观性和微观性相互交织的,超越了线性决定论和严格决定论的历史理解模式。这样,我们就进入前面设定的第三个问题,即基于文化的规定性阐述文化哲学范式的引入可以形成的微观视域同宏观视域相结合的社会历史理论。限于篇幅,我们在这里只能提及几个主要的理论点。

首先,作为历史解释模式的文化哲学有助于扬弃关于历史发展的外在决定论,形成社会历史各要素交互作用的有机的历史理论。如前所述,缺少文化内涵的宏观社会历史理论通常倾向于使用狭义的文化范畴,习惯于把文化限定经济政治之外的,以文学、艺术、宗教等为代表的独立的精神领域,把这一精神文化领域视做外在于政治、经济等领域,并与之交互作用的独立的存在,结果就总是面临着经济、政治、文化等社会历史要素到底"谁决定谁"的外在决定论的理论难题。而实际上,作为历史解释模式的文化哲学反对这种"外在论的"狭义的文化范畴,而主张"内在论的"广义的文化范畴,它否认文化对于政治、经济等领域的外在独立性,强调文化的非独立性和内在性,强调文化内在于社会运动和人的活动所有领域的无所不包和无所不在的特征,这种具有内在性、精神性、机理性的文化不具有独立的外观,而是内在于总体性文明的各个层面和人的各种活动中,制约着文明的进步和人的发展。在这种意义上,文化维度的引入实际上是在我们的历史理解中置入了一个微观的、内在的、有机的层面,政治经济等各种社会要素由此而趋于内在地整合起来,历史的运行正是在文化精神和文化机理的内在价值引动或驱动下的有机进程。在这里,经济、政治、文化等社会历史要素到底"谁决定谁"的外在决定论的理论难题"不答自解"了,因为,问题本身已经不存在了,成为被历史和文化的丰富性所否定的"伪问题"了。显而易见,生产方式、经济、技术、政治、文化等不同的社会历史要素虽然在不同的历史条件下在社会历史运行中有不同的权重和地位,但是,任何一种因素,无论如何重要,都不可能独自决定历史的全部内涵和命运。因此,对我们来说,应当淡化这种外在决定论的历史观,把更多的精力用于探讨这些要素通过文化的内在的微观的和机理性的作用而交互形成的复杂的历史运行机制。

其次,作为历史解释模式的文化哲学有助于扬弃关于历史发展的线性决定论,在肯定历史发展的基本趋势的前提下,开辟历史进程中的创造的、自由的和可能性的空间。文化哲学在理解人的实践活动和人类历史运动时,对于其内在的规律性作了限定,它并没有否认关于人类历史发展的规律性的思想,而是反对把历史的规律和机制自然科学化,反对那种吞噬一切差异和多样性的普遍的必然性。文化哲学肯定人的实践和历史运动中充满了各种制约性、自在性、必然性的因素,但是,这些因素的作用是通过人的价值选择机制和文化创造机制来实现的。我们发现,甚至连历史学家汤因比在《历史研究》中分析历史的自由和法则时都看到历史运动机制的这种辩证性质。他指出,人类社会的运行的确受某种外在的制约性因素的影响,人类事务中有类似"自然法则"的东西存在,例如,个人生活及其经营活动中的平均数法则、商业和工业事务中的周期率、战争与和平的周期、文明解体过程的"动乱－集合－动乱－集合－动乱"的三拍半节奏等。但是,他认为,人不是简单地服从自然法则,实际上,人通过自己的活动改变或控制自然法则,人性对自然法则具有顽抗性,例如,人对昼夜、四季、生老病死的控制,人对非人为的和人为的法则的控制等。实际上,技术、政治、经济等社会变革的速率不是固定的,不是由固定的法则或规律决定的。换言之,历史上的法则和自由是等同的,人对自然法则的顽抗性说明存在着选择的自由和文化的创造力。"人不仅生存在一种法则的支配之下,而且生存在两种法则的支配之下。这两种法则中的一种就是神的法则;这种法则就是用了另一个更为光辉名称的自由本身。"①实际上,即使我们承认在一些历史条件下,经济运动的必然性带有强制的,甚至盲目的力量,实际上也需要具体分析,任何时候,经济必然性都不会单纯通过经济因素发挥作用,实际上它都包含着内在的文化力量和要素的作用。例如,著名社会学家韦伯在分析资本主义特有的经济发展时,充分肯定了经济理性化所带来的社会发展,但是,他并没有把这种发展简

————————

① （英）汤因比:《历史研究》（下卷）,曹未风等译,上海人民出版社 1997 年版,第 365 页。

单地归结为经济因素自身的发展,相反,他努力在经济运行的内在文化机制上,即通过新教伦理来理解资本主义特有的快速发展。同时,韦伯在分析非西方社会的理性化问题时,又在相关的意义上提出了内在文化阻碍的问题。当一种全新的事业在制度安排和实际运行中停滞不前时,很可能是原有的文化模式阻碍了新文化精神和文化模式的生成。他在分析以新教伦理为标志的西方理性主义文化精神的发生时,强调要从发生学上说明西方理性主义的独特性,他指出:"考虑到经济因素具有根本的重要性,在作类似的分析时必须首先考虑经济状况。但与此同时,决不能忽略相反的关联。因为,虽然经济理性主义的发展部分地依赖理性的技术和法律,但它与此同时被人们采取特定类型的实际理性行为的能力和气质所决定。当这些类型的理性行为受到精神障碍的阻碍,理性的经济行为的发展也必然会遭到严重的内在阻滞。各种神秘的和宗教的力量,以及基于这些力量的责任伦理观念,过去对行为一直产生最重要的和生成性的影响。"①由此可见,在不同的历史时代、不同的地域和不同的民族或共同体之中,作为社会历史总体运动内在的和微观的层面的文化,同经济、政治等宏观历史要素和宏观权力之间构成了价值取向各不相同的复杂关联:例如,有与宏观权力同构的微观文化力量和因素;有阻碍宏观权力机制更新的微观文化力量和因素;有推动宏观权力机制创新的微观文化力量和因素;也有反抗宏观政治霸权的微观文化力量和因素,等等。这种复杂的历史机制使历史的运行呈现为自由和决定性、偶然性和必然性、合目的性和合规律性、价值和事实、选择和被制约等相互交织的可能性和创造性的空间,呈现为一个包含丰富内涵和多种发展可能性(发展道路)的实践进程,一种真正的人的历史。

总而言之,作为历史解释模式的文化哲学可以在两个基本的维度上消解历史观上决定论和自由之间非此即彼的"二元对立"。在共时态的维度上,文化哲学通过回归生活世界而恢复了历史本身的丰富的文化内涵,在政治、经济、技术、社会公共生活等各个方面提供了人的自由选择空

---

① Max Weber, *The Protestant Ethic and the Spirit of Capitalism*, London and New York: Routlegde, p. xxxix.

间和文化多样性的发展空间,使历史的机制从外在的自然回归到人的实践本身。在历时态的维度上,文化哲学肯定逐步走向世界历史的不同民族、不同文明在基本文化价值上的一些共同追求,同时又充分尊重各种文化、各种文明的特色和价值要求。文化哲学还特别强调文化间和文明间的学习、交融、交汇、交往、传承、模仿、融合、整合,这里充满着文化选择和文化创新的可能性,充分承认文化、文明、社会发展道路的多样性。只有这样,历史才不会是一种受制于人的活动之外的铁的必然性的自然进化论和线性决定论进程,而是充满文化创造力的人的历史进程。

最后,按照上述文化哲学的社会历史理解回过头来审视我们通行的"哲学教科书"体系中关于历史唯物主义的基本表述,即关于生产力和生产关系、经济基础和上层建筑的矛盾运动的基本分析,必须承认,关于唯物史观理论的这一流行表述带有一定的片面性,特别突出地表现在对于社会历史的文化丰富性和复杂性的某种忽视。然而,对于造成这种情形的原因需要作历史的和具体的分析。我认为,如果回到唯物史观生成和发展的历史语境中去看,这一理论的建立和完善实际上要求双重维度的历史任务:一是为了抵御各种唯心史观片面夸大历史进程中主观随意性的做法,必须借鉴自然科学的普遍化的方法,尽可能排除历史的偶然性和具体性,基于历史活动中的一些共同性和普遍性因素,以及历史活动同自然活动的一些共同特征,而抽象出和揭示出一些最普遍的规律性的东西;二是为了防止把历史僵化为排斥人的创造性活动的自然进程,还必须在业已揭示的普遍性规律的基础上,重新回到历史本身不同于自然活动的特殊规定性,回到社会历史运动的文化丰富性和复杂性,使唯物史观真正围绕着人的实践活动而建立和丰富起来。

在这种意义上,马克思、恩格斯当年在各种完全否认历史发展规律的社会历史理论的汪洋大海中,要创立唯物史观,其主要精力都用于上述第一重任务的解答上。正如恩格斯晚年断言的那样:"青年们有时过分看重经济方面,这有一部分是马克思和我应当负责的。我们在反驳我们的论敌时,常常不得不强调被他们否认的主要原则,并且不是始终都有时间、地点和机会来给其他参与相互作用的因素以应有的重视。"由此可见,造成通行的"哲学教科书"中唯物史观阐述的简单化和抽象化问题的主要根源不应当归咎于恩格斯。问题出在马克思和恩格斯的后人身上,他们不但没有自觉地通过解答第二重历史任务而使唯物史观更加丰富和完善,反而把第一重任务视做唯物史观理论建构的唯一任务。尤其应当对后来的唯物史观的简单化和抽象化理解负责的是第二国际理论家、第三国际理论家以及许多其他马克思主义理论的阐释者,他们并没有在马克思、恩格斯所确立的基础上把唯物史观向前推进,即适时地完成我们上述所说的建立唯物史观第二个维度的历史任务,在揭示的普遍性规律的基础上,重新回到历史本身不同于自然活动的特殊规定性,回到社会历史运动的文化丰富性和复杂性,使唯物史观真正围绕着人的实践活动而建立和丰富起来。相反,这些理论家把马克思恩格斯时代由于特定的历史限制而必须过分看重的经济方面的决定作用,即普遍性和必然性的维度进一步推向极端,并且堵死了用历史的文化丰富性来丰富唯物史观的道路。

从唯物史观的理论史的分析,不难看出,文化哲学研究范式所倡导的微观视域和宏观视域相结合的社会历史观具有不容忽视的理论价值。

（刊载于《哲学研究》2010 年第 2 期,《新华文摘》2010 年第 13 期全文转载）

二、微观史学篇

长时段:历史和社会科学

[法]费尔南·布罗代尔

人文科学正经历着全面的危机;这场危机是人文科学自身进步的结果:随着新认识的积累,科学研究已必须是一项集体工作,而明智的组织形式却尚待建立。某些科学进步尤其迅速,它们有意无意地、直接间接地影响其他各门科学;然而,所有的科学都与落后的、乏味的、不能再为它们充当框架的人文主义相冲突。由于古今以来的研究势必将汇合成为一个庞大的整体,各门科学无不关心自己在这一整体中的地位。

再在定义方面作一番努力,或者再发一通牢骚,人文科学是否就能摆脱这些困难? 有人或许对此抱有幻想,因而他们现在比过去更加喋喋不休和无中生有地去规定人文科学的目标、方法和优点。他们纷纷在相邻学科的界线问题上找岔。其实,每一门学科都想留在或回到自己的领域之内。个别学者正努力牵线撮合:克洛德·列维－斯特劳斯要"结构"人类学朝语言学程式、"无意识"历史和定性数学的方向靠拢。他主张在所谓"传播学"的名义下,把人类学、政治经济学、语言学等等组合成一门科学。但是,谁能同意打破学科界限和接受这项改组? 答复的是与否将关系到地理学与历史学的分家!

但平心而论,这些争执和拒绝并非没有意义。一门科学要肯定自己和否定其他,势必会产生新的好奇,因为否定其他已意味着认识其他。尤其,各门社会科学都不知不觉地互相制约,它们都力图抓住社会整体,都想侵犯邻近学科的领域,而自认为仍留在自身的领域之内。经济学发现了在它四周的社会学,历史学接受了邻近学科的种种忠告,并力图作出反应。由此可见,尽管遇到了沉默、蔑视之类的消极对抗,一个"共同市场"正在形成中;在今后几年内,朝这个方向作些尝试也许是值得的,虽然各门学科最终还是走自己的道路为好。

但首先是要互相靠拢,这已成为当务之急。美国对当今世界各文化场已采用了多学科的集体研究的形式;所谓"文化场"是由"社会科学工作者"组成的一个班子,主要研究现代的政治巨人:中国、印度、俄国、拉美、美国。为了认识这些政治巨人,每个参加者需要付出毕生的精力! 在把有关的技术和知识实行汇总的时候,他们还必须不停留在自己独特的领域,不能像以往那样,对别人的言论、著述和思索不闻不问! 必须使这一汇总包括社会科学的各个方面,而不重今轻古。可是,在美国从事的这些尝试中,地理学几乎不占任何地位,历史学的比重也极其微薄。更何况,他们搞的历史又是什么历史?

其他社会科学对历史学二三十年来经历的危机很少了解;它们忽视历史学家的工作,而且还看不到,历史在为社会现实服务的同时,也是社会现实的一个表现方面:作为社会的时限,历史是人类生活中形形色色的和矛盾的时间体现,它不仅是过去的实在,而且是当今社会生活的组成部分。在人文科学之间出现大辩论的今天,我们更有理由强调历史的功能和重要。经过反复的历史观察,历史学家发现了关于时限的辩证法,即瞬时与缓慢流逝的时间之间存在着尖锐的、深刻的和反复无穷的对立;我们认为,在社会现实中,再没有任何别的东西能比这一对立更加重要。无论研究过去或研究现在,都必须清醒地意识到社会时间的这种多元性,这是人文科学共同的方法论。

我这里长篇大论地谈论历史以及历史的时间,主要不是为了专门从事历史研究的本刊读者,而是为了人文科学的其他专家:经济学家、民族学家、人类学家、社会学家、心理学家、语言学家、人口学家、地理学家,甚至社会数学家或统计学家。很久以来,我们注视着这些相邻学科的经验和研究,因为我们认识到,与它们取得联系或走它们的道路能使历史学家耳目一新。在我们这方面,也可能给他们提供一点新东西。通过近年来的摸索,历史学得出了一个越来越明确的概念,时间的多种形态和长时段的特殊价值。历史的长时段概念恐怕会比历史本身——五花八门的历史——使邻近的社会科学更感兴趣。

一、历史与时段

任何历史都把过去的时间分解成不同的时段,并根据各自的偏爱选择其中的一个时段进行研究。注重短时间、个人和事件的传统史学已使我们习惯了它那匆促、紧张的情节叙述。

新史学把经济和社会的周期性波动放在研究的首位,着重研究波动的时段,从而同时看到物价周期性升降的假象和真相。今天,除了叙述传统的历史事实,还要叙述涉及十年、二十年乃至五十年的历史态势。

在这第二部分的叙述之外,更有规模以百年计算的长时段和超长时段的历史。这与所谓"事件史"恰恰相反(事件史的名称是保尔·拉孔布最早使用的,弗朗索瓦·西米昂用得更多)。这些术语是好是坏并不重要,我们已经用习惯了;它们反映了本文所要讨论的时间的两极:瞬时性和长时段。

使用这两个词并非绝对可靠。就我来说,我愿意把"事件"一词列入短时段的范围:事件是爆炸,或如 16 世纪的说法,是"惊人的新闻"。爆炸掀起的烟雾充满了当时人们的头脑,但爆炸本身却很短促,火光一闪即已过去。

哲学家们无疑会对我们说,这是把词的一大部分含义取消了。严格地讲,一个事件可能具有许多连带意义。它有时为一些深刻的运动充当见证,并且通过种种牵强附会的因果推理——以往的历史学家乐此不疲——吞并自身以外的长段时间。它可以被无限延长,自由地或勉强地与一系列其他事件或隐蔽现实相联系,从此再也不可分开。贝内迪多·柯罗齐据此声称,由于这种添加手段,历史和人统统被置于任何事件之中,随后又重新从中分离出来。这里无疑有个前提条件,需要在历史事件中添加它最初没有的内容,并要知道作此添加是否恰当。让-保尔·萨特最近在《方法问题》一文中的思考正是在玩这种聪明而又危险的游戏。

说得更清楚一些,事件是短促的时间,是个人接触的日常生活和经历的迷惘和醒悟,是报刊记者报导的新闻。但请注意,报刊不但登载有历史意义的重大事件,也披露普通的生活小事:一场火灾、一次铁路事故、小麦价格、一起罪案、一次戏剧演出或一场水灾。由此可见,生活的各种形式——政治、经济、社会、文学、机构、宗教乃至地理(一阵风或一场风暴)都有一种短时间。

乍眼看来,历史似乎是这类反复无穷的小事(有的引人注目,有的默默无闻)的集合,微型社会学和社会计量学(还有微型历史学)目前正搜集这些琐碎的材料。但这众多的琐碎素材并不构成科学思考所能加工的全部历史实在。社会科学对事件几乎深恶痛绝,这并非没有道理,因为短时间是最任性和最富欺骗性的时间。

一些历史学家因此对传统的事件史持强烈的不信任态度;事件史和政治史的名称被混用并不十分恰当,因为政治史并不注定就是事件史。事实上,近百年来的史学,除人为的断代史和个别的长时段解释外,几乎都是以“重大事件”为中心的政治史,历史研究的内容和对象都是短时间。这也许是近百年来科学家们为进一步掌握必要的研究工具和严格的研究方法付出的代价。自从大批文献资料被发现后,历史学家以为,全部真理就寓于真实的文献之中。路易·哈尔芬说过:“只要把文献资料按顺序编排起来,历史事实也就几乎自动对号入座。”这个理想在 19 世纪末曾导致一种新体载的纪年史,为了力求精确,它以大使通信或议会辩论为依据,亦步亦趋地记述各重大事件。18 世纪和 19 世纪初的历史学家特别重视长时段观察,而在后来,只有米希莱、兰克、雅克布·布尔克哈特和甫斯特尔等少数大思想家才重新发现了长时段。超越短时段,这是近百年来史学研究的最珍贵的财富:如果同意这一点,人们也就容易懂得政治制度史、宗教史和文明史的重要作用,懂得建立在考古成果基础上的古代史研究的先锋作用。正是它们才挽救了我们的史学研究。

与 19 世纪传统史学形态的决裂还不是完全与短时间相决裂。大家知道,这一决裂有利于经济史和社会史,而有损于政治史。由此产生的一场大变革无疑也是历史学的一次振兴,它势必要改变研究方法,转移研究重心,计量史开始登上舞台,它的精彩表演还在后面。

尤其,传统史学的时间含义有了变化。在以往的政治史学家看来,一天、一年都是时间的计量单位。时间是许多天的总和。但价格曲线、人口增长、工资运动、利率波动、生产预测、流通分析都要求更加宽广的尺度。

于是出现了一种新的历史叙述方式，即所谓"态势"、"周期"和"间周期"的叙述方式，供我们选择的时间可以是十多年，二十五年，甚至是康德拉捷夫的五十年周期。例如，不考虑短暂的和浮面的偶然事故，1791 至 1817 年间欧洲物价趋向上升；1817 至 1852 年间逐渐下跌：这一缓慢的升降运动在欧洲的时钟上表现为一个完整的循环周期，在世界范围内，情况也大致如此。这些时段显然不具有绝对的价值。经济增长、国民收入或国民生产总值是其他的晴雨表，弗朗索瓦·佩鲁曾根据它们的数值提出了另外的界石，也许更有价值。但这些正在进行中的争论并不重要。历史学家肯定拥有一种关于时间的新尺度，按照崭新的方位标及其曲线和节奏定位，使对时间的解释能适应历史的需要。

厄内斯特·拉布鲁斯及其门生于 1955 年罗马历史学年会后，广泛地展开了以计量为特征的社会史调查。这项调查的最后结果是确定社会的态势（甚至社会的结构）——我想，我这样说并不违背他们的本意——；至于这类态势的变化是否与经济同步，我们事先是没有任何把握的。何况我们不应该只注意经济和社会这两大态势而无视其他因素；由于缺少精确的尺度，其他因素的进展很难衡量，甚至不可能被衡量。科学、技术、政治体制、精神工具、文明也有其生活和成长的节奏，新史学只是在其乐队补充完毕后才能开始合奏。

按照逻辑，这种合奏本该通过扬弃而导致长时段。但由于种种原因，扬弃并不形成惯例，我们今天又看到短时段的复归。与其朝未知的方向前进，或许还是把"周期性"历史和短时间的传统历史焊接在一起更加恰当（或更加紧迫）。用军事术语说，这叫巩固既得的阵地。厄内斯特·拉布鲁斯于 1933 年出版的第一部巨著研究 18 世纪法国的价格运动。1943 年，拉布鲁斯又出版了近二十五年来法国最伟大的历史著作，他在该书中因叙述的需要又回到了较短的时间去，并指出 1774 至 1791 年间的经济衰退是法国大革命的有力动因或发射架之一。他这里也还涉及长时段，但只是半个周期而已。历史学国际代表大会于 1948 年在巴黎举行，拉布鲁斯作了《革命如何诞生》的报告；他这次却力图把短时段的经济事态与政治事态——革命行动——结合在一起。这就重新陷进短时段的泥坑，而且一直埋到了脖颈。当然，拉布鲁斯的工作本身是有益的和无可非议的，但它又是一个何等重要的征兆！历史学家十分喜欢充当导演。他们惯于在幕后牵线，演出时间短促的戏剧，如今怎能心甘情愿地放弃这一老本行呢？

除了周期和间周期外，还有经济学家所说的"百年趋势"。经济学家并不全都研究百年趋势，对此感兴趣的至今还只是少数；他们对结构危机的认识尚未为历史事实所证明，只是以粗浅的假设而出现，而且只涉及1929年后的近代，最早也不过到1870年为止。但这些认识为长时段历史指引了方向和提供了第一把钥匙。

第二把钥匙更加有用，这就是"结构"一词。该词在长时段问题中居首位。"结构"是指社会现实和群众之间形成的一种有机的、严密的和相当稳定的关系。对我们历史学家说来，结构无疑是建筑和构架，但更是十分耐久的实在。有些结构因长期存在而成为世代相传、连绵不绝的恒在因素：它们左右着历史长河的流速。另有一些结构较快地分化瓦解。但所有的结构全都具有促进和阻碍社会发展的作用。这些阻力表现为人及其经验几乎不可超越的限制（数学术语中的极限），可以设想，要打破某些地理格局、生物现实、生产率限度和思想局限（精神框架也受长时段限制），这是何等困难的事。

最易接受的例子似乎是地理限制。在几百年内，人们困守一定的气候、植物、动物和文化，以及某种缓慢形成的平衡，脱离开这种平衡，一切都会成为问题。例如在山区，山民有按季节易地放牧的习惯；在沿海地带，海上活动总是集中在某些条件比较优越的地点。城市的建立，道路和贸易的通畅，文明地域的范围，都是惊人地持久和固定。

广阔无垠的文化领域也具有相同的稳定性或残存性。恩斯特·罗伯尔·库尔提乌斯的杰出著作《欧洲文学和拉丁族的中世纪》终于出版了法译本，它研究的那种文化体系同时是下罗马帝国的拉丁文明的变态和延续，而拉丁文明本身也背着遗产的沉重包袱：在13至14世纪民族文学诞生前，杰出知识分子的文明曾经有过相同的题材和比较，相同的陈词滥调。沿着一条类似的思路，吕西安·费弗尔的《拉伯雷和16世纪的非信仰问题》力图说明拉伯雷时代法国人的思维工具,即在拉伯雷以前和以后的长时期内曾左右着生活方式、思想方式和信仰方式的一系列概念,这些概念事先严格地限制了自由思想家的思想探险。阿尔丰斯·杜普隆的论文《十字军的神话》是法国历史学派的最新研究成果之一。他认为早在14世纪前,即在真正的十字军东征开始前,西方已有过这样的打算,这种长时段的打算在不同的社会、世界和心理状态中反复出现和不断延续,甚至在19世纪的人们身上还有最后的反映。皮埃尔·弗朗卡斯台尔在《绘画和社会》中指出,从佛罗伦萨的文艺复兴开始,始终存在一种"几何形"的绘画空间,这种艺术完好无损地发展为本世纪的立体派油画。科学史也曾造就过几个体系,这些体系对世界的说明都有缺陷,但都维持了几个世纪之久。在伽利略、笛卡儿和牛顿出现前,亚里士多德体系保持主导地位,几乎没有人曾经提出过异议。它的地位被一个具有几何结构的体系所取代;这后一体系面对爱因斯坦的革命,也终于垮台,但那是很久以后的事了。

　　史学研究刚从经济学领域取得了无可置疑的成功,但偏偏在这个领域却很难显示出长时段;表面看来,这似乎有点奇怪。在这里,周期、间周期和结构危机掩盖了体系(有人用文明一词,指旧的思维习惯和行动习惯,以及不易被打破和消亡的格局)。

　　举一个简单的例子:在欧洲范围内,经济体系遵守几条相当明确的普遍规律:这一体系大致在14至18世纪期间建立,更确切地说,在1750年以前。在那数百年中,经济活动取决于人口的增减,1350至1450年间以及1630至1730年间的大退潮都说明了这一点。在那数百年中,流通领域以水路和船只为主,陆路运输障碍重重,居次等地位。经济高涨集中在沿海地带,个别的例外只是证实了规律(香巴尼交易会在这个阶段初期已日趋衰落,莱比锡交易会于18世纪没落)。另外的特点是:商人占首要地位;金、银、铜等贵金属起重要作用,贵金属之间的冲突只是在16世纪末随着信贷的发展而减弱;季节性农业危机的反复袭击;物质生活水平的低下和朝不保夕;对外贸易的重大作用(乍眼看来,与当时的经济水平很不相称):12至16世纪期间与东地中海地区的贸易,18世纪的殖民地贸易。

　　以上列举了西欧商业资本主义的几个主要特点。在这个长达四、五个世纪的长时段中,尽管发生了种种显而易见的变化,经济生活却保持一定程度的连续性。这四、五个世纪具有共同的和不变的特点;围绕这些特点,在其他连续性中间,又有成千上万次断裂和动乱刷新了世界的面目。

在历史时间的种种不同形式中,长时段是一个棘手、复杂和陌生的人物。把长时段接纳到史学研究中来不是件好玩的事。这不是简单地扩大研究和兴趣的范围,也不是仅仅对史学研究有利的一种选择。对历史学家说来,接受长时段意味着改变作风、立场和思想方法,用新的观点去认识社会。他们要熟悉的时间是一种缓慢地流逝、有时接近静止的时间。在这个层次上——不是别的层次——脱离严格的历史时期以新的眼光和带着新的问题从历史时间的大门出入便成为合理合法的了。总之,有了历史层次,历史学家才能相应地重新思考历史总体。从这个一半处于静止状态的深层出发,由历史时间裂化产生的成千上万个层次也就容易被理解了;一切都以半静止的深层为转移。

综上所述,我并不认为已为历史学家的职业下了定义,我只是谈了我的认识。在经历了近年来的风暴以后,如果谁以为我们已找到了真正的原则,划定了鲜明的界限或建立了好的学派,那就未免太天真了。其实,各门社会科学都由于自身或整体的运动而不断在变革,历史学并不例外。现在还望不到任何平静,门生的时代尚未到来。从夏尔 - 维克多·朗格鲁瓦和夏尔·瑟涅博斯到马克·布洛赫,中间有着很长的距离。在布洛赫之后,车轮还不停在转动。在我看来,历史是昨天、今天和明天的各行各业和各种观点的集合,是各种可能的历史的总和。

我认为,历史学能犯的唯一错误是独尊一家,排斥百家,过去是如此,将来也是如此。大家知道,要使所有历史学家明白这个道理很不容易,要说服其他社会科学就更不容易,它们竭力把历史拉回到以往的状态去。我们必须花许多力气和时间,才能在"历史"的旧名称下接纳所有这些变化和新事物。一种崭新的历史"科学"已经诞生,它继续在探索和变革。在我国,《历史综合杂志》(创办于 1900 年)和《年鉴》(自 1929 年开始)宣布了新史学的诞生。历史学家从此下决心重视有关人的所有科学。我们的职业无论在界限方面或兴趣方面也从此与以往大有改观。历史学家和其他社会科学工作者之间不再像以往那样有明显的分界和区别。包括历史在内的种种有关人的科学互有联系和影响，它们有或可能有共同的语言。

如果有人想了解 1558 年或 1958 年的世界，他就要先确定力量、潮流和特殊运动的一系列自下而上的层次，然后再取得整体的全貌。在这一研究的每个环节上，必须区分从遥远的过去已经开始的漫长运动和起源于眼下的短促推动。1558 年在法兰西时钟上是个毫不起眼的时刻，当时的世界不是从毫无魅力的这一年年初诞生的。1958 年对法国是个困难的年头，当时的世界也同样不是在那一年诞生的。每一件"时事"包含着不同的原始运动和不同的节奏：今天的时间既始于昨天和前天，又始于遥远的过去。

二、短时间的争论

以上这些道理虽然平淡无奇，但社会科学对研究已失去的时间却不感兴趣。这并不是说，我们可以向社会科学兴师问罪，指责它们不肯把历史或时段充当它们的必要尺度。社会科学表面似乎欢迎我们，它们在理论上从来都关心历史的贯时性研究。

除此以外，还必须承认，社会科学家的爱好和本能，也许还有素养，决定着他们总是忽视历史的解释：原因要从几乎对立的两方面去寻找。一方面是所谓"事件主义"，或者说，依靠经验社会学的帮助，过分注重"时事"，蔑视历史，使社会科学限于研究短时间的素材和调查现实的状况。另一方面是干脆超越时间范畴，也就是根据所谓"传播学"的要求，用数学公式去表现几乎永恒的结构。我们的兴趣显然在后一方面，因为它最新鲜。但"事件主义"的拥护者今天还大有人在，因而两方面问题值得分别谈到。

我们已说过，我们对纯事件的历史怀有戒心。公正地讲，并非唯独历史犯有"事件主义"的错误，所有社会科学全都有份。经济学家、人口学家和地理学家都把自己的科学分成过去和今天两部分（但分界不很严格）。为求得稳妥，他们本应该使二者保持平衡：这对人口学家是容易做到和必须做到的；这对地理学家几乎是理所当然的事（尤其我国的地理学具有维达尔·德·拉布拉什的传统）；但经济学家则很少能做到这一点，他们困守最近的现实,往后追溯不超过 1945 年,往前的计划和预计一般距今几个月,至多几年。我以为整个经济思想就被这种时间限制卡死了。经济学家们说,研究 1945 年以前的经济状况是历史学家的事情;他们因此放弃了一个很好的观测场所。经济学家习惯为现时服务,为政府服务。

民族学家的立场不是那么鲜明和令人担心。在个别情况下,有人曾强调历史学既不可能又无必要进入民族学的领域。把历史学拒之门外的立场并未给马林诺夫斯基及其门生带来任何帮助。事实上,人类学怎么能对历史学不闻不问? 克洛德·列维-斯特劳斯说得好,人类学与历史学都是精神的冒险历程。人们通过观察可以看到,任何一个社会,即使是低级社会,都带有“事件留下的痕迹”,没有一个社会的历史能完全被埋没。在这方面,任何抱怨和坚持都无济于事。

相反,在短时间的边沿地带,新史学与社会学的争夺十分激烈;以调查成千上万种社会现实、心理现实和经济现实为内容的社会学根深叶茂地在我国和在外国发展了起来。这些调查反复断言,现时具有“火山般”的热力,丰足的财富和不可取代的价值。而历史时间在沉默的掠夺下已变得十室九空,回过头来重建历史时间究竟有什么用处? 但是,历史时间是否真的已遭破坏而需要重建呢? 从过去的时代中抽出本质,这对历史学家无疑是太容易的事了,用昂利·皮朗的说法,历史学家不费力气就能抓住“重大事件”,他想说的是“具有一定后果的重大事件”。现实生活因夹杂着种种小事而显得模糊不清,历史的眼光却能简化现实生活而揭露其真相,这正是在现实中生活的人求之不得的东西。克洛德·列维-斯特劳斯声称,如果能与柏拉图时代的人谈上一个小时,他对古希腊文明的了解将比所有经典论述要多得多。我十分同意他的说法。不过,历史学家已为他的旅行作好了准备,他多少年来已听到了从沉默中发掘出来的上百个希腊人的声音。如果在今天的希腊停留一小时,他对现实状况仍将几乎一无所知。

进一步说,调查现时并不能剖析结构的细微末节,除非人们先用假设和说明去重建现时,也就是说,不能单凭感觉去认识实在,而要经过一个去伪存真、去粗取精的过程,先要离开已知的现实,以便更好地掌握现实。我怀疑社会学对现时的摄影能比历史对过去的描绘更加“真实”,这种摄影离"重建"现实的距离越远就越不真实。

菲力浦·阿里埃斯强调改变环境在历史解释中的重要作用:你对16世纪的一件事感到奇怪,原因就在于你是20世纪的人。为什么会有这种差异?我对这个问题的回答是:远离故土产生的新奇感是认识的重要手段,它能帮助你更好地理解周围的事物(距离太近而看不清楚)。即使你在伦敦住上一年,你对英国的事仍是一知半解。但在新奇感的启示下,通过比较,你会对法国的某些根本特点豁然开朗,这正是你拼命认识你所认识不到的特点。与现时相对而言,过去也是改变环境的一条途径。

历史学家和社会科学家很可能在死材料和活见证、遥远的过去和切近的现时等问题上永远互相踢皮球。我以为这不是主要问题。现时和过去应该互为说明。如果单一地观察狭隘的现时,人们的注意力将转向虚无缥缈的、喧赫一时的和转瞬即逝的事件。而要观察社会,就必须注意全部事件,不论这是多么枯燥乏味。人种学家调查波利尼西亚人,只在当地停留三个月时间;工业社会学家交出最后一次调查的结果就算了事,或者用几个巧妙的问题拼凑出打洞的卡片,就以为完全摸清某个社会的结构。社会是具特别狡猾的猎物,这样急于求成是不能把它捕获的。

有人就巴黎地区的人口流动作了一次广泛的调查,我们的人文科学对此能感兴趣吗?家住十六区的一个女孩每天去她的音乐教师家里和政治学院,由此可画出一张漂亮的地图;但假如她学农艺学或玩滑浪板,她那三角形的行程就会全部改变。我高兴地看到某个大企业职工居住地的分布图,但如果我没有以往的分布图,如果分布图之间的时间距离不能够汇总成一项真正的运动,调查仍是无的放矢和白费力气。为调查而调查至多能积累资料,而这些资料对未来的研究却未必都有价值。我们对为艺术而艺术应有所警惕。

我们怀疑一般的地方志,无论是欧赛尔、维埃纳或多菲内等地的地方志,如果不涉及历史,能否算是社会调查的对象。任何城市都是社会的延伸(包括其必然的危机、割裂、故障和打算),必须在附近城乡的复杂体中,以及在这个复杂体的历史运动中,才能认识该城市的地位。在记录城乡交流、工商竞争这类现象的同时,我们是否应该知道:这种运动是离弦之箭或者是强弩之末,是历史的再现或是简单的反复?我们不能对此无动于衷,而相反应看到这是一个关键性问题。

吕西安·费弗尔在其生活的最后十年中反复说过:"历史既是过去的科学,又是现时的科学。"这也是我的结论。作为时段的辩证法,历史不正是对整个社会现实的解释吗? 从这个意义上讲,历史的教训提醒我们要防止单纯重视事件的偏向。我们不能只思考短时间,不能以为会吵会嚷的演员才是真正的演员,除他们以外,还有其他的演员,只是保持沉默而已。难道有谁还不明白这个道理?

三、信息传递和社会数学

我们也许不必在短时间的动荡边界上停留太久。有关这方面的争论意义不大,至少不会得出惊人的结果。关键不在这里,而在与历史学相邻的其他社会科学的最新经验,即所谓信息传递和社会数学。

这场笔墨官司确实比较难打,我想说的是,社会科学的某些课题——至少在表面上——绝对地处在历史时间之外,我们很难证明这类研究不能脱离历史时间。

读者如果愿意跟我们一起来参加这场讨论(不论赞成或不赞成我们的观点),最好对每个术语自己先掂一下分量,这些术语并非全都是新词,但在新的讨论中被沿用时具有新的含义。关于事件或长时段,显然没有新的含义可说,结构一词及其含义虽然还有争论,不能完全确定,但分歧并不太大。贯时性和共时性二词也不必多说:它们的定义已不问自明,尽管在研究社会现象的具体课题中,弄清它们的作用并不那么容易。在历史学的语言里,确实不可能有十全十美的共时性:要让所有的时段在某个时刻一律停止,这本身几乎是荒谬的或十分勉强的事;同样,我们只能设想,时间的长河多不胜数,每次顺水航行仅是无数次航行中的一次而已。

以上简短的提醒和警告暂时已足够了。但对"无意识历史"、"模式"、"社会数学"这类术语,还有进一步加以说明的必要。这些必要的说明在探讨社会科学的共同问题中是迟早会遇到的。

所谓"无意识历史"当然是指无意识的社会形态的历史。"人创造着历史,却不知道自己是历史的创造者",马克思的这句话有助于我们认识问题,但还不能说明问题。实际上,这是用一个新词重新提出有关短时间、"微型时间"和"事件历史"的全部问题。人们在生活过程中始终觉得自己能捉摸到时间的流逝。但这种清醒的、有意识的历史是否如许多历史学家所想的那样，竟是欺人之谈？语言学过去以为一切都由词所派生。历史学曾以为一切都由事件所派生。在当代，许多人以为一切来自雅尔塔协定或波茨坦协定，来自奠边府事件或沙基埃－西迪－优素夫事件，或来自另一件更重要的事件——人造卫星的发射。无意识的历史正是在这些引人注目的事件之外展示的。就算在事件的一定距离之外有一种社会的无意识，就算这种无意识可被认为比闪闪发光的表面事件有更丰富的科学内容，但要区分光亮表层和黑暗的深层十分困难，人们没有成功的把握。更何况，无意识的历史一半属于态势的时间，一半又属于结构的时间，它往往比人们所承认的更容易被感知。我们每个人都意识到自己的生命之外还有群众的历史，并且容易承认群众对历史具有强大的推动力，但不容易看到这股力量的方向和规律。这种意识今天正变得日益强烈，虽然它的存在历时已久（例如在经济史方面）。这是思想中的一场革命，人们开始正视事件的模糊部分，赋予它越来越重要的地位，甚至损害其他部分也在所不惜。

在对无意识的这场考察中，历史并非单枪匹马，它追随着某些新兴社会科学，并采用了它们的新观点。新的认识工具和考察工具业已形成，例如"模式"，虽然有的模式比较完善，有的还很粗糙。模式只是以方程和函数形式出现的、互有紧密联系的假设和解释体系：这个决定那个，或者这个等于那个；此实在如无彼实在相伴即不能成立，互相间显然保持紧密的和经常的关系。模式如果定得好，就能在人们所观察的社会环境之外，透过时间和空间，接触到其他的社会环境。这就是模式的循环价值。

根据使用者的打算、目的或心血来潮，这些解释体系可变化无穷：简单的或复杂的，定量的或定性的，静止的或流动的，机械的或统计的。我从列维－斯特劳斯那里接受了这最后一种区分。机械模式的范围较小，只涉及直接被观察的一小群人的实在（例如民族学家对原始社会的研究）。在考察范围广阔、人口众多的社会时，就必须计算平均数，从而得出统计模式。但这些定义并不重要，有时还存在争议。

我认为，在制订社会科学的共同纲领前，必须先确定模式的作用和界限,以免它们被某些人肆意扩大。为此,我们应该把模式和时段进行对照,因为在我看来,模式的意义和价值在很大程度上取决于它的有效时段。

为了更好地说明这个问题,我们就举历史模式为例,我想说的是某些历史学家制造的、相当粗糙和简陋的模式,它们虽然也是模式,但很少人做到如真正的科学法则那样一丝不苟;历史模式从来不想用数学语言作出表述。

我们在前面曾谈到 14 至 18 世纪期间的商业资本主义:这是从马克思的著作中可以找到的许多模式之一。这个模式虽然对各种推理敞开大门,但只对一定时间内的某一类社会才完全适用。

我在《地中海与菲力浦二世时代的地中海世界》一书中制订的模式就不同,它涉及 16 至 18 世纪期间意大利城邦的经济发展周期,即从商业资本到工业资本再到银行资本的转化;银行的繁荣最慢,消失也最慢。银行的结构比商业资本主义的结构规模要小,但在时间和空间中却更易延伸。它记录的现象能够在不难找到的许多场合反复出现。弗朗克·斯普纳和我在《16 世纪的货币金属和经济》一文中提供的模式也许属于同样情形:关于 16 世纪及其前后时期的贵金属的历史,无论是金、银、铜或其替身(信贷),全都"想方设法"要压倒对方。为便于观察起见,我们选择了 16 世纪这个特别动荡的时代,如果把这个模式搬到别的时代去,也毫无困难。一些经济学家不是曾试图用今天不发达国家的特殊情况来验证货币数量理论吗?

这些模式如果与一位名叫希格孟·迪亚蒙的美国历史学家和社会学家的模式相比,其存在的有效时限也还是短促的。迪亚蒙设想的模式带有内部语言和外部语言的双重烙印:内部语言是指美国当时统治阶级(大金融家)内部使用的语言;外部语言是指面对公众进行辩护(为了使人相信金融家的成功是民族致富的条件)时使用的语言。迪亚蒙认为,这是统治阶级感到自己的威信和特权蒙受威胁时表现的习惯反应:为了掩盖自己,统治阶级必须把自己的命运和国家民族的命运,把自己的利益和公众的利益等同起来。如果需要的话,迪亚蒙将会用同样的模式来解释王朝观念(英格兰王朝)或帝国观念(罗马帝国)的演变。这类模式显然能延续几个世纪。他所设想的某些具体的社会条件在历史上屡见不鲜,因而模式的有效时限也比前面谈到的模式长得多,但它涉及的现实同时却更加具体,更加狭窄。

极而言之,这类模式可与社会数学家偏爱的、几乎永恒的模式殊途同归。所谓"几乎永恒"实际上也就等于说在超长时段的道路上行进。

前面的解释只能勉强算是模式科学和模式理论的先导。历史学家在这方面并不遥居领先地位。他们的模式不过是些解释性的光束。其他社会科学家比我们更有雄心壮志,在研究方面也走在我们的前面,他们试图与信息、传递或定性数学的语言和理论相会合,把数字语言引进他们的领域。这个功劳诚然很大,但一不小心,数学语言有摆脱我们的控制和溜跑的危险;至于溜到什么地方,那简直是天知道了! 信息、传递和定性数学都能集合在社会数学这个含义极广的术语之下。在使用这个术语前,还必须先作一点说明。

社会数学至少包含三种语言,它们可能互相混合,并随之产生新的语言。数学家的想象力至今尚未穷竭。这三种语言是:必然现象的语言,属传统数学的领域;随机现象的语言,属帕斯卡尔以来的概率论领域;既非必然又非随机,但受一定规律支配的条件状语言。由于使用了集合、组合和概率运算的方法,这些规律后来为定量数学开辟了道路。从此,由观察向数学表述的过渡就不再必须走大量和冗长的统计计算这条艰难的途径。人们可以从分析社会现象直接得出一个数学公式,也就是说,利用计算机进行计算。

当然,计算机并不能把所有的材料全都吞下和消化,还必须事先作好必要的准备。信息科学正是为了传播的需要和根据计算机的运行规则而形成和发展起来的。本文作者不是这方面的专家。他远远地注意着有关翻译机器的研究,并因此而沉浸在构想之中。他注意到以下两个事实:1.必要的机器和数学可能性性已经存在;2.必须为社会数学准备好社会数据,因为社会数学已不再是我们熟知的价格曲线、工资曲线、人口出生率这类老一套的数学。

虽然我们往往不掌握新数学的演算程序,但我们不能不注意为使用新数学而准备好社会实在。我们至今几乎总是要完成相同的准备工作:

选择一个范围有限的考察单位（如一个原始部落，一个对外隔绝的人口群落），那里的一切几乎都能够被我们直接用手指摸到；随后，在各种不同的要素之间建立一切可能的有机关系。根据这些业已严格确定的关系，人们将列出数学方程，得出各种可能的结论和引伸，最后得出能概括（或不如说考虑到）一切结论的模式。

在这些方面，能够研究的课题多不胜数。举一个例子也许比发一通长篇议论更加好些。克洛德·列维－斯特劳斯自告奋勇为我们引路，我们就跟他走吧。他向我们介绍了其中的一个研究领域，即所谓"传播学"的领域。

列维－斯特劳斯写道："在任何社会里，传播至少在三个水平上进行：妇女；财产和劳务；信件。"我们姑且承认，在三个不同的水平上有着不同的语言。因此，我们是否有权把每个水平上使用的语言当做具体的、甚至特定的语言？是否有权把它们直接地或间接地同语言学或音位学的惊人进步联系起来？列维－斯特劳斯认为，音位学"必将革新整个社会科学，正如核物理学革新了整个精确科学一样"。这样说未免言过其实，但有时言过其实却是必要的。历史学落入了事件史的陷阱，语言学同样掉在词的陷阱之中（词与客体的关系，词的历史演变），音位学的革命终于使语言学摆脱了困境。语言学从此在词的此岸依附音位，不再注意词的含义，而重视词的位置，重视伴随着词的音符以及音符组合、亚音位结构和整个隐蔽的、无意识的语言实在。在世界各国语言中都能找到的几十个音位的基础上，奠定了崭新的数学工作；于是，至少一部分语言学在最近二十年来开始脱离社会科学的领域，并越过"精确科学的隘口"。

把语言的意义推广到亲缘的基本结构，推广到神话、仪式和经济交换，这正是寻找通往"隘口"的道路，列维－斯特劳斯首先在夫妻交往——人际交往中最基本的语言——的问题上取得了突破：在任何社会中，即使是原始社会，乱伦——在狭小的家庭细胞内通婚——无不遭到禁止。这是一种语言。在这种语言下，他寻找一种与音位相应的基本要素，即亲缘的"原子"。列维－斯特劳斯在1949年的论文（《亲缘的基本结构》）中指出，用最简单的表述，"原子"指的是：男人、妻子、孩子再加上孩子的舅舅。从这个基本要素以及从原始社会大量已知的婚姻系统出发，数学家将寻找各种可能的组合和方案。在数学家安德烈·韦依的帮助下，列维-斯特劳斯成功地把人类学的观察翻译成数学语言。由此得出的模式应该证实体系的有效性和稳定性，并显示该体系包含的具体方案。

人们可以看到这种研究意味着什么：突破观察的表层，进入无意识（或少意识）要素的领域，再把这种实在分割成等量的、敏感的和细微的要素，以便精确地分析它们之间的关系。正是在"微型社会学"的这一梯级上，人们可望看到最一般的结构法则，正如语言学家在亚音位梯级上，物理学家在次分子（即原子）梯级上，发现了自己最一般的结构法则。这类研究显然可以朝许多其他方向继续进行。于是，列维-斯特劳斯顺理成章地又开始研究神话，且别发笑，还研究烹饪（这是另一种语言）：他把神话分解成一系列基本题材，把各种烹饪调法分解成味的基本要素（他对此并不十分深信）。他的研究每次都立足在深层的、下意识的水平上：我在讲话时，我不关心我的话语中的音位；在餐桌上，除个别例外，我也并不注意烹饪是否包含味的要素。然而，在每种情况下，内层各要素之间都保持确切而细微的关系。社会学研究的最新成果难道是要以语言的形式表达这些简单而神秘的关系，从而把这些关系翻译成莫尔斯电码和通用的数学语言吗？这恰恰是社会数学的雄心壮志。我敢认真地说，这种研究决不是历史研究。

我们这里必须考虑时限。我曾说过，模式的时限有长有短：模式的有效时间是它记录的实在的有效时间。在观察社会时，这一时间具有头等重要的地位，因为同生活的内在结构相比，这些结构在各种矛盾压力下出现的断裂（突然的或缓慢的）意义更加重要。

我有时把模式比做船只。一旦船只已经建成，我就要让船只下水，看它是否漂浮，然后沿着时间的长河顺流而下或逆流而上。船只失事始终是最意味深长的时刻。可见，弗朗克·斯普纳和我本人为说明贵金属之间的争夺而提出的假设对15世纪以前的世界并不适用。在15世纪后，贵金属间的冲突表现十分激烈，这种激烈冲突随后又见不到了。我们需要寻找其中的原因。由于这里必须向下游航行，而到了18世纪，随着信贷的急剧膨胀，我们的船只便遇到了困难，过于简单的模式已不能成立。照我的主张，研究应该不断从社会实在得出模式，再从模式回到社会实在,多次往返,耐心地进行修补。因此,模式就由说明结构的尝试、检验和比较的工具变成对某个特定结构的生命力和可靠性的验证。如果我从现实出发制造一个模式,我就会立即把它放回到实在中去,然后在时间中向上追溯,尽可能追溯到它的诞生为止。接着,我将根据其他社会实在的共时运动,估量这个模式可能的有效时限(即到该模式与实在脱节为止)。这并不排除另一个可能:我将把模式在时间和空间中与其他实在进行比较,以便能够用模式对其他实在作出新的解释。

我认为定性数学的现有模式不适于从事这类往返运动:时间的河道多不胜数,而这些模式却只在一条河道中航行(长时段和超长时段的河道),避开了航行事故、外在机遇与实在脱节等偶然因素。我想再一次以列维－斯特劳斯为例,因为在我看来,他在这些领域的尝试是最聪明的和最清晰的,而且也最能扎根在社会经验中。我们必须看到,列维－斯特劳斯每次所研究的都是一种演变极其缓慢、甚至近乎永恒的现象。所有的亲缘系统都世代相传,因为如果血缘亲属的比例超过一定限度,人类就不能生存,而为了生存,必须有一部分人对外部世界开放:禁止乱伦是长时段的实在。发展十分缓慢的神话也与超长时段的结构相适应。且不谈最古老的神话,我们可把有关俄狄浦斯的各种神话收集起来,整理出其中的各种差异,从而在差异之下揭示出一个贯彻始终的骨架。但是,列维－斯特劳斯不研究神话,而去研究"马基雅弗里主义"及其各种形象和表现。假如他从 16 世纪中叶该学说被真正提出的时候出发去分析该学说的基本要素,我们在马基雅弗里主义的结构中就随时可以看到许多断裂和颠倒,因为这一学说体系不具有神话那样的、几乎永恒的稳固性,而要受历史上众多的变迁、起伏和波折的影响。用一句话说,它不能仅仅沿着长时段的平坦大道前进……由此可见,列维－斯特劳斯在研究结构中所推崇的方法不仅处在微型社会学的梯级上,而且处在无限小和超长时段的交叉路口。

说到底,定性数学是否注定要走超长时段这条唯一道路呢? 假如是的,我们所能找到的真理将仅仅是些过分偏向永恒的人的真理。有人或许会对此感到失望,会说这些原始真理不过是聪明人的陈词滥调。我们则认为,这些基本真理能够对整个社会生活的基础作出新的说明,但整个争论并没有到此为止。

我实际上并不以为这些尝试(或类似的尝试)不能在超长时段之外进行。人们向定性数学提供的素材不是数字,而是特定的社会关系;这些关系都有严格的定义,因而不能用一个数学符号来概括;从这些数学符号出发,有关的数学可能性将得到研究,而不必考虑这些符号代表什么社会实在。结论的全部价值将取决于原始的观察,取决于在所观察的实在中选择哪些基本要素和如何规定要素之间的关系。由此可见社会数学何以对模式有所偏爱,列维－斯特劳斯称之为机械模式,也就是说,建立模式的出发点是些狭隘的集团,在这些集团里,每个个人都可直接被观察,社会生活十分单纯,人际关系简单、具体和很少变化,因而肯定能够就它们的性质作出规定。

相反,所谓统计模式则以广阔和复杂的社会为对象,观察这些社会的现象只能依靠平均数和传统数学。但在平均数确定后,如果我们能够在集团之间——不再在个体之间——建立为定性数学所必需的基本关系,当然没有任何理由阻止我们这样去做。据我所知,这类尝试至今还没有,我们还处在试验的初期。暂且,无论是心理学、经济学或人类学,所有的试验都朝着我前面谈到的列维－斯特劳斯所遵循的方向进行。定性的社会数学只有在向现代社会发起冲击,研究其纷杂的问题和不同的生活节奏后,才算经受得起考验。相信会有某个数理社会学家将从事这项冒险。我们也还相信,这项冒险必将促使人们修改至今遵守的方法,因为社会数学不能局促在超长时段的一隅之地:它理应找回包括各种运动、各种时限、各种断裂和各种变异在内的多样的生命活动。

四、历史学家的时间和社会学家的时间

在结束了在社会数学中的漫游以后,我回过头来再谈时间和时限。作为历史学家,我对社会学家居然能超脱时间一事深感惊讶。问题在于,他们的时间不等于我们的时间:社会学家的时间远不是那么专横,那么具体,几乎从未成为他们的问题和思考的中心。

历史学家实际上从不走出历史时间的范围:时间紧贴在他们的思想上,犹如园丁的小锄总是沾土一样。历史学家当然也梦想超脱时间。在

沉闷的1940年,加斯东·罗普内尔的《历史和命运》一书对时间问题发表的见解使一切真诚的历史学家感到伤心。保尔·拉孔布也曾有过同样的想法,这位大历史学家在《历史综合评论》撰文写道:"时间本身毫无意义,客观地讲,它仅是我们的一个观念而已"……但是否真能避开时间呢?就我个人而言,在那百无聊赖的被囚期间(1940至1945年),我曾拼命去摆脱这些困难年月的漫长时间。拒绝接受当时的事件和时间,就是明哲保身地站在一边,以便能高瞻远瞩和不过分着眼现实。从短时间过渡到较长的时间和很长的时间,接着便暂时停下,重新考察一切和重新建设一切,看到一切都在自己周围转动:这种处世之道确实值得历史学家一试。

　　这一连串的超脱最后并不会把历史学家抛出世界的时间和历史的时间之外,时间的潮流是不可逆转的,因为它随地球公转的节奏向前奔跑。我们区分的各种时限其实在相互间有着休戚与共的联系:精神的创造主要并不归功于时限,而应归功于时限的片断。这些片断在我们工作的终点殊途同归。长时段、态势、事件也毫无困难地随之而来,因为所有这些时间都用同一个尺度来衡量。思考其中的一种时间,也就是思考所有这些时间。重视主观方面并深入时间范畴内部的哲学家从不意识到历史时间的分量,而历史时间却是具体的、普遍存在的时间(如厄内斯特·拉布鲁斯在《法国大革命前夕的经济危机》一书篇首描绘的态势),是以同等身份周游列国和把相同桎梏强加于各国的时间。

　　对历史学家来说,一切以时间为开始,一切以时间为结束,这是一种数学的和造物主的时间,是推动人、强迫人和外在于人的时间,或用经济学家的说法,是"外原的"时间,它把各人特有的、色彩不同的时间夺走:一句话,是不可抗拒的世界时间。

　　社会学家当然不接受这种过分简单的范畴。他们更接近加斯东·巴歇拉尔在《时限的辩证法》中所介绍的时间。社会时间只是我们观察的某个社会实在的特殊量度。它处在该实在的内部,又是该实在带有的许多记号之一和特性之一。这种宽容的时间不给社会学家带来困难,社会学家可以随意拦截它、放过它或促使它运动。历史的时间不易接受贯时性和共时性的这种灵活的双重:它不能把生活设想成一种可以停止其运动和展示其静态的进程。

　　这个分歧其实更要深刻得多：社会学家的时间不能是我们的时间。我们的职业决定了我们从内心就厌恶这种时间。我们的时间，如同经济学家的时间一样，是一种尺度。当一位社会学家说，结构的不断破坏只是为了重建，我们完全愿意接受这种解释，历史观察何况也证实这种解释。但根据我们习惯的要求，我们还想知道这两种相反运动的确切时限。各种经济周期，物质生活的涨潮和退潮，都是可以衡量的。社会的结构危机也应该在时间中并通过时间被测出其自身的确切地位，或与共生结构的运动相对的确切地位。历史学家所强烈关心的，正是这些运动的交叉、相互作用和断裂点；而要记录这一切，又只能使用历史学家的时间，即记录所有这些现象的、划一不二的通用尺度，而不是充当各现象特殊尺度的形式多样的社会时间。

　　历史学家在进入社会学——即使是乔治·古尔维奇的亲如手足的社会学——的领域时，不论有理无理，总要提出这些相反的意见。而在自己的领域内，历史学家却不承认时限，又不承认时态。乔治·古尔维奇的社会大厦由五种基本建筑所构成：上下楼层、社交、社会集团、总体社会和时间，时间是最后、最新的脚手架，因为它也是在整个大厦之外添加的、最后的建筑。

　　乔治·古尔维奇所说的时间以众多的状态而存在，算来竟有整整一串：迟缓的长时段时间，转瞬即逝的时间，节奏不规则的时间，周期的时间，落后于自身的时间，超前和落后交换的时间，走在自身前面的时间，爆炸的时间……历史学家怎能相信这些？如果时间有这么多的色彩，历史学家就不能重组他所不可缺少的单色白光。他很快看到，这种变色的时间不过用一种新的色彩来标出早已区分清楚的不同范畴。在古尔维奇的大厦中，姗姗来迟的时间自然处于寄人篱下的地位；为了适应房屋的要求，时间要听从上下楼层、社交、集团、社会的约束。这是不加改变地以另一种方式重写相同的方程式。每个社会实在都分泌自己的时间或时间标尺。这对我们历史学家能有什么好处？这座理想大厦的庞大建筑仍然是静止的。历史在其中没有立足之地。世界的时间和历史的时间留在那里,但像埃奥勒的风一样,被禁闭在羊皮口袋里。① 社会学家所反对的最后不是历史,而是历史的时间;即使人们力图以多种形式去改造历史时间,这个实在仍然是专横的。历史学永远摆脱不了历史时间的束缚,而社会学家却几乎总是脱离时间的约束:在他们眼里,始终现实的瞬时现象似乎高悬在时间之上,而多次反复的现象则没有任何时间标志;也就是说,社会学家在思想上趋向极端,或者局限于严格的瞬时,或者满足于最长的时限。这种认识难道是合理的吗? 历史学家和社会学家之间以及不同见解的历史学家之间争论的真正焦点就在这里。

按照历史学家的习惯,我在本文列举了大量例子进行论证,我的论点想必是够清楚的了。但社会学家和其他邻近科学的专家是否能同意我的论点,我却感到怀疑。作为结论,这里不必再反复重申业已叙述和强调过的论点。历史学的本质要求它给予时限及其赖以分解的各项运动特殊的关注;在我们看来,长时段是社会科学在整个时间长河中共同从事观察和思考的最有用的河道。但愿我们邻居们在思考社会现象时能把他们的观察和研究纳入这条轨道:这对他们难道是一项过分的要求吗?

所有的历史学家并不全都赞成我的主张,潮流还会出现逆转:历史学家从本能上偏向短时段。大学里神圣的教学大纲也助了一臂之力。让 - 保尔·萨特最近发表了《〈评丁托列托〉一书(即将出版)的片断》,支持短时段的观点;他认为马克思主义的史学研究或者过于简单或者过于冗琐,为了同时反对这两种倾向,他提倡注重人物传记和丰富多彩的实际事件。"确定"福楼拜资产者的地位或丁托列托小资产者的地位,这说明不了所有的问题。我对此完全同意。但是,让 - 保尔·萨特每次研究具体情形——无论是福楼拜、瓦勒里或吉伦特派的对外政策——终究要回到时代背景那儿去。这种研究从历史的表层转向历史的深层,因而与我的想法殊途同归。如果沙漏计时器能朝两个方向倒转——从事件到结构,再从结构和模式回到事件——就更加符合我的见解。

马克思主义有众多的模式。萨特强调特殊和个体,指出模式的不足,

---

① 埃奥勒系希腊神话中的风神。他赠给乌利斯一只羊皮口袋,后被乌利斯的同伴打开,从而使他们在航海旅途中经常遇到风暴袭击。

反对生硬的公式化倾向。除少数细微差别外，我赞成他的意见，但我不反对模式，而是反对滥用模式。马克思的天才，马克思的影响经久不衰的秘密，正是他首先从历史长时段出发，制造了真正的社会模式。人们简单地把这些模式固定下来，赋予法则的价值，似乎它们能自动说明一切和预示一切，似乎它们能适用于所有的场所和所有的社会。其实，如果把马克思主义的模式拉回到时间的可变长河中进行观察，它们的网络将显得一清二楚，因为这是编织得十分精细、十分牢固的一张网络，它不断重新出现，但每次都在其他结构的作用下，发生细微的增删变化，而其他结构本身也可能受其他的规律、其他的模式所规定。马克思主义是上个世纪中最强有力的社会分析；它只能在长时段中恢复活力和焕发青春……但必须补充，在我看来，当今的马克思主义却喜欢停留于既有的公式，为公式而公式；这难道不正好典型地反映着整个社会科学面临的危险吗？

我在结论里还想强调指出，长时段仅是社会科学会商时可能使用的共同语言之一，应该看到还有其他的共同语言。我曾介绍了社会数学的崭新尝试。新尝试诚然对我有很大吸引力，但我们对旧尝试不应感到失望；它们在经济学中取得了切实的成果，这也许是人文科学中最先进的成果。在这个传统领域中，还有大量的计算等待我们去做，尽管目前已有了大批日益完善中的计算机和计算器。我相信今后还必须扩大统计的范围，把计算运用于对过去时代的研究。18 世纪的欧洲总的说来还有许多领域需要发掘，但对 17 和 16 世纪的研究也应提上议事日程。奥托·伯凯尔巴赫的《中国明代的人口统计》和马里安纳·里格尔《明朝的金融和农业经营》以其空前详尽的统计为我们了解中国历史深层打开了大门。数字的简单明了显然有助于我们加深认识。任何科学都是从复杂向简单发展的。

我们这里不应该忘记最后一种语言，最后一组模式，即必须把任何社会实在归结为它所占领的空间。遗憾的是，在人们的思想中，地理往往被当做一个自在的世界。地理学需要再出现一位如维达尔·德·拉布拉什那样的学者，不但思考时间和空间的关系，而且思考地域和社会实在的关系。今后，地理学将优先研究有关人文科学整体的问题。社会学家或明或暗地把生态学当做地理学的同义词，借以避开由地域提出的种种问题。

空间的模式是至少能部分地解释社会实在的地图,它们对各种社会现象和各种时间运动都有真正的规范价值。令人奇怪的是,社会科学竟对此视而不见。我经常想到,法国在社会科学方面的一个优点正是我们有维达尔·德·拉布拉什的地理学派,但这一学派的精神实质却往往被背离,我们不能不对此深感婉惜。对社会科学来说,它们也应该如维达尔·德·拉布拉什所主张的那样,在认识人类的同时,更多地考虑地理的因素。

我在写本文时怀有一个实际的目的,即希望社会科学在相互的界线、社会科学的定义和结构的定义等问题上暂停争论,而通过共同努力,为今后从事的集体研究划定几条指导性路线。依我之见,这些路线可称做数学化、地域论和长时段……但我十分希望能知道其他专家将提出什么建议,本文被列入《经济、社会和文明年鉴》的"论战"栏目中,这当然绝非偶然。我在这里只是提出问题,而不是解决问题,在不涉及自身专业的条件下,我们每个人在提出这些问题时显然要冒点风险。因此可以说,写以上的文字,目的在于挑起争论。

（摘自于[法]费尔南·布罗代尔:《资本主义论丛》,顾良、张慧君译,中央编译出版社 1997 年版,第 173～204 页。）

文明史:过去解释现时

[法]费尔南·布罗代尔

本文讨论的问题很不寻常:18 世纪以来的文明史研究(伏尔泰于 1756 年发表《风俗论》)对我们认识现时和未来能否有所启示? 这个问题之所以被提出,因为人们若不联系过去,就几乎不能懂得现时。在本文作者看来,历史同时是对过去和对现时的认识,是对"已经发生"的和"正在进行"的演变的认识,因而在每段历史"时间"内——无论是昨天或是今天——,都要区别持续存在的因素和转瞬即逝的因素。作为一名历史学家,本文作者对以上问题的回答是:为了认识现时,必须研究迄今以来的全部历史。但在我们史学界关注的这个整体屯文明史究竟意味着什么? 它是一个独特的领域吗? 拉斐尔·阿尔塔米拉毫不犹豫地断言:"说到文明就等于说到历史。"基佐于 1828 年写道:"这种历史[指文明史]是……包括所有其他历史门类在内的、最伟大的历史。"

文明史无疑是一个广阔无垠、难以划界的历史领域;根据不同的时代和国家,根据不同的史学家和评论家,它的内容曾不断有所变更,并且继续在演变中。可见很难为文明史下个定义,即使下了定义也不免牵强。

首先,文明一词有单数和复数之分,前者关系到整个人类,后者则分散存在于时间和空间之中。此外,文明一词从不单独使用,它必定有文化一词做伴侣。文化同样也有单数和复数之分。充当修饰词的"文化"历来模棱两可,既可作文化讲(由其词源所规定),又有文明的含义(因"文明"没有单独的修饰词)。我们或许可以说,文明是文化特征和文化现象的总和。

于是就出现了一些词义的差异和可能的混淆。但是,无论关系到单数或复数,所谓文明史或文化史给人的第一个印象就是它统括着一系列独特的历史门类,这个和谐的乐队包括语言史、文学史、科学史、艺术史、法律史、政治制度史、技术史、迷信和宗教信仰史、日常生活史,以及难得有人研究的烹饪史……以上各个次等领域(恕不一一列举)的发展程度有高有低,它们的规律、对象以及内在的语言和运动均各不相同,它们的发展也不一定符合一般的历史趋势:把它们协调起来是很难办到的。我在法兰西公学曾花了整整一年时间,试图说明 16 世纪欧洲的科技史与其他历史门类之间的联系,结果几乎白费唇舌。不管这些历史门类是否同步发展,我们毕竟不能说它们之间毫无关系。针对莱昂·布兰斯维克和艾蒂安·吉尔松关于思想史自成体系的说法,吕西安·赞弗尔曾合理地要求恢复通史的权利;在他看来,通史有权关心整个生活,任何割裂生活的企图都只能是武断的。然而,要恢复通史的整体性,却又像化圆为方一样,是个永远解决不了的难题。

虽然如此,人们在文明史的问题上并不会产生犹豫,因为文明史不仅参与历史的某个门类,而且置身于整个历史之中。人们很难设想文明史竟与通史(或者说,总体的历史)能够分开。文明史通常表现为一种简单化的观点,但它始终试图解释历史和支配历史:它把某些真理和某些实在推向前台,而这些真理和实在都力图成为总体的解释。每种解释都在不同的层次上囊括整个历史;不论解释何等匆忙,它势必要抓住历史的全部内在和外在表现;传统史是如此,社会史或经济史也是如此。进一步说,文明史之所以长期处于领先地位(今天遇到了挑战),这是因为唯独它才有超出历史界限的可能。昂利·贝尔主张"扩大"传统史的范围,使之不再陷于政治大事记的贫乏状态,"接触政治事件以外的事件和官方人物以外的人物"。换句话说,是要通过更加可靠的新途径,扩大历史的视野和作出全面的解释。根据这个主张,卡尔·兰普雷茨为推广文化史而进行的激烈论战也就变得合情合理了。近年来,由于历史已扩展到社会和经济的领域,文明史研究不再四面出击,虽然它仍然是一个异乎寻常的思考场所。

让复杂的、不确定的历史反过来解释现实，把历史放在一个很不习惯的位置——用今天的话说，"展望"的位置上，这无论如何会引起一场艰难、持久的论战。本文并不以为能结束这场论战，也并不打算为论战作个小结，至多只想把有关的基本素材铺陈清楚。

即使如此，我们仍必须谨慎小心。至少应该注意以下两点。第一，要根据昂利·贝尔的综合中心的传统，注意研究术语：对于吸引我们的注意力并可能使我们产生误解的那些词，必须抓住它们的词源，并把它们放回原来的位置，以便知道它们究竟是真朋友或是假朋友。第二要真心诚意地假定，文明或文化一词与哪些力量群、价值群和要素群相联系，以便得出几个明确而毫不含糊的定义……如果我们在讨论中没有一定的整体连贯性，如果被大家认可的观察前提在科学上不能成立，如果不坚决挣脱历史形而上学的控制，我们的尝试显然事先就注定要失败。

二、徘徊在十字路口的历史[①]

读者想必已经洞察我的意图。我确实认为，如同人类史一样，文明史正徘徊在十字路口。不论它愿意与否，它必须吸收新旧各门社会科学在无穷无尽的人生中实现的所有新发现。这是一项困难而又刻不容缓的任务，因为只有坚定地沿着这条道路走下去，历史才能站在各门社会科学的前列，推动对当今世界的认识。假如我碰巧也要写一部《历史研究》这样的著作，或者写有关文明（抽象的或具体的）的长篇论著，我能否根据以上的路线，列出必须遵循的写作提纲？

在我看来，第一项任务是进行必要的否定：对于从一开始就必须抛弃的某些习惯，不论是好习惯或坏习惯，都立即一刀两断，即便以后再回去也不要紧；第二项任务是设法为文明下个定义，下个毛病最小、最便于使用的定义，争取比较顺利地把研究工作继续进行下去；第三项任务是邀请其他各门人文科学的所有专家，一起来检验文明的范围；最后提出确切的任务和作出必要的结论。

---

① 限于篇幅，本文"一、文明和文化"在此略去。——编者注。

（一）必要的牺牲

从一开始就放弃某些术语，例如不再说文明是存在、机体、人物或实体，即便是历史实体。也不再说文明的诞生、成长和死亡，因为这些说法等于假定文明的命运就是简单的、按线形发展的人的命运。我宁愿采用乔洽·古尔维奇关于西方中世纪时代的整体社会或关于当今社会的思考，尽管用历史学家眼光来看，我明知古尔维奇的思考有其不足之处。在他看来，无论会么社会，它的未来总是在几个可能的、各不相同的命运之间彷徨；我以为这正是符合生活多样性的合理见解：未来从不沿着一条路走。线形发展的说法应予放弃。同样还不能认为，每个文明因为各具特色就是一个封闭的、独立的世界，如同大海中的一个孤岛；文明之间的会面和对话毕竟是基本现象，它们正逐渐汇集成为人类的共同财富。马格莱特·米德心目中关于文明一词的含义与我前面谈到的马赛尔·莫斯相同，他说："文明就是人从此再也不能忘记的东西"，即语言、拼音字母、计数、三率法、火乃至函数、蒸汽等等，总之，是在达到一定水平的任何文化中为任何人不得私有的共同财富。

我将部分地放弃使用任何对文明（或文化）命运的循环解释，即关于文明由诞生到成长、再到死亡的固定说法及其各种翻版。因此要抛弃的不仅有维科的三时代论（神的时代、英雄时代、人的时代），奥古斯特·孔德的三时代论（神学时代、形而上学时代、实证主义时代），斯宾塞的二阶段论（从强制到自由），杜尔克姆的二连环论（内在联系和外在联系相交替），而且还有麦克斯威耶的渐进协调的阶段论，希尔德布兰特、弗里德里希·李斯特或布赫尔的经济阶段论，勒瓦瑟尔和拉采尔的密度增长论，以及卡尔·马克思关于从原始社会、奴隶社会、封建社会、资本主义社会到社会主义社会的阶段论。我抛弃这一切，有时不免感到遗憾，甚至恋恋不舍，因为我并不全盘否定所有这些解释；在我看来，它们提出的模式或周期有时反而是十分有用的，但我宁肯事先把它们一概排斥，这是出于必要的谨慎。

施本格勒和汤因比的模式当然也在被排斥之列；此外，我还不接受他们开列的文明单子。我确实相信，从最起码的文化到头等文明，我们统统都要抓住，特别这些头等文明还应分成次等文明，次等文明再分成更小的成份;只有这样,我们的研究才会取得成果。我们暂且假定可能出现微型的历史和具有开放传统的历史。值得注意的是最小的成分究竟能小到什么程度。在中间的梯级上,我以为,尤其就今天的情形看,国家、人民和民族都趋向于构成独立的文明,尽管每个文明的技术发展水平并不一致。法兰西、德意志、意大利和英格兰(无论作为国家、人民或民族)都是各具特色和内在矛盾的文明。用西方文明这个统称去研究它们,我以为未免太简单了。尼采硬说,继希腊文明之后,除法兰西文明外显然不再存在别的文明,"这是毋庸置疑的事"。这种断言恐怕值得商榷,不过有趣的是,法兰西文明在汤因比的分类中竟然并不存在。

依我之见——我想这个观点并不背离马克·布洛赫的见解——一方面应把法兰西文明置于欧洲文明之内,另一方面又把法兰西分成几个独特的次等文明。如同别的国家一样,我国是一个活跃的文明星座,尽管它的规模不大。归根到底,重要的是应看到这些大小不等的成分之间的联系,懂得它们怎样互相渗透、互相制约,共同经历苦难或繁荣(这里有个条件,繁荣应符合确切的标准)。

(二)必要的标准

在场地清理完毕后,我们将提出问题:文明究竟是什么?

我认为文明只有一个合适的定义,所谓合适,是说它便于用来观察,并且与任何价值判断保持足够的距离。这个定义在某些人类学家的讲课中可以被找到,而我却是从马赛尔·莫斯的一份报告里借用的,对此我始终坚持不渝。

文化场。文明首先是个场地,按人类学家的说法,"文化场"是一所房屋。在这所相当宽敞(从不过分狭窄)的房屋内,摆着各种各样的"财产",具有形形色色的文化特征:从房屋的材料和形状到屋面上的尖顶,从当地的方言、烹饪口味到特殊的技术,从信仰或情爱形式到指南针、纸张、印刷术,如此等等。某些文化特征在特定场所的存在、集合和汇聚是构成某种文化的最起码的表现。如果在地域的同一性之上再增加时间的稳定性,我就能把整个库存称做文明或文化。所谓"整个库存"也就是已被确认的文明的形式。

当然,文化场首先属于地理学的范畴,而不是人类学的范畴。一个文化场还有中心、核心、边界和边缘。人们往往在边缘最能认清文明的特征、现象或趋向。这些边界及其包围的场所有时规模很大。马赛尔·莫斯写道:"至于我们,我们很早已经讲过,太平洋的整个沿岸和所有岛屿可能属于一种极其古老的文明……在这方面,确实存在许多巧合……"但也具有许多差异,因此必须把这个大区域分小,分析它们的不同和差异,画出轴线和"分水岭"……但太平洋规模太大,不便于我们去分析,即使比它小一点的例子也不容易着手。值得注意的是,每个文化场始终包括几个社会或社会集团。因此,我再说一遍,必须尽可能地注意最小的文化单位。一个文化场究竟占多大的地域,有多少人口,有几个不同的社会集团? 它已经达到的最低生命水平?

借鉴。所有这些文化财富或文明的微型成分都不断在旅行(这是它们与普通社会现象的不同之处):文明之间既有输出,又有借鉴。一些文明善于吸收,而且胃口很大;另一些文明愿意输出,毫不吝啬。这种大规模的交流从未停止。某些文化成分,如现代科学和技术,甚至具有传染性,尽管所有的文明对这类交流的开放程度并不相同。索罗金认为,精神财富的借鉴比技术借鉴更加迅速,对于这个问题,我持怀疑的态度。

拒绝。并非所有的交流都十分顺利:某种思想方式、信仰方式或生活方式,或者某件简单的劳动工具,可能被别的文明拒绝接受。这种拒绝有时是盲目的,但有时却伴随着明确的想法,似乎故意关门插入闩,不准通行。每次拒绝都具有特殊的价值,如果它是清醒的、反复的和明确的,则更是如此。在这个场合,文明作出一个决定性的选择;它通过这个选择表现自己。被汤因比认为无足轻重的"传播现象",在我看来,却是判断文明的特点和活力的最好的试金石。

总之,我们从借用的文明定义中可看到三个步骤:文化场及其边界、借鉴、拒绝。每个步骤又开创新的可能前景。

三步骤为文明史研究开创的新可能。举一个具体例子——莱茵河和多瑙河的边界——来研究,文化场及其边界的问题就可以看得一清二楚。古罗马的远征到达河界后立即停止。过了一千年以后,教会也几乎沿着这条老界线分成两个部分:界线的一边是改革派,另一边仍忠于罗马,强烈反对改革。两条河流标志着一条精神边界,这已是人所共知的事。歌德在前往意大利时,曾在雷根斯堡渡过多瑙河,斯塔尔夫人曾渡过了莱茵河,他们都完全懂得这条界线究竟意味着什么……

第二个步骤是借鉴。有关的鸿篇巨著虽然已经写了很多,而这个大题目却仍然没有完全说透。西方文明已达到别的星球,变成了"无边界的文明";它赠送的礼物有好有坏,给人类带来了束缚和冲突。但在过去,它曾向伊斯兰、中国、印度等远近文明有无数的借鉴。在查理六世的疯狂时代,法兰西曾从遥远的中国学到了唐代的"角状"服饰、女式高帽和敞胸内衣;这种装饰当时在中国早已失传,它从旧大陆向西流传,经过五百多年时间,于14世纪到达塞浦路斯岛和吕西尼昂王宫。地中海的活跃贸易几乎随即把这些奇怪的旅行者从塞浦路斯带到法国。

我们还可以举一些较近的例子。巴西的历史学家和社会学家吉尔倍托·弗雷尔喜欢列举18和19世纪期间向欧洲的各种借鉴。他开了一个繁杂的单子,其中包括英国或汉堡的啤酒、白布衣服、假牙、煤气灯、英格兰木房、蒸汽(蒸汽船于1819年在圣萨尔瓦多的海湾游弋),后来还有实证主义,或较早的秘密社团(秘密社团源自法国,经西班牙和葡萄牙的媒介,取道大西洋岛屿,迁往巴西)。这部历史当然还没有结束。从1945年起,萨特或梅洛·庞蒂的存在主义又从法国来到巴西,席卷了整个美洲大陆。存在主义其实原是德国的思想,后由我国加以发扬和传播。法国有很大的优越性,因为它处在世界文化交流的交叉路口。这个地理位置(地理学家称之为"咽喉要地")显然是法兰西文明的主要特征,也是法兰西文明光荣伟大的原因之一。玛丽·居里诞生在华沙旧城的一所小屋;莫迪格里亚尼生在里窝那;梵·高生在荷兰;毕加索来自西班牙;保尔·瓦勒里的祖先是热那亚人。

第三个步骤是拒绝,它能最突出地显示我国文明在人类历史上的地位,例如曾在欧洲造成严重的、深刻分裂的宗教改革。意大利、西班牙和法国(法国曾十分动摇)反对宗教改革。这场意义深远、规模巨大的运动触及欧洲各国文化的灵魂深处。另一个例子:君士坦丁堡于1453年拒绝了拉丁民族的救援,这座城市宁愿接受土耳其人,而推开自己的异母兄弟。这个戏剧般的事件值得我们反思,土耳其历史学家列奇特·沙菲·阿塔比南对这个事件的直观记述虽然"离经叛道",大可商榷,但也确实发人深省。为了对文明作出新的解释,如果让我找一个体现精神冲突的重大事件作为例子,我选的将不是罗马的灭亡,而是君士坦丁堡的陷落。

我们不想把一切都归结为文明的拒绝,但就当前马克思主义的情形来看,谁能认为不存在拒绝的问题呢?英美国家在很大程度上表示不愿接受。意大利、西班牙和法国对马克思主义没有敌意,但一半以上的人并不赞成。这不仅与经济水平、社会结构和近代的历史变迁有关,文化也起着一定的作用。

读者可以看到我对"文化传播"的信任意味着什么。毫无疑问,我又一次站在克洛德·列维-斯特劳斯的一边。他在一次论战时曾顺便谈到,文明像是围着一张桌子聚赌的赌友,因而在一定程度上要服从赌博的普遍规则。假如他们串通起来交换纸牌和意图,他们中间必有一人将轻易取胜。在各种文明中,西方恰好利用了它汇集着无数文化潮流的优越地位。千百年来,它从各个方向吸取营养,甚至向已死的文明借鉴,这才使它后来光芒普照,风行全球。

(三)为历史学和其他人文科学对话而努力

确认文化的全部价值,这是我们的第三项任务。历史学家单独不足以承担这项任务。必须集合所有的人文科学,从传统科学到新兴科学,从哲学到人口学和统计学,共同进行"会商"。如果按照德国的方式,硬要文化脱离其文明基础,那将是一种幻想。忽视下层基础和忽视上层建筑将同样是荒唐的。文明毕竟建立在土地上。用一个简单化的说法,就是我们必须强迫汤因比或吕西安·费弗尔与社会学家、人类学家、经济学家和马克思主义者同步前进。有关文明的研究几乎总是导致唯心主义的猖獗,这种对卡尔·马克思的轻蔑是何等的幼稚!我们历史学家其实应该与人文科学的每个部门进行一系列对话。

首先与地理学对话。文明的大厦决不是偶然的产物;它虽然包含一种挑战,但这是一种反复的、长时段的挑战。1950年的一个晚上,费特里哥·沙博、比埃尔·勒诺万、约翰·内夫和吕西安·费弗尔在《年鉴》杂志就文明这个大题目进行了友好的讨论,当时曾谈到地理学。吕西安·费弗尔认为必须在每个文明的背景上画出文明和环境的反复无穷的联系(文明在其生命历程中不断创造和再创造环境),画出文明和土地、植物、动物、地方病之间的起码联系。

历史学还必须与人口学进行对话。文明是数字的女儿。汤因比很少研究人口,他怎么可能研究好历史? 一次人口的膨胀可能甚至必定带来断裂和变迁。人口负担不是过重就是过轻。每次超过正常的标准都会产生人口迁移;正如库里谢兄弟所指出的,在人类历史的表皮下,世界的人口不停地和顽强地流动着。

还需要与社会学、经济学和统计学进行对话。在这里,首先请吕西安·费弗尔原谅,我不同意他的意见,而赞成阿尔弗雷杜·尼赛伏洛的见解,尽管尼赛伏洛提供的关于衡量文明的标准并不恰当,更谈不上完美无缺。我还赞同乔治·古尔维奇对"整体社会"(即所谓文明实体,但我在这里无权使用这个词)的探讨,虽然我认为这些探讨还不够大胆;如果同索罗金直截了当的唯心主义相比,这些探索似乎是围着实在兜圈子! 此外,为了确定文明和社会结构或社会阶级之间的关系,恐怕还少不了要辩论一场。我最后坚信,政治、社会和经济的结构左右着道德生活、精神生活和宗教生活的方向(不论是好的方向或坏的方向),缺少这样一个强有力的结构,文明也就不能存在。1945 年战后,有些法国人一再强调,战争虽然使我国元气大伤,但我们在世界的精神影响仍然存在。持相反意见的人并非仅我一人。单靠国力强盛并不能保证在世界的影响。文明的力量、强大和健康与以上一切都有关系。所以,我以为布尔克哈特的书应该重写(尽管我对该书十分钦佩),至少有一条重要的理由:必须让意大利文艺复兴找回其物质躯壳。任何文化都不依赖纯观念为生。谢泼德·班克罗夫特·克拉夫说得对:任何文化都以经济过剩为前提。文化是一种消—费,甚至是浪费。

(四)打破专业隔阂

我们以上对一系列观点谨慎地予以排斥或接受,但争议仍然存在。我们能不能提出一个具体纲领,对我们的论证进行检验,加以扩大和巩固呢?

应该说,我首先将考虑一个稳健的纲领,它将仅仅涉及文化生活的短阶段以及文化"环境";"环境"一词至今仅适用于经济生活,而我则把它扩大应用于文化生活。为了促进经济和文化的这些接触,我觉得以选择一些时间界限比较明确、认识比较细致的阶段更为有利。我们千万不能立即把时间跨度拉长到几百年或几千年,虽然这样做也有其好处！在选定了时间的范围以后,我们再不抱成见地进行观察,看狭义的文化领域(艺术、文学、科学和宗教感情等等)同广义的其他文化领域(承认或不承认它们是文化领域,这并不重要,我这里指的是经济、地理、劳动的历史、技术和习俗等)如何互相发生关系。人类生活的所有这些领域分别由专家们进行研究,这当然是合理的;但如果这些领域被不可逾越的界限分成特殊的部分,那又变成很不合理。打破这些界限,说来确实容易,但做起来就难了。

昂利,布兰斯维克在他关于德国浪漫主义社会根源的论文里举了一个很好的例子。他指出德意志文明在 18 和 19 世纪期间如何像沙漏般地倒转了过来。德意志文明最初以"理性"为准则,其特点表现为"扬弃"的法国式思维;它接着一反常态,变为推崇本能和想象;浪漫主义便由此产生。重要的是应该看到,人的行为、社会结构和经济环境始终伴随着精神价值的演变,并且是这一演变的根据。赫伊津哈则不然,他在一部文笔酣畅的名著中研究了中世纪西方的"秋季",说这是文明的"垂危"和末日。如果要说"垂危",垂危的病人其实并非已经无可救药;我个人认为这种"垂危"是西方文明的一个阶段。赫伊津哈尤其不该盯住这个最后阶段不放,只看到文明即将死亡。他没有掌握 15 世纪西方人口和经济急剧衰退的有关资料,这是多么可惜的事。归根到底,人的感情,最高尚和最低级的感情,从来都不能完全独立存在。

吕西安在其最后一部巨著——《拉伯雷的宗教》——的第三部分中力图展示拉伯雷时代的"精神工具",即拉伯雷当时可能接触到的词汇、概念、推理和感觉。我对这部著作所以如此钦佩,因为它展示的正是时代的横断面。吕西安只是时近晚年(1942 年)才向我们说出如此富有教益的见解,而他还想不断加以补充,使之成为名副其实的结论。他的确还要让时代的横断面脱离开拉伯雷这个典型的、但又有相当局限性的具体事例,以便观察结论在什么场合和在多大程度上会出现变化,并进一步追究变化的原因。我们可以说,知识水平的提高似乎在 16 世纪上半叶遇到了阻塞。为什么会出现这种情形？我们显然应该看到知识的内在联系,并且用内在原因去作出解释；对此我十分同意，但是也许还应该像吕西安·费弗尔在其整部著作中所主张的那样，用社会经济生活的惰性来加以说明：这些长期存在的惰性在文明中表现得极其突出，许多陈旧的因素如同一个沉重的包袱莫明其妙地压在文明的身上。

（五）寻找文明的结构

我在从事以上的探索时十分谨慎小心，但为有步骤地寻找文明的结构，下面就必须去冒点风险。所谓结构，实际上就是那些不受急风暴雨（或用汤因比的话说，"急进和猛退"）的影响而长期存在的东西。既然要寻找结构，按理说，我应该想到建造几个模式，即几个互有联系的解释体系。先说明一种文明，然后再说明另一种。我们事先不能保证所有的文明都接受类似的结构或在历史长河中保持相同的联系。相反的情形或许更合逻辑。乔治·古尔维奇说过，"整体结构（文明）始终是不可通约的，不同类型的整体结构之间的连贯性和可比性其实纯属幻觉"。我认为这句话说得完全合理或基本合理，但并非所有的历史学家都乐于承认这一点。

三、面对现时的历史

经过以上必要而谨慎的分析以后，甚至可以说，经过种种的犹豫以后，我觉得还无权劲头十足地来下结论。尤其不能够把刚说过的话（是对是错姑且不谈）重复一遍。在这最后的几页里，我们无论如何总该回答那个纠缠不清的问题，即便与本文艰苦的论证相冲突也在所不惜。必须让历史说明它对解释现时具有什么功能，也就是让它稍为离开一点自身的领域。我这里说的是人类历史，而文明史几乎等于是人类历史，也几乎就是乔治·古尔维奇所说的"整体社会"。

正因为如此，我没有想方设法把一个困难的解答加以简单化。历史学家观察现时确实有其独特的方式。一般说来，他们关心现时是为了摆脱现时。但我们不能否认，改变立场和走回头路有时是十分必要的。总而言之，人们值得去做一番尝试。下面就转过身来观察现时。

（一）文明的长寿

我们对文明的认识也许比任何社会观察家更加高明，因为我们看到世界的根本相异性。我们全都知道,任何社会或社会集团必定对一种文明,甚至对互不相同、互有联系和同时并存的一系列文明施加强烈的近期影响或远期影响。每种文明和所有文明都把我们纳入广阔无垠和长时段的历史运动中去;对每个社会说来,这一运动是产生该社会的独特内在逻辑和无数矛盾的根源。以语言为例,为了用法语做工具,我们就要从几百年、几千年前的词根、词源出发,去试图掌握法语词汇,我们每个人都有这方面的经验。类似的例子还可举出成百个。所以,文明史学家能比任何人更有理由断言,文明是长寿命的实在,尤其不能用单个人的寿命去衡量。保尔·瓦勒里有一句名言,暗示文明会出现死亡事故。这类事故当然是存在的,但出现的机会却远比人们想象的要少得多。在许多情况下,与其说是死亡,不如说是休眠。文明最美妙的精华和最罕见的成果容易消失,但文明的老根却不顾寒冬和断裂依然存在。

作为长时段的实在,文明具有无穷的生命力,它不断适应自己的命运,它的寿命远远超过所有其他的集体实在。文明在地域上不受社会疆界的约束(特定的社会像在一个比它广阔得多的世界里漂浮,并不知不觉地受到几种特殊力量的推动),同时并随着时间的流逝不断超越自己,汤因比正确地指出,时间留给文明一笔奇怪的遗产,谁若是满足于观察和认识最狭义的"现时",就无法理解这笔遗产。换句话说,政治、社会、经济乃至意识形态的变革并不决定文明的生死,文明却暗中对这些变革施加有力的影响。法国大革命在法兰西文明的命运中,1917 年十月革命在俄罗斯文明(有人加以扩大,称之为东正教文明)的命运中,都不构成全面的断裂。

我以为,对所有的文明说来,都谈不上发生过不可弥补的断裂或社会灾难。夏尔,瑟涅博斯有一天(1938 年)曾与本文作者进行友好交谈,他强调说,没有资产阶级,也就没有法兰西文明。我们且别像他那样急于下这个定论;根据让·科克托的解释,"资产阶级是法国最根深蒂固的阶级……在我国一切重大成就的背后,都有资产阶级的作用,包括一所房屋、一盏灯、一盘汤、取暖的火、葡萄酒和烟斗"。然而,严格地讲,法兰西文明可以如同其他文明一样改变原有的社会基础,或者制造一个新的社会基础。一个资产阶级垮台了,还会长出另一个资产阶级来。在这场考验中，法兰西文明只会改变本身的色彩，但仍保留不同于其他文明的特征；总之，它固守自己的大部分优缺点。这至少是我的想法。

因此，谁想认识和影响当今的世界，他就必须"花点力气"在世界地图上辨明现有的各种文明，确定它们的界限、中心和边缘，弄清每个文明中各地区的区划和气氛，以及那里的一般生活方式和特殊生活方式。否则那将会出现多少差错和灾难！过50年或100年以后，甚至过二、三个世纪以后，这些文明很可能在地图上大致保持原状，不论历史的偶然性对它们有所促进或促退（经济学家说得好，促进或促退机会均等）；除非人类在此期间不幸自杀，人类今天已经拥有了自杀的手段。

我们至此可以相信，世界的各个文明具有不同的本质和特点，它们长期保持各自的个性；这也就是说，当务之急是要研究每个文明固有的爱好、习惯、气质和本能反应，而这一切唯有历史——一种由来已久、发展缓慢和在很大程度上介于无意识的历史（心理分析学把无意识当做人的行为基础）——方能作出解释。我们必须让儿童从上学起就注意这个问题，但每个国家的人民却往往喜欢在镜子里只看自己，不看别人。这个宝贵的认识事实上至今很少成为共同的认识。它要求我们全面考察有关文化的所有重大问题，但宣传除外，因为宣传只是短期有效；根据这一认识，我们必须找到能为所有文明所接受并能尊重各自不可调和的立场的共同语言。

法国的地位：法国过去曾提供了可被接受的共同语言，今天也仍然如此。在穆斯林世界看来，法兰西文明堪称"近代的希腊文化"（雅克·贝尔克语）。法兰西的光明普照整个拉丁美洲，后者对前者也具有巨大的吸引力。不论怎么说，法兰西的光明曾经和始终照亮着非洲。欧洲公认法国是唯一的明灯：若在波兰或罗马尼亚作次旅行，你可以找到大量的证据，即使前往列宁格勒或莫斯科，这类证据也多不胜数。如果世界想求得生存和理解，而不互相侵犯和破坏，法国的存在对世界将仍然是个需要。在历史的长时段，这一前景依旧是我们的机会，几乎是我们存在的理由，尽管一些鼠目寸光的政治家坚持相反的见解。

（二）同一性和多样性在世界永远存在

然而，兴奋也罢，伤心也罢，观察家和旅行家们众口一词地说，世界正日益变得千篇一律。在地球上到处都以相同的形象出现前,让我们赶紧从事环球旅行! 对于这种说法,表面上似乎无可反驳。过去的世界曾充满着丰富的地方色彩;今天,所有的城市,各地的人民都有某种相似之处:里约热内卢近二十年来开始兴建摩天大楼;莫斯科令人想到芝加哥;到处都是飞机、卡车、汽车、铁道和工厂;地方服饰陆续在失传……但除了这些显而易见的事实外,以上说法是否还包含着一系列相当严重的谬误? 过去的世界也曾经有其千篇一律之处。技术的烙印到处可见,但技术只是人类生活的一部分;更何况,这种说法还有又一次混淆抽象文明和具体文明的危险。

地球不断在变小,人类比以往任何时候都更加需要共同生活,互相依靠,"同舟共济"(汤因比语)。由于日益靠拢,人们势必要共享财产和工具,甚至产生某些相同的偏见。技术进步使人类拥有更多的手段。文明为人们提供各种商品、资源和服务,但这些并不都是赐予。如果我们面对一张有关大工厂、高炉、发电站和原子工厂的分布图,或一张现代主要产品的消费分布图,我们很容易看到,这些财富和工具在不同地区之间的分布很不均衡。这里是工业化国家,那里是不发达国家;后者正试图改变自己的命运,但成效有好有差。各地的文明程度也不均衡。文明既提供了许诺和可能,又刺激着贪欲和野心。一场竞争从此展开了,有的胜利,有的失败,还有的处在中间状态。进步在展示人类广阔前景的同时,扩大了各地区之间的差距。如果进步停止,所有的参赛者就会重新集合,虽然情况看来并不果然如此。其实,只是有竞争力的文明和经济才真正参加竞赛。

总之,在抽象的意义上,文明程度确实普遍在提高,但如果只看到这一种进步,而对各个文明地区(始终存在的、长寿的文明)的具体情形不闻不问,那将是一种浅薄之见。正是这些具体文明在进行竞赛:它们肩负着进步的重任,决定着进步的方向。所有的文明地区都愿接受这些崭新的财富,但各自赋予它们特殊的意义,莫斯科的高层建筑不同于芝加哥的大厦。人民中国的高炉和土炉尽管外形与我国洛林地区或巴西米纳斯吉拉斯或沃尔塔雷东达地区的高炉相像,但并不完全相同。这里还有人、社会、政治的因素,甚至包括神秘的因素。工具固然重要,但工人也起重要作用,还要看他是否用心出力。除非瞎子才会看不见世界巨大变革的影响,但这种变革又并非无所不在,即使在完成变革的地方,变革的形式、规模和谐振效应也很少相似。这也等于说,技术并不决定一切,对法兰西这样的文明古国说来,这个道理实在太明显了。抽象文明的胜利决不意味着具体文明的失败。抽象文明和具体文明互相对话,互为补充,但它们并不相同,有时不用费劲和单凭肉眼就能看到二者的区别。我至今记得,在阿尔及利亚南部艾格瓦特和盖尔达耶之间的漫长而空旷的大道上,阿拉伯司机在规定的时刻把汽车停住,去几米远的地方跪下祷告,不管旅客们对此作何感想……

　　这些形象以及其他形象并不完全说明问题,但生活本身充满着矛盾:世界一方面猛烈地趋向统一,另一方面又始终保持分裂。同一性和相异性毕竟共存着,过去的情况是如此。我们注意到,许多观察家对肯定今天的同一性和否定昨天的同一性竟然同样起劲。他们不惜自相矛盾,坚持认为过去的世界因路途的遥远和艰难而四分五裂:高山、沙漠、大海、森林都构成天然障碍。在这天各一方的世界里,文明势必具有多样性。这无疑是个事实。但历史学家在观察这些以往的时代时,如果把眼界扩大到整个世界,仍会看到相距千里之遥的不同地区竟有惊人的相似之处,甚至发展速度也很相近。备受亚洲战争灾难的明代中国与瓦洛瓦王朝的法国的距离肯定比毛泽东时代的中国与第五共和国的距离要近得多。我们还不能忘记,即使在过去的时代,技术也始终在流通着。有关的例子不胜枚举。但造成同一性的重要原因还不在这里。人总是困守一条不可逾越的界限。这条界限随着时间的流逝可能有所变迁,但从地球的一端到另一端,这条界限却大致不变,无论在哪个时代,它给所有的人类经验打上相同的烙印。在中世纪,甚至在 16 世纪,由于工具、机器和技术的简陋,由于牲畜数量稀少,一切活动全靠人、人力和人的劳动;那时候,人口普遍稀少,人们体弱多病,寿命很短。所有的人类活动,所有的文明,都被局限在狭小的可能性范围内。这些束缚事先包围和限制着任何冒险精神,使它们长期停留于碌碌无为的状态,因而需要很长的时间才能移动这些界石。

　　现时的革命恰恰冲破了这些古老的束缚和众多的限制。一切都逃不过这场根本的动乱。所有的文明地区都在经受新文明的考验。

（三）革命是当今时代的特征

对于"现时"一词，我们必须作出解释。我们不能用个人生命做尺度去衡量现时，不能把文明像我们的庸碌、短促、若明若暗和平淡无奇的生命那样分成几个阶段。为了认识和理解文明，必须使用别的尺度去衡量。"现时"的文明是个长时段，它的黎明时分远在18世纪，目前尚未接近黄昏。世界上众多的文明地区在1750年左右开始置身于一系列动乱和灾难之中（动乱和灾难不是西方文明的专有物）。我们至今也还停留在这个状态。

这场革命，这些反复的动乱，不仅意味着工业革命，而且是一场科学革命（但这只涉及客观科学，如果人文科学找不到真正的捷径，世界将始终不能平衡），一场生物学革命（其原因众多，但结果显然只有一个：人口的空前膨胀）。世界人口很快将达到30亿，而1400年却仅有3亿。

如果有人敢于谈论历史运动，除了这些共时的、全面的人口增长以外，就别无其他可说。人的物质力量把世界和人托在空中，使人脱离自身，投入一种崭新的生活。已对邻近的时代——例如16世纪——习惯了的历史学家，当他接触18世纪时，就有登上另一个星球的感觉。这正像目前的航空业使我们习惯于一种错误的观点；认为音速和距地球八千公里的地磁场都是不可逾越的界线，而人们总有一天会超越这些界线。在15世纪末，所谓不可逾越的界线正是妨碍人们征服大西洋的地域阻隔。可是，从18世纪到今天，人类似乎不知不觉地跨过了一个又一个的障碍，虽然在世界的某些地区，这类障碍还依然存在。由于医学的奇迹，锡兰不久前出现了震撼世界的生物学革命，促使人的生命大大延长，但通常伴随着这场革命的出生率下降却尚未来到这个岛国（那里自然增长率仍然很高）。这种现象在阿尔及利亚等许多国家都还存在。中国今天才真正开始了大规模的工业化进程。至于法国，我们早已全面进入工业化时代。

这个新时代势必打破旧的发展周期和人的传统习惯。我所以强烈反对施本格勒和汤因比的观点，因为他们顽固地坚持把人类拉回到业已过去的旧时代去。若要同意今天的文明是印加文明或其他文明的周期反复，那就必须首先承认，技术、经济和人口同文明没有多少关系。人的处事方式确实不断在变化。文明（具体的和抽象的）和人的活动（物质的、精神的和知识的)也随之变化。谁能预见未来的劳动和休闲将会变成什么样子?介于传统、意识形态和理性之间的宗教又将怎样?谁能预见未来的客观科学在现有公式之外还会作出什么解释?目前处于孩提时代的人文科学又将以什么面目而出现?

(四)文明的彼岸

随着现时的不断演变,文明正不断广泛传播。这不仅打乱各文明地区之间原有的相互关系,而且还打乱每个文明地区的内在关系。所谓文明的传播,用傲慢的西方人的话说,也就是我们西方文明在世界的扩散。据专家们认为,只有新几内亚中部或喜马拉雅东部的土著勉强可算做例外。但是,虽然西方曾是这种连锁传播的推动者,这种传播如今却显然已脱离西方的控制。革命如今在西方之外进行。它们正以极大规模扩展世界的文明基础。现时首先意味着文明的膨胀,简直可以说,是抽象文明对具体文明的报复,而报复的结果目前尚无法预见。

我已经说过,这种新的束缚或新的解放,在整个世界构成冲突的新源泉,并强迫世界去适应它们,从而触发五花八门的运动。人们不难想象,当技术猛然闯进一个文明地区并导致该文明地区的加速发展时,这在文明的内部关系中和在文明的物质和精神范围内将会产生怎样的动乱。尤其,这种内部关系因地而异,使人不能一目了然;由其古老的、很难改变的结构所决定,每种文明各自处在特殊的地位上。正是根据旧立场和新需要之间的冲突或和谐,各国人民每日每时都在创造着自己的命运,自己的"现实"。

又有哪个文明真能做到把机器完全驯服?卡尔·曼海姆于1943年提出了一个明智而悲观的见解,他预言人民群众的自治势必导致"社会技术"的出现,而社会技术又有扩大人主宰人的危险。机器和技术将为少数技术专家服务,或者将促进所有人的自由?在文明(抽象的)和文明(具体的)之间,正以不同的名义,在不同的战线上,展开一场盲目的、残酷的斗争。问题是如何去驯化抽象的文明,把它纳入正确的轨道,使它接受一种崭新的人道主义。在这场具有空前规模的斗争中,问题不再是推倒贵族和扶持资产阶级,不再是用新资产阶级代替旧资产阶级,用刻板的统一帝国代替各民族的分裂割据,或用一种普遍的意识形态代替坚守阵地的宗教;在这场具有空前规模的斗争中,许多文化结构可能同归于尽。所有的文明,包括历史上十分显赫的古老文明和最不起眼的文明,都经历着这种深刻的动乱。

从这个观点看,最令人振奋的景象显然表现于北至撒哈拉、南达赤道森林的广大黑非洲地区从印度洋的旧文明向大西洋的新文明的过渡。这些文明在巴格比看来只能算是"文化",施本格勒、汤因比、阿尔弗雷德·韦伯、费利克斯·萨尔西奥和菲利浦·巴格比因而根本没有谈到它们。文明世界竟把这些"真正的"文明排斥在外。如果把一切归结为文明的传播。黑非洲显然未能利用它与埃及和地中海的古老联系。在印度洋方面,因有高山阻隔;至于在大西洋方面,则长期处于真空状态;直到 15 世纪,广大非洲地区才能向海岸沿线,接受大洋的赐予和危害。但在今天,黑非洲的情形有了变化:推广机器、普及教育、兴建城市等努力已打开局面,取得成果,虽然尚未完全达到西方的程度。马赛尔·格里乌尔等人种学家对此十分清楚。黑非洲已经觉醒,意识到自己的行为和可能性。这一过渡在什么条件下实行? 其中有什么欢乐和痛苦? 有关这些问题,你只有到了当地才会明白。其实,假如我要更好地了解这些困难的文化演变,我就不必把拜占廷的末日当做战场,而是兴致勃勃地前往黑非洲去寻找。

朝着现代人道主义前进。今天,我们不再把文化和文明充当我们的价值尺度,但除了这两个词以外,我们是否需要一个新的口号呢? 如同在 18 世纪中叶一样,我们在 20 世纪中叶确实也需要提出一个新的口号,以便避免可能的灾祸和危险,说出我们深切的希望。乔治·弗里德曼等人建议采用现代人道主义的口号。人类和文明必须克服机器的压迫,避免因自动化的发展而被迫无所事事。这里所说的人道主义是人类渴求兄弟相处的一种希望,是让文明拯救人类和永不灭亡的一种方式。人道主义,那就是要现时面对未来,摆脱预言家(悲观的预言家)所说的崩溃、破产和灾难。未来绝不是跑道的终点,也不是摆脱千百年来经历的种种悲剧的障碍,而是人类从诞生以来不断更新的希望。

（摘自于［法］费尔南·布罗代尔:《资本主义论丛》,顾良、张慧君译,中央编译出版社 1997 年版,第 121～124,150～171 页。）

《菲利普二世时代的地中海和地中海世界》
第一版序言、结论、中文版序

[法]费尔南·布罗代尔

第一版序言

我极其热爱地中海，这无疑因为我随许多其他人之后，同他们一样从北方来到这里。我十分高兴能把长年累月——比我整个青年时代还要漫长的岁月——的研究奉献给它。作为报答，我也希望我的一点欢乐以及地中海的灿烂阳光能够照亮本书的各个篇章。如果能像小说家那样随意塑造人物，永不忘记这个人物，并且不断使人想起他的强大存在，这当然十分理想。不幸的是，或者说幸运的是，我们的行业不能有写小说那种令人赞叹的灵活性。因此，愿意以我希望的方式阅读本书的读者，最好带着他自己对这个内海的回忆和想象，并赋予我这部作品以色彩，帮助我再现这个巨大的存在。这一点正是我尽力去做的……我认为，人们现在见到的和喜爱的这个地中海，本身就是关于它的过去的最重要的文献资料。如果说我从巴黎大学地理课老师的教学中只记住了地中海这一课，我却执著地记住了。这种执著使我从事的整个事业有了意义。

人们一定会以为，一个比地中海更简单的例子肯定会使我能更好地阐明历史和地理空间之间的联系，特别因为用人的尺度来衡量，16 世纪的这个内海比今天还要大。这是一个复杂的、庞大的、颇不寻常的人物。他超出了我们的计量和分类的范围。对于他，只写"他生于……"这样简单的历史是无济于事的；对于他，单纯就事论事地加以叙述也是无济于事的……地中海甚至不只是一个海，而是"群海的联合体"，那里岛屿星罗棋布，半岛穿插其间，四周的海岸连绵不绝。地中海的生活同陆地结合在一起。地中海的诗歌多半表现乡村的田野风光。地中海的水手有时兼事农耕。地中海既是油橄榄和葡萄园的海，也是狭长桨船和圆形商船的海。地中海的历史同包围它的陆地世界不可分割，就像不能从正在塑像的匠人手中把粘土拿走一样。普罗旺斯的谚语说："赞美海洋吧！但要留在陆地上！"

因此，我们不下工夫就无法知道地中海到底是怎样一个历史人物。要做到这一点，就需要耐心，需要作很多尝试。当然也免不了会犯一些错误。海洋学家、地质学家乃至地理学家眼中的地中海，已经十分清楚明了。这是一些公认的、有名称的、标明方位的领域。但是，历史学怎样看待地中海呢？很多权威见解提醒我们：地中海既不是这样，也不是那样；既不是个自给自足的世界，也不是个为强国独占的禁区。认为这个先决问题并不存在，认为地中海是个不需要说明其特性的人物（因为他的特性早已被说明，已经很清楚，一眼即可辨认），认为根据地理轮廓的虚线分割世界通史就可以把地中海手到擒来，持这些见解的历史学家必定倒霉。因为，这些轮廓对我们的调查又有什么价值呢？

如果让地中海的历史的一端止于埃库莱斯山门口，另一端止于古城特洛伊周围的海上走廊，人们能够写出即使为期只有 50 年的历史吗？地中海历史的框架范围问题，作为首先提出的问题，引出所有其他的问题。划定地域界线，就是确定、分析、重建，从而选择和采纳某种历史哲学。

可以帮助我们的有关文章、回忆录、书籍、刊物、调查报告浩如烟海。其中一些是纯历史学著作；另一些同样重要，是由邻近学科的学者——民族学家、地理学家、植物学家、地质学家、工艺学家——撰写的。世界上再没有任何别的地区，比这个内海及其光芒普照的陆地，被如此清楚地阐明过和清查过。但是，我们不怕冒对前人忘恩负义的危险，敢于说：

这一大堆出版物就像铺天盖地的尘埃一样，把研究者压得简直喘不过气来。使用过去的因种种原因已经过时的语言的论著太多了。这些论著感兴趣的不是浩瀚的大海，而是这幅镶嵌画上的某一块小小的方砖；不是地中海宏伟壮观、动荡不定的生活，而是王公富豪的丰功伟绩和大量的杂闻轶事，它们与我们关心的强有力的、缓慢发展的历史不可同日而语。这些论著中需要修订，需要推倒重写，需要加以提高使之复活的地方委实太多了。

对大量原始档案资料没有确切的了解，也无法写出一部地中海的历史来。这项任务看来不是单独一个历史学家所能胜任的。在 16 世纪，地中海国家无不拥有收藏丰富的文献资料馆。这些文献资料逃脱了火灾、围城以及地中海世界遭到的各种灾难。然而，要清查和发掘这些毋庸置疑的资源，这些最丰富的历史金矿，需要的不是一个人的一生，而是一个人的 20 次生命，或者 20 名研究人员同时为此贡献他们的一生。也许这样的一天将会来到：在历史的工地上，人们不再用这种小手工业作坊方式工作……到那时，或许可以不再根据仅仅包含部分第一手材料的书籍，而是根据原始的文献资料，来编写通史。不言而喻，尽管作出了那么巨大的努力，我仍然没有整理完我从档案中所能找到的全部文献资料，我的书是建立在必然不完备的调查基础上的。我预先知道，本书的结论将被检验，被推敲，并被其他结论所代替。这正是我希望的事。历史学就这样前进，而且应当这样前进。

此外，由于 16 世纪下半叶的地中海处于不利的历史地位，文艺复兴和宗教改革已如回光反照，随之出现的将是 17 世纪这个严峻的退缩的时代。因此，正如吕西安·费弗尔所写的那样，这是一个"徒具虚名的好题目"。这个题目难道就不值得去研究了吗？了解地中海在近代初期的演变并不是没有用处的。虽然在那时候，世界不再以地中海为中心，不再为地中海的利益和按照它的节奏生活了。人们一直谈论的地中海的迅速衰落，在我看来并未得到证明，或者不如说，事实似乎证实一切恰恰相反。但是，撇开这场衰落不谈，我认为地中海提出的所有问题在人类历史上具有非同寻常的丰富含义，因而使历史学家和非历史学家都感兴趣。我甚至认为，这些问题直到今天还给人启示，不乏严格意义上的

"用处",而这种用处正是尼采对历史学本身的要求。

我不想就这个题目的吸引力和诱惑力大发议论。这一题目的虚假性——请理解为它的困难——以及它所包含的危险性,我都已经一一列举。我再补充一句:任何历史著作都没有帮我指引正确的方向。一部以辽阔水域为中心的历史论著诚然令人神往,但更加可以肯定的是,它像任何新事物一样,会冒种种风险。

既然天平两边的托盘都装得很沉重,我倾向于冒险的这一边,并且贸然认为值得大胆一试。我这样做对吗?

为我辩解的理由正是这本书自身的历史。当我 1923 年着手撰写时,这是一部探讨菲利普二世地中海政策的论著,其形式是传统的,毫无疑问比较谨慎。我当时的几位导师非常赞同。在他们看来,这部论著应列入外交史的范围;外交史对地理学的成就相当冷漠,并且往往同外交本身一样,对经济和社会问题很少关心。外交史对文明、宗教、以及文学艺术等货真价实的重要历史见证人,都采取相当鄙视的态度,而且囿于成见,决不允许自己观察外交档案之外的真实的、丰富的和充满生机的生活。阐明谨慎国王①的政策,这首先意味着认准这位君主和他的谋士在根据变化不定的形势制定这项政策时所负的责任;确定谁起主要作用,谁起次要作用;再现西班牙的世界政策的总图,而地中海只不过是这幅总图的一个局部,而且这不是始终占有特殊地位的局部。

到了 16 世纪 80 年代,西班牙的势力事实上一下就转移到了大西洋。不管菲利普二世的庞大帝国是否意识到危险,它必须在那里迎接挑战,必须捍卫其蒙受威胁的存在。猛烈的钟摆运动把这个帝国推向与海洋相联系的命运。重视这种内在运动,研究西班牙政策的实质,而不是为菲利普二世或奥地利的胡安评说千秋功罪,此外还认为,菲利普二世或奥地利的胡安虽说野心勃勃,却往往既是施动者又是受动者,这样做已经脱离了外交史的传统框架。最后,透过西班牙时断时续的远征活动(如果把令人惊心动魄的勒班陀战役排除在外,西班牙的活动几乎暗淡无光),思考一下地中海是否还有自己的历史、自己的命运和自己的强

---

① 指菲利普二世。——译者注

大的生命，思考一下地中海的生命除了展现引人入胜的画面以外，还起着什么值得人们重视的作用；就这样，在终于吸引我的这个巨大题目面前，我受到了诱惑。

我怎么能够不瞥见地中海呢？我怎么能够逐一研究大批醒目的档案资料，而对地中海千姿百态和生动活跃的生活视而不见呢？在这么多关于基本经济活动的记录面前，我怎么能够不改弦更张，转向经济史和社会史的研究呢？在法国，只有少数历史工作者努力把这种史学研究提高到庄重的地位，而在德国、英国、美国，甚至在近在咫尺的比利时，或者在波兰，人们已经不再拒绝给予它这种地位了。要从地中海的复杂整体中了解它的历史，也就是要遵照这些工作者的建议，接受他们的经验的指点，助他们一臂之力，从而为推广一种崭新的、经过重新思考和设计制作的、值得超越我们国境的史学形式而奋斗。当然，这将是一种意识到自己的使命、自己的可能性，也渴望打破旧形式的——因为必须同旧形式决裂——跨学科的历史学。这样做虽然并不完全公平合理，但那又有什么关系！抓住地中海这样一个历史大人物，利用它的庞大题材，它的种种要求，它的反抗、圈套以及冲动，以期创建一种崭新的史学，不同于老师所传授的那种历史，这是个好机会。

任何著作者都以破旧立新为己任，都希望有所建树，并力图做到这一点。即便地中海仅仅迫使我们摆脱了原来的习惯，它也已经给我们帮了忙。

本书共分三部分。每部分自成整体，单独阐明一个问题。

第一部分论述一种几乎静止的历史——人同他周围环境的关系史。这是一种缓慢流逝、缓慢演变、经常出现反复和不断重新开始的周期性历史。我不愿意忽视这种几乎置身于时间之外的、与无生命物打交道的历史，也不愿意仅仅满足于为这种历史撰写地理性质的导言；这种导言照例毫无用处地放在书的开头，浮光掠影地描绘矿藏、耕地和花卉，随后就永远不再提及，似乎花卉不是每个春天都重新开放，似乎羊群在迁移途中停止下来不再前进，似乎船只并不在一个随着季节变化而变化的真正的海面上航行。

在这种静止的历史之上，显现出一种有别于它的、节奏缓慢的历史。

人们或许会乐意称之为社会史，亦即群体和集团史，如果这个词语没有脱离其完整的含义。这些深海暗流怎样掀动了地中海的生活，是我在本书的第二部分需要加以思考的。首先是依次对经济、国家、社会、文明等进行研究，最后是试图显示所有这些根深蒂固的力量在战争这个复杂的范畴内怎样起作用，以便更好地阐明我的历史观。因为我知道战争不是一个纯属个人责任的范畴。

最后是第三部分，即传统历史的部分，换言之，它不是人类规模的历史，而是个人规模的历史，是保尔·拉孔布和弗朗索瓦·西米昂撰写的事件史。这是表面的骚动，是潮汐在其强有力的运动中激起的波涛，是一种短促迅速和动荡的历史。这种历史本质上是极端敏感的，最轻微的脚步也会使它所有的测量仪器警觉起来。这是所有历史中最动人心弦、最富有人情味，也最危险的历史。对这种现在仍燃烧着激情，对这种当时的人在他们和我们同样短暂的生命中亲自感受过、描述过和经历过的历史，我们应持怀疑的态度！

这种历史反映着那个时代的人的愤怒、愿望和幻想。在 16 世纪，随着真正的文艺复兴而来的，是穷人和卑贱者的文艺复兴。他们渴望写作，渴望叙述自己，渴望谈论别人。这种珍贵的文字材料却往往歪曲真实真相，侵占业已流逝的时间，并在其中具有不真实的重要位置。假如历史学家设身处地去阅读菲利普二世的文件，便会觉得仿佛生活在一个奇怪的、缺少某个量纲的世界，这当然是个充满激情的世界，是个像任何其他活的世界和我们的世界那样盲目的世界，但这个世界对历史的深层只是蜻蜓点水，就像最轻捷的小船在激流的表面飞驶而过。这也是个危险的世界。为了躲开它的魔法和巫术，我们必须事先弄清这些隐蔽的、往往无声无息的巨大水流，而长时期的观察才能揭示它们的流向。引起轰动的事件往往只是这些宽阔的命运的瞬间和表象，而且只能用这些命运予以解释。

因此，我们终于能够把历史分解为几层平面。或者也可以说，我们终于能够在历史的时间中区别出地理时间、社会时间和个人时间。或者不如说，我们终于能够把人分解为一系列人物。这也许是人们最不原谅我的地方，即使我断言传统的划分也是把生动的和完全合为一体的历史分解成好几段；即使我同兰克或卡尔·布兰迪相反，断言叙述性历史远不是一种客观的方法或者特别好的客观的方法，只是一种历史哲学；即使我断言，并接着指出，这些平面只是阐述的方法，我在本书的叙述进程中不会禁止自己从这一平面走到另一平面……。但是，为自己辩护有什么用呢？如果有人指责我的这本书结构混乱，我希望他们能够承认，本书的各个部件还是符合制作规范的。

我也希望人们不要责备我抱负过大，不要责备我有高瞻远瞩的愿望和需要。历史学也许并不注定只能研究围墙内的菜园子。否则，它肯定完不成它现时的任务之一，即回答当前使人焦虑的问题以及保持它与各种十分年轻而又咄咄逼人的人文科学的联系。如果没有雄心勃勃的、意识到自己的义务和巨大的权力的历史学，难道在 1946 年会有现代的人文主义吗？埃德蒙·法拉尔在 1942 年写道："对伟大历史的恐惧扼杀了伟大的历史学。"但愿这种伟大的历史学复活！

1946 年 5 月

结　　论

［法］布罗代尔

本书流传于世，遭到非难，被人引用，受到批评（极少），得到赞扬（太多），已经快 20 年了。20 年来，我经常有机会补充它的解释，维护它的观点，思考它已经确定下来的构思，改正它的错误。最近，我认真重读了这本书，为它的再版进行准备。我对它进行了大量改动。但是，书是不依存于它的作者的，它有自己的生命。改进它，用注释、细节、地图、图片去补充它、修饰它，这是可能的；彻底改变它，则是不可能的。威尼斯常常发生这样的事：一艘在城外购买的船，无论它是达尔马提亚的船厂制造的，还是荷兰的船厂制造的，在城内由心灵手巧的木匠精心检修、补全后，人们还是一眼就可以认出它仍然是原来那艘船。

尽管本书的校阅者付出了长期的、艰苦的劳动对它进行修订，它的读者仍然可以不费力气在它的旧版中认出它来。它的结论、它的信息、它的意义，仍然同过去一样。它是对大量以前没有发表过的文献资料进行研究的结果。这些文献资料来自于近代的开始时期的那些情况不明的年代里的广阔的地中海舞台的每个角落。其次，本书是一个编写总体历史的尝试。它的写法是：把历史事实按照三种具有连续性的记载来写，或者说按照三种不同的"楼梯平台"来写。我更愿意说是按照三种不同的时间计量单位来写。这样写的目的在于抓住过去所有不同的、彼此之间有最大差别的节奏；在于提出它们的共存、互扰、矛盾以及多种深广丰富的内容。在我的意愿中，历史应该是一首能够用多种声部唱出的、听得见的歌曲。但是，它有这样一个明显的缺点：它的各个声部常常互相遮掩覆盖。在所有这些声部中，没有一种能够永远使自己作为独唱被人承认、接受并把伴奏拒之千里之外。那么，怎样才能在同一个时间内像通过一个透明层那样，看见被现实重叠起来的各种不同的历史呢？我把某些语句和某些解释当做一再出现在本书的三个部分里的主旋律和这三个部分的共同的、熟悉的曲调来使用。我试着用这种方法来给人一个关于上述情况的印象。但是，困难在于：不是只有两种或者三种对时间的计量，而是有几十种对时间的计量。它们之中的每一种又牵连、包含某种特殊的历史。只有被人类的科学汇集在一起的这些对时间的计量的总和，才能构成人们很难恢复其整个丰富纷繁的图像的总体历史。

一

没有人责备我把作为本书的开场白十分广泛的关于地理的论述并入这部历史著作内。这种论述好像是超于时间之外构思出来的。它的图景和真实事物不断从这部巨著的第一页到最后一页显露出来。地中海作为一个单位，有具有创造力的空间，有惊人的经由海路的来往自由（正如欧内斯特·拉布鲁斯所说的自动进行的自由贸易），有各个彼此既不同又相似的地区，有产生于社会的发展演变运动的城市，有互相取长补短的各种居民，有与生俱来的敌意，它是一个被人不断修改的，但也是根据一项必须遵行的计划进行修改的作品。它并不慷慨大度，而且还往往野蛮残忍，把长期持续的敌意、限制和障碍强加于人。一切文明都意味着建设、困难和斗争。地中海的各种文明同成千上万个经常看得见的障碍进行过斗争。这些文明利用了有时粗糙的和很不充足的人的资源。这些文明不断盲目地同紧紧夹住在这个内海的几个大陆的巨大地块进行斗争，甚至还必须同浩瀚无边的印度洋和大西洋进行斗争。

因此，我根据地理观察的框架和脉络仔细寻找了地中海历史上的局部的、持久的、不变的、重复的事物，即"具有规律性的事物"。这些并不是人类古代的生活的所有的结构或者单调不变、千篇一律的具有规律性的事物，而是它们之中最重要的、涉及每天的生活的事物。这些具有规律性的事物，是我这部著作的参考图、它优先采用的成分、它最生动的图像。可以很容易用这些事物来补充史料图册。它们作为无时间性的事物存在于现代生活中，人们可以在旅行中，在加布里埃尔·奥迪西奥、让·季奥诺、卡洛·莱维、劳伦斯·杜雷尔、安德烈·尚松等人的著作中遇到。对所有曾经在某一天遇见过"内海"的西方作家来说，"内海"是作为一个历史问题，或者说得更确切些，是作为一个"长期的"问题出现的。我同奥迪西奥和杜雷尔一样，认为古代本身就存在于今天的地中海的沿岸地区。在罗得岛和塞浦路斯，"你如果注意观看在被烟熏黑的店名'龙'的酒店里打牌的渔民，你就可以想象出真正的万利西斯是什么模样了"。我同卡洛·莱维一样，认为作为他那部精彩的小说《基督在埃博利停下》的真正的主题的偏僻的荒野，把人带回了蒙昧时代。埃博利（鲁伊·戈梅兹的亲王称号由此得来）位于萨莱诺附近的海岸上，道路从那里离开海岸径直通向深山。基督（即文明、公平和生活的甜美）从来没有到达过卢卡尼亚的崇山峻岭和加格利亚诺村。这个村子蹲伏在"高岭土的悬崖绝壁之上"，蹲伏在寸草不生、光秃无树的斜坡上的凹地里。在那里，可怜的乡下人像往常一样，受到现代新的享有特权者的管辖和支配。这些享有特权者是：药剂师、医生、小学教师。他们全都是农民避开、惧怕和用转弯抹角的办法对付的人……族间仇杀、抢劫、原始的经济和工具，仍然在他们那里流行。一个移民可以带着大量国外时新的玩意儿、奇妙灵巧的工具从美洲回到他那几乎荒无人烟的村庄。但是，他却永远无法改变这个古老的、与世隔绝的世界的任何事物。我不相信人们能够在不具有地理学家（旅行家或者小说家）的眼睛的情况下，看清地中海的深奥莫测的面貌的真正轮廓和它那令人难以忍受的现实事物。

二

　　我们从事的第二项工作——发现和指明 16 世纪的地中海的集体命运和它的在完整的意义上的"社会"历史——从一开始起直到结束为止，都始终使我们面临地中海的物质生活的恶化这个狡诈的、复杂的、无法解决的问题。用过去的历史学家的话来说，就是遇到土耳其、伊斯兰国家、意大利和伊比利亚等的主导地位的多重的和连锁的衰落；或者用今天经济学家的话来说，就是遇到地中海的产生动力的部类（公共财政、投资、工业、航运）的运转中断和发生故障。一些受过或者没有受过德意志思想培育的历史学家，往往坚持认为有一种自在的衰落的过程。罗马世界的命运已经为这个过程提供了一个完全的例证。最近的坚持这种看法的人或许就是奥特马尔·斯潘和他那个普遍主义学派的弟子埃里克·韦伯。对埃里克·韦伯来说，在所有的规律中，有这样一条规律：一切下降（Verfall）都会由同一时期出现的上升（Aufstieg）加以补偿，仿佛人类的共同生活毫无所失一样。汤因比和施宾格勒提出同样僵硬死板的论点。我反对这些过分简单的看法和这些论点所包含的范围广泛的解释。真的可以很容易把地中海的命运的例子列入这些图解分类中的某一类吗？毫无疑问，并不存在某种衰落的典型。对每种特殊情况来说，典型必须从基础的结构出发来重新建立。

　　不管人们赋予衰落这个意义模糊不清的词以什么内容，地中海并不是一个广泛的、不可逆转的和过早发生的倒退的过程的容易忍受的、逆来顺受的受者。我在 1949 年说过，在我看来，衰落在 1620 年以前并不明显。今天我乐意说，衰落在 1650 年以前并不明显。当然，我对这一点并不完全有把握。不管怎样，最近十年出版的三本最精彩的关于地中海地区的命运的著作：勒内·巴厄雷尔的关于普罗旺斯的著作、埃马纽埃尔·勒胡瓦－拉杜里的关于朗格多克的著作和皮埃尔·维拉尔的关于加泰罗尼亚的著作，都没有反驳我原来的观点。我认为，要重新构筑在标志地中海的主导地位的终结的广泛中断之后的整个地中海的新全景，就必须选择一个迟晚的日期：1650 年甚至 1680 年。

随着地方性的研究将使人能够获得更高度的精确性和严密性，我也必须进行这些计算方面的尝试、这些估算和这些我投入其中的重大的调查研究。这些工作使我比朝着这个方向所作的很不完全的尝试所显示的更加接近主要关切发展问题和国民会计问题的经济学家（在我国是弗朗索瓦·佩鲁、让·富拉斯蒂埃和让·马尔切夫斯基等人）的思想。我们顺着这条道路前进，这个情况就会变得惊人地明显：16世纪的地中海首先是农民、佃农、地主的世界；收获庄稼的劳动和收获的庄稼是这个世界的极其重要的事物；其他东西都是上层建筑，是积累的结果，是过度向城市转移的结果。首先是农民和谷物，换句话说，首先是人的粮食和人的数量。这就是这个时代的命运的无声的规律。目前也好，长远也好，农业生活都起着主导的、支配的作用。它经受得住人口增加的重压和城市的那种令人眼花缭乱得再也看不见别的任何事物的豪华奢侈吗？这是每天、每个世纪的关键问题。相比之下，其他问题都不值一提了。

例如在16世纪行将结束之际，在意大利发生了一项大规模的有利于农村的投资活动。我对把这件事看成是过早的衰落的迹象犹豫不决。说得确切些，这是一种健康的反应。一种宝贵的平衡就这样在意大利保存下来了。不言而喻，这是物质的平衡，因为在社会方面，大规模的私有田产的发展把它的灾害和长期的束缚强加于各个地方。卡斯蒂利亚的情况也是这样。历史学家今天告诉我们物质平衡在那里延续到17世纪中叶，这就改变了我们以前的看法。过去我曾经认为，1580年前后那些年月的短期尖锐的危机来源于西班牙帝国重新转向葡萄牙和大西洋这个事实。看来这是个"庄重的"解释。菲利普·鲁伊斯·马丁最近指出，这首先只不过是在这个世纪的80年代伊比利亚国家发生的巨大谷物危机引起的一个过程而已。因此，根据欧内斯特·拉布鲁斯的描述，这大体上是"旧制度的危机"。

简而言之，即使在对危机的短期形势性的历史进行的调查研究中，也必须经常说，首先是结构，是缓慢的历史；也必须指望结构史学来提供答案。一切事物，例如城市（1949年城市曾经使我眼花缭乱，那时首先是文明）的成果业绩，还有短期形势的历史现象，都应该同这个基本的水平面进行比较，用它来进行量度。有时候我们倾向于过快地对这种短期形势历史进行解释，似乎它在有时很短暂的发展演变运动中搅动了一切，似乎轮到它自己时，它一身并没有受到别的事物支配。其实，一部新经济史正有待以生命所面临的永不停息的发展演变运动和静止的事物作为出发点逐步创立。众所周知，最引起轰动的事物，并不是最重要的事物。

不管怎样，地中海的生命的光辉灿烂的事物并不是随着 1590 年前后几年发生的百年趋势的逆转，并不是随着 1619—1621 年的短期危机的剧烈震荡宣告结束的。在掌握更多的情况以前，我也不相信北欧和南欧之间"传统的"形势的灾难性的差距。这种差距如果存在的话，就会既是地中海繁荣的掘墓人，也是北欧人的霸权的缔造者。上述关于差距的说法，是一种一箭双雕的解释和加倍简便的解释。但是，我要求仔细观察。

把历史分为快速发展的和慢速发展的两类，分为形势的和结构的两类。这种分法仍然是一场远未结束的争论的核心问题。我们将这些发展演变运动分类，就必须对这些发展演变运动进行相互比较。在这之前，我们并不确知是这一些发展演变运动支配了那一些发展演变运动或者相反。辨识这些发展演变运动、加以分类、进行比较，这是我们首要关心的问题和任务。可惜还不可能跟踪 16 世纪和 17 世纪的"国民收入"的总的变化。但是，正如吉尔斯·卡斯特、卡洛·奇波拉和朱塞佩·阿莱阿蒂等曾经做过的那样，我们现在能够对城市的形势重新进行研究。前者对图卢兹，后两人对帕维亚做了这种工作。城市在它的纷繁复杂生活中记录了一种更加真实的形势。这种形势至少同物价和工资惯常的曲线同样真实。

最后，问题是要使互相矛盾的年表协调一致起来。例如由于经济气候时好时坏，具有自己的意志和愿望的在历史舞台上扮演主要角色的各个国家和各种文明在怎样游移不定呢？关于国家，我提出这一点：困难的时代有利于它们相对的发展。对文明来说，情况也是这样吗？文明的灿烂光辉往往出现得不适时。意大利的文艺复兴的最后一批花朵是在城市国家的秋天，甚至冬天（在威尼斯和博洛尼亚）开放的。强大的帝国文明是在海洋的各个庞大帝国即伊斯坦布尔帝国、罗马帝国、马德里帝国的秋天展现出来的。在 16 世纪末和 17 世纪初，这些光辉的影子在巨大的政治躯体 50 年前曾经生存过的地方浮动。

三

在这些问题的范围内，事件和个人的作用缩小了。这只是一个观点问题。但是，我们的观点正确吗？就事件而论，"我们给予历史事件的正式上演以首要地位。这种演出很少改变景物，几乎根本没有改变结构"。这是一个当代小说家、非常喜爱地中海的人劳伦斯·杜雷尔的想法。不错，是这样。但是，正如一些历史学家和一些哲学家问过我的那样，如果我们从这样一个距离观察历史，人会变成什么呢？人在历史上的作用和他的行动的自由会变成什么呢？

此外，还正如一位哲学家——弗朗索瓦·巴斯蒂德——曾经反对我的那样，既然整个历史是一种展开、实施和渐进，人们难道不能够说百年趋势也是一种"事件"吗？毫无疑问，可以这样说。但是，我步保尔·拉孔布和弗朗索瓦·西米昂的后尘，在历史生活和这个海洋里，在"事件"的名称下，我单独放在一边的事物是短暂的、感人的事件，特别是传统历史的"值得注意的事实"。

我不能因此而坚持说，这粒发光的尘埃，这个光亮的表面毫无价值可言；或者坚持说，总体历史的重建，不能以这个微观历史作为出发点。这种微观历史使我联想到（我相信它错误地使我联想到）微观社会学在学术界并非声名狼藉。不错，微观社会学由经常不断重复的事物构成，而叙述事件的微观历史却由异常的、突出的、非典型的事物构成，的确是一系列"社会戏剧"。但是，贝内德托·克罗齐不无道理地坚持说过，任何一起单一的事件——让我举亨利四世 1610 年被暗杀事件或者以完全越出本书所谈的历史时期的费里政府 1883 年掌权事件为例——都包含着在胚胎中的人类的整个历史。人类的历史是一张乐谱。这些单个的音符在它上面显现出来。

谈完这一点，我承认，由于我不是哲学家，我并不很想详尽地论述这么多已经向我提出的并且还将继续向我提出的关于事件的意义或关于人类的自由的问题。必须统一对自由这个有多重意义、在各个世纪其含义从来没有相同过的词的看法，必须至少分清团体自由和个人自由。
1966 年，法国这个团体的自由是什么？1571 年，西班牙作为一个整体它
的自由确切地说是什么？菲利普二世的自由是什么？同他率领的舰船、同
盟者和士兵一道在茫茫大海上迷失航向的奥地利的唐·胡安的自由又是
什么？在我看来，这些自由中的每一种都是一个狭窄的岛屿，几乎是一
座监狱……

　　指出行动范围的狭窄有限性，就是否定个人在历史上的作用吗？我
认为不是这样。不会因为让你在只打两下或者三下之间进行选择，问题
就不继续提出：你能够还是不能够打这几下？你能够还是不能够有效地
打这几下？你能够还是不能够明白这几下（而且仅仅这几下）是你力所
能及的？我将作出这样不合情理的结论：伟大的实干家是有自知之明
的、能够准确地量度自己的能力的狭窄有限性的人，是选择把自己保持
在这个狭窄有限的范围之内，甚至利用不可避免的事物的重量以便把它
加到自己的推力中去的人。任何反对历史的主流——这种主流并不总是
明显的——的努力都是预先注定要失败的。

　　因此，当我想到个人的时候，我总是很想看见他被囚禁在他自己勉
强制造出来的命运里，被囚禁在一幅在他的前后构成了"长期"的无限的
远景的风景画中。在我看来，在历史的分析解释中，最后终于取得胜利
的总是长节拍。这样说所产生的一切后果，统统由我来承担。这种长节
拍否定大量事件，否定所有那些它不能卷进它自己的水流中的并且被它
无情地排开的事件。它当然限制人类的自由和偶然性的作用。论气质，
我是"结构主义者"，我很少受到事件的激励和推动，只是一半受到形
势——这种具有同一标志的多起事件的组群——的激励和推动。但是，
历史学家的"结构主义"与在同一名称之下烦扰人类的其他科学的提问
法风马牛不相及。它不是把人引向表现为函数的关系的数学抽象，而是
引向生命的根源，引向生命所具有的最具体的、最日常的、最坚不可摧
的、最不具名的和最人道的事物。

中文版序

[法]布罗代尔夫人

费尔南·布罗代尔的著作开始译成中文已有若干年了。然而命运却安排作者最早的作品《菲利普二世时代的地中海和地中海世界》(下文略为《地中海史》)的中译本，远在其他作品之后，于今天才出版——虽然该书是作者最负国际声誉的作品，代表了作者对历史的独到观点。人们千差万别的日常生活，各自文明的特性以及局限，社会的演变和经济的偶然性，这一切在作者的历史观中远比政治因素重要得多。人们当初称之为"新历史"的东西，曾在历史学界引起广泛争论，现在我的中国朋友要我在这里介绍它的含义，作为本书的序言。

然而要谈论这种新的有关历史的看法，也许该首先谈谈作者本人。F. 布罗代尔生于1902年，是一位巴黎小学教员的儿子，但实际上属于法国东部的一个农民家庭。在洛林的一个小村子他的祖母身边，布罗代尔度过了生命最初的七个年头。他像一个真正的农民的儿子那样生活，熟悉有关农业、植物、树林、家畜饲养、乡村手工活的一切(这种与土地的亲近在他的作品中随处可见)。1909年七岁时，他来到巴黎父母身边接受教育，直到通过巴黎大学的入学考试。这段学习生活最终使他走上了地理学和历史学的道路。

很快完成学业后，他非常幸运地找到了教师这一职业，从而迅速融入大千世界之中：1923年这位年轻的教师来到北非，首先在阿尔及尔待了十来年，之后到西班牙、意大利。他的旅行和档案研究为后来撰写《地中海史》作了准备；随后在巴西的三年中，他兴奋地体验了与西方社会截然不同的社会形式，那里尚带有殖民历史的色彩，但已被变革的强烈需要所震撼，而变革的目的是建立一个新型国家经济。

在思想趋于成熟的这段时期，这段对世界进行思考和发现的时期，他找到一条与过去在巴黎的所有老师完全不同的路。他热衷于阅读一本当时具有革命意义的新杂志：《经济和社会史年鉴》，这本杂志是由两位伟大的历史学家吕西安·费弗尔和马克·布洛克于 1929 年创办的。正如杂志名称表明的那样，他们为了扩大历史学的视野，将历史研究引向对社会、经济过去的和现在的重大问题的研究而战斗着。这就不仅需要人们摆脱直到当时为止占统治地位的纯政治史、纯制度史，或者称为"战役史"的历史，还需要人们对其他社会科学给予更多的关注：经济学、社会学、地理学、人口统计学、人种学等等……这样便可以尝试一种"全面的历史学"，通过研究某个问题，任何一个历史时期，观察者寻求抓住它们深藏的脉络，将之重新安排在周围总的环境里：当时的经济气候、政治和社会因素的互相状况，文化的份量（远的，传统文明的影响；现时的，文学和意识形态运动的影响）。

这一创建打破不同人文学科界限的全面历史学的抱负，一直是 30 年代年轻的《年鉴》杂志论战的中心，它一直伴随着布罗代尔十余年关于《地中海史》的论文计划。这一他后来称之为"伟大的历史学"的东西，将成为他毕生的追求。

然而命运使他意外地与《年鉴》杂志接近。当他于 1937 年 11 月返回巴黎时，正巧与吕西安·费弗尔同乘一条船（当时还没有横越大西洋的飞机），在长达三周的横渡途中，他与费弗尔结下了亲密的友谊，很快成为该杂志的撰稿人。

同一时期，他已在西班牙以及意大利的档案馆里收集了撰写论文所有必要的材料。当他正准备动笔时，1939—1940 年战争爆发了。他一直战斗到最后，但法国的战败致使他于 1940 年至 1945 年在德国的战俘集中营里度过了五年。在那里他几乎全凭记忆撰写了这部关于 16 世纪地中海的巨著。与此同时，他也逐渐形成了自己的历史观，用他自己的话说，是深受被俘期间被动的长期思考影响的历史观，通过这种思考他认为那些最悲惨的事件（他在战争中所经历的）不过是历史长河中之一粟：要努力看得更远，了解正在迫近的命运的意义，可能的话，还要保持希望。

难道我们可以用简单的几句话概括这一历史观吗？它是建立在同一

社会内部几个叠加的历史层面之上，每个历史层面以时刻变化的节奏展开；非常缓慢的、几乎世代不变的历史，以几乎不变的地理景观和某些文明的传承强加于所有人类集团——这就是布罗代尔经常称做"长时段史"的东西；变化较为迅速、尽管还是节奏缓慢的历史，以几个十年的长周期，40 年、50 年，改变着有时是动荡着国家、社会和精神生活的循环的历史；最后，是飞快变化的历史，每天充满多变的事件，可以说是我们在每天的报纸上看到的历史，在西米昂之后，布罗代尔将这传统的历史称为"事件"史。这三种历史同时存在，就像潮汐深处运动之上的波浪。

在这种历史观里，文明具有特殊的地位。当然，文明也在变动，比地理空间强加的僵硬界限要活跃得多。然而透过文明的历史表面的演变甚至是变革，它们的某些持久性将在很长一段时间内把它们记录下来。我们每人身上都有这样深深埋藏的痕迹。它使我们各自采取不同的常常是无意识的态度，是我们通过语言、饮食习惯（有"小麦文化"、"米文化"）、传统宗教信仰和所有存在的一切与诸多渠道继承下来的。这些几乎消除不掉的特点有时使文明之间彼此强烈对立。

就这一观点而言，地中海是个特殊的观察点。因为很久以来，东、西方最古老的文明（在阿拉伯人入侵后的 13 个世纪以来，演变成伊斯兰教和基督教）在这里一直处于对峙状态。通过所有的历史变迁和现代经济的变革，它们之间几乎可以说是必要的根本冲突，似乎是难以消除的，随时准备重新出现并以暴力形式表现出来。

F. 布罗代尔不可避免地要在这个深奥的基础上建筑自己总体世界观。中国厚重的文明一直在引起他的特殊兴趣，这个千年文明经过了它历史的所有动荡——包括人民中国的动荡，保持了自己特殊的连续性。布罗代尔在《文明史纲》（于 1963 年所写关于 60 年代 的"当今世界"的著作，专为 18 ~ 20 岁的法国学生而写）的一个长篇章节以及 1979 年所写、于 1993 年译成中文的著作《15 至 18 世纪的物质文明、经济与资本主义》一书里多次要解释这一现象。

他实际上提出了一个双重问题：明代的中国为什么在发动一系列海外远征并取得成功之后（这早于欧洲人绕过好望角），错过了或者说拒绝了对外扩张的机会？为什么她选择了闭关自守？另外，中国出于什么原因，在很多主要技术（例如冶铁、印刷、造纸或纸币方面）上领先于欧洲几个世纪的情况下自满于保持这些优势而不是发展它们呢？除了有自己明确地位的政治问题的次要作用外，这些问题对他而言恰恰是文明带来的问题。

布罗代尔一直保持对中国关注的证明之一就是他在 50 年代，在他长期领导的高等实践研究院里创建了一个中国研究中心。在这个中心里他吸收了研究中国古代和现代问题最好的法国专家。这个中心在巴黎至今还在。

我坚信，倘若 F. 布罗代尔依然在世，他会以极大的好奇注视今天的中国对待现代资本主义的方式，也就是说，如果布罗代尔持论正确，中国会以独特的她自己的方式改造资本主义。

我更确信，他会很高兴地看到自己的著作被译成如此美丽的文字，而我们西方人很不幸，看不懂这些美丽的文字。

（摘自于［法］费尔南·布罗代尔：《菲利普二世时代的地中海和地中海世界》，唐家龙、曾培耿等译，吴模信校，商务印书馆 1996 年版。）

新 史 学

[法]雅克·勒高夫

20多年来,我们看到科学领域正经历着一场深刻的变革。不仅大多数科学展示着这一历史的加速——这一点本身已是不容置疑的了,而且知识的分类也在迅速演进。认识论思考正进一步向深度和广度发展,"认识论"这一名词变得时髦这本身也意味深长。对一系列新被确认为科学实体的学科说来,这一变革的影响尤其突出,而承认这些学科是科学的实体,这已是一个重大的革新。我这里想说的便是人文科学,或按1957年法国大学约定俗成的说法,是人的科学(按英美国家的习惯说法,是社会科学)。有三个现象标志着这一知识的新领域的出现。

1.科学学科的确立。这些学科或以崭新的面目出现或出现已有几十年,但都已超越了大学普及的范围,如社会学、人口学、人类学(正取代着人种学)、动物生态学、生态学、符号学、未来学等。

2.传统学科的更新。这一更新要么表现在对问题的研究上,要么表现在教学上或两方面兼而有之。一般说来,这些变动往往通过添加"新"或"现代"等修饰词来表示,如现代语言学、新经济史等。现代数学是一个最突出的例子,但它本身并不属于人文科学的范围。

3.一些混合学科的产生显示了跨学科性。这些学科或以一个名词加一个形容词联合了两个科学学科,如社会历史学、历史人口学、历史人类学;或以合成新名词来表示,如心理语言学、人种历史学等。跨学科研究甚至超越了人文科学和自然科学(或生命科学)的界限而产生了诸如社会数学、心理生理学、人种精神病学、社会生物学等。

一、历史学的独特地位

在这一知识新领域内,有一门科学占据了独特的地位,这就是历史学。今天存在着一种新史学,新史学这一用语本身在 1930 年就已为它的创始人之一亨利·贝尔所使用①。历史学的上述独特地位归因于这样两个基本特点:史学的全面革新,史学的革新扎根于古老而坚实的传统之中。许多科学学科的现代化只限于该学科领域的一方面,而未涉及整个学科范围。例如由于人文地理学的发展,地理学便成为以这样的方式取得革新的最早的人文科学之一。继维达尔·德·拉布拉什(1845—1918年)之后,让·勃吕纳(1869—1930 年)、阿尔贝·德芒戎(1872—1940年)和儒勒·西戎(1879—1940)都成为把地理学引入人的科学的推动者,正如新史学从一开始就自称为人(复数的人)的科学一样。应当指出,这些地理学家对新史学的领袖人物——吕西安·费弗尔、马克·布洛赫和费尔南·布罗代尔(1947 年,他在高等研究实验学院第六部所领导的研究课题,名为"地理历史学")有过很大影响。吕西安·费弗尔不止一次指出了人文地理学与历史学之间的这种结合。例如,在他悼念儒勒·西戎和阿尔贝·德芒戎的文章中②,费弗尔在回忆儒勒·西戎的言论时说,后者要求地理学家"懂得历史学家的专业",并强调"必须既作为地理学家又作为历史学家来考虑问题"。在纪念马克·布洛赫的文章中,费弗尔说:"如同我们中的许多人——有的是他的同辈,有的是他的长辈——一样,马克·布洛赫深受这一地理学的重大影响,这一地理学在才智横溢的领袖维达尔·德·拉布拉什的推动下成为硕果累累的学科之

---

① 参见 H. 贝尔的文章,载《历史综合杂志》,第 50 卷,第 19 页。在此文中,"新"这一修饰词参照了 1912 年在美国所发动的新史学运动(New History),特别是参照了 H. E. 巴恩斯发表于 1919 年的文章《心理学和历史学》。

② 参见 L. 费弗尔:《两位地理学家朋友》,载《社会史年鉴》1941 年第 3 卷,收入《为史学而战》,巴黎 1953 年版。

一。"①就是吕西安·费弗尔本人,也在其《地球和人类演进——历史学引进地理学》②一书中开创了新史学对空间、时间进行同时研究的先例。正是在这一方向下,莫里斯·隆巴尔研究了穆斯林世界的历史。③

正是在这方面,地图绘制对新史学具有重要的意义。新史学大量绘制和使用各种地图,但这些地图已不再是简单地标明地理方位以及作插图之用,而是试图用空间的长时段演进、量化研究(由其具体地域所体现)和各种解释性假设来进行研究和解释。这是历史学向一个撇开了一切决定论的地理学所作的一次请教。马克·布洛赫在其《法国乡村史的基本特性》④一书中指出,历史是在乡村具体环境及文化系统中形成的。在法国西部,由树林围隔的耕田或草地并非是土地本身的产物,而是人的创造。

(一)任何形式的新史学都试图研究总体历史

历史学并不满足于在这里或那里开辟一些新的视野和新的领域。的确,皮埃尔·古贝尔通过对一个地区 100 年间有关家庭和个人的全部教区记录所进行的剖析,从人的出生研究到人的死亡⑤,为新史学开发了历史人口学领域。的确,纳唐·瓦絮代勒以其成为新史学范本的名著《战败者的观念》⑥一书,使史学扩展到范围极其广阔的人种历史学领域。然而,新史学并未满足于这些进展。新史学所表现的是整体的、总体的历史,它所要求的是史学全部领域的更新。此外,新史学在一个领域中的开创性著作,常常以各种方式来表示它们不受任何专业限制的雄心:古贝尔的《博韦人》及瓦絮代勒的《战败者的观念》便是很好的例子:这些都是总体史研究的著作,在这些书中所研究和显示的是一个社会的总体性。在这一方面,历史人类学的杰作:埃马纽埃尔·勒鲁瓦·拉迪里的《1294—1324 年间奥克语地区的蒙塔尤村》⑦一书便明确表示了新史学的总体研

---

① 参见 L. 费弗尔:《马克·布洛赫和斯特拉斯堡》,载《为史学而战》,巴黎 1953 年版。
② 参见 L. 费弗尔:《地球和人类演进——历史学引进地理学》,巴黎 1922 年版。
③ M. 隆巴尔:《首次辉煌时期中的伊斯兰(8—11 世纪)》,巴黎 1971 年版。
④ 参见 M. 布洛赫:《法国乡村史的基本特性》,巴黎 1931 年版。
⑤ 参见 P. 古贝尔:《1600—1730 年的博韦和博韦人》,巴黎 1960 年版。
⑥ 参见 N. 瓦絮代勒:《战败者的观念》,巴黎 1971 年版。
⑦ 参见 E. 勒鲁瓦·拉迪里:《1294—1324 年间奥克语地区的蒙塔尤村》,巴黎 1975 年版。

究愿望;也许历史人类学作为扩大了范围的史学的代名词,能更好地表达这一愿望。任何形式的新史学(包括那些装出新样子的史学)及那些表面标有局部研究字样的著作,如保罗·韦纳的社会历史学①或阿兰·贝桑松的心理分析历史学②等,事实上都是总体史的尝试,是对诸如古希腊、古罗马社会或19甚至20世纪俄国社会进行解释的总体假设。在谈到1929年创办的《经济·社会史年鉴》这一题目时,吕西安·费弗尔指出"经济"、"社会"这两个修饰词,尤其是"社会"一词,是由于马克·布洛赫和他考虑到它能包括历史的整体而被选定的。他说:"我们完全知道,在目前,'社会'作为一个形容词,由于含义过多而最终会变得几乎毫无意义……确切地说,正因为该词含义'模糊',我们才同意让这一根据历史的旨意而创造出来的词来命名一本不想受任何框框约束的杂志……经济和社会史其实是不存在的,只有作为整体而存在的历史。就其定义而言,历史就是整个社会的历史。"③

(二)新史学扩大了历史文献的范围

新史学的第二个特点在于它有长期的坚实的传统为基础。在很大程度上,新史学产生于反对19世纪实证史学的斗争中——1900年左右的一些历史方法论著曾对这一实证史学作过说明。④然而在史学中,实证史学方法的一部分技术经验仍然是有效的。正是马克·布洛赫自己在谈到考证史学之父唐·马比荣——这一考证史学在19世纪随着巴黎文献学院而取得了成功,该学院在20世纪曾长期是传统史学的堡垒——时不无夸张地说:"《论外交》发表于1681年,这是人类思想史上的一个重要年代,从那一年起,文献考证终于奠定了基础。"⑤新史学扩大了历史文献的范围,它使史学不再限于朗格卢瓦和塞诺博斯所主要依据的书面文献中,而代之以一种多元史料的基础,这些史料包括各种书写材料、图像材料、考古发掘成果、口头资料等。一个统计数字、一条价格曲线、一张照片

① 参见 P. 韦纳:《面包和杂技团———一种多元政治的历史社会学》,巴黎1976年版。
② 参见 A. 贝桑松:《被屠杀的沙皇嗣》,巴黎1967年版。
③ 参见 M. 布洛赫:《振兴史学》,载《为史学而战》,巴黎1953年版。
④ 参见 C. 塞纽博斯和 C.V. 朗格卢丽:《历史学研究导论》,巴黎1898年版。
⑤ 参见 M. 布洛赫:《为史学辩护或史学家的职业》,巴黎1964年版,第36页。

或一部电影、古代的一块化石、一件工具或一个教学的还愿物,对于新史学而言都是第一层次的史料。但是,分析、研究这些新资料的方法却与17、18 和 19 世纪所形成的考证史学方法大同小异。不久前出版的《历史学及其方法》①一书,虽由巴黎文献学院培养的史学大师之一夏尔·萨马然主编,但书中却并行不悖地介绍了传统史学方法和史学研究的某些新动向。

历史学今天正经历着一场"资料革命",这一革命与新史学有着千丝万缕的关系,我再次谈到这个问题。对资料和考证本来早该有的新概念现在才刚刚得到论述,这也正是我想在《艾诺迪百科全书》中所做的。

如同从高等学校系统中得益良多一样,史学也从这一方法论成果中所获甚丰。专业史学家拥有坚实的知识功底和建立在完整制度化基础之上的教育体系[虽然新史学对这一体系的渗透尚少,对智力测试(如国家教师资格会考)的帮助也不大],因而史学能够在依靠其悠久传统的基础上转向全新的前景而无后顾之忧。这样,在古典人文科学未曾更新、新科学学科又难以为人确认的情况下,史学的地位就远胜于其他人文科学学科。

英国伟大的民族学家埃文斯－普里查德于 1961 年在曼彻斯特所作的著名报告中要求人类学家以历史学家为师,原因是历史学家在分析研究历史文献方面较有经验,能把握时间和变化。

二、新史学的诞生——年鉴学派

新史学有其自身的传统,这一传统尤其是与《经济、社会史年鉴》的创立者的传统相关联的。当吕西安·费弗尔和马克·布洛赫于 1929 年在斯特拉斯堡创办年鉴杂志时,他们就已怀有多方面的动机。

首先要使史学摆脱陈规旧套,特别要使其突破本学科的严格界限。正是就这一点,吕西安·费弗尔于 1932 年号召"消除陈旧过时的学科壁垒及由偏见、陈规及概念和理解的错误所造成的巴比伦式的混乱"②。

---

① 参见夏尔·萨马然主编:《历史学及其方法》,巴黎 1961 年版。
② 参见 L. 费弗尔:《为史学而战》,巴黎 1953 年版,第 343 页。

其次是希望确定由刊名中两个形容词所表达的史学创新方向:经济的和社会的历史。利用"经济"这一词,新史学推动一个几乎被传统史学所完全弃置一边的领域,在这一领域中英国人和德国人远远走在法国人之前。经济领域在各民族和各人民生活中所占的地位日益重要。年鉴杂志本身诞生于经济大危机的 1929 年,这绝非偶然。在当时活着的历史学家中吕西安·费弗尔和马克·布洛赫最佩服的人大约是享利·皮雷纳,吕西安·费弗尔曾打算请他担任这份国际性杂志的主编;皮雷纳去世后,布洛赫曾为纪念他而打算编写《欧洲文明范围内的法国社会史》,这一计划很快即被放弃。布洛赫的这种打算,既出于当时形势的需要,又出于他对皮雷纳的敬佩。皮雷纳于 1914—1918 年世界大战中被囚期间撰写了《欧洲史》一书,而布洛赫却在第二次世界大战开始时德法处于"奇怪的战争"期间愁绪万千。这又使人联想到费尔南·布罗代尔,他在 1940 – 1944 年被囚于德军集中营时写了《腓力二世时代的地中海和地中海世界》一书。在德文杂志《社会、经济史季刊》中,年鉴杂志创始人注意到,研究的重点不仅应放到经济方面,而且应放到因词义模糊而无所不包的社会方面,因为这样就能超越各种壁垒,打破使史学和其他邻近学科、特别是社会学相隔绝的学科划分。在社会史这一标签下,吕西安·费弗尔和马克·布洛赫再次提出了《历史综合杂志》及其领导人、他们的朋友享利·贝尔关于历史无界限的想法。享利·贝尔于 1921 年出版了《传统史学和历史的综合》一书,揭示了一个比较研究的前景。他还在 1923 年 4 月 9 日第五届历史科学国际代表大会的开幕式上作了学术报告,题为《历史学的比较方法》,费弗尔和布洛赫对之深表赞赏。布洛赫后来在《为历史学辩护或史学家的职业》中写道:"唯一真正的历史是世界性的历史,对这一历史的研究只能依靠相互的帮助和借鉴。"①

1. 同政治史的一场斗争

年鉴学派在 1924—1939 年间展开了什么斗争? 首先是反对政治史的斗争。政治史是吕西安·费弗尔和马克·布洛赫所反对的焦点,尤其是外交政治史。对他们来说,埃米勒·勃尔乔亚的《外国政治教程》

---

① M. 布洛赫:《为历史学辩护或史学家的职业》,巴黎 1964 年版,第 50 页。

（1892 年）是一个最糟的典型。这种政治史一方面是一种叙述性的历史，另一方面又是一种由各种事件拼凑而成的历史，这种事件性的历史只能是掩盖了真正历史活动的表面现象；而真正的历史活动则产生于这些现象的背后，产生于一系列的深层结构。必须深入这些幕后和深层结构中去探索、分析和解释真正的历史活动。1931 年吕西安·费弗尔在《综合杂志》——他常常同时为《综合杂志》和《年鉴杂志》写稿——以"历史还是政治"为题，对刚出版的《欧洲外交史》的价值提出疑问，他反对从"大人物"的性格、心理及心血来潮出发，或从"外交对抗中的矛盾活动"出发来研究"伟大群众运动"的"种种真正的、深刻的原因"。真正的原因"存在于地理因素、经济因素、社会因素、知识因素、宗教因素和心理因素等等之中"①。

15 年后，他在《年鉴》杂志上评论《武装的和平（1871—1914 年）》一书时再次挑起了这一论战。他抓住了此书作者的一句话："历史唯物主义的拥护者们总是在国际冲突中试图夸大经济因素的作用而缩小政治、道德因素的作用。"对此，费弗尔以其特有的辛辣评论道："是啊！天哪，'历史唯物主义'干吗来这里插上一手？……世界就是世界。它在 1914 年战争前的情况同 1920—1940 年间的情况不完全一样，而 1871—1914 年的情况又不同于 1848—1870 年的情况。为什么？是政治原因？抑或是道德原因？都不是！而是经济原因。这是有目共睹的。"②

在同一篇文章里，他援引马克·布洛赫的《奇怪的失败》，否定这样一个论断："法国的失败首先是智力和品性的失败。"

以上的引证可以概括年鉴学派的主张、立场及其深远意义和局限性。它拒绝表层化的和简单化的历史学，这种历史学停留在事件的表面并将一切都归诸一个因素。但我觉得一种太折中的分析会有这样的弱点：它会在"原因的多重性"面前不知所措，从而分不清因果关系。然而要求有一种深刻的总体和总体性的史学还是完全必要的。它首先要打破那种贫乏的、一成不变的、披着迷惑人的假史学外表的历史学。

---

① 参见 L. 费弗尔：《为史学而战》，巴黎 1953 年版，第 63 页。
② 参见 L. 费弗尔：《为史学而战》，巴黎 1953 年版，第 63 页。

2. 对史实概念的一个批判

年鉴学派也对"史实"概念进行无情的批判。现成的、自己送上门来给史学家的历史现实是不存在的。按马克·布洛赫所说,史学家应当像任何科学研究人员一样"面对众多纷繁的现实"作出"自己的选择"。但很明显,这并不意味着随心所欲或简单武断地收集资料,而是需要科学地收集资料,并应通过对这种资料的分析来达到重建和解释过去的目的。吕西安·费弗尔在法兰西学院开学的第一堂课上举了一个例子:"史实本身可说是历史学构成中的一个原子。我们该到何处去找呢?享利四世被拉法亚克所谋杀,这是一个史实吗?我们不妨对之进行分析,将这一史实分解为一系列的因素,其中有物质因素,也有精神因素。在这犹如乱麻般的复杂整体中,我们通过种种分解很快就会看到:这是一系列普遍规律、当时当地特殊环境以及在悲剧中充当各种角色的每个个人特殊情况的综合产物……这是自然所给予的吗?不!这是史学家的创造!无数次的创造!史学家在假设和推断的帮助下,通过细致而又令人振奋的工作,实现了这种创造。"①

(一)年鉴、经济、社会、文明

第二次世界大战以后,《年鉴》杂志及团结在其周围的史学家们继续推动新史学的发展,并使其达到新的高峰。鉴于战争和德军占领法国等一些具体条件,《年鉴》杂志几经改名,从1946年起确定了一个新名,即《经济、社会、文明年鉴》,这标志着杂志视野的进一步扩大。首先,这几个名词都是复数:人是"复数的人而非单数的人",吕西安·费弗尔和马克·布洛赫总爱这样重复强调,以便人们不再从抽象的意义上去认识人;其次,在令人忆及昔日刊名的两个形容词即"经济的"、"社会的"旁边出现了"文明"一词——费弗尔和布洛赫总爱使用广义的、能把物质和精神联系在一起的字眼。布洛赫于1944年被德军枪杀,但他的思想长存。他在那本有关方法论和传世之作中提到了基佐,从而事先为使用作为复数的"文明"一词作了辩解:"我们已经认识到在一个社会里,不管这是一个什么样的社会,政治和社会结构、经济、信仰乃至心态的最基本和最细微

---

① 参见 L. 费弗尔:《为史学而战》,巴黎1953年版,第7页。

的表现,这一切都相互联系和相互制约。"①

1. 年鉴学派和汤因比的历史观

关于文明一词,请允许我简要地说明一下年鉴学派创始人对这一名词的用法。我们已看到他们喜欢用这一名词,但他们也并未对这一名词所带来的风险视而不见。他们特别注意同阿诺德·汤因比的文明观划清界限:后者的文明概念将人类历史分作 21 种文明,每一种文明都按照"挑战和应战"的规律而分别经历着诞生、成熟和衰亡这三个连续的阶段。他用模糊的术语把"社会"和"文明"混为一谈(当然他也并非指所有的社会,托因比列举 650 个原始社会未达到"文明"的程度),他使用低劣的方法进行胡乱比较,这种方法是建立在大量时代混淆的错误之上的,是求助了许多隐喻和一种"业已过时"的"生机论"思想,把人类武断地划分为"有限数量"的文明。总之,对他的批判主要有两条:一方面,他像魔术师那样制造一种虚幻的史学,像演情节剧那样逐一展现各种文明;另一方面,还不是一种科学的历史学,而是一种历史哲学。

吕西安·费弗尔不无讥讽地总结道,托因比心目中的历史学可以这样来概括:有个年老的图书馆馆员在答复一个垂死而又想在生命的最后一刻知晓全部历史的波斯国王时,这个年老的智者说道:"陛下,历史就是人的出生、相爱和死亡。"②

如果我已对这一争论稍稍多费了一些笔墨的话,是因为它有助于我们确定新史学的一些基本立场。我以为所有自认为属于新史学的史学家都程度不同地同意吕西安·费弗尔的这一观点。托因比的历史学尽管有其吸引力,有其开阔的视野和有其把握总体的愿望,但这种草草拟成而又不可避免地大量使用第三手资料的史学,发表不费力气的空论,并不是我们的史学。

2. 一种不是让史料自己说话、而是史学家带着问题去研究的史学

从此,以新的刊名出现的《年鉴》就由吕西安·费弗尔独自领导。

《年鉴》杂志从未像现在这样希望让人理解史学的问题所在。它提

---

① 　M. 布洛赫前引书,第 96 页。
② 　参见 L. 费弗尔:《为史学而战》,巴黎 1953 年版,第 110~143 页。

出历史学的各种问题："（我们）所提出的不是一种让史料自己说话,而是由史学家提出问题的史学。"①它比任何时候都更重视从现时出发来探讨历史问题,以便能在一个"动荡不宁的世界中"生活和理解。因此,这本最初就希望成为国际性的,但实际上曾主要是西方化、欧洲化的杂志,便渴望更大的开放,渴望突破并反对欧洲中心论,渴望面向整个世界,特别是面向人们所谓的第三世界。在这一新阶段的开始时期,年鉴学派创始人的两本"纲领性"著作——《封建社会》和《16 世纪的无信仰问题:拉伯雷的宗教》——出版了。这是他们在战争初期出版的杰作:马克·布洛赫的《封建社会》是一部问题史学、综合史学及比较史学的典范作品。此书超越了法制史而向一种阶级的社会史、一种权力史（一权和多权）迈进,它在"观察和思考的方式"方面开拓了道路。吕西安·费弗尔的《16 世纪的无信仰问题:拉伯雷的宗教》又是一本杰作:他在书中研究了"16 世纪宗教心理"的深层历史,研究了观念、情感和信仰的长时段,并破除了那种把拉伯雷当做自由思想家这一违背时代真实的神话。

至于马克·布洛赫,他的遗著《为历史学辩护或史学家的职业》一书问世,虽未经本人校订也未写完,但自从它很快被译成英文（1954 年分别在曼彻斯特和纽约出版）,最近又被译成东欧诸国文字,其中包括俄文（莫斯科 1973 年版）后,新史学便得以向外国传播。吕西安·费弗尔认为这本书既不是论述"一种史学方法",也不是"冒牌的历史哲学",而是"在史学领域内对各种错误的思考方式和实践方式所作的一次批判性的回顾"。就此,我只提出新史学最突出的两个基本观点。一方面它拒绝"奉起源为偶像",按照一句阿拉伯谚语:"人们形似于他们的时代,而不是形似于他们的父辈。"另一方面,它注重现在和过去的关系,也就是说"通过过去理解现在",然而也"通过现在理解过去",因而,采取"谨慎的追溯方法"是必要的。

3. 为新史学而战

几年以后,吕西安·费弗尔将他关于方法论的大部分文章汇集成册,题为《为史学而战》,其中包括我已作了简要介绍的一些"开始的基本立

---

① 参见 L. 费弗尔:《为史学而战》,巴黎 1953 年版,第 42 页。

场",还有一系列反对政治和外交史、反对描述史、课本式的历史、哲学化的历史以及他称之为唯历史的历史的文章。这种唯历史的历史建筑在事件史的基础上,对历史现象持被动的态度,缺少提问,自我封闭在对文字材料的反复思索之中。这种史学下目前政界所称的"政客化的政治"同出一辙。

反之,费弗尔在书中提倡"指导性的史学",今天也许已很少再听到这一说法。但它是指以集体调查为基础来研究历史,这一方向被费弗尔认为是"史学的前途"。对此《年鉴》杂志一开始就作出了榜样:它进行了对土地册、小块田地表格、农业技术及其对人类历史的影响、贵族等的集体调查。这是一条可以带来丰富成果的研究途径。自 1948 年成立起,高等研究实验学院第六部的历史研究中心正是沿着这一途径从事研究工作的。"国家科学研究中心"对我们在法国所开展的这一工作予以支持,特别是 1968 年以后,这一途径也赢得了众多大学历史系的赞同。

新史学还主张把目光移向"邻居",希望使"互不相识的兄弟"进行对话,这些兄弟正几乎处于同样的失望状态。语言学正处于某种衰退之中,但它毕竟能使史学家"在缺少文献史料的情况下通过归纳的方法去揭示历史的一角,这种归纳法或许有其局限性,但它是建立在无懈可击的经验基础上的,从而也是稳固和扎实的"[1],从表面看心理学尚无能力主动与史学家进行对话,而史学家则应当"给心理学家带去一个有效的历史心理学"[2]。由于一些专家们目光短浅,闭目塞听,这些领域正处于对外封闭的状态,使新史学的史学家远不能从一些基本的领域如文学、哲学、艺术、科学等中获得养料。

(二)高等研究实验学院第六部

但战后不久,年鉴学派经历了两个重要事件:一是成立了高等研究实验学院的第六部,二是以吕西安·费弗尔为中心改组了《年鉴》杂志领导班子。第一项变化是实现了很早以前就由维克多·杜罗伊所提出的一项计划:他曾撇开老巴黎大学,并多少抛弃了它的陈旧教学法,在高等研究

---

[1]　参见 A. 梅耶:《印欧语言比较研究导论》,1912 年版,第 163 页。

[2]　参见 C. 布隆代尔:《集体心理学导论》,巴黎 1928 年版。

实验学院内,采用建立在研究、考证或实验实践,像德国那样的研究讨论班基础上的教学方法,同时,他已准备筹备第六部,即经济和社会科学部。但这一计划因现实条件不具备而迟迟无法实施。此时吕西安·费弗尔终于取得了战后法国新政府的同意而创办了第六部,这个部的宗旨正是《年鉴》杂志的宗旨:跨学科研究、向全世界开放、以探讨问题和集体调查为基础。历史学在这个部中起着鼓动和带头的作用。① 这是新史学的一个重大事件,从此新史学通过教学、讨论和研究与兄弟学科相结合了,并逐步形成制度。但新史学在向大学的结构和研究实践模式进一步渗透的过程中,还遇到许多阻力。即使是费尔南·布罗代尔于1950—1955年间主持历史教师资格考试评审委员会时,新史学的精神也未能全部贯彻。

(三)费尔南·布罗代尔把历史研究引向另一个方向

另外一件大事是:乔治·弗里德曼响应吕西安·费弗尔的号召;将史学引入社会学,确认了泰罗制在工业劳动演进中的地位,并在传统和变迁的深层中,在意识形态的神话中来理解现时,因而成为法国新社会学的鼻祖;此外还有两个年轻的史学家,即费尔南·布罗代尔和夏尔·莫拉泽,他们和弗里德曼一起进一步推动着《年鉴》杂志向这一古今结合的新史学方向发展。

不久,费尔南·布罗代尔就为新史学提供了一部代表作——《腓力二世时代的地中海和地中海世界》,当年曾"发现"了这位年轻史学家的吕西安·费弗尔现在又为此书作评,其评论的标题本身就含义深长:《向另一种史学迈进》。费弗尔和布罗代尔当时知名度不等,后者的名望并未超过前者,费弗尔此举已属了不起的新鲜事了。费弗尔指出:"昨天费尔南·布罗代尔的博士论文《腓力二世时代的地中海和地中海世界》为我们开辟了新的视野,它在某种意义上是革命性的。作者决定在'政治'这一名词的最广泛的含义上,将西班牙政治的大致图景纳入其历史和自然地理的背景中去,他首先研究了那些使人们的意志不知不觉受其影响和为其左右的经常性力量,他对这种起着引导、阻碍、遏制、推动、促进作用的力量所作的分析是前无古人的;这一摆布人类命运的力量,轻描淡写地

---

① 由于 L. 费弗尔、F. 布罗代尔、E. 布拉鲁斯和 C. 莫拉泽的缘故。

用一个词来说,就是地中海。接着,在第二部分中,他又列举了各种特殊的但又有稳定存在性的力量,这些非个人化的、集体性的力量能够用日期标出其存在的时间,也就是说它们是在 16 世纪下半叶,即西班牙国王腓力二世在位期间起着作用的力量。第三部分是各种事件。这是一大堆杂乱无章和变动不居的史实。这些事件往往受第一部分中所研究的经常性力量的摆布,受第二部分中列举的稳定存在力量的影响,但偶然性也在发挥作用,从而在总趋势的前景下绘出最出色和最出人意外的画卷。"①

吕西安·费弗尔于 1956 年去世。布罗代尔先在罗伯特·芒德鲁,后在马克·费罗的帮助辅佐下,成为《年鉴》杂志的主要主持人。1958 年,他发表了一篇深刻标志着新史学当时新阶段的文章:《史学与社会科学:长时段》。1969 年,布罗代尔、莫拉泽和弗里德曼将《年鉴》杂志交给了由安德烈·比尔吉埃尔,马克·费罗、雅克·勒高夫、埃马纽埃尔·勒鲁瓦·拉迪里和雅克·勒韦尔组成的新班子。1979 年将是《年鉴》杂志创刊 50 周年纪念,杂志将总结以往成果,规定今后的发展方向。

在对新史学现状进行分析前,有必要先介绍一下新史学悠久而显赫的谱系。

三、新史学的祖先

在年鉴学派之外,新史学确实还能奉 18 世纪以来的一些著名人物为自己的祖先。

(一)伏尔泰已确定了新史学的大纲

正是伏尔泰在其《关于历史的新知识》(1744 年)中写道:"也许不久以后,史学的写作方式也将发生物理学已发生过的变革:新的发现排斥着旧的体系。这一变革今天已成为自然哲学的基础,我们也可在这一有趣的细节中认识人类……如果所有的文献资料齐备,可供人们在需要时参考的话,这固然是件好事,而且我已将各种鸿篇巨著作为词典浏览了,但在读过 3 000 至 4 000 份有关会战的叙述和几百篇论文的提要后,我觉得实际上并没学到更多的东西,我从那里只看到一些事件罢了。我通过查

---

① 参见 L. 费弗尔:《向另一种史学迈进》,载《形而上学和道德杂志》,1949 年。

理·马特所指挥的战役对法国人、萨拉森人的了解,并不比我通过帖木尔战胜巴耶洛德对鞑靼人和土耳其人的了解更多。我很想知道一个国家的实力在战前是如何,战争究竟是加强还是削弱了该国的实力。西班牙在远征新大陆前是否比今天更富有? 查理五世皇帝时代的人口究竟比腓力四世时多多少? 据《波斯人信札》中说,地球上人口还很不够,与 2 000 年前相比人口是少的,这是真的吗? 以上仅是爱读人口史或哲学史的人所特别感兴趣的题目中的一些而已。有关这些题目的知识还须进行深入的探究;这种探究将引导人们去分析一个民族的主要优缺点:为什么它们有强大的或弱小的海上力量? 一个世纪以来,它们又是怎样致富的? 富到何种程度? 当然这些可以从出口账册上查到。这种探究还想了解手工业和艺术是如何建立的,它们又是如何在各国间传播的。最后,习俗道德和法律的演变也成为这种探究的目标。上述种种将使人们了解所有人,而不只是限于少数帝王将相的历史。可是我在阅读法国编年史时却一无所得:我们的史学家对这些细节都闭口不谈,他们忘记了这样一句格言:'我是人,没有什么有关人的方面与我是无关的。'"①

这里所要求的历史不仅是政治史、军事史和外交史,而且还是经济史、人口史、技术史和习俗史;不仅是君主和大人物的历史,而且还是所有人的历史;这是结构的历史,而不仅仅是事件的历史;这是有演进的、变革的运动着的历史,不是停滞的、描述性的历史;是有分析的、有说明的历史,而不再是纯叙述性的历史;总之是一种总体的历史……夏多布里昂和基佐在 19 世纪上半叶又对新史学的这一纲要作了进一步的发挥。

(二)夏多布里昂的真正宣言

夏多布里昂为《历史研究》所写的序是新史学的一篇真正宣言,他在其中写道:"随着旧社会的灭亡,新社会从废墟中诞生了:法律、习俗、惯例、舆论、原则全都发生了变化。一场大革命完成了,另一场大革命又在开始酝酿:法国的编年史必须重写,以便把它同知识的进步联系起来。……古代的历史分析者并不全面介绍各行政系统的状况,而且把

———————

① 转引自 J. 埃拉尔、P. 帕尔马德:《历史学》,巴黎 1964 年版,第 161～163 页。

科学、艺术和公共教育排斥在史学领域之外。克里奥①不像今天人们那样身负沉重的包袱,行走时也当然十分轻捷。当时的史学家往往只是讲述自己见闻的游客。近代的历史是一部百科全书,它必须无所不包:从天文到化学,从金融到实业,从绘画、雕塑、建筑到经济,从宗教法、民法、刑法到政治法。随意讲讲有关风土人情的故事,也会突然涉及盐税或别的捐税,甚至扯到战争、航运、贸易之类的事:当时武器是如何制造的? 建筑用木材在哪里采伐的? 一锂胡椒值多少钱? 如果作者没有注意复活节是一年的开始,而把 1 月 1 日算做新年,那就会搞乱一切。不能他说什么,你便相信什么:难道他不会把引言的页码或出版的年代搞错? 如果不知道国王的短裤是什么颜色,不知道一马克银子的价格是多少,社会对你仍是一个谜。近代的史学家不仅要知道本国所发生的事,还要了解邻国所发生的事,并且学必须要有一种哲学的观念渗透到他的思想中,并以此作为它的向导。这些就是近代史学的观念渗透到他的思想中,并以此作为他的向导。这些就是近代史学所具有的困难之处,这也许会使我们永远产生不了像修昔底德、李维和塔西陀那样的史学家,但这些困难却不可避免,只能接受下来。"

这是一种将经济、艺术、人类学放在首要地位的新的总体历史。实际情况是价格和政治经济史(不是政治史),是旨在研究和说明问题的"哲学化"的历史,是一种为严格尊重科学而不惜牺牲写作文采和构思艺术的历史……夏多布里昂新史学称做"近代"史学。如果 16 世纪的人文主义关于古代、中世纪和近代的分期不因概念的混乱而被停止使用的话,夏多布里昂的用语也许会走好运,他 1831 年所说的"近代"史学已是我们的新史学。

(三)基佐及作为历史学对象的文明

基佐在他《近代史教程》的第一课:"从罗马帝国的覆灭到法国大革命的欧洲文明史"里,曾把文明当做历史的中心对象,他说:"最近人们常说历史必须只讲事实,只叙述事实,这当然有道理。但是应该讲的事实也许比人们最初所想到的要多得多,也广泛得多:不仅有肉眼可见的、物质

---

① 克里奥(Clio),希腊神话中主管历史、英雄史诗的女神。——编译者。

的事实,如战役、战争、政府的官方行动等,还有隐蔽的,但也确实存在的道德现象,有属于有名有姓的个人的私事,也有不具名称、无法确定日期、不能严格划定期限范围的普遍事实,这些事实同样也是历史事实,如果将这些事实排斥在外的话,就会阉割历史……文明就是汇集和概括所有其他事实的、普遍的和最终的事实,先生们,难道不是如此吗? 就一个民族而言,构成该民族历史的所有事实或所谓的生活要素以及该民族的制度、贸易、产业、战争和具体政务都是研究对象,这样从整体上、从其联系上去考察、估价和判断,那么,人们该提出什么问题呢? 人们将这样问道:这些事实对该民族的文明作出了什么贡献? 起了什么作用? 占了什么地位? 产生了什么影响……先生们,我想知道,在通过这些事实去了解历史之前,是哪个事实如此重要、广泛和珍贵,以致单独考虑这一事实本身就能概括和体现各民族的全部生活? 许多国家很久以来就使用着'文明'一词:人们赋予它的含义有广有窄,有的较明确,有的则较含糊,但这个词已被人们所使用和理解。正是这个词普遍的、人文的和通俗的含义,才是应该加以研究的。"①

的确,基佐作为他那个时代的人物,作为如夏尔·莫拉泽所说的"步步上升的资产阶级"的代言人,他在"文明"一词中首先看到的是进步的含义(他曾说:"在我看来,进步的概念、发展的观念是文明一词所包含的基本观念。")。但是人们定会联想到,吕西安·费弗尔于1930年向国际综合讨论班第一次会议提交了著名论文《文明:一个词和一组观念的演变》;他在1946年又论证了《年鉴》杂志新加的副标题:《经济、社会、文明》;马克·布洛赫在《为历史学辩护》中则强调文明一词应用复数。

新史学的两位主要先驱者也许是米什莱和弗朗索瓦·西米昂。

（四）新史学的预言者米什莱

作为新史学的预言者,米什莱的预言不只见诸他的专著之中,他在《法国史》1869年版的序言中明确指出:"法国只有编年史而没有一部历史。学者们主要从政治角度去研究这些编年史。没有任何人深入法国的各项活动(宗教的、经济的、艺术的)、各种发展的无穷细节中去。没有任

① 参见 E. 埃拉尔、P. 帕尔马德的前引书,第 203~207 页。

何人能宏观地看到构成法国的地理和自然因素的生动整体。我是最早把法国看做为一个生灵、一个人的人……我将历史看做是整个生命的复活，这一复活不是只在表面，而是在内部的深层的机体之中，这是一个更加复杂和更加令人震惊的问题……总之，我所看到的由那些杰出人物（其中有些是令人敬仰的）所代表的历史，在我看来有两个方法上的弱点：在物质方面，它只注重门阀世族而忽视了乡土、气候、食物以及很多生理和体质方面的状况；在精神方面，它只谈到法律、政策条文，而不谈观念、习俗及民族精神的内在的伟大的进步运动。"这里又一次体现了对基本上是政治性的历史的摒弃和对一种总体的、深层的史学的追求。总之，他在为新史学的两个基本方向大声疾呼：要求有一种更物质化的历史——它预示着一种注重、气候、食物、体质状况的文化史的出现；要求有一种更精神化的历史——这是一种有关习俗道德的历史，正如伏尔泰所召唤的（他的《习俗论》）那样，但它宣告着历史人类学的诞生和在我们的时代恢复"习俗"这一美好的概念。

（五）反对史学家"偶像"的经济学家——西米昂

在这里提到弗朗索瓦·西米昂的名字可能会令人吃惊，因为他（1873—1935 年）并不是史学家而是经济学家和社会学家，此外，他的名声也远不如前面所提到的那几位史学家高。

然而，西米昂同新史学的联系在许多方面值得介绍。他不仅在经济学方面丰富了周期理论，他还为《历史综合杂志》和《年鉴》杂志出谋献策。我尤其想到他写过《历史学方法和社会科学》这篇令人难忘的文章。西米昂在文章中借用培根的比喻，提出要摒弃"史学家部落的三个偶像"：

（1）"'政治偶像'，即把研究重点或至少是始终坚持的研究前提置于政治史上，研究政治事件、战争等等，以致夸大了这些事件的重要性……

（2）"'个人偶像'或曰一种不可救药的习惯。这种偶像和习惯使人们把历史看做是个别人的历史，而不是去对史实进行研究，从而使研究围绕某些历史人物，而不是围绕制度、社会现象或一种联系去进行……

（3）"'编年史偶像'，即一种不去首先研究和理解正常类型，并在这一类型所处的社会和时代中寻找、确定这一类型，而一味追根究底和寻查各种特殊情况的习惯。"①

废除政治史在史学中的统治地位,这是《年鉴》杂志的首要目标,也是新史学的中心问题,虽然一种新的政治史,或更恰当地说一种新政治概念的历史,也应在新史学中占有一席之地。

摒弃大人物的历史,这一斗争已经走上正确的道路,尽管旨在制造假象的伪史学仍有市场,尽管新史学还应对大人物的问题重新思考,并赋予人物传记以新的科学地位。我们这里首先想到的是恩斯特·坎托罗维奇的《腓特烈二世》和皮埃尔·古贝尔的《路易十四和2000万法国人》,其次才是吕西安·费弗尔的《马丁·路德:一种命运》。最后,纠正史学家们的编年史习惯也是新史学的重大任务之一,这方面现在还只是处在踌躇摇摆的阶段。西米昂所希望的,与其说是抽象地把握时间,不如说是充分地考虑历史时间的多样性,考虑制订出作为新史学方向的有关长时段研究的确切规则。

四、新史学只是法国的吗?

新史学似乎基本是法国的史学。这在很大程度上是个事实。据我所知,除了吕西雅诺·阿列格拉和安吉罗·托尔所作的饶有兴趣的论述外②,还未出版过更深刻的研究成果。我们这里只能提出两个互有联系和互相补充的假设,一方面,从17世纪末或至少从19世纪以来,史学在法国的人文科学或社会科学中起着主导的、联合的和开拓性的作用。我们已就此介绍了在这方面曾作出过贡献的几位著名人物。在盎格鲁－撒克逊人的国家里,现代社会科学主要脱胎于社会学和人类学,而在法国,历史学则扮演了向导的角色,高等研究实验学院第六部于1947年的成立及其所推行的纲领和展开的活动,都足以说明这一点。此外,英国的经济科学和政治经济学发展较早,加之美国对它的影响部分地阻碍了这种史学的崛起,因而除英国之外法国是唯一具有古老而又连续史学传统的现代大国,这一传统与政治和意识形态方面的集权(君主制、教会),与社会

---

①　参见 F. 西米昂:《历史学方法和社会科学》,载《历史综合杂志》,1903 年。
②　L. 阿列格拉、A. 托尔:《从巴黎公社到"年鉴学派"期间法国社会史的诞生》,都灵 1977 年版。

演进(贵族历史、资产阶级历史),以及与在 12～15 世纪期间民族感情的过早形成都有联系。最近贝尔纳尔·基内所领导的一系列研究已指明了这一传统的生命力,并揭示了从中世纪起法国历史编纂学就已具有的重要地位。

另一方面,法国的历史编纂学传统或多或少使法国免受哲学(特别是历史哲学)和法学的双重影响;而在德国、意大利,尤其在盎格鲁撒克逊人的国家里,哲学和法学都程度不同地奴役、阉割和曲解着史学,使史学脱离了实际性和具体性,而新史学正是在这一实际性和具体性中获得其良好灵感的。上述法学在脱离实际的法律史的影响下,和实证考据相结合,便产生出如马克·布洛赫所说的"只是耕种着教堂田契所规定田地的农民"。法国史学并没有受到维科(尽管他对米什莱有着很大的吸引力)、黑格尔、卡莱尔或较晚的施本格勒、克罗齐或托因比的控制。法国史学家对历史哲学的疏远很可能限制了 19 世纪的泰纳和当今的雷蒙·阿隆对专业史学的影响。

当然不能因此而得出新史学只是法国的史学这一可笑的概念。首先是因为新史学是一种对差异性特别敏感的史学,凡是在它可能发展的地方,正如我们所见到的,它都将按自己的独特道路去发展。我们同样不能忘记一些外国人,如皮雷纳、海辛哈和马克思,他们都对新史学的形成起过作用。

(一)法国之外的新史学

最后,新史学在法国以外也在发展,而且常常有引人注目的创新。就刊物而言,我们对德国《社会、经济史季刊》在《社会、经济史年鉴》创立时所起的示范作用还记忆犹新。今天英国的《过去和现在》(1952 年创刊)如同《年鉴》杂志一样是新史学的代表。英美合办的《社会学和历史学的比较研究》(1957 年创刊)在广义上推动了社会史的革新。和英国一样,意大利对新史学似乎尤其欢迎,许多出版商的活动便是一个证明。我对此随便举几个例子(类似的例子比比皆是),美国人纳塔利·泽蒙·戴维斯和意大利人卡洛·金斯伯格在人种历史学方面占有领先的地位;例如,引人注目的波兰历史学学派造就了最好的和具有创新精神的研究生活在社会边缘者历史的专家勃罗尼斯拉夫·格列梅克,维托尔特·库拉则以一部经济史巨著革新了在经济史、社会史方面的马克思主义模式,特别是该书中的新的封建主义研究模式在西方激起了强烈的兴趣[1],他还通过《度量衡与人》这本开创性著作,指出了社会斗争的历史是如何常常围绕着日常生活工具而展开的。

五、今天的新史学

在《研究历史》这本书中,新史学已经从三个方面显示了其特征:它提出了新的研究问题,提出了改革史学传统领域的新方法(这些改革主要见诸该书报所收的一些条目,如历史人口学、宗教史、社会史等),特别是提出了史学领域中新的研究对象,这些对象到目前为止,往往还是属于人类学的(这可见诸像"食品"、"身体"、"动作"、"形象"、"书"、"神话"、"性"这些条目)。我将通过50年来这些在新方向上的新发展,通过一系列新的前景来说明新史学,并在这些新的选择中突出哪些方面与历史学其他潮流或其他方面相对应。

(一) 长时段

新史学的先驱们较有成效的观点无疑是长时段。历史的发展时快时慢,但推动历史发展的内在力量却只有在长时段中才能起作用并被把握。经济和社会体系的变化只能是缓慢的。马克思懂得这个道理,他通过生产方式的概念,通过从奴隶制向封建制再向资本主义过渡的理论,把一些历时几百年的经济和社会体系看做是历史的基本形态。我们可从另外一方面来表达这一点,就是将习俗、心态当做历史的衡量标准,将技术、能源形式(先后以人力、畜力和机械力为主)以及对社会的基本现象和问题所持态度(如回答这些问题:对劳动的鄙视观念何时转变到认为劳动是进步的观念的? 认为死亡是只能完全消极地接受的观念又是何时转变为认为人们可以部分地控制死亡这一观念的?)看做历史分期的依据。

短时段的历史无法把握和解释历史的稳定现象及其变化。以王朝和政府更替为准的政治史把握不了历史生活的内在奥秘:人体身高的增长

---

① 参见 W. 库拉:《封建制度的经济理论——关于 16—17 世纪波兰经济的模式》,巴黎1970 年法文版。

是同食物革命、医疗革命相联系的；空间关系的变化来自于运输的革命；知识革命是由新的传播媒介手段——如印刷、电报、电话、报刊、广播、电视——的出现而引起的；凡此种种都不取决于今天还在报上占"头版头条"新闻地位的政治事件或政局变化。

因此应当研究那些变动缓慢的现象，研究几十年来人们称之为"结构"的东西，但同时也要抵制新史学的某种倾向：今天一些最杰出的史学家深感长期延续的历史现象的重要性，为了使人们更好地理解实际情况，有意夸大其词，结果使用了一些带有危险性的词——"近乎不动的历史"（费尔南·布罗代尔语）、"不动的历史"（埃马纽埃尔·勒鲁瓦·拉迪里语）。不，事实并非如此，历史是变动着的。新史学应当做的恰恰相反，是要更好地使人们把握这种变动。

（二）野蛮的人和平常的人

富有成果的长时段理论有利于史学和那些研究"近乎不动的"社会的人文科学，如人种学或者像今天人们更愿称呼的人类学之间的相互靠拢。因此，历史学家对习俗，对马塞尔·莫斯所说的人体的技术，对人的衣食住行越来越感兴趣。弗朗索瓦·菲雷和我曾打算制订一项计划，对野蛮人和平常人进行研究。这样，就有必要从一些至今仍被忽视的资料，即从那些表现并不起眼的日常生活现实的文学材料和档案文献出发，去发展史学的方法，去开拓"人种学的资料"。

但是历史学家与人类学家的接近并不是一帆风顺的。近几十年来，人类学主要研究欧洲以外地区的状况，而对发达社会则让民俗学去搜集一些鲜为人知的民风民俗，从而降格为一种"研究穷人的人种学"。对这种民俗学，新史学尚可接受，而人类学则继续不予重视。此外，新史学尤其对旨在研究差异性的人种学很感兴趣，而人类学则转而研究对新史学来说没有什么吸引力的抽象的人（这并不仅仅是因为结构主义的影响）。尽管莱维－斯特劳斯的有关著作对整个新一代研究神话的史学家有着重要的影响，但野蛮人的思想比野蛮思想更使史学家感兴趣。

（三）史学与其他人文科学

史学与人类学所进行的这种对话是主要的，但我们并不能因此而忘记新史学为同其他人文科学进行对话而作出的努力。法国社会学的杜尔克海姆学派曾对刚诞生的《年鉴》杂志产生了无可怀疑的影响。乔治·弗里德曼参加《年鉴》杂志的编辑工作,以及布罗代尔与乔治·古尔维奇的亲密关系都不足以保证两种学科继续进行卓有成效的交流。新史学不易与社会学取得一种共同语言,因为这种社会学往往在抽象的哲学思辨与带着问题进行调查的经验方法之间摇摆不定,而且,在这些方法后面并不总是出现一种有根有据的或然判断。另一方面,社会学家对新史学的扩张性也不无忧虑,他们认为新史学具有的概念太少,因而往往仍然只将新史学看做是存放具体事例和经验的仓库。历史学与经济学的对话也并不容易。经济史的发展以及它在新史学中不可缺少的存在,确实保证了这两个学科之间的联系。但随着经济学技术的日益专业化,随着计量经济学确立了主导地位,随着经济学家们日益注重短时段、中时段的研究,两个学科也逐渐分道扬镳。但它们的联系还始终存在,如塞尔日-克里斯托夫·科尔姆与《年鉴》的合作便是这些联系发展的明证。新史学的杰出史学家乔治·迪比的《社会史与社会意识形态》一文,正是从经济史和社会史出发,通过引进各表现系统而扩大了新史学的视野,并有利于史学与经济学对话的发展。

地理学目前的危机也造成了史学与地理学之间联系的松懈,虽然我们已经看到这种联系从《年鉴》杂志创立到目前在马克·布洛赫、吕西安·费弗尔和费尔南·布罗代尔思想中所具有的影响。但是,通过对空间的重新认识,通过将时段(也就是史学)进一步引入对空间现象的研究,地理学出现了复兴,从而为推动史学与地理学之间的联系带来了新的希望。

在史学与心理学和语言学的关系方面,解冻的趋势尚不够明显。社会心理学的发展同社会学的联系更甚于同史学的联系,科学心理学的进步同自然科学(生命科学)的联系比同人文科学的联系更为紧密,这就保持了、甚至加深了心理学与史学的隔膜。心理学家对集体心理史向心态概念发展几乎不以为然,这也进一步拉开了两个学科之间的距离。尽管史学家注意着埃米尔·邦弗尼斯特的著作和符号学家的研究——符号学家在高等研究实验学院第六部(1975年起成为社会科学高等研究院)占有相当重要的地位,但现代心理学以及它的结构主义倾向并没有使它向新史学靠拢。

此外,还有三项值得重视而成果却有限的演变。

首先是在人文科学领域内,人们对心理分析学的兴趣,并由此产生了心理分析史学。这一学科在盎格鲁撒克逊人的国家里比在法国更加发达,然而在法国,米歇尔·德·塞尔都及阿兰·贝桑松也分别从各不相同的途径进行了一些发人深省的探讨。但是由于心理分析学难以科学地从个人转向集体,由于许多史学家对荣格心理分析思想存有戒心,这方面的研究暂时处于停滞状态,但是荣格的思想却引起了一些史学家——某些像阿尔丰斯·迪普隆和路易吉·奥里杰马那样的史学家的关注。

其次是史学与精确科学,特别是与数学的结合。这里也诞生了一门新的科学,即社会数学,但直到目前为止,它对社会学、心理学、地理学、语言学所具有的用处比对史学的用处更为明显。

最有希望的道路也许是力图减少——如果不是完全消除的话——人文科学(首先是历史学)与生命科学之间的隔阂。新史学渴望建设一种从人体到生理的、置于社会历史时段中的总体的人的历史。一些大生物学家希望以一种内在的而非外在的方式,把他们学科的历史作为一种研究工具,并将他们的研究扩大到包括历史学、地理学、人类学、社会学、人口学以及原来意义上的生物学在内的人类生态学的范围,这两者的结合便预示着一些伟大的前景。新史学在其中起着决定性的作用。

(四)心态史学

在史学中的集体心理和精神现象的吸引下,吕西安·费弗尔和马克·布洛赫为新史学开辟了一个新的研究领域:心态史学。但吕西安·费弗尔仅在这一个新的研究领域的两个重要方面作了探索:心态素材和情感素材的概念。在他的指导下,阿尔贝托·特南蒂对人面对死亡的情感进行了研究,这位年轻的意大利史学家以其《15 世纪艺术中所表现的生与死》一书开创了一条通往硕果累累的成功道路;沿着这条道路,米歇尔·伏维尔、皮埃尔·阿里埃斯和皮埃尔·肖努等都写出了重要著作。

费弗尔死后,乔治·迪比、罗伯特·芒德鲁和雅克·勒高夫等一些史学家继续致力于心态新史学的实践和理论探讨。菲利浦·阿里埃斯和罗歇·夏蒂埃在《新史学》一书中也说明了这一研究在今天新史学中的重要地位。我这里仅想指出，"心态"这一广泛、含糊而又常常令人忧虑的名词，正如其他许多具有广泛含义的词一样，对近年来的史学领域的变化起了很大的推动作用，尤其对经济史领域起着一种理想的平衡作用，从而给整个史学研究带来了新鲜空气。

（五）计量史学和资料革命

经济史很早就使用数字和统计手段进行研究，但近 20 年来，开始重视计算的所有史学家都把眼光转向了计算机，由此产生了一个革命：计量史学。埃曼纽埃尔·勒鲁瓦·拉迪里故意夸大其词地提出一个幽默的公式：今后，史学家如不会编排程序，就将不成其为史学家。

（六）希望对所有人感兴趣

事实上，计量史学很快发展到一切可被计量的领域，特别是人口史和文化史领域。家庭状况、新兵登记表、文学作品都被分门别类地打孔和制成卡片送交计算机处理。弗朗索瓦·菲雷和皮埃尔·肖努率先从事了这方面富有创新精神的基础研究，后者更是"系列史"的发明者，他以经济史的价格系列为例，建立了一些在特定时间内的统计系列；他正确指出计量史学可通过建立可靠的统计素材而促使史学研究取得重大进展，但也承认在方法方面仍有其局限性。马克·布洛赫早已指出过"迷信数字"的危险性。新史学大部分还是定性分析，因为史学研究中定量分析的成果取决于史学家所编制的程序的优劣，即使在计算机提供了计算结果后，历史研究的基本任务仍未完成。诸史学目前正处在一场真正的文献革命中，从而特别要求史学家采取审慎的态度。这场文献革命并非没有含糊之处和危险，对此，格莱尼松已作了完整的描述。基本文献作为一种信息单位，从此不再是一项事实，而是一个数据，是计算机所需的数据库。最好的资料来源应能提供大量的数据资料，教区的簿籍便是这样一个榜样。"文献资料爆炸"部分是由史学家希望对所有人感兴趣造成的。但新史学家既不应强迫计算机去计算因这些材料的本身状况或现象的本质而无法计算的东西，也不应忽视不能计算的东西，更不应单靠计算机去"编制历史"或重温实证史学的旧梦：让文献资料去"客观地"制造历史，而自己则袖手旁观。

（七）史学和现时

费弗尔和布洛赫分别是研究 16 世纪史和中世纪史的专家,但他们都对现时很感兴趣。布洛赫认识到必须有把史学的领域扩展到"对现时认识"的必要勇气,在《社会、经济史年鉴》中有相当一部分文章是有关当代史的。但新史学的主要突破还是在中世纪史和近代史领域内。当然这里也有个别的和集体的种种例外。在古代史方面,与古典的人性和传统的考证相联系的传统史学仍占有相当分量,因为尽管考古学已有所发展,但目前仍然难以了解当时人的日常生活;除了在考古学中以外,在古代史领域内从事计量史研究的可能性很小。然而在古希腊文明中的神话问题上,法国新史学派却取得了引人注目的突破。在现代史领域,莫里斯·阿居隆提出了"社会群体性"这一新概念,他的研究和著作堪称典范。

但是,新史学对现代史领域的渗透仍很有限,近年在《年鉴》杂志中有关当代史研究的文章不多便是一个明证。事件史和政治史在这一领域内仍有很高威望。社会学家、政治学家和某些杰出记者在研究现时史方面,往往比专业史学家更有成果。曾对共产党现象有过尖锐和完整看法的安妮·克里格尔放弃了史学家的头衔而改称社会学家。然而正如雅克·朱利亚尔、皮埃尔·诺拉和雅克·奥祖夫的成功尝试所表明的,占据现代史阵地已是新史学的迫切任务。总体史具有广阔的前景:皮埃尔·诺拉精辟分析过的"事件的复归",优先重视意识形态,这些都是新史学的理想题材,也给新史学家提供了典型的研究领域。

（八）对问题的回答

不仅如此,新史学至少还应当回答我们时代所提出的一些重大问题。费弗尔在 1946 年就说过:"研究历史,是的,因为在这动荡不定的当今世界中,唯有历史才能使我们带着思考而不是带着恐惧而活着。"①我引申一下:"唯有新史学最能使我们⋯⋯"由于在我们这个集体记忆迅速变化的世界中,面对着历史的加速发展,任何人都想摆脱成为过去的孤儿、没有根基的人这种苦恼,所有人都热衷于寻求自己的身份,到处都在清点和保护历史遗产,为了过去和未来而建立信息库;惊慌失措的人们试图把握

---

① 参见 L. 费弗尔:《为史学而战》,同前,第 41 页。

看来正从他们手中逃遁的历史;在这里,新史学比任何其他的史学都能给人们带来信息和回答。新史学在时间上贯通古今,无所不包,既说明恒定性又说明变动性,既重视物质因素又重视精神因素,既讲经济又讲精神,既提供选择,又不强加于人。从广义说,历史学总是承担着重大的社会义务,在我们这个史学肩负着比以往更为必要的职责的时代,新史学如在教学、科研和传播方面能得到所需要的手段,定能不负众望。

(九)新史学与马克思主义

新史学所代表的史学总体革新,只是在面对马克思主义时才遇上了一些基本的问题。尽管新史学和马克思主义并非互不相容,但是在新史学开始发展的历史环境中,有些公开信奉马克思主义的史学家,一般是一方面反对实证史学的意识形态基础,另一方面却仍用实证史学方法去研究历史,因此,需要澄清新史学与马克思主义之间的关系。皮埃尔·维拉以《马克思和民族》为题写过一些文章,他在自己的著作中证明了一个史学家可能同时是马克思和费弗尔的门生。居伊·布瓦也提供了当今马克思主义史学家对新史学的看法。从最近的一些出版物来看,马克思主义史学家正朝新史学方向演变。我这里仅简略介绍一下马克思主义与新史学之间的共同点和可能产生的分歧点。

(十)马克思主义是一种长时段理论

在很多方面(如在带着问题去研究历史、跨学科研究、长时段和整体观察等方面),马克思是新史学的大师之一。马克思和马克思主义的历史分期学说(奴隶社会、封建社会、资本主义社会)虽在形式上不为新史学所接受,但它仍是一种长时段的理论。即使关于经济基础和上层建筑的概念不能说明历史现实不同层次间的复杂关系,但这里毕竟揭示了代表新史学一个基本倾向的结构概念。把群众在历史上的作用放在首位,这与新史学重视研究生活于一定社会中的普通人也不谋而合。但是马克思主义把经济因素当做解释历史的首要因素,把心态列入上层建筑的范畴,并将历史看做是按照一种单纯演进模式直线发展的;而新史学则认为,心态虽然不是历史因果关系中的一个主要因素,但在新史学中占有较重要的地位。新史学又强调历史经验的差异性和历史研究途径的多重性,所有这些问题都表明,新史学可能被正统马克思主义史学认为是对自己的一种挑战。无论是马克思主义的还是非马克思主义新史学家,都有责任把这场讨论深入下去,这也是今天史学界的任务之一。

(十一)"年鉴学派"的传统与新一代的史学家

新史学主要是由围绕《年鉴》杂志的一批史学家和本身主持杂志的史学家所创立的,这一点我想已毋庸赘言了。但无论在昨天或今天,一些与《年鉴》杂志毫无联系或对该杂志并无好感的杰出史学家,他们在新史学中却不一定不具有重要的地位。我特别想提一下路易·歇瓦里埃,他的著作《19世纪上半叶巴黎危险的劳动阶级》(1958年)按照新史学的观点,通过将历史学与人口学相联系,更新了社会结构史与社会史。

这里重要的是将新史学的现状与费弗尔和布洛赫给《年鉴》杂志所制订的大致方针作一比较(尽管只是简要的),以便更好地看到新史学所走过的历程,费弗尔也曾在《为史学而战》的序言中请年轻的史学家做过相同的工作。

(十二)优先与人类学对话

新史学已经赢得了几次大的战役:经济史和社会史已经取得了它们的合法地位并成为史学的基本方面;调查的方法和集体进行历史研究的实践正在发展;尽管还存在困难和失望,但向其他人文科学开放工作仍在进行。许多史学家看到,必须保护新观点、发现新问题和找到史学研究能达到其高峰的新领域。通过国际间合作、按问题而逐步推进的总体史研究,仍是有待达到的目标。

但是按早期年鉴学派的方式研究的经济、社会史在今天已不再是新史学的先锋领域了,而在《年鉴》杂志创办初期尚无足轻重的人类学都超越了经济学、社会学和地理学,成为新史学的优先的对话者。排斥政治史已不再是一种信条,因为政治的概念已经发生了变化,而有关权力的一系列问题又向新史学提了出来。同样,正如皮埃尔·诺拉所指出的,历史事件由于建立在新的基础上从而重新恢复了名誉。在《年鉴》杂志初期还只初具轮廓的心态史学和表象史学,在今天则成为一条主线。计量学则是一个新生事物。

六、新史学的任务

我认为,新史学将来可能而又必然的发展似乎有这样三个方面。

（一）新考证研究的大力推进

传统史学由于其研究方法和技术的有效性，其遗产对于今天来说仍是很宝贵的。新史学在更新研究课题时并没有同时更新考证技术，更新技术这项尤其应包括下列三个方面。

1. 在对史学资料进行新的评判的同时，更新资料概念。资料本身并不是纯粹客观的，它不仅要经过史学家的选择，而且其本身也部分受产生它的时代和地点的制约，它是以往社会有意识或无意识到的产物，既是为了说出"事实"，也是为了把过去的形象强加于人。对伪造的史学资料的传统批判（马克·布洛赫在《为历史学辩护》一书中对此也未有很大超越）是远远不够的，还应当剖析这些资料的结构以便揭示产生这些资料的条件。但在过去的社会里，不管自觉与否，一些见证材料都成了历史研究的资料，但是，这些见证材料的产生是由什么决定的呢？米歇尔·福柯在其《知识考古学》一书中提出了"文献即文物"这个概念勾勒、解释历史的空白和沉默之处，使历史既建立在它所经历过而又表现出来的实处，又建立在它所经历过却没有表现出来的空白处之上。

2. 对作为史学原料的时间概念进行"再加工"。这里仍然需要研究是什么因素能影响时间以及对时间的衡量和利用。必须打破单一的、同质的和直线式发展的历史时间观念。应当根据 M.阿尔布瓦克和乔治·古尔维奇确定的社会时间多重性模式去建立历史社会中各种时间的有效概念。必须建立一种新的科学时序，这种时序与其说是按照历史现象产生的时间来确定，不如说是按照该现象在历史中的有效延续时间来确定。这一时序既对物质现象有效，也对精神现象有效。因此我们既有能源的时序（人力、畜力、蒸汽、电力、石油等），也有信仰的时序（在基督教社会中，炼狱概念产生于 12 世纪末，随梵蒂冈第二次教廷会议而实际消失）。

3. 制订比较研究方法，这些方法适用于对能够进行比较的东西进行比较。例如，关于封建制，就应当避免下一个过广的定义，把在时间上和空间上相距过远、又不属于可比历史系统之内的历史现实统一在一个标签之下：非洲的封建制其实与 9—10 世纪的欧洲封建制没有什么关系（后者本身也分作好几个阶段）。此外，也不应满足于过分狭窄的概念，认为欧洲封建制只能与日本封建制进行比较。

（二）向总体史和想象史迈进

为了达到这一点，首先必须重视研究社会遗留下来的所有资料：文学和艺术资料特别应纳入对社会的解释中去，但也不能无视这些资料及产生这些资料的个人目的的特殊性。也就是说，目前史学中多半还缺少的一个基本领域：想象领域。如果我们能够理清这一梦幻的部分与其他历史现实的复杂关系，我们就能够深入了解社会。在这一方面，史学家应与吉尔伯特·迪朗所主持的尚贝里想象研究中心建立紧密的联系，迪朗本人是从研究文学史和语言学史起家的。为了开展上述总体史领域的研究，史学家应当选择以皮埃尔·图贝尔和我曾提到过的"整体化结构"为研究主题。就这一主题，我们曾经提到下述题目：如意大利 10 - 13 世纪农村居住情况的独特形式、劳动的概念、战争、乡村人口外流、社会边缘阶层等现象。

（三）对概念和理论的关心

费弗尔于 1933 年在法兰西学院开第一堂课时，曾希望后人能给他以这样的评价："他很关心概念和理论：关心概念，是因为科学仅在思维的独特创造力的推动下前进；关心理论，是因为理论从来不能把自然现象的无穷复杂性一览无遗，它只是科学始终不渝地扩大人类思维的视野时所逐级攀登的阶梯。"[①]

到目前为止，新史学试图避开两方面的危险：一方面避免拼凑理论体系，另一方面又要避免像实证史学派那样单纯相信经验（实证史学以为没有理论就能保持客观，但结果却往往变得没有概念）。但应该承认，尽管费弗尔已经有言在先，新史学家在正确地强调多途径研究的同时，却对理论的重视仍很不够。理论家所关心的远不是教条，而仅仅是阐明那些不明确的理论，这是史学家和一切科学工作者的工作基点，他们应当意识到这些理论，并有责任向他人揭示这些理论。我尤其希望，史学家即便要抛弃那种僵硬的史学解释体系，也必须承认史学体系的存在，并有责任分析这些体系的结构和演变。

（四）史学的前途

有人或许会考虑，明天或后天的史学将会怎么样。布洛赫如同许多

---

① 参见 L. 费弗尔：《为史学而战》，同前，第 17 页。

其他人一样也早就提出了这个问题,他这样说:"只有一种把人放到时间中来进行研究的科学,这种科学不断地需要将对死者的研究与对活人的研究相结合。如何命名这一科学呢? ……历史学这一古老的名称在我看来是最明白易懂,最少排他性,也最能对人类千万年以来的努力保持感人的记忆的。"①

我们既不是先知也不是神仙,只能提出下面三个假设:

史学或许继续向其他人文科学渗透,把这些学科吸收进来,发展成一种无所不包和贯通古今的人文科学,即广义史学;或许是史学、人类学和社会学这三门最接近的社会科学合并成一个新学科。关于这一学科保罗·韦纳称其为"社会学史学",而我则更倾向于用"历史人类学"这一史称。

或许史学停止成为一个无边界的学科。停止与其他人文科学联合,而坚守一个新的领域,同时实行一次新的"认识论上的决裂"。我想到米歇尔·伏维尔在《历史学和长时段》一文中的种种论述,看来他会朝研究"短时段和长时段的一种新辩证关系"的方向去寻找这一"认识论上的决裂"。

总之,我们应当希望的是历史科学在今后更好地避免历史的哲学化倾向,不再夜郎自大,从而更好地从人类亲身经历过的历史的角度来定义历史学。史学史取得的引人注目的进展应当一浪推一浪,继续下去。

(摘自于[法]J. 勒高夫、P. 诺拉、R. 夏蒂埃、J. 勒韦尔主编:《新史学》,姚蒙编译,上海译文出版社 1989 年版,第 1~40 页。)

---

① 参见 M. 布洛赫语,载《为史学而战》,同前,第 15 页。

《年鉴》运动及西方史学的回归

[法]雅克·勒高夫

我想就现今史学领域三个方面的问题试谈一下看法。首先是《年鉴》运动的问题,我觉得与其叫《年鉴》学派不如称《年鉴》运动,因为我相信并不曾有过一个名副其实的学派,只是在《年鉴》周围形成了一个运动。其次是整个西方史学界面临的种种问题,本人用回归一词加以概括。再次,我就见闻所及说说马克思主义史学先前占统治地位的某些国家的史学领域目前的问题。这些国家首先是俄罗斯,1989年我去过两次,今年两个月以前又再度前往,还有马克思主义在历史研究中实际上占主导地位的非共产主义国家印度和西班牙。

从《年鉴》说起吧,它的问题首先出自年龄。《年鉴》有60岁了,就一本杂志而言,不可能仍像初期那样。让我回顾一下《年鉴》问世之初所遵循的方针,在我看来最初这些方针始终是重要而有活力的。第一,《年鉴》认为历史事实并不等于已知条件(données),而是史学家从文献资料(doeuments)出发构建而成的。这就是所谓"存疑的历史观"(La conception de l'histoire problématique)。第二,《年鉴》志在通过与其他社会科学对话以推进史学研究,《年鉴》史学可称为跨学科史学。其他社会科学,首先是指地理学。在法国的中学里,历史和地理的课程均由同一位教师讲授,这是一个古老的传统。对历史来说,这并不意味着什么地理决定论。地理学之于史学仅仅是一种资料数据……。有的地域气候炎热,有的气候温和;有的地域海岸线长,有的处于大陆腹地。而历史上由于修建道路、设立边关、居民迁徙等因素,地理资料和条件有诸多的变动。但是,基本的观念在于:历史是在场所和空间演进的,忽视空间的重要性就无法研究历史。此刻,当我们在探讨一条道路一条在地理上和空间中开辟的历史通道的沿革的时候,我仍感到这一观点是切合实际的。中国所处的空间具有广阔无垠和诸多差异这两大特征,中国的历史与它的空间深刻相连。特别是人们清楚地看到,这条丝绸之路在各个历史时期主要是一条陆上通道。在地理学之后,同史学相关的其他学科是经济学和社会学。1929 年《年鉴》问世时,这份杂志的名称是《经济社会史年鉴》。《年鉴》创刊后,一门社会科学即人口统计学得以独自发展。此外,还兴起了另一门社会科学即人种学(ethnologie),现今人们爱称之为人类学(anthropologie)。《年鉴》的第三个总特点是志在研究全面的、整体的历史。即便我们认为,《年鉴》自创刊起所持的这些基本观念始终具有生命力而且必须延续下去,也应看到,比如涉及史学同其他社会科学的关系时上述观念现今已展示出新的层面,提出了新的问题。以经济学为例,它对历史提出了两个主要问题:一方面,数量经济学大为发展,将经济学引向数学而疏远史学;另一方面,经济学现今承受着马克思主义过于狭隘和僵化观念所带来的后果。人们不再相信经济史的主导地位,其结果令人深感遗憾:在我们这里,要使史学家和历史系的学生研究经济史实在难而又难。然而,我们《年鉴》杂志历来认为经济史即便不是根本的,也是相当重要的。不过,为了恢复历史和经济之间的对话,有必要对这些关系重新加以思索。看看史学与社会学之间的问题吧。社会学在西方正陷入深刻的危机,原因尤其在于——可能最重要的也是——社会和关于社会的概念出现了一种危机。比如,人们再不能用阶级一词来分析社会。西方国家不再存在工人阶级这个事实迫使我们从历史的角度对阶级的概念重新思索。人种学方面亦产生了问题。在西方,人种学长期是以研究"非历史的"种种社会形态——它们基本上属于第三世界——为基础的,其研究的主旨趋于探讨种族之间的差异。但是,非殖民化破坏了殖民主义国家的人种学家和殖民地国家的种族之间的这一关系。人种学若想继续下去,现在就得对历史上的各个民族进行探讨,它不仅必须接受而且应当期待前殖民地社会的人种学家对前殖民主义国家的人种学也加以研究。这，就是交叉的注视。此外，人种学以往尤其重视寻找和研讨种族之间的区别；而现今人种学的范围正变得广泛，注重探索相似性和共同点，注重研究人。人种学在变成人类学，即关于人的科学，而不是关于种族的科学。这样的研究方向对我们十分重要，因为我们得以更好地理解人们日常生活的历史，一切人的历史，而不单纯是理解社会上层的历史。然而，人类学主要是在功能主义（lefonetionnalisme）和结构主义（lestrueturalisme）两个学派内部发展起来的。可是，功能主义和结构主义并不重视时间，也不考虑历史。所以，有意成为人类学家的史学家应当创立一门历史人类学。

　　现在我举关于史学同另一门社会科学对话的第三个例子。我已有一段时间没谈这门社会科学了，因为我认为它提出了相当特殊的问题，这门社会科学就是心理学。《年鉴》的创始人吕西安·费弗尔（Lueien Febvre，1878—1956）和马克·布洛赫（Marc Bloeh，1886—1944）对心理学就很感兴趣。他们有意创立一门历史心理学，它显然是一门集体心理学。可是，史学与心理学的此次对话失败了。我相信，这是由于心理学家和史学家关注的不是同一类问题。一方面，心理学家的兴趣在于人脑的运作以及儿童智力的发展，所以他们倾向于同科学家而不是同史学家合作。另一方面，他们注重研究社会心理学，而在此本可希望在史学家、社会史和心理学家之间会有接触。但是，研究社会的心理学家没有从历史的层面而是单纯从社会学家的视角进行考察，特别是他们据以考察的社会学乃是脱离时间因而与史学无关的社会学。从以上所述可得出——如果我们同意的话——这样的结论：出现了一场社会、社会观念和整体意义上的社会科学的危机，而按照《年鉴》的传统，史学必须修正自己同其他社会科学的关系。

　　以下谈谈与《年鉴》有关的种种问题。《年鉴》力图研究全面的、整体的历史，它基本上运用两种方式。

　　第一种方式是借助新的历史资料尤其是各种非书面资料，考古学遂得以发展。不过，这里所说的考古学与传统的考古学有所不同，即不再是单纯地探讨有纪念意义的古迹和艺术品等，而是对一般建筑物以及日常用具之类——被称为文化或物质文明——予以研究，尤其重视农田、风景和景点。我觉得有一种研究——它也许已在中国存在——会在中国引起兴趣，就是农田考古和风景考古。从田野现有的形状和景致出发去追溯既往，以再现农田种植和景色风光的变化。另一种新资料涉及姿势举止。通过对文学、画像、艺术以及礼仪的研究，可以知道姿势举止的系统古往今来是经历过变化的。探索姿势举止的历史，也有助于研究人体的演进，因为有必要再现历史上的人体形状。自然，这种探讨的一个重要方面是食品史。还有一类新型的资料，你们谈及某些中国史学家的工作时已提到，就是采访有关人员所获得的口述资料，当然这只是涉及现当代史方有可能。可是我敢说，口述史专家已找到让死者讲话的方法。

研讨全面的历史的第二种方式，是将一切可搜寻到的资料合理地而不是简单相加地集中汇总，从而重现能据以解释一种历史制度的性质和运作的整体结构。可是，这样探索历史的方法也陷入了危机。究其原因，首先是新资料已几乎用尽，其次是掌握须一齐使用的所有必备的技术越来越难。于是现今按《年鉴》的思想产生了一种新趋势，即把"一块（morceau）历史"当成一个标本（échantillon），将其视为洞察整体历史的"微型景观"（miniature），以如此的方式进行全面的研究。一批意大利史学家遵循这种思路已走得很远，被称为微型历史学派。而我们则宁可认为，必须采纳某些英、美史学业已运用的那类"个案研究"（case studies），个案正是据以研讨全面的历史的标本。这么一来，有些批评家便指责《年鉴》放弃了关于全面的历史的观念，而搞什么"面包屑历史"。可是，这一说法不符合事实。假如继续以面包作隐喻，必须指出：我们并没有把面包弄成一堆碎末，而是切下一块面包借以探讨全面的历史，对这块面包的研究适用于认识整个面包。

我发现——我请你们原谅——前面谈史学与心理学的关系时遗漏了一些重要内容。《年鉴》以及聚集在这本杂志周围的史学家创立了属于心理学范畴的一个概念和一个方法：心态史学。心态，是指个人或人群无意识的精神内涵和不由自主的心理行为。史学家发现，每个人身上几乎都贮存着一些既成的观念，人的很大一部分思维和行动的习惯便由这些既成的观念所构成。米歇尔·沃维尔（Michel Vovelle）教授说得很好，心态史应当是一种社会史，因为心态是与社会环境相关连的。心态史的研究首先在法国,可以说在整个西方曾取得很大的成绩。也有些人对此加以夸大和曲解。对某些人来说,心态已成为全部历史演变的原因。从前有人犯了用经济解释一切的错误,而今有人犯着用心态解释全部历史的错误。必须把心态维持在它所属的范畴之内。关于历史和心态的关系,最后再讲一点:我们中特别是《年鉴》内的一些人认为,让史学与精神分析学展开对话,会推动史学的重大进步。可是,这样的对话亦十分艰难,并未取得实质性的进展,原因在于精神分析属于个人的而非集体的事务,史学家对精神分析并无深刻的领会。

以上所述为第一部分,末了还说几句。就《年鉴》而言,一个简单的事实是:我们——作为《年鉴》杂志的共同管理人,我冒昧地说我们——也许疲倦了,也许怠惰了,我们理应更努力地更新自己的史学思考。我们要采取行动,来一个我们所说的"关键性的转折"。我们引进了安托万·当尚(Antofne Danchin)教授所称的那种怀疑观,我们有意革新《年鉴》历史编纂学的范例。但是我得说,与《年鉴》相比,尚无任何一个运动和任何一本杂志能更好地回答当代史学研究中的诸多问题。以下转入第二部分。

论及如下问题,我会越说越短,因为本人知之甚少。我想说的是就我看来重新出现在西方一切史学潮流中的种种趋势,人们能用回归一词概述其基本特征,即史学研究中一些或多或少已消失的老方式被重新采用,可归纳为政治史的回归、事件史的回归、叙述史的回归、人物传记的回归和主体的回归。

先前,政治史曾或多或少地销声匿迹而让位于经济史、社会史和文化史。人们当时认为,政治史浮在表面而远不足以解释历史最深层和最重要的运动。而今,政治史在回归。但是——讲清这点于我很重要——有两种类型的回归:一种是简单地恢复往昔的史学,多系持传统主义和反动立场的人所为,我认为应加以反对;另一种是运用新方法并且吸收各门社会科学的成果而撰写的那类政治史的回归。于是新型的政治史在政治史的范畴内不再是政治的历史,而是政权的历史;不再关注那些大人物诸如国王和大臣是谁,而是探讨和解释政权在何处,拥有权力的是谁,社会的权力在哪里。举例说,这样的历史既研究政治的权力架构,也研究经济的权力架构。又比如,在东欧国家中,党涵盖了政权机构中的全体人员——对他们难于用从前的社会阶级加以划分——即整个官僚阶层,亦是探讨的对象。新型的政治史的第二个特点是结合研究有关的符号和象征,从前似乎是政治史装饰物的东西现已居于一个中心位置。例如旧王朝统治下的权力标志御座、王冠以及当代共产党体制——我主要是想到苏联——下采用的红旗、镰刀和锤子;又如红场上的游行、党的领导人在检阅台上的排列方式,这体现出各要员权力的大小轻重,人们借以知道该政权的不同等级和领导人接见使节、宾客时的礼仪等。

接着讲讲事件史的回归。对事件的研究亦一度衰落,因为事件看来也是接近表面而昙花一现的,结构体系以及种种缓慢而深刻的变动方显得重要。如今,事件史在回归。本人相信有一个好方法编纂一种新型的事件史。首先是将确实重要的事件视做海上的冰山之顶,世人所见仅为一个尖端,但这个尖端是具有威力和含义的,因为海下有硕大的冰山主体。体现在冰山之顶那一整股历史的威力,必须从尖端出发予以定位、探讨和评估。还有第二种方法借以重现有关的事件,即新的大众传播媒介,尤其是电视。一桩历史事实自出现在荧屏的时刻起就成了一个重要事件,政府得加以考虑,人人均已看到并且相信:由于上了电视,事关一件要闻。事件于是成为一桩重要的历史事实。因而,新型的事件史必须研究事件怎样产生又如何通过媒介传到公众之中。

第三种是叙述史的回归。长期以来历史是一块文学的园地,研究史学就是叙述历史,人们讲述战役经过、政府沿革等,人们认为重要的在于分析诸种力量,分析历史的变动,生产方式、结构、价格的历史等遂成为探讨的重点。而今对于这种太抽象的历史,人们不免有些厌烦了。从另一方面看,由于广大公众要了解历史,要阅读史书,史学出现了一个新市场。那些抽象的历史,什么生产方式史,什么结构史,什么价格变动史,只是专业工作者才需要的。于是,产生了一种加于史学的经济和社会压力而要求叙述史的回归。但我相信,即便如此,叙述史也应当是新型的而不局限于陈旧的政治、军事、外交和珍闻轶事之类的题材。比如丝绸之路的历史是一种历史,即文化交流的历史,必须述及诸多问题,必须让人理解:丝绸为什么会引起一条通道的设立,各类文化出于什么原因和通过什么方式相互接触？这是一种必须加以叙述的历史。叙述，就是解释。对所述各类历史问题若不首先加以分析就不能编出好的叙述史。一个叙述，一个历史的叙述，不是一个单纯文学的叙述；我得说，这也是而且尤其是一个科学的叙述。所以，我们应当创建这种业已破土而出的新型的叙述史：它仍具备让人赏心悦目的特点，但涉足的是意义重大的题材而且奠基于严肃的科研成果之上。

第四种是人物传记的回归。人物传记曾被冷落，因为普遍认为单个的人物仅仅是群体的见证人，所以出现过对伟人观念的批评。举个例吧，我的同事和朋友皮埃尔·古贝尔（Pierre Goubert）著了一本好书，题为《路易十四和两千万法国人》；他在书中指出：重要的不是路易十四，而是两千万法国人。可是，如今大人物的传记在回归。究其原因，主要是由于在我们的多数社会里，从政治的观点看大人物扮演过十分重要的角色，这在独裁体制下是不言而喻的。在纳粹德国、法西斯主义意大利和佛朗哥主义西班牙的历史上，希特勒、墨索里尼和佛朗哥均显赫一时，在社会主义国家，人们则走向个人崇拜。研究苏联而不研究斯大林可以吗？研究中国而不谈到——假如你们允许我讲的话——毛泽东又行吗？第三世界新建的国家几乎都采纳了总统制，布迈丁、布尔吉巴、纳赛尔……，黑非洲和北非均是如此。连自由主义的议会民主政体也搞起了总统制。从前，唯有美国有这样的体制，而今很多西方意义上的民主国家亦相效仿，戴高乐即为例证之一。但我认为，在上述情况下，人物传记也仍应以一种新的式样回归。必须看到，在与人物相关的历史上的各个时段中存在着一个意义重要的时段，即该人物生活的年代。有鉴于此，就应当研究他在世的整个时段即"长时段"，不仅仅是探讨其人的公众生涯，而是研究其人从出生到逝世，甚至他死后仍留下反响的那个世界及社会。再者，我们借助于其他社会科学而拥有更多的技术手段以便理解一个人，一个伟人同整个社会的关系。从前，历史人物的传记在于展示个人的力量。而今，若不弄清一个人与社会整体的关系则难以从历史的角度理解他。这是探讨全面的历史的一种方法，它不仅适用于那些大人物而且适用于各行业具有范例意义的芸芸众生。

关于最后一种回归，我没有几句话要讲。首先，因为它刚露头；其次，我认为它殊难领会并在诸多层面超出本人的学识范围。这，就是主体的回归。可以说，近50年来不论史学家的趋向有何差异，整体上的历史编纂学或多或少有这样的评估，即推动历史向前的是一些抽象的力量，集体的力量，而受人为这些力量所摆布的，乃是历史的客体而非主体。经济学家、社会学家和哲学家的思索亦如是。经济学家曾认为：经济规律存在着，人的能力所及充其量是试图运用这些规律。社会学家曾认为：推动社会向前的，是社会本身。哲学家——不论属黑格尔学派还是属存在主义学派——也曾认为：人，是被历史操纵的。然而，现今在哲学和所有社会科学领域出现了主体的回归。哲学家认为，是人思考历史；社会学家认为，是人产生社会；经济学家走得尚不甚远，但越来越认为，可能并没有什么经济规律，而是存在着一种人加于经济的行为。史学家——我相信他们也稍有耽搁——认为，人至少部分地是历史的主体。这种观点可能是非常重要的，因为它在"历史"一词的两个含义——一方面指已经历的往昔，即人类社会的演进；另一方面指历史学科，我很有信心并敢于称之为历史"科学"，即史学家的作为——之间建立了联系。如果我认为人是历史的主体，这是想说：客观的历史，业已经历的往昔，在史学家通过自己的解释赋予它的意义之外是没有意义的。这意味着，史学家总是依赖文献资料的，但如同自然界唯有通过各门类的科学和学者方得以存在一样，历史也唯有凭借历史编纂学和史学家才得以存在。用另外的话说：的确，外部世界存在着，的确，历史以某种方式存在着而均与学者无关，与史学家无关，然而这不具备任何的意义。除了掌握知识，我觉得史学家应当更好地研究主张人是历史的主体的科学依据。

我这篇简短发言的第三部分是谈作为科学门类的史学，稍许展开一点。对于几个性质相异但马克思主义史学都曾居于统治地位的国家，我甚感兴趣。第一个国家是俄罗斯，那里的马克思主义史学来自该国延续70年之久的政治体制。第二个是印度，为什么马克思主义史学在印度史学家心目中如此重要？首先，是因为他们中很多人在莫斯科受过部分的教育。不论他们对印度多种多样的传统观念持什么立场，他们均感到不能在单纯的印度传统基础上建立现代的印度史学。他们无意接受与先前殖民主义统治有太多联系的资本主义的启示。尽管他们中不少人去过英国或美国,但主要是为了学习有关技术而不是一种历史观。其次,印度由共产党人治理的地区的若干积极成果给他们留下了深刻印象。第三个是西班牙,这个国家在政治上、文化上与俄罗斯和印度迥然不同,可解释上述现象也不难,因为对大多数西班牙史学家来说,当年的敌人是佛朗哥和佛朗哥主义,他们遂转向了马克思主义史学。在他们看来,与佛朗哥主义相比,这是最为对立和最强有力的学说。本人近年来去过俄罗斯两次,印度三次,西班牙若干次,与三国的史学家进行讨论。我发现,这些马克思主义史学家中的多数人已认识到自己所学习并运用过的马克思主义的错误和不足,而力求予以摆脱。大部分人系从道义的观点和理智、科学的观点出发坦荡正派地寻求走出误区,予人的印象是并非由于政体改变了他们也就跟着变,而且他们认为马克思主义史学包含着重要、真实的东西。有的人变成了相当反动的、起劲反马克思主义的史学家。也有的人首先探索马克思主义史学里在他们看来属历史活动中最为僵化的东西,那种教条主义的表达法——辩证唯物主义。他们认为,与其说辩证唯物主义属于共产主义范畴,不如说属于意识形态范畴;其次,他们看到基础和上层建筑的体系阻塞着历史的分析:在某一历史时刻,一切都像是上层建筑,在另一时刻又像是基础……。他们再不能相信经济基础普遍意义上的重要性。一般而言,他们仍愿把社会史置于中心的地位,因此对未置社会史于中心地位的任何类型的历史和史学均无兴趣。他们对两种不属于马克思主义传统的史学趋向甚为关注:首先是心态史(l' histoire des mentalités),因为他们觉得马克思主义史学的缺陷之一是未给心理学以应有的地位;其次是描述史(l' histoire des représentations),这里涉及的观念是:就历史而言重要的不仅是事实,同样重要的还有对社会现实的描述。所以,在他们看来对于重定自己史学思想的方向最有助益的一种表达方式,就是历史人类学的概念。

　　谈到以下的内容,本人稍感不便,但我的确感到所说的是事实,而非个人的主观看法。我相信,上述俄罗斯、西班牙和印度史学家中的大部分人认为,对他们帮助最大的——我丝毫无意提高这种史学趋向的地位,而是说他们要从中寻找自己的历史研究里所需的启示和方法——史学趋向,就是《年鉴》史学。现举例说明,我的笔记本上有记载。1988 年在新德里举办过一次关于《年鉴》史学的研讨会。1989 年,在莫斯科由史学家组织的一次人数众多的讨论会亦以《年鉴》为主题,吸引了社会科学院和大学的众多学者参加。一个月后,西班牙史学家在本国召开了一个关于新史学各种趋向的大型国际研讨会,论及的主要是《年鉴》史学。是吧,我相信这是说明问题的。之所以如此,原因在于《年鉴》从来就没有——必须承认这点——意识形态的束缚。《年鉴》从来不是反马克思主义的。在《年鉴》的审视中,社会史自始至终处于中心的地位。事实上,《年鉴》所探索的是在整体形式下一种符合科学的历史,即便这未必明晰和确切。此种观念的创始人之一,正是马克思。我没说马克思主义,而是说马克思,因为马克思是把历史视为社会科学的一位先驱。再者,我相信《年鉴》的精神在于呼唤每位史学家形成自己的研究方法和自己的知识架构。《年鉴》有求于每位史学家的,是对这个议题进行思考,并且确信:历史是史学家产生的,历史若不与社会科学对话就无法写成。但是,《年鉴》不把任何意识形态的理论和教条强加于人。《年鉴》不将历史任何一个领域置于特殊的地位。心态史是我们使用的工具之一,我们觉得这种工具是有益的,但它绝不是历史研究唯一的、通用的工具,也不是主要的工具。我也想到,我们有差错和缺陷。此刻,说真的,我们也陷入了危机。然而我相信,使《年鉴》及其读者获益甚多的原因之一,是我们向在我们看来有意义的各种史学保持开放。《年鉴》的预算中相当一部分用于翻译介绍世界各地的有关论著。明年,我们将出一期日本专号,大部分文章由日本史学家执笔。本人希望,在不久的将来《年鉴》会出一期中国专号。是的,历史研究必须是开放的,没有围墙的。

就此打住吧,谢谢。

(刊载于《史学理论研究》1999 年第 3 期,刘文立译。)

历史学和长时段

[法]米歇尔·伏维尔

1958 年,费尔南·布罗代尔写了有关"长时段"的著名论文,这篇文章在"年鉴学派"的史学传统中,成为一种宣言,甚至是一种学术信仰。当时,有关长时段这个主题的史学论著不算很多,值得一提的有:布罗代尔本人的《腓力二世时代的地中海和地中海世界》,这正是他有关长时段研究的实践,充分显示了他对时间、空间中延续性的注意;此外有马克·布洛赫的《法国乡村史的基本特性》和欧内斯特·拉布鲁斯的《18 世纪工资和价格运动概论》。当时,研究长时段的范本杰作也就是这些了,虽然皮埃尔·肖努的《1504—1650 年的塞维利亚和大西洋》也已经处在出版阶段。正是在布罗代尔这篇文章发表以后的几年中,一些对一个世纪或更长期进行大胆研究的著作才得以出现,对此,我们可指出的有皮埃尔·古贝尔的《博韦人》(1960 年)和 E. 巴拉蒂埃的《普罗旺斯》(1961年)等。随后这类研究日益增多,同时长时段这个概念也日益为人们所接受,在 E. 勒鲁瓦·拉迪里的笔下,这一概念包括了朗格多克农民 4 个世纪(14—18 世纪)的全部社会生活。

我从布罗代尔的上述文章出发,在 20 年后的今天再来考察一下长时段概念的来龙去脉,这丝毫不是图省事。这一概念在 60 年代还只是一种预测性的提法,而今天(1978 年)已取得了全面胜利,但同时又变得平凡化,并常遭人反对。当年布罗代尔曾在史学领域的内部和外部两条战线上作战,这样说已经不够了,他起码在三四条战线上挥戈拼搏。在史学领域内,布罗代尔参照了一种离我们已经颇为遥远的过去,即参照了唯历史的史学的过去,来阐明自己的观点,而这种唯历史的史学,就是曾经遭到"年鉴派"第一代领袖们猛烈抨击的事件史学。他谴责"爆炸性的事件是十足的新闻……它释放的大量烟雾充斥着当时人的意识……"这种事件,对布罗代尔来说,最后就转化为"短时段",是"所有时段中最变幻无常和最具有欺骗性的时段",它在最近几百年中一直在政治史上占统治地位。费尔南·布罗代尔虽对经济史的新进展感到满意,但这种进展并不意味着这种事件史的终结:在"孔德拉蒂耶夫对半个世纪经济局势、周期的叙述"①中,存在着出现一种新事件史的危险;这一新事件史是"吸引人的短时段经济"的栖身场所,甚至也是间接恢复"非常古老的、动人心弦的政治史"的一种手段,E. 拉布鲁斯的一篇著名文章对"三种危机、三次革命"所作阐述的②,对布罗代尔来说就是这方面的一个例证。这些参考材料能帮助我们更好地确定布罗代尔那篇文章当时所处的确切史学研究背景;我们现在回过头看一下,正如 P. 维拉所说的,这篇文章有一种"捉弄人"的味道,他的这种说法也许并不过分。然而,这篇文章所表达的开放远远超过一种在今天看来也许已成为历史陈迹的证据的范围:布罗代尔在制订研究计划时,同样也参考了不断扩张的、表面上看来已取得胜利的其他人文科学,从而为史学选择了未来。如果说布罗代尔与人类学和人种学还保持着那种一旦消除了当时的误会便加强接触的可能性,那么他对社会学家所使用的短时段则绝对没有什么好感:他打着长时段的旗号,在为未来史学所制订的规划中出现一些我们今天已在重复使用的关键概念:首先是"结构"这一当时在日益为人们所接受概念,菲利普·阿里埃斯在其《历史的时间》一书中已拥护这一概念,其次是从定性数学中借用过来的"模式"概念,"模式"已在其他人文科学中用来进行计算……在这

---

① 孔德拉蒂耶夫(Kondratieff),美国经济学家,原籍俄国。他在 1925 年出版的《商业经济》中指出,19 世纪发达国家的经济中存在着 15—50 年的不同周期。

② 参见 E. 拉布鲁斯:《1948—1830—1789 年,革命是如何产生的》,载《1848 年法国革命一百周年纪念历史讨论会论文集》,巴黎 1848 年版。

一系列概念中,有很多大胆和保守兼而有之的手段可用来更好地领会什么是一般的时间,什么是各种历史的特有时间:这并不是指神话或人类行为基本因素的准永恒性,而是指一种好像被确定为是无意识的社会史的、"普通的"长时段,这种无意识,就是马克思所说的"人类创造历史,但并不知道自己的创造历史"。对布罗代尔来说,这种未被意识到的历史恰恰就发生在长时段中,就暗藏在那些显而易见的表面事件的后面,并且可以用一连串的结构组织起来,在这些结构中一个系统的一系列补充成份相互呼应。属于这种情况的首先是社会经济史,但这里所说的并不是那种直到当时为止一直受到重视的运动和突变史,而是指具有稳定性的"经济文明"史,即在一种"缓慢时间"的"半静止状态"中变动的"缓慢的历史的层次";其次是(也许特别是)文化史或心态史,这一史学领域因为被认为是"稳态"的,是"长时段的囚牢",因而被定为对历史进行长时段研究的优先领域。正是在这一领域中,F. 布罗代尔和 E. 拉布鲁斯再次相遇了;后者于 1965 年在圣克卢召开社会史讨论会时,要求史学家大力开发史学的"第三层次"即心态史,他对心态史下的定义是"抗拒变化"[①]的史学。

费尔南·布罗代尔的学术主张如果不是已经陈旧,但至少还是至今为止评价史学历程的特殊工具,究其原因,就是因为这种主张粗中有细,表达了有保留的开拓精神。显然,到目前为止,不明确的地方已逐步得到说明,问题也已理清;结构主义已经渗入史学领域,而历史学研究也并未因此而进入死胡同;特别值得一提的是:大批史学家不谋而合、不约而同地集中在布罗代尔所开辟的几个研究途径中。长时段历史这一 20 年后我们能对其各领域进行全面描述的史学方向,虽然它的运动演进曾时常带来一些未曾料到的结果,但其本身却并未违背一开始所描绘的模式。

确实,长时段概念所引起的论战,有些对我们来说已经成为过去;同时为了不再回复到当时的那些论战中去,唯历史的史学之死亡在今天已是一个既成事实。布罗代尔所大力抨击的"事件"是否同样从史学领域中消失了? 答案:既"是"又"不是"。如果我们考虑到起码是法国史学的一部分,像"法国大革命"这样的巨大事件——甚至是"激动人心的不礼

---

① 参见《社会史——资料和方法》,巴黎 1967 年版。

貌行为"的类型——今天已被贬斥到何等地步的话,那么回答确定是肯定的;但是回答又是否定的,因为事件在史学研究中还有其顽强的生命力。为了说明这一点,我们只须指出:一个像 1968 年 5 月风暴这样的小浪潮就足以在史学界激起一阵研究短时段的热潮,而不单纯是附和一时的时尚⋯⋯但这还不是唯一的理由。

如果说有些争论的主题已在 20 年前的史学战线上解决了,那么昨天的一些预测也许也已成为过去。如同第一代"年鉴派"的其他领袖人物一样,F. 布罗代尔为了使恢复对长时段的研究有一个坚实的基础,他部分是从首先进行地理 – 历史学研究着手的;这一事实已很好地反映了史学与地理学之间卓有成效的交流。可惜! 如果史学状况正如我们所断言的那么好,那么对地理学就应当另作别论了。皮埃尔·肖努已指出了(他是最有资格做到这一点的人之一),那些带有广泛的人种学或地理学(如地中海区域或大西洋区域)特性的重要研究是如何从那时起降格为更为方便的、以地区为对象的专题研究的。① P 作长时段的研究并不一定要有一个非常广泛的背景:地中海区域最终也局限在法国南部的蒙塔尤地区,而蒙塔尤地区只是通过那些为出版商所喜欢的推理,被作者用来说明"奥克语地区"的情况的⋯⋯但它并未因此而丧失其论证的价值。虽然有着这种或那种细微差别,但不能否认,就总体而言,布罗代尔所预言的这种研究趋势是有连续性的:通过对长时段概念所取得的胜利作一总结,可以为探讨完全是描述性的第一层次作好准备。

一、"长时段"概念的胜利:史学研究领域的改变

长时段概念的这一胜利也许与一系列的基本原因有关,在此我想将其综合为以下两个方面:首先是史学研究领域的改变,其次是史学研究方法和技巧的改变,这两个方面是紧密相联的。史学研究领域的改变? 这不由使我回想到约在 10 年前(1970 年)与 F. 载鲁瓦·拉迪里的一次交谈。当时我正要完成我的论著《18 世纪普罗旺斯地区的巴罗克虔诚和非

---

① 　皮埃尔·消努:《地理历史学》,载《高等教育杂志》,1969 年第 44—45 期,第 66 ~ 77 页。

基督教化》①,我们谈到了我传统上称之为意识形态上层建筑的这一第三层次,以及法国史学家中社会学派史学家所参与的、我们称之为"从地窖到顶楼",即从经济到心态的研究运动。E. 勒鲁瓦·拉迪里表示他本人还是想待在"地窖"中……但今天他对蒙塔尤地区的研究已生动地表明他把握了整幢建筑:从地窖到顶楼,即从土地结构到乡村集体心态中最为复杂的种种形式。对此他还会说些什么呢?

　　"从地窖到顶楼",这也许是可以对长时段这个概念获得胜利的明确前景作一番大致浏览的命题。我们为了方便而称之为"古典"史学的时间已发生了变化:甚至政治史本身也不仅在一个方面摒弃了事件的樊篱而探讨那些只有在时段中才能得到理解的问题,特别是国家问题:国家是一个无所不包的结构,这一结构并不能混同于以前的政治制度史所分析的那些呆板的现实,因为这种制度史老是一成不变地罗列国家的各种类别。时间的这种变化在宗教史中还要更为明显,宗教史正日益受到宗教社会和心态史的双重压力或者说刺激:人们已不再以"于尼让尼图斯教皇谕旨在某某教区"等作为论文的题目,而是在以数百年为时间单位的长时段中注意研究诸如群众宗教、前基督教时期泛灵论的延续继承等主题——这一泛灵论从中世纪一直延续到近代初期:从 12、13 世纪到古典时代天主教的再度强化,这一泛灵论始终以基督教化了的群众宗教为形式而渗透、存在于这一时期的宗教感情之中。如果相信了直到法国大革命前夕法国是处于一种"基督教国家"状态,那我们接下来就不禁要和 J. 德吕莫一起提出这样一个问题:是否法国的农村有一天已被真正地从深层基督教化了? 所有上述问题只有在一个极宽广的范围内,在以数世纪为时间长度的时段内才可以理解。

　　经济史以前曾作为推动方法论革新"生力军",至今仍没有半点衰落,正是这种经济史以一种最为明确的方式显示了最为深刻的观点变化。经济史庄严地把自己说成是运动史和局势史:从 F. 西米昂到 E. 拉布鲁斯,法国经济史学派使人们承认了经济学家关于三种时间划分的框架——这种划分自那以后便变为通俗普遍化了:首先是周期为 10 年左右

---

①　M. 伏维尔:《18 世纪普罗旺斯地区的巴罗克虔诚和非基督教化》,巴黎 1978 年版。

的短时段,这一时段以一年甚至一个季度为危机的顶点;其次是介于两个
周期之间的中时段;最后是长时段,它体现着以世纪为单位的经济变动,
我们看到从中世纪到今天,西米昂所提出的关于经济长时段运动的传统
划分:A 阶段(扩张)和 B 阶段(收缩)正在逐步缩短。这一经济史的时间
辩证法随着价格史的研究而取得了不断的进步和成果,这一价格史的建
立,是从市场谷物、手工制品价格表等重要材料系列的分析出发的,初期
的计量史学在这方面取得了很大成功,虽然当时它与系列史还没有什么
区别。如想讲得简明扼要,用必不可少的漫画手段作一番描述,那我们很
容易想到那些 20 年来的具体变化已改变了这种状况:某种经济计量学,
如像《新经济史》,已出现了脱离经济史的倾向,以便继续走自己的道路,
把对经济情况的研究从时间上延长到非常近的现代。在史学领域中,经
济史并不否认自己那些现成的研究程序,但却从重视对突变、经济形势的
偶然变化和危机进行研究的价格史领域脱离了出来;经济史尽可能向生
产史和增长史转变,力图把自己的研究工作放在一个更宽的时间跨度内;
这也许仅仅是因为那些更为众多、也更为粗糙、又常常是不连贯的材料系
列进一步使经济史从对数量的调查研究过渡到系列史。这样的转变也不
是一点没有教训、毫无困难的。昔日的研究者曾花了很大力气才把谷物
的增产曲线(它们的一朝分娩经过了 10 月怀胎)和还原到收获年份的价
格曲线联系起来。如果我们今天有时和颜悦色地提到这些研究者的坚
韧,那我们同样应该想到,R. 巴雷尔曾提出的带有某种挑衅性的新思想
(用增长史和生产史来代替价格史)在开拓道路的过程中曾遇到何等大
的困难,以及多么不为人们所理解。今天史学的这一系列革新已被承认,
新的方向已被接受,反对派也正在逐步退却和消失。人们将不会忘记一
系列代表着研究新途径的典范作品,这些作品都主动以世纪为长时段单
位,根据布罗代尔的研究传统,把历史学和地理学结合起来,对人类的运
动、定居、社会关系、生产等各方面进行研究。在这方面,E. 勒鲁瓦·拉
迪里对朗格多克地区农民所作的研究给我们提供了一个首要的范例:他
回溯到中世纪的全盛时期(14 世纪这个转折时期)而对一个始终由农业
经济占统治地位的外省进行研究:这一双重根源(中世纪加农业)也许解
释了为何出现一个在很长的时段中在其经济方面至少大体上是"不变动

的"世界。但那些眼下已成为时髦的、在新的形式下对村庄小天地进行短期总体研究而写出的力作范文也同样是这样的证明:有人要讲他的另一部具有革新意义的试验之作《蒙塔尤》(主要是根据一个宗教裁判所法官的访问记而对 14 世纪初一个"奥克语地区的"村庄进行深刻的剖析)几乎没有为我们的这位圣贤辩护,它论述的仍然是时间长河中的一个瞬间:但是,根据这种观点,人们可以想到 G. 布夏尔对巴黎南部索洛涅地区的研究(但这丝毫不是一种好奇!),他从这一地区在古典时代坚如磐石的旧有结构中揭示出"静止不变的村庄"①。在这一被 E. 拉布鲁斯已经习惯地称之为"旧类型"的经济状态中,在这一直到 18 世纪上半叶才出现显著变化的经济中,我们才理解一种被 E. 勒鲁瓦·拉迪里以挑战性的方式定名为"静止不动的历史"模式如何得以产生:在勒鲁瓦·拉迪里那里,这一历史至少时跨 4 个世纪(14—18 世纪),但这一模式并不局限于经济领域,而是在一个总体结构中把一种总体历史的各不同层次结合起来。

但在评价这个值得引起人们特别注意的方面之前,似乎应当在这一研究中先关注一下在人类的物质史或者说人类的生活条件史中开拓的一些新领域:对于传统的经济史来说,对物质文明稳定层次的研究兴趣正在不断增长。我们在此只举几个例子:如对居住条件和住房的研究等,P. 肖努和他的研究小组对诺曼底和巴黎这两个地区的居住条件和住房在一个很长时期内的延续状况作了研究。这一历史并不是停滞不变的,波兰、英国、意大利等国的研究中世纪的专家使我们了解到随着土地在长时段中的价值变化,乡村居住条件也发生着缓慢而长期的变迁,这种状况在对遗弃村庄的考古学研究中得到了证实。

这一物质文明的非常缓慢的演进史能够转变为一种从生物学、人类学角度来研究人类的历史:在这一方面,还是 E. 勒鲁瓦·拉迪里为我们提供了例子,他根据 19 世纪的征兵资料建立了法国新兵人类学。但是,一系列细而又细的研究程序(如在材料齐全的一些地点研究人的血型等)也有助于建立这种离经叛道的史学,这一史学的离经叛道之处在于,

---

① 参见 G. 布夏尔:《静止不变的村庄:索洛涅地区的塞纳累》,巴黎 1972 年版。

它既是研究人的又是避免主动把握人道的,这后一种情况至少在主要的研究方法方面是如此。

史学在这一研究道路上并没有理由停止前进:各种不以人道为研究对象的史学(我们这里所指的是研究生物或地质方面的物理现象的史学)是近期所取得的巨大成果之一,即使这些成果在以前的成果中也能找到其踪迹,如疾病史就是这些正在形成的分支学科之一,它研究的是疾病的出现、消失、变动以及各种疾病在一个生态系统中的相互关系。人们已经开始谈到地震史,尤其是因为 E. 勒鲁瓦·拉迪里的研究,气候史也成为一个完整的独立学科——他通过一系列不同的踪迹,如关于宣布摘葡萄季节开始的公告的时间、冰川的消长或树木年轮的研究,对公元 1000 年以来的气候史进行了概述。① 即使气候史并未真正揭示农业繁荣或衰退的长时段运动的最终奥秘,它也远远不只是一种辅助性学科或一种猎奇。有了这一历史,就引出了另一种时间,这种时间并不是人类的时间,这并不是因为人类对自己必然要遇到的这些物理或生物条件一筹莫展,实际上,自巴斯德革命以来,疾病生态史已大部分被置于人类的控制之下。但是,这种时间的节奏是特殊的,基本上与人类的时间无关,可也有助于去完善后一种时间概念。

(一)从社会运动到社会结构

在社会史领域内,根据史学家所作的解说对长时段的结构和系统所进行的研究,是近几十年来取得的巨大成果之一:因为这一研究并不是在研究结构与研究社会动力之间的基本辩证关系中作出一种要么偏重于这一方向,要么偏重于那一方向的选择或仲裁。目前的社会史研究开始于"社会运动",尤其是对工人运动的研究,"社会运动"这一名词在今天已有些过时了。从对 19—20 世纪工人运动史的出色研究开始,人们通过一个回溯过程(在这方面,某些开拓之作已有所突破),最后研究了发生于工业革命前社会中的一系列起义造反(如扎克雷起义或曰"愤怒者"的暴动等)。正是在这一意识形态观念渗入最为明显的领域中,在如何表达前资本主义社会中阶级斗争诸形式(如果允许我这么说的话)的问题上,多

---

① E. 勒鲁瓦·拉迪里:《公元 1000 年以来的气候史》,巴黎 1967 年版。

种解说之间出现了最为尖锐的对立，在对于法国 17 世纪上半叶群众暴动的解说问题上，R. 莫尼埃和 B. 波尔契内夫之间的论战便是明证。[①] 很多人力图把这些没有前途的群众暴动说成是一种就整体而言是静止不动的社会环境中的一种几乎不变的稳定现象，因为这些暴动将是这种社会中旧式危机的爆发在社会方面的反应和表现：但暴动者的意识形态则必然是尊古的，在这方面，我们已看到从天主教神圣联盟时期（16 世纪）到法国大革命的连续性。[②]

在这种解说中，对社会动力的研究，至少是对群众所起社会动力作用的研究——这在某些著作（仍请参阅《朗格多克的农民》）中占有重要地位——就让位于对结构的研究了：当然，这里所说的是史学家所分析的长时段的结构，而这些史学家也是从 60 年代起就根据 1955 年 E. 拉布鲁斯在罗马国际史学大会上提出的、名为"通向西方资产阶级史研究的新途径"的纲领展开研究的。但社会结构和历史并不是由此"发明"的，它早在对乡村世界的研究中就已存在了：它有着坚实的传统基础，这种传统诞生于 1900 年左右那个鲁契斯基的英雄时代，并在 30 年代因 G. 勒费弗尔的《法国大革命时期诺尔郡的农民》这一专题论文而确立了自己的地位，随后的一系列专题研究使其一起保持了延续性，直到当代的一些综合研究革新了研究的方式。只是在这一领域的城市社会研究方面（这一方面部分是由于其复杂性，才为人们所弃置一边的），60 年代拉布鲁斯的革命才最为明显地被感觉到：为了避免举大量的例子（这有点不公正），我们想在那些描述城市在一个世纪或一个世纪以上时间里的主要面貌的文章中，提一下 M. 加尔当对 18 世纪里昂面貌的描述，P. 戴戍对 17 世纪亚眠的分析。[③]

城市或乡村的社会结构史是一种研究长时段的新史学，直到最近为止，这种史学所研究的静止性和延续性一直在向正统史学所研究的变动

---

① 参见 R. 莫尼埃：《农民的愤怒——17 世纪暴动中的农民》，巴黎 1967 年版；B. 波尔契内夫：《18 世纪法国的人民起义》，1948 年俄文版。

② 参见 F. 菲雷、D. 里歇：《法国大革命》（2 卷本），巴黎 1965 年版。

③ 参见 M. 加尔当：《17 世纪的里昂和里昂人》，巴黎 1970 年版；P. 戴戍：《外省的首府亚眠——17 世纪城市社会的研究》，巴黎 1967 年版。

性进行挑战：但在我看来，近来还有一种最直接推动新社会史向长时段研究转变的趋势，这就是日益明显地向心态史发展的研究趋势。

（二）心态——长时段的优势领域

作为一个心态史学家，我同其他一些同行一样认为，心态史远不是社会史的对立面，而最多只是研究社会史的终结和归宿：在这一层次上，社会史的研究对象最后都表现为人们的态度和群体的表象。但根据一系列有力的推断，这一第三层次确实能被视为"长时段的囚牢"（布罗代尔语）或"抗拒变化"（拉布鲁斯语）的层次：人们由此而对心态结构的"惰性力量"进行探究。在开始阶段，这一层次的研究似乎只能从心态借以展示的以数世纪为单位的时段出发才能着手进行，这至少对一种史学倾向来说是如此，这种史学倾向似乎忘记了在心态史开创之前的一本杰作：乔治·勒费弗尔的《大恐惧》。这本书几乎以侦探小说的手法研究、揭示的恐惧浪潮，在3个星期不到的时间内通过各种间接途径而扩及法国乡村社会，并粉碎了旧农业制度。然而，文化史和群体态度行为确实已最为明显地深入旧制度传统社会的长时段中。罗贝尔·芒德鲁从研究《特鲁瓦文库》那套蓝皮小丛书的长期演变情况着手，揭示了法国18世纪大范围的群众文化的一系列特点。这一群众传播的文学随着近代时期的曙光而发生微小的变化，并一直持续到19世纪中期才消失。在心态史的开端时期——也是文化史的开端时期，人们还不能回避一些前提问题，简言之，就是时间的一分为二问题：群众文化的时间——这是传统的惰性的领地；"精英"文化的时间——这里产生着革新和刺激等因素。群众文化和精英文化正表示着另外一种重要的辩证法，从而成为当前研究的主题之一。

但事情也许不如人们所相信的那么简单。为了阐明群体心态的"长时段囚牢"，F.布罗代尔在20年前是以吕西安·费弗尔的《拉伯雷的宗教——16世纪的不信神问题》一文中所作的卓越论证为依据的。费弗尔此文给布罗代尔提供了一个无所不包的"结构"的图像，一种联结所有层次的世纪观念，一种驱除实证史学那些过时解说的手段：费弗尔这样回答阿贝尔·勒费朗：不！在一个宗教控制着全部集体生活的社会中，拉伯雷是不可能成为一个如您所想象的自由思想家的。费弗尔的这篇论文，公道地说，在今天看来已经过时了，但这一对心态结构的综合阐述（人们尚不敢说是总体阐述)还继续有效吗？人们虽已从 M. 巴克西的著作以及 C. 金斯伯格或 N. 戴维斯的论著中发现拉伯雷是当时还很活跃的群众文化的代言人，后两人的论著揭示了 16 世纪群众文化和精英文化之间充满紧张状态、斗争冲突、矛盾和生动辩证的而不是单向的交流①，但人们不能无保留地接受吕西安·费弗尔所提出的结构日趋贫乏化的观点，因为他当时只看到了事件的一个方面。

　　如果我们使史学研究从注重于明确的思维或文化转变为注重于心态史的新领域，也就是注重于对态度、行为举止以及人们称之为"群体无意识"(阿里埃斯语)层次的研究的话，长时段所显示的重要性则更加确凿无疑。

　　在家庭史、爱情史、配偶史、对儿童的态度史、群体社交史及死亡史等这一系列新开拓的研究领域中，人们看不到动乱、突变，也看不到传统含义上所说的事件。心态史的开创者之一菲利普·阿里埃斯曾研究了有关儿童、家庭和死亡等各个方面，他有力地证实了心态史所研究的是非常长的时段中一系列隐秘的演进，这些演进是无意识的，因为生活于其中的人们并没有意识到这些演进。阿里埃斯向我们揭示的——特别是在其研究死亡史的近作中——并不是一种"静止不动"的历史图景(尽管他还是为一种"不合时宜的"基础史学，也许就是那种研究传统社会的史学，留有一席之地)，而是历史的一系列宽广视面，是行为举止的模式和结构不仅前后交替而且也相互重叠、结合的图景——犹如房顶瓦片的排列一样。他向我们指出：从中世纪到古典时代，人们对死亡的态度从"视死如归"(如伊万·伊里奇、勇敢者罗兰等史诗人物所表现的那样)演进到第一次意识到对个人死亡的"愤怒"；到了浪漫时代，又转变为对他人(爱的对象)死亡的"愤怒"，时至当代，把死亡视为忌讳。正是通过历史的这些主要方面，一个结构才转变到另一个结构；在这些主要方面中，感受不到的变动要比可以直接观察到的现象(中世纪末期对死亡的恐惧是否一种附

---

　　① 参见 M. 巴克丁：《拉伯雷的作品与中世纪及文艺复兴时期的群众文化》，1970 年法文版；C. 金斯伯格：《群众文化》，都灵 1976 年意大利文版；N. Z. 戴维斯：《近代法国早斯的社会与文化》，1975 年版。

加现象?)或可以意识到的转折(如18世纪末期)更重要。①

菲利普·阿里埃斯从人们对死亡或儿童的态度着手所作的研究绝不是孤儿的,它代表了当今最系统化、最吸引人的研究趋势之一。研究家庭(这是当前的另一个研究热点,但是,家庭、儿童或死亡难道就不是同一种大胆探索的几个不同方面吗?)的史学家们也同样对我们谈到了这一长时段的模式;欧洲家庭模式也许产生于16世纪末的西欧,覆盖了整个古典时代,并一直延续到18世纪末,这一模式的特点是出现了核心家庭、婚姻年龄推迟、在马尔萨斯之前就已自发出现了马尔萨斯的人口主张等。这样一种历史能够容忍"革命"吗?有关18世纪避孕的起源问题展开过长期的讨论,这场讨论因E.肖特尔的"性革命"(E.肖特尔把"性革命"的发生时间定在18世纪)这个有争论的概念又重新活跃起来,这就导致了提出一个有必要重提的问题。

要我去同这种研究集体心态缓慢运动的史学进行论战,那我也许会感到不乐意:我并没有(甚至是适度地)要求以我为榜样,像我一样从丰富的图像学资料(法国南部地区教学的炼狱灵台)出发,从15世纪炼狱形象的出现到20世纪初这些形象的消失,来追踪人们对彼世的描绘所出现的变化。这些变动只有在很长的时段中才能观察到。这类研究在今天已远不是独一无二的了,但它也许要求从另一种角度来考虑长时段在当时所取得的胜利。直到那时为止,我们已把这看成是扩大研究领域和探索新的研究层次所产生的结果,因为在这些新的研究层次中衡量历史时间的传统标准已变得不适宜了;这种解释还需要更进一步的深化以使其变得更为基本和深刻。

二、研究手段方面的原因:有关资料的新概念

上述有关时间或历史时间的观念变化,总的说来,只是历史资料概念本身变化的产物吗?我们虽然没有必要重申,每个时代都创造了适合自己需要的资料,但对这个先决问题不能不作一番考察:总之,在清扫了各种史学的研究领域后,这一问题能使我们以一种更为综合的方式来评价

---

　　① 参见 Ph. 阿里埃斯:《人在死亡面前》,巴黎1977年版。

史学到底在哪个层次上发生着变化。

人们可以略带天真地说,长时段的出现是新资料的发现和运用的结果,同时也是对一些领域的探究遇到资料困难而产生的恶果,因为这一领域中的资料状况,迫使人们去建立一种跨时更长的编年史。这两种论断,一褒一贬,其实它们的对立只是表面上的。

从第一种观点来看,我们今天已拥有了在不久前还无法想象的有关长时段的系列资料。不管我们变得多么麻木,还是要对 P. 拉斯利特就英国非婚生育所建立的时跨 4 个多世纪(自 1550 年到今天)的曲线大加赞赏,非婚生育这远不是什么逸闻,而是说明了人们对家庭的态度。① 气候变化的曲线、人口学曲线、价格和生产曲线(这些已为人熟知)等,这些虽然有点东拉西扯,但就此我们能够看到所有涉及人类事务各个不同方面的一整套曲线。

一系列有关日常琐事、涉及无名群众生活延续性的各种新资料的发现,也许是这一史学革命的起源。谷物的市场价格表和旧时居民身份记录系列(包括洗礼、婚姻和葬礼等记录)最先被发掘和利用,并使史学家获得了种种理论原则,如像今天的系列史所运用的原理。但是,这些资料允许史学研究深入过去的程度由于受到技术的束缚而存在着很大的局限:除了一些值得重视的特殊情况外,16 世纪代表着一种界限,在这以前大部分的新领域都几乎无法深入;18 世纪又代表着另一种界限,在这一世纪的前 30 年和 19 世纪的前 30 年之间,历史逐步转向了现代化,从 18 世纪的前 30 年开始,教区记录在各地都已普遍不全,19 世纪的前 30 年,各个不同领域中的统计方法则已普遍化了。从上述这些资料出发,史学家们已作了既细致又平凡的研究。社会史的一系列创新领域已发现了有关长时段的许多新资料系列:例如,日益重视大量公证人材料(如契约、租约、遗嘱、财产清册等),在我看来只是事后才显得更为清晰的程序之一,这些程序有力地打破了传统界线:如 11—12 世纪,或至少 14—18 世纪末,乃至到当代(为什么不到当代呢?),遗嘱材料就给研究人们对死亡的社会行为和心态行为提供了完整而明确的研究基础。这样,在研究近代

① 参见 P. 拉斯利特:《我们已失去的一个世界》,1969 年法文版。

史的学者与研究中世纪史的学者之间就消除了相互不理解的顽固隔阂。双方都有这样一种感觉（或许还不仅仅是一种感觉）：他们是在对同一对象进行研究。

这些在长时段中可组织成系列的新书面资料的发现，是对以前显得毫无意义的大量沉睡着的无名文献进行重新估价的成果，但这些资料的发现既是重要的，又是有局限的。许多例子都说明了这一点：一直到中世纪中期，财政文件常常填补着旧时居民身份状况记录的空缺（如对户数与田亩占有数的计算等，特别是在法国的普罗旺斯地区和意大利），同样，世俗法庭或教会法庭"可使用的"法律文件可使人们回溯性地追寻镇压和反抗之间辩证关系的长时段变动曲线。但这些资料及其使用上的局限也同时存在着，众所周知：在不存在书面文献资料的时候，对这些资料的价值认识就自然中断了。

在这种情况下，我们必须寻找另外一些资料来代替，这些资料的性质本身已要求有一个更为广泛的研究视角：书面资料在这些资料面前失去了自己的优势地位，而考古学，在历史人种学范围内的图像资料、甚至口头调查等则开始走红。从物质文明到文化或群众心态的一系列不同领域，目前史学领地的整整一个部分都表现出一种固执的愿望：即通过昨天人们还认为是间接迂回的手段来解决资料的空缺问题。房屋或居住场所考古学被引入对物质文明的研究中：图像学系列资料被引入心态史领域之中；对教学或教区等宗教场所的财产清册或教会动产的分析，也被用作研究中世纪到近代乃至现代群众性宗教演变的资料基础。

为了不举例太多，我们这里有选择地说一下在当前法国各地及外国教学财产清册中的还愿物①，有关这种还愿物的资料构成了长时段的系列：在法国南方，现存最古老的形象还愿物可追溯到 16 世纪，最新的还愿物则今天还在产生着——无名大理石还愿牌并未取代传统的工艺。这是一种既丰富又贫乏的资料：它的丰富性在于我们利用这类资料能进行多种研究——它可用于物质文明史、服饰史、疾病史、死亡史、对家庭的态度

---

①　指人们过去许下愿后或感谢神意帮助在教学中留下的信物，包括芈画、雕塑、铭刻、物品等。——编译者。

史等方面的研究,它还可通过奇迹的发生、上帝恩惠的接受等信仰来间接研究人们的宗教感情。但是这一资料系列也有其贫乏之处,即难以确定其年代日期;人们只能在变化甚微的表象的长时段中观察还愿物资料的形象,以便对其作出大体上的年代划分。此外,这一资料系列主要反映的是延续性,而对革新则反映迟缓:例如,在整个古典时代,甚至19世纪,群众图片制作与销售业仍在复制那种"代表"15世纪祭坛后部装饰屏的、一成不变的圣徒像。在这里,时间的流逝是沉静的、悄声的,既不中断又不急转直下:这就是这些图像资料系列给我们留下的印象;这不仅是由于这些资料缺乏精确性(或者说因为它缺少书面资料所具有的清晰性),而且在于这些资料都更为直接地反映着客观存在于节奏缓慢时段中的慢速演进过程。在传统文明(如房屋文明或家具文明)中,研究对象的静止性符合图像资料的画面所显示的静止性。那些图像资料所拥有的价值更有理由存在于口头资料之中:正是这一种非常特殊的时间,被一些历史学家(如菲利普·儒达尔)揭示了出来,这些历史学家通过以人种学方式的直接调查,根据一个特定的主题,把集体记忆的各种因素重新组织起来(儒达尔调查有关卡米扎尔战争的集体记忆[①])。这种集体记忆虽然既不丰富,又带有创造性,常常在同一回忆中吸收一些不同事件,但却能使回忆富有与书面文化相联系的前后层次。尽管如此,口头调查却能使史学家接触到民俗学家、人种学家的时间观念,史学家不再拒绝接受这种与他的研究对象不相一致的时间,但他关心的是尽可能明确这种仍处于令人发怒的永恒中的时间,从而给这种对理解传统文明来说如此基本的时段盖上史学的印记。

根据不同的资料对时间作了上述解说后,人们对时间的印象仍是含糊的。就大部分创造历史的群众及其生命历程中的重要部分而言,除了精确确定日期有技术上的困难外,还有其他的困难;在人们的印象中,已把握的一些节奏好像是一些不同的新旧交替运动。众所周知,从P.肖努和F.布罗代尔开始,法国历史学的一部分曾试图用系列史这一更受欢迎的概念来取代计量史学这一也许太"经济"化的表达方式。系列史的研

---

① 参见P.儒达尔:《卡米扎尔战争的传奇》,巴黎1977版。

究前提是按照时间把同一现象所提供的前后相继的形象组织起来,但并不一定要求这些形象的鲜明度必须是可测量的。这样,我们可以从要求豁免兵役这一现象中看到人们的家庭观念系列;根据还愿物看到人们的神创奇迹观念;根据祭坛后部装饰屏上的炼狱形象看到人们的彼世观念;根据法庭审判文件看到人们的违拗行为或镇压行为等。在不摒弃计量化的情形下,这一系列史的调查对于开辟心态史的新领域,同时在长时段中作新的探索来说,是很理想的。

通过上面这个新的例子,我们能对历史时间有一种新的解说吗?

三、长时段的时间

为了评价这一对历史时间所进行的新探讨,我们先来看一下传统的时间观将是很适宜的:传统的政治 – 军事史注重于事件的短时段:1610年或1815年等等。这一时间划分当然已不再有人愿意接受了(但当真是如此吗?),它所涉及的只是人类历史的狭小肤浅表层罢了,真正的历史就像真正的生活一样是体现在别处的。例如,在用线性因果关系把历史事件简单地联系起来这一方面,经济史把时间波动划分为三个层次,这真是功德无量,它将历史时间分为:危机的短时段、周期间的中等时段、缓慢变动的长时段。这一划分在经济史领域中是可以实行的,但早在20年前布罗代尔就已提出这样一个问题,人们是否可以希望在其他史学领域(从社会史开始)中也移植这种时间的划分模式呢?对此还没有明确的答案,或者宁可说是有的,至少在实际上是有的:对于长时段历史的研究者们来说,这一时间模式似乎显得过于机械化了,从而也就用处不大了。

由此看来,我们所走的是一条研究时间多重性的道路,这就通向了如同阿尔杜塞所说的历史时间的"错综复杂"。经济史的时间、社会史的时间、心态结构史的时间等,这些时间的节奏快慢都互不相同……当 E. 拉布鲁斯说到有待于在心态领域内发现抗拒变化的历史时,他隐约想到存在着各种不同的时间节奏,但他依然认为,从物质方面(或者说经济基础方面)的最初冲动开始,到保守的社会结构,最后进入心态的长时段囚牢,存在着一种逐渐由快到慢的唯一演变运动。这一解释十分明显地参考了马克思主义的经济基础和上层建筑的辩证法,在占统治地位的历史学圈子内已不再时髦了——在这一圈子中,人们会对陷于如同我们的美国朋友所说的"庸俗马克思主义"中的想法一笑了之。人们最多(并不总是明显地)回到一种不那么过于简单化的解释,即人民大众的静止的或几乎静止的时间与"精英"的冲动的、变化的、创造性的时间之间的辩证关系,这或许也是一种表面的层次,但这是一种有益的表层,是一种能反映出整个面包的表层,也是能揭示那运动着的历史的表层。我们可以说,目前法国年鉴派的大部分成员就体现着这一倾向,或许仅仅是分担着角色:其中一些(F. 菲雷、D. 里歇等)史学家研究精英时间的运动性,而另一些(如 E. 勒鲁瓦·拉迪里等)则研究人种历史学角度的静止性。

但这并不等于说历史时间就多元化了:时间的互相重叠是我们所提到历史时间"错综复杂"的另一个方面。只要看一下菲利普·阿里埃斯的《死亡史》就够了:如同我们所说屋顶上的瓦片排列一样,在这同一领域中,就存在着一些部分重叠在一起的不同时段。早在古代社会中就存在着的甘愿死亡的静止时段,即"非编年性的"时段,至今仍未结束,人们可以在日常生活经验中观察到这一甘愿死亡的表现;但其他对待死亡的态度也在历史演进中产生了:如对"自我死亡"的自私意识,这一意识作用于所爱对象的升华(你的死),以及随之而来的近代关于死亡的禁忌等,这一切都按照不同的地理环境、宗教教派的环境、社会环境和个人状况而交错发生、演进。据此,我们自然会形成这样一种想法:在"交响乐式"的历史中各种时间是独立的,这些最后得到揭示的不同节奏,或交织成一个严密协调一致的整体,或相反在它们的差异性中相互矛盾和对抗:这也许就是用一些显然超出狭窄经济领域的术语来重新表达的"行情"了。

对于当前的许多史学家来说,这一研究倾向仍然还是规则吗? 人们将会说,我是在为与自己的研究领域有联系的菲利普·阿里埃斯谋一席之地。阿里埃斯以其研究活动的新颖性和代表性而受到这种关注,这是当之无愧的。对于他来说,像群体对死亡的态度中这样一种重要的长时段史肯定是按照一种真正的独立性演进的:相对于人口压力、各种社会表象结构,甚至相对以意识形态为形式而出现的结构(宗教的、哲学的等),菲利普·阿里埃斯正是根据一种成熟于其自身内部辩证运动中的"群体无意识"的独立性,来研究长时段的演进的,从而使"群体无意识"这一现象有了其特定的节奏。

菲利普·阿里埃斯在这方面是一个极端的或特殊的例子吗?我并不认为如此。他的伟大功绩在于,他所明确表达的观念在其他领域中往往还没有得到表达。但是,人们不难找到另外一些十分相似的论述(例如,在目前正日见兴旺的家庭史领域中)。历史人种学如同物质文明史一样,它们都难以在自己的时段中引入一种从史学角度看是短促的节奏,因而也都恨不得从中推断存在着一种很长的时段,一种也许是很特殊的时段……

我们不难看到,这一切将向什么方向发展。对最后的结局,我们可概括为这样两个相互有联系的主题:首先是研究干脆静止不动的历史;其次是探究史学中的变化及急剧转折的概念,简言之,即革命的观念。

第一种研究观点(我们不说第一个危险)是和费尔南·布罗代尔联系在一起的,确实,他撰写这类主题的史著,正好是在其他社会科学对史学压力最强的时候。皮埃尔·维拉曾亲身经历过这一时期,且看他是怎样带着那么一点幽默而提到有关这一静止不动的历史的内部论战的:"布罗代尔很愿意被别人所迷惑。这些创新是沿着他的研究方向发展的,这个方向就是研究抗拒变化的历史。但是,他喜欢自己的历史学家职业。长时段,史学家当然很愿意考虑。如果不再有一点时间,他也只好消失了……"靠一种几乎是道德上的(我们不说是职业上的)反应,布罗代尔最终能驱除在他笔下表达出来的静止不动的时间这一观念吗?似乎不能。要说明这一点,我们只要看一下 E. 勒鲁瓦·拉迪里从中得到的启示就可以了,拉迪里在法兰西学院首次上课所作的那篇纲领性演说(1975年)就是以《静止不动的历史》为题的。我们并不迫使这位研究朗格多克的史学家说出他想说的东西以外的东西:他笔下的历史也并不是完全静止的。他的书中有一个很长的静止期,也许是从 14—18 世纪初(即 1720年左右);但随后事情就发生了变化,随之而来的各种表现因素(如土地的利用、居处、生产、人口、物质的和心态的工具等)也都在毫无疑问地发展和变化着,此外,在非常漫长的几世纪的基本稳定性之中,也存在着很多围绕中等时段的变动,这些变动有时是缓慢的,但在通常情况下是突变性的,如人口的升降、家庭规模大小的变化或群众暴动的烈火等。但是,如果说勒鲁瓦·拉迪里把布罗代尔的"结构"概念作这样的调查,认为这"也许是一种组合,一个建筑体,但更是一种现实,时间对这种现实的磨损很小,对它的推动非常缓慢",如果说这是一个最后来拯救历史运动的折中办法的话,那他就完全不成其为这场游戏的主角人物了,在这场游戏中其他人走得更远。

像禁止乱伦这样一些人类行为的基本特点在如此漫长的时段中经久不衰,深入一种真正的非时间性中,这些基本特点在如此遥远的、同样非时间性的起源中持之以恒;这些特点中是否存在着一些历史的不变因素? 布罗代尔已经从人种学角度出发在思考这一问题了。为了表达这些因素,人们富有挑战含义地使用一些诸如"聚合性"、"狂迷性"这样的词。关于"狂迷性",在历史人类学家的指导下,人们将会感到这是确实存在的,也曾亲身遇见过的。如同克洛德·盖涅贝在他研究关于狂欢节的书籍中所说的那样:狂欢节所显示的是从史前到我们今天的逆反结构、隐藏在群众性纵情狂欢中的力量,人们重新使用和发掘一些如同这个世界一样古老或至少是和前基督教时代乡村异教等古老宗教一样古老的行为、形象及态度,来为相同的发泄精力活动服务。喧闹、狂人节、情人节的情人和熊皮高帽、滑稽可笑的舞蹈又使我们回到法兰多拉舞中,乃至人类的起源及彼世! 拉伯雷确实也会这样说。这些多少世纪以来存在着而又通过民俗学家的话语而获得揭示的行为和神话残余,是否给我们提供了理解人类行为或理解已失去了意义和其真实内容的形式结构的最秘密的钥匙了呢? 我们且让那些现代的帕尼尔热①(Panurge)来致力于破译这些冻结在挪亚时代以前的响岛冰层中的话语或行动:有机会我们来加以利用就是了。如果他们经过旅行以后像帕尼尔热一样终于看到了"女预言家的洞穴",那真是做了一桩大好事!

对于这一寻找起源或寻找稳定因素的努力来说,它的一个补充成分,特别是一种相反的趋势,如像我们早已提到的那样,那就是不仅对愚蠢、丑恶的事件,而且对所有激烈的"变动"(布罗代尔对这一表达提出异议

---

① 拉伯雷所著《巨人传》中的人物。——编译者注。

也许是有道理的)重新提出疑问,人们不很清楚的是如何才能越出这一封闭的和参差不齐的结构:这一新史学有可能像其他史学不堪重负那样为运动问题所困扰。在承认"一次危机"、"一次革命"这样的主题反映了对历史因果律的机械解释(但这种解释并不是拉布鲁斯式的。拉布鲁斯式带着一种假作天真而让人们注意到,如果有 10 年期的危机,可没有 10 年期的革命)的情况下,对于一种并不简单地区分"庸俗马克思主义"和马克思主义的历史学来说,便是希望连同洗澡水一起从此倒掉"革命"这一讨厌的婴儿。

在最近召开的一次有关法国大革命起源的讨论会①上,人们当时可以通过一些讨论中的提问而自问:大革命是否真正存在过?法国大革命是一种神话,根据传统解释,它构成了近代中外一次主要突变,把民族的前途分裂为两种,从而形成了"一种意识形态的遗产"(F. 菲雷语)。读一下 F. 菲雷、D. 里歇和他们的学生(如 G. 肖希南 – 诺加莱)的文章就可以知道,他们已发展了对大革命这一现象的新解释:真正的革命在 1789 年以前就已发生了,这就是启蒙时代的革命,是贵族和资产阶级在刚开始现代化进程中联合成紧密一致的"精英"集团的革命,而这个事件本身,只是由于带有一种过时意识形态的平民大众不必要的和有复古倾向的干预,才破坏了原有历史的健康发展的前景。法国社会的命运和前途就因此而发生变化(对于法国小农来说,这是一个持续了一个多世纪的氧气球);因此,这一事件,或者说短时段的干预,如果不是毫无价值的话,至少是与本来历史所应当走的那么直线发展的道路不相协调的:这就是 F. 菲雷和 D. 里歇所提出的关于法国大革命"开倒车"论的含义,这一论点 15 年以来不断激起了论战。

我们并不想在此再次点燃论战之火:其他不那么引起争议的例子也有的是。不妨直接以高山地区为例,看一下 1348 年的黑死病所造成的历史断裂。根据一种传统的解释,1348 年的黑死病将中世纪分为两个部分:先是上升时期,随后是直至 15 世纪中的下降时期。然而,一种并不是古老的、在方法论方面则相当精细的史学,最终还是提高了事件这种外伤

---

① 指 1974 年联邦德国哥廷根学术讨论会。——编译者注。

所引起的断裂的价值。米勒德·迈斯通过对 14 世纪佛罗伦萨和锡耶纳的绘画所作的分析,仔细地分辨出这种外伤在群体心态中所留下的痕迹。[1] 从那以后,人们无须多说就知道黑死病的地位已大大降低了。真正的转折点是在 1348 年以前(常常是 1315 年甚至在 13 世纪末);阻止了人口增长的,并不是黑死病,而是不断逼近的以前的各种瘟疫在起着作用;在意大利,有时甚至在别处,人口的回升也相当快,所谓中世纪末期人口大萧条是不存在的……但时至今日,由于精确性和细微的研究,黑死病竟不再存在了:在菲利普·阿里埃斯的著作中,黑死病像变魔术似地消失了,阿里埃斯不允许在他的非常漫长的时段模式中出现剧烈的突变,因此他就尽力来对付这一问题(在我看来这是弊多利少),以便就中世纪衰落时期对死亡的恐惧作出解释。

我们不是去重新揭示历史事件,而是在史学中确定短时段与长时段的新辩证关系,这样做难道不合适吗?

四、短时段与长时段的新辩证关系

我们已完全有理由指出:今天的史学研究远不是只有长时段研究一条路可走。在进行长时段研究的同时,还可以不断地对历史变动的急剧或渐进的形式进行探究:如果人们在这一方面希望对各阶段进行分类的话,那么合适的方法将是从不止一处可以看到的、人们赋予事件的新角色出发进行研究。

当 M. 克律贝利埃在 1965 年圣克卢社会史学术讨论会上为事件进行辩护时,人们可以说这是通过歪曲基本特点来捍卫事件已失去的地位。[2]当 10 年以后皮埃尔·诺拉在集体编写的《研究历史》这部著作中提出"事件的复归"时,这对于研究现时历史的史学家来说,是为了记录具体事件的力量和意义。这些事件迫使人们接受,毫无讨论余地,并无疑是由于传播媒介的夸张而畸形发展;然而这也是对观念力量的最好说明:根据马克思主义的著名思想,这一观念深入群众中去后就会转化为物质现实。

---

[1]　参见 M. 迈斯:《佛罗伦萨和锡耶纳的绘画》,纽约 1964 年版。

[2]　参见《社会史——资料和方法》,巴黎 1965 年版,第 35 页。

皮埃尔·诺拉为事件"恢复名誉",虽然具有说服力,但从某种角度看仍有含糊不清之嫌。从表面上看,根据一种狭义的解释,这可以看做是就历史加速发展这一老题目进行研究所出现的一种变化:对于一个当代的时期(只要确定它的起点就够了),人们看到的是历史的运动性,是寓于各种事件中的历史的冲动性;而对于一系列以前的时代,人们看到的是历史的不动性和历史缓慢演进的长时段。从这一方而来看,可以试想他们能同研究静止不动的历史的史学家(如 E. 勒鲁瓦·拉迪里认为,历史在经过 4 个世纪围绕一个基本稳定的层次而波动后,于 1720 年左右开始运动了)和人种学家取得一种妥协。对于人种学家瓦拉尼亚克和许多民俗学家来说,这种几乎是铁板一块的传统社会,只是在一个晚近的日期(如 1870 年或 1914—1918 年)才瓦解:具体把哪个日期作为分界线这并不重要,主要的是从此表明一个很古老的系统瓦解了。

我认为虽然达到这一阶段已很重要,但还应当更加深入一步:我们可以明确指出,事件(为了避免所有的模糊不清之处,或者称之为"剧烈变动")远不是当代研究的专利,过去 20 多年来,史学研究的整个系列都为短时段与长时段的辩证关系、为事件与长时段的相互作用所吸引。几个例子说明着一些不同的研究程序,通过这些程序,这一问题史学才得以展开研究,并常常在一个回溯性的调查研究中寻找所提问题的答案。从研究结构开始,中间经过长时段,然后论及事件,这就是保罗·布瓦的有关《法国西部的农民》的那篇博士论文的研究程序;从研究事件开始,通过回溯性的历史研究的道路,再达到长时段,这就是 M. 阿居隆和我(有关死亡和节日)的研究程序。

保罗·布瓦的著作①于 1960 年问世,这一著作独辟蹊径,并在论证方面堪称典范,其方法论方面的重要意义只是在以后才逐步显示出来。从表面看,P. 布瓦是恪守传统,从概述 19 世纪末法国西部一个省份——萨尔特——开始的。他在研究该区域时所分析的形势也毫无新奇可言:根据从 A. 西格弗里德著名的论著《西部法国政治形势表》中得到的观点,这一形势反映了一种社会学短时段的特征,这一短时段同时也是一种很长

---

① P. 布瓦:《法国西部的农民》,巴黎 1970 年版。

的时段,因为我们将这些结构性的现实理解为长时段的遗产,甚至是无年龄的决定论,这些结构性的现实包括:由树林和草地分隔而成的田地、分散的居处、教会和领主的双重统治等等。但是,作者的调查研究结果很快使他认识到这一历史只是在表面上保持静止不动的。

当地存在着一条使农民分为两派的界限:白党或朱安党(保皇党)人在西部,东部则是共和党人。对于这一界限来说,上述各方面(田地、宗教人士和领主等)并没有提供什么实际有效的解释,因此,作者从历史中寻找有效的解释,从而追溯到造成这一分裂的确切事件,即追溯到法国大革命时期;这两派从他们的结构(尤其是从他们的积极性和好斗性)看各不相同的农民在当时就已长期地确定了他们的集体选择。甚至在这一简单的介绍中,人们也可以感觉到这一典范性的研究在何种范围内具有丰富而又广泛的信息:它从一个方面说明了对长时段作调查研究的合理性,说明了对百年以上的过去作深入探究的合理性;正是从这一长时段的过去中导致了一种人类行为的基本特征,这种行为即使在导致其产生的条件消失时,依然靠着一种名副其实的惰性,苟延至今。这是有关"心态结构的惰性"档案中的重要一页。但反言之,或作为一种补充成分来说,短时段又重新具有了它的全部重要性:这个短时段就是初始创伤产生的时段,也就是原来意义上的革命突变时段,正是从这次革命突变开始,长期以来一部分人成为朱安党人,而另一些则成为雅各宾党人,至于横亘在他们之间的分界线,我们现今的政治选举还在使其持续化。那么到底是短时段重要,还是长时段更重要? 如要作一并不是"资产阶级妥协"的仲裁,使每一方面都具有它自己的地位,那这种仲裁至少要把长时段诸形式中的一种排除在外,这就是古老的超时间性的决定论;同时,也需优先考虑和重视我们以及 P. 维拉所称"中等长度时段"的研究——这一表达并不要求高雅,但也许表达了这一史学家感到更有研究价值的时段。

也许 P. 布瓦并没有对他的研究所揭示的一个疑问作出解答,这个疑问便是人们态度得以完成转变的方式。在他的著作中,我们已看到了人们行为转变的归宿点,我们还须追溯到它的出发点:在这两点之间是群体有意识或无意识记忆的活动——这是另外一个问题了。菲利普·儒塔尔试图根据一系列书面资料和今天所作的直接口头调查,来理解根深蒂固的记忆所经历的变化,他所研究的是另一个造成人们心灵创伤的事件,即塞文山脉的卡米扎尔战争;如果愿意通过另一头来考虑,他把资料和分析程序都颠倒一下,就涉及一个类似的研究课题,但是,人们重新试图估量一个表示了主要转折时期的事件在时段中的重要性。保罗·布瓦从一个结构出发而碰到了事件,其阶层研究者则从事件出发而重新发现了一个结构,在这两者之间并不存在什么矛盾。在对东普罗旺斯地区进行的结构严密的研究中,莫里斯·阿居隆显然是从一个具体事件(1851 年法国南部普罗旺斯为了保卫共和制而举行的起义)的研究入手的,也就是说是从 19 世纪上半叶法国南部"红色"与"白色"区域划分的意外出现开始研究的,这一划分后来一直延续了下来。作者对这些地区城市化的乡村社会进行了深入的社会学调查,这使他从共和党人的秘密社团开始,追溯到他想研究的旧制度下社团组织的结构。在研究中,他分析了法兰西第一共和国时期的革命俱乐部,以期发现 18 世纪各种男性协会的密度,其中苦修士协会只是最突出的表现形式。但事实上,由于作者在他的《苦修士与法兰克共济会》那本重要著作中,已指出了 18 世纪下半叶普罗旺斯精英分子们如何摒弃了苦修士协会而团聚在更符合他们新要求的共济会中,这一表面稳定的结构,实际上掩盖事实上的运动。在这里,短时段与长时段的辩证关系表现得特别丰富多样,这一辩证关系通过对长时段(中等长度的)的回溯性深入而揭示了一种缓慢的演进;在这里,不变性也许就只表现在这一"社会群体性"的特点上,作者既指出了这一特点的重要性,又揭示了它要明确依赖变动着的历史的局限性。①

我用以研究从古典时代到法国大革命时期非基督教化现象的程序并无另一种打算。最初的具体事实是共和 2 年非基督教运动引人注目的爆发,在法国东南部的 1/4 地区,这一现象的主要特点都得到了研究和区域定点:这一事件的类型不仅是"悲怆的"……而且是骇人听闻的,连所有的史学都不想去了解这一历史的污点。在大革命短时段的决定论(如认为是由一般的政策、政府的特派员或各种俱乐部在地方上的创新等才引

---

① 参见 M. 阿居隆:《大革命后内普罗旺斯的社会生活》,巴黎 1971 年版;《旧时普罗旺斯的苦修士与法兰克共济会》,巴黎 1968 年版。

起这一非基督教化）中，我们不足以找到对这一表现在地域上有着如此明显对比的、结构化的现象的解释；正是在一个广泛划定的、长达一个世纪的启蒙时代的时段中，我才得以根据普罗旺斯数以千计的遗嘱这一宝贵而又丰富的说明性资料，追踪法国南部"巴罗克"的宗教性和宗教实践系统的演进，即先是达到顶峰，随后逐步解体，最终达到瓦解：我通过人们对死亡的态度当即把握了这个触动群体感情的转折点是在 1750 年左右。①关于普罗旺斯地区的这种研究模式表明是可行的，它所缺少的是还没有同其他地区进行对照，以便进一步得到证实：后来，这一点也由于皮埃尔·肖努及其小组所取得的研究成果——《巴黎的死亡现象》——的问世而做到了。② 这一研究表明：巴罗克式豪华葬礼的行为系统于 1680 年左右达到了顶峰，随后我们看到的只是下降曲线：对巴黎地区的调查更为深入地表明这一巴罗克风气出现于 16 世纪下半期至 17 世纪中期。这样，社会史学家和心态史学家在实际研究中所运用的结构概念就因此而失去了它的所有刻板性和严整性：这一概念表达了一系列特点的汇合，也许正是这些特点组成了一个紧密一致的系统，但这一汇合是在平衡不断被重新打破的框架中，也就是在历史的变动中进行的。我担心通过我的研究而对联结短时段和长时段的这种辩证程序作另外的说明会有哗众取宠之嫌，但是，不管怎么说，这确实是一种相似的好奇心驱使我去研究 1750—1820 年普罗旺斯地区节日的演变的③，也就是说，是为了说明一种已有的、群体性的、丰富的和有生命力的、也是在文字出现以前就存在着的"民俗性的"节日系统，与大革命的、民族性的、国民性的、适应一种完全不同的历法的节日相汇合。在这两者之间，是否存在着相互感染、相互共存或相互排斥？回答是两者有细微差异：大革命的节日特别是在局部地区为保留古老的和已在消失的节日这份遗产提供了机会，从而使狂欢节在共和 2 年举行的各种大型假面舞会中占了统治地位。我的结论和莫娜·奥祖夫的在其《大革命的节日》④一书中所论述的毫无矛盾，远远没

---

① 参见 M. 伏维尔：《巴罗克虔诚和 18 世纪普罗旺斯地区的非基督教化》，巴黎 1978 年版。
② 参见 P. 肖努：《16、17 和 18 世纪巴黎的死亡现象》，巴黎 1978 年版。
③ 参见 M. 伏维尔：《1750—1820 年普罗旺斯地区节日的演变》，巴黎 1976 年版。
④ 参见 M. 奥祖夫：《1789—1799 年的大革命节日》，巴黎 1976 年版。

有矛盾:在具有承上启下作用的大革命的庆典仪式中出现了一种新的神圣物,并受到人们的崇拜这一新的神圣物将支配着 19 世纪表达国民的和爱国的宗教感情的一系列形式。在这一争论点上,我们不可避免地会遭到反对,对此,F. 布罗代尔在他那篇著名的关于长时段的文章中就已明察秋毫,有所预见:转向急剧的变动、爆炸性的事件,但事件真有创造性吗?因为需要,他用一种激烈的词汇赞同并表达了就一种深层的和长时段的演进所作的总结,他难道对此还不满足吗? 莫娜·奥祖夫所作的这类论述在一个具体方面部分回答了这一问题。从表面上看来,有什么比大革命的节日更不合适的、像歌词中的上帝这样"空前"和"绝后"的现象吗?然而,大革命的节日却继往开来,是所有意识形态话语的特殊而又集中的表达。除作为催化剂或仅仅作为回声的事件以外,在热烈的气氛中是否有一种在瞬息中产生的创造性呢? 我由此而想到当我介绍关于 18 世纪非基督教化时段研究的第一批成果时,A. 索布尔与我之间的争议:雅各宾主义史学家①以一系列大革命热潮中所涌现出来的创造物为例来反驳我,这些创造物有:爱国圣人、自由烈士、马拉之死的连祷文等,所有这些表现即使持续时间并不长,但都比一时的好奇冲动更有价值。谁更有道理呢? 当然,两人都没错。

　　但是为了对长、短时段辩证关系这一基本问题作出一个暂时性的结论,请允许我在结束引用自己个人的研究领域之前,再提一下死亡史这一古老的知识,对于这一长时段的历史来说,死亡史倒真正是一个很好的检验,因为如果不是带太多刺耳的幽默话,死亡倒体现着一种理想的不变性……我在菲利普·阿里埃斯的书中看到这些没有冲突、没有变动的漫长演进图景时不免感到有些生气(当然是友好地,恕作者原谅!),正是在这个时候,我认为自己触及了上述问题所带来的基本困难之一;如同中世纪后期对死亡的恐惧这一事实已被一笔勾销那样,我们已没有权力对1580—1630 年间的巴罗克式死亡感到不寒而栗,也不再注意到启蒙时代晚期黑色恐怖观念和坟墓诗的回潮;至于人们以反用法称之为"大好时光"的悲剧性转折时期,作者也只是有一天才提到,死亡恐惧成为一些德

---

① 指 A. 索布尔。——编译者注。

国的和比利时艺术家的好奇对象,在象征主义和颓废时代,则成了依斯曼斯、蒙克、易卜生、达纽齐奥和托马斯·曼等人的好奇对象!对于我来说,我深深感到群体感受方面的这些大危机所具有的重要性:这些危机并不是简单的文学艺术上的好奇,因而自然而然地使一种远不是静止不动的心态感受史的发展阶段出现了一种猛烈的、阵发性的节奏。死亡在这里只是一个例子或只是总体中的一个因素:在最近的一篇综合性文章中,我提到了这样一个看上去有点幼稚的问题:1750 年左右到底发生了什么?这是一个很陈旧的问题(人们会说,传统文学史已回答了这一问题),但也是一个通过系列史途径而有了新意的问题;只要看一下这一揽子反映令人高兴的差异性的曲线就知道了:非婚生率、婚前避孕的实行率、各种罪行上升率、图书发行的增长率、对弥撒与圣职授礼的要求增长率等。在1760 年前后的法国,不仅只对于社会上层精英,对于其他人来说也同样是世界观已发生了变化。例如,在我们童年的嗓音变化过程中会出现一些快慢不一的节奏,会出现一些就广义而言的危机,这些危机并不是历史在现代所加速发展的结果,也不是一种总体讲是静止不动的历史的表层泡沫……在我看来应当重新界定这一长、短时段之间的辩证关系的意义。对于经济史学家(或人口史学家)来说,这种新的考查并无什么秘密之中,但在社会史和心态史领域中的研究者们却应当重视这一问题。但对这一问题的研究之所以受到阻碍的原因之一,难道不正是在不同的领域之间难以重新找到时间的协调一致性吗?

五、最终的问题:时间的协调一致性

说真的,我相信不久以后这一长、短时段的辩证关系问题就将时过境迁,或许成为历史的陈迹。它或许有可能作为某种雅各宾意志主义而载入史册,但作为我们时代的一种"修正主义"载入史册则也是确定无疑的,因为这一倾向曾试图驱除大革命的"古老"形象(按 F. 菲雷所说,这些形象是"意识形态的遗产"):这其中并没有"资产阶级的妥协",而只有辩证的超越。如果说这一对话有点像是风格练习的话,那么从我们上述的一实例看来,它还是应该富有刺激性的,还是能够激起另一层的一系列提问的。

在我看来,要在我稍嫌简单地命名为历史时间的"协调一致"这一点

上,或者说要在阿尔杜塞所说的"时间的错综复杂"这一点上,达成一致意见,这将是很困难的。我像 P. 维拉一样深为阿尔杜塞的评语所触动,他的这个评语从表达方式上说是相当轻率的,然而从实质上说,在说明"实证"史学家的思考方式落后于形势方面又是顺理成章的。他说:"史学家开始给自己提问题了。但他们只满足于发现存在着漫长的、中等的和短的时段的时间,只满足于将历史运动看做是这些不同时段相汇合的产物,而不是决定这些时段的生产方式的产物……"①

　　史学家,尤其是那些自称为马克思主义的史学家的这种谨慎说法,也许是应受指责的,造成这种谨慎的原因也许是:在目前历史科学的所有方面都在突飞猛进的情况下(如"从地窖到顶楼"的变化),他们常常是禁锢在人们称之为庸俗马克思主义的(长时段的)囚牢中,在这一马克思主义的解释里,机械的辩证法突出了意识形态上层建筑对经济基础的唯命是从。这一由于史学新领域的发现而使历史时间复杂化、因而很容易被推翻的解释,也许是很容易作出的,因为直到最近,马克思主义史学家还是害怕去触及这个留给一些更为"内行的"专家去研究的、历史解释的"第三层次"。正是在这一史学研究的背景中,我们才高度评价 E. 拉布鲁斯于 1965 年所发出的英明号召,他敦请史学家对我们习惯上称之为"心态史"的史学第三层次进行研究。也许在这一层次上,唯有保罗·布瓦的著作(《法国西部的农民》),或者说几乎只有布瓦的著作,提供了一种总体把握的实践经验。这一著作从社会、经济结构到群体态度,以及这些方面在时间中的辩证关系,对法国西部的农民作了总体研究。拉布鲁斯当时只能将这一关系定义为"抗拒"变动的和"惰性"的历史,今天看来,这种说法有可能是对那些互换关系所作的一种相当贫乏的解释,而这种互换关系是在像阿尔杜塞所说的生产方式"决定一切"的范围内进行的,有这种可能吗?

　　皮埃尔·维拉在此再一次提醒我们,马克思(比人们所介绍的更少教条主义!)是如何让史学家在把生产方式定义为"一种普遍的指南,是决定着由此产生的所有存在形式的比重的特殊媒介"时,肩负起自己的责任:应当说这就在这一"决定一切"的框架中留出了自由选择的余地,同

①　P. 维拉:《马克思主义的史学———种建设中的史学》,载《历史研究》,第187页。

时也迫使史学家承担义务,作进一步说明和有所创造,重新认识那些按等级次序把不同层次联系起来的复杂关系。

诱惑就在这里:对于抗拒马克思主义方法论细则的史学来说,如果人们几乎不再(在秘鲁的矿藏或太阳的黑子中)寻找另一种指导史学研究的普遍适用的方法,那么长时段能够成为一种捷径,但是,既然这一长时段能具有历史时间的多重性(或特殊性),在这一时间中每一种历史学都能随心所欲,那么它也许会在一种静止不动的历史中或一种越来越少历史学气息的人种学中隐入困境。这是令人陶醉的诱惑:这是疯人之舟。菲利普·阿里埃斯是根据一种无法用其他方法来确定的"群体无意识"本身所具有的能动性,来使人们对死亡的态度在气垫上演变的……

请放心! 我并不希望用这种贫乏的框架内的丰富所具有的某种"伟大包容性"来取代这一疯人之舟:这就是为什么我想到了皮埃尔·肖努(我如此不合情理地以他为例,还望谅解),当他将人们对待死亡的态度的长时段的演进假设为一种"平均寿命的衍生物"时,他就确实使一个联结幻觉的惰性和创造性的更为复杂的现象简化到一种过于纯粹人口学化的方面去了。但在这一揽子的历史时间中,在这一揽子的现在已摆到我们面前的长时段系列中,我认为解决的方法是使各方面相关、相比较、划分层次和等级……从这点来说,长时段这一方法论进步的客观成果,就将既不是一种诱饵,也不是一种障眼法或一种退却,而是一种表明对历史时间进一步把握的手段。

此外,现在并没有什么重大的理由值得我们悲观:我们已经说过,自从费尔南·布罗代尔这篇文章发表至今,结构主义的渗入已经发生,而史学并未因此走上绝路。况且,这篇文章所反映的对史学依附于其他人文科学的忧虑,在今天已为史学事实上的自信所取代。"长时段"这一概念虽然目前还未被真正完全掌握:但我们已经试图对其各个含糊的方面进行研究分析;长时段意识也许对于真正把握史学领域的特殊性并不是无关紧要的。

（摘自于［法］J. 勒高夫、P. 诺拉、R. 夏蒂埃、J. 勒韦尔主编:《新史学》姚蒙编译,上海译文出版社 1989 年版,第 130～167 页。）

历史学家的技艺:年鉴学派

[法]保罗·利科

请允许我在论述阿隆和马鲁的著作之间插上几句话,谈谈职业历史学家的历史著作。我承认,这样改变话锋显得非常唐突,但我必须这样做。雷蒙的著作是高度的哲学思考,确有一条巨大的鸿沟把它与法国最优秀的历史学家同期发表的任何著作分隔了开来,问题并不是历史学家的作品都是平庸之作。恰恰相反。但我不妨说,这些作品都缺乏哲学头脑。它们是众多工匠为反映本人技艺而创作的专著。这种割裂恰恰表明了法国历史学认识方法论的特点:一方面批判哲学,另一方面设法完成历史学家的实际任务。如果说这些作品绝非平庸,那是因为它们处于历史学实践的潮流之中,并反映了法国历史学派在史学实践层次上的巨大变化。1929 年,费弗尔和布洛赫创建了《经济和社会史年鉴》。费弗尔是一位辩论家,他把论战文章汇编成《为历史学而战》(1953 年)一书。布洛赫首先是一位实践家,他在《为历史学辩护:历史学家的技艺》一书中,提纲挈领地归纳了他们的理论。不幸的是,这部著作只写了三分之二,他就被纳粹杀害了。这些著作是对朗格卢瓦和夏尔·塞纽博斯 50 年前所写的经典著作①的回答,也是对年鉴所说的"历史化的历史学"还是"实证主义历史学"的回答。其实,法国历史学家在提及实证主义时,并不是指从维

---

① 《历史研究导论》,1898 年版。

也纳小组以来的所谓逻辑实证主义,甚至也不是孔德所说的实证主义哲学。姑且让我来归纳一下他们赋予这个术语的一系列含义:首先,呼吁能与物理学家相媲美的客观性,尽管物理学家不介入自己所研究的现象;把历史学简化为文献的收集和考证(来源、日期、可信程度等等),简言之,简化为博学;认为现成的史实已经存在于文献之中(就像莱布尼茨所说,大力神赫丘利的雕像早已躺在大理石的纹理之中);认为解释应限于把偶然事件联系起来,并遵循文献赋予的编年顺序;最后,认为历史变革的最终传导者是个人,而个人主动性得以发挥的渠道是模仿。总之,中性观察、崇拜博学、经验论、对偶然事件的决定论、方法论上的个人主义,这就是年鉴学派立志要摧毁的一整套方法论。

年鉴学派反对实证主义者从外部观察历史往事,反对象观察矿石一样的冷漠态度;他们强调今昔之间的相互作用,毫不犹豫地认为当代事件能昭示历史上迄今未引起注意的种种联系。因此,布洛赫在《历史学家的技艺》第一章中宣称,即使历史学可以被定义为"处在时间长河中的人的科学",那也并不意味着今昔之间的分离;而费弗尔则写道,"历史学:关于过去的科学,关于现在的科学"。

年鉴学派反对历史学家屈从于文献。费弗尔自豪地宣布:"没有历史;只有历史学家。"这一断言与阿隆的言论十分接近,它使历史学家保持了主动性,从而能恰当地提出问题,并有效地确立假说。至于说历史学家"发现自己的工作早已有人在文献中替他做好了"①,年鉴学派也坚决予以反对。他们提出的概念是:"历史学家分析和重构的历史"事实是复杂的,难以穷尽的。确实,如果说历史是关于以往人们一切活动所留下的行踪的知识②,那么,对这些行踪的解释一直在改变着这种知识。"历史观察"③一种充分的观察,它与物理观察相比并不逊色。

年鉴学派反对那种认为历史决定论可以用编年顺序把个别偶然事件联结起来的观念。他们提出了一种极为丰富的,关于人类时间的概念。他们借鉴了社会学、人口学和经济学,而在这些学科中,人们谈论的是结

---

① 这句令人不快的话引自《历史研究导论》,第253页。
② 借用西米昂的话,后来布洛赫也引用过。
③ 这是布洛赫著作的章节标题。

构、情势、周期、增长等等。与此同时,历史因果关系也不再束缚于有规则的演进概念。相反,他们设计出了一系列功能关系,而且未必遵循年代顺序。

　　然而,他们真正要驳斥的是历史学家最终应当研究个人的观念。对他们来说,历史学家的研究对象是整个社会实在①,并且涉及人类生活的各个范畴,如经济、社会、政治、宗教等等。

　　弄清上述最后两点有什么联系是很重要的,即年鉴学派一方面抛弃了具有编年意义的事件,另一方面反对把个人当做历史分析的最后单位。事实上,如果说推崇博学和经验研究的历史学曾非常强调个人,那是因为它特别偏爱研究政治史和外交史。正是在这种历史中,事件犹如一声爆炸,成了注意的焦点;也正是在这里,军政首脑、部长、外交家等被认为是历史的创造者。因此,年鉴学派发现,他们所认为的实证主义史学的主要特点,与政治史的统治地位之间隐藏着某种密切关系。所以,批判"事件史"和"战争史",构成了呼吁研究人类总体史的前哨战,而这种总体史非常强调经济条件和社会状况。在这方面,法国历史学派之所以值得注意,也许是因为绝大多数著作都同社会史有关。群体、范畴、阶级、城乡、资产阶级、艺人乃至农民和工人,都成了历史舞台上的"集体"英雄。

　　然而,批判事件史和战争史的火力不仅来自经济和社会范畴。随着费弗尔的继承者费尔南·布罗代尔掌管了高等研究实验学院第六部,由地中海及地中海世界唱主角的"地理史"崛起了,而最近,于盖特和皮埃尔·肖尼的著作则把塞维利亚和新大陆构成的大西洋史纳入了研究范畴。这种地理史、经济史和社会史加在一起,已经使研究细小事件的观念大为衰落。布罗代尔在《地中海与腓力二世时代的地中海世界》(1949年)一书的导言中,在法兰西学院的就职演说中②,以及后来在《年鉴》杂志上发表的著名文章中③,都反复谈到了这个问题。他认为以个人作为研究对象的历史,即"事件史",是最肤浅的历史④。这种历史的特点是短

---

① 借用马塞尔·毛斯的话。
② 1950 年发表。
③ 《长时段》,载《年鉴》,1958 年。
④ 保罗·拉孔布称之为"日常生活史"。

暂的、迅速的、起伏不定的波动,而这些波动虽然在人类生活中普遍存在,但对历史研究来说却是最不可靠的。布罗代尔在《地中海与腓力二世时代的地中海世界》一书的导言中写道:"要谨防这种仍在燃烧的历史,它被认为是同时代人亲身经历过的历史,是他们在有生之年(就像我们的有生之年一样短暂)描述和感受到的历史"。在这种以个人时间为单位的历史背后,一种"时间跨度较大"、"节奏较慢的历史"在展开。这就是社会史,即群体历史,一种关于社会重大发展趋势的历史。经济学家的趋势和周期概念启发了历史学家,使他们学到了长时段概念,而这种时间概念也是政治体制和政治态势的时间。最后,在更深的层次上是"一种基本上静止不动的历史,即人类与周围环境的关系的历史";对这种历史而言,我们所采用的时间概念必须是"地理时间"。

把不同时段复合在一起,正是法国史学界对历史认识论的最杰出的贡献之一。它说明,法国历史学家想对因果概念和规律概念作更深入的讨论。必须超越个人和事件,这个思想一直是年鉴学派的长处。对布罗代尔来说,呼吁研究历史变成了呼吁研究"无名无姓的、深刻的和沉默的历史",因而也是呼吁研究"种类繁多和千变万化的社会时间"[1]。但这既是一种呼吁,又是一种信条。因为他写道:"我因而相信一种特别缓慢的文明史。"但作者在谈到"长时段"时坚称,是历史学家的技艺而不是哲学思考,提出了在社会实在的核心、"在转瞬即逝与缓慢逝世之间"[2],存在着尖锐的对立。这种对社会意义的多元意识,必须成为一切研究人的科学的共同方法论的组成部分。作者把这一点扩大到了荒谬绝伦的地步。以致认为"社会科学几乎对事件抱畏惧态度不是没有原因的:短时段是所有时段中最危险、最令人误解的时段"。

但是,历史学家是否有可能一方面讨厌事件,另一方面却不至于讨厌自身呢? 作者也许在事件概念与演变概念的关系上缺乏哲学考虑,因而无法把他对"短时段"的成见,引申到时间本身也会从历史学家的地平线上消失的地步。历史学家完全可以把"关于各种力量交汇的详述",与

---

[1]　引自布罗代尔在法兰西学院的就职演说,载《论撰史》,第 23 页。

[2]　布罗代尔:《论撰史》,第 43 页。

"迅速变化的、戏剧性的、支离破碎的叙述"对立起来。"详述"（recitative）这个词本身表明历史学家是在向社会学家献殷勤，而后者想超越反事件论点，并且为数理逻辑性质的、不受时间影响的结构寻找理由。但历史学家永远不会做到这一步。甚至长时段也是一个有限的时段。莱维－斯特劳斯的社会学派的模式之所以有效，是"因为他们记录的时间和现实仍然有效……因为比深层社会结构更重要的是结构的分界点，是结构在相反压力下所发生的或快或慢的退化"。我们不妨说，事件虽被赶出了大门，却又飞进了窗户！作者承认，也许可以借鉴数学得出某些模式，它们"在无数时间轨道上只沿着一条轨道运行，这就是那条特别长的长时段，它们因而能免受外力的作用，免受干扰"。这就像禁止乱伦的习俗一样，它所涉及的乱伦现象是"一种极其缓慢的、似乎超越时间的现象"。但是，再长的时段也不应该掩盖时间的存在。因此，强调长时段不应当变成否定时间，相反，应当被理解为是在呼唤社会时间的多元性。

（摘自于[法]保罗·利科：《法国史学对史学理论的贡献》，王建华译，上海社会科学院出版社 1992 年版，第 36～42 页。）

计量史学和系列史学

[法]保罗·利科

马鲁的著作发表后,批判的历史哲学与年鉴学派方法论之间的平衡无法维持下去了。事实上,法国史学在继续离开阿隆和马鲁所实践的哲学方法论,直到 1971 年保罗·韦纳的著作问世。韦纳的著作是我要讨论的第三个题目。此书是职业历史学家对自己的技艺所作的思索,因而是一个不可多得的例外。因此,重要的是衡量一下韦纳的著作与前述著作的距离。为了说明这种区别,让我们思考一下计量史学和系列史学的发展,特别要从这两种史学被认为要与布罗代尔所描述的长时段历史相融合的时刻说起……

这个方法论变化的源头可以追溯到弗朗索瓦·西米昂所著《工资、社会进化和货币》(1932 年)。对西米昂来说,历史学家从经济学家借鉴的不仅有范畴概念,而且还有计量方法。借鉴工作始于定性方法主宰史坛之时(甚至年鉴学派创始人也不例外),不过定性研究既有非计量的消极方面,又有强调意义和价值的积极方面。西米昂本人不是职业历史学家,他的著作若不是得到埃内斯特·拉布鲁斯的大力支持,或许不会那么受到历史学家的注意。拉布鲁斯是一位与布罗代尔齐名的历史学家,他的《18 世纪法国物价和收入变动概论》(1933 年)和《旧制度末期和大革命初期的法国经济危机》(1944 年)为经济史铺平了道路。前一本著作试图根据政府统计资料,即根据《食品市场价目》周刊来归纳近一个世纪的各种经济波动,包括长期波动、周期波动和季节性波动。但正是在此书中,价格史研究进入了社会史领域,并被认为是关于人的历史,因为人被划分为若干大的社会范畴。第二本著作的导论部分专门论述了经济史方法。此书改善了经济史方法,即使用了有编码的系列资料,进行了统计分析,确立了各种可资利用的系列资料之间的联系,并在此基础上从经济研究进入了社会研究。

就这样,拉布鲁斯成了把趋势概念和结构概念融合起来的第一位历史学家。用皮埃尔·肖尼的话说,"拉布鲁斯为趋势的重要性规定了界限,即只有在结构之中方能阐明这种重要性"①。这就要求超越经济史学家向统计学家借鉴来的同质曲线,并掌握各种变量与孤立因素在特定时刻的相互依存关系。因此,一种趋势首先是使表面上互不相关的某些系列发生相关的过程。结构给这个过程增加了一种集合概念,即一种能表明相互关系的体制,但更重要的是一种长期稳定的概念。因此,与社会科学家不同的是,对历史学家来说,趋势和结构总是带有时间特征,趋势与短期相结合,而结构与长期相联系。但两者都意味着,在历时分析中,在偶然事件和孤立事件之上,内在逻辑都是第一位的。

在"系列史"这一术语得到使用之前,以价格史占主导地位的经济史就是一种系列史。但作为一种分析模式,系列史孕育了许多幼芽,包括人口史研究,甚至包括人们对待死亡的态度等社会文化现象的研究。关于这一点,我在后面还要谈到。拉布鲁斯也指出了这些发展道路,因为他本人也从经济史研究转入了社会史研究。② 对拉布鲁斯来说,结构具有社会属性:结构关注的是人在他所谓的阶级范畴中与生产及他人之间的关系。从 1950 年起,拉布鲁斯一直在研究社会计量问题,这说明了统计方法是如何转向最难计量的领域的。"社会计量"已进入第二层次,它紧跟着马克思勾勒的可靠路线,但不必担心马克思主义的正统观念。

但是,在考察计量史的发展以前,重要的是确定这种暂时依靠经济史的状况有何意义。在本世纪 30 年代,经济史学家显然对 1929 年大灾难

---

① 肖尼:《计量史学和系列史学》,1978 年版,第 125 页。
② 参见拉布鲁斯:《社会史:史料与方法》,1965 年版;《文化地位与社会群体》,1966 年版;《秩序与阶级》,1967 年版。

提出的问题作了反应。为了找出正确答案,他们借助长时期分析,力图驳斥这个灾难性事件的特殊性。从这一意义上说,经济史方法论是布洛赫和费弗尔领导的反实证主义斗争的继续,而不是中断。确实,年鉴学派的创始人反对的有三条:一是沉溺于独特的不重复的事件,二是把历史定义为国家编年史,三是(也许特别是)在阐述何为历史"事实"时缺乏选择标准,因而也缺乏提出问题的手段。

在这三个方面,经济史被认为能符合反对工匠式历史的战斗要求。选择价格作为研究对象,就是选择重复的因素作为研究对象,而这种因素能够纳入同类系列,能够计量,并能够与其他各门人的科学所使用的系列联系起来。另外,经济史不但摆脱了政治史的统治,还突破了国家编年即叙述史的框架。但最重要的是,通过把价格演变过程作为一种选择标准,经济史显然强调了一个重要概念,即不是由文献提供事实,而是要根据问题来选择文献。价格史是根据问题选择资料、继而选择文献的第一个胜利。但当时显而易见的是,文献本身并不会出现在历史学家面前,因为国家档案馆和所有档案机构都遵循着一种固有的、未经明确宣布的规范,即偏重于事件史和国家编年史。由于这种偏向从未公诸于众,因此从表面上看,似乎是文献统治着史实,而历史学家似乎是从这些文献中得出了要研究的问题。但价格史却强调了传统史学缺乏具体问题的研究,因为价格史是由问题来决定所需资料,用所需资料来确定文献的。历史研究(即使限于经济史或价格史)已经证明,根据历史学家规定的问题而不断进行文献革命,这样的历史是占优势的。

毫无疑问,新史学与阿隆和马鲁的批判史学在这方面是一致的,而说到底,两者也应该是一致的。但这种一致性已不再能引起人们的兴趣。史学方法论已越来越离开认识论范畴,越来越离开客观性和主观性、理解、意义和决定论、因果关系和覆盖律等问题。法国历史学家被认识论吓坏了,就像被任何类似于历史哲学的东西吓坏了一样,无论是分析历史哲学还是批判历史哲学。正因为如此,韦纳的著作才显得异乎寻常。另外,在过去50年中,法国历史学家一方面对认识论和哲学持怀疑态度,另一方面在方法论问题上表现出高度警觉。从布洛赫和费弗尔时代起,这种警觉的唯一来源是历史学家对史学技艺的实践。

确实,在历史学家的技艺的层次上,历史学在本世纪 50 年代正处在十字路口:一种历史学通过借鉴经济学得以改造,另一种历史学通过与维达尔、拉布拉什、布朗夏尔和德芒容等人文地理学大师的联系,即通过与布罗代尔的长时段历史的联系而获得新生。在 50 年代,为历史研究提出具有时代意义的问题已不再是 1929 年的经济崩溃,而是经济复兴,是全球经济和地区经济在发展过程中的不平等。同价格有关的计量史学在经济危机的实际形势下应运而生,而新的计量史学(1964 年易名为"系列史学")则是在 50 年代迥然不同的形势下崛起的。

至于为什么这样给系列史学下定义,可以参见肖尼的鸿篇巨制《1504年至 1650 年的塞维利亚与大西洋》①。肖尼不仅从布罗代尔那里汲取了长时段概念,而且还汲取了商品交换和贸易往来的广阔范围。他向经济史借鉴了选择计量指数的方法,并从价格范畴扩大到了各种活动,尤其是商业活动。由于这两股潮流的汇合,即地理史和经济史的汇合,所以,只要传统史学一直充当中介知识,甚至是人工知识,与传统史学的联系就会得到重申。然而,与人的科学的联系也得到了加强,这特别是因为引用了体制系列,并将其作为一种附加于直接文献证据的间接证据。肖尼写道:"一旦系列得以确立,证据就似乎多样化了。系列可以用屡经证明的数理分析来处理了,于是,就有可能为文献证据加上融会贯通的系列证据了。"②历史学采用这样的研究方法并不是向其他人类科学投降,恰恰相反,历史学能够把时间范畴贡献给科学。因此,系列史声称,它既能够汇入一种宏伟博大的人类社会学,又能坚定不移地保持历史学特点,并充当社会科学的时间范畴的保证人,更确切地说,充当人类社会结构的长时段的见证人。

在借鉴经济学模式的同时,捍卫历史学的地位被证明是必要的,因为非常矛盾的是,经济学阵营正在向它发起攻击。事实上,在 60 年代,以让·马尔切夫斯基为代表的、比系列史更严格的计量史出现了。这种计量史是在应用经济学研究所发展起来的,它的蓝本是美国经济学家西

----

① 8 卷本,1955 年至 1959 年出版。

② 肖尼:《计量史学和系列史学》,第 23 页。

蒙·库兹涅茨所著《1869年以来的国民产值》(1946年)。这种经济史是由经济学家撰写的,它迫使历史学家在经济史研究中必须把系列史与计量史区别开来,因为这两个术语已混淆莫辨。在经济学家撰写的经济史代表作中,计量概念十分严格。只有那些适合于运用国民帐户系统的计量结果,才称得上是计量研究。用这个尺度来衡量,历史学家撰写的大量经济史著作显得令人失望,尽管他们也在努力引入统计方法。

狭义地说,我们在探讨法国史学时,对这种试图使系列史区别于计量史的努力很感兴趣,因为从历史学家撰写的经济史著作来看,其独创性就是建立在系列史与严格计量史的区别基础上的。在这方面,系列史概念的创始人肖尼所作的论证最值得密切注意。首先,计量史既然把国民账户系统作为一种模式,就把自己再次禁锢于国家框架内,而系列史既面向世界范围,如地中海、大西洋、远东海域,又面向地区范围。关于这一点,我在后面还要谈到。其次,计量史从来没有越出统计的藩篱,即没有超出19世纪各国统计工作能够达到的范围,而系列分析则建立在关于各种活动的指数的基础上,并运用于国际交换的大潮流,因而能够广泛涉及统计前的时代,即追溯到三四个世纪以前。系列史甚至能够涉及原始统计时代,即5个世纪以前,把那些严格说来不属于经济的系列也包括在内,如人口、社会和文化因素等等。最后,经济学家在进行计量史研究时,在精密科学的圣坛上牺牲的恰恰是长时段、历史事件的戏剧性和真实可信的往事。而历史学家却必须对这种往事作出解释,而且每当他对传统文明缓慢的时间推移进行思索,就会重新发现这种往事。正因为如此,系列史不得不着眼于广阔的范围,并且与布罗代尔的地理史结盟,以便一方面对长时段保持忠诚,另一方面又通过这个中介,继续嫁接在传统史学的树干上。从此以后,系列史与计量史分道扬镳,并从好几个不同的方向取得了突破。

首先,它在史学专题著作中获得了新生,即进入了地区史,行政区域史,甚至村落史。通过把研究范围限制在某些地区(这与面向浩瀚的海洋适成对照),历史学家就有可能使同类系列成倍增加,因而也有可能从新的角度研究费弗尔所提出的总体史。通过使可以重复的同系列史实大幅度增加,科学历史学使总体史变成了有限的概念,即负责尽可能把计量资料融合起来,进而变为可供研究的参数或变量。这个意义上的总体史已不是一个漫无边际的目标,而是进行综合的指南,而这种综合工作与构成相同系列所需的分析工作相得益彰。因此,对那些期望最大限度地发掘计量资料的研究者来说,地区史似乎是充满希望的研究框架。这方面的代表作是勒鲁瓦·拉迪里的名著《朗格多克的农民》(1966 年)。几年后,拉迪里又以村庄为范围写成了一部内容翔实、备受推崇的专著,即《蒙塔尤:一个奥克族村庄,1294—1324 年》(1975 年)。在这个微型世界里,一段历史时期内各个层次的生活全貌得到了浓缩和凝聚。然而,若要充分理解这项工作的重要性,还得要谈谈系列史如何对待历史上人们生活的非经济方面,即社会和精神方面。

系列史的第二个发展方向是人口史,并越来越注意人类与性和死亡的密切的精神联系。但历史人口学首先是关于人口的统计和计算,即这个星球上的人们是怎样一代又一代生息繁衍的。

无论长时段历史,还是大范围历史或计量系列史,都要求把数字同时间和空间结合起来。布罗代尔在其《地中海与腓力二世时代的地中海世界》第一版中并没有忽视这种结合,而此书的 1967 年版更增加了系列史和计量史特点,这体现在第一部分和第二部分关于人口问题的论述中。历史人口学把人口放入时间长河中加以审视,能为人类的生物进化过程提供一个舞台。同时,它能提示全世界人口在长达 500 年的时段中的变化节奏,从而对传统史学的分期提出质疑。最后,由历史学家实践的人口史研究还能揭示人口同文化及文明之间的联系。在这方面,皮埃尔·古贝尔所著《1600 年至 1730 年的博韦和博韦人》[①]是一部人口史与经济史彻底结合的代表性专题著作。从这个意义上说,也许人口史特别有助于把结构概念同文明系统概念结合起来形成整体,并能把这个延绵近 5 个世纪的系统(从 13 和 14 世纪之交直到 20 世纪即农业欧洲的终结)加以浓缩。但是,只有当人口史不仅是人数计算,而且努力确定支配该系统的微妙平衡的文化特征和非自然特征时,这个系统的轮廓才会跃然出现。

从这个意义上说,历史人口学保证了系列史从经济层次过渡到社会

---

① 1960 年版,此书于 1968 年再版时易名为《17 世纪的 10 万外乡人》。

层次,进而过渡到文化和精神层次。在此,我们又提到了拉布鲁斯关于三个层次的概念。

"社会层次"应该被理解为范围极其广泛的社会现象,包括布罗代尔在另一部杰作《物质文明和资本主义》(1967年)中所说的"物质文明"一词可能使人们以为,分析方法往往导致各种现象的分散,而不是综合。因为,诸如人的姿态史、饮食史、服饰史等等,难道不是像名目繁多的"专史"①一样脱离了通史吗? 再者,当我们对人类史感到不满,声称要把历史变成自然史,就像拉迪里的《公元1000年以来的气候史》(1967年)和布罗代尔关于地中海的著作的第一部分所表明的那样,我们难道不是到达历史研究的极点了吗? 但是,物质文明本身并不是一种局部现象,而是一种全球现象,需要重新把经过分析的部分综合起来。因此,划分成各个阶段和层次是完全适当的,而这正是布罗代尔的《地中海与地中海世界》一书的特点。

于是,我们再次瞥见了大范围、长时段和计量系列之间的关联:例如对西欧发展过程中的地中海地区与中国进行宏大的比较。可以把中世纪末期到16世纪和17世纪作为一个历史阶段,因为这个长时段为工业社会的崛起提供了一种明白易懂的历史;而计量系列使我们可以对不同文明在不同阶段可资利用的力量(当然还有别的变量)进行比较研究,并对工业革命是长期历史过程的组成部分的观念进行探讨。

然而就本书目的而言,最引人入胜的莫过于目前尚处于分散状态的、旨在把计量研究引入"第三层次"的种种尝试,即研究人们对性、爱、交往、思想、宗教等问题的态度和信仰。这一层次的历史研究始于70年代初,它试图回答的问题不同于50年代和60年代。当时,从民族发展动力到与经济增长相联系的进步观念,直至意识形态和占支配地位的信念等等都发生了危机。人们亲历的苦恼向历史学提出了挑战,要求它从精神角度作出回答。不过,这种历史学绝不是要丢掉科学的特征。换言之,它绝不会停止向科学进行借鉴并注重精确的评价。事实上,以文明为研究课题的系列史还拥有另一批同盟军,即除了经济学以外,还有民族学、人

---

① 这是莫里斯·曼德尔鲍姆在《历史知识剖析》一书中所用的术语。

类学、深蕴心理学和计量语义学。1965 年至 1966 年间投入使用的第三代计算机大大简化了文档工作,从而使历史学家有可能向第三层次计量史研究进军。但是,为了保持系列史特征,历史学家不得不搜寻含有可重复事实并可构成同类系列的文献。在这方面,拉布鲁斯对税收的研究已经为拉迪里和约瑟夫·夸斯的著作①开辟了道路,而古贝尔也成功地使用了教区登记册来重构人口史。但作为最重要的例子,我们应当提到弗朗索瓦·菲雷阐述文字文明的《18 世纪法国的书籍和社会》(1965 年),以及后来他与奥祖夫合著的《读和写:从加尔文时期到儒勒·费里时期的法国扫盲运动》(1977 年);而阿方斯·迪普龙的著作则通过用计量语义学分析了群体无意识状态;J. M. 古埃斯利用婚姻制度的丰富史料,揭示了婚姻双方的深层动机②;米歇尔·伏维尔对 18 世纪遗嘱中的款项进行了系统的计量分析,研究了启蒙时代普罗旺斯地区的"巴罗克虔诚"③;肖尼则沿着同样的方法论路线,并直接受到了伏维尔的著作的激励,发表了《死亡在巴黎:16 世纪、17 世纪和 18 世纪》(1978 年)。

同经济史和人口史一样,在上述各项研究中,历史学家都变成了特种文献的发掘人。起初是"食品市场价目",后来是税单,现在是书籍、1789 年怨恨录、教区簿册、教士制度,再后来是遗嘱等已经沉睡多年的文献。而且,历史学家都用最先进的数据处理方法,来处理由这些文献提供的系列资料。在大多数情况下,历史学家先按某个特定地区构成一个微观世界,继而就像用放大镜一样予以仔细观察和研究。计量方法只是中介,借以澄清一种结构,最好是转变中的结构,甚至是趋于终结的结构,在后一种情况下,结构解体过程受到了非常仔细的观察。就这样,定量研究挽救了定性研究,但这是一种"经过选择的、具有同类性质的定性研究"④。

在这方面,人与死亡的关系也许是定量研究重新征服定性研究的最重要、最引人入胜的例子。确实,还有什么东西能比死亡,或更确切地说,

---

① 《产品十一税的波动》,1972 年版。

② 古埃斯:《17 世纪和 18 世纪的婚姻态度》。

③ 伏维尔:《18 世纪普罗旺斯的巴罗克虔诚和非基督教化。从遗嘱条款看对待死亡的态度》,1973 年版。

④ 肖尼:《系列史的一个领域:第三层次历史》,第 207 页。

能比正在死亡更深沉,更孤寂? 然而,遗嘱中反映的对待死亡的态度有什么普遍意义? 活着的人在临死前对其葬礼的设想有什么社会意义? 死亡的各种象征有什么文化意义? 现在我们明白了:菲利普·阿里埃斯在其巨著中所提出的死亡分类和四阶段模式①,能够为伏维尔和肖尼等人的系列史提供一种概念框架,而后者也反过来能够为前者提供唯一的证明,即历史虽然不能通过实验,但能够通过对可重复事实进行计量而得到重构。

就此而言,死亡研究领域也许是系列史有待征服的最遥远的领域。这是因为,死亡作为一种研究一直无人问津,因而也是任何历史研究的盲区。历史人口学仅仅间接地涉及这个课题,并力图在论及各代人更替和继承时视而不见或越过这个课题。然而,死亡对历史研究来说也许意味着更多的东西,因为它不仅是认识领域的一个有限课题,而且是修史的无声媒介,这一点我在后面还会谈到。因此,系列史瞄准这个有限的课题是毫不奇怪的。系列史通过研究死亡证明了一个事实,它的使命是从最初的经济学桎梏中摆脱出来,并与思想史——最为传统的历史学形式的核心——展开竞争。

总而言之,在我看来,系列史具有双重重要性。一方面,它既已从价格史脱颖而出,就不再囿于经济层次,从物质文明意义上说甚至不再囿于社会层次,而是重新汇入了通过价值来理解文明的伟大历史研究传统。从这一意义上说,系列史已沿着马鲁的足迹,满足了批判历史哲学的某些条件。另一方面,这种重新征服过程不像批判哲学那样以定性与定量的冲突为代价,而是通过辩证地克服这两种思想范畴之间的传统紧张关系而实现的。

肖尼在 1972 年对系列史的上述新进展作了评论。他写道:"难道我们不能把史学界的这个转折描述成向定性研究的大规模复归,以及对历史学基本特点的渴求和呼吁吗?"②他继续写道:"就像计算机是一种工具

① 阿里埃斯:《人类面对死亡》,1977 年版。死亡四阶段模式为:一、中世纪主教、《武功歌》中的英勇骑士和托尔斯泰笔下的农民所认可的死亡;二、16 世纪和 17 世纪的巴罗克式死亡;三、18 世纪和 19 世纪的隐秘死亡;四,后工业社会的禁忌死亡。

② 肖尼:《系列史的一个领域:第三层次领域》,第 119 页。

一样,计量化也是为定性研究服务的一种工具,以文明体系为课题的系列史在进行计量研究时……不仅需要几何学头脑,而且需要,甚至更需要机敏的头脑……。少量的定量研究引起与定性研究分离,而大量的定量研究则导致向定性研究回归。"①

肖尼把这种历史学称为"最包罗万象的、兼容并蓄的计量史形式"②。于是,现在的问题是要弄清楚,这种历史学是否意味着要把这股方法论潮流与其他传统潮流统一起来,抑或它只是一种伪装的扩张主义,换句话说,科学的历史要么是系列史,要么什么也不是……

但是,历史学应当成为一门科学吗? 它能够成为一门科学吗? 系列史是唯一的(或几乎是唯一的)赞成研究方法论的历史学。引人注目的是,在历史学家拒绝越出历史编纂范畴去思考自身工作的时候,系列史却偏偏把历史学应当成为一门科学作为其目标。现在,这个要求已成为法国历史学家深思熟虑的方法论中一个独特的(虽未公开宣布)组成部分。

(摘自于[法]保罗·利科:《法国史学对史学理论的贡献》,王建华译,上海社会科学院出版社 1992 年版,第 54~67 页。)

---

① 肖尼:《系列史的一个领域:第三层次领域》,第 119 页。
② 肖尼:《系列史的一个领域:第三层次领域》,第 119 页。

心态史学

[法]菲利普·阿里埃斯

　　我在这里先凭记忆引用吕西安·费弗尔曾叙述过的一个故事。我并没有去核对原文,因为留在我记忆中的这个故事是否走样、是否简单化等问题并不重要,重要的是在我看来它清楚地应用了心态这个难以说明的概念……一个晨曦微露的早晨,法王法兰西斯一世离开他情妇的床笫悄悄回到他的城堡中去。当他经过一所教堂时,正好晨祷钟响。他因此心有所感,于是停下来,转而去参加弥撒并虔诚地向上帝祈祷。

　　今天的人们一定会对罪恶的情欲和纯朴的虔诚之间的这种密切联系感到惊讶,他们可能在这样两种解释中作出选择。

　　第一种解释:教堂圣地的钟声唤起了国王内心对罪恶的忏悔情感,于是他祈祷,请求上帝宽恕他刚犯下的错误。如果他不是伪君子的话,那他决不可能在夜间是罪人而到早晨却成了一个虔诚的教徒了。正是在这一点上,他像今天的人,或至少是像稍有理性的人一样行动,像没有读过陀思妥耶夫斯基的作品或对弗洛伊德持怀疑态度的人,像重罪法庭的陪审员或大法官那样去行动。他深信,道德的一致性是自然的又是必然的。没有这种道德一致性的人会被认为是不正常的,会在社会上没有立锥之地。道德一致性这一正常状态是一种不变的价值;人类的本性在某种深刻的和普遍的层次上是不变的。这种解释是传统的史学家们所作的解释,他们希望在所有的时代,在所有文化或至少是文明文化,特别是基督教文化中看到相同感情的不变性。

第二种解释是心态史学家的解释。国王对祈祷和爱情的态度都既出于本能又出于天真的真诚,他并没有感到其中的矛盾。他是怀着同样纯洁而清白的激情进入教堂或上了他情妇的床。他那祈祷的真诚性并不因为他在私生活上的不检点而逊色。对私生活进行忏悔的时刻尚未来到。

在今天,认为这两种互相矛盾的情感几乎是同时发生的说法,已不再为公众舆论所接受。尽管有人试图通过精神分析法使人接受这一说法,但甚至当舆论似乎考虑到这一说法时,舆论对这一说法仍嗤之以鼻。而在过去,这一现象则显得非常自然。现在和过去的这种不同,不仅仅涉及一种感性的、迷信的基督教与一种在道德方面要求更为严格的、更为理性化也更为严密的基督教之间的差异。而且这一差异性还有其更深的原因;16、17世纪的宗教改革尽管是这种差异性的表现之一,但并不是它的原因。

吕西安·费弗尔还举了另外一个例子,说明原先可以并存的态度后来怎样变得互不相容。法兰西斯一世国王的姐姐,那瓦尔的玛格丽特可以没有过多的顾忌既写了《七日谈》这本放荡的故事集,又写了《罪人灵魂的镜子》这本宗教诗集。我们现时的道德也不能容忍这部天真的杂集和这种善意。

因此,一些事在一个特定的时代、一种特定文化中是可理解、可接受的,而在另一个时代、另一种文化中就不再是如此的了。在同样的情况下,我们今天不能像16世纪的这两位王室人物那样,抱着同样的善意和同样的任性态度来立身行事,这一事实清楚地表明,在他们和我们之间发生了心态的变化。这并不是说我们的道德标准不同了,而是说对这些准则的基本反映已有差异。自吕西安·费弗尔以来我们对"心态"一词的理解大体上就是这样。

一、心态史的诞生和发展

(一)一种新史学的先驱者

这里我们借助吕西安·费弗尔著作中所举的例子提到心态这一概

念。事实上,心态史已不再是一门新的学科了。它诞生于第一次世纪大战后不久形成的一个学术团体中,其中有法国史学家吕西安·费弗尔和马克·布洛赫、比利时史学家亨利·皮雷纳;地理学家 A. 德芒戎;社会学家 L. 列维－布律尔、M. 阿尔伯瓦克等。从 1929 年起,这一团体创办了著名的《经济、社会史年鉴》,因此人们常常将这一团体称为"年鉴学派"。然而,即使年鉴学派组织得较好、战斗力最强,它也不是唯一的创新者。还应提到一些独自为战的人物,他们同样充当了先锋的角色:如杰出的荷兰史学家赫伊津加;一些长期默默无闻的作者,如德国人诺尔贝·艾利亚,他的开创性著作①初版于 1939 年,但由于战争的爆发而被湮没,现在则重新被人们发现;还有一些学者,他们与心态史的关系并未马上显示出来,其研究一时也没有为人所称道,如专门研究魔鬼、病态文学的文学史学家马里约·帕拉兹,他的主要著作于 1920 年以意大利文出版,1977 年译成法文,书中对于文学表达与群体想象之间交流的描绘、分析很精彩。

所有这些作者,不管是属于年鉴学派的,还是年鉴学派外的、处于边缘状态的,都承认历史有其另外一个方面,这个方面与原先的方面不同,原先史学研究的仅仅是指导政治决策、观念传播、人的行为和事件进程的有意识的、主动的行动。

例如,赫伊津加认为,想象、情感、游戏、不趋利等领域与经济领域同样重要。在《中世纪的衰落》一书中,他曾明确地谈到这一点:"文明史应当像重视人口、税收数字即人口和经济史一样,重视对美的梦幻和浪漫的幻想。"他又说:"当代人生活于其中的幻想具有一种真理的价值。"作为对这种说法的反应,雅克·勒高夫在 50 多年后的今天,在他那《研究另外一种中世纪》(1978 年)一书的序言中说到:"要给中世纪想象史的研究以一些坚实的基础。"

赫伊津加、M. 帕拉兹、N. 艾利亚等著名而杰出的人物,没有打破传统史学的壁垒而形成一个学派。而斯特拉斯堡的"年鉴学派"集团则成功地做到了这一点。

(二)压以费弗尔和布洛赫为核心的年鉴学派第一代人物

在心态史创立者们所处的那个时代,我们在上面下过定义的心态史

---

① N. 艾利亚:《习俗的文明》,巴黎 1976 年版;《宫廷社会》,巴黎 1977 年版。

实际上只是一种比人们称之为社会史或经济、社会史更广泛的历史的一个方面。当时人们已经提出了关于历史的总体研究的要求,但这一总体性还只是通过经济史或在经济史研究中才得以体现。这种总体史学同政治史、事件史是格格不入的。这种史学只是在"社会史"这一名称下,即传统史学和包括经济史和文化史在内的,以后被称为心态史的社会史学。

传统史学所注意的几乎只是个人、社会上的最高阶层人物及其精英(国王、政治家、大革命家等)和事件(战争、革命等),或由这些精英控制的制度(政治的、经济的、宗教的等等)。社会史则相反,它感兴趣的是与权力无缘的社会大众,是受制于这些权力的人。而且,这一研究方向并不是用来指导研究过去,它同样刺激着一些对现状进行研究的新学科,因为这些学科的诞生同样是出于对被统治的、被历代上层人物所忽视的、至今仍难以名之的群体性的现象感兴趣。但是,人们日益趋向于在这些现象中找到真正的力量。在法语中这些学科被称做为人文科学:社会学、心理学、人种学、人类学,还有历时已久的老大哥——古老的经济学。在英语中所有这些学科都统称为"社会科学"。在法国,古老的经济学与其他年轻的学科之间的分离在史学方面的表现是:30 年代《年鉴》杂志的名称是《经济、社会史年鉴》。经济、社会这两方面的区别肯定是一目了然的,我们通过费弗尔对法兰西斯一世和那瓦尔的玛格丽特这两个事例的分析,可见他对心态的心理现象是相当熟悉的。马克·布洛赫也同样如此,他对创造奇迹的国王所进行的研究也足以证明这一点。

但在第一代年鉴学派时期,心态这一领域还未与经济领域或社会经济领域很好地区分开来。总体史或人们所认为的总体史是由这两个领域组成的。

在经济史经过 50 年来不断专业化、数学化后的今天,我们还是不太了解经济史在当时怎么能与心理史如此紧密地联系在一起。实际上,这两者都是卑贱者和社会群体的历史。经济现象(价格、工资、税收、贷款、市场)反映了所有人的日常生活(昂贵、贫困或富足、饥馑、瘟疫、死亡率等)。人们发现这些现象都是可以观察到的,反映这些现象的数字化的材料系列使人们可以如实地看到日常生活,而非轶事趣闻。就是这个原因,使经济史与心理史在当时有着密切的联系。

经济史从一开始就被年鉴学派所提唱,因为它是第一种研究群体现象的科学历史。人们反对描述个人的不连续的历史,反对描述由这些个人所引起的事件史,反对描述受这些个人控制的制度的历史,而代之以另一种既是群体的又是连续的历史,一种建立在不间断的长时段发展中的历史,一种无以名之的人类群体的历史(然而我们大家都能认识到自己是这个群体中的一员)。

(三)第二代年鉴学派

年鉴学派创始人如果活到今天,也许已有百岁高龄了。第二代年鉴学派的年龄现在也 60 挂零了。第二代年鉴学派史学家在年鉴学派遗产中作出了自己的选择。他们并没有全盘接受这些遗产。M. 布洛赫和 L. 费弗尔当时研究领域中一个相当大的部分,即从想象、群体心理学和文化角度出发对社会所作的研究,在第二代中已黯然失色。这个属于心态的领域已留待少数探险者去继续开拓了。

而经济史(当然不是随便哪一种经济史)在第二代年鉴学派时期还是占有优先地位。当时的法国史学家,不管是名满天下的,还是无人赏识的,都不曾忘记经济史的基本特点:经济史是一种符合人文主义雄心的群体的历史,它能够使人了解小人物、默默无闻的群众是怎样生活的。他们对在美国等地很流行的把经济看做是一个后备的:可以由数学模式来确定的领域这一趋势十分厌恶。在美国的大学里,经济史属于"经济系"而不属于"历史系"。

第二代年鉴学派注重经济史可以由第二次世界大战后世界经济及法国经济的迅速发展来解释。30 年代,法国还生活在一种缓慢的节奏之中,旧制度末期的很多陈规陋习依然存在。此外,它仗着自己的殖民帝国,形成了一个完整和封闭的世界,给人以一种异国情趣和无所不在的幻觉,而在今天看来它像是一个避风港,可以避免全球性的激烈动荡带来的影响。但受到世界大战的震撼后,法国向国际性潮流敞开了自己的大门;经济繁荣、需求与消费的迅速增长、大规模的工业化和城市化等都使法国发生了翻天覆地的变化。30 年代的"长城"倒塌了。年轻的知识分子为社会经济力量所吸引,这些力量对于他们来说就是上述巨大变更的原动力。史学家们也理所当然地试图从对现实的兴趣转向对过去的研究,并且试图找出正在吸引着他们的技术和经济进步(或迟缓)的起源。心态现象过于强调回溯过去的古老方面,对于他们来说既不那么重要,研究起来又很困难;这些现象又很少科学性,难以用数学方法来进行处理。

然而正像法国传统所认为的那样,经济史的一个变形将心态现象重新纳入史学研究的重大课题之中,这一变形就是人口史。对经济史的研究,最初的方法之一是分地区进行专题研究,我们后面将讲到这一点。然而对地区进行专题研究的学者们很快就将他们的大部分研究工作用于研究人口运动了,他们详细研究人口和生存资料、饥馑和流行病之间的关系。雅克·迪巴基耶写道:"这些开创性研究始于 1946 年,当时最早的几期《人口》杂志发表了一篇文章,这篇文章便是新近去世的 J. 默伏瑞的'生存资料危机和法国旧制度人口学研究'。"[①]J. 默伏瑞便是第二代年鉴学派的一个代表人物,可被当做典型来剖析。他在广大的知识界并不很著名,因为他生前只发表了一些可与鸿篇巨制媲美的、言简意赅的生动文章,他那部经过反复思考才动手撰写的重要著作只是在他死后才问世的。通过文章,尤其是通过亲口教诲,默伏瑞对今天已成为著名人物的当时一批法国和外国年轻史学家有很大影响。他的一篇最著名的,也就是 J. 迪巴基耶上面提及的文章,论述的是饥馑和流行病、经济局势和人口死亡率之间的关系。此外,J. 默伏瑞还非常注意不使社会经济和人口现象脱离文化背景。

在 1944—1956 年这同一时期里,J. 默伏瑞的学生 P. 古贝尔正在撰写著名论文《博韦和 1600—1730 年的博韦人》。此书原来被认为是对"17世纪法国社会史"的一大贡献,但后来却成了人口史的模式。P. 古贝尔的这本书开创了一种体裁,从而在他以后涌现了大量同类杰作。这是 50年代这一代人对历史学的最重要的贡献之一。

人口史不仅重新复活了年鉴学派创始人的那部分已冻结了的遗产,还使一种新的心态史从文学传统的轶闻趣事般的印象主义中脱胎而出,并使其具有统计资料的基础,最后还使心态史能对各种现象作非经济学的、更为广泛的解释。

---

① 　J. 迪巴基耶:《历史人口学导论》,巴黎版。

这是我亲身经历的一个过程。在 40 年代,我也同样为人口学所吸引,但并不是通过经济学,而是因为我深深地被 20 世纪初期法国的人口形势以及它与旧制度时期法国人口形势的差异所打动。怎样解释这一如此引人注目的变化呢? 例如,在英国,这一变化的进程就与法国不同。当然,从一开始我的研究就不同于研究经济的史学家,我对严格意义上的人口学、对人口变动的机制以及人口变动产生的社会和政治后果不太感兴趣,而是对人口学向那些善于读懂这些数字的人所揭示的隐秘心理状态更为关注。我确定是从人口学材料出发的,但是不久我就把这些材料弃置一边(也许是过早了一点),进而对这些材料所掩盖的现实加以研究。对生命、年龄、疾病、死亡等现实的态度,过去人们不喜欢谈论,甚至他们常常对之并没有意识。在长时段中形成的数字系列使人们的行为模式表现了出来,而这些模式用其他方法是很难把握的,是很隐蔽的。因此,心态问题的研究就出在人口统计分析之后。

我的这一经济没有什么特殊之处,这一代的人口史学家几乎都有同样的经验。对他们来说,停留在对过去人口进行重新组合统计的局限之中是不可能的。他们在对材料进行了分析之后,就会遇到一系列重大问题。这些问题需要作出心理学的、人类学的解释,这在过去是留待医生、伦理学家、法学家或那些研究非书面文献领域的人去解决的,对于这一没有书面文献资料的领域,史学家一直无意进入,这也许是因为史学家们认为人口学所测定的现象过于接近自然、过于接近生物学的研究领域的缘故。在研究的最初阶段,人们确实特别注重分析人口对生存资料和经济状态的适应关系。但人们很快意识到这一适应关系既非自动的,也非立即产生的,在人口学行为和生存资源之间还有一个选择系统,这一系统改变着真实的形象:这就是心态系统。这样,心态史就由于历史人口学而获得了复兴。

(四)第三代史学家

在 60 年代,心态史的重新出现彻底改变了法国历史学。这件事意义重大。许多重要杂志(即使是最保守的杂志)的栏目、硕士和博士论文的题目都朝这个方向转变。在 70 年代,人们发现社会经济主题锐减,十几年前的人口学主题相对失去了吸引力,与此相反,以前不为人们所知的或很少为人选用的主题却在研究中大量涌入。1973 年,历史人口学协会在其刊物上出版一期专辑《儿童与社会》。1972 年《年鉴》杂志也出版过一期有关家庭研究的专辑,篇长 433 页,致使还有三篇重要论文只好放在下一期杂志刊登。此外,论述死亡、性、犯罪、社交、年龄阶层、噪音、群众狂热的文章更不知有多少! 以前,公证文件保管处只是研究艺术史或国家机构的学者常去寻找一些传记资料的地方,一些社会经济史学家也去那里寻找关于分割财产情况的材料,而现在那里的材料,尤其是遗嘱,已成为研究宗教心态的一种材料,M. 伏维尔、P. 肖努和他们的学生便借此作出大量研究。在我看来,历史学的这一重大的、最新的变化却似乎没有引起一位既仔细又敏感的观察家的注意,这位观察家便是 L. 斯通。他在最近的研究中[①]指出,年鉴学派是一个封闭的集团,自创建以来一直没有变化过,它的机体已被流逝的时光销蚀,它的老一套东西已使人厌倦。不! 今天的年鉴学派已非昔日的年鉴学派;而且,心态史也只有在现在才成为我们当代文化的一个富有特征的现象。心态史学已超越了专业研究者的狭小圈子,进入了大众传播媒介系统,这一类史书在它所赢得的广大读者中销售量很大。大家将这一史学通俗地称为"新史学",这是什么原因难道还不清楚吗?

　　内行的读者一定会惊奇地发现:在对心态史起源的分析中,我没有给人文科学的影响以足够的地位。然而,我认为人们习惯于将这些影响看做是决定性的,这在一开始是很有益的,但现在也许就毫无意义了,如同我对上面所引的 L. 斯通那篇文章所作的解释那样。当然,社会学与人种学对 L. 费弗尔也许特别是对马克·布洛赫的《能创造奇迹的国王们》有过影响,但这些影响主要是表现在丰富了他们的文化知识水平,开阔了他们的思考范围,激发了他们的好奇心等方面。因为,19 世纪末的史学家,如同那一时代一般的知识分子一样,一直相信我们那种与古希腊－罗马和基督教主义一脉相承的文明是无比优越的,也都相信把它与原始文化相比是一件荒谬的事。而人种学的认识却至少打破了这一偏见。然而,在法国,人种学家的影响对于史学家的工作来说并不是决定性的,它不像

---

　　① 　参见 L. 斯通的文章,载《史学的特征》,主编为 C. F. 戴尔齐尔,美国 1977 年版。

在美国:在那里的大学中,"社会"史学家如果不去参考其他社会科学,并按史学资料的需要从中选择一种模式的话,是不会去进行史学研究的。

1946 年,《年鉴》杂志更名,希望成为一种包括历史学在内、以史学家为首的社会科学杂志。[①] 然而,正如上面曾指出的那样,《年鉴》杂志在宣称扩大研究领域的同时,事实上首先注重的还是经济。确实,我们不应当忘记经济是历史的关键,是今天的历史也是昨天的历史的关键 。史学自称是由《年鉴》杂志的新计划推动起来的所有社会(或人文)科学学科的共同基础,但在事实上,在经济学领域内,以前的大思想家和今天的大理论家直接影响着史学家,并马上被史学家们所效法。除此之外,50 年代还有大量相互并列的文章,这些文章与其说是各学科相互交流的结果,不如说是来自不同领域本身的研究结果。

这样,人们所能揭示的史学与其他人文科学的一些相互影响,并不能解释法国当时历史学变化的广度。实际上,这一变化是与新一代研究者的出现联系在一起的。今天,区分老一代与新一代研究者有一个年龄标准:以 50 岁为界限,但某些先锋人物则超出了几岁。

如同其他知识活动一样,史学研究无法摆脱席卷西方世界的主要文化潮流的影响。60 年代末的 20～25 岁的青年,他们已开始同一种不同于他们长辈的眼光来看待世界。他们对经济增长及其带来的好处所采取的态度已经发生了变化。此外,以前的史学家有这样一种趋势:他们在历史中寻找一些导致或预示以后现代化的因素,并突出这些因素。现代化也被看做是人类启蒙时代的进步演进的目的和结果。

然而,在 20 世纪末叶的今天,我们也许看到这个启蒙时代的结束,或起码看到了认为科学和技术进步是不可逆转并必定带来益处这一信仰的破产。当然,这并不是说进步终止了,而是说对进步的迷信,对进步的信仰结束了,也许这仅仅是对一种发展过于迅速或过于剧烈的工业化所作的一时反应。这种对进步提出的批评依然成为为今天舆论界的,尤其是年轻一代的意义深远的一个主题:反动的右翼人士已一改初衷,不再作这样的批评,但左翼人士,或者说界限模糊、条理不清但很凶猛的左翼理论

---

① 在第二次世界大战期间,《年鉴》杂志曾多次更名,直到 1946 年。

却继而对这种进步进行抨击。我相信（这是一个假设），在 60 年代对发展、进步和现代化所持的迟疑态度和青年史学家对前工业社会及其心态的研究之间有着一种联系。这些史学家已不再承认历史有一种意义，也就是说不再承认历史有一种方向。他们不再认为昔日社会是一种循序发展过程中的演进阶段，以致对历史所受各种影响的历时性，以及对这些影响所作的系统研究持怀疑态度。他们所研究的文化几乎已经脱离了史学范围，从而以一种结构主义人种学家观察他们所选择的社会的方式来评价文化。

一件奇怪的事是：当史学家试图研究共时性时，其他人文科学却常离开这一共时性的研究，力求在历史发展的长时段中建立其研究基础。也正因为如此，史学与其他人文科学之间的阻隔最终开始逐步缩小了；在正式宣称跨学科研究（但又从未真正实现过）的 50 年后，这一目标在最近才真正有所实现。

我们最杰出的史学家之一，米歇尔·福柯在打破学科界限这一方面作了极好的榜样。他是一个哲学家，但他从哲学转到史学，并没有经过心理学或其他人文科学的"炼狱"，而这些学科是他那一代哲学家（临时的）避难所。他本来能够像其他玄学家或社会科学专家一样，将他的研究置于共时性或非时间性之中，建立一个超越时间的，在一种特意安排的、与日常生活经验无关的时段之中的概念体系。但相反，他却愿意使自己的著作成为一种历史：这是一种分析近代政权与知识相混合的时代的历史，是一种研究 17 世纪以来代政权如何像血液流遍全身一样向社会渗透的历史。史学家的经济主义使这位哲学家（事实上他还依然是哲学家）摆脱了体系（也许就是哲学的体系）的单义性，使他把握了人们所采取的策略之极其丰富的多样性，以及这一无法回避的多样性的深刻含义。M. 福柯从哲学家开始，通过自身的思想运动成为了一个史学家，但他仍然是一个哲学家，其原因与那些今天承担使心态史深入人心这一重任的原因并无多大区别。

因此，我们开始这样设想：人类今天向某种特定史学所要求的，正是人们过去一直向形而上学所要求的，也正是人们仅仅在昨天才向人文科学各学科所要求的：这是一种恢复哲学反思命题的历史学，但这一历史学要将这些命题置于历史时段之中，置于人类事业执著顽强的重新开创之中。

二、心态的概念

尽管近来有关共时性的研究有着颇大的吸引力，尽管人们对历史"单线性发展说"持不信任态度，但心态史对更好地理解历史向现代过渡的问题，一般而言，还是表现出了一种持久的兴趣。这里举几个这方面的例子。

（一）税收的例子

我在这方面首先要举的例子源自心态史大师 G. 迪比最近写的一本著作中。迪比在此书中研究了今天被放在经济领域中加以研究的征税或交换对当时的具有什么意义。① 他用了一个意味深长的章名："心态"。这一章要论述的就是我们所称的税收。迪比将税收比做马尔塞勒·摩斯和社会学家研究过的"原始"社会中的馈赠：人们是将税收做为馈赠"奉献"给统治者的，人们把这些统治者看做是全体人民和非尘世力量之间的调节人、求情人，是繁荣的保证；土地的肥沃，庄稼的丰收，瘟疫的结束，全凭他们的允诺。这就是中世纪早期的情况。但在 12 世纪，虽然这一体系正在发生变化，但还是与近代或当代市场经济有很大区别："对于那个时代的人来说，实际上如同对于他们更久远的祖先来说一样……经济的实在性显得无关紧要。这都是些转瞬即逝的现象。真正实在的结构是超自然方面的心灵结构。"这样，就在死亡的彼世和彼岸之间建立了一个广泛、复杂的交换体系，这一体系通过遗嘱途径而达到了对财产的重新分配，甚至可最终导致财产的毁灭。这一体系使今天的人们感到难以理解，唯有改变习惯，重新构建当时的心态的严密体系，今天的人们才能够理解这一体系。不论是富人还是穷人，都有一种无谓和疯狂的挥霍习惯。在节日期间，穷人们大肆挥霍着他们那点微薄的钱财和富人们慷慨的施舍物，G. 迪比对此这样说道："在这个如此贫穷的世界里，最卑贱的劳动者也不会忽略节日；在普遍的贫困状态中，由于对财富的短暂而愉快的集体消

① 　G. 迪比：《战士与农民》，巴黎 1973 年版。

耗,节日在人们中间周期性地重新产生着友爱,也使人们强行得到平时那些看不到的力量的恩惠。"

（二）时间的例子

如要使我们今天的现代经济及其条件得以产生,应当在技术和生产力的发展之前首先转变人们对待财富和享受的态度,现代经济的存在条件包括:注意节约、为了前途而自愿节制享受、用收入来重新投资、资本积累、劳动分工等。心态的变化贯穿着整个中世纪,J. 勒高夫在题为"教会的时间和商人的时间"①这篇杰出的文章中分析了这一变化的另一方面——时间观念。教会时间是由教堂的钟声来划分的,钟声召唤着教士们到弥撒合唱团来,唱起"日课祈祷"之歌。这一时间按照我们的惯例来说是不规则的:按照古罗马的方式,白天每隔 3 小时为一段落;夜晚处于祈祷和休息之间,分为三段:晚祷、午夜晨祷和晨曦初起的赞美诗。

然而,时间的这种划分法已经固定化了,已经使农民的劳动日具有某种规律性,尽管这种劳动日的长短并不精确按照太阳的出没来划分。僧侣的时间与农民的时间虽然并不完全相同,却还是和谐的。但随着 J. 勒高夫提出了"商人的时间"后,事情就发生了变化。商人的时间同样也是"工作的时间"。它开始借助于教堂的钟声,然而这是一种工作的钟声;"他们(指亚眠的工人们)把钟挂在钟架上","在朝阳初升出工时,在应当去吃饭以及饭后再去工作时","就去敲钟……"但接着就发生了一些令人吃惊而又引人注目的变化。没有什么东西比时间的度量习惯更保守、更固执不化的了。工人的时间在一开始也是仿照教堂时间的,也就是说按照神课的钟点的。神课始于早晨 6 点钟左右的早祷,结束于下午 3 点钟左右的午祷。一天就这样结束了。这也是古罗马的集市或公共浴池的开放时间,总之,这是一种"连续的工作日"。但是在 13 世纪发生了这样一种情况:一方面,无论对于商人、雇佣者还是工人,这一时间已不再适合他们的需要了;另一方面,人们还没有想到可以创立一种更适用的时间(这种时间是在后来才由机械钟的发明与使用而逐步形成)。这样,教堂的时间就通过一种妥协而悄悄地作了些调整,以便适合劳动者的时间。

---

① J. 勒高夫:《教会的时间和商人的时间》,载《研究另一个中世纪》,巴黎 1978 年版。

J. 勒高夫写道:"我们注意到从 10 到 13 世纪末,昼夜的时间划分因素有了变化:午祷原先在我们现在的下午 2 点左右,后事逐渐往前移,最后就固定在中午 12 点左右[英语中的 noon(中午)一词就是从拉丁语 none(午祷)一词演变来的]。"勒高夫继续写道:"在按照教堂钟声即教会时间作息的城市地区,午祷是劳动者休息时间。正是在这一点上,我们可以想象到一种压力,这种压力通过改变午祷的时间而创造性地对劳动时间作了进一步的重要划分:一天可分作两个半天。这种划分方法在 14 世纪得到进一步的肯定。"我们的近代时间划分就这样出现了:白天分为上午和下午两个部分,以长期以来神圣不可侵犯的午餐为界。这个例子表面上看来虽然微不足道,但所有涉及人们生存状况的最普通、最平凡之处,都表现着心态的基本特点。时间观念便是能说明我们称之为"心态"的一个颇具特色的例子,这一例子出现在中世纪后期心态发生变化的时期,是很有意义的。

(三)魔鬼观念的例子

正是有关巫术魔法方面,吕西安·费弗尔在发表于 1948 年的《年鉴》杂志上的一篇文章中,极有力地表达了这位史学家对心态差异性的感触:"在心态的深层结构上,16 世纪末和 17 世纪初最有知识、最有教养的人(如大法官等)与我们现时这样的人相比,应当有本质的差异。"对于这种把两者明确对立起来的观点,我个人一直是赞同的。但这种观点会使今天年轻一代心态史学家感到不高兴(至少我的印象是这样的),他们倾向于同一种对心态更复杂更充满矛盾的微观变化的研究,取代对心态走向现代化宏观变化的研究;他们认为心态的微观变化延续时间更长,而且如何向现代化过渡还值得怀疑,从而有可能延缓。

R. 芒德鲁的《历史心理学的研究》用词审慎风格高雅,一直是心态研究的典范之作(他对"心态"一词用得很少,当他在无法回避时便喜欢用"心理结构"一词来代替"心态")。

这里就是他所提出的问题:"在 17 世纪初期,对巫术魔法的追究仍然是世俗法律机构的重要任务……这个由尽可能受到教育的人(但还不是"知识渊博"的人)组成的强大机构毫不犹豫地(除了少数例外)追捕这些魔鬼的帮凶,追捕这些威胁着人们获得上帝解救、策划可怕的堕落阴谋的人……到了 17 世纪末,各地的最高法院都已放弃了这一类诉讼,只受理一些指控亵渎神职、骗子欺世盗名和假善男信女的案件,以及利用公众的轻信,故作虔诚的行骗者等。一种牢固地建立在几个世纪以来延续的习惯基础之上的法律原则,是如何成了问题,遭人非议,在几十年中最终被抛弃的呢? 这个问题值得一提……这是提到的正是法官(以及被告)们的整个心态世界,因为魔鬼及其帮凶们在日常犯下的罪行证明尘世间有魔鬼出现……透过这些诉讼程序,我们可以看到,这里涉及并最终受到质疑的,是他们对某个人、上帝和魔鬼对自然和其他人行使的权力所形成的全部观念。(……)一句话,不再追究巫术魔法的罪行反映了一种心态结构的解析,这一心态结构曾在好几个世纪里是划分这种世界不可分割的组成部分。"

芒德鲁对历时一个世纪的这种漫长变化进行了分析,人们对这种变化的年代程序及其发展阶段还可以讨论,但其大体方向还是毋庸置疑的。此后,他谈到了我们所称的心态现代化问题。他说:"心态结构根深蒂固,是由源远流长的对世界的看法构成的,并且得到某些社会集团甚至整个社会的承认,现在,人们对就这种结构进行思考和感觉的方式提出疑问,这不仅是因为科学有了进步,人们为在 18 世纪中各门科学发现的真理感到欢欣鼓舞,也不是因为每个大哲学家都为概念问题上的争论作出了贡献,而是因为人们的意识更为广泛了。""重要的变化"表现如下:"上帝和魔鬼不再每日每时干预事物的自然进程和人们的日常生活。"人们在进一步思考之后发现,事实上不是上帝[正如塞尔日·勃内神父在《今天法国人的暗中祷告》(1976 年)一书中所证明的那样],而通常是魔鬼、痛苦和恶运,已开始退却;今天,人们在逐渐消灭肉体上的痛苦,逐渐消灭疾病、苦难、直至死亡对人类构成的威胁,这一退却还在继续。

(四)避孕的例子

我列举的这最后一个例子取之于人口史。这一例子很好地表明,在真正进入一个全新的领域之前,史学家是如何开始以不同于经济学家或人口学家的方式来解释经济或人口资料的。它也指明严格意义上的人口史向心态史的转化过程,关于这个问题,我在前面已有论述。我的这个例子讲的是避孕史。

我们知道,在18世纪以前,传统社会的人口变动状况一直呈锯齿型,从这种变动状况中可以看到一系列周而复始的时期:有因饥馑、流行病而引起的高死亡率时期,也有因持续高出生率而导致的人口快速回升时期。

当时的人口调节措施只有推迟结婚年龄、妇女不在哺乳期间怀孕等。尽管如此,当时的怀孕数字仍然是很高的,从而威胁着母亲的健康和生命(这是众所周知的);此外,除通过流产、禁欲和杀婴外,还可用其他方法来阻止人口增长,这是很诱人的。

然而,似乎夫妇们从未真正认真考虑过如何在性行为方面想想办法,防止生育。也许人们已经知道避孕技术,宗教忏悔条规、忏悔神父手册、道德规范中对此都有记载。但事实上人们并没有去运用这些技术。然而在18世纪末和19世纪初,这些技术至少在法国获得了广泛传播,并达到了全面改变人口运动和改变年龄结构的程度:我们分析人口统计材料可以清楚地看到这些技术的实施和流行。那么人们是如何使一种人口状况转变为一种新的人口状况的呢? 这里有两种回答。

一些史学家(我也是其中之一)首先考虑到的是心态的变化。即使人们对性行为的二分法已有模糊的认识,但这种二分法还是要求有预测能力和自控能力,而这种能力在过去社会中是"不可想象的",只是到19世纪才成为现实。另外一些史学家则相反,他们利用宗教界人士对避孕提出的谴责,以支持这一论点,即人们对避孕的做法比对人们愿意承认的其他做法更熟悉;避孕之所以没有更广泛地得到传播,那是因为教会实行着有效的道德控制,人们害怕受到惩罚,当时也没有广告来推动这一传播。只是在教会的条条框框逐步瓦解时,只是在人口的地理移动和道德的世俗化解放了人们的意识和语言时,避孕才开始传播。

在第一种答案中,人们所重视的心态;在第二种答案中人们所重视的则是引起这一变化的其他一些原因,这些原因并不特殊,与其他一些政治的、宗教的、社会经济的现象都有关联。

希望指出避孕是一种古已有之的做法(即使避孕很少实行)的史学家们,引用了宗教界人士所写的材料。而事实上他们这些材料是含糊不清的。他们斥责避孕的做法是反自然的,这些做法是《花花公子》等色情杂志的某些读者眼里是色情艺术的古典状况,但对人口史学家来说都是避孕方法。也许色情会导致避孕效果（除了一些偶然差错外），但人们应当承认不孕本身并不是色情所追求的目标。这样，我们就看到，这一起源于人口学上的争论如何导致了今天正处于初步探索阶段的性史的诞生。正如今天 J. L. 弗朗德兰、L. 斯托姆、M. 福柯等人所看到的那样：如果没有人口学这个先导的话，性史的研究也许就不会存在。

三、史学家的领地

上述例子表明了"心态"这一概念的引入是如何引起（或意味着）P. 诺拉和 E. 勒鲁瓦·拉抽里所谓的"史学家领地"的不寻常扩展的。事实上，自 60 年代末以来，史学家的这一"领地"已经扩展到了社会观察家所能触及的所有方面而无一例外。史学在将其领域扩展旧有界限之外的同时，也就重新回到了它以前认为彻底发掘过的旧有领域：今天的史学家重新阅读那些已被他们的前辈们使用过的文献资料，但这是以一种新的眼光、以一种不同于以前的标准来重新阅读的。今天史学家的常见的主题就是那些由经济史和人口史所准备的主题：工作期限、家庭、寿命的年限、教育、性、死亡，这些领域介于生物学与心态学之间，也介于自然与文化之间。有关这些主题的出版物——然而，这在 50 多年前是不可想象的——在今天已构成了一个完整而严密的系列，构成了一个内容广泛的文库。这是心态史所赢得的第一个领域。

其他一些不那么常见的主题也在引起研究人员的兴趣：如体质变化（身材、肤色、眼睛的颜色、步态等）、食品结构（这是文化的基本特性）、健康状况和疾病、比拉本医生研究的瘟疫、E. 肖特研究的妇女病、尼科尔·卡斯唐所研究的犯罪行为（一个特定社会与司法法律系统有特殊的联系）、E. 勒鲁瓦·拉迪里、伊夫·卡斯唐、M. 阿居隆等研究的传统社会中的人际关系（或者说 19 世纪的人际关系，这也许是新史学最出色的一个成果）。历史学家研究的关键因素是团体战略、道德标准体系、集体组织，即形成一种乡村或城市、大众或精英文化的全部举止行为。顺便指出，过去的史书偏重于研究法国的北部和东部，即讲奥依语和有文字记载的地区，而现在南部地区的资料已占了重要地位。以上列举的这些主题还不完整，还要加上节日（M. 伏维尔、Y. M. 贝尔赛认为节日是人际关系的延续和发展的顶点）；加上那些残留在人们的心目中，并变成了神话的近代历史事件（反对路易十四的加尔文派教徒）；最后还有对在今天史学中占有重要地位的群众性宗教的研究，法国（J. 德吕莫）、英国（K. 托马斯）、意大利（C. 金斯伯格）、美国（N. Z. 戴维斯）等，曾就这一主题发表过著作，许多讨论会也曾以此为中心议题。

以上提到的主题通常是在一个明确的地理空间中，也就是说，是在地方史中进行研究的。新的心态史，既注意社会差异性，又很注意地区的差异性。这也是三代年鉴学派史学家的共同特点，这一特点应当归功于本世纪初一些著名地理学家对法国史学家的长期影响。当时这些地理学家组成了一个"维达尔·德·拉布拉舍学派"。学派的名字也是这一学派创始人的名字，他是 E. 拉维斯主编的鸿篇巨制《法国史》有关地理方面引言的作者。

这些地理学家如果活到今天该有 100 多岁了，他们实际上都是"年鉴学派"新史学的开创人，其中的 A. 德芒戎曾与 L. 费弗尔合作写出一部关于莱茵河历史的著作。

有关大区的一些地理学博士论文，如布朗夏尔对佛兰德地区、A. 德芒戎对庇卡底地区的研究等都曾是地区文化史的开创性模式。以前的地方史只是全国政治史在地方史中的缩影。一个地区发生的事件，一个地区的政治和宗教机构，出生于这一地区的大人物的生活等等就是这种地方史的内容。但上述这些地理学家既对这些地区进行了当代地理研究，又分析了历史档案文献，以便突出一个地区的"基本特点"（马克·布洛赫语），正是这些特点使这一地区具有特定的整体性。这样，打算理解现状的地理学家就像他们的同事——事件史史学家一样，也研究起过去来了，但这一过去是史学家们所忽视的非政治性的过去，这种非政治性的过去，今后将受到未来史学家的偏爱。德芒戎曾出版过一本供地理学家用的文献资料索引。这样，人文地理学对 1930—1940 年间的史学家就有过很重要的影响。

随后，地方史便出现了研究领域发生转移这一有趣的现象。从1940—1950 年起，地方史从人文地理学领域转向了经济、社会史领域，乃至更为广泛的文化、人类学史领域。我认为地理学所经受的这一转移导致了地理学研究的地域研究,成了三代年鉴学派史学家进行创造性研究的必要框架:L. 费弗尔对弗朗士－孔德地区、M. 布洛赫对法国农村的"基本特点"、F. 布罗代尔对"地中海区域"、P. 古贝尔对"博韦地区"等的研究,都是法国省级地方史的重要专题著作;此外,还有一些关于研究 17 世纪农民起义的地区级地方史的重要文献,如 E. 勒鲁瓦·拉迪里和 Y. 卡斯唐对朗格多克地区的研究,等等。人们就此希望最后能有一部类似于文化史或亚文化史那样的总体地方史问世。通过这一新的研究途径,一套由 P. 沃尔夫主编的、名为《法国天地》的分省地方史丛书终于在法国出版了。这套丛书希望成为一部地区文化史,撷取新史学的累累硕果。

我们上面提及的几个例子(当然还可加上其他的例子)有一个共同特点,即都意识到两种心态的差异性:一种心态是以已为人知或至少是为人泛泛了解为前提的,这一心态被当做"证人"为人引证着;另一种心态则令人有扑朔迷离之感,是人们想去挖掘、了解的"处女地"。但是在这里,发掘首先是要理解差异性。在今天这个世界上,许多地方充满着民族间的明争暗斗,分属两种当代文化的人们之间,相互理解十分罕见,对此我们是最明白不过的。两种在时间上相距甚远的文化要做到相互理解也十分困难。但是可以通过在不同于我们的心态和我们自己的心态(即大家对之已有朴素的认识的今日之心态)中找出相似点,即恒定性,来达到相互理解。这种理解还可以通过考察两种心态间无法克服的差异性来达到。差异性就是这样成为特殊性的条件,成为认识这种特殊性的条件:它使这一文化与我们的文化有所区别并确保了它的独特性。因此,就我们看来,一种文化就是在与我们的当代心态的比较之下,才是另一种文化。

一般来说,研究战略确实是很复杂的。用作参考的过去(即原来的过去)随之取代了现时,以确定另一个过去(即作为研究对象的过去)的一系列特性。我们可就此排出这样的顺序:现时,第一过去(原来的过去),第二过去(作为研究对象的过去),随后再辩证地从第一、第二过去回到现时。① 当代的心态我们可以把它称之为现代性,它总是成为引起历史学家的好奇和对差异性感知的本源。没有对现代性的意识,也就不再会有差异性,因此也就不再会有历史,甚至还会使人们连非差异性,即恒定性也看不到。

四、为何有心态史?

心态史,更确切地说是过去的心态,非当前的心态的历史。这一历史在今天(历时还不长所显示的吸引力,也许可以通过我们今天心态的一个重大变故得到解释。古典时代的、启蒙时代的和工业进步时代的人们,也就是说 18－20 世纪初的西方人,确信他们文化的恒定性和优越性。他们不接受这样一种观念,即西方文化的优越性并不是始终都存在的。即使某些文化衰退时期割断了西方文化的连续性,他们也不肯接受上述观念。19 世纪和 20 世纪初的实证史学虽承认技术和经济发展的不平衡,承认由于缺乏知识而出现了"落后",出现了衰退,但不承认在知觉和感觉方面有什么差异。

现在上述这些信念已经变得极其淡薄了。今天人们既不再坚信现代的优越性(我们已经指出过这一点),也不再坚信一种自从发明文化以来就为现代化作了准备的文化的优越性。他们看到存在着一些不同的而又同样的有意思的文化,而这些文化在传统史学家看来只不过是一种文明和一些野蛮行为而已。因此,传统史学家注重的是某一种文化与一个普遍模式的相似性,而今天则相反,对这些文化差异性的研究远远超过了对相似性的研究。这也就是我们前面描述过的、起源于中世纪和近代的史学在其跨入当代史的门槛前,曾一度徘徊不前的原因:事实上当代史是人们对他们所生活于其中的时期的反思,这一时期的相似性多于差异性。然而当代史的深度在减少:过去的时期与我们的时期相比所具有的差异

---

① 这里就有一个长时段回复的例子。我在 P. 韦纳的"罗马的爱情"这篇文章中读到,古罗马社会很流行领养孩子,人数之多与亲子不相上下。对这一事实本身我很感兴趣。但这使 马上想到中世纪和近代社会人们对此事的不同态度,当时人们唯恐没有继承人,然而却没有领养孩子的现象。最后我想到我们的当代社会:在当代社会中,领养小孩给母亲提供了一种选择自由,因而变得更为流行,但这一现象在心理上和法律上都还有许多障碍。

性显得越来越清晰,这真是历史性所作的了不起的报复! 因此在我们看来,今天的史学可以脱出我们昨天还相信的全部史料的俗套,深入差异性的海洋中,正是在这一海洋中,这些史料才与所有的传统社会相吻合。所以,这些材料今后就使心态史在寻求心理差异和人种学差异的方法上显得更为有效,而心态史则有助于这些史料加速向过去转化。M. 阿居隆的著作就是通过心态史的途径对当代史进行研究的一个例子,他的著作将19 世纪看做是一种特殊的文明,他通过分析认为这种文明和旧制度的文明一样,可能不同于我们今天的文明,它有着咖啡馆、俱乐部等一些自己的社交形式。①

R. 吉拉尔代在他的研究中明确指出:史学家在两个相近而又相互区别的时代之间来回变动。他指出 19 世纪法国军事民族主义是如何从左派转变为右派的;而在 20 世纪,对种族特殊性的忧虑却从利奥泰或德拉维涅特的殖民主义和"土著主义的"右派那儿转到法农的革命的和反西方的左派一边的。② 通过对这些观念和情感的转变所作的分析,人们就能在现时中看清过去的一些侧面,对现时有一个透彻的了解。

这样,过去,这种不同于现在的时间,就接近了我们,并变得越来越不容忽视,这正好人们已不能再忽视黑人的艺术、印度的艺术或前哥伦布时代的艺术一样,变得刻不容缓。各种时代之间的差异包围着我们,而我们天真、直观的理解力却总是停留在我们自己的时代,这一时代只不过是历史长河中的一个点罢了。最近对现时和过去所展开的对照研究,难道不是心态史出现的真正原因吗?

不管差异性有着何种意义,不管人们如何拒不承认文化发展的不平衡,把现时当做固定的参考系,还是能使史学倾向于一种过于简单的概念,这就是奇妙的和漫长的文化适应概念。自中世纪后半期开始,这一文化适应就逐渐而持久地以我们的现代文化来取代传统文化:最后就像古典史学偏重"西方文明"那样偏重现代文化。

有数种方式可以避免这一倾向。一种方式就是破除心态模式,也就

---

① M. 阿居隆:《旧普罗旺斯地区的苦修士和共济会》,巴黎 1968 年版;《资产阶级法国的俱乐部》,巴黎 1977 年版。

② R. 吉拉尔代:《1871—1962 年的法国殖民观念》,巴黎 1972 年版。

是不承认实际存在着一些严密一致、为数众多的模式,以众多的微观因素代替这些模式,这些因素不太稳定,它们之所以能在一定时间内保持严密的整体状态,是因为有一些为数众多、各自独立的原因(这些原因有政治的、宗教的、经济的等等)凑到了一起的缘故,这些原因之中也没有哪一个可以真正占优势,在持久的变化中,这些原因都在相互抵消。这就是 L. 斯托姆的方式。我认为这是一个日见流行的研究途径。

另外一种方式旨在回避起源问题或影响问题,长期以来这些问题使史学家成为一种遗传学家或分类学家(特别是在艺术史领域中)。在这种情况下,就像上面提到的那样,人们仅作一些共时性的研究。史学家孤立地看待一个过去的整体,就像人类学家选择一个野蛮社会作为研究对象一样;史学家在这种研究中尽可能地避免涉及起源问题和以后的历史发展问题。这就是人种历史学。其典型的例子是 E. 勒鲁瓦·拉迪里对"蒙塔尤"的研究,但他对变化还是很敏感的。在这类研究中,人们往往不谈过去同现代的关系,但果真如此吗? 即使史学家本人没有意识到,但这一关系对他来说难道不总是不言而喻的吗?

最近在对大众宗教和扫盲问题所作的研究中,出现了一个新概念,它有助于消除由于现时与过去关系所造成的困难。这一概念涉及自文字发明以来就一直存在于我们社会之中的两个基本文化因素的互相影响。按照 F. 菲雷和 J. 奥祖夫的表达能力极强的说法,我们的文化是由口头和书写这两方面"杂交"而成的,文化的历史发展节奏或许也应归因于口语与文字的相互运动,这就是以前史学家所称的"衰落"和"复兴"、退步和进步的轮换运动。心态史学追踪着这些潮流的整合与分化。在我们今天文字的理性占优势地位的文化中,心态史学向我们揭示了那些深藏不露的、意识不到的旧日口头文化,或以一种掩盖着的残存形式,或以空白、空缺等形式还在继续存在着。

精神分析学之所以在 20 世纪上半叶获得成功,也许可以从它能够给个人的忧虑作出回答这一点来解释。人们今天对心态史学的兴趣,在我看来是一种相同类型的现象;在今天的这类现象里,曾由口头文化所支持而被书面文化所抑制的集体的无意识,取代了或压倒了弗洛伊德所说的个人的无意识。

然而,什么是集体的无意识? 更正确地说,什么是集体的没有意识? 集体的,是指某个时刻整个社会人人都有的。没有意识,是说有的东西很少或丝毫未曾被当时的人们所意识,因为这些东西是理所当然的,是自然的永恒内容的一部分,是被人接受了的或虚无缥缈的观念,是一些老生常谈,礼仪和道德规范,要遵循的惯例或禁条,公认的必须采用的或不准使用的感情和幻想的表达方式。史学家使用"心态结构"、"世界观"等词语以指明心理整体的一系列严密相关的特征,这一心理整体是在当时的人们没有察觉的情况下强加给他们的。今天的人能够使以前埋藏在群体记忆深处的情感浮现到意识的表层来,这是今天的人日益感到的一种需要。这就是人们对所有无以名之的智慧进行的深层研究:这些智慧并不是超越时间的抽象智慧或真理,而是各种经济的智慧;它们调节着人类群体与每个个人、自然、生命、死亡、上帝以及彼岸世界的紧密关系。

(摘自于[法]J. 勒高夫、P. 诺拉、R. 夏蒂埃、J. 勒韦尔主编:《新史学》,姚蒙编译,上海译文出版社 1989 年版,第 168～198 页。)

系　列　史

［法］弗朗索瓦·多斯

　　不久前,历史学还是个以大写字母开头的单数名词。因为它历史悠久,善于综合和阐明各种现实,它探索的即使不是某一时段的全部意义,至少也是其中之一。但是最近,年鉴学派彻底解构了历史学,使它从此变成了一个小写的复数名词。复数的历史学取代了单数的历史学,因为现在只有关于某一部分现实的历史,而不再有关于全部现实的历史了。在伽里玛出版社主持"历史图书馆"丛书的皮埃尔·诺拉在介绍这套书时指出,上述情况和史学家的伟大初衷形成了认识论上的断裂:"我们正面临历史学的分崩离析。"这会丰富历史学家的视野吗? 当然,新的研究对象大量增加,研究领域迅速扩大,这似乎表明历史学的状况尚佳。但是,由于历史学家力图把社会科学所有学科都收编到自己门下,这必然使他们放弃自己的综合能力,从而削弱其眼光的独特性和价值。史学论说的大肆扩张似乎表明它承认自己没有能力解释所有现实。因此,这种做法实际上是铤而走险。历史学家不再是弘扬普适价值的社会的捍卫者。和周围的人一样,他们也受到西方价值相对论的冲击。与空间的结合使时间失去了绝对性。这个以独特性为基础的世界越来越不协调,历史学家观念的变化也使这个世界的历史学陷于破碎。这些历史学家不再探求现实的整体性:"他们试图通过自己的研究对象通览全部历史。"①今天的年鉴学派仍在谈论"全面历史"和"全部",并想借此表明自己秉承了前辈。但是,他们所说的"全部"实际是指其研究对象的"全部",因而只能代表极小部分现实。他们已不再把众多研究对象纳入一个合理的整体,这等于同马克·布洛赫、吕西安·费弗尔、费尔南·布罗代尔的宏伟目标实行了决裂:"我感到,全面历史的观念今天成了问题……我们面临的史学是破碎的和包罗万象的,并受到不可抗拒的好奇心的驱使。"②米歇尔·德·塞尔多承认,和昨天的年鉴派相比,如今的年鉴派的观念发生了很大变化:"我们应当放弃总体历史,因为这只是吕西安·费弗尔的奢望。"③

　　时段成为历史学家探索的对象,并因而遭到了彻底解构。单一的时间变成了性质各异的多种时间。电脑的使用使历史资料的量化成为可能。在这种条件下,人们开始以新的方式对待历史时间,并推出了皮埃尔·肖努所称的"系列史"。系列史产生的条件是:人们能够把属于同质性整体的事实归成系列,并测定这些整体在其特定时间范围的变化。这样,"时间的同质性已不复存在,其总体意义也荡然无存了"④,克里斯托夫·波米安使时态的多元化成为一种概念,他庆幸历史学家放弃了编年学和预定方向:"过程成为了研究对象,它把一种拓扑学强加给时间。"⑤雅克·雷韦尔提出,历史学没有必要为全面历史的死亡而悲痛欲绝,史学知识的破碎是由于现在的科学空间已不同于 20 世纪 30 至 60 年代年鉴学派所处的科学空间:"现在已不是全面历史的时代,而是以研究对象为中心的时代了。"⑥在他看来,全面的历史仅体现在计划之中,一旦进入实验操作,这种全面性便分化为无数个有待阐述的研究对象。雅克·雷韦尔认为,史学论说的这种改变是同布洛赫－费弗尔－布罗代尔时代最彻

---

① P. 诺拉,"史学的周一"栏目,关于《创造历史》一书,法国文化电台,1974 年 8 月 12 日。

② P. 诺拉:《新观察家周刊》(Le Nouvel Observateur),1974 年 5 月 7 日。

③ M. 德塞尔多,"史学论说"栏目(Les discours de l'histoire),法国文化电台,1978 年 7 月 31 日。

④ F. 孚雷:《辩论》,1981 年度计划月,转载《历史工作室》(L'Atelier de l'histoire, Flammarion,1982)。

⑤ J. 雷韦尔,访谈,《空间与时间》,第 34—35 期,1986 年 12 期。

⑥ M. 福柯:《知识考古学》(L'Archéologie du savoir,Gallimard,1969),第 19 页。

底的决裂。他们三人曾不遗余力地宣扬历史的总体化功能。他们的榜样马塞尔·莫斯在建构全面的社会事实的过程中也曾鼓励人类学家向历史学家学习,因为历史学家能够实现全面与具体的兼容。如今的情况已大为不同,众多历史学家把经验对象与领悟对象混为一谈,他们的研究领域也越来越分散,这便使纳入整体思考的愿望全部化为泡影。

米歇尔·福柯在《知识考古学》中赞扬年鉴学派在历史学方面促成了认识论的转变,并认为这是完成了一种解构。他早在《词与物》一书中便把解构理论化,并将其用于对临床、疯癫、监狱和性欲的历史分析。我们看到,福柯并不赞同关于整体、中心、意符断裂、全面理性等思想:"总体描述把所有现象集中在由唯一原则、意义、精神和世界观念组成的整体结构周围。但事与愿违,一部通史必将为分散化开辟空间。"①由此可见,米歇尔·福柯的目标并非总体综合,他更青睐于零碎知识,制度机构和推理实践,并把这些作为隔离体加以研究。米歇尔·福柯的研究方向为当今的年鉴学派提供了主要理论素材和研究宗旨:"《知识考古学》一书的前言首次确定了系列史学的特征。"②他先是摧毁了人类作为文化主角的主体地位,然后又抨击历史主义,并反对把历史作为一个整体和参考对象。他强调,不应当"以臆想的连续性来预设分析论说"③。历史学必须放弃宏观综合,改为关注零碎的知识。历史学不应再描述演变,因为演变是生物学的概念,它也不应再探索进步,因为进步是个伦理概念。历史学应当分析多种变化,发掘众多不连贯的瞬间。推翻历史的连续性是废黜历史的主体所导致的必然后果:"人类不再拥有历史。或者说,人类在说话、劳动和生活的过程中形成了自身,尽管他们与各种历史交织在一起,但这些历史并不从属于人类,也与人类不具同质性……从 19 世纪初起,人类便被剥夺了历史性。"④因此,自我意识最终消融在客体论说和层出不穷的异质性历史中。

米歇尔·福柯像是在一个没有人类和尚未成形的星球上解构历史。

---

① E. 勒华拉杜里,法国文化电台,1969 年 7 月 10 日。

② M. 福柯:《知识考古学》,第 36 页。

③ M. 福柯:《词与物》(Les Mots et les choses,Gallimard,1980),第 380 页。

④ M. 福柯:《词与物》(Les Mots et les choses,Gallimard,1980),第 380 页。

立体主义画派对所绘对象的分解能形象地表达米歇尔·福柯的间断概念。时间的统一性仅仅是一种人为的虚幻效果。然而,他并不规避历史,而是把历史作为主要研究场地。但是,随着对各种进化论的逐渐疏远,米歇尔·福柯揭示的间断性越来越神秘莫测。他只是标出突发和分裂现象的方式和地点,而并不真正探讨它们的起因,这使现象和事件完全变成了不可解释的谜。这是一种"去历史化"的努力:"这项任务旨在质疑一切具有时间性和在时间中形成的事物,以便凸显不具年代、历史等时间标志的裂痕。"[1]这样一来,间断的特点便呈现出来,它与因果关系无缘,因为它是无本之木,就像创世纪的晨雾中出现的幻影。米歇尔·福柯的方法完全放弃了因果关系研究,并以一种多形态论将其淡化或取而代之,从而断绝了追求整体现实和再现全面性的可能:"我们不会,也不应该用唯一必然性的标记来束缚自己。"[2]因此,他延续了雷蒙·阿隆1948年在《历史哲学导论》中表达的思想:"根本不存在推动全面历史运动的原动力。"[3]雷蒙·阿隆也批评了试图总括现实的所有方法,他认为历史现实的维度是含混不清和无穷无尽的,因而人们难以用总体的合理性来认识它们。所以历史学应当有所收敛,放弃成为一种科学的野心:"历史学从来就不是客观的。"[4]史学论说只能具有部分、局部和个人的价值。至于历史的走向,雷蒙·阿隆认为它前面只是禁行道或环形路。米歇尔·福柯把现实分割成切片,在一般背景之外,每个系列的切片都有其自身的节律和明显断裂:"今后面临的问题就是构建系列。"[5]每个系列都构成一个拥有自身时间表的特殊实体。中心不复存在,留下的只是各种层面。演化的动力也不复存在,留下的只有变革造成的间断。历史论说应当局限于描述对象和系列,应当成为一种知识考古学。然而,这种回归描述和放弃全面理解的主张是以极具科学性的论说来分解历史材料的。米歇尔·

① M. 福柯:《不可能的监狱》(*L' Impossible Prison*,Le Seuil,1980),第46页。

② R. 阿隆:《历史哲学导论》(*Introduction à la philosophie de l' histoire*,Gallimard,1948),第316页。

③ R. 阿隆:《历史哲学导论》(*Introduction à la philosophie de l' histoire*,Gallimard,1948),第316页。

④ M. 福柯:《知识考古学》,第15页。

⑤ M. 福柯:《词之序》(*L' Ordre du discours*,Gallimard,1971),第57页。

福柯所用的系列、间断、素材、整体、领域、关系系统、变形等术语都来自数学和物理逻辑学等科学知识领域。但是，尽管借用了精确科学的语言工具，这种研究历史的方法并没有对现实的总体合理化提供任何可能性。米歇尔·福柯为第三代年鉴学派推崇的系列史提供了理论："重要的是，历史学在查看事件时要先确定其所属的系列。"①当然，米歇尔·福柯更看重间断，他在这方面与研究不变历史的勒华拉杜里有所不同。福柯把事件化做为方向，而当时占主导的史学潮流却倾向于淡化事件的影响和作用。然而，重视事件却与当前的历史研究又不谋而合了，因为事件位于系列当中，其意义取决于它在系列中所占的位置。值得注意的是，史学家不再被动地接受资料，而是主动地对其分门别类，并将其组建成一座殿堂。尽管如此，历史学还是失了它的汇总功能："所有历史都变成了区域史。"②

　　米歇尔·德·塞尔多认为，新时期的历史学家像个在社会边缘寻觅往日幽灵和死者言论的游荡者。他们的最终目标不再是把握事实的中心，而是探索其周边。在被发配到边缘地带之前，他们曾占据着向社会肌体输血的心脏地带。系列史最初只包括经济史，最近也向其他人文史领域敞开了大门。心态、社会心理、情感，这些被称做第三层次的内容也进入了系列研究。用米歇尔·沃维尔的话说，系列史的发展历程是"从地窖到顶楼"。这种系列化以更科学的技术，如电脑计算实现了纯描述性和经验性的研究。但是，它却缺乏对因果关系的探索和对整体理解的追求。人们最多只是机械地，或凭一时灵感而随意抓住某种因果关系。由于各个系列的演变都是独立运作的，所以人们便不必考虑因果关系的体系了。退居二线的历史学把经验论作为领地："我们的目标不再是探索真实……我们认为真实体现在事实起因和既定对象的关联上。"③这种系列史学或局部史学也是保罗·韦纳所主张的。在研究古罗马时期的捐赠活动

　　①　M.福柯："总体历史与局部历史"栏目（L'Histoire et les histoires），法国文化电台，1969年7月17日。

　　②　J.雷韦尔，"史学的周一"栏目，法国文化电台，1974年8月12日。

　　③　P.韦纳：《面包与马戏》（Le Pain et le Cirque，Le Seuil，1976）。

时①,他拒绝采用任何终极目的论的解释。他从各方面详细再现了捐赠现象,但并不去探讨整个罗马社会的原始要素与核心动力。在关于历史认识论的《人们如何撰写历史》一书中,保罗·韦纳解释说,历史只包含情节和故事。在这里,他只承认历史学具有描述功能,从而把经验主义推向了登峰造极的地步:"历史不是一门科学,因为它属于主观见解。"②任何构建等级结构和组合框架的企图都无助于合理化。各个层面的事件都有其自身的周期性,它们不属于同一个等级测定系统。这样一来,如今的历史学家必然失去了把握现实的能力。菲利普·阿里耶斯也表现出抵制解释模型的态度,他说:"我仍然坚持印象主义的方法……对我而言,世界的景象和多样性要比我对其所作的生硬解释更重要。"③阿里耶斯用叙述、评论和描绘取代了解释,他甚至还有所创新,因为他开拓了鲜为人知的心态领域,尽管他并不将其纳入合理性的模型。他提出,如果一种现象由若干原因促成,它就等于没有任何原因,就是不可解释的。④ 阿里耶斯用关于特性和遗产的历史来抗衡全面和厚实的历史。这种破碎化现象使人类失去了中心地位。在历史演变中,人类不再是积极的主体,并不再能控制自身的整个历史。阿兰·贝藏松还责怪他那一代人"对历史的全面性抱有不切实际的幻想"⑤。

如今的历史学家不再注重历史演变的持续性,而是注重历史系列片段之间的中断性。他们放弃了史学论说的广泛性,代之以众多受权力排斥的研究对象的特殊性。因此,长期被理性社会遮掩的精神病人、儿童、肉体、性欲得以重见天日。奇怪的是,放弃理性的主张恰恰是在史学论说声称自己更科学化的时候提出的。对计量的崇拜成了退守经验主义的遮羞布。皮埃尔·肖努提出:一切变化都始于系列史和计量史。计算机成为此前和此后的分界线,它把过去的研究统统归入考古学的领域。勒华拉杜里有句名言:"明天的历史学家都将是程序设计员,否则就不再是历

---

① P. 韦纳:《人们如何撰写历史》(*Comment on écrit l' histoire*, Le Seuil, 1971)。

② Ph. 阿里耶斯:《礼拜日的史学家》,第 131 页。

③ Ph. 阿里耶斯:《文学期刊》,1980 年 9 月。

④ Ph. 阿里耶斯:《史学的时代》(*Le Temps de l' histoire*, 1954, Le Seuil, 1986),第 244 页。

⑤ A. 贝藏松:《历史与自我经历》(*Histoire et expérience du moi*, Flammarion, 1971),第 71 页。

史学家。"①这反映出对科技工具神奇能力的一种绝对信仰。勒华拉杜里还向法国历史学家推荐美国的研究方法，并提出一套精辟的理论来否定历史学家在综合现实方面的学术领导地位："历史学家犹如井下的采掘工，他们在地下找寻资料并将其运到地面，以供经济学家、气象学家、社会学家们使用。"②这是对历史学家放弃自己的职责和专长而甘当打工仔的形象比喻。吕西安·费弗尔发表《为历史而战斗》和马克·布洛赫撰写《为历史学辩护》（又名《历史学家的技艺）的时代早已成为过去，但"美国的挑战"③仍然存在并必须加以应对。为做到这一点，有必要吸收科技革命的因素，这是当今历史学家的唯一出路。无论是关于某地区的小麦产量，某村庄的遗嘱中提到圣母的次数，还是关于某地发生了多少起偷盗，计算，计算，不断地计算，这已成为历史学家注定的命运。"归根结底，只有可计量的历史才是科学的历史。"④在这里，勒华拉杜里几乎原封不动地引用了弗朗索瓦·孚雷和阿德琳·多玛尔以前的观点："科学地说，社会史只能是计量的。"⑤计算机成了现代神谕，对它的迷恋加剧了史学的破碎和系列化倾向。然而，并非什么都能计算，所以历史学家便抓住有限的领域，将其纳入计算公式。使用计算机的另一个弊端是单纯突出同类现象的重复性，即持久、永恒的长时段。惰性，这个"冷社会"的特征成了西方文明的定义。而米歇尔·德·塞尔多等历史学家则更重视重复性系列的间断和"偏差"。为回应基于统计系列曲线的论说，他们揭示了漂泊场所、电脑不予处理的"废物"和不可计理的事物，如精神病人与巫师，节庆与地方文化……雅克·勒高夫和乔治·杜比承认使用计算机能使历史研究实现重大进步，但他们同时也告诫人们：不要对此盲目崇拜，即依赖计算机搞历史研究。雅克·勒高夫写道："计算机只是个越来越必要的工具。它提供了更为精确的资料，因而使历史更加科学，但它不应剥夺历史

---

① E. 勒华拉杜里：《历史学家的领地》（*Territoire de l' historien*）第 1 卷，第 13 ~ 14 页。

② E. 勒华拉杜里：《历史学家的领地》（*Territoire de l' historien*）第 1 卷，第 13 ~ 14 页。

③ E. 勒华拉杜里：《新观察家周刊》，1968 年 5 月 8 日。

④ E. 勒华拉杜里：《历史学家的领地》，第 1 卷，第 20 页。

⑤ F. 孚雷、A. 多玛尔：《社会史的方法，公证人档案和机器化处理》（Méthodes de l' histoire sociale. Les archives notariales et la mécanographie），《年鉴》杂志，1959 年，第 676 页。

的艺术特性。"①乔治·杜比则指出,计量化和数学运算会引发"对科学性的幻觉"②。

　　我们看到,随着描述手法对现实的大量解构,新实证主义得到了复兴。这并非孔德式的,从反复性中寻求定律的实证主义,而是 20 世纪初在法国史学流派中产生的实证主义。新实证主义学派崇尚原生态的事实和事件,并将此作为出发点和可理解的唯一层面。1929 年创建的《年鉴》杂志标志着该学派的建立。新史学用现代主义和技术主义论说掩盖其退向描述性方法的行为。雷吉娜·罗班指出,在迷恋描述的背后是"经验批判主义的再现"③。这种系列方法反映出两方面的无能为力,一是历史学家丧失了总体观念;二是历史中的人类被其无法掌控的系列分化瓦解。人类对现实不再有任何效力和作用。系列性表达了一种新的异化,这种异化摧毁了"实践 – 惰性"结构中的所有实践行动。

　　人类的边缘化成为计量史学难以操控的变量,勒华拉杜里对此十分敏感。他的著作《历史学家的领地》第一卷第四部分的标题"没有人类的历史"便充分显示出这一点。④ 他在该书中再次表现出自己同 1930 年的《年鉴》杂志的彻底决裂。马克·布洛赫只以人类和人类学的观念看待历史。勒华拉杜里对他的反驳是:"让历史学家仅仅成为研究人类的专家无异于截去了他的手脚。"⑤他搞了一项具体的历史研究——公元 1000 年以来的气候史,而人类在其中既不是研究对象,也不拥有中心或周边地位。气候史在人类身上落下的痕迹"是微不足道的"。⑥ 勒华拉杜里认为,剥夺人类的中心地位是件有意义的大事,他将此比做历史科学领域的哥白尼革命。勒华拉杜里很少引用系列史的观念,他更喜欢运用地层学的比喻。历史被他分割成一些相互独立的层面,这也和系列十分相似。这些层面都是在长期的积累中形成的。各个社会历史阶段都逐步沉积在前一阶段之上,这一过程中没有运动和动荡,最多只有不同程度的侵蚀。

---

①　J. 勒高夫:《世界报》,1969 年 1 月 25 日。
②　G. 杜比:《与居伊·拉尔德罗的对话》。
③　R. 罗班:《辩证法》(*Dialectiques*,1975)。
④　E. 勒华拉杜里:《历史学家的领地》第 1 卷,第 423 页。
⑤　E. 勒华拉杜里:《公元 1000 年以来的气候史》,第一章。
⑥　E. 勒华拉杜里:《历史学家的领地》第 1 卷,第 513 页。

历史领域的系列化使研究对象独立于其他现实因素。脱离了具体事物的偶然性,这些研究对象便如天马行空,自行其是,成为了超越时态的事物,也掩盖了其他方面的现实。即便人们看到长时段中的变化,这种变化也与研究对象存在的基础毫无关系。它们与其他层面现实的联系也变得无足轻重了。历史论说堕入了唯心主义。开拓新的研究方向和发现新的研究对象固然是其积极的一面,但这种历史论说缺乏总体理性化的意愿,而仅限于微观研究。

让·谢诺描述了对当代新宗教——现代性的崇拜。[①] 他展示出计算机拆解时段的过程:把未来简化为一种模拟对象,其编程数据一成不变,变化的只是组合方式。这样一来,历史上的断裂便成为不可想象的事物:"现代性完全拆除了过去、现在和将来之间的联系。"[②]让·谢诺指出,第五共和国时期的法国"堕入了脱离时空的现代性状态"[③]。计算机把知识分割成互不关联的碎片,从而使其模拟对象失去了真实内涵。人类不再是技术的主宰而成为它的奴隶;他们失去了中心地位而成为附庸。我们看到,年鉴学派从现代性的上述特征中汲取了力量,他们推出量化和破碎的历史是为了适应现代社会。他们把历史的整体性化解为众多异质性对象,并认为世界是永恒的,除了技术和文化外,社会和政治永远不会变化。这种新史学在时间观念上失去了合理性。除了年鉴学派的走向外,这种历史意识危机还有其更深的根源:现代性塑造了我们的世界观和时间观;跨国资本主义以市场对生产的要求为名冻结了潜在的断裂。然而,年鉴学派的主题和范式也充分表现出他们放弃了恢复集体记忆这一历史抱负。

另一个因素也起了不可忽视的作用,即年鉴学派尝试捍卫历史学科,抵制其他新兴和开创性社会科学的蓬勃发展。无论持何种认识论,所有历史学家都被要求披挂上阵,集合在年鉴学派的大旗下。年鉴学派决心以历史学科兵多将广和资历深厚的优势来迎战社会学家、经济学家、人口学家和语言学家。这种学科性反攻主要表现为剥夺其他社会科学的特

---

① J. 谢诺:《论现代性》(*De la modernité*, La Découverte, 1983)。
② J. 谢诺:《论现代性》,第 48 页。
③ J. 谢诺:《论现代性》,第 71 页。

性、方法和话语，并将其据为己有。历史学科的掠夺手法似乎获得了成功：在如今的社会科学高等研究院，历史学高居主导地位，其他社会科学只能甘拜下风。历史学还运用计算机、系列和数学的严谨性把自己装备起来，并以"新史学"的装束出现在乐于看到变换的公众面前。历史学把自己扮成了殷勤好客的女神。

内丁·弗莱斯科对《创造历史》（三卷本）中被引证过的作者作了一项计量研究，从而揭示出历史学向其他社会科学的开放程度；米歇尔·福柯、吕西安·费弗尔和路易·阿尔图塞被提到过 6 次；马克斯·韦伯、列维－斯特劳斯、费尔南·布罗代尔、勒华拉杜里被提到过 5 次；马克思和弗洛伊德被提到过 4 次；雷蒙·阿隆和保罗·韦纳被提到过 3 次；米什莱被提到过 2 次。这即是说，在这部由历史学家撰写的史学著作中，被引证过的 12 位作者中只有 5 位是历史学家，而且他们出现频率还不是最高的。然而，采用其他社会科学的术语和方法也使历史学付出了高昂代价：史学家特有的统一时态遭到瓦解；历史学被融化到其他学科之中。相互对照、取长补短固然有必要，但由于年鉴学派缺乏对外来辅助方法的批判，结果导致历史学的功能，尤其是全面观察事实的功能被盲目丢弃了。谁是这场角斗的赢家？扩大了自身影响的历史学科似乎是胜者。但如果这场胜利使历史学付出了丧失自身基础的沉重代价，那这只能是一种"皮洛士式的胜利"。

对事实的解构与当今的幻想破灭密切相关。在盛行史学之风的 18世纪和 19 世纪中叶，思想家们为创建新社会而努力探索人类未来的方向，他们把自己所处的时代纳入理性的逻辑。从康德、黑格尔到马克思，他们都致力于解读为自由而战的基础。相反，当保守势力猖獗，思想受到蒙蔽和幻想破灭殆尽时，便出现了拒绝对事实全面理性化的现象。当事实无助于实现人们的希望时，它便失去了合理性。历史也不再有任何意义，并瓦解成一堆碎片。因此，只有人类能够把握的事实才具有合理性，事实一旦摆脱了人类的意志便不再具有合理性。

然而，新史学的专家中有不少人并未放弃全面的历史，他们对目前的离心运动持怀疑态度。这些人拒绝追逐时髦，依旧探讨历史的全面性。我们通过乔治·杜比等历史学家的历程发现，他们这一代人的特殊经历可分为三个阶段:从经济入手,后研究社会,最后探索想象物。在杜比对封建时期的研究中,这三个层次密不可分。他写道:"我认为社会是个整体,不可能把政治与经济和文化割裂开。对这个综合体的研究要求我们必须求助于所有信息。"①他认为"终极决定论"②的概念是可操作的,它至少能有效地激发人们从经济现象入手,而不是搞抽象的研究,因为通过经济现象可以进入社会的其他层面。然而,和莫里斯·戈德里耶一样,乔治·杜比对于上层建筑反映底层结构的简单化公式也持怀疑态度。因此,他把史学研究的优先目标定在心态和物质相互作用的层面。乔治·杜比更注重的是互动概念,而不是简单的因果关系:"我试图摆脱因果关系的机制,我更喜欢谈论的是相关性而不是原因与后果。这使我认为:一切决定着一切,一切被一切所决定。是必不可少的总体观念使我产生了这种想法。"③因此,历史学家只有弄清心态习惯和经济压力各自的作用,并抓住这两者的相关性,才能对一个时期有所了解。乔治·杜比还提出,人们在生产关系中的地位固然重要,但伦理也能对经济产生影响。在中世纪,王公们挥霍无度的生活方式逐步扩展到整个贵族。这刺激了奢侈品手工业的迅速发展并强化了商人的作用。这个案例表明,一种行为模式可以改变经济活动的基础。血缘和亲属关系也是中世纪的社会基础。因此,乔治·杜比指出,中世纪的众多社会隐喻都涉及家庭。④ 所以,历史学家应当再现多维度的现实,他们在解释人类在某一领域的活动时,不仅应依据其中可知的部分,还应借助其他层面的事实。因此,乔治·杜比在书中把中世纪的财政压力纳入了《心理态度》的章节,并置于前货币化社会的馈赠与回赠活动的背景下。这其中并无经济方面的考虑,似乎是一种过时的做法和完全有别于其他层面的活动。

　　在这方面,如今一些历史学家在解读宗教现象时也开始重新注重总体性。他们认为,宗教史研究不应局限于注释神学文献和比照其后来出现的种种变化。他们把这些神学表述与社会联系起来,因为它们能反映

---

① G. 杜比:《文学杂志》(*Le Magazine littéraire*),1982 年 11 月。
② G. 杜比:《辩证法》,第 10—11 期,第 121 页。
③ G. 杜比:《星期五》(*Vendredi*),与作者的谈话,1980 年 1 月 4 日。
④ G. 杜比:《与居伊·拉尔德罗的对话》,第 180 页。

当时的社会行为和社会等级状况："在其所宣称的东西之外,这些神学表述还是其他事物的征兆和符号。"①于是,问题转向了外部,出现了具体事物与其思想表象之间的沟通。皮埃尔·维拉尔之所以研究 16 世纪西班牙的神学家,是为了寻找宏观经济理论的最初表现。阿兰·科尔班在研究 19—20 世纪的卖淫现象时②,把对时期的划分与社会经济结构演变联系起来。在古代史领域,让 - 皮埃尔·韦尔南、马塞尔·德蒂安、皮埃尔·莱韦克、摩西·芬利和皮埃尔·维达尔 - 纳凯等人对研究方法的更新最多。他们在借鉴人类学研究成果的同时还强调,历史学的总体性方法是必不可少的。让 - 皮埃尔·韦尔南以古希腊宗教为例③,他批判传统观念将这项研究搞成了一个孤立的领域。而实际上,要深刻理解古希腊的宗教,就必须对政治、宗教、伦理和日常生活进行"整体思考"。只能这样才能理解一个社会在辩证发展中的主要节点,才能避免犯时代的错误和以当今的观念去误读另一种社会。让 - 皮埃尔·韦尔南的研究表明了政治是怎样在古希腊形成的,并如何囊括了各种生产关系。尽管他运用了人种学和人类学的分析方法,但却始终遵循了历史化和反映动态的方向,因为,"不讲历史的人种学不就只是走马观花的旅游吗?"④

　　与总体化的方法相反,系列化不但没有丰富,反而枯竭了历史研究。幸运的是,并非所有人都采用这种做法。实际上,系列史把历史方法缩减为两个层面,它把结构变成了事件系列,但又没解决系列之间的过渡问题。系列史仅满足于表明某个系列特定的因果关系,而另一些史学家开拓的方向是:透过众多历史时态和研究对象,找出它们在最能反映某个历史时期的节点所表现的交错和辩证关系。

　　(摘自于[法]弗朗索瓦·多斯:《碎片化的历史学——从〈年鉴〉到"新史学"》马胜利译,北京大学出版社 2008 年版,第 167~180 页。)

---

①　D. 朱利亚:《创造历史》第 2 卷,第 140 页。

②　A. 科尔班:《娼妓:19—20 世纪的性苦难和卖淫》(*Les Filles de noce: misère sexuelle et prostitution au XIXe-XXe siècle*, Aubier, 1978)。

③　J - P. 韦尔南:《新观察家周刊》,1980 年 5 月 5 日。

④　P. 维达尔 - 纳凯:《创造历史》第 3 卷,第 162 页。

乡村史、气候史及年鉴学派

——埃马纽埃尔·勒华拉杜里教授访谈录

[法]埃马纽埃尔·勒华拉杜里

●周立红：埃马纽埃尔·勒华拉杜里（Emmanuel Le Roy Ladurie），1929 年出生于法国卡尔瓦多斯省，巴黎高师毕业生，曾任教于蒙彼利埃文学院和法国社会科学高等研究院，1973—1999 年任法兰西公学（Collège de France）现代文明史讲席教授，1987—1994 年任法国国家图书馆馆长，1993 年当选为法兰西研究院（Institut deFrance）院士。勒华拉杜里是法国年鉴学派第三代代表人物，"新史学"的推动者之一，研究领域包括乡村史、气候史、城市史、宫廷体系、君主制度等等。他于 1975 年出版的《蒙塔尤》为他带来世界性声誉，并标志着年鉴学派的"人类学转向"。作为历史学家中气候史的创始人，近年来，他先后出版三卷本《人类气候比较史》，将气候史研究推向一个新的高峰。

2008 年，我在巴黎人文之家从事"二战后法国一代历史学家"的博士后研究，勒华拉杜里是我的研究对象之一。2008 年 12 月 17 日下午，这位为人谦和、学识渊博的老人在他巴黎第 15 区的家中接受了我的访谈。当时，他正遭受突如其来的眼疾的折磨，但这并没有打乱他的工作进度，《人类气候比较史（卷三）：1860 年至今的回暖》就是在患眼疾后付梓出版的。2009 年适逢勒华拉杜里教授八十华诞，法国学界为他举办了一系列研讨会以示庆祝。我希望借这一访谈的发表——虽然正式发表时已错过了他的八十华诞——表达对这位杰出的历史学家的敬意。

首先感谢您接受我的访谈。您的第一部著作《朗格多克的农民》①脱胎于您的博士论文,厄内斯特·拉布鲁斯是您的论文导师,那么您是否遵循着拉布鲁斯的路线,即"抽屉理论"(leplan tiroir),认为社会是由五个层次构成的:经济的、人口的、社会的、政治的、宗教的或心态的?

○埃马纽埃尔·勒华拉杜里:没错。我的著作保留了这个体制的物质特性。农业生产,渗透着马尔萨斯观念的人口学,然后是分配运动,它会因人口的急剧增长导致贫困化,然后是局势、稳定、税制、政治,捐税也很重要,最后是宗教问题,探讨的是天主教与新教的冲突。就是这些不同的层次。拉布鲁斯也是价格史专家,这是另一回事。

●周立红:您这本书以大农业周期为背景,您写农村史时,为什么对历史分期感兴趣?

○埃马纽埃尔·勒华拉杜里:这就是说,在 11 世纪大规模土地开垦浪潮的刺激下,人口数在 1320 年、1330 年和 1340 年达到最大值,这是第一个中世纪周期的顶峰。随后,黑死病、百年战争先后爆发,人口下降;对于法国来说,人口达到 2 000 万,很快在 1450 年降到 1 000 万。随后,一个周期又开始了,自 15 世纪末起,经过 16 世纪上半期,直到 1560 年代宗教战争,法国又开始了新一轮的人口急剧增长周期,人口数从 1 000 万回升到 2 000 万。然后,从 1560 年到 1715 年或 1720 年,人口保持在 2 000万,这是第二个周期。18 世纪是人口增长的第三周期,1715 年,路易十四时期人口有 2 000 万,大革命爆发前夜达到 2 800 万。1870 年达到 4 000万,然后一直保持在这个高度。这就是三个周期。

●周立红:您在《历史学家的领地》②一书中说过,弗朗索瓦·西米昂的贡献在于把 5 个以上的历史周期统一起来。

○埃马纽埃尔·勒华拉杜里:的确如此。西米昂现在是有点过时了,但是他认为价格增长运动常常伴随着由需求发展以及贵金属的出现而导致的经济增长。16 世纪价格上涨,这既是人口增长导致的,也和玻利维

---

① 埃马纽埃尔·勒华拉杜里:《朗格多克的农民》(*Les paysans de Languedoc*),巴黎:塞维庞 1966 年版。

② 埃马纽埃尔·勒华拉杜里:《历史学家的领地》(*Le Territoire de l' historien*),巴黎:伽里玛 出版社 1973 年版。

亚白银的流入有关。然后价格走跌：17世纪价格保持稳定，这并不必然是一场危机，而仅仅是持稳，然后18世纪，受制于巴西黄金、墨西哥白银和人口猛增的影响，价格又开始飙升。

●周立红：对您来说，历史周期是不是类似于布罗代尔的长时段？

○埃马纽埃尔·勒华拉杜里：没错，如果您这样认为的话。布罗代尔的长时段有几层含义。有百年的长时段，例如16世纪价格上涨，或拉布鲁斯在《18世纪的价格和收入运动纲要》①中研究的18世纪的价格上涨，还有17世纪价格的稳定。然后还有非常长的长时段，布罗代尔或许有些仓促地把它与地理等同。最后，农业结构相当稳定，地中海的农业结构延续了几个世纪。

●周立红：布罗代尔和拉布鲁斯两人您都认识，他们之间有什么相似性，分歧又体现在什么方面？

○埃马纽埃尔·勒华拉杜里：拉布鲁斯是研究价格史的计量史家，他很关注18世纪的价格上涨，这实际上是繁荣造成的。我们以1693年饥荒为例，2 000万法国人中有30万人因此丧生。我们再看1788—1789年的生计危机，这发生在大革命前夕，虽有人在街头煽动闹事，却没有人死亡，说明这个国家取得了很多进步。拉布鲁斯是伟大的价格史家，在他关于大革命前夕危机的著作中，他研究了酒价危机。当时，这个短期的危机是由于天气连续四年炎热，使酒增产造成的，但把这说成大革命的起因，则不一定正确。因为这场危机发生在1778年或1781年，大革命却来得有点晚，无论如何，这说的只是酒的情况。实际上，法国的经济在大革命前发展态势良好。真正的危机是1788年的生计危机，我在《人类气候比较史》中解释了这个现象。布罗代尔呢，他并不是一个真正的计量史家，至少在《菲利普二世时代的地中海和地中海世界》的第1卷中，只有1页，他写道我们可以做个图表；在第2卷中，有很多图表来自他的学生，因为他让学生帮了不少忙，我也帮了些忙。我认为，布罗代尔首先是个唯物论者，换句话说，他对宗教不感兴趣，他感兴趣的是小麦、黄金、白银和人口。

---

① 厄内斯特·拉布鲁斯：《18世纪的价格和收入运动纲要》（*Esquisse du mouvement desprix et des revenus en France au XVIIIe siècle*）（二卷本），当代档案出版社1984年版。

例如,有一天,我对他说,犹太教徒、基督教徒和伊斯兰教徒在经济成就上有所差异。他对我说,不,我对这不感兴趣。总之,他对宗教不感兴趣,或许在他的晚年有些变化。我呢,我是天主教徒,但在历史研究上,我是唯物论者。我当然相信观念的作用,但我更对物质现象感兴趣,比如气候、人口等等。我年轻时和孚雷很要好,他当时在宗教问题上也是个不可知论者,但他变成了唯灵论者,注重研究观念史。我知道这也重要,但这是两条迥然不同的道路。

●周立红:的确如此。您与居伊·勒马尚和卡林娜·朗斯在一段对谈中曾这样说过,这篇对谈发表在最近的《法国大革命史年鉴》①上。

○埃马纽埃尔·勒华拉杜里:没错。我和老马克思主义者走得有些近,因为现在,他们不再有什么危险了,(法国)共产党已经完全削弱了。因此,我可以与他们对话,我认为孚雷作了一些关于法国大革命的很有意义的研究。老马克思主义者同样如此,尤其是对生计问题的研究,这一点,孚雷根本没有看到。他对精英、自由派贵族和政治感兴趣,却从来没有看到生计问题,相反,索布尔对此有很好的研究。至少,索布尔关于无套裤汉的论文②是建立在档案基础上的一篇杰作。当您翻开索布尔的论文,阅读那 10 页关于生计危机的描述时,就会发现这完全是从档案中爬梳出来的。很明显,他的错误在于认同(苏联的)布尔什维克主义,但从分析角度说,这的确引人入胜。至少,如果您看看让-皮埃尔·巴尔代(Jean-Pierre Bardet)③这样的人的著作,他固然右倾,却也对生计危机感

---

① 居伊·勒马尚、埃马纽埃尔·勒华拉杜里、卡林娜·朗斯:《历史学家与革命:走向"体面的和平协议"》,载《法国大革命史年鉴》2008 年第 1 期,第 177 ~ 195 页。(Guy Lemarchand, Emmanuel Le RoyLadurie, Karine Rance, "Historiens et révolutions: versune' paix des braves'?", *Annales historiques de laRévolution fran aise*, 2008, No. 1.)

② 这是索布尔花多年心血写成的一篇国家博士论文,后成书出版。阿贝尔·索布尔:《共和二年巴黎的无套裤汉:大众运动与革命政府(1793—1794)》[*AlbertSoboul*, *Les Sans-culottes parisiens en l' an II. Mouve-ment populaire et gouvernement révolutionnaire*(1793—1794)],门槛出版社 1968 年版。

③ 让-皮埃尔·巴尔代(1937—),法国历史学家,专攻历史人口学,与雅克·迪帕基耶(Jacques Dupaquier)主编三卷本《欧洲人口史》。

兴趣;还有英国的理查德·科布(Richard Cobb)①和 E. P. 汤普森,这些人都看到了"生计危机"这一面,孚雷却根本没有看到。孚雷的贡献在于把法国大革命"去斯大林化",换句话说,让左派接受右派的观念。

●周立红:您和孚雷为什么在历史研究上选择了不同的路径?

○埃马纽埃尔·勒华拉杜里:我是唯物论者,他是唯灵论者。我承认他天资卓越,但他却对年鉴学派有敌意。我呢,我认为年鉴学派保留了马克思主义好的一面,这就是对物质生活、对人口的关注,这些都不是纯粹观念。孚雷才华横溢,但他的学生们却有迹象在背离他,去寻求观念史的共性(la stratosphèrede l'histoire des idées)。

●周立红:孚雷与年鉴学派是有些疏离。

○埃马纽埃尔·勒华拉杜里:没错。他有他的方式,他有他的道理,但我仍然忠于年鉴学派。实际上,我并不敌视宗教史、观念史与学校史。它们都很重要,但对我来说,这并不是我的第一使命,尽管我也作了一点这方面的研究。

●周立红:您的乡村史无疑也涉及宗教方面的内容。

○埃马纽埃尔·勒华拉杜里:对,这就是我那本庞大的农民史——《法国农民史:从黑死病到大革命》。② 我在其中谈到宗教,的确,这很有意思。根据一种有些过头的表述,这是"静止不变的历史"。实际上,如果我们以 1320 年的法国为例,当时有 2 000 万人口,如果看 1715 年或1720 年的法国,同样是 2 000 万人口,从表面看,任何变化都未发生,但从本质上看,许多事物都不复原样。其实,这之间出现了一个裂缝,一场黑死病使人口降到 1 000 万,然后再次攀升,所以才会保持稳定。在这片六边形的土地上,虽经历动荡,但终归于平稳,很多事物都处于稳定状态:村庄的数目几乎稳定不变;从社会结构来说,总是有工人、散工和农夫;宗教状况无甚改变,新教徒总是少数;地方语言同样如此,阿尔萨斯语、奥克

---

①　理查德·科布(Richard Cobb),英国历史学家,曾任剑桥大学现代史教授。他二战后在法国生活多年,追随勒费弗尔学习法国大革命史,著有《人民的军队》、《恐怖与生计(1783—1795)》、《警察与人民:法国大众反抗(1789—1820)》等著作,并培养出了威廉·多伊尔(William Doyle)、阿兰·福里斯特(Alain Forest)等一批英国法国大革命史专家。

②　埃马纽埃尔·勒华拉杜里:《法国农民史:从黑死病到大革命》(Histoire despaysans français:de la Peste noireàla Révolution),每月好书 2002 年版。

语、布列塔尼语、北部法语久未改变;政治体制虽然有所变化,但总是有王国,也总是有贵族。因此,您看,很多事情都是稳固不变的。人口很明显是往城市、往资本主义出现的地方流动,但以路易十四时期的法国,也就是 1700 年为例,10% 的人口住在城镇,我认为在 14 世纪是 8% ,这就是说要养一个城里人,总是需要 9 个乡下人,其中 8 个是农民;这个比例并不是静止不动的,但相当稳定。人口增长在某种程度上受到限制,这在某种程度上是因为结婚年龄推迟到 24 或 25 岁,但更重要的是有流行病爆发,饥荒也不时出现;人们不会饿死,但饥荒引发的流行病却会令人丧生。冬天也会有大批人死去。人口增长受到限制,大体上也可以这样解释,即一男一女结婚后,从原则上说能生 8 个孩子,但往往丈夫或妻子会在女方的生殖期结束前死去,他们实际上有 4 个孩子:一个长不到 1 岁就夭折了,还有一个活不到 20 岁,这样就剩下了两个孩子,这叫简单再生产。那么,到了 18 世纪,再生产稍微扩大了一些,但这个体制相当稳定。自 1715 年或 1720 年起,随着人口增长、经济发展、道路修建和文化变迁,这种稳定性被打破了。

●周立红:正如米歇尔·伏维尔《从地窖到顶楼》①一书的标题所示,在 1970 年代,您这一代历史学家大多脱离了经济 - 社会史领域,而转向心态史和文化史。对您来说,有这样一个转向吗?

○埃马纽埃尔·勒华拉杜里:多少有些。我也写了《蒙塔尤》(在某种程度上是两者的结合)。我也写了法国史,这很经典,其中就有心态史的内容。但是,我忠于基础(infrastructure)观念,我从马克思主义中吸取了这一点,但这根本不是共产主义。我对宗教史、文化史持开放态度。孚雷很有才华,但他有点使人忘了年鉴学派的历史。还有记忆史,我并不想触及。

●周立红:《蒙塔尤》在中国很有名。实际上在您之前,已经有些学者使用了雅克·富尼埃(Jacques Fournier)的审判记录,为什么只有您才写出如此精彩的一本书,来重构一个乡村的生活呢?

---

① 米歇尔·伏维尔:《从地窖到顶楼:在 18 世纪普罗旺斯的旅程——从社会史到心态史》(*De la cave au grenier: un itinéraire en Provence au XVIIIesiècle: de l'histoire socialeà l'histoire des mentalités*),魁北克、艾克斯 - 普罗旺斯 1980 年版。

○埃马纽埃尔·勒华拉杜里:的确,关于蒙塔尤的历史,曾有两本宗教审判记录簿,一本已经散失,另一本跟随教皇伯努瓦十二世(Benoit XII)到了阿维农,后来被保存在罗马的梵蒂冈图书馆。随后,一个反对教皇至高无上地位的德国神学家,叫德林格(JohannJoseph Ignaz von Dllinger),他是天主教徒,在1880年发现了这本记录簿,然后一个教士和南方的几位历史学家曾经利用过这些资料。再后来是让·迪韦努瓦(Jean Duvernoy)(法国电力公司的律师),他为了建电坝,参与淹没了一个村庄,但却复活了另一个村庄,这就是蒙塔尤。他出版了《雅克·富尼埃宗教审判记录簿》。① 随着《蒙塔尤》的成功,有人出了(审判记录簿的)法文版,很不幸,一部分被销毁了。但实际上它仍存在,或许保存在某地的一个图书馆,或许就在中国,这也有可能。我呢,我的贡献是理解到这是一个村庄的历史。对其他人来说,这仅是宗教裁判史。我说这里面有一个村庄,正是这个观念有价值。迪韦努瓦是有才之人,他发现了不少东西,但他并未领会到这里面蕴涵着一个村庄的历史。

●周立红:在发掘《雅克·富尼埃宗教审判记录簿》之前,您是否想过要写一个村庄的微观史呢?

○埃马纽埃尔·勒华拉杜里:的确,我有过这种想法。我作过关于古贝韦尔老爷(Sire de Gouberville)的乡村史研究②,然后我在美国短期逗留过,接触了研究村庄的人类学,比如,研究墨西哥村庄、法国村庄的人类学,我看着这些东西,着迷起来。随后,我回归村庄史研究,写过几本书。我又回到了我的导师布罗代尔称做的"大历史"(Grande histoire)。实际上,布罗代尔在结构史、长时段史与事件史之间作了区分,他把事件史称做"大历史","唯历史的历史"(l'histoire historisante)……或许有点出于妒忌,布罗代尔不喜欢我关于蒙塔尤的书,因为里面有性史。但我仍旧忠于他,我敬仰他。我认为我找到了其他领域,比如说气候史。

---

① 让·迪韦努瓦主编:《雅克·富尼埃宗教审判记录簿(1318—1325)》(*Le Registre d'inqui-sition de Jacques Fournier*1318—1325)(三卷本),普里瓦出版社1965—1972年版。

② A. 托勒梅出版,埃马纽埃尔·勒华拉杜里做序:《古贝韦尔老爷:1553—1562年科唐坦的乡村绅士》(*Un Sirede Gouberville*:*gentilhomme campagnard au Cotentinde*1553à1562, *publiépar abbéA. Tollemer*;*précédéd'une introduction par E. Le Roy Ladurie*),绵羊出版社1970年版。

●周立红：您在《蒙塔尤》中使用了"社交性"（sociabilité）这一术语，描述了男人、女人和年轻人不同群体内部的社会交往。实际上，这个术语在当时还没有流行开来。

○埃马纽埃尔·勒华拉杜里：并不是我发明了这个词。即便我也发现了家庭住所（la maison-famille），即使不是的话，也是一些年轻的牧羊人，过的是一种家庭生活。我竭力挖掘其中不同的方面。幽灵、死亡笼罩着村庄。有牧师这一人物，他是山里的一类领导人，相当粗暴，极具诱惑性。您知道，蒙塔尤的镇长也叫克莱格（Clergue），但不是他的子嗣，而是一个侄子，因为教士没有后代。实际上，这是一个没有领主的社会，这些小人物对领主并不怎么感兴趣，但有一个贵妇，城堡夫人，她有点权力，但并不很重要。这是一个农民的世界，一个农民领导和小民构成的世界。最近，我读了另一本书，讲的是南部加尔省一个城堡里的男仆，书名是《皮埃尔·普里翁的日记本：朗格多克的一个村庄（1744—1759）》。① 在这个村庄中，城堡是一个大企业，就像一家工厂，有很多地产和仆人，这并不是封建剥削，但却养活了很多人。这是叠合在村庄上的一个统一体。这本书在法亚尔出版社出版，我帮了不少忙，但作者是让－马克·罗歇（Jean-Marc Roger）。

●周立红：您也做过一座小城市的微观史——《罗芒的狂欢节：从圣蜡节到圣灰星期三（1579—1580）》。② 写小城市的历史与写小村庄的历史，经验有什么不同呢？

○埃马纽埃尔·勒华拉杜里：没错，我尝试的题材多种多样。它们之间是否有共同点？毫无疑问，它们之间是有共同点的。我也做过《圣西门或宫廷体系》。③ 实际上，我的观念来自路易·迪蒙（Louis Dumond），法

①　让－马克·罗歇评注、埃马纽埃尔·勒华拉杜里评介：《皮埃尔·普里翁的日记本：朗格多克的一个村庄（1744—1759）》（*La Chronologiette de Pierre Prion*，1744 ~ 1759：*un village en Languedoc*，*texte inéditprésentéet annotépar Jean-Marc Roger*；*présentationhistorique par Emmanuel Le Roy Ladurie*），法亚尔出版社 2007 年版。

②　埃马纽埃尔·勒华拉杜里：《罗芒的狂欢节：从圣蜡节到圣灰星期三（1579—1580）》（*Le carnaval de Romans*：*De la Chandeleur aumercredi des Cendres*1579—1580），伽里玛出版社 1979 年版。

③　埃马纽埃尔·勒华拉杜里：《圣西门或宫廷体系》（*Saint-Simon ou Le système dela Cour*），法亚尔出版社 1997 年版。

国一个伟大的人类学家,专门研究印度。我把路易·迪蒙的心智类别应用到路易十四的宫廷,换句话说,就是等级制度,等级制度神圣的一面,纯静的和邪恶的,妇女的"上嫁"(hypergamie)。妇女如同鳟鱼或蛙鱼,窜到宫廷,换句话说,女人凭借美貌与财富可以嫁入门第更高的人家,因此她们是社会流动的因子,有点像向河流上游游奔的鳟鱼或蛙鱼。最后是路易十四的派别和团伙。我在《狂欢节》中没有触及路易·迪蒙提到的倒错问题,我在其他地方对此做了研究。于是,我被邀请到印度,就此书作了几场报告,但是在信奉马克思主义的大学里却没有受到欢迎。

●周立红:您成为一位乡村史家,这是否同您的父亲雅克·勒华拉杜里有关? 他曾是一位农业工团主义者。

○埃马纽埃尔·勒华拉杜里:没错。我父亲曾在两次世界大战之间的那段时期发起农民工会运动。我对气候史感兴趣也是如此,因为我曾在诺曼底生活过,那里雨水很多,常常使收成毁于一旦。

●周立红:我知道您很早就开始研究气候史。1962 年,您就被邀请参加在美国阿斯彭(科罗拉多州)举办的"11 到 16 世纪气候史"国际研讨会。您关于气候问题的第一本著作出版于 1967 年。① 因此,您是当之无愧的气候史的创始人。

○埃马纽埃尔·勒华拉杜里:没错,在历史学家中间,我是气候史的创始人。最近,我出版了两卷本大部头著作。② 我还想出版关于回暖问题的第 3 卷著作。③ 第 1 卷从中世纪一直到 1740 年,第 2 卷从 1740 年到 1860 年,第 3 卷是关于回暖问题的。

●周立红:布罗代尔曾鼓励您进行气候史研究,并给予资助。

○埃马纽埃尔·勒华拉杜里:没错。布罗代尔在《地中海》中首次谨

---

① 埃马纽埃尔·勒华拉杜里:《自公元 1000 年起的气候史》(*Histoire du climatdepuis l' an mil*),弗拉马里翁出版社 1967 年版。

② 埃马纽埃尔·勒华拉杜里:《人类气候比较史(卷一):13—18 世纪的酷暑与冰川》(*Histoire humaine et comparée du climat. I, Cani-cules et glaciers XIIIe-XVIII esiècles*),法亚尔出版社 2004 年版;《人类气候比较史(卷二):饥荒与革命(1740—1860)》(*Histoire humaine et comparée duclimat. II, Disettes et révolutions*,1740—1860),法亚尔出版社 2006 年版。

③ 第 3 卷已于 2009 年 3 月出版。埃马纽埃尔·勒华拉杜里:《人类气候比较史(卷三):1860 年至今的回暖》(*Histoire humaine etcomparée du climat: Tome3, Le réchauffement de 1860ànos jours*),法亚尔出版社 2009 年版。

慎地触及气候史,因为法国历史学家对此并不看好。法国有固定论、稳定论传统,比如,乔治·居维叶(Georges Cuvier)拒绝进化理论,这与达尔文恰恰相反。法国传统认为气候是一成不变的。

●周立红:您说过,当您最初进行气候史研究时,您最好的朋友有时还拿您的研究取笑。

○埃马纽埃尔·勒华拉杜里:没错,但他们错了。现在气候史被接受了。

●周立红:您曾强调气候史的重要性,难道一个原因是气候对乡村史尤其是对生计史很重要?

○埃马纽埃尔·勒华拉杜里:没错。从短时段看小麦价格的变化,很明显在有饥荒时,价格飞窜,这时会爆发生计骚乱,然后是革命,一场革命的爆发有心智的、政治的和宗教的原因,但其中一个原因就是生计危机的出现,1788 年、1789 年、1846 年、1847 年就是这样的情况。1846 年,土豆染病,气候干燥,小麦、谷物、土豆一概歉收,这已经很严重了,法国死了20 万人,这是导致 1848 年革命的众多原因之一。当然,还有其他原因,和气候毫无关系。这就是历史的因果关系问题,是有好几个参数的。

●周立红:为什么在《历史学家的领地》中,您谈及的是"没有人的气候史"?

○埃马纽埃尔·勒华拉杜里:没错。最初我小心翼翼,因为它没被看好。我想做纯粹的气候史,但现在,一方面,这是没有人的历史,反气旋,降压,它们并没有考虑人;但另一方面,这却对人有影响。例如,如果出现撒哈拉反气旋的话,如果它持续得时间太长的话,将会出现干旱天气,随后就是歉收。如果低压持续时间很长,且过头的话,会出现类似于 1709年那样的漫长的寒冬。1709 年的寒冬导致 60 万法国人丧生。如果出现雨水天气,且气压低的话,则会造成 130 万人死亡。最后,如果出现干旱天气,夏天酷暑当头的话,比如 1846 年,则会爆发生计危机。

●周立红:您为什么在近年出版的《人类气候比较史:13—18 世纪的酷热与冰川》中用"比较"一词?

○埃马纽埃尔·勒华拉杜里:"比较",是因为我在法国、英国、德国之间作比较,多少还和美国、非洲、澳大利亚、阿根廷的情况做对比。一个叫乔丹（Jordan）的美国黑人历史学家研究了 1315 年的那场大饥荒，那场因雨引起的饥荒……我认为，马克·布洛赫的比较史学思想很重要。应该对可比的事物进行比较。对于气候史来说，我们有能力这样做。对于 20 世纪来说，在《欧洲历史统计》中，可以找到欧洲所有国家每年收成总量。例如，您可以看到，1998 年，欧洲所有国家——从芬兰到西班牙——各种农作物都大获丰收，甚至酒也如此。如果您知道法国、西班牙、意大利、瑞士、德国、希腊的情况的话，就可以做比较史，研究欧洲 45 个国家酒的生产。

●周立红：在您看来，气候史是环境史的一个分支吗？

○埃马纽埃尔·勒华拉杜里：我研究的是气候史，不是环境史。环境史对我来说是很宽泛的一个问题，气候却很具体。

具体说来，有酒的历史，炎热、干燥的夏季适合生产好酒。比如，有一个单子，写着死前应该喝的 100 瓶酒（好酒总是在炎热、干燥的年份酿造而成的）。我研究乡村史，这说到底是环境史的一种。

●周立红：您在《历史学家的领地》中写道，皮埃尔·肖努（Pierre Chaunu）认为，经济史首先应该给职业经济学家提供资料根基。气候史家首先应该给地球和大气科学专家（气象学家、冰川学家、气候学家、地球物理学家）提供档案资料。

○埃马纽埃尔·勒华拉杜里：的确。我认为科学家应该寻找一些历史资料，我们不擅长气候学，他们则对历史一无所知，因此，两者应该多交流，但我太老了，不能去参加学术会议了。

●周立红：您研究气候史的方法是什么？难道这和研究乡村史不是一回事吗？

○埃马纽埃尔·勒华拉杜里：的确有些关联。我研究葡萄收获时间的历史，气温史，冰川史，饥荒史，缺粮——仅仅是缺粮，还研究一点树木（年轮）的历史，然后是事件史。

●周立红：计量方法对您来说总是很有价值吧？

○埃马纽埃尔·勒华拉杜里：没错。问题在于越来越多的年轻人有了电脑，但是做计量史学的却越来越少，这是悖论。

本来，他们拥有的计算机越多，就应该越多作些专业的计量史研究。这或许是因为他们身上有 1968 年 5 月的反叛精神。

●周立红：您有一句话在中国学界很流行："（在当时的法国）谈到1980 年代计量史学的实践前景时，有这么一个预言：明天的历史学家将是程序设计员。"①您仍持有此种看法？

○埃马纽埃尔·勒华拉杜里：不管怎样，很多人是这种情况，我也这样认为，很多人用电脑，即便是定性史学也需要电脑。

●周立红：您的研究主题非常广泛，涵盖乡村史、气候史、城市史、心态史、君主制度、宫廷体系等众多领域。

○埃马纽埃尔·勒华拉杜里：现在我要写一本关于 19、20 世纪气候回暖的书。您知道孚雷，当他写共产主义史时，说他"进入了 20 世纪"。我或许也伴随着这本气候回暖的书进入了 20 世纪。实际上，我已经打量过 20 世纪了。大致说来，我是一个研究第二个千年的历史学家，或许也研究点第三个千年的初期。这么说吧，我有一种理论与中国有关，我知道微生物引起世界的统一，我已经将其写在了《历史学家的领地》中：欧洲与亚洲和中国之间的联系因马可波罗、成吉思汗、无数传教士和商人增多起来，到一定时期，"星球的小循环"出现了。这也就是说，中亚带有鼠疫的跳蚤附在老鼠身上窜到了克里米亚——这可能要归功于蒙古帝国的统一和丝绸之路。黑死病几乎使欧洲三分之一的人口丧生。发现美洲后，同样的一幕重演了，征服者们把他们的病菌带给了一个不具有免疫能力的人群，引发了一场比黑死病更可怕的大屠杀，（海地、古巴的）一些岛屿上的人口迅速消失，墨西哥人口急剧减少，出现了异种交配。因此，我们可以说在 1348—1700 年之间出现了由微生物引发的世界的统一。我在《历史学家的领地》中写了欧亚之间这段统一的历史。

●周立红：您是否有一种意愿要做总体史？

○埃马纽埃尔·勒华拉杜里：没错，有点儿。我们可以做一个村庄的或一个广阔空间的总体史的深入研究。美国人称之为"大历史"（Big history）或"全球史"（His-toire globale）。比如，我们可以做气候的总体史。

●周立红：您出版过一本书叫《在历史学家中间》②，收集了您多年来

---

① 埃马纽埃尔·勒华拉杜里：《历史学家的领地》，第 14 页。

② 埃马纽埃尔·勒华拉杜里：《在历史学家中间》（ Parmi les historiens：articleset comptes rendus）（二卷本），伽利玛出版社 1983、1994 年版。

在报刊杂志上发表的文章。很长时间以来,您扮演的是双重角色:杂志记者和历史学家。

○埃马纽埃尔·勒华拉杜里:的确,30 年来我一直是一位杂志记者,我为《世界报》、《新观察家》、《费加罗报》写过稿子,现在为《宗教世界》写些东西。

●周立红:我觉得这或许是你们这一代人的共同特征,您的朋友孚雷、德尼·里歇、奥祖夫夫妇都扮演着此类双重角色。

○埃马纽埃尔·勒华拉杜里:对,对,这就是说我们利用媒体,上电视,在电台录节目,为杂志写稿子,而现在,这一切在某种程度上结束了。我觉得,首先私人电视台的频道对此不感兴趣,而公共频道比较独特,他们对历史感兴趣,人们有必要吞下(听)它。我不知道这是不是一个阶段的现象。有段时期涌现出有意思的绘画,引人入胜的文学作品,也会出现有意思的历史学著作。这或许会持续下去,但不再那么引人关注。

●周立红:您怎样看待皮埃尔·诺拉的路径,他集编辑与历史学家于一身。

○埃马纽埃尔·勒华拉杜里:他对记忆史感兴趣,这有些危险。他一度明白不应该走得太远,因为应该通过历史来学习和控制记忆(但我不知道他是否真正明白了这一点)。实际上,最先对记忆史感兴趣的是菲利普·茹塔尔(Philippe Joutard),他考察了法国南部清教徒的记忆。皮埃尔·诺拉主编了《记忆的场所》①,但最终应该通过历史掌控记忆——这才是严肃的记忆。

●周立红:对您来说,《巴黎－蒙波利埃》②是一部"我的历史"(ego-histoire)吗? 您没有参与诺拉主编的《"我的历史"论集》③,是因为您在这之前已经写了些东西吗?

---

① 皮埃尔·诺拉主编:《记忆的场所》(Pierre Nora, Les lieux de mémoire)(三卷本),伽里玛版社 1984—1992 年版。

② 埃马纽埃尔·勒华拉杜里:《巴黎－蒙波利埃:共产党－统一社会党(1945—1963)》[Paris-Montpellier: P. C.－P. S. U. (Parti communiste-Parti socialiste unifié),1945—1963],伽里玛出版社 1982 年版。

③ 皮埃尔·诺拉主编:《"我的历史"论集》(Pierre Nora, ed., Essais d'ego-histoire),伽里玛出版社 1987 年版。

○埃马纽埃尔·勒华拉杜里:没错。我在诺拉的《"我的历史"论集》出版之前已经写了"我的历史"。我是第一人。在我看来,我做的是最好的,因为我写的是一本书,其他人的只是文章。

●周立红:您曾在法国社会科学高等研究院(EHESS)工作过,但那时,大学里的人很不喜欢第六部①,有时甚至鄙视它。这里是个死胡同,培养的人不能去外省院系或索邦当老师。那么,您怎么看待法国社会科学高等研究院对 20 世纪下半期史学史的贡献?

○埃马纽埃尔·勒华拉杜里:法国社会科学高等研究院当时有些远离大学体制,后者的重要之处在于可以和年轻人保持联系。的确是这么回事,无论是在法国社会科学高等研究院,还是在法兰西公学,都缺少这种氛围。在布罗代尔时代已是这样,法国社会科学高等研究院现在是降格以求(De la poésieàlaprose):这是一种自我维系的运动,但是在我那个时代却是创新。无论如何,法国社会科学高等研究院一直在扮演一个角色,大学同样如此。

●周立红:您还有一句话在中国学界广为人知:"总有一天,当我们的同胞在总结 20 世纪的知识、科学和技术时,他们会发现自己在军事技术、尖端工业或原子物理等领域内,并不能始终处于领先地位。这些浅薄的法国人或许能聊以自慰的是,他们毕竟在 1930 年至 1965 年间,全靠'年鉴派'的努力,产生了世界上最好的历史学家。"

○埃马纽埃尔·勒华拉杜里:我认为,年鉴学派的确有些贡献,具体说来,它超越事件史,关注结构、长时段和大众,当然,它也对事件感兴趣,因为后者曾在一定时期内改变了历史学的方向。如今,(如果您翻翻意大利、英国和美国等国的期刊的话,会发现)年鉴学派已普及开来。年鉴学派的许多历史研究已经超越了《年鉴》杂志的范畴。长期以来都有回归事件史的趋势,这尤其对当代史来说是正当的。年鉴学派的历史学最终随着这种"大规模"的历史带来了一种新因素,这好比一棵硕果累累的树,枝干四面伸展然后又返回树干;但年鉴派史学仍旧以这种或那种方式

---

① 1947 年,吕西安·费弗尔、夏尔·莫哈遮(Charles Morazé)和费尔南·布罗代尔在法国高等研究实践学院(cole Pratique des Hautes tudes,EPHE,1868 年创建)设立第六部,即经济社会科学部,该部后于 1975 年独立出来,成为法国社会科学高等研究院(EHESS)。

在发展着。您知道有些时代产生了出色的画家、杰出的作家。这或许是一种情感……一种因世界大战而导致的历史的悲剧意识，一种与过去的疏离感，一种顿感过去破裂的悲怆之感。吕西安·费弗尔说道，做经济史是为了避开战争的恐怖。我想是在寻找一种慰藉，在历史中，在对这段历史的审视中寻找一种安慰，尽管悲剧重演，历史仍旧滚滚向前。我想战争过后，人们有一种国破山河碎的悲怆，尤其是世界大战让人们经受了历史的震撼：我们感受到了历史的存在。现在还有一个系谱问题。20世纪初，维达尔 – 白兰士（Paul Vidal de la Blache）开创了法国地理学派，吕西安·费弗尔向法国地理学派借鉴了这种方法，完成了《菲利普二世与弗朗什 – 孔泰：政治、宗教与社会研究》①，它成为皮埃尔·古贝尔（Pierre Goubert）式的历史或地区史的样板。但同时，"菲利普二世"一词又让我们想到了布罗代尔，想到了地中海。因此，我认为这本书的确是史学史上的一个"十字路口"，它出版于1902年，所以我认为还有系谱问题。马克·布洛赫是基督徒一类的人物，他被德国人枪决。他的书，一本写乡村世界②，一本论封建制度③，还有一本涉及的是君主制（《国王的触摸》），考察神圣与政治、农村世界和封建主义问题。马克·布洛赫受到马克思主义的影响，他对此很感兴趣。正是从那时起，费弗尔投入到心态史的研究，写就《16世纪的不信仰问题：拉伯雷的宗教》。④ 此书并不完全成功，因为他假设在16世纪，人们不会成为无神论者，金兹伯格的研究表明这是错误的。总之，战后很多年轻人聚集到年鉴学派的麾下，拉布鲁斯在索邦任教一定帮了忙。

●周立红：非常感谢您接受我的访谈。

（摘自于《史学月刊》2010年第4期，周立红译）

---

① （法）吕西安·费弗尔：《菲利普二世与弗朗什 – 孔泰：政治、宗教与社会研究》（*Philippe II et laFranche-Comté. Etude d' histoire politique, religieuseet sociale*），尚皮翁1911年版。

② （法）马克·布洛赫著：《法国农村史》，余中先、张朋浩、车耳译，商务印书馆1991年版。

③ （法）马克·布洛赫著：《封建社会》（上、下卷），张绪山等译，商务印书馆2004年版。

④ （法）吕西安·费弗尔：《16世纪的不信仰问题：拉伯雷的宗教》（*Le Problème de l' incroyance auXVIesiècle：La religion de Rabelais*），A. 米什莱1998年版。

曼弗雷多·塔夫里：
从意识形态批判到微观史学

[美]卡拉·奇瓦莲

人们对曼弗雷多·塔夫里(ManfredoTafli)所作的诊释和理解几乎都只根据他的两本书,即原始版本分别为 1968 和 1973 年的《建筑学的理论与历史》(*Theories and History of Architecture*)和《建筑与乌托邦》(*Architecrure and Utopia*),在美国尤其如此。

之后,其思想的主要发展被普遍简化成这样一种看法,即他放弃了现代建筑的研究,埋头于被视为越界行为的文艺复兴研究之中。

即使在意大利(这里糟糕的翻译就不能是借口了),其历史观念的发展也被许多人简单的解读为:放弃密切相关政治的历史(a politieally committed history),而去拥抱一种旧式、博学的语言学家的微观史学。他去世后,一个意大利批评家写道,塔夫里"已经忘掉了他或我们在计划中所寄予的希望,他只在智慧、博学,在往昔之中"①寻求庇护。

因此,本文旨在更好地阐明塔夫里从意识形态批判到建筑史模式的过渡,并将这一过渡置于历史的语境当中。我将这种建筑史模式称为一种有创造力的(fruitful)模式:这种模式运用了一种交叉学科的方法,并以哲学作为基本的方法论工具。同时我还将展示出,这一过渡并不代表着他打算对密切相关政治的历史(a politieally committed history)的放弃,它

---

① Casabella, No. 619 – 620[P]. Italy:Elemond editori assoeiati,1995.

代表的是他的策略（用以达此目的）的转变。

首先，我将简要勾勒出塔夫里的意识形态批判理论的轮廓，然后展示出他是如何改变他的史学方法，以试图解决由意识形态批判所提出的问题。

1973 年，塔夫里出版了《建筑与乌托邦》——1969 年在评论杂志《反设计》（Contropiano）中发表了一个简短版本，该书为他赢得了作为激进马克思主义者的不朽声誉。其中心论点是：建筑，自启蒙时代以来，已经成为资本主义的意识形态工具，因此我们已经不再可能指望它抱有任何"革命性的"目的。这一论点引发了对于塔夫里的虚无主义和其宣称"建筑之死"的一片抱怨之声。

但塔夫里的要旨（它非常清晰）在于，人们不能寄望于揭示出，通过另类（altemative）的建筑生产，建筑所呈现出的意识形态。建筑已经是资本主义的计划（Project）中如此必不可少的一部分，所以，希望它能用反设计（counter project）来批判自身只能是一种幻想。

因此，建筑不可能是"政治的"。相反，唯有历史才有可能成为对于建筑所体现的意识形态的系统化启示和批判。正是"历史"工程，而非设计工程，才"有可能质疑，资本主义劳动分工体现在所有角落的历史合法性"。正如他在数年后于 1980 年在《球与迷宫》（La Sfera e il labirinto）的导言"历史计划"（I 1 Progetto storico）一文中非常清晰地说明的一样。

对塔夫里而言，有政治潜力的史学观念，早已不陌生，而且习以为常。他的立场在 60 年代和 70 年代早期的意大利左翼知识分子中已属常见。这一立场基于葛兰西（Antonio Gramsci）和克罗齐（Benedetto Croce）的观念（葛兰西用的是更为激进的术语），即需要一种"鲜活的"（alive）历史。换言之，即历史能够通过用批判性身份来唤醒意识和带来社会变化的方式，直接同当下进行联系。

这一观念的另一重要来源是瓦尔特·本雅明（Walter Benjamin），他的作品在 60 年代早期就开始有意大利文译本出现。本雅明在一篇短文《历史哲学纲要》（Thesis of the philosophy of History）中提出一个观点：在革命性的当下和往昔之间存在着无中介的（unmediated）联系。事实证明，这篇文章不仅对塔夫里而言至关重要，对于所谓威尼斯学派的整个团体也是如此。

毋庸置疑,塔夫里的目的在于书写一种有政治意义的历史。那么,核心问题是,如何书写这样一种历史,却又不将其变成操作式历史。布鲁诺·塞维(Bruno Zevi)和保罗·波托盖西(Paolo Portoghesi)这类历史学家在意大利所实践的操作式历史,已经被塔夫里于 1968 年在《理论与历史》中激进地抨击。在这本书中,塔夫里宣称操作式历史是一种:

> 建筑分析(或广义上来说是指艺术分析),其目的不是抽象的概述,而是"设计"出明确的意向。这一切都事先反映在分析结构内,来源于有意识地加以确定并经过变形的历史分析。根据这个含义,操作性历史体现了历史与设计的结合。我们甚至可以说,操作性批评在走向未来的同时,导演了过去的历史。①

换言之,操作式批评对往昔的特殊时期运用了一种变形的过滤器,将它们变成天生具有理想价值的神话时期,从而将它们指定为设计模式。

塔夫里当然并不打算写一种对设计者具有直接用途的历史。主要的原因我们已经看到了,即建筑不能成为变革的工具,因为历史有其他职责,即揭示各种意识形态。

但是,书写一种和当下世界休戚相关的历史,一种有政治(political)目的的历史,它所需冒的险和书写一种针对设计者的历史是一样的:也就是将往昔变形,从而适应这些目的。而这种冒险对塔夫里来说是理所当然的。1966 年,在关于手法主义建筑一书的前言中,他宣称:

> 尽管在克罗齐和葛兰西之后,每种值得被称为历史的历史,确实始终都是"当下的"历史,但也有必要强调,其主要还得是(过去的)历史:对往昔事件的自由考察,尽管当代性(contemporariness)(史学家修养的一部分)使之丰富起来,但是也并非一定要去论证那些预先建构之命题。②

但是塔夫里自己的一些早期写作和该"现代性"所引起的可能的变

---

①　Manfredo Tafuri, *Theories and History of Arehiteeture*, New York: Harper & Row, 1950.

②　Manfredo Tafuri, *L' Arehitettura del Manierismo nel Cinquecento Europeo*, Roma: Offieina, 1966.

形之间的关系非常密切。比如,在 1961 年出版的一本著作中,他指出,巴洛克,这一项 17 世纪在罗马附近的圣格里高里奥(San Gregorio)中世纪城镇基础上的新发明,事实上已经是统一的(unitary)城市规划的一部分。他的论点旨在批评一种和"所谓的'小'建筑"有关的"浪漫态度"——这种脱离文脉(context)的"所谓的'小'建筑"被当做一种模式,由此诞生出一种"糟糕的建筑平民论"(deplorable arehiteetural populism)。[①] 但是,在一个关于不同问题的更近期的评论中,塔夫里自己宣称,至少是到 18 世纪晚期,才有统一的(unitary)城市规划这回事。

　　而在 1967 年,在一篇关于波罗米尼(Borromini)为卡佩尼亚广场(Piazza Carpegna)所做的方案的文章中,通过对波罗米尼某些素描的重新归属,塔夫里提出和此宫殿有关的新的建筑排列序列。他证明了学术的精确性,但在此过程中也没忘记指出,波罗米尼在其工程中总是拒绝对"模式和类型"的使用。在罗马的建筑学校教书的那些年里,这是类型学设计法的支持者—穆拉托里(Saverio Muratori)和卡里吉亚(Gianfranco Caniggia)——显而易见的参照。塔夫里等人,甚至还有学生,曾强烈地反对他们,以致学校后来开设了一门与之平行的(另类的)设计课程,由艾莫尼诺(Carfo Aymonino)进行教授,塔夫里是其助手之一。

　　通过这个时期的写作,我们可以清楚地看到,塔夫里在对抗一种有政治意义(relevance)的历史写作,但是,他的这种写作也要避免被此目的所干扰。

　　第一个解决办法吸取了以下观点:即没有所谓"客观的"知识,我们只能寄望于得到知识的"片断"。该观念已经流传了一段时间,但只是在米歇尔·福柯(Miehel Foueault)的作品中才得到全面阐发。

　　塔夫里从福柯处吸取了这一观念,但是用本雅明所阐述的含义来修改"片断"(fragments)概念。它们无可避免地成为沉默的、废弃掉的历史的残余和遗迹。用这些"片断",本雅明试图书写一种历史——它在胜利者所撰写的历史的"纹理上一拂而过"(brushed against the grain),它证明自己是一种反霸权的(counterhegemonie)历史。

---

① Casabella,No. 619 – 620[P]. Italy:Elemond editori assoeiati,1995,p. 17.

在《历史计划》(The Historical Project)一文中,塔夫里提出了一种片断蒙太奇(amontageoffragments)的历史模式(用建筑术语来说,这种片断蒙太奇常常意味着那些拒绝主流"风格"的未建的工程或不合时代潮流的设计)。每一片断本来应该都被挑选上,以排除掉那些其他的选择。这种蒙太奇——这位历史学家的建构—显然无法声言它有什么绝对的有效性。在每种史学(包括他自己的史学)背后,诚然都有一个"计划"(proiect),一项议事日程(agenda)。因此,变形(deformation)是操作式批评和他自己的史学都不可避免的。但他仍然声称,这是一个人们提议事情终结的问题。

承认历史学家强加在史学(historiography)之上的诊释所不可避免的变形,以及获得"客观的"史学的不可能性,这一点塔夫里主要归功于福柯。但是,"解决方法"并不完全令人满意。塔夫里对福柯的历史概念作了一个基本的批评。历史(或现实)不能以任何客观的方式来理解,这一信仰,正如其必然结果一样,需要我们放弃掉所有变革的计划(Project of change)。粗略来说,福柯的立场可以由一句话总结,"如果我们甚至不能'知道'现实,那我们如何指望于'改变'它?"

正如我们所见,塔夫里完全不接受这一点。1977 年,他与雷拉(Franco Rella)、特索(Georges Teyssot)和卡西亚里(Massimo Cacciari)一起写了《福柯的装置》(The Foueault Mechanism)一文。这篇文章对福柯的思想进行了清晰的批评。其中,塔夫里提出一个问题:

> 在当前的政治生活中,对于无限分裂的各种权力实践运行来说,真的存在着空间吗? 这些权力实践确实深入众多的交叉和间隙中(这里我们对尼采、德里达和福柯的实践抱有兴趣)。但是它们并不打算成为某种游戏中的风之"播撒"。这一游戏回避开能够在它们的社会影响中对其检验的法则。①

需要一种包含变革潜力的史学,对塔夫里而言是毋庸置疑的。对于其他人来说,也是一样。

---

① M. Tafuri, *Lettura del testo e praetiehe diseorsive*, Il dispositivo Foucault, Venezia: Cluva, 1977, p. 45.

卡罗·金兹伯格(Carfo Ginzburg),意大利史学家,在出版于 1976 年的《虫子与乳酪》(*Il Formaggfio e I vermin*)的前言中已经批评了福柯的历史概念。他提出,取代一种畏惧去尝试重组和解读历史知识片断的史学,同时取代一种因为不存在"真实的"、"客观的"意义便对诊释犹像不决的史学的,是一种微观史学(microhistory)。这种史学对线索、轨迹和文献进行细致分析,并以此去尝试理解特殊历史时期或艺术对象的"真实含义"。

金兹伯格对塔夫里影响颇深,因为他展示出如何去书写一种有深刻政治性的历史。正如在《虫子与乳酪》中一样,即便它分析的是 16 世纪时一个无名的磨坊主因持异端邪说而被审判,最终被烧死的故事。

在 60 年代,金兹伯格就已宣称——同时提到克罗齐的一本书《黑格尔哲学中仍然鲜活和已经死掉的东西》(*What Is Alive and What Is Dead in , Hegel's Philosophy*)的标题——他想书写一种"已真正死掉的"历史,明确而辩论性地反对介入式历史(a committed history)的各种观点,例如一种"鲜活的"观点。这些观点都是由他自己所属的左翼知识分子环境所提出的。

尽管"微观史学"这个词是由金兹伯格所创造,但其概念在 60 年代晚期至 70 年代就已由一群年轻的史学家所阐明。他们在 1966 年创立了一个评论杂志《历史年鉴》(Quaderni Storici),成为新的历史方法论的检验地。随意从该评论杂志上发表的作品中选取一个吧! 我们读到萨卡第诺(Saccardino)的故事。他是一个 17 世纪的江湖郎中兼骗子,竭力宣称宗教——尤其是地狱的观念——是一种骗局,其唯一目的是让"君主随意行事的方式",他还竭力劝说人们必须"睁开他们的眼睛"。萨卡第诺最终当然是在波罗尼亚(Bologna)的主要市集广场上被公开吊死。但是,如果这就是金兹伯格所认为的"已真正死掉的"历史观念的话,那么,塔夫里意识到其潜能就无足为奇的了。

事实上,《虫子与乳酪》中磨坊主与其审判者们之间斗争,他的"低级"文化与他们的"高级"文化的对抗,随之必然发生了语言、文化和心态结构的冲突,关于这些对抗的叙述近于悖论的表现出当时社会等级的权力关系:这是一种由政治所控制的历史,如果曾经有这段历史的话。

对书写这样一种历史来说,"文献学"是必不可少的方法论工具。它可以使微观史学家拆散以前的史学构成,对它们进行分别阐述,其有效性将牢固建立在仔细查看第一手资料(primary sources)的基础上。

对那些在完全不同的学术传统中成长起来的人来说,这听起来或许不是一项惊人的新发现(revelation)。但在意大利,文献学很长时间曾一直被拒绝承认是书写历史的有效工具。事实上,从克罗齐起,他就宣布,19世纪博学的历史是将其积极的信仰建立在大量通常未被诊释的"文献"的基础上。在克罗齐看来,历史建立在"诊释"的基础上,就正如对艺术作品的批评就建立在"直觉"的基础上一样。

一直受着克罗齐唯心主义影响的意大利建筑史家,对某种"文献学的"历史半信半疑。正如我在一开始所提到的,塔夫里从意识形态批判到"守旧的"文献学的史学方法的过渡,通常被视做是塔夫里自身的矛盾表现,或者是他在政治幻灭的最后岁月之后,对介入式史学的放弃。

但是,与卡西亚里同为评论杂志《反设计》(Contropiano)创始人的文学批评家阿尔贝托·罗萨(Alberto Asor Rosa),为我们提供了更深刻得多的解释,他将塔夫里的文献学方法视做合乎逻辑的意识形态批判的结果。他说,尽管许多人可能"觉得这很难理解":

> "意识形态批判"先于并决定了"文献学"的发现,使之成为可能和必要。这样想想:一旦不再有面纱存在,那么,要做的事情就只剩下对现实机制的研究、理解和再现,这样我们就可以精练地使用客观的(当然是在一定的限度内)探寻工具。①

塔夫里的文献学探寻——这不仅延伸到文献原典中,而且延伸到建筑模型、草图和建造作品本身,以及它们相互之间的关系中——促使他能书写其"建筑的"微观史学。

对塔夫里来说,这种微观史学方法的详尽细节将平行延伸在其生命最后十年的计划中。也就是从1983年的《和谐与冲突》(L' Armonia e I Confliti)到1992年的《诊释文艺复兴》(Ricerca del Rinascimento)——这

---

① Casabella, No. 619 – 620[P]. Italy: Elemond editori assoeiati, 1995, p. 33.

是一次对于文艺复兴的重写。

他在《和谐与冲突》的导言中列出了建筑微观史学的重要概念，这本关于 16 世纪威尼斯 San Franeeseodella Vigna 教堂的书还未被翻译为英文：

> （他宣称）在我们看来，艺术客体应被质疑，但不在于其个性特征，而在于其角色，在于其作为有检验功能的见证。其所属时代的心态（或各种心态）赋予其角色。这一角色相关于它的经济意义、它的公共功能、并入其中的生产方式、作为其条件的再现结构（即意识形态），或者是其自治宣言者的身份。①

最后一本书《诊释文艺复兴》是微观史学的集合。用本雅明的术语，那就是"单子"（monads）的集合：一连串对我们当下格外重要的细微的往昔事件。

该书始于对 15 世纪 40 年代尼古拉斯五世的罗马城市方案的分析。传统的看法是，阿尔伯蒂是这位教皇的顾问兼建筑师的角色。但是，塔夫里把教皇的城市策略解读为，它是巩固教皇世俗权力的计划的一部分。为达此目的，他想把建筑造得看上去就像"上帝亲手建造"的一样，以表明"至上的、无可置疑的罗马教会权威"。②

接下来，塔夫里用文献学重建了阿尔伯蒂的作品（文本的和建筑的），重建了他所接触到的观点。与此同时，他用非常类似于金兹伯格用于磨坊主身上的程序，来窥探阿尔伯蒂的心理定向（mental set）。

从塔夫里的分析中浮现出这样一个阿尔伯蒂——他极其怀疑权威，并且对夸耀奢侈和权力的矫饰表示批判。塔夫里问道："这样一个"阿尔伯蒂，怎么可能在教皇打算建造貌似于"上帝亲手建造"的建筑时，对其伸以援手呢？或者说，如果他这么做了，那也有必要将教皇的意图和建筑师的意图清晰区分开来，换言之，我们必须去分析权力实践和艺术语言之间已经必然出现的冲突。

---

① M. Tafuri, *L' Armoniea e I Conflitti. La Chiesa di San Franeeseo della Vignanella Venezia del'500*, Torino: Einaudi, 1983, p. 7.

② M. Tafuri, *Ricerea del Rinascimento*, Torino: Einaudi, 1992, p. 38.

　　但塔夫里重估阿尔伯蒂的一个主要视角在于,他认为文艺复兴理论家意识到了古典古代时期多种范例的存在。换句话说,塔夫里的阿尔伯蒂正在(他也意识到了)建构人为的"传统"。这一传统不是建立在古典古代的"那个"范例之上,它的做法是从可用的范例中进行选择。换句话说,阿尔伯蒂和其他人文主义者正在建立一种建筑语言的法则——该语言已经被当做自我指涉之物。它既不建立在古典古代的范例之上,也不建立在形而上学的美的概念之上。

　　最后一章以分析桑索维诺在威尼斯的一个未建项目和三个建筑而结束。桑索维诺在1527年罗马大劫后就离开了罗马。塔夫里分析了桑索维诺的"现代"罗马建筑语言与其实际身处的威尼斯语境之间的斗争。

　　桑索维诺在威尼斯为维托·格里马尼(Vettor Grimani)所做的第一个设计没有实现。塔夫里指出,轴线的旋转有助于在不规则的场地上获得规则的几何空间,这样一种做法是直接来自于拉斐尔(Raphael)、伯拉孟特(Bramante)、桑迎诺(Sangallo)这些罗马传统。这一传统的其他要素包括了庄严的楼梯、没有柱廊、两个连在一起的院子。塔夫里断言,在威尼斯和罗马之间的紧张的政治气候下,就是方案的这一种炫耀的"罗马"特征在责难着这一气候。

　　根据桑索维诺接下来的项目,1536年的多浮林府邸(Palazzo Dolfin),塔夫里定义了某种杂交(hybrid)形式。例如,正立面展示了全部的罗马三种柱式:多立克、爱奥尼和科林斯。但高贵平面(Piano nobile)上搁于两个矮拱上的四个开间,标志着威尼斯传统的 portego 立场,巨大的中厅从正立面到背立面,穿过整个建筑。

　　1545年的考乃尔府邸(Palazzo Corner)是桑索维诺在威尼斯所做的最令人印象深刻的作品,它也是最"罗马式"的。这座宅邸的底层有三个拱,贴以粗面石。这让人回想起罗马的(据称为)拉斐尔宅。还有位于上层的拱边的双柱,它在大运河边孤傲独立、头角峥嵘,它述说的是其赞助人毫不掩饰的展示着对罗马的忠诚。

　　这些项目之后,也就是在桑索维诺(或多或少是成功的)同顺从罗马、威尼斯的传统进行斗争之后,塔夫里提出了第四个桑索维诺的作品。实际上它还不为人所知。其语言非常引人注目,并且是彻底威尼斯式的

（这很让人意外）：这就是 1544 年列昂那多·莫罗（Leonardo Moro）的家宅（Case）。

塔夫里分析了赞助人列昂那多·莫罗——威尼斯共和国总督家族中最为富有的成员之一——的神学和政治背景，并在这座建筑中解读出莫罗对展示奢侈所作的批判，而展示奢侈是其对手洛里丹（Loredan）和克勒（Corner）家族的标志。在这个意义上，雇佣桑索维诺而非其他无名工匠，其中就韵味无穷了。因为桑索维诺几乎于同一时间忙于克勒府邸（Palazzo Corner）的设计工作。关于建筑师的意图，塔夫里指出，建筑师运用地方建筑的简单元素（单拱和三拱、烟囱以及大门），在正立面中得到一种节奏，它和某种室内的类型学紧密相连。有侧塔的立面、水平的中心石块，大门的开垛口标志了花园入口——它被认为是 16 世纪威尼斯最美的大门之一，在塔夫里看来，这一切都指向非同凡响的设计工作。它因为有所掩饰而显得更为重要，因为 Case 看上去完全服从于威尼斯传统。

塔夫里把这些房子解读为桑索维诺对主导性的罗马古典语言的批判。这位建筑师在这一工程中采取当地传统，而不是诸如阿尔伯蒂之类的人文主义者建构起来的"现代"传统，显示出罗马"黄金时代"的确定性是绝非坚如磐石的。

通过攻击史学要塞——对维特科威尔（Rudolf Wittkower）详细阐述的一套系统化法则所持有的信仰——塔夫里以一人之力解决了重写文艺复兴的问题。他证明，这些法则绝非约定俗成的。通过向我们展示出多种传统模式同时运转的事实，他废除了将文艺复兴看做"对古典古代的回归"（return to antiquity）的时期这一传统模式。

但是，他首先展示的是，诸如阿尔伯蒂的理论家和诸如桑索维诺的建筑师，如何意识到他们正在形成的建筑语言，并不是建立在美的普遍法则的基础上，也不是建立在古典古代时期范例的基础上，而是建立在"越界"的基础上。越界，针对的是那些由"趣味"（"某种自然的识别力，而非任何艺术或法则"[1]），或由同时代的艺术家共同体所建立的惯例所控制的法则。

---

[1]　Baldassarre Castiglione，*Il Libro del Cortegiano*，Venice，1528.

　　换言之,这里涌现出来的是,艺术家们对建筑"自我参照性"(Self-refer-entiality)的意识,以及随之而来他们对广为推崇的"确定性"的缺失。这一"确定性"据推测源自于这样的信仰,即他们的建筑牢固建立在恢复的传统所提供的模式上。那个时代中对比例的系统规范的建立是一劳永逸的。塔夫里将文艺复兴建筑描述为,它表达了一种追求基础和实验之间的精确平衡。他指出,对系统化规范的需要——是"需要",而非这些规范的存在——产生于教会大分裂,产生于 14、15 世纪的政治社会冲突和毁灭性的瘟疫。但是他这么做,目的只在于将这种需要,同人文主义者们向虚幻之地(the unfounded)自发性的一跃并置起来。这非常类似于他在《理论与历史》中指出的,求新的设计所必要的"摸黑一跳"(leap in the dark)。

　　在这一点上,揭显由矛盾、冲突的传统和建筑语言相互贯穿的文艺复兴,就有非常重要的意义了。艺术家们意识到他们正在批判性的质疑古典古代的范例,正在创造出"新传统"。这就将文艺复兴新的一面给描绘出来了。

　　塔夫里承担起重写文艺复兴这项艰巨任务,其目的在于:去理解当下建筑危机的根源、出现不安的原因,以及描述这一原因的痛苦。他在《诠释文艺复兴》的导言中指出了对其影响至深的现代思想家:汉斯·塞德梅耶(Hans Sedlmayer)、本雅明、罗伯特·克莱因(Robert Klein)。他们分别谈及了"中心的丧失"(loss of the center)、"灵韵的消失"(deeay of the aura)和"指涉物的痛苦"(agony of the referent)。建筑不是宇宙秩序的有形表达已经成为现实。这一"(指涉物的)痛苦"、这一"(中心的)丧失",它在世纪初被历史先锋派当做某种解放而接受下来,但是,自 60 年代以来,它就被视做是一种焦虑。

　　在塔夫里看来,本质上,这就是一种旨在将事物历史化的现象。人们在指涉物的丧失和建筑的"基础"中没有看见命中注定之事,相反却看见一个完成的过程。试图通过回归"黄金时代"而逆转这一过程是无用的,因为并没有这样一个时代曾经存在过。在投身文艺复兴(如其所说的,"长时段文艺复兴")期间,塔夫里揭示了确定的基础的丧失是如此之早。他指出文艺复兴艺术家们以前曾有的值得怀疑的关系,从而对我们与历史的关系提出质疑,以此重申在历史中找到现成解决方法的不可能性。

其批评的首要靶子是后现代主义，但其批评也有一个更加宽泛的范围。尽管后现代主义在 1986 年的一些文章中被抛弃，但是，建筑的角色，以及随之而来的建筑师的角色，这些基本问题还依然存在。

　　试图回答这些问题是塔夫里一生的工作。他的全部作品都可以被解读为一种挑战——去澄清建筑不可能存在的角色身后的幻觉背景，从而确定它有可能成为的角色。因此，我们现在可以把塔夫里的作品理解成，它们是由"各种计划"组织起来的。这些计划彼此有机的结合在一起。它们的目的是一样的，试图给以下令人苦恼的问题找到答案：建筑的角色、历史的角色，以及给在两个截然不同领域中工作的人所留下的可能余地。

　　这一条道路的主要阶段，我们可以在诸如《理论与历史》（1968 年）和《建筑与乌托邦》（1969 年和 1973 年）之类的作品中清楚地确认出来。在这些作品中，他试图定义建筑的角色和任务，阐明它们并将之与历史的角色和任务区分开来。在前一本书中，他驱除了从历史中提取出设计范例的所有希望，在后一本书中，他驱除了建筑之政治角色的可能性。

　　在《1945—1985 年的意大利建筑史》（*Storia dell' architettura Italian 1945—1985*）（1982 年和 1986 年）中，他考察了意大利这一特例。在建筑生产的真实状况这一背景下现代建筑的危机；从 70 年代晚期到 80 年代中期统治某些意大利城市的左翼市政管理的幻灭；土地的使用和规划政策，以及建筑师在无可回避的极度艰难的现实中所做的建筑与规划的失败。塔夫里对以上三个方面的意义进行了评估。

　　在《和谐与冲突》（1983 年）、《威尼斯与文艺复兴》（Venzia e il Rinasciment）（1985 年）、《诊释文艺复兴》（1992 年），以及重要的专著《建筑师拉斐尔》（Raffaello Architetto）（1984 年）、《朱里奥·罗马诺》（Giulio Romano）（1989 年）和《弗朗切斯科·迪·乔尔乔·马蒂尼》（Francesco di Giorgfo Martini）（1993 年）中展开的"文艺复兴计划"，只是这一过程的顺理成章的结果。为了回应现代运动对"解除禁忌"的呼吁（这完全是想当然的一相情愿），对"快乐地回归"到过去（或是回到对各种"黄金时代"的怀旧）的期盼，塔夫里粉碎了那一时代的全部幻想——它认为建筑角色（作为宇宙秩序的表达）是毋庸置疑的，因而，建筑师也就是高级秩序的诠释者。

值得注意的是,塔夫里的"文艺复兴丛书"的第一本是《和谐与冲突》,Einaudi 微观史学系列的第六册。他对历史学家工具和手段的反思,就建立在这一计划之上,并且必然与之密切相关。维特科威尔分析过了这座威尼斯教堂,并已断言其设计是建立在某一赞助人所作的图像学的计划(iconological program)之上。塔夫里通过其微观分析证明,这一"计划"并不在作品设计之前,而是尾随在设计之后,并为设计进行辩解。他在与他和金兹伯格一齐称之为"野蛮的图像学"的东西的对抗中赢了一局:历史编纂学试图将建筑(尤其是文艺复兴)解读为预先存在的文献或宗教文本的有形表达。

更为重要的是,就在同一本书中,他重新评价了那个时代的建筑师的角色:那些出现的图像并非来自于原始的创造力,或者来自于权威的宇宙秩序的诊释者,他们是与赞助人、权威和政治领导者相冲突、折中、协商、试图对抗,最后不得不对之妥协的职业者。

换言之,在《和谐与冲突》中,他详细阐述并检验了历史编纂学的范例,与此同时,他也重构了一个与众不同的文艺复兴,驱散了一个时代的神话。在那个时代中,建筑师依附于历史的安全港湾,或者依附于预先建构的图像学计划,或者依附于不可更改的比例法则——美学法则直接源于其中。

在把文艺复兴揭示为在普遍建筑语言和对地方多样性的需要之间,在古典古代的范例和对之进行"越界"之间的一个断断续续的、相互冲突的、苦苦挣扎的东西的过程中,塔夫里粉碎了我们所有的对必然回归幸福状况所抱有的希望。他声明,危机一直都在。无比坚定的信仰那些传统,从来没有给予我们什么帮助。我们行动的范围总是有限,总是在社会中寻找自己的角色。我们仅只在那些边界、阈限(thresholds)处工作。摆在我们面前的任务是对这些边界所能延伸到的极限进行探讨。

如果从这个角度来看,塔夫里各项计划之间的联系则显得更加清晰:对历史编纂学的范例的详尽阐述,能够为当下的危机显示出(虽然是间接的)一条出路,最终它得到了这样一个现实,即"历史"是"政治的",而"建筑"不是。

我们已经从"意识形态批判"中得到了许多东西。但塔夫里所定义的微观史学——对严密限制的质疑领域进行深刻分析,能使更宽泛的史学问题清晰显示出来——也是一种尖锐批评手段,它是静止的、毋庸置疑的、同时代密切相关的。当然,被精心选择的微观史学没有构成"语言学的闲谈"(philological gossip)。如塔夫里所说,它"能够质疑"我们当下的建筑状况。

没有什么能比《诠释文艺复兴》的导言更清楚地表明这一意图。关于这些反思(它们催生了这本书),他以一种如同其学术遗嘱的回顾式声音说道:

> 从构成问题的当下开始,他们回过头来试图与"再现的时代"(era of representation)对话。……从这些分析开始,就有可能提出哀悼的详尽细节(elaboration of mourning),其目标在于扩大那些在当代建筑文化中批判式运作的问题的范围。因为,记忆(remembering),并不意味着在甜美的回忆(memory)中多愁善感地丧失自我;它也不是随意耽于声音的简单的聆听。换句话说,我认为,分析的"软弱无力"(weak power),就体现在这样一个过程之中——它听任过去尚未解决的问题继续存在,听任它们扰乱着我们的当下。①

塔夫里的目标决不在于"在过去寻求庇护所"。推动其整个工作的,是坚持不懈地寻求计划的可能性,确定前进方向的可能性,建筑尚还存在的可能的操作边界。

塔夫里的历史计划的许多问题仍需更进一步的阐明。但是,回过头来更细致地阅读其写作,或许能帮助我们建构起一个参考框架,有助于理解其作品及意义。他的身上已经挂满各种标签:马克思主义者、虚无主义者等等。这是一种冒险。它完全模糊了我们对一个思想者的解读——他提出问题,并努力找到答案,而这正是我们作为历史学家或建筑师的工作的最基础部分。

(刊载于《马克思主义美学研究》2008 年第 2 期,胡恒译。)

---

① M. Tafuri, *Ricerea del Rinascimento*, Torino: Einaudi, 1992, p. xxi.

新文化史学的兴起

——与剑桥大学彼得·伯克教授座谈侧记

[英]彼得·伯克

●杨豫,李霞,舒小昀:彼得·伯克教授,70年代以来,西方史学经历了"新史学"的冷寂之后,无论在研究内容、研究方法上,还是在表达方式上都有了新的突破。您是如何看待过去20年里西方史学研究和写作领域的变化的? 为什么在这一时期会发生这样的变化?

○彼得·伯克:70年代以来,在历史写作领域里,有两个重大的变化,一个是生态史的出现,这里我不过多涉及;另一个就是新文化史的出现,或者称社会文化史,它经常被视为更广泛意义上的文化转折。我将从两个角度来讨论这一主题。首先,我从一个局内人、这场运动的参与者的角度来谈。社会文化史的兴起不是自发的,也不是单个人突发奇想。它是一场集体运动,一场斗争的结果。这场斗争一直是国际性的,有不同的国家的许多人参加,他们中既有美国人、英国人、法国人,如克利夫特·吉尔兹(Clifford Geertz)、爱德华·汤普森(Edward Thomp-son)、乔治·杜比(Georges Duby)等,又有意大利、俄国等国的研究者,如卡洛·金兹伯格(Car-lo Ginzberg)、阿伦·古列维奇(Aron Gurevich)等。他们研究的时段从古代世界一直延伸到20世纪初,其共同特征是,他们所研究的内容相对于学院派历史学家来说都是全新的。这些主题可以大致分为五个方面:一、物质文化的研究,如食物、服装等;二、身体、性别研究;三、记忆、语言的社会历史;四、形象的历史;五、政治文化史,这里不是研究政治事件、制度,而是非正式的规则,如人们对政治的态度、组织政治的方式等。新的主题带来了对新的史料的关注,文学作品、视觉形象等被发掘为史料;既使是传统的史料,如官方文件等,也以新的方式来阅读,人们力求寻找它们的措辞方式和表达偏见。

其次,我从一个局外人、一个史学家的角度,将新文化史置于社会的和历史的背景中进行一种社会学或文化人类学上的反思。像大多数新趋势一样,新文化史学是对旧的"新史学"的反动;更准确地说,它是对两种史学风格的反动,即在六七十年代影响西欧、美国学界的卡尔·马克思式风格和计量史学风格,计量史学的具体表现形式在美国是"克利奥学派"(cliometrics),在法国是"系列史学"(histoire serielle),它们都信仰"科学的"历史学,认为历史的基础是经济和社会,政治和文化是某种超结构。职业历史学家对他们研究历史的方式和范围所产生的结果不是很满意。用计量方法研究的宏观经济史或宏观社会史在某些学者看来太枯燥,甚至是非人格化的。因此,历史的社会学或社会历史学的批评呼唤历史回归。可以说,新文化史正是为解决与日常经验失去联系的社会史这个问题而创造的。

当然,不只是历史学家对人类行为的决定论模式感到不满意。人类学家克利夫特·吉尔兹强调"文化的解释"而不是社会的结构功能分析就是邻近学科的一个类似反应,对新一代学者产生了极大的影响。米歇尔·德·塞都(Michel de Certeau)的社会学强调普通人以自己的方式使用消费社会的自由,并且自己"创造"了日常生活,也鼓励了社会文化史的研究。雅克·拉康(Jacques Lacan),路易斯·阿尔都塞(Louis Althusser)和米歇尔·福柯(Michel Foucault)等人也有类似的影响。我们已经到达了经常被称为"后现代主义"的文化变化的情境。如果不同学科的学者朝着同一个方向发展,这可能正是社会的变化鼓励他们这样做。如果必须用一个词来总结这些变化,我将选择1968年的一个日子,这让我立即想到巴黎和布拉格。在西方,巴黎街头一堵墙上的标语:"想象的权力"(l'imagination au pouvoir)和对"事件"(lesévénements)力量的信仰。在东方,"人道面孔的社会主义"的口号呼吁给历史以人的面孔,创造一个不局限于无名的"群众",寻找"人群中的面孔"的个人的历史。1968年的政治运动可以被打败,但是,它们的文化影响是深远的。"文化"的观念深入日常生活。90年代初,一个德国人类学家在伦敦附近一个多种族聚居的地区进行了一次调查。他发现人类学家最喜欢的词"文化"经常挂在他的被访者嘴边。在报纸、电视上,我们经常看见或听见这样的词汇,"企业文化"、"性别文化"、"暴力文化"、"美国的枪文化"等等,这些并非是最不重要的后果。

●杨豫,李霞,舒小昀:有些历史学家说,新文化史学是从哲学的角度,即您所提到的后现代主义,对他们自身的工作反思的结果。为什么哲学对历史学的影响如此之大?

○彼得·伯克:在我的词汇中,历史学家、实践的历史学家认为,在传统上,哲学思想与历史学无关,如果有影响,我认为也不是直接的,而是间接的,在英国尤其如此。我注意到,英国的历史学家对正式的哲学很少感兴趣;法国、德国的则有着更高的被称做是"哲学的文化"。正如你们所知道的,在19世纪,并不是所有的实证主义历史学家都亲自阅读孔德(Auguste Comte)的作品,然而,每一个人都在文章中提及他。他们没有读过原文,但是使用其中的一些概念、观点。今天的后现代主义也是这样的情形。许多历史学家没有打开过雅克·德里达(Jacques Derrida)的书,但他们对其中的一些观念有兴趣,赞同它们。所以我相信,哲学以间接的方式对历史学发生了巨大的影响。但是,许多历史学家,特别是英国的历史学家,仍是非常传统的。整个历史学界的情形像一个考古探方中的地质年代分层,我们仍有传统的政治史学家、旧的新史学家,除此之外,位于最顶层是社会文化史学家。他们生息共存,我甚至不能说出谁是主要的群体,因为很难作出准确判断。

●杨豫,李霞,舒小昀:在雅各布·布克哈特(Jacob Burkhardt)和约翰·赫伊津哈(Johan Huizinga)那里,文化史着力刻画上层阶级的时代肖像,而勒·罗瓦·拉杜里(Emmanuel Le Roy Ladurie)的《蒙塔尤》则发掘宗教审判的材料,注意力集中在探讨牧羊人、村妇等的生活和心态方面。由此来看,新文化史学与传统的文化史学相比是否仅仅是关注的对象的不同?

○彼得·伯克:问题并非如此简单。早期的文化史研究可分为三个方面。一是"古典"的文化史研究,《意大利文艺复兴时期的文化》(1860年)、《中世纪的衰落》(1919)是代表作品。一是高级文化,如艺术、文学、音乐的社会史,比如阿诺德·豪泽(Arnold Hauser)的《艺术的社会史》(1951),它们是对古典文化史研究的反动,强调了文化的经济和社会基础。一是大众文化,包括形象、故事、信仰等的社会史,如罗伯特·曼德罗(Robert Mandrou)的《大众文化》(1964)。我们不应夸大新文化史学的独特性,对这场新文化史学运动的参与者来说尤其如此,新文化史学最新的一点是它将许多新主题包括在"文化"内的系统化企图,这些主题或内容包括政治、衣服、日常语言等等。一个又一个历史学家创造着新的词汇,如"印刷文化"、"视觉文化"、"企业文化"等等,这样,与特定的场合、技术或社会群体相联系的一系列文化规则或预期得到确认。在某种意义上,新文化史学是回归到布克哈特描绘一个时代形象的程式,虽然这一次历史学家更注意普普通通的男男女女。

但是,新文化史学背后的假设与早期文化史学的研究是非常不同的,布克哈特和他的同时代人视艺术、政治等或多或少为黑格尔"世界精神"的表达;豪泽及其时代的文化社会史学家视艺术、政治等为建立在经济基础之上的超结构。然而,新文化史学家追求一种更大程度的人类自由,认为文化影响甚至决定政治和经济的行为,至少他们中的许多人是这样的。他们强调他们所称的文化"建构"或"创造",许多作品在书名中使用了"创造"一词。我自己的书《塑造路易十四》就是体现这一趋势的一个代表。我选择"塑造"(fabrication)而不是"创造"(invent)一词以强调皇室形象的物质性和集体建构的共同作用。我使用"塑造"这种说法并不表示路易十四是人造虚构的,或其他人是真实自然的。就某些方面来说,我们都是人为创造出来的。路易十四之所以不同,不过是因为在塑造过程中,他得到特别的协助。"塑造"表示一种过程,可以传达出发展、过程的意味。路易十四的"形象"塑造者是当时的画家、雕145 新文化史学的兴起———与剑桥大学彼得·伯克教授座谈侧记刻家、版画家、裁缝师、假发制造人、舞蹈老师、诗人、典礼仪式主持人和设计者等等,一方面,有些人似乎接受了国王表面形象;另一方面,有些人认为国王的光环基本上不过是那些阿谀奉承的人用以欺骗人的把戏。罗格特·夏特尔(Roger

Charter)非常简洁地将这一历史写作中的变化概括为"从社会角度的文化史学向文化角度的社会史学转向",这就是"社会文化史学"一词的源起,其包含的思想是认为在绘画或音乐的文化史之外还有一种身体、时间或者图像的文化史。总而言之,那些实践新文化史学的历史学家大多认为,个人(甚至普通的个人)是历史的主体,而不是客体,他们至少有某种自由的边缘,至少在日常生活和就长时段而言影响历史的趋势,他们的行为表现了自己的特点,微观历史学家卡洛·金兹伯格、吉奥瓦尼·列维非常清楚地指出了这一假设。同样的态度在其他人的作品中也可以看出。新文化史最新的发展方向是在文化里囊括了政治、饮食、服装、日常语言、身体等许多新主题的系统尝试。

因此,"语言学的转向"(linguistic turn),日益增长的对过去人们谈论生活的社会方式的敏锐关注,被视为他们想象或观察社会的方法,并且创造那个社会的证据。社会分类,如阶级、等级、或者印度的"种姓"等,过去被视为基本的,固定不变的分类,现在则被视为流动的、脆弱的、屈从于"谈判"的———根据使用它们的日常背景而改变意思。这一社会设置的相对脆弱性与新文化史学强调文化而不是社会的假设是相一致的。

●杨豫,李霞,舒小昀:您写过《近代早期欧洲的大众文化》一书,它在东方和西方史学界影响很大,与之齐名的还有卡罗·金兹伯格的《虫子与乳酪》一书,他通过再现一个16世纪乡村磨坊主的精神世界,他强调了大众文化对精英文化的非被动性和相对的自主性。精英文化与大众文化之间是否是对立的呢?

○彼得·伯克:首先,我非常欣赏金兹伯格的作品,我赞同他的某些观点,如16世纪多种文化的重要性。但是,我认为,16、17世纪,在精英和大众之间还没有形成对立,在某种意义上,精英分享着大众文化。如果你是一个贵族,你可能会有一个来自农村的仆人,她将唱着民歌伴你入睡。因此,在我看来,大众文化是每一个人的文化,对所有的人开放的文化。精英同样有另一种文化,主要是对上层社会成年男人开放的文化,进入这一文化的入口必须通过某种学校,如拉丁语学校等,它们只向部分人开放。因此,尽管存在两种文化,但不是一边是精英文化,另一边是大众文化,而是一种是所有人的文化,另一种是某些人的文化。然后是妇女的文化问题。上层的女性也不能进入拉丁语学校、大学等地方,尽管她们有时有很高的地位,但是,她们的文化非常接近大众文化,有一些粗野的成分。

●杨豫,李霞,舒小昀:总的来说,20 世纪有两次史学史变化的高潮,一次是 50 年代新史学反对传统史学,一次是 70 年代新文化史学挑战新史学。这样,我们可以提出下面的问题,历史学家的工作是以什么假设为前提的? 新史学家认为传统史学的科学性不够,他们要推动历史工作日益科学化,正如约翰·B.布瑞(John B. Bury)所说的,"历史是一门不折不扣的科学"。因此,他们希望自己的工作科学化,即所谓"科学的探索",也就是理性的探索。我怀疑新文化史学是否是对新史学科学的历史学前提的一个挑战。请问,从本质上说,历史是一门科学还是艺术?

○彼得·伯克:据我了解,西方学界很少有人认为历史学是一门科学,我所认识的历史学家没有一个这样认为。他们可以是传统的政治史学家、经济史学家、文化史学家,但是,没有任何人敢自信地称历史是一门科学。几百年前你去剑桥,人们会说,"是的,历史是一门科学"。而今天越来越多的西方史家已经抛弃了这一观点。最有力的挑战可能来自新文化史学。但是,谁是被挑战者? 我的意思是,据我所知,没有任何人还相信历史学是一门科学。我不知道,也许在这里这是一种对比;这儿的人认为历史是一门科学。

●杨豫,李霞,舒小昀:那么,历史学家是否回到了托马斯·麦考莱(Thomas Macaulay)所说的"历史学是诗歌加哲学"?

在我看来,科学本身就是一个复杂的问题。直至 19 世纪,只要把一些理论用某种逻辑形式组成一个探讨知识的体系,就足以被认为是一门科学了,科学这一术语当时就是指有条理的整体。科学既包括人们用以了解自然和社会的系统方法,这些方法有发现新知识的方法和识别错误的卡法,即科学的认识论,科学又包括依靠科学方法积累的知识本身。此外,科学还给人们提供了最宝贵的价值———科学精神。因此,科学既是一种知识体系,又是一种研究活动。历史研究的目标与自然科学的研究目标在本质上是一致的,这并不是指具体的研究目标,而是指两者对于人类生存的意义,爱德华·卡尔(Edward Carr)指出:"科学家们,社会学家们以及历史学家们都在从事同一研究的不同部门的工作：研究人及其环境，研究人对环境的影响以及环境对人的影响。这项研究的目标是相同的：增加人对于他的环境的理解以及对于环境的控制能力"，"就历史按照它自己的方法和技术追求自己的目标这一意义来看，说历史是一项科学研究似乎是难以否认的"。

但是，屈维廉（T. M. Trevelyan）打了一个形象的比喻，"的确，历史如何能是一门'科学'？你可能解剖一个人的身体，由此而论证其他人的身体的一般构造。但是你不能解剖一颗心灵；既使你能够的话，你也不能由此而论证其他的心灵。你对于一个民族的二千五百万颗心灵，一点也不能科学地得悉。我们所知道的很少的事实，可能是其余事实的典型，也可能不是"。历史是人的活动，研究历史同样是人的活动，历史学不能忽视人文价值，忘记人文精神。人的活动离不开人的主观感情，而这是自然科学无法真正把握的东西。"在19世纪后半叶，现代人让自己的整个世界观受实证科学支配……只见事实的科学造成了只见事实的人。……严格的科学性要求研究者必须小心排除一切作出价值判断的立场，排除一切对作为研究对象的人及其文化构造是理性还是非理性的探问。"金兹伯格曾经一针见血地指出，伽里略以来的自然科学的发展使人文科学处于两难的窘境中："要么为创造出重要的成果去采纳科学性很弱的标准；要么采用科学性很强的标准却只能创造出意义不甚重大的成果。"

中国有一个历史学家曾说过："历史学是介于科学同艺术之间的一种学问。"钱钟书在《管锥篇》中说得好："史家追叙真人真事，每须遥体人情，悬想事势，设身局中，潜心腔内，忖之度之，以揣以摩，庶几入情合理，盖与小说、剧本之臆造人物、虚构境地，不尽同而可相通。"历史发展的新方向表现为，"从依靠严格的社会科学方法转向强调难以捉摸的文化意识因素的方法"。"科学和艺术是不可分割的，就像一枚硬币的两面。它们共同的基础是人类的创造力，它们追求的目标都是真理的普遍性。普遍性一定植根于自然；而对它的探索则是人类创造性的最崇高的表现。"历史研究中的新人文主义倾向值得引起我们的注意。"新人文主义并不排除科学，相反将最大限度地开发科学。……我们必须准备一种新的文化，一个审慎地建立在科学——在人性化的科学——之上的文化，即新人文主义"，"新人文主义是一种双重的复兴：对于文学家是科学的复兴，对于科学家则是文学的复兴"。

○彼得·伯克：这是一个很好的观点。当然，许多人认为历史是一门艺术，一种你不能自由创造任何事情的艺术，一种与史料有关的艺术。但是，这其中仍然有一个认识的问题。我们同意什么是好的史料，但是不同的人对史料的认识是不同的。因此，很少人会同意海登·怀特（Hayden White）的说法，"对历史的叙述没有区别"。另一方面，他们不想说历史学是一门科学，而想说历史是一种与事件、证据等史料有特殊关系的故事。

●杨豫，李霞，舒小昀：如果新文化史学家拒绝历史是一门科学，那么，他们如何进行工作？

○彼得·伯克：我认为，他们像其他不认为历史学是一门科学的历史学家一样工作。但是，这里的问题是我们所说的"科学"是什么意思。历史学是 wissenschaft 但不是 Naturwissenchaft，在英语中这两者不易区分，我们说的不是一般的西方历史学家所说的含义，我们不喜欢客观的历史学，因此，我写法国革命史，您也写法国革命史，您我的写法会有许多不同，因为我们的个性不同；我们使用同样的史料，但是我们的描绘不会相同。在这一意义上，我们不能谈论科学，但是，历史学家仍能有或多或少系统的方法。即使使用这种方法，我们所有的人也不能得出完全相同的结论。所以，新文化史学家不拒绝历史方法的有效性，只是他们与几百年前的历史学家对结论有着不同的看法，他们认为所有的结论都是暂时性的。

●杨豫，李霞，舒小昀：一些历史学家，特别是年鉴学派史学家，如皮埃尔·肖努（Perre Chaunu）等，使用数学方法，在收集一系列各种数据的基础上得出自己的结论。我认为，他们的工作使历史的结论更接近历史的真实，请问您是如何评价他们的作品的？

○彼得·伯克：我认为这得由您所问的问题来决定。如果一个人喜欢近代经济史，有相对可靠的数字，那么，其结果将接近于客观真实，但是，回过头看 30 年前肖努所写的《塞维利亚和大西洋贸易》一书，就我个人而言是非常担心其原始材料的可信程度的。他使用了数学的分析，但是，原始材料可靠吗？官员们是否小心地记录下了所有的船只？有多少非官方的贸易？我们能否认为美洲和塞维利亚的官方贸易代表了所有的贸易？那儿是否有一种地下贸易？船只来到西班牙,从不到塞维利亚,从不报关,从不向国王付钱。因此,70 年代出现反对"科学的历史"运动的一个原因便是对史料的怀疑。其他形式的历史当然非常难以测量,如我所喜欢的心态史,我们如何能测量心态的差异？ 在这个意义上,一些领域可以使用统计数字和数学方法进行工作,另一些领域,如心态史,思想史等,很难测量,就能使用新文化史学的方法。

●杨豫,李霞,舒小昀:十多年前,我参加了劳伦·斯通(Lawrence Stone)教授主持的"历史上的文化交流"研讨班,其成员来自世界各地,有东方的学者,也有西方的学者。他们对属于文化的行为,如阅读、电影、绘画等作了许多描述,我有个非常强烈的感觉,即每一次谈到文化行为,他们的描述都没有结论,这个问题一直索绕在我的脑海中,如何解决它？ 你有一种解决的方法吗？

○彼得·伯克:我不知您所希望的结论是什么。我读过许多人类学的作品,它们在最后都没有简单的结论,像巴厘人斗鸡的例子。但是,让我们回到"厚描述"上面去,那儿有许多关于一种文化不同于其他文化的有趣结论。只是它与科学有一点不同,一个美国的人类学家谈论的是巴厘岛与美国文化的不同,一个日本人论谈的是它与日本文化的不同。我们不可能站在所有的文化之外去追求科学的结论,它不同于物理、化学。我认为,这永远是事实,只不过上一代历史学家才开始承认这一点。我们不能超越我们的时代、文化。因此,我们的知识都是部分的、暂时的。

●杨豫,李霞,舒小昀:历史学是一门有关时间和空间的学科,19 世纪 的 历 史 学 家,如 兰 克(Leopold vonRanke)、托 克 维 尔(Alexis de Toqucville)等相信历史的连续性,尽管他们对连续性的具体表现有不同的理解。布罗代尔的"地理时间"、"社会时间"和"个别时间"三时段理论打破了时间的单一性,为我们再现了历史变迁的多种节奏。这里有一个始终令我困惑的问题,如果说历史是断裂的,那我们有工业化、现代化的进程;如果说历史是连续的,我们又有各种分期,古代的、中世纪的、现代的。您是如何看待历史的连续性与断裂性的,新文化史学对这一问题有什么见解？

○彼得·伯克:我认为这是每一个历史学家不得不面对的问题,连续性和断裂性如何相对重要是历史学家最大的问题之一。我认为我们不要指望从标签中得到很多。因为在我们说中世纪时,它只是一个标签,时代仍在继续,但是,它有助于我们与他人进行交流。中世纪在1500年1月1日结束,事情从来都不是这样的。你只是说,在1000年和1500年之间的欧洲有某些共同的特征,这足以让我们贴上"中世纪"这一标签。虽然在下一个时代,旧的心态仍然存在,法国大革命时的情况就是如此,这场试图改变人们愿望的革命在某种程度上成功了,但是它从来没有完成,如果1795年你在法国的某个乡村同某个农民说话,你可能会发现他的态度与1785年一样。但是,一些变化的确发生了,至少在巴黎和其他一些大的城市是如此。因此你不能说一切事情都变了,但也不能说一切事情依然如故。在历史的连续和断裂之间存在着某种平衡,可能更多的变化发生在巴黎,乡村变化相对较小。总体上来说,新文化史的写作正是认识并揭示了这一问题的复杂性,试图在文化和心态里找到连续和断裂的相对的平衡点。

●杨豫,李霞,舒小昀:我还有一个有关方法论的问题。克利夫特·吉尔兹提出了"厚描述"的方法,研究巴厘岛的斗鸡,这是一个非常有趣的故事,有许多有关赌博者行为的描述,其中许多描述可能是有用的,但是,它不像新史学能够直接在可靠的史料基础上得出结论,其固定的描述方式正如狗追赶自己的尾巴一样一圈又一圈绕过不停,没有结果,我不能从吉尔兹的解释中得到任何的结论,我不明白他所说的文化。

○彼得·伯克:文化的研究与经济史著作研究不同,不容易用简单的几句话下结论。有关整个文化的讨论更加困难,更雄心勃勃。我只能说吉尔兹谈到了巴厘人和美国人文化有趣的差异。我认为,他使用了有趣的方法,从一个很小的事件斗鸡谈及更大的事情——日本的、巴厘人的文化。它不是科学的,只是个人的印象。但是,它建立在某些系统的研究方法之上。吉尔兹参观了许多斗鸡场面,认真进行了思考,他询问了许多不同的资料提供者,他们是如何解释所发生的事。他不肯定结果的目标或客观的目标,但是,他所说的有理有据,他有许多有趣的结论,关于一种文化如何不同于另一种文化的结论。我认为,新人类学如同新文化史学一样是很温和的,我们不宣称知道一切事情,我们比旧的人类学家和历史学家更有怀疑精神。在我看来,这本身就是一种美德。

●杨豫,李霞,舒小昀:因为不满意于历史决定论在历史解释和分析上的绝对与僵化而有了一场新文化史学运动。但是,在新文化史学中似乎存在着问题,您认为现在的历史学家对新文化史学有什么不满意的地方吗? 新文化史学有哪些不足之处?

○彼得·伯克:从内部看,我不能确定他们是否不满意。从外部形势看,我认为今天的问题是简单的自由意志论,即假设我们能以想要的任何方式建构或创造我们自己、社会群体及我们的国家,仿佛没有社会、文化的限制,经常提及的"秘密的文化"(culture of secrecy)就是一个征兆。旧的历史学绝对主义太僵化、枯燥,在这一点上我与新文化史学的其他学者有同感。但是,我认为,有时他们又矫枉过正,把过去存在的问题看得过于严重,向相反的方向摆动的幅度过大了,而他们对自身的情况却没有给予足够的重视,这类问题在思想史、心态史研究中经常发生。在决定论和自由意志论之间,研究者要么走向一个极端,要么走向另一个极端,我认为,我们应该发现一个中心,但不是固定的中心,而是运动的中心。就我对历史写作的观点而言,没有绝对的解决问题的方案,每一种解决问题的对策都将产生新的问题。

●杨豫,李霞,舒小昀:您认为新文化史学未来的发展如何? 或者说,它将如何解决您所说的问题呢?

○彼得·伯克:这是一个很难回答的问题。新文化史学在90年代已经建立起来,这方面的著作已有成百上千,可以说,它现在越来越重视事件,而不仅仅是语言、形象的解释,因为事件本身也能告诉人们许多的文化。美国人类学家马歇尔·塞林斯(Marshall Sahlins)写了一本名为《历史的岛屿》的著作,讨论事件与文化之间的关系。他所举的例子是1778年库克船长到达夏威夷这一事件,他首先讨论了英国船长对与夏威夷人会见方式的解释,然后讨论了夏威夷人对与英国人会见方式的解释。他认为,在文化秩序产生原因的解释上,某些事件有力量改变秩序。我认为,这种路径给历史学家提供了一个可能的灵感。这个事例还没有像有关巴厘岛的斗鸡的研究那样广为人知,但它值得人们重视。可能在今后的十年里,我们将看到人们更多地研究沉默(柏克使用的是 silence 一词,他的意思可能是指不会自我表达的事件本身——作者),更多关注事件。

●杨豫,李霞,舒小昀:尽管您谈到新文化史学的研究往往没有简单的结论,但是从您在历史系的演讲和刚才我们的座谈中,我们可以得出这样一个结论,一种与传统史学、新史学不同的新文化史学正在兴起,现在该是问"什么不是文化"的时候了。我们之间就一些问题进行了深入的讨论,非常感谢您和我们一起座谈,愉快地度过了一个下午。

（刊载于《史学理论研究》2000 年第 1 期。）

探索新概念和新方法

[英]杰弗里·巴勒克拉夫

第一章的叙述如果能够说明白1955年前后的"自由"派历史学家和马克思主义历史学家当中都孕育着某种即将崭露头角的东西，那就算是达到了作者的目的。毋庸置疑，这样的叙述必然会不可避免地侧重于强调历史研究新趋势中批判和异端的方面，而减少符合常规和正统的内容方面，也必然会倾向于夸大当时大量存在于从事研究的历史学家中自我质疑的潮流。对于那种认为他们的研究方法和态度不够完善的说法，大多数历史学家表示了不满——而且至今仍然不满，他们只满足于继续撰写传统方式的叙事中。无视或低估这一事实都是愚蠢的。叙事史为什么依然盛行不衰、备受欢迎？它在历史学家的工作中占有什么地位？对于这些问题，我们将要回过头来加以讨论。这里只需要说明一点就足够了，即1955年以后历史研究的趋势，是探索不同于传统的另一种研究方式。这正是我们现在要讨论的问题。当然，在各个国家和地区，推动这种新发展趋势的动力是不同的。这并不是说这些国家与地区之间不存在相互取长补短的连续性过程——这种过程确实在日益迅速增强，而是相反，航空旅行时代带来的交通便利，新的流动性，各国历史学家之间（尤其西欧与美国之间）经常性的国际访问，学术会议的增多，以及苏联在1955年重新出席第十届国际历史科学大会以后，放松了苏联和东欧国家对共产主义历史学家与非共产主义历史学家相互接触的限制，所有这一切都促进了富有成果的思想交流。尽管如此,各个国家和地区对历史学新概念和新方法的探索,起点不同,经历的道路也不同。首先,美国①、苏联和西欧是这方面更新和取得进展的主要地区②;即使在目前阶段上,最突出的特征是处于相互融合或汇流的过程中——即世界各地的历史学家都在吸收、探索和提炼其他地区的同行们提出的新手段和新的认识能力,然而,对这一新发展的不同起点作一些简要的思考,依然十分重要。

坚定不移地推动历史学与社会科学或行为科学的结合是美国的显著特征。③ 这种结合实际上开始于 40 年代和第二世界大战。同先于它的"新政"一样,这种结合不仅为政治科学家和社会科学家提供了极其广泛的新机会,而且一致认为,通过与传统形式的历史分析方法进行比较,从而用实际事例证明他们所叙述的那种研究手段和计量方法所具有的实用价值。毫无疑问,社会科学的实际成果以及这些成果所证明的更为有效、更切中目标的方法论具有广阔的前景,是推动美国历史学家去重新检验他们继承下来的那些观点和方法的主要力量。重新检验他们所继承的观点和方法最初还是犹疑不决的,也是被动的。但是,社会科学研究委员会的一系列报告和出版物的问世,可以标志它的进展和巩固。很明显,这个委员会通过有目的地提高其研究能力,从而在过去的二十五年改变美国历史学家的观点方面发生了强有力的影响。

重新检验过去的观点,这种做法之所以取得成功,还因为它在美国能够以具有悠久历史的先验主义和实用主义的潮流为基础。相信历史学和

① 亚洲和非洲的更新和前进要晚一些,大致从往往称为"非洲年"的 1960 年开始。它们对历史研究产生的影响将分别加以讨论,请参见第四章。

② 以下引文根据 B. C. 谢弗、M. 弗朗索瓦、W. J. 蒙森和 A. T. 米尔纳合著:《西方历史研究》(*Historical Study in the West*)纽约,1968 年版,第 175—189 页;A. G. 博格:《美国新政治史》(Unied States, The New Political History),载《当代史研究》,1968 年第 3 期;E. N. 萨弗思:《美国历史学和社会科学》(*American History and Social Sciences*),纽约,1964 年版;W. J. 卡恩曼和 A. 波斯科夫编:《社会学与历史学》(*Sociology and History*),纽约 1964 年版。

③ 《历史研究中的理论和实践》(*Theory and Practice in Historical Study*),1946 年版;《历史研究中的社会科学》(*The Social Sciences in Historical Study*),1954 年版;L. 戈查尔克编:《历史写作的归纳》(*Generalization in the Writing of History*),1963 年版;兰德斯与梯利合编:《作为社会科学的历史学》(*History as Social Science*),恩格尔伍德克利夫斯 1971 年版。

其他一切知识的探索一样都是"实际调整的工具"①而且只能作出这样的解释,这种信念在美国是根深蒂固的。这种实用主义的传统曾在德国历史主义的影响下暂时有所削弱,而且 30 年代的大萧条导致了对它的怀疑和自疑。但在 1945 年以后,就像这个时期美国取得了物质上的重大进步一样,这种信念也得以迅速恢复。不过,这样的进步建立在新的基础上,而且伴随着新的研究方法和手段。如果说,美国历史学家首先是从欧洲各个学派那里大量地吸取了思想——尤其是应用了马克斯·韦伯的分析方法和"模式",那么,从 40 年代起,他们取得的成果已经打上了明显的美国式烙印。这时,他们采取了拉扎尔斯费尔德等社会学家,利普塞特等政治科学家以及库兹涅茨和里昂惕夫等经济学家的"启发式概念"和操作手段。

由此造成的结果是一场"内部革命"。这场革命的先驱者包括詹姆士·C. 马林、默尔·柯蒂、托马斯·C. 科克伦和威廉·O. 艾德洛特。② 他们对常规的历史分析方法的"疲软无力"十分不满,认为这种方法"只注重表象和形式,一系列事件中的个别事件以及独特和个别",因而"不去注意我们过去政治中某些意义更加重要的发展"。他们着手于利用社会科学和行为科学发明的度量手段和方法,成果和含义。他们要采取新研究方法的主张不可避免要遭到强烈的抵制③,然而,它向整个世界证明,数据分析、计量技术、生态关联、计量经济学以及其他种种更为成熟的概念手段,在历史学家的工作中能发挥重要的作用。这依然是美国对历史学研究作出的突出贡献。

如果说在美国历史研究中的这些发展,从"新政"晚期和第二次世界大战以后取得了相当稳定的进展,那么,正如我们已经看到的,在 1955——

---

① 参见 C. 斯特特劳特:《美国历史学中实用主义的反判》,纽黑文 1958 年版,第 159 页。

② 参见 T. C. 科克伦:《内部革命:论历史学中的社会科学》(*The Inner Revolution: Essays on the Social Sciences in History*),纽约,1964 年版;J. C. 马林:《论历史学的性质》(*J. C. Malin, On the Nature of History, Essays about History and Dissidence*),安纳波尔 1954 年版;W. O. 艾德洛特:《历史学的计量化》,载《美国历史评论》第 71 卷(1966 年)。

③ C. V. 伍德沃德:《历史学与第三文化》(载《当代史杂志》第 3 卷,1968 年 4 月)一文,对保守派的反应作了文雅而巧妙的叙述。

1956 年左右,苏联历史学也开始进入了新的发展阶段。[①] 1953 年 3 月斯大林逝世,只过了几个月,在苏联《历史问题》杂志的字里行间便可以发觉出现了批评性的文字。还在苏共二十大召开以前,1956 年初,在莫斯科召开的一次会议上,对苏联现有的历史学模式展开了坦率而充分的讨论。[②] 但是,使这个新趋势得到巩固的是苏共二十大。虽然对这一趋势能够产生多么持久的效果仍抱有怀疑[③],但苏联历史研究在 1956 年以后已跨入"新的发展阶段",这个说法是有充分根据的。[④]

苏联历史学变化的外部表现是:新研究机构的设立、新杂志的创刊,乌克兰、外高加索、中亚以及其他加盟共和国历史研究中心的成立,历史研究领域的扩大,以及研究拉丁美洲、非洲、亚洲和其他地区历史的专门机构的建立,这表明了专业化的加强。这些变化已经够明显了,无需再作进一步思考。比较难以估价的是这个发展的内在含义。除了反对斯大林时代过分夸张的政治趋势——包括对伊凡四世的个人崇拜以及对俄国的过去所作的爱国主义美化——外,这一变化的主要特征是否定"教条主义"和"本本主义",重新提出需要尊重事实。茹可夫指出,作为"个人崇拜"的后果,苏联历史学家经受了"心灵的创痛",他们不是"从事实引出结论",而是"不加考证地"重复"格言式的公式",选择"事实材料去证实

① N. M. 德鲁日宁编的《苏共二十大至二十二大期间的苏联历史科学》(2 卷本,莫斯科,1962—1963 年版)全面概括了苏共二十大至二十二大期间的苏联史学状况。关于目前的状况,请参见《历史科学和当前的一些问题》,莫斯科,1969 年版;尤其参见《历史问题》在过去十年中刊登的一些文章,其中包括 1960 年第 5 期上刊载的《苏联科学院历史研究所 1959 年以来的一些成果》;1963 年第 1 期,波诺马廖夫:《历史科学的任务》;1968 年第 1 期:《苏联科学院历史学部全体会议五十周年纪念》;1968 年第 5 期:《1967 年历史科学的光辉成就》;1969 年第 8 期:《苏联历史学家的新战线》;1969 年第 9 期,A. 丘巴良:《共产党和工人党国际大会的结论和历史科学的目标》。又见季霍米罗夫:《历史科学的意义》,载《莫斯科大学学报:历史版》,1969 年第 1 期。西方作家的有关著作,请参见 S. V. 尤钦:《斯大林逝世后的苏联史学》;孟德尔:《苏联当前的历史理论》(1966 年),以及庞迪夫在《历史与理论》杂志 1964 年第 4 期和 1967 年第 4 期上发表的有关文章。

② 参见报告:《第十届历史科学大会所反映的当代史学主要趋势》(1956 年);见吉普和布里斯比编:《当代历史学在苏联的反映》(Contemporary History in the Soviet Mirror),伦敦 1964 年版,第 123~124 页;参见《苏联文化》,第 4–5 期(1956 年 4–5 月)。

③ V. 皮罗什科夫:《处于内部矛盾中的苏联历史科学》(1960 年)。

④ 这是《历史问题》1960 年第 8 期头版文章的标题:"处于发展新阶段上的苏联历史科学"。

马克思列宁主义经典文献中早已从过去的某些材料中引出的这个或那个理论上的结论"①。

苏联历史学家对此作出的反应,用波尔什涅夫的话来说,就是强调历史学是"最大限度的具体"②。当时担任《历史问题》编辑的潘克拉托娃引用了列宁的话,号召历史学家把他们的著作建立在"准确的、无可争辩的事实"的基础上,并停止那种扼杀不符合自己所需材料的做法。这种做法,按照继她担任《历史问题》主编的 B.C.特鲁汉诺夫斯基后来的做法,只可能"造成历史学的贫乏"。结果,特鲁汉诺夫斯基本人以及其他人都向历史学家大声疾呼,发出紧急呼吁,要求他们写出"活生生的而不是僵死的历史"、也就是"有血、有肉、有感情"的历史,"在现实生活中可以找到的、有丰富色彩和层次"的历史。③ A.Y.古列维奇提醒历史学家说,历史唯物主义的范畴主要是指导历史研究的认识论,而不是对现实作先验的、本体论的叙述。历史学家的本职工作——虽然他自己也合理地关注那些"在过去的事件组成的因果链条上不起作用而对当代却有意义的"事实——是检验历史唯物主义范畴在具体事例中的应用,并在应用中不断提高和发展,而且在必要时进行修正或再提炼。④

隐藏在这些有限的实际要求之后的是意义更广泛的普遍原则,那就是重新强调历史学和历史研究的自主性。如果要求历史学能够发挥应有的作用,当前所需要的就是更加明确地划分社会的哲学(历史唯物主义),社会的理论(社会学)与社会的历史(历史科学)之间的界限,承认各

① 参见《历史问题》1963 年第 2 期刊登的文章:《全苏历史会议》。该文报道了 1962 年 12 月在莫斯科召开的全苏历史学家会议情况,讨论了关于提高和培养史学工作者、历史教师应采取的措施。反映这次会议主旨的论文是波诺马廖夫的《历史科学面临的任务以及史学工作者和历史教师的培养问题》。该文在前一期上发表,并附有详细英文摘要。

② W.J.卡恩曼,A.波斯科夫编:《历史学与社会学》,纽约 1964 年版,第 313 页。

③ 潘克拉托娃的发言参见 1956 年 2 月 22 日《真理报》和《苏共二十大速记记录》,莫斯科 1956 年版,第 1 卷。特鲁汉诺夫斯基、波诺马廖夫等人的发言在 1964 年 1 月关于科学院讨论历史学方法论的一篇文章中作了报道,以"论历史科学的方法论问题"为总标题,刊登于《历史问题》1964 年第 3 期和《历史学与社会学》上。

④ 参见古列维奇:《历史学的一般规律和具体规律》,载《历史问题》1965 年第 8 期。

自相对独立的作用。① 保加利亚的马克思主义者斯特凡诺夫坚持认为历史进程的历史必须明确地区别于历史进程的理论②，否则，马克思的思想就会发生危险，不再继续成为批判分析的强大武器，而可能陷入教条，缺乏说服力，缺乏洞察社会的能力。正如 M. T. 约夫丘克所指出的，马克思主义的"普遍真理要是不发展，不具体化，不用新的材料来丰富，不用符合新历史环境的新观点来取代个别过时的论点，便不能适用和应用于任何时代"③。

1956 年以来，苏联史学的变化所带来的结果，首先是大大放宽了对原始资料的限制以及对主题的选择和对事实表述的限制。结果，苏联历史学家的工作范围现在已经扩大到过去大部分被忽视了的十分广阔的研究主题上，例如关于 1917 年以后阶级之间的运动和阶级内部的运动，还有对苏联社会结构进行历史的分析。④ 从现在的角度来回顾，更有意义的也许还在于历史研究方法上的改进。随着这一改进，苏联对西方的或"资产阶级的"史学方法予以新的尊重，并且愿意进行试验。但是，更根本的原因还是苏联恢复了早在 30 年代已被取消的社会学的地位，加强了历史学家与社会科学家之间越来越密切的合作。⑤ 60 年代初以来，苏联历史学家由于急于探索社会学分析的新方法，对控制论、电子计算机技术、统计学、结构分析以及模式应用引起了越来越密切的关注。⑥ 他们在

---

① 参见《论历史科学的方法论问题》以及费多谢耶夫和弗兰切夫的文章：《历史学方法论问题的提出》，载《历史问题》，1964 年第 3 期。这两篇文章是讨论的基础。又见庞迪夫在《历史与理论》第 4 卷（1964 年）第 75 ~ 77 页和第 6 卷（1967 年）第 451 页上所作的分析。

② H. K. 斯特凡诺夫：《历史科学中的方法论问题》，索菲亚 1962 年版。

③ 庞迪夫：《历史与理论》第 4 卷，1964 年版，第 454 页。

④ 罗加切夫斯卡娅：《苏联工业化初期工人阶级的历史》，莫斯科 1958 年版；I. V. 阿鲁秋尼扬：《苏联农业机械化动因，1929—1957 年》，莫斯科 1960 年版；I. 特里福诺夫：《苏联新经济政策时期的阶级斗争史论文集》，莫斯科，1960 年版。

⑤ I. S. 科恩：《历史学与社会学》，载《哲学问题》，1970 年第 8 期；A. H. 鲁缅采夫：《苏联的社会科学与当代现实》，载《历史问题》1968 年第 9 期。

⑥ 格尔曼－维诺格拉多夫和赫罗姆先科：《控制论与历史科学》，载《莫斯科国立历史档案研究所丛刊》，莫斯科 1967 年第 25 期；M. A. 巴尔格：《历史研究定形化的前提》，喀山，1967 年版；《历史科学中的方法论和史学问题》，托姆斯克大学出版社 1964 年版。斯塔依尔曼：《历史学中的结构分析问题》，载《历史问题》1968 年第 6 期；康克：《我们需要新历史科学吗？》，载《历史问题》1969 年第 3 期。关于苏联在特殊领域中（如电子计算机技术）的贡献将在适当的地方分别加以论述，这里只需提到格夫特和马尔科夫在《历史与理论》第 6 卷（1967 年）上发表的文章《答关于苏联史学的问题》中开列的有关的书目和文章篇名。

争取获得新的认识能力的努力上并不就此却步。此外,波尔什涅夫唤起了对社会心理学或集体心理学的注意。① 莫斯科大学正在进行一项庞大的内容分析工程,企图通过系统检验文艺复兴时代的全部文学著作来寻找当时道德观念的演变。② 就方法论而言,苏联历史研究在使用更为复杂的现代技术上,如果在1950年还是表现得犹豫不决的话,那么在二十年以后的今天,他们已经完全吸收了这些现代研究技术。从历史科学演进的角度来看,这也许是1956年以来所发生的最为重要的变化之一。

当然,促使苏联历史学家的研究态度和研究方法发生变化的还有其他一些因素。其中最突出的是,在独立的世界历史研究所于1969年设立之前后,苏联历史学面临着新的研究角度,即从过去俄国史和欧洲史的研究转向更积极地研究亚洲和非洲的历史。正如A. K.安东诺娃所指出的,当"我们亲眼看到,亚洲和非洲新国家的工业发展方式完全不同于欧洲的典型模式"时,还要承认"整个世界都遵循着某种同样序列阶段"的观点就不那么容易了。③ 这个问题我们将要回过头来讨论。目前只需要说,世界历史的挑战实际上是斯大林逝世后那个时代的新特点。正是因为苏共二十大强调了"第三世界"的作用,才引导苏联的全部历史学家去注意亚洲和非洲的历史。世界历史面临的问题,通过扩大他们的视野,迫使他们去考虑迄今为止除了专家以外人们很少注意的形势,从而在重新评价的过程中发挥了重要作用。这种评价过程是1955年以后苏联历史学研究中的突出特点。其结果是动摇了对传统公式和传统方法的信念,从而加强了对新途径的探索。

我们已经注意到,1955年这个年份在西欧也是一个转折点的标志,因为正是在那一年,直接或间接地发端于马克·布洛赫和吕西安·费弗尔的新思想才开始充分发挥影响。这里不准备详细讨论布洛赫和费弗尔

---

① B. F.波尔什涅夫:《社会心理学与历史学》,莫斯科1966年版;波尔什涅夫和I. I.安齐费罗娃编:《历史学与心理学》,莫斯科,苏联科学院世界史研究所和哲学研究所联合出版1970年版。

② 参见到J. C.加尔丹:《一种语言学研究方法》,巴黎1969年1月25日《世界报》副刊(总第7476期)。

③ W. J.卡恩曼,A.波斯科夫编:《历史学与社会学》,纽约1964年版,第282页。

的成就①,只需指出以下一点就够了,即以他们为中心的历史"学派"以及他们在 1929 年创立的《年鉴》杂志是宣传他们挑战性的新历史概念及其作用的工具。年鉴学派很快就成为指导西方历史学家进入陌生的渠道并且提出新的研究方法和研究方向的主要推动力。他们产生了主要的但不是唯一的影响。例如在英国,路易斯·纳米尔爵士对在 18 世纪的政治中发生作用的政治－社会力量所作的分析为历史研究增添了又一个新的维度。② 但是,纳米尔的影响无论在范围上还是在时间上都是有限的。到 1955 年,他的影响力已经基本消失,其原因之一是因为他回避了总的概念,另一原因是他的那部讨论政治结构的著作正好处于研究重点从政治史转向整个社会的时代。自然,甚至早在 1939 年以前,布洛赫和费弗尔无论在法国还是在国外都产生了重大的影响③,但是他们加强自己的地位需要时间,第二次世界大战的爆发使这一过程中断,费弗尔终生"为历史学而战",但是,1955 年却是这场战斗最终赢得胜利的一年。④ "年鉴学派"的纲领和方法并没有毫无异议地被接受,尤其是未被德国的历史主义所接受。⑤ 但是,莫米格利亚诺在 1961 年曾经说过,年鉴学派"正在欧洲

---

① 关于这个问题的讨论,最有价值的文献是 J. 格伦尼松的《法国当代史学的趋势和成果》,载《法国历史研究,1940—1965 年》(*La recherché historique en France de 1940à 1965*),巴黎,1965 年版。参见 H. S. 休斯:《被堵塞的道路》(H. S. Hughes, *The Obstructed Path*),纽约,1966 年版,第一部分以及刊于《历史》杂志第 52 卷(1967 年)上戴维斯关于马克·布洛赫的文章。

② 参见 L. 纳米尔:《乔治三世即位时的政治结构》(L. B. Namier, *The Structure of Politics at the Accession of George* Ⅲ,两卷本),伦敦 1929 年版;《美国革命时代的英国》(*England in the Age of the American Revolution*),伦敦 1930 年版。

③ 例如,布洛赫典型的观点和方法对英国的 M. M. 波斯坦产生了影响。反过来,波斯坦的著作,尤其是有创见的论文《劳工服务编年史》(载《皇家历史学会通讯》第 4 集第 20 卷,1937 年)对法国研究中世纪的历史学家产生了深远的影响。

④ 格伦尼松:《当代法国史学》载于《1949—1965 年的法国历史研究》,1965 年版,第 50～51 页。

⑤ C. 里特尔:《对现代历史学的某些成就和问题所作的思考》,载《第十届国际历史科学大会公报》,第 6 卷(1955 年),第 296～315 页。又见 G. 里特尔:《栩栩如生的往事》(G. Ritter, *Lebendige Vergangenheit*,慕尼黑,1958 年版)中"现代史学中的问题"和瓦格纳:《现代史学》,第 89～112 页。见 K. E. 博尔恩:《法国经济－社会史研究的新途径》(1964 年);M. 武斯特迈耶:《"年鉴学派"的基本原理和方法及其"新历史科学"》,载《社会－经济史季刊》,第 54 卷,1967 年,第 1～45 页。这两篇论文既作了批评,又抱赞同态度。最近有关的中肯的批评,请参见 J. A. 德·容格:《法国历史学实践》(1969 年)。

取代德国历史学派的地位,并且必将成为未来历史学家的中心锻炉"[1],这席话十分准确地概括了年鉴学派的地位。从那以后取得的种种发展只不过证实了他的这一断言。

年鉴学派纲领的核心所在是坚持要求拓宽历史学的研究领域,扩大历史学家的视野。对于布洛赫和费弗尔和他们的下一代继承者来说,这一要求是共同的,特别是费尔南·布罗代尔和夏尔·莫拉泽。[2] 布罗代尔在 1956 年接替费弗尔担任高等教育实验学校经济和社会科学部主任。[3] 按费弗尔著名的话来说,新的历史学是"全体部分构成的历史"(Une histoire à part entière)。这就是说,它所关心的是人类的全部活动,是"属于人类,取决于人类,服务于人类的一切,是表达人类,说明人类的存在、活动、爱好和方式的一切"[4]。它与常规的"事件构成的历史"形成了明显的对照,而且一直非常鲜明。费弗尔不倦地进行论战,反对事件构成的历史(L'historie événmentielle)。在他看来,这种历史在德国历史主义的影响下把全部注意力都集中在一系列个别事件上——主要是政治史中有文献记载的事件上——并且企图用假设的因果关系链来解释它们,使它们能够自圆其说。用这种方式构想的历史,用布罗代尔的话来说,不过是"新式的编年史"而已,因为这种历史眼光短浅,只见树木,不见森林。

费弗尔坚持认为,新历史学必须从文字档案和由文字档案造成的限制中解放出来。它必须利用人类的一切创造物——语言、符号、农村的证据、土地制度、项圈、手镯——以及任何其他可利用的史料。简言之,它必须广泛吸收其他学科——地理学、经济学、社会学和心理学——的发现和方法。同时,它又必须抵制诱惑,防止把自己分割为许多个各行其是的"专门化"部门(经济史、思想史等等)。这种诱惑在 20 世纪 20 年代和 30

---

① A. D. 莫米格利亚诺:《史学史研究》(Studies in Historiography)伦敦 1966 年版,第233 页。

② C.莫拉泽:《关于历史和文化的三篇论文》(Trois essays sur Histoire et Culture),巴黎 1948 年版;《历史逻辑》(La Logique de l'histoire),巴黎 1967 年版。

③ 关于布罗代尔,参见格伦尼松:《当代法国史学》载于《1949—1965 年的法国历史研究》,1965 年版,第 57~62 页;武斯特迈耶:前引书(1965 年),第 27~37 页。

④ 费弗尔:《走向另一种历史学》,载《为历史学而战》(Combats pour l'histoire),巴黎 1953 年版,第 419~438 页。

年代曾经十分明显。实际上,从社会背景中抽象出来的经济史不只是无用而且有害,它肯定会使人误入歧途。① 社会史或经济史的专门化研究的价值,无论如何首先在于它能够为整个历史学揭示新的任务和新的研究方法。② 历史学家的工作最重要的是提出问题。布洛赫写道:"一件文字史料就是一个见证人,而且像大多数见证人一样,只有人们开始向它提出问题,它才会开口说话。"因此,"历史学研究若要顺利开展,第一个必要前提就是提出问题"。历史学家工作的好坏同提出问题的质量高低有直接关系。③ 历史学的研究工作同其他任何学科一样,不能纯粹靠搜集和罗列事实来进行。"过去"是不存在的,试图通过努力重组残篇断片,为"一堆遗体"恢复生命,是一种错误的幻想。常规的历史学便是在这样的幻想中失足的。同科学家的做法完全一样,正是历史学家自己创造了自己的研究"对象"。④ 布洛赫毫不妥协地坚持,历史学如果不能提供"合理的分类和不断提高的理解力以取代简单的、杂乱的而且实际上是无限的堆砌物的话"⑤,便没有权利在严肃的知识形态中争得一席地位。

　　布洛赫和费弗尔制定的这项总纲领在和重申历史学家工作的科学性时达到了顶点。他们所说的科学性同德国历史主义所主张的直观的、主观的和反科学的倾向形成了鲜明的对照。对历史学的科学可靠性的信念——即便它还是"襁褓中的科学"——是从布洛赫到布罗代尔反复讨论的课题。⑥ 这无疑说明了他们的思想对不满于常规的历史学的疲软无力的那一代人产生了影响。对于常规的历史学的咬文嚼字,主观的"解释",依赖无法证实的"观察力",关注表面事件,不合逻辑的争论以及玩

---

　　① 参见西德尼·波尔德:《经济史———门以社会为对象的科学》,载《过去和现代》杂志,1965 年第 30 期。该文巧妙地指出了这类错误。

　　② 博尔恩:《当代法国史学》载于《1949—1965 年的法国历史研究》,1964 年版,第 308 页。

　　③ 布洛赫:《为历史学辩护》(M. Bloch, *Apologie pour l' histoire*),巴黎 1949 年版,第 26 页;戴维斯:前引书(1967 年),第 274 页。布洛赫接着说:"整个历史研究从第一步起就假定已经有了一个方向。那么一开始就要有想象。但是,在任何科学中,消极的观察决不会产生丰富的想象力。"

　　④ 费弗尔在为莫拉泽的著作《关于历史和文化的三篇论文》写的著名导言中,提纲挈领地提出了他的这个论述。

　　⑤ 布洛赫:《为历史学辩护》,巴黎 1949 年版,前言第 13 页。

　　⑥ 布洛赫:《为历史学辩护》,巴黎 1949 年版,前言第 14 页。比较布罗代尔在 1961 年第 16 期《年鉴》杂志上的文章。

弄"与自己的对立面毫无差别的陈腐的心理学格言",这些做法,都使他们感到厌恶。① 费弗尔的历史学观念是"通过今天生活在人类现实中的人们并且为了他们而重现过去人类的社会和状态"②。这种历史观念引起了战后一代人的共鸣,同他们直接沟通,这恰恰是常规的历史学完全做不到的。更有意义的是,虽然格哈德·里特尔对"年鉴学派"的整个基本观点持怀疑态度,但他也不得不承认年鉴学派从 1948 年以来,已经在德国稳步地赢得了追随者。③

　　然而,光凭这些有目共睹的事实还不能说明"新历史学"在 1955 年以后为什么取得如此巨大的胜利发展。布洛赫和费弗尔的观点和他们向唯历史的历史学(histoire historisante)的不成熟和不充分发起的进攻,从根本上说都并不新颖。他们的历史观念与上一代的享利·贝尔的历史观念没有本质上的差别。在整个理论方面,他们所说的话,享利·贝尔早在他的著作《传统历史学与历史综合》④——仍然是一部读起来饶有兴味的,有启发性的书——中统统说过了。但是,布洛赫和费弗尔的新颖之处在于他们为旧历史学转向新历史学开辟了道路。他们的主要贡献不在于他们提出了总的历史观念,而在于他们不仅成功地说明了新历史学在实践中有可能实现,而且说明了如何才能实现。简言之,他们带来的变化是在方法论上,他们不满足于采纳某个理论立场——而贝尔对此大体上是满足的——而是撰写这类历史从而树立了实际榜样。他们相信在这个榜样中制订出新目标的实际含义,并且精心创造出一套方法使之付诸实现。由于他们的努力还是零散的,他们的公式尚不完善,因此他们的继承者和追随者——布罗代尔、维拉尔、拉布鲁斯、莫拉泽等人——继续执行他们未竟的工作。通过这样的方法,一种新的方法论在新观点的

―――――――――

　　①　布洛赫:《为历史学辩护》,巴黎 1949 年版,第 102 页。我曾在《历史与百姓》(*History and Common Man*,伦敦,1967 年版)中说明了我对职业历史学家十分热衷的那场不合逻辑的争论——关于乡绅的产生和法国革命的起源——所持的观点,这里恕不赘述。

　　②　莫拉泽:《关于历史和文化的三篇论文》,马黎 1948 年版,第 8 页。

　　③　见里特尔:《对于现代历史学中的主要成就和重要问题的思考》,载于《第十届国际历史科学大会会刊》第 6 卷,第 311 页。他说,尤其是德国"大多数"历史学家已经放弃了对"发展"和"起源"的兴趣,转而以法国的模式对某些特定时代或某些概念,如封建主义、文艺复兴等,进行结构分析。

　　④　1935 年出版。

鼓舞下逐渐形成了。这种方法论的潜在可能性在布罗代尔的划时代著作中得到最突出的表现,这就是1949年出版的关于菲利普二世时代地中海世界的著作。[①]

这一演变的线索是不难看出的。例如,布罗代尔批判历史学家"中气不足",认为他们把"人类发展的长河看作是由一段段短暂而强大的激流衔接起来构成的,其中每一段激流的长度最多也不超过几代人的时间"。相反,他着重强调了历史的"无限连续性"。然而,直到布罗代尔才提出了"长时段"(La longue durée)这一概念。[②] 他强调指出,长期的连续性与短期的急剧变化之间的相互作用才是历史本质的辩证关系。所谓长期的连续性是指"几乎不发生变化的"历史,即人类同地球表面环境进行斗争的历史。[③] 而短期的急剧变化却像一阵又一阵冲击着岩石的海浪一样,将长期的连续性冲破了,并且(用布罗代尔的话来说)产生了"从一个世界向另一个世界的过渡,这是一场非常壮观的人间戏剧,从中我们可以发现杰出的人物"[④]。但是,历史学家如何才得以认识"长时段"呢?长期所提示的稳定的社会结构的存在,能够超越和抵制政治的动荡。正因为如此,必须建立结构的历史(histoire structurelle,或 histoire structurale)。将注意力集中于独特和个别的瞬变现象的历史学家所使用的旧手段,现在显然不能提供这类历史。此外,在现在的社会结构中,不仅可以觉察到无限多的个别事件的流逝,就像"花朵一样在一天的时间里,凋谢得那么快,谁也不可能再次采摘它们",而且还可以认识到事件之反复发生的节奏或周期,特别是经济生活的周期,例如价格和工资的涨落,同时也包括只有少数"伟人"才能冲破它们的文化生活的周期。但是,只要认真地进行考察就会证明,即使那些被传统的历史学称之为事件缔造者和操纵者——例如俾斯麦——的行为,几乎也完全受到这种节奏或周期的制约。[⑤] 这

---

① 布洛赫:《为历史学辩护》,巴黎1949年版,前言第16页,正文第12页。

② 布罗代尔:《论历史》(F. Braudel, Ecrits sur l'histoire),巴黎1969年版。

③ 布罗代尔:《论历史》,巴黎1969年版,前言第13页;《论历史》(1969年),第11页。

④ 格伦尼松:《当代法国史学》载于《1949—1965年的法国历史研究》,1965年版,前言第60页。

⑤ 德国新一代的历史学家之一赫尔穆特·伯梅吸收了年鉴学派的方法论,他以渊博的知识令人信服地证明俾斯麦的政策怎样受到德国的繁荣和萧条周期的制约,即从19世纪50年代的事态开始到1873年大萧条结束的一个周期的制约。参见 H. 伯梅:《走向强国的德意志道路》(Deutschlands Weg zur Grossmacht),科伦－柏林1966年版。

些就是"事态"（cnnjunctures）——这是一个来源于经济学的术语,它使我们再度面临一种现象,这种现象用一般的历史研究方法是无法叙述明白的。然而,在构成历史的这三项要素——结构、事态和事件,或用布罗代尔的术语,"地理时间"、"社会时间"和"个别时间"中,前者是历史学家最为（或应当）关心的,因为结构和事态是事件赖以发生的基本场所。在这个舞台上,个人扮演着来去匆匆的角色。当这个演员隐去之后,舞台仍然存在,当光辉灿烂和令人神往——而同样短暂的——的明天和后天来临时,这个舞台又将为别的演员所占据。

这样的历史研究需要使用新方法。纯粹罗列事件,无论是多么匠心独运地将它们拴在一个因果关系链上,都无法满足这种新的要求。历史学家认为他们可以把 1882 年以后对非洲的瓜分解释为一系列相互没有因果关系的、或没有目的的相互孤立的反应,这样,他们便无法看到正在发生作用的新刺激因素和基调的变化,这就是"只叙述事件的历史学"（histoire événementielle）缺乏洞察力和远见的一个典型例子。[①] 他们罗列的事实可能是真实的,但这些事实无关宏旨。[②] 过分拘泥于事件的过程,过分拘泥于政治家和行政官员的日常决策活动,因而忽略了说明包含这些事件和决策在内的较大的周期或"事态"。关注事态的历史学家必须用不同的方法进行历史研究。事态的历史学本质上是"数学化的历史学"（histoire mathématisante）,即记载着人口变化、生产和价格运动以及各种类似的曲线和图表的历史学,这种历史学只有用数字才能说明白。不过,也不能以为这种方法只能用于经济领域。相反,文化史——尤其是大众文化史——也可以使用定量分析。分析在某个时间内——例如从1780 年到 1850 年——出版了哪些书? 多少人阅读? 谁阅读? 同样可以

---

① 参见 R. 鲁宾逊和 J. 加拉格:《非洲和维多利亚时代的人》（Africa and the Victorians,伦敦,1961 年版）以及他们的文章"自由贸易的帝国主义"（载《经济史评论》第 2 集第 6 卷,1953 年 8 月,第 1 ~ 15 页）。关于我对他们的批评,见笔者著《当代史导言》（An Introduction to Contemporary History）,伦敦 1967 年,第 2 版,第 58 ~ 64 页。

② A. P. 桑顿:《帝国主义原理》（Doctrines of Imperialism）,纽约 1965 年版,第 45 页。

得出用其他方法无法得出的结论。① 而不是用谁是"伟大的艺术家"和
"伟大的作家"的主观标准来衡量,因为,在这个领域内,爱好的变化十分
明显和迅速,谁来评价谁是不是伟大的以及用什么标准来进行评价? 另
一方面,"结构的"历史学还需要使用另外一些不同的方法。它同地理
学、人口学、人种学、气候学和植物学有联系。布洛赫和费弗尔特别强调
了历史学同地理学之间的联系。布洛赫认为,历史学和地理学的研究对
象基本上是一样的。历史学的对象不是中世纪的领主制、新兴的欧洲君
主国家的行政区域,或现代的民族国家——在这个方面,传统历史学家所
使用的空间划分和别处所使用的时间划分之间的差别同样十分明显——
而是地理区域。布罗代尔在有关菲利普二世时代地中海地区的著作中,
第一部分把地中海地区的地理历史(géohistoire)作为文化和历史的统一
体来论述,从而给予地理区域这一概念以明确的形态。

　　年鉴学派的影响遍及整个欧洲。在意大利,它引起历史学家"逐渐摆
脱克罗齐的立场"②。在德国,它虽然经过了一番别具特色的改造,但影
响到席德尔、康策(唯一的中世纪史学家)和博斯尔的历史观念③,而且对
1945 年以后成长起来的新一代年轻历史学家(例如韦勒)的影响则更
大。④ 在英国,只要随便提到几个历史学家的名字,如鲁德、霍布斯鲍姆、
拉斯勒特和汤普逊,从他们的著作中可以明显地看到年鉴学派的影响。⑤

---

　　① 例如雷蒙德·威廉斯的《文化与社会,1780—1850 年》(Culture amd Society, 1780 –
1850),伦敦 1958 年版;C. M. 契波拉的《西方的识字率与发展》(Literacy and Development in the
West),哈蒙德斯沃思 1969 年版。遗憾的是,坎托和沃思曼编的《民众文化史》(The History of
Popular Culture,纽约 1968 年版)却很少注意到要义分析法。

　　② 莫米格利亚诺:前引书(1966 年),第 237 页。

　　③ T. 席德尔:《历史中的结构和人物个性》,载《历史杂志》,第 159 卷,1962 年,第 265 ~
296 页;康策和席德尔刊于《历史科学和教学》第三卷(1952 年)上的文章;博斯尔:《历史学和社
会学》(1956 年)和《历史学中的"社会学方面"》,载《历史杂志》,第 201 卷,1965 年,第 613 ~ 630
页。又见席德尔的论文集:《当代的国家和社会》(Staat und Gesellschaft im Wandel unserer Zeit),慕
尼黑 1958 年版。

　　④ 参见 H. U. 韦勒编:《现代德国社会史》(Moderne deutsche Sozialgeschichte),科伦 1966
年版。

　　⑤ 参见 G. F. E. 鲁德:《历史上的群众》(The Crowd in History),纽约 1965 年版;E. J. 霍布斯
鲍姆:《原始造反者》(Primitive Rebels),曼彻斯特 1959 年版和《劳工》(Labouring Men),伦敦 1964
年版;P. 拉斯特勒:《我们失去的世界》(The World We Have Lost),伦敦 1965 年版;E. P. 汤普逊:
《英国工人阶级的形成》(The Making of the English Working Class),伦敦 1964 年版。

不过,这些个别的历史学家和个别事例还不能从总本上充分反映年鉴学派的巨大影响。新历史学之所以能够被人们广为接受,其关键所在,或其特征,就在于它的目标不是为了推行某种新教条或新哲学,而是要求一种新态度和新方法。它不是把历史学家限制在某种严格的理论框框中,而是开拓新的视野。布洛赫和费弗尔可能都没有首尾一贯的历史哲学。①但这并没有使他们感到特别不安。他们坚信,历史学的复兴在于实践而不在于理论。因此,那场关于历史学究竟是一门艺术还是一门科学的旧的争论在年鉴学派的影响下便化为乌有。德国的新唯心主义者试图在历史学和科学之间,或者说,在历史的世界(die Welt als Geschichte)和自然的世界(die Welt als Natur)之间,拉起一道"铁幕",这种企图永远是荒谬的,因为它建立在这种观念的基础之上,即有关科学探索特征的观念和久已被排斥的历史研究的观念。既然造成这种错误划分的根源现在已被广为认识,这里便无需赘述了。② 关键的问题在于,新唯心主义的肥皂泡一旦被戳破——尤其是一旦明确了历史学家运用传统的描述性、叙述方法叙述个别和独特的事件,并不是他们的资料强加在他们头上的逻辑必然性,而是一种自愿的选择,那么,历史学的眼光和历史学家的工作应当对来自自然科学、社会科学和人文科学的推动力作出更加有效的反应,这样,新的道路便拓开了。年鉴派历史学家们正是对历史工作的潜力充满新的信心而跳进了这样打开的裂口,这只能引起热烈的响应。从"研究普遍规律的科学研究"和"唯思辨的科学研究"之间的长期对立中解脱出来的历史学家们认为,历史学同其他任何一门"科学"一样,都是科学,而且是地地道道的科学。马克·布洛赫曾经说过,"人类的科学"不是个别人的科学,而是人类的科学;不是一般人的科学,而是社会的人的科学。③

---

① 参见 I. S. 科恩:《20 世纪的历史哲学》(Geschichtsphilosophie des 20. Jahrhunderts),柏林1964 年版,第 50 ~ 54 页。

② 爱德加·温德的文章《历史学与自然科学之间的几点联系》[载克利班斯基和佩顿编:《哲学和历史学》(Philosophy and History),牛津大学出版社 1936 年版]就是否定历史学是科学的典型。参见 O. F. 安德尔:《理论上的历史学》(载《历史杂志》第 185 卷,1958 年 2 月)和 G. 巴勒克拉夫:《科学的方法和历史学家的工作》(载 E. 纳格尔、P. 萨伯斯和 A. 塔斯基编:《科学的逻辑、方法论和哲学》,斯坦福 1962 年版,第 584 ~ 594 页)。当然,布洛赫在《为历史学辩护》一书中把这一问题当做重点来讨论过了。

③ 布洛赫:《为历史学辩护》,巴黎 1949 年版,第 4 页。

具有重要意义的是,布洛赫赞同了菲士泰尔·德·库朗热的名言:"历史不是过去发生的各种事件的堆积,而是关于人类社会的科学。"①这是布洛赫和费弗尔发动的这场革命的关键所在。从个别,即"孤立的人",转向"集体的人",转向由个别的人组成的社会。每个个人,无论他是否愿意,都必定是这个社会中的一部分。② 起于个别终于个别的历史学把个别人物的行为当做自己的主要研究对象,这种历史学也许并不需要是科学的,也不可能是科学的;而以社会的人为研究对象的历史学则必定是科学的。它与社会学有着密切的关系。布洛赫不止一次地声称,历史学和社会学之间并没有真正的差别。③ 但是,他自己却触及了它们之间的本质差别。如果说社会科学家首要关心的是分析某个特定时候的静止的社会,那么历史学家的显著特征就是他们所具有的时代感。布洛赫说,历史学不是纯粹的"人类的科学",而是时代中的人类的科学。④ 为了抵制社会学家当中把历史学贬之为与他们毫无关联的这种趋势,他进一步自豪地声称,理解现在的唯一方法是离开现在并把现在看做连续过程中的一个部分。⑤ 正是这种历史学的维度,具有将现时"置于"背景之中的能力,使经济学家、政治学家和唯历史论的历史学家免受"短视"痛苦的能力,才是历史学家对社会科学作出的真正贡献。⑥

年鉴学派在转向社会科学以寻找新的认识能力、模式和方法时,他们所走过的道路与美国历史学家在同一时期所走过的道路十分相似,而且总是殊途同归的。这两个复兴运动之间有着极为相似的地方。但是,它们的区别在于,法国的历史学家侧重于强调时代感。这无疑就是为什么社会、经济和政治科学提出的理论框框在他们的手中总是比在美国历史

---

① 布洛赫:《为历史学辩护》,巴黎 1949 年版,第 110 页,注[4]。

② 武斯特迈耶:《"年鉴学派"的基本原理和方法及其"新历史科学"》,载《社会－经济史季刊》,第 54 卷,1967 年,第 26 页。

③ 布洛赫:《为历史学辩护》,巴黎 1949 年版,第 16 页。

④ "我们说过:'人类的科学'……但是还应补充说:'在某个时代的人类'。"见《为历史学辩护》,第 4 页。

⑤ 武斯特迈耶:《"年鉴学派"的基本原理和方法及其"新历史科学"》,载《社会－经济史季刊》,第 54 卷,1967 年,第 14 页。

⑥ 例如,布罗代尔攻击经济学家,说他们有"为现实服务和为政府服务而奔忙的积习"。参见格伦尼松:前引书,前言第 58 页;武斯特迈耶:前引书(1967 年),第 32 页。

学家手中灵活得多的原因所在。正如莫米格利亚诺所说的："年鉴学派为法国树立了社会学和历史学相互交流的榜样。"它"与美国的榜样相比，远为高超和多样"①，因此也无疑更加有利于赢得追随者。另一方面，他们的研究在许多方面与苏联当代历史学家也有许多共同之处。年鉴学派力求与他们交换观点。② 年鉴学派和苏联历史学家都反对任何形式的经济决定论③，但是，他们都相信历史研究从它本身的意义来说是科学的，这不仅完全可能，也是必需的。按照布洛赫和费弗尔的主张去进行研究工作的历史学家，把注意力从独特性和不可言喻的事物引向研究限制和制约个人自觉选择的结构和事态，引向研究"社会的无意识"，这"比我们习以为常的表面上熠熠发光的东西还要科学得多"④。他们为同苏联及其盟国的历史学家之间进行对话开辟了道路，至少为他们提供了启示和新的方法，使他们可以从中得益，而且正在得益。如果我们想概括一下1955 年以来历史研究的新趋势，我们便可以说，最为突出的趋势是趋同，其主要特征是全面抛弃了前一代历史学家的基本观点。与此同时还伴随着恢复对历史学的思考和写作理论的兴趣。⑤ 既然这种理论的讨论主要是涉及分析常规的历史学家所做的一切，而不是加以批判，换句话说，主要是倾向于承认传统的框架是合适的，因此，相对而言，这场讨论对哲学家比对寻找新途径的历史学家更加重要，而且对当前潮流的形成不会有

① 莫米格利亚诺：《史学史研究》(Studies in Historiography) 伦敦 1966 年版，第 233 页。

② 博尔恩：《当代法国史学》载于《1949—1965 年的法国历史研究》，1965 年版，第 307 页。

③ 布罗代尔在《地中海和地中海世界》一书第 307 页中说："经济造就了政治、社会、文化，但是，反之亦然。"请与格夫特和马尔科夫在《答关于苏联史学问题》中的说法相比较(《历史与理论》第 6 卷，1967 年)，第 184、187～188 页。

④ 布罗代尔：《长时段》，载《年鉴》杂志(1958 年)，第 740 页；参见格伦尼松：前引书(1965 年)，前言第 62 页。

⑤ 例如，P. L. 加德纳：《历史解释的性质》(The Nature of Historical Explanation)，伦敦 1952 年版；P. L. 加德纳：《历史学理论》(Theories of History)，格伦科 1959 年版；W. H. 德雷：《历史的规律和解释》(Philosophy and the Historical Understanding)，伦敦 1964 年版；A. C. 丹托：《分析的历史哲学》(Analytical Philosophy of History)，剑桥大学出版社 1965 年版；M. G. 怀特：《历史认识基础》(Foundations of Historical Knowledge)，纽约 1965 年版；B. A. 格鲁申：《论历史研究的逻辑》，莫斯科 1961 年版；波布林斯卡：《历史，事实，方法》(Historyk, Fakt, Metoda)，华沙 1964 年版；苏联科学院哲学研究所：《历史科学的哲学问题》，莫斯科 1969 年版；古列维奇：前引书(1965 年)。

太大的作用。正因为如此,我们这里只作一些简略的叙述。① 当前趋势的主要特征又是历史学与社会科学的结合,而在过去,历史学一直被认为是与社会科学相对立的。虽然在有关它们之间关系的准确性质如何,意见还不一致,但是,实际上,今天的历史学家——除非他以遗老自居——对这种联系已经不再表示怀疑了。② 从最广泛的意义上说,这正是年鉴学派的首要成就。关于这一点,与年鉴学派没有直接关系的许多作者也加以证实了。例如卡尔,他在 1961 年就有关历史学的性质问题所作一系列的演讲而闻名于世,他的演讲甚至没怎么提及布洛赫和费弗尔或年鉴学派。但是,他说到:"科学家、社会科学家和历史学家是在同一种研究的不同分支中进行工作的,即研究人类及其环境,研究人类对环境的作用和环境对人的影响"③,这时,他宣告的这条原理,用格言和例证为世界各地的历史学家树立起共同的信心。

美国历史学家 H. 斯图尔特·休斯对迄今为止历史学研究所发生的变化作出了可能是最恰当的总结,至少,是以大多数历史学家能够接受的方式进行了总结。④ 斯图尔特·休斯只承认社会科学的概念和范畴是"包含各种研究范围并且具有解释能力的假设",这些假设既没有"穷尽一切",也不是"排他性"的。他反对"机械地把任何社会科学理论凌驾于传统历史学的写作方法之上"⑤。他也拒绝放弃历史学继承下来的"文学和推论的气质"。尽管这样,他还是认为历史学和社会科学之间并没有"根本性的差别"。社会科学提供的广泛而多样的假设完全可以应用于历史学。"它们的重要意义就在于能够使历史学家提高和进一步明确自己的全部解释过程",或者,正像某个英国历史学家所说的,可以使历史学

---

① 参见 J. 哈维编:《社会科学和人文科学研究主要趋势》(*Main Trends of Research in the Social and Human Science*),纽约 1978 年版,第 1259~1276 页。

② 参见刊于《过去和现在》杂志第 27 卷(1964 年)上的讨论报告:《历史、社会学和社会人类学》,第 102~108 页。

③ 卡尔:《历史是什么?》(E. H. Carr, *What is History?*),伦敦 1961 年版,第 80 页。

④ H. S. 休斯:《历史学家和社会科学家》,载《美国历史评论》,第 64 卷(1960 年),第 20~46 页。又见 H. S. 休斯:《作为艺术和作为科学的历史学》(*History as Artand as Science*),纽约 1964 年版,第 1~21 页。

⑤ K. 托马斯:《工具与活计》,载《泰晤士报文学副刊:历史学的新道路》(1966 年),第 275~276 页。

家"在掌握了事实根据时能够做到比较客观,而在没有掌握事实根据时也不至于胡乱地得出无法证实的断言"①。休斯认为,布洛赫的历史观所具有的重要意义在于它把我们从那种缩小了目标的历史学研究的束缚中解脱出来。"这就是他的伟大功绩。在他的启发下,我们认识到,只要我们稍微转动一下常规的历史观的透镜,就会立即看见整个可能的新世界。"

斯图尔特·休斯对于"新历史学"的研究方法所作的评价尽管十分谨慎——或许正因为他如此谨慎——但他的话已经概括了过去 15 年至 20 年中历史学家的态度所经历过的变化。他们不再满足于传统历史学及其研究方法了。休斯说,"传统史学及其方法没有明确的概念,没有公认的解释规范,从知识的角度看,总是无力的"②。他预言,"今天的历史学正在进入迅速变化和前进的时代,具有 20 世纪前 30 年中物理科学所具有的那种特征",并以此结束了他的评述。③ 最重要的一点是,这个进展的推动力是来自实践,而不是来自理论。正如音乐的发展以乐器的性质的改进为前提,天文学的发展有赖于建立功率更大和效果更佳的望远镜一样,历史学中的新趋势是对新的研究技术和方法的反应。唯有新的研究技术和方法才可能使历史学有所发展。因此"思考的中心问题应当集中在研究方法上"④。

正因为如此,现在有必要讨论一下新的研究方法。这些方法主要借鉴于社会学,经济学和人类学。但是,另一方面,历史学的研究领域已经扩大到了例如非洲等新的地区,这些地区没有什么传统的研究方法。在某些情况下,这些新方法无疑很粗糙,还有待于不断完善。但是,对这些新方法进行试验是历史学进一步发展的前提,也许还确实是历史学的未来所系。正如比利时的一位作家最近所说的,历史学现在正处在十字路

① 休斯:《历史学家和社会科学家》,载《美国历史评论》,第 64 卷(1960 年),第 20 页。
② 休斯:《历史学家和社会科学家》,载《美国历史评论》,第 64 卷(1960 年),第 20 页。
③ 格伦尼松:《当代法国史学》载于《1949—1965 年的法国历史研究》,1965 年版,前言第 53 页。
④ P. 勒布伦:《发展与计量史学》,载《社会学研究所期刊》(布鲁塞尔)1967 年第 4 期,第 600、605 页;参见巴勒克拉夫:前引书(1967 年),第 5 页:"(它将成为)一种消遣……一种高雅的消遣——退休的科技人员的消遣,帮助智慧的科学家和技术人员解除疲劳……但是……毕竟是一种消遣。"

口。它也许能够坚持住,并且能跨进科学的门槛,在这种情况下,历史学能够成为"人类科学中的科学"。否则的话——如果它想回避这场挑战——便要冒一场有失去自己地位的风险,既不成为一门科学,也不成为一门艺术,只能成为一门"业余爱好"而苟延残喘下去。这样的历史学无疑还会受到尊重,而且非常流行,但被剥夺了真正的意义,失去了在人类事务中发挥作用的能力。

（摘自于［英］杰弗里·巴勒克拉夫:《当代史学主要趋势》,杨豫译,北京大学出版社2006年版,第35～55页。）

意大利近代史研究中的若干倾向

［意］S.马斯泰洛内

当前,在人文主义至浪漫主义这个时期的研究方面,意大利史学有哪些倾向? 要勾画出这样一个轮廓并非轻而易举。我们时代的各种文化源流往往相互交织在一起,使人难以看出主要的特征;范围较狭的专业研究把自己的方法论特点隐藏在书目索引或者大量资料的背后;有些著述仅仅是为了一定的政治目的,尽管作者声称要树立真理云云。如果说要在这方面作一个概述已经很难,那么要保持一种没有偏颇的公正立场更是难上加难。

对于意大利人民来说,战争年代(1940—1944 年)留下了痛苦的经验,对于这个国家的集体思想方式具有深刻的影响,标志着文化上的一个深刻的"转折"。除了战争期间的各种事件,还必须看到战后的一系列问题:伴随意大利由君主制转为共和制而产生的新的政治方向、与恢复建设问题联系在一起的社会压力、认识法西斯主义根源的需要、在抵抗运动中诞生的各个政党的批判活动,等等。战后,在意大利出现了新的思潮,对于青年研究工作者来说,出国接受外国导师的教育已经比较方便。由于存在着这样的"转折",撇开第二次世界大战爆发前的史学研究方向,就不可能对战后的新的史学研究前景作出评价。

可以肯定地说,在 1920—1940 年期间的意大利,近代史——它包括

15 世纪末至 20 世纪初这个时期——被看做是文明社会形成的历史,也就是说从"中世纪的末落"开始,直到世俗的自由文化的形成。贝内迪托·克罗齐对这种历史观产生过明显的影响。1928 年,克罗齐在《意大利史》中强调说,只有在"意大利获得统一后"才能谈得上意大利的历史;1939 年,他在《作为思想和行动的历史》一书中再次指出,意大利历史上统一始于 1860 年,亦即意大利国家建立之时,研究在此之前时期的著作"根据不同情况,或是博学的读本,或是百科全书,或是诗和半史诗,或是文学杰作,或是政论集,如此等等"①。

克罗齐赋予历史以伦理学的价值。根据大家一致的看法,他于 1926 年出版的著作《意大利巴洛克时代史》表现出了这位历史学家的丰富的个性;这本著作的副标题为《思想——诗和文学——首先生活》,其用意并不在于单纯地限定论述的范畴,而应该说是一个方法论的说明;在克罗齐看来,首先的因素是描述某个时代的文化面貌的根本因素。

在伦理 - 政治论的影响下,这种"世俗的自由的"史学尊重文学家的传统分期,因此把近代史划分为四个时代:文艺复兴时代、宗教改革时代、启蒙主义时代和浪漫主义时代。争论由文化内容扩大到了编年史的时限;论述得较多的课题则是中世纪与文艺复兴的关系以及意大利人文主义的伦理 - 政治意义;能否把天主教改革称为宗教改革,启蒙主义的改良主义作用、浪漫主义的政治价值等等,也是讨论的题目;人们还认为,应当确定民族复兴运动是否起源于改良主义的启蒙运动和革命浪漫主义。

应该指出,一些外国历史学家也对加强近代即是世俗和自由思想的发展这一信念作出了贡献。我想提到其中的两位:名著《意大利文艺复兴时期的文化》一书(1860 年出版,意大利文译本在 1927 年出版于佛罗伦萨)的作者雅各布·布克哈特和《近代历史上的国家理性思想》(1924 年)一书的作者弗里德里希·梅涅克。布克哈特把文艺复兴描写为个人主义和现实主义的时代,人和自然得到发现的时代;文艺复兴实际上是旨在反对中世纪的神秘主义和愚昧无知的人道主义时代。梅涅克则描绘了自马基雅维里至特莱施克的政治思想的发展,着重指出了"强权"与"道

---

① 　B. 克罗齐:《作为思想和行动的历史》,巴里 1939 年版,第 195 页。

德辩护学说"之间的关系。

在 1940—1944 年期间,从战争的"剑与火"中间诞生出一个"不同的"意大利。它面临着新的经济问题、新的社会要求、新的公民态度。这种"不同的"新的现实状况不可能不反映于历史学家的日常工作。

1945 年以后,意大利近代史被看做是意大利半岛的历史,也就是说被看做由封建特权制度向在法律面前人人平等制度转变的社会发展的历史;争取平等的希望是随着经济上占统治地位的阶级与身受社会压迫的阶级之间力量对比的改变而实现的。战前的意大利史学与战后的意大利史学之间的"转折"正是在于从研究意大利文化到研究社会各阶级文化的这一转变。

如果读一下乔瓦基诺·沃尔佩的《历史学家与大师》一书的新版(佛罗伦萨,1967 年),可以看到这位历史学家不承认历史学的这种"转折",因为他认为,在法西斯主义垮台后,历史学家们似乎继续沿着原来的方向进行工作。如果撇开政治罪恶不谈,沃尔佩曾经不失为一位著名的历史学家;从 1925 年到 1943 年,也就是说在法西斯统治的年代,他领导着近代史学派,并同当时的意大利百科全书的主持者保持着不断的关系;1966年,他在谈到上面一书时曾写道:费德里科·沙博德、瓦尔特·马图里、卡尔洛·莫兰迪、鲁吉罗·莫斯卡蒂和埃尔内斯托·列斯坦等一代历史学家始终对描述经济、宪制秩序、思潮、文化交流和国与国之间相处方式的历史坚信不渝;法西斯主义垮台后,这一代历史学家"修正了自己的观点和立场",但没有改变编写历史的方式,首先的一点就是摈弃任何僵硬态度和宗派主义。

然而,如果不用那种不合乎时代的偏见来观察,特别是如果翻阅一下近 30 年(1950—1980 年)来发表的历史著作,就可以看到,方法论的"转折"是十分明显的。米塞佩·加拉索在战争结束时只有 15 岁,他在 1959年出版了一本题为《克罗齐、葛兰西和其他历史学家》的论文集;他认为,所谓"方法论的转折"恰恰意味着从克罗齐到葛兰西的文化过渡。战前,克罗齐曾经试图指出"文艺复兴与民族复兴运动的联系";这位世俗思想的理论家曾经煞费苦心地探索天主教与近代文明的关系,并肯定了"自由事业与近代文明的一致性"。但不能因此而否定战后的发展,亦即出现了

"葛兰西论点"。加拉索承认《狱中扎记》对于意大利史学所产生的有效影响，虽然有人认为，围绕葛兰西著作的讨论和争论"歪曲了作为葛兰西史学思想中心的那些问题的真正面貌"[①]。对于意大利近代史来说，葛兰西的功绩在于将"市民意识形态"与农村相对照，实际上，在"担任公职的近代要人"之中，没有一个不对"泥腿子"持蔑视态度的；另一方面，葛兰西坚持认为，不能停留在文学——文化的领域里，而是必须研究经济资料。

葛兰西的著作在意大利印行于1948—1951年间，但战后的史学领域里的转折已经为它们准备好了土壤；1922—1942这20年间的全部文化遗产在当时都受到指责，不管是法西斯的或者非法西斯的，占统治地位的或者不占统治地位的。对于许多迷失了方向的青年来说，葛兰西是过去思想的对立面，为他们提供了批判温和的意大利知识分子阶层的论据。许多青年在葛兰西的著作中找到了必须另眼看待过去的意大利社会的证据。

这就是说，在史学领域里，葛兰西对意大利的功绩是重要的。不过，我不想把阅读葛兰西著作同广义的"马克思主义"教育混为一谈。在《社会》杂志第1期（1945年1—6月）的社论中，已经出现了"人的劳动"、"经济财富的生产力"、"阶级从属条件"和"意大利社会的内部机体产生的法西斯主义"等字句。也不能忘记重新致力于恢复意大利的共和传统或者社会主义改良主义的社会民主党力量在学术上的贡献。

不应该低估国外各个史学流派从"外部"的作用。我首先要提到的是法国历史学派所起的作用。人们常常谈到F.布鲁德尔这个人物对于1946年以后的青年一代历史学家的吸引力，而《年鉴》杂志在意大利的被"发现"对于许多历史学家来说标志着一个转折点。但是，我也没有忘记在政治科学研究所指导下所进行的那些研究工作，以及E.拉鲁塞和R.穆尼埃等无派别史学家的方法论讲义。在意大利青年历史学家手中流传并开辟了新的方法论前景的最早的读物，是Ch.莫拉泽的《资产阶级法兰西》。它出版于1946年初，由L.费弗尔作序。

[①]　G.加拉索：《克罗齐、葛兰西和其他历史学家》，米兰1959年版，第96页。

德利奥·康迪莫里以其敏锐的感觉注意到了史学方向的改变。在六十年代末,他指出,意大利的史学研究似乎忘记了"历史主义"类型的"哲学"问题或普遍问题,而转向新的研究课题:从农业技术史到移民史,从人类居住史到农村风俗史等等。在历史学家中间出现了一种新的兴趣,要求"确凿和准确地认识人的生存——个人的或者群体的即民族的、经济的和宗教的集团生存的历史"①。

由都灵的埃纳乌迪出版社出版的《意大利史》是意大利史学研究方向改变的有机的产物,特别是该书第一卷《起源的特征》(1972 年)和第二卷《自罗马帝国衰亡至十八世纪》(1974 年)。在出版前言中可以读到这样一段话:"每一代人思考着某种意大利史,以完全不一样的方式认识自己的世界。"埃纳乌迪版《意大利史》是一部能够阐明我国历史复杂性和多样性的分析性历史,着重探讨了经济、社会、文化和宗教生活的各种不同问题。该书第一卷的开头几章——L. 加姆比的《环境的历史价值》、G. 哈乌斯曼的《历史上的意大利土壤》、E. 塞雷尼的《农业与农村世界》和R. 罗曼诺的《经济类型》等代表了它的方法论特点。

埃纳乌迪版《意大利史》是史学研究新方向的结果,但它也有着作为工具的目的。瓦列基出版社出版的旧本《意大利政治史》旨在叙述意大利为了争取从异族和教皇手里获得独立而"走过的漫长路程"。新版《意大利史》试图成为一部文献式的研究著作,以说明资产阶级的意大利是如何建立的;显而易见,它所遵循的是法国的模式。意大利的史学论著成为一种政治研究,而且在某种特殊的情况下,带有反政府的性质。但是,发现政治的侧面并不等于降低了所进行的研究及其成果的意义。

对意大利近代史的研究状况进行总结的也不乏其人。马利诺·贝伦戈和古伊多·库阿查在意大利历史学家协会组织的第一次历史科学全国会议(佩鲁吉亚,1967 年 10 月 9—13 日)上提出的学术报告也许是其中最佳的。这次会议的文件集已在 1970 年出版,题为《近二十年来的意大利史学》。贝伦戈认为,由于选题的扩大、文化经验的增加和新的研究方法的采用,我们对于 16 世纪历史的认识概貌发生了变化;古伊多·库阿

----

① D. 廉迪莫里:《历史学家与历史》,都灵 1971 年版,405 页。

查则从"巴洛克时代"史学研究中的"衰落"问题出发,追溯了关于皮埃蒙特极权主义、威尼斯城市国家危机、米兰的经济衰退、那不勒斯的市民阶层的各种著作;他得出结论认为,伴随经济衰退而来的是政治衰落;实际上,异族在意大利的统治是与这个半岛的经济衰退孪生的。

与其重复贝伦戈和库阿查已经走过的道路,也许倒不如把他们的成果按照不同题目分一下类;我不揣冒昧,把它们分为三个问题,即:"城市"、"社会等级"和"土地"。据我看,关于这三个问题,意大利史学界做了很多研究工作,而且有很多新见解。由于近代即从人文主义到浪漫主义的时间跨度很长,我希望避免开列一张一般性的作者名单和关于这三个问题著述的乏味的书目;我也不想使用编年史"概述"的技术,而是偏向于求助"焦点化"的限制性技术,局限于说明某个特定的历史环节。我知道,如果想要求全,那么应该根据年代的沿革来论述每个问题,可惜时间和篇幅不允许我这样做。

文艺复兴时代的城市问题。中世纪的城市是在以主教堂为统治中心这种类型蓝图的基础上组织起来的。主教堂高踞于周围的建筑群之中,所有主要街道都以主教堂为汇聚中心,形成了一种放射线型的城市结构。主教堂耸立在市中心,周围是一个广场,显得更加庄严宏伟。

E. 加林在他的《文艺复兴时期的科学与市民生活》(巴里,1965 年)一书中辟出十分精彩的一章,专门论述"理想的城市"。加林认为,从 14 世纪下半叶开始,人们关于城市有了完全新的观念。以佛罗伦萨为例,市政宫和主教堂成为可以触摸到的权力关系的表现,而不再是这种权力关系的单纯象征。佛罗伦萨人认为自己摆脱了教皇和帝国的羁绊,在政治上和文化上把佛罗伦萨这个城市国家与古希腊的"polis"即城邦等同起来。在 15 世纪,人们尽管十分重视古典拉丁语的教育,但他们向往的是古罗马共和时代,而不是帝国时代。

近年来研究文艺复兴时期的意大利城市的书目极其广泛,我还要特别提出的是 G. 西蒙契尼的两卷本著作《文艺复兴时期的城市和社会》(都灵,1974 年)。西蒙契尼指出,产生了人文主义的意大利城市是以多中心类型的城市蓝图为基础进行组织的,"其特点是代表各种重要活动的建筑和空间分散在城市的不同地点:政治活动——市政宫;宗教活动——

主教堂;经济活动——市场广场"。显而易见,E.加林忽视了商业活动的侧面,但在佛罗伦萨,经济的因素在城市建设中具有特殊重要的作用。

的确,建筑学上的宏伟结构成为文艺复兴城市的特点。但是,作为一个政治思想史研究者,我认为应该说明在每个具有纪念性意义的建筑物背后隐藏着的权力关系:行政权力、宗教权力和经济权力。行政权力是以法律术语所构成的语言来行使的,体现在公众机关中。教会的要求以禁欲的语言形表现出来,这种语言把上帝作为生活的中心。为了维护与生产活动的发展联系在一起的经济的利益,商人使用一种与实用的需要相适应的经济-商业语言。

L.贝奈沃洛曾在1972年4月意大利历史学家协会组织的历史科学第二次全国会议上提出了关于"城市史"研究问题的报告。他正确地指出,文艺复兴史研究者的兴趣现在变得出人意料的广泛,因为文艺复兴不再被认为是各个文化领域之间存在着严格差异的"近代"文化时期的开始,而是被看做各种文化因素没有严格的根本差异的浑然一体的时代,换句话说,不能以僵死的公式来研究文学与科学、宗教与政治、建筑与经济。我要补充说明的是,不能按照阶级剥削的单一准则——以商业资本主义为一方,以贫困的和被剥夺了市民权利的无产阶级为另一方——僵死地和公式化地探讨"城市"的社会经济发展。必须看到当时的各个大家族的兴趣所在和活动的领域,因为他们在文化领域里的选择并非出于单纯的实用性的考虑,而是出于禀赋或者为了尊重传统。

17世纪的社会等级问题。1952年L.布尔费雷蒂在谈到皮埃蒙特的极权主义时认为,在整个17世纪,在萨伏亚家族统治的国家中存在着一个可以称之为"封建资本主义"的发展阶段。在这个阶段,封建集团进行着资本主义的金融活动。翌年,他在另一篇论文《黄金、土地和社会》中再次提出了这个论点,而且认为"封建资本主义"这个概念适用于整个意大利,因为封建集团的投资活动与政府的商业极权政策的相一致是当时的普遍现象。但是,另一些经济史学家在1957年的一次学术讨论会上提出的论文《十七世纪威尼斯的经济衰落问题及其原因》中认为,由于传统的大商业的危机,许多威尼斯人试图以庄园的收入来代替海运的收入,从而转向购买土地,成为地主集团。

在十七世纪前半叶,贵族虽然在人数上减少了,但在土地所有方面有很大的扩展。C. M. 契波拉等一些经济史学家认为,市民阶级由商人集团向地主集团的这种转化也发生在米兰。这里,手工工场商业领域的资本转向庄园农业领域。

R. 罗曼诺在发表于 1962 年的一篇论文《意大利史评论》中将这种"回到土地"的现象称为"再封建化"。"再封建化"这个概念被 R. 维拉里用来说明地中海沿岸意大利各地区的状况。他在论文集《那不勒斯的反西班牙起义——根源(1585—1647 年)》(巴里,1967 年)中认为,反对封建统治是农村"被压迫"力量起义的原因。

我的印象是,意大利史学界忽视了"等级化"这个社会学问题。十七世纪的社会是一个等级化的社会,一般说来划分为三个等级:僧侣、贵族和第三等级。法国历史学家 R. 穆尼埃在《社会等级》一书中指出,社会的等级化在于按一定的等级次序来区别不同集团的人,但等级的划分不是根据社会成员的财产或者他们的消费能力,也不是根据他们在物质财富生产中的作用和地位,而是根据社会对各种活动的评价。这种评价可能同物质财富的生产有某种关系。我想补充的是,"等级"社会不是和谐的社会,而是一个不和谐的社会,各个等级可以利用不同社会集团具有不同收入这一事实来实行某种控制。

18 世纪的土地问题。对于伦理－政治史学派来说,17 世纪是自由的观念走向成熟的世纪,它为意大利半岛的独立过程作了准备。对 17 世纪改良主义和开明的极权主义进行研究被看做是理解民族统一的政治动因的前提。E. 罗塔曾经把他关于 18 世纪意大利史(1700—1800 年)的论著命名为《复兴运动的起源》(两卷集,米兰,1938 年)。根据罗塔的看法,一个新的意大利诞生于 18 世纪,民族觉醒的内在根源正在于这个 18 世纪的意大利;从争取民族独立的观点来看,从 G. B. 维科到 V. 阿尔菲耶里等一系列作家的著作应该被认为是意大利君主们的改革纲领。

战后,在 1955 年发表于《社会》杂志的一篇评论中,P. 维兰尼要求改变克罗齐在《那不勒斯王国史》(1925 年)中遵循的伦理－政治史模式。他主张对经济状况,特别是对土地的分配和农村的社会关系进行新的研究。与此同时,出现了由 M. 米里领导的关于托斯卡那地区的对半租佃制的研究(1959 年),R. 赞盖里领导的关于埃米利亚地区土地所有制的研究(1961 年)和 L. 卡法尼亚领导的关于隆巴迪亚地区的土地革命的研究(1952 年)。他们的结论几乎是一致的:在十八世纪中期,土地所有者对农民的剥削是苛重的。

在意大利－苏联历史学家关于意大利农村发展的学术讨论会上,R. 维拉里在发言(见《历史研究》1964 年第 4 期)中指出,在十八世纪,意大利的农村社会发生了广泛的变化,因为对于公地和村社土地的集体管理进入了危机。伴随这一趋势而来的是划定私地的运动;在此之前,意大利农村中占统治地位的耕地开放制度已成为扩大粮食作物耕种的障碍。但是,公地的私有化造成了社会的不平衡,而贫苦农民是直接受到损害者。耕种者的依附状况加剧了。耕种者生活条件的恶化构成了高利贷大发展的基础。

从这些"镜头"中可以看出,近 30 年来的意大利的史学研究具有同战前的史学进行论战的性质。我个人的意见认为,应该进行更有连贯性的研究,揭示城市社会与农村社会之间的经济、文化和宗教的联系,注意那个时代——不是我们时代——的社会分工。

我还认为,不能把历史问题局限于部门和地区的范围内,而应该把它们放进更广泛的视野之中;如果承认经济因素的"长期"性这一观点,那么也应该接受文化因素的"广泛空间"性观点。意大利所处的"广泛空间"与其说是"地中海",毋宁说是"欧洲"。

欧洲地区具有一个共同的"宗教－法律的"外貌:欧洲人有着基督教的伦理思想。但是,他们也有着罗马法的思想。正因为如此,我写了一本欧洲近代史,而且是一本"意识形态史"。研究意识形态使我们可以将历史看做是各个不同社会集团的历史或者这些集团的集体思想方式的历史。在欧洲、从中世纪的世界向近代世界过渡的特点是权力中心由农村移向文艺复兴的城市;从近代史向现代史过渡的特点在于从文艺复兴城市过渡到工业城市。

（刊载于《国外社会科学》1984 年第 5 期,陆象淦译。）

德国日常生活史研究
——格茨教授访谈

[德]汉斯－维尔纳·格茨

●王亚平:社会史是历史学中一个比较新的分支学科,我们都知道,法国年鉴学派开创了社会史这个新的史学领域,并且在这个领域中取得了很大的成就,出版了很多相关的著作,请您介绍一下德国历史学界在这方面的研究情况。

○汉斯－维尔纳·格茨:关于社会史,有两个名词,即"social history"和"history of society",前者表述的是历史学中的社会史这个领域,也就是说社会史是整个历史学的一个组成部分;后者则是从社会学的角度来表述的,是指整个历史。德国历史学界从 20 世纪 60 年代起才逐渐重视社会史的研究,但当时历史学界制度史仍然占据主导地位,社会史只是作为制度史研究的一个补充部分,也就是说,在深入研究国家政体演变时才开始关注社会中的各个群体。德国的历史学家受法国历史学家的影响,不再仅仅只是研究社会上层和精英,也研究社会的下层,即农民、市民、下层教士以及边缘群体,研究这些社会群体之间及其与社会上层之间的社会关系。这就不仅涉及经济问题,而且还涉及各个社会群体人们的心态、宗教心理等精神状态。对社会史问题的研究进一步完善了制度史,从而引发了一个根本性的革新,80 年代以后这种革新表现得更为明显:从这时起,历史成为一个多层面的研究领域。这个领域对社会各个阶层的人、对所有历史环境和生活范围内的所有空间的人都产生了兴趣;在这个领域里,主要的注意力放在了(超人类的)"结构"上。在此之后,所有生活层面的人都备受关注。与此同时,研究的视线也对准了过去人的"内在":他们的想象世界(这是我本人的研究领域)、他们的"心态"、他们的情感。把社会与"阶级"和"阶层"剥离开来,研究生活方式和生活圈子,不仅要认识社会的等级制度,而且还要了解不同社会阶层人的相互往来。

日常生活史就其本身来说已经有一个历史了,但它从未成为历史科学的中心,或者说是中世纪学的中心,它从一开始就受到有名望的人们的激烈反对,但它早就悄然地进入了一些重要叙述史的著作和手册中。80年代以后德国历史学界相继出版了许多有关中世纪日常生活史的著作,它们揭示了许多领域。从中世纪的食谱到饮食习惯和消费习惯;从掷色子游戏的文化史到作为社会标记和冲突要素的服装,到居住的历史,到性生活。此外还有附有注释的史料集,汇集了选自中世纪晚期瑞士法庭的档案,描绘出了家庭日常生活的景象;有全面概述中世纪晚期社会生活的著作;但和从前一样,有关中世纪早期日常生活的著作始终很少见到。这里尤其要提到米夏埃尔·博尔戈勒特,他认为,对这个时代日常生活史的研究不应该由于史料基础的薄弱而搁浅,他仅在阿雷曼地区就收集了涉及各个方面的史料,有关各个方面的大量的证书,如生育和出生的、儿童的、游戏的、学习的、友情的、婚姻的、性生活的、劳动的、货运的、法庭的、疾病的、救济的、老年人的、死亡的等等。

●王亚平:德国历史学家研究社会史都有哪几个主要的方面?

○汉斯-维尔纳·格茨:80年代以后,人类史研究兴起,人们越来越关注文化史、日常生活史。文化史在法国也称为文明史,更多的是关注当时人们的思想、对某一概念的看法,关注各种仪式及其社会功能等。日常生活史是80年代以后开辟的一个较新的研究领域。日常生活史相当于这样一类历史科学,它对所有社会阶层人的生活,包括他们的"私人领域"都感兴趣,不仅是想要了解谁、什么对历史起了作用,而且还想知道历史是如何对人施加影响的,以及他是如何接受它的。就近代史而言,日常生活史首先被看做是反传统的学院历史科学之道而行之的;但是,很狭却又被其所研究。一方面是因为这个题材很有趣,另一方面也是因为它具有很高的学术品位。它之所以有趣,是因为它涉及了对我们来说都很熟悉的,而且是与我们"有关的"需要;它之所以有品位,是因为以前的史料对此恰恰都不很感兴趣,对中世纪的日常生活只有零星的记述,完全是无意识而又不连贯的、是规范了的而又理想化了的、是教训和说教式的,与其说是在描述一些要点,不如说是在记述标准。根据史料的内容给日常生活史下结论要非常慎重,要还以本来的目的,要对史料进行批判性解释。日常生活就是以这样的角度为我们开启了有关过去的新的领域,这就是普通人的"私生活",这些普通人远离所谓的大事件,远离历史的大舞台,远离上层的政治。日常生活史当然不可能取代传统的历史科学,但是从历史"人性化"的意义上来说,它是一个重要的补充。

新的文化史也是建立在社会史的基础上。20世纪初期文化史还属边缘学科,后来逐渐由政治史、法律史发展而来。80年代以来,逐渐关注文化史、日常生活史以及人们的思想、观念等。

●王亚平:在您看来,研究日常生活史的主要内容是什么?

○汉斯-维尔纳·格茨:从内容上说,对日常生活史的研究可以回溯到20世纪初期文化史提出的一些问题:生活状况,如食物、服装、劳动、居住环境、时间的消磨和性生活;生活时段,如出生、教育、婚姻生活、死亡。日常生活史的研究也提出了一些与社会史有关的、完全不同于文化史的问题,它涉及的是身在环境中心的、受制约的人。可以这样说,日常生活史就是要对生活世界进行广泛的分析。总而言之,它也包含了历史科学的重要性,它并不是简单地描述对象,而是根据结构的条件,力图解释自然的、政治的、社会的和文化的对象,尽管是从想象的世界出发。小范围研究领域的"微观历史"与对宏观历史的分析形成了对比。就这方面而言,现代日常生活史实际上是属于社会史的范畴。

性别史是由妇女史研究转变而来的,它是从性别的角度把历史作为一个整体来研究,性别史既包括了男人的历史,也包括了妇女的历史,它属于历史学科,也会受制于历史学的方法。"性别"作为一个历史范畴,也会随着历史的变化而变化,同时它也是整个社会的有机组成部分,与当时的法律、政治、社会、经济、文化等是紧密相连的,不能将其孤立起来。从总体上讲,对性别的研究是现代历史学的一个视角,认为它在中世纪也一样重要只是一种误解。尽管如此,我们还是应该历史地考察在中世纪那个历史时期人们关于性别的观点、态度和标准,不能只是根据当代人的意图、推论去考察。

性别史自然要涉及中世纪妇女的地位,如她们是否只是从属于男子、她们有没有自己的权利等,这些问题一直存在着争议。实际上中世纪的法律总是意图保护妇女,因为她们不能保护自己,也恰恰因为如此,人们则常常认为妇女的法律地位要低于男子,因为男子作为丈夫、一户之主掌有对家庭的控制权,甚至在一些极端的例子中,妻子如果不忠,丈夫可以杀死她。但是我们不应忘记,丈夫对家庭的这种权力还包含着保护家庭成员的义务和责任。法律尤其保护那些育龄妇女,杀害她们的偿命金将是普通自由人的 3 倍,可见法律并没有歧视妇女,并没有认为她们比男子低一等。另外在财产的支配权方面,妇女确实有支配自己财产的权利。例如,806 年查理大帝在分封其王国时,曾允许嫁入另一王国的妇女保有原来的土地。在中世纪的很多特许状中都提到,妇女可以作为土地的"继承人"。另一方面,离婚也并不是男子特有的权利,中世纪教士的训诫中常常提到,男子应该忠于自己的妻子,不能提供给她提出离婚的理由,可见妇女同样有权与丈夫离婚。事实上,在中世纪的生活中,妇女起着重要的作用,她们既没有被忽略,也没有被歧视,认为中世纪歧视妇女是一种误导。当然性别的差异是存在的,我们也不能轻视妇女所处的劣势以及在以男性为中心的社会妇女的从属性,但男女在社会中各有其不同的作用,是不能分割的。

●王亚平:这种关于性别和关于妇女的研究对社会史的研究具有什么样的学术价值?

○汉斯－维尔纳·格茨:关于妇女史的研究,这一方面是出于妇女探索自己历史的愿望,另一方面是政治史转向多视角的历史、大人物转向所有人的历史这种趋势使然。起初妇女史研究很难为传统的男性史学家们所接受,可以说在研究上步履维艰,当时只有年轻的历史学工作者去关注。今天这种隋况有了很大的改观,一些男性史学家也加入了妇女史的研究中,而且妇女史成了社会史的一个非常重要的研究领域。

许多历史学家认为在中世纪,人们更推崇"贞洁"、"寡居",而看低婚姻,这对圣徒来说是这样的,但对于一般信徒而言并非如此。圣保罗认为,婚姻是控制人的肉欲的一种必要方式。圣奥古斯丁也写过一本书《婚姻的好处》,强调"贞洁"、"寡居"并不意味着轻视婚姻。首先,婚姻是得到了上帝赞许的,亚当和夏娃就是第一对夫妻。其次,婚姻在基督教王国中是有其功用的,主要是为了生命的延续,这也是上帝的神恩。再次,婚姻可以避免或减少通奸。但婚姻必须经过适当的程序才是合法的,即必须是公开的,得到双方父母允许的。一桩婚姻的缔结就是一个团体的形成,夫妻双方都要承担一定的义务,相爱和相互忠诚是婚姻的特点。最后,婚姻也得到了法律上的认可,甚至把独身作为一种惩罚,例如对某些谋杀主教、小孩或其他人的罪犯处以独身的惩罚。从这一点也可以看出,独身是一种令人痛苦的惩罚,那么反之婚姻就是令人赞许的。婚姻的另一个社会职能是,可以以此增加财产或提高法律地位和社会地位。总之,在中世纪婚姻是值得赞许的,是有很大社会价值的。

●王亚平:对社会史研究的重视是否在淡化对制度史的研究?

○汉斯－维尔纳·格茨:20世纪数十年来对中世纪研究的兴趣,一直是在制度史方面,在德国尤为如此。从60年代起,对社会史问题的研究进一步完善了制度史,从而引发了一个根本性的革新。在以往的研究中一般都认为,中世纪早期的政体是个人的联合,没有制度化的机构把人们联合起来,所以没有真正意义上的国家。其实中世纪并非只知国王,不知其他。国王被看做是贵族的一员,贵族有与国王同等的权利,而不是国王的对立面。当时的国家可称做"以国王为首的贵族国家"(aristocracy with a monarchic peak)。20世纪50年代起,受特伦巴赫教授关于"加洛林时代贵族"这一描述的影响,研究的焦点从国王个人角度转向贵族群体,同时也引发了人们对中世纪早期的政治秩序能否称为"国家"这一问题的争论。一些学者认为,中世纪只有王国,没有国家,王国是基于个人联合的关系形成的。我趋向于认为,中世纪早期的政治秩序可以称之为国家,而这种个人之间的联合就是中世纪的国家制度。

德国中世纪史专家对国家的研究,正从术语转向它的实际功能,从研究领主转向对其权力的考察,从法律术语转向法律实践,从政治结构转向权力的各种表现形式,如象征、礼节等,以便寻求包含在政治秩序内的动因。在使用这些研究方法的基础上,我们通过研读史料可以获得以下信息:(1)国家不是由国王一人治理,而是与贵族一同治理;(2)国王有明确的任务,他要管理王国,保证王国的良好秩序,防止外来威胁;(3)臣民有权也有义务要求良好的秩序,对不称职的国王可以将其废黜,这不是谋反而是权利;(4)公共事务和私人事务是分不开的;(5)礼仪、王室徽章、登位时的①弥撒都是必需的;(6)国家被看做是上帝救赎人类进程的一个有机组成部分;(7)大主教、主教、贵族有责任保卫边界。从这些信息中,我们看出,在中世纪并非没有明确的国家和管理的概念,那时就有对理想国家的理解。事实上,在拉丁语中与"国家"相对应的词是"regnum",这个词含有地域的意思,所谓地域既有固定的边界,也有抽象的"权力"的意思。

●王亚平:您认为应该如何理解中世纪社会中的阶层?

○汉斯－维尔纳·格茨:在英语中通常使用"class"这个词,在德语中一般使用"Order"这个词,我认为用"Order"更适合于中世纪,因为"class"含有更多的经济方面的因素。在中世纪,经济并没有如我们想象的那么重要,中世纪的人不会说"我很富有",而是说"我很受尊敬"。我认为任何因素都不能成为绝对的主导因素,它随我们强调的重点不同而变化,主导因素也是随着我们关注对象的变化而变化的。在德国,经济史只是社会史的一个分支,从来都不是最重要的。在中世纪历史中,经济史也不会是最重要的。在现实生活中,经济变得比以前重要了。在今后的研究领域中,也许经济史还会变得更重要。在中世纪社会中,一个人的社会地位取决于他如何受到尊敬,每个人,无论是工匠还是自由人都会受到不同程度的尊敬。我们所要探讨的是,他是怎样以及为什么受到尊敬,他属于哪个社会群体。在中世纪,一个人在村庄里可能是处于这个村庄社会的上层,但在整个王国中他则可能是处于社会的下层,他在村庄里受到的尊重不同于他在王国中的。因此,我主张不使用阶层,而是用社会群体(social groups)这个词进行表述,应该探讨社会群体之间的关系。例如僧侣这个社会群体,它总是试图远离尘世,但实际上仍然不得不融入整个社会中。

---

① Gerd Tellenbach,德国弗赖堡大学教授,弗赖堡学派掌门人,主要从事西欧中世纪政教关系以及社会阶层方面的研究,自上世纪50年代以来,他的学术观点以及弗赖堡学派在西方历史学界产生了非常重要的影响。——整理者注

●王亚平：您认为采用什么样的方法才能在研究过程中更客观一些？

○汉斯－维尔纳·格茨：我认为"客观"（objective）这个词是错误的，因为我们无法知道客观的事实（facts）是什么，只能是通过前人留下的东西（what they wrote）接近历史的真实。传统的研究方法只是依据单一的史料，这是不够的，还应该注重各种不同的手写文稿，它们都很重要，因为这些都是那个时代的人们有意识（consciously）的行为，应该探讨他们为什么写下这些手稿，原因是什么。我们还应该探讨中世纪人的主观想法（subjective），在那个时代他们认为什么是重要的。

法国人对日常生活史的研究往往是描述性的，是用当代人的眼光来看问题，我认为这是不够的。而且用当代的眼光看问题，并不适合于中世纪。我们需要把传统的历史和社会史结合起来进行考察，要关注制度、空间对日常生活的影响，要分析他们的生活背景。因此我在《欧洲中世纪生活》一书中对机制、生活空间、生活于其中的人和他们之间的关系进行了概述，我认为机制、生活空间对他们的日常生活有很大的影响。当然即使现在日常生活史也还不是历史研究的中心，但许多历史学家已经认识到它的重要性，在他们的著作中往往也有专门的章节来描述日常生活史。

前些年，有些人在制造"文化色彩"，试图为日常生活描绘出一幅生动的图画，但他们只能以中世纪晚期的史料为依据，对此我不这样认为，也就是说，要把日常生活归入生活条件一类：当时的机制、生活空间和生活在其中的人。只有这样才能解释日常生活。这并不是一个狭义的研究工作，因为在阐述背景时，我依据的是他人完成的大量的比较重要的工作。新东西——相对来说以前所没有的——就在于综述这些因素。在此之后，相继发表了有关结构背景和生活条件的各类论文，它们有助于补充，有助于进行更为精确的表述，但既不是要修改日常的全貌，也不是要修改其中所选择的部分。当时勾勒出的画面，在今天并没有多大的改动，它的重要意义保存在了历史科学之中。在此期间它所发生的改变是越来越使问题转向了文化科学方面，而日常生活正是我们的文化的一个部分。

克罗齐曾说："一切真历史都是当代史"，我们研究历史的出发点往往是与当代的生活有关，问题是由历史学家解决的，而不是由历史来解决的。历史无法解决任何问题。我们可以根据我们的兴趣，按照现代的理解（modem thinking）去提出问题，然后用中世纪的思维（medieval thinkjng）回答问题。这样我们就更接近于客观。所以，我们学习历史不能只记住历史事件发生的时间，这是没有用的，而是要学会提出问题，要探求各种历史事件的内在关系，寻找原因，知其所以然，对历史进行反思，在思考的过程中锻炼你的能力。历史问题往往是复杂的，学习历史培养的是一个人的综合能力，因此学习历史是非常有益的。

（刊载于《经济－社会史评论·第二辑》，王亚平整理。）

略论微观史学

陈启能

一

近二十多年来,西方史学在研究方向、历史思想和方法论上都发生了很大的变化。二十多年前,新史学在西方史坛正处于春风得意的鼎盛时期。它要构建的是一种分析的跨学科史学。法国年鉴派的布罗代尔可以说是当时新史学的主要代表。布罗代尔不仅是进行跨学科研究和运用社会科学方法的杰出代表,而且也是成功体现年鉴派"总体史"思想的巨匠。他在时间观上的创新更使他闻名遐迩。然而,新史学的鼎盛时期恰恰也是它的弊端暴露得日益明显,开始走向式微的时候。以布罗代尔为代表的总体史研究虽然成绩显赫,但却存在两个无法回避的弊端:一是过分强调超个人的自然——地理结构和经济结构对历史发展趋势的决定作用,而完全忽视了历史中的人;二是过分强调表示上述结构变动的长时段和表示节奏稍慢的历史趋势的中时段,而忽略了表示历史突发事件的短时段。这些弊端的一个集中表现是,历史学的特点变得模糊起来。可以设想,"没有人和事件的历史"如何体现历史学的特性?

在 20 世纪 70 年代,西方新史学和年鉴派就受到来自新史学内外的批评与质疑。80 年代以后,这种批评和质疑越来越多。"史学危机"的呼声日益增高。围绕史学方法论和今后如何发展问题的讨论始终未断。这些现象集中反映出的一点是,许多历史学家对此前西方史学中计量的、社会的研究过多的现象以及片面夸大长时段结构、热衷所谓"静止的历史"的倾向愈益不满。西方史学中由此出现了一种力图克服新史学弊端而新见迭出、新意不断的纷繁多样的局面。

从复杂多变的各种变化和尝试中,我们可以看出新史学研究方向的转变以及由此带来的一系列变化。研究方向的转变是有个过程的,可以说至今仍在进行之中。这种变化,如果说在 80 年代已有所表现的话,到 90 年代就更明显了。从现象上看,这个转变反映在:有意识地放弃不久前还热衷的对广泛的科学体系和全球性解释公式的构建。在各种研究著作中,重点已转向在时间和空间上都有限的历史。到 90 年代更明确地强调要研究个人(个性)、独特性和突发事件。在理论上则号召,首先要注意的不是"长时段结构"(不论是意识形态结构、文化结构、心态结构,还是经济结构),而是要注意历史上的"当事人"(不论是"普通人",还是"伟人")。换言之,研究的中心已不是超个人的力量,而是个人对结构的解释,而是不同的个人及每个人所固有的特征。

这种转变从深层看反映了历史学的一些重要的发展趋向。一是它反映出历史学,乃至人文科学发展过程中的重要变化,那就是对人文知识认识论基础的修正,其表现是急剧地改变了对科学性原则的认识。80 年代以来,西方史学中社会科学化的风气已明显减弱。对人的研究,对人的情感、心态、日常生活、思想、命运等各个方面的关注和兴趣极大地增长。总之,历史学的人文化的倾向愈益明显。与此相应,从史学内部看,社会科学史学、计量史学、布罗代尔的结构功能史学等,均已有成为明日黄花之感。即使是新兴起的历史人类学,为了更好地适应这种新形势,也深切感到需要进行必要的革新。

另一种值得我们注意的历史学发展趋势是,如何确定对个体现象的研究和对群体现象的研究之间的关系。或者说,如何结合对历史的微观研究方法和宏观研究方法。这个问题虽早已存在,但经过前一时期宏观研究取得的巨大成功以及由此带来的明显弊端,这时不仅出现使历史研究向微观研究的转变,而且把这个问题,在理论和实践的层面上十分突出地提了出来。"微观史学"正是在这样的背景下出现的。

二

　　微观史学并不是一个统一的学派,但这种微观研究有某些共同特点,在西方国家的史学中都有表现,因此可以说是一种新的研究趋势,值得我们高度重视。

　　意大利的微观史学是最有影响的一支。它形成于 20 世纪 70 年代末。它的代表人物是乔万尼·列维(Giovanni Levi)、卡尔罗·金兹伯格(Carlo Ginzberg)、卡尔洛·波尼(Carlo Poni)、爱德华·格伦迪(Edoardo Grendi)。后来,意大利的微观史学的影响逐渐扩大,并影响欧洲其他国家。法国就是其中之一。法国年鉴派的著名学者雅克·勒韦尔(Jacques Revel)和贝尔纳·勒佩蒂(Bernard Lepetit)就曾专论微观分析问题,并发展了意大利微观史学的若干方法。而法国 20 世纪 80 年代年鉴派的一些趋势和法国的"日常生活史"(Histoirede lavie quotidienne)对意大利的微观史学也有影响。与意大利微观史学相类似的在德国和奥地利有"日常史"(Alltags geschichte),在英国有"个案史"(case history),而"个案史"有时又同"口述史"有密切关系。

　　微观史学家各自的研究方法并不一致。围绕微观史学也有不少争论的问题。但微观史学作为一种研究趋势,一种流派,有其共同的特点。一般说来,微观史学是指这样一种历史研究,从事这种研究的史学家,不把注意力集中在涵盖辽阔地域、长时段和大量民众的宏观过程,而是注意个别的、具体的事实,一个或几个事实,或地方性事件。这种研究取得的结果往往是局部的,不可能推广到围绕某个被研究的事实的各种历史现象的所有层面。但它却有可能对整个背景提供某种补充的说明。也就是说,微观史学家的结论记录的或确定的虽只是一个局部现象,但这个看似孤立的现象却可以为深入研究整体结构提供帮助。总之,微观史学的特点并不在于它的研究对象的微小和分析规模的狭窄或带有地方性。如果仅是这样,那它就与地方志很难区分了。实际上,这两者有很大的不同。

　　微观史学涉及的问题是很深的。它特别关注的是个别的和群体的、局部的和整体的二律背反问题。它的出现就与重新审视 20 世纪传统的偏重群体现象和系统数据的研究有关。

为了克服这种编向,许多微观史学家强调,不能把历史知识与对事件的观察和叙述相脱离。当然,他们所说的"叙述"与 19 世纪的"叙事史"不同。后者强调史学家是"全能的",可以"重建"过去。微观史学家认为,叙述是最好的方法,借此可以告诉读者研究假设和史料之间的冲突。

在这种叙述的过程中,历史学家必然会遇到历史学所固有的难题,即如何把对研究对象的总观点与对其组成部分的具体观察结合起来。譬如对一次起义,如何把对这次起义的总评价(它的原因、进程、结果、长远的后果等)与对每一起义参加者个人的行为、动机、感受、品性等的观察很好地结合起来。这是很难做到的,甚至是无法做到的。在微观史学家看来,这里的问题不在于这种叙述结构的复杂性,或是知识不够。问题的关键在于历史现实本身存在的多样性,在于历史现实并不存在这种内部关联。

微观史学家认为,在宏观的、系列的研究中,特别是在有关经济的、地理历史的和类似题材的研究中,上述难题被忽略了,或者被回避了。在这类宏观或系列研究中,往往采取一种"平均数"的办法来对某种过程或现象进行评述。这种"平均数"被用来说明某个整体的一般状况,却无法说明任何一个具体的对象。譬如,对一个国家,一座城市,一个社区等,可以用"平均数"的方法,说明这个国家、城市、社区每年的或每 10 年的经济平均增长率是多少,人口平均出生和死亡数是多少,消费平均增长是多少等等。这些资料可以帮助读者对这个国家、城市、社区的整体的一般的发展状况有所了解。这自然是必要的。但如果要对这个国家、城市、社区有更进一步的具体的了解,仅局限于这种概括性的了解就很不够了。20 世纪前期和中期的历史学的特点,恰恰在于这种评述的概括性,对"平均数"的入迷,对个人的和单个的东西的无视,局限于对结构和过程的考察等,而这些正是微观史学家最为不满的。他们认为,这种对无个性的宏观结构和机制的考察是不够的,无法揭示更为深层的东西。

微观史学家感兴趣的是历史上那些具体的、易于观察的、个别的事物。但这并不是简单地用微观的共同体(如社区、家庭、个人)来代替宏观的共同体(如国家、经济、民族),而是要改变研究的原则。因为即使是研究微观现象,如果不改变研究原则,同样可以用概括的,适用于宏观研究的方法,结果就没有什么两样。举例说,如果把"个人"这个微观共同体作为研究对象,可以有不同的方法。一是把个人作为一个抽象概念来研究。这里的个人只是一般的个人,即使分为男性和女性,也并不是指具体的个人。这样的研究往往是对个人的状况作出总结性、概括性的介绍,而且常常要用"平均数"的方法。如说在某个时间阶段内某个地区的个人收入有哪些变化,其中男人的收入平均增长了多少,女人的收入平均减少了多少等等。这种研究,虽然对象是微观的,但从研究原则来说,却是与宏观研究并无二致。

另一种就是微观研究的方法。它要求对一个具体的人,张三李四,有名有姓,进行研究,而不是抽象的个人概念。要对这个人的所有具体情况进行考察,包括他独有的生平事迹、社会关系、亲属状况、社会地位,他的爱好、愿望、内心世界、眷恋、观念等等。要注意的是,微观史学家并不是主张仅仅局限于对某个微观现象的孤立研究,而是主张尽可能地通过研究微观现象同时看到或折射出其他方面的现象。譬如,研究个人,既要研究某个个人的一切可能的具体方面,又要探讨该个人的变化与周围社会环境的关系。

再进一步说,如何才能在通过研究某一微观现象时折射出更多的内容呢?这不只是一个简单地收集有关史料的问题。也就是说,微观史学是在另一水平上,即在认识论的水平上,着重关注特殊的微观现象的。微观史学家缩小研究对象的规模,更直接、更接近地面向历史现实,具有重要的认识意义。他们是为了极大地扩大考察人的行为的"分析参数"。为此,从方法论和研究实践的角度看,他们如何选择自己的研究对象就十分重要。他们需要寻找某种例外的、独特的东西。但不同的微观史学家对此在理解上不尽相同。许多人仅仅强调独特性,把它理解为一种不寻常的意外事件或者新奇的传记经历。有关这些新奇事件或经历的史料也是不一般的,非典型的。在这里,这种独特性就好似是可以窥见"过去"的一个出乎意料的孔穴。但另一些微观史学家则强调,理想的是寻找一种既是独特的,又是正常的东西,也就是说,是一种"独特的"正常现象。这种现象本身是正常的,即不是某种历史上的病态现象,但它又是特殊的、独特的、个别的。它被事件后来的发展挤到了历史过程的边缘,没有进入获胜主流的发展大道,因此往往被宏观史学和系列史所摒弃,被历史学家所忽视和低估。这就是说,微观史学家并不是一味地盲目猎奇。要寻找合适的研究对象,又要有足够的史料保证,这并不是一件容易的事。总之,微观史学的认识可能性是建立在标准的正常的系统的不一贯性的基础之上,建立在片断性、矛盾性、观点的多元性的基础之上。要看到,任何一种系统都是变动的、开放的,而各种变化都与大量"小人物"的选择和行为有关。

由此看来,对成功的微观史学作品来说,首先是合适的研究对象的选择。但显然仅此一点是不够的。这里还必需要有恰当的足够的史料。对微观史学来说,一般史学研究的史料虽然也是需要的,但显然是很不够的。微观史学还必需要有符合自己所选的研究对象的特殊史料。金兹伯格和波尼指出:"如果史料关于下层阶级社会的生活现实,或者是闭口不说,或者是系统歪曲的话,那么一个独特的文献……也比几千件公式化文献更有意义得多。"这类独特的文献往往是"隐蔽的现实"的标志,而且是以前未被历史学注意的。① 因此,对微观史学来说,史料的特殊性和多样性是十分重要的。除了有关政府、国家机构、经济、统计等通用的各类史料外,有关低层民众的史料、个人的和私人的档案、地方的档案、口述的史料,关于普通人日常生活、精神生活等的各类资料,都需特别注意,并应设法收集和保存。例如欧洲保存的宗教裁判所的大量史料就为微观史学在欧洲的兴起创造了史料上的良好条件。

微观史学十分重视研究成果在叙述形式上的生动性,使之能引起更多的普通读者的兴趣。重视历史叙述是当代历史学重新关注的一个重要问题。微观史学在这方面更为突出。它的许多名作往往十分畅销,成为脍炙人口的佳作。有意思的是,微观史学家特别喜欢运用人物传记体裁。人物传记一般说比较容易写得生动。对微观史学家来说,人物传记或人物故事不仅具有符合微观史学的方法论意义,而且可以帮助他们加强与读者的联系。因为微观史学家笔下的人物主要是广大读者并不陌生的普

---

① 卡尔洛·金兹伯格,卡尔洛·波尼:《名称和游戏:不平等的交流和史学市场》,载《微观史学和欧洲被遗忘的人们》第8页。(Carlo Ginzberg, Carlo Poni, *The Name and the Game*: *Unequal Exchange and the Historiographic Marketplace*, In *Microhistory and the Lost Peoples of Europe*, Baltimore; London, 1991.)

通人。这里还要指出一点。微观史学家虽然强调叙述的生动,但一般说来,他们并不降低学术标准。他们依旧对史料进行严格考订,只是在使用获得的证据时另有一套,别开生面罢了。

<h1 style="text-align:center">三</h1>

我们不妨以微观史学的代表人物、意大利历史学家卡尔罗·金兹伯格为例略作剖析。金兹伯格不仅自己撰写微观史学作品,而且还有关于微观史学理论和方法的论述。他在自己的研究中很关注一些小事物,如不被注意的小人物,容易被忽略的细节,不同生活之间的差异,不同文化之间的缝隙等等;更重要的是,他通过这些小事物却要看出重要的意义,要把它们与某种广大的意义联结起来。例如,在1519年的一件宗教裁判所的审讯案中,一位被审讯的乡村妇女在口供中,数次把魔鬼的名字与圣母马利亚相混淆。金兹伯格把这些混淆之处加以排列对比之后,认为这一混淆具有重要意义,并不是偶然的。它说明在当时基督教世界的民俗中,正宗宗教信仰与魔鬼信仰之间的界限十分淡薄。对普通信众来说,只要能解救人们摆说困难,是圣母还是魔鬼就无所谓了。金兹伯格认为,在欧洲文明中,在基督教之前,存在一个罗马通俗文化所遗留的广大底层。这个观点可能是从俄国思想家米哈伊尔·巴赫金处来的。在金兹伯格看来,上述把圣母马利亚与魔鬼的名字相混淆的例子恰恰能说明,当时的基督教信仰常与前基督教时期遗留下来的这个通俗文化底层的残余混合在一起。

金兹伯格的微观史学名著《虫子与乳酪—— 一个16世纪磨坊主的精神世界》①也反映了上述的特点。书中的主人公,磨坊主麦诺齐奥(Mennochio)虽是一个普通村民却具有与众不同的世界观:把宇宙看成是一块乳酪,又被蛆虫咬得遍体是洞。金兹伯格写这本书,主要是想说明这位磨坊主的奇怪思想是从哪里来的,并从他当时阅读的书,特别是从他被审讯时的口供来进行分析。作者认为,麦诺齐奥主要是受长期遗留下来的下层文化的影响,才形成他特殊的世界观的。他正是以长期留传下来

① Carlo Ginzberg, *The Cheese and the Worms*: *The Cosmos of a Sixteenth-Century Miller*, Penguin Books, 1976,1982; New York, 1978.

的通俗文化的底层为依据来理解和解读基督教的经典的。通过对一个具体个人的细致描绘和分析进一步说明一个更大的问题。这正反映了微观史学的独到之处,也是热衷于分析结构和长过程的宏观史学难以做到的。

金兹伯格善于运用被审讯的犯人的口供记录来进行微观研究,揭示小人物的精神世界。由于宗教裁判所的审讯材料在意大利十分丰富,意大利就成了提供这类资料得天独厚的国家,并为微观史学家创造了极好的发挥自己才能和想象的广阔天地。金兹伯格在运用审讯口供材料方面积累了丰富的经验,有一套行之有效的方法。他主张对少量的文献作密集的阅读,认为这比收集大量重复的证据更有用。① 当然,这同他研究小人物不容易找到更多史料也不无关系。

从金兹伯格对近代欧洲方法论变化的论述可以看出他对微观史学方法的一些看法。由于微观史学研究的对象比较小,有关的史料相对也较少。因此,在研究过程中,就应特别注意运用现有的材料,加以密集的探索。具体来说,就是要善于从中发现有意义的线索、细节,即一些小点,并善于从这些小点去进而探测整体。金兹伯格在一篇文章中,从医学、艺术史、侦探小说、史学证据等方面去说明近代欧洲方法论的变化。② 他考察了艺术史家莫列利(Giovanni Morelli)、心理学家弗洛伊德、侦探小说家柯南道尔、指纹学创始者卡尔东(Caulton)等人,说明这些人的方法有相似之处。如莫列利从一幅画的细微之处(如指甲、头发、耳朵的画法)进行比较以辨别真伪。柯南道尔笔下的大侦探福尔摩斯最擅长从各种蛛丝马迹中发现线索并推测出全部作案经过。弗洛伊德主张从病人吐露出来的杂乱无章的只字片言中推测病人的心理结构和病因。这些人的方法的共同点是,从几个零星的小点出发去推测整体。金兹伯格本想以此推论近代欧洲整个方法论的变化。这点我们姑且不去说它。但从中我们可以看出,金兹伯格本人就是常用这样的方法来进行微观研究的。

金兹伯格的微观研究中,至少有两点值得注意。这也可以说是他常用的方法。第一是他特别努力收集欧洲及世界其他地方的民俗资料,特

---

① 参见金兹伯格:《线索、神话和历史方法》第 164 页。(*Carlo Ginzberg*, *Clues*, *Myths*, *and the Historical Method*, Baltimore: The Johns Hopkins University Press, 1989.)

② 参见金兹伯格:《线索、神话和历史方法》。

别是他认为存在于欧洲的绵延长久的广大通俗文化底层的资料。第二是他总是从这些民俗资料中或从其他史料中去发现若干有意义的小点，或某种异常的、蹊跷的细节，通常总是用这些民俗资料来说明这些小点，并阐发其意义。如金兹伯格的另一本名著《夜战》(*The Night Battles*)也有这样的特点。此外，如另一部微观史学的代表作，罗伯特·达恩顿(Robert Darnton)的《猫的大屠杀和法国文化史中的其他事件》①，也是联系欧洲广大通俗文化层中关于猫的种种传说来解释 1730 年某日巴黎印刷行的学徒们联合杀猫的行为的意义。这里也有米哈伊尔·巴赫金的影响。达尔顿本人并不讳言这点。

　　金兹伯格的微观史研究虽然很有影响，但他的方法并不是唯一的。微观史学既然不是一个统一的学派，它就不可能是划一的，也没有严格的划分界限，因而必然是多种多样的，呈现出丰富缤纷的色彩。例如，意大利另一位著名的微观史学家乔万尼·列维，他也有与卡尔罗·金兹伯格类似的观点。他同样认为："微观史学的方法瞄准的是这样的问题，即我们如何可以通过各种各样的线索、痕迹和征兆的中介来获得通向关于过去的知识的门径。"②然而，他的名著《继承权力：一个被魔师的故事》③虽与金兹伯格的《虫子与乳酪》有许多可以体现微观史学特点的共同点，但却不尽相同，而有着自身的特点。如果说，《虫子与乳酪》读起来引人入胜，主人公性格丰满，他的心态世界是全书的中心；那么，列维笔下的教区牧师乔万·巴蒂斯塔·契耶萨(Giovan Battista Chiesa)的情况就不同了。他似乎深深地被缠在各种社会结构之网中。列维并不停留在对契耶萨个人的兴趣，而是企图进而揭示乡村权力关系的模式。在他看来，这种权力关系不能仅仅通过经济因素和政治机构来理解。他认为，要理解农民世界，关键是看两样不可捉摸的和象征性的东西(指权力和威信)是如何维护和转移的。总之，在观念上和叙述方式上，列维的书都与《虫子与乳

---

　　① Robert Darnton, *The Great Cat Massacre and Other Episodes in French Cultural History*, Vintage Books, 1984.

　　② 乔万尼·列维：《论微观史学》，载彼得·伯克编：《历史写作的新观点》(Giovanni Levi, *On Microhistory*, In PeterBurke, ed., New Prespectives on Historical Writing, University Park, Pennsylvania, 1991.)

　　③ Giovanni Levi, *Inheriting Power：The Story of an Exorcist*, Chicago, 1998.

酪》有许多不同。列维的写法更具分析性,而且运用更多的社会史的原始资料和方法。

《虫子与乳酪》和《继承权力:一个被魔师的故事》的相似之处是两者都通过对一个人(磨坊主和被魔师)来说明一个问题或阐发一种意义。纳塔莉·戴维斯的《马丹·盖赫返乡记》(或译《马丁·盖尔的归来》)①则是利用发生在 1540 年法国朗格多克农村的一个传奇故事写成的。一个名叫盖赫的富裕农民离家出走,多年没有消息。忽然他回来了,与妻子过了三四年愉快的婚姻生活后,妻子却把他告上法庭,说他是冒名顶替者。就在他即将胜诉时,真正的盖赫出现了。这个传奇性的故事不仅引起人们的广泛兴趣,而且也引发了许多发人深思的问题,如妻子为什么要承认一个冒名顶替者为自己的丈夫,为什么又要告发他;这个家庭中的人际关系是怎样的,这个故事反映了村民的哪些想法、愿望和感情等。正是有了这样的深层问题,这个故事长期在法国流传就不奇怪了。1561 年就有两本书写这个案件,其中一本还是参与审判此案的一个法官写的。此后,这个案件在法国常被提到,还引起热烈的讨论。根据这个案件,编写过一个剧本、两本小说、一部滑稽剧和两部电影。戴维斯本人还参加过一部电影的编写。但她觉得这部电影脱离历史记载,不能说明故事本身和16 世纪法国南部农村的情形。她决定发挥自己历史学家的才能对这件事进行研究。与《虫子与乳酪》不同,她不可能利用当时的审讯材料,因为当地这类刑事案件纪录都已遗失。戴维斯除利用 1561 年的两本有关著作以外,还广泛收集了当地一带的档案和各类资料。她自称"我运用了过去留下来的每一点一滴的资料"。这本书出版后,很快成为一本畅销书。更重要的是,它作为一本成功的微观史学,并不满足于故事的生动,而是努力通过这个故事来揭示当时农民的希望和感情以及夫妻之间和家庭中的关系,以及农民的生活和所遇到的困难。而这些方面又是通过故事的叙述,通过弄清这件迷案的真相的形式展开的。这可以说是《马丹·盖赫返乡记》不同于金兹伯格和列维的书的地方。但它们同是微观史学

---

　　① 纳塔莉·戴维斯:《马丹·盖赫返乡记》(*Le Retiur de Martin Guerre*),江政宽译,台湾联经出版事业公司 2000 年出版。

的代表作这一点却是一致的。

　　下面再简单地举出一本国内读者比较熟悉的微观史学名作。那就是法国年鉴派名家埃马纽埃尔·勒胡瓦拉杜里的《蒙塔尤——1294—1324年奥克西坦尼的一个山村》（商务印书馆 1997 年版）。这本书的作者运用的也是宗教裁判所的审讯资料。所不同的是，这次宗教裁判所法庭不是对某一个人的审讯，而是一次集体审讯，即是对一个山村的异教徒长达一年多的审讯，共计 578 次审讯。总共涉及 98 个案件，有 114 人受到起诉或追究，其中 48 人是妇女。审讯的内容又十分广泛，包括当地居民的物质生活、社会生活和精神生活，乃至私生活。由于勒胡瓦拉杜里成功地用历史人类学的方法处理这批审讯材料，从而活生生地描绘了 14 世纪初法国南部山村的生活，鲜活地勾勒了当地农民的生活和心态。《蒙塔尤》一书表明，微观史学并不是只能分析很小的对象，如一个人或少数人。如果有合适的史料，它也同样可以研究大得多的对象，如一个村庄，或几个村社，甚至一个城市和地区。自然，运用微观研究方法分析某座城市，与一般地写一部这座城市的通史是不一样的。微观研究的方法往往像《蒙塔尤》那样，并不提供研究对象（一个山村或城市）的完整历史发展，但却通过对某些方面，某些点的具体描绘揭示这个山村或城市的风貌、精神、生活、隐蔽的意义。这可以加深我们的了解，并起到举一反三，以小见大的作用。就像"它是一团'泥'，我们由此而可以了解所有的泥制品"①。

　　以上列举的这些作品足以说明，微观史学的形式、内容、风格等都是多样的，不可能归纳出统一的规范来。但如前所述，微观史学作品还是有它的一些共同的特点的。

四

　　下面简短地说一下微观史学的缺陷和受到的批评。有些批评是涉及某些具体的学术见解的。如微观史学理论家和思想史学者拉卡普拉就怀疑是否确实存在如金兹伯格等人认为的在欧洲有一个绵延长久的通俗文

---

　　① 《〈蒙塔尤〉四人谈》，俞金尧：《微观史研究：以小见大》，载《史学理论研究》1999 年第1 期。

化底层。① 更多的批评是有关微观史学的方法和内容的。如认为微观史家的方法集中于小规模的历史,这样就把历史缩小在偏重趣闻轶事和对古物的癖好的范围,并且容易把过去的文化浪漫化和幻想化。由于微观史学家爱好研究稳定的社会,如中世纪,这样就不擅长研究以变化见快的近现代社会,也不会研究政治。②

　　围绕微观史学的争论更重要的是涉及历史学长久以来存在的经典难题,即如何处理好宏观与微观的关系,如何把两者结合好。战后六七十年代新史学鼎盛时,研究长时段、结构、宏观过程蔚然成风。当时新史学家不无骄傲地认为,只有深入揭示历史的深层结构、宏观过程,才能真正说明历史的本质,或给人以全面的了解。但这种宏观研究忽视了不可重复的和特殊的事物,特别是忽视历史主体"人"的研究。这就使历史失去了丰富多彩、鲜活生动的内容和面貌。微观史学的兴起正是极大地丰富了对人的行为的研究。微观史学研究对象的特点不仅在于它的不可重复性,更在于它的特别丰厚的内容的积存。由于研究对象的规模的狭小,微观史学家就有可能重彩浓墨加以描述,这些在很大程度上可以克服宏观研究中的抽象性、概括性和枯燥,但微观研究并不能顶替宏观研究。尽管微观史学家总是强调要小中见大,要把小点的研究与大的意义相联系,但这种大的意义往往只是局限于某一方面,某一问题和领域,而不可能是一个宏观过程。这是由微观史学的方法决定的。也就是说,微观史学不可能自动地克服上述经典难题,即把对某一个别现象或单一政治事件的叙述与对宏观过程的评定结合起来。

　　围绕这个难题,微观历史学家和理论家展开了讨论。一些人认为,要解决这个难题只能借助于小说家的想像和假设。列夫·托尔斯泰的《战争与和平》这类历史小说可以效仿。纳塔莉·戴维斯承认,在她实在找不到直接史料时,只能用其他有关资料,这里有一部分是她的"虚构",但这

---

① 参见拉卡普拉:《历史与批评》第 45 ~ 69 页。(*History and Criticism*, Ithaca: Cornell University Press, 1992.)

② 参见伊格尔斯,《20 世纪的历史学:从科学客观性到后现代的挑战》第 113 页。(Georg G. Iggers, *Historiography in theTwentieth Century. From Scientific Objectivity to the Postmodern Challenge*, Wesleyan University Press,1977.)

种虚构"仍受到过去的声音的严格检证"①。金兹伯格则力主历史学家必须依靠文献资料,不能用虚构方法来克服微观研究与宏观研究之间的"鸿沟"。看来,许多微观史学家和理论家还是不同意"虚构"的。在这点上,他们与后现代主义者(如海登·怀特)是有区别的。但他们怀疑是否有可能从微观过程的研究上升到对历史整体的评定。金兹伯格承认自己在认识历史现实中的局限性,能做的只是在叙述的基础上力图接近对历史现实的理解。② 总之,在微观史学中,要把对过去的个人的与超个人的东西的分析结合起来是十分困难的。自然,这并不是说就不要作这样的努力了。事实上,不少学者都在尝试着各种努力。如有人提出微观研究与宏观研究方法的"互补原则",等等。

总之,微观史学的兴起在很大程度上是由于要克服和弥补宏观史学过分强调结构、过程、长时段的研究而忽视了对历史中的人和历史现象的研究。微观史学也确实获得了不小的成就。但是实践证明,单纯的微观史学也容易犯"见木不见林"的毛病。理想的出路应是微观研究和宏观研究的结合,个案分析和结构、过程分析的结合。这个问题已引起了国际史学界的重视。有关微观研究和宏观研究的著述的不断涌现和不少有关的研讨会的召开都说明了这点。

微观史学是近 20 年来西方史学中兴起的一个新流派。它虽获得了成功,并引起了西方史坛的注意,但它同时遭到了批评和质疑。它的鼎盛期可以说已经过去,各种更新的尝试和努力正在不断出现,这正是历史学生命常青的表现。

历史学既是不断争论的过程,又是在研究实践中探索前进的过程。历史学中的各种难题会时伏时沉,以不同程度不同的形式表现出来。这是毫不为怪的。在当前,它的经典难题微观研究与宏观研究如何结合的问题被特别突出出来,这是很值得注意的。自然,当代西方史学其他方面的变化和今后的走向同样需要我们跟踪观察和认真研究。

（刊载于《史学理论研究》2002 年第 2 期。）

---

① 纳塔莉·戴维斯:《马丹·盖赫返乡记》,第 xxxv 页。

② 转引自尤里·别斯梅尔特内:《关于研究权力现象和关于后现代主义和微观史学概念的若干思考》,载《奥德修斯.1995 年》,莫斯科"科学"出版社 1995 年俄文版,第 13 页。

本丛书系国家哲学社会科学基金项目"现代性的维度及其当代命运"（04BZX009）成果

微观政治哲学研究丛书

衣俊卿　主编

社会历史理论的微观视域（下）

衣俊卿◇编

黑龙江大学出版社
中央编译出版社

图书在版编目（CIP）数据

社会历史理论的微观视域／衣俊卿编． -- 哈尔滨：
黑龙江大学出版社；北京：中央编译出版社，2011.5（2021.9 重印）
（微观政治哲学研究丛书／衣俊卿主编）
ISBN 978 - 7 - 81129 - 411 - 8

Ⅰ．①社… Ⅱ．①衣… Ⅲ．①历史社会学 Ⅳ.
①K03

中国版本图书馆 CIP 数据核字（2011）第 064604 号

社会历史理论的微观视域
SHEHUI LISHI LILUN DE WEIGUAN SHIYU
衣俊卿　编

责任编辑　李小娟　　张爱华
出版发行　黑龙江大学出版社　中央编译出版社
地　　址　哈尔滨市南岗区学府三道街 36 号　北京市西单西斜街 36 号
印　　刷　三河市春园印刷有限公司
开　　本　720 毫米 ×1000 毫米　1/16
印　　张　50.5
字　　数　751 千
版　　次　2011 年 5 月第 1 版
印　　次　2022 年 1 月第 2 次印刷
书　　号　ISBN 978-7-81129-411-8
定　　价　118.00 元（全二册）

目　　录

上　　卷

一、开启社会历史理论的微观视域

二、微观史学篇

1

下　　卷

三、微观政治学篇

四、日常生活批判篇

五、中国学术界对社会历史理论微观视域的初步思考

下　卷

三、微观政治学篇

《知识考古学》引言

[法]米歇尔·福柯

迄今,几十年来,历史学家们对长时段予以了更多的关注,犹如他们从政治事件的变幻不定中和有关它们的插曲的背后揭示出一些稳固的难以打破的平衡状态、不可逆过程、不间断调节、一些持续了数百年后仍呈现起伏不定趋势的现象、积累的演变和缓慢的饱和以及一些因传统叙述的混乱而被掩盖在无数事件之下的静止和沉默的巨大基底。为了进行这样的分析,历史学家们拥有两种手段:一种是改造过的;另一种是传统的。如经济增长的模式、商品流通的定量分析、人口发展和减退的剖析、气象及气候变化的研究、社会学常数的测定、技术调整及其传播和保持的描述等。这些方法使历史学家们能够在历史范畴中辨别各种不同的沉积层。过去一向作为研究对象的线性连续已被一种在深层上脱离连续的手法所取代。从政治的多变性到"物质文明"特有的缓慢性,分析的层次变得多种多样:每一个层次都有自己独特的断裂,每一个层次都蕴涵着自己特有的分割;人们越是接近最深的层次,断裂也就随之越来越大。透过这部动荡的由各届政府、无数次战争和饥饿写成的历史,我们可以看到另外一种几乎静止的历史——缓慢变动的历史,诸如航道史、麦子或金矿史、旱灾和灌溉史、轮作史、人类的饥荒与繁育的平衡史。那些传统分析老生常谈的问题(在不相称的事件之间应建立什么样的联系? 怎样在它们之间建立必然的关联? 什么是贯穿这些事件的连续性或者什么是它们最终形成的整体意义？能否确定某种整体性或者只局限于重建某些连贯？）如今已经被另一类型的问题所替代：应当将什么样的层次相互区分开来？应该建立何种类型的序列？对这些序列中的每一个序列应采用什么样的历史分期标准？什么样的关系系统（等级、支配、重叠、单一决定、互为因果）是可以描述的？能建立什么样的序列中的序列？应在多长的时间范围内确定事件的各自不同的发展？然而，几乎与此同时，那些被称为观念史、科学史、哲学史、思想史、还有文学史（它们的特殊性可暂时不管）的学科，不管它们叫什么名称，它们中大部分已有悖于历史学家的研究和方法。在这些学科中，人们的注意力却已从原来描绘成"时代"或者"世纪"的广阔单位转向断裂现象。今天，人们正力图在人类思想长期的连续性中，在某一精神或某一集体心理充分的和同质的体现中，在某一竭力使自己存在下来、并且在一开始即至善至美的科学的顽强应变中，在某种类型、某种形式、某项学科、某项理论活动的持久性中，探测中断的偶然性。这些中断的地位和性质多种多样。巴什拉①曾这样描述过"认识论的条条框框与界线"：它们推迟了各种认识的不确定并合，打破了这些认识的缓慢的成熟过程，迫使它们进入一个崭新的时空，把这些认识从它们的经验论的根源和它们原始的动机中截取下来，把它们从它们的虚构同谋关系中澄清出来，因而它们在历史分析中就不再意味着追寻静默的起始，无限地上溯最早的征兆，而是意味着测定合理性的新形式以及它的各种不同的效果。冈奎莱姆②对概念的位移和转换的分析可以成为分析的模式，他的分析说明，某种概念的历史并不总是，也不全是这个观念的逐步完善的历史以及它的合理性不断增加、它的抽象化渐进的历史，而是这个概念的多种多样的构成和有效范围的历史，这个概念的逐渐演变成为使用规律的历史。冈奎莱姆还对科学史的微观范畴和宏观范畴作了区分。在上述两个范畴中，事件及其后果不是按照同一方式安排的。因此，一个发现、一种方法的制定，乃至一位学者的研究和失败并不具有同样的偶然性，而且也不可能在它们各自的层次上被用同一种方式描述出来，因为它

---

① 巴什拉（1884—1962 年），法国哲学家。（全书注释除特别标明外，均为译者注。）

② 冈奎莱姆（1904—1995 年），法国哲学家、科学家。

们无论在哪一点上,被讲述的并不是同样的故事。只有像历史这样的科学,才具有循环往复的再分配。随着历史的出场而变化,这种再分配呈现多种过去、多种连贯形式、多种重要性、多种确定的网络以及多种目的论:以至历史的描述必然使自己服从于知识的现实性,随着知识的变化而丰富起来并且不断地同自身决裂。[塞尔(Serres)在数学领域中刚刚提出了这种现象的理论。]正像盖罗特(Guéroult)对系统的构造单位所分析的那样,把影响、传统、文化连续性作为描述的单位是不妥当的,而内部一致性的、合理性的、演绎链和并存性的描述才是合理的单位。总之,最彻底的断裂,毋庸置疑,是那些由理论转换的研究实现的割裂,即在这种理论转换的研究"使科学脱离它过去的意识形态并用这种把过去作为意识形态来表现的方法建立某种科学"①之时。除此之外,当然还应该补充一点:今后,文学分析不是将某一时代的精神或感觉作为单位,也不是"团体"、"流派"、"世代"或者"运动",甚至不是在将作者的生活和他的"创作"结合起来的交换手法中作者所塑造的人物作为单位,而是将一部作品、一本书、一篇文章的结构作为单位。

因此,如此历史分析将要面临的——正面临的——重要问题也就不再是弄清连续性是通过什么样的途径建立起来的;某种唯一的、同样的意图是通过什么方式得以维持并对众多的不同的和连续的思想构成一种独一无二的前景;什么样的行为模式和什么样的支点包含着转让、回收、遗忘和重复的游戏;起源是怎样在其自身之外扩大其统治并且达到这种前所未有的完美的。这不再是传统和印迹的问题,而是分割和限界的问题;不再是基础遭到破坏的问题,而是导致基础的创造和更新的转换的问题。因此,我们可以看到一大堆展开的问题,其中有些是我们所熟知的,而历史的这种新形式正是要试图通过这些问题制定它自己的理论:如何阐述那些使人联想到不连续性的各种不同的概念(界限、决裂、分割、变化、转换)? 以什么样的标准区分这些我们涉及的单位:什么是科学? 什么是作品? 什么是理论? 什么是概念? 什么是本文? 怎样使我们可以涉身的层次多样化? 这些层次中的每一个都具有自己的断裂和自己的分析形式:

---

① (法)L.阿尔都塞,《保卫马克思》,第168页。——作者注

什么是形式化的合理的层次？什么是解释的层次？什么是结构分析的层次？什么是因果性的确定层次？

总而言之，思想、知识、哲学、文学的历史似乎是在增加断裂，并且寻找不连续性的所有现象，而纯粹意义上的历史，仅仅是历史，却似乎是在借助于自身的无不稳定性的结构，消除事件的介入。

*　　　　　*　　　　　*

但愿这种交错倒置不至引起错觉。我们不能只凭表面现象就想象一些历史学科是从连续过渡到不连续，而另一些则是从不连续的密集变为不间断的一致性的一统天下；不能以为在政治、制度或者经济的分析中，人们对整体的确定越来越敏感，而在思想和知识的分析中，却越来越关注差异问题；不能认为这两种重要的描述形式相互交叉起来却又互不相识。

其实，这些与前面提到的问题是同一性质的，只是在表面上产生了相反的效果。这些问题，我们可以一言以蔽之：对文献资料提出质疑。请别误解：显而易见，自从历史这样的学科诞生以来，人们就开始使用文献了。人们查询文献资料，也依据它们自问，人们不仅想了解它们所要叙述的事情，也想了解它们讲述的事情是否真实；了解它们凭什么可以这样说，了解这些文献是说真话还是打诳语，是材料丰富，还是毫无价值，是确凿无误，还是已被篡改。然而，上述这些问题中的每个问题，以及这种对考证强烈的批判性的担忧都指向同一个目标：在这些文献所叙述的事情的基础上——有时是只言片语——重建这曾经是文献的来源，而今天却远远地消失在文献背后的过去。文献过去一直被看做是一种无声的语言，它的印迹虽已微乎其微，但还是有幸可以辨认出来的。然而，历史通过某种并非始于今日，但显然尚未完成的变化改变了它相对于文献的位置。历史的首要任务已不是解释文献、确定它的真伪及其表述的价值，而是研究文献的内涵和制订文献：历史对文献进行组织、分割、分配、安排、划分层次、建立序列、从不合理的因素中提炼出合理的因素、测定各种成分、确定各种单位、描述各种关系。因此，对历史说来，文献不再是这样一种无生气的材料，即历史试图通过它重建前人的所做所言，重建过去所发生而如今仅留下印迹的事情；历史力图在文献自身的构成中确定某些单位、某些整体、某些序列和某些关联。应当使历史脱离它那种长期自鸣得意的形象,历史正以此证明自己是一门人类学:历史是上千年的和集体的记忆的明证,这种记忆依赖于物质的文献以重新获得对自己的过去事情的新鲜感。历史乃是对文献的物质性的研究和使用(书籍、本文、叙述、记载、条例、建筑、机构、规则、技术、物品、习俗等等),这种物质性无时无地不在整个社会中以某些自发的形式或是由记忆暂留构成的形式表现出来。对于自身也许享有充分记忆优势的历史来说,文献不是一件得心应手的工具;就一个社会而言,历史是众多的文献获得地位和确立的方法,这种方法是和文献不能分离的。

简而言之,就其传统形式而言,历史从事于"记录"过去的重大遗迹,把它们转变为文献,并使这些印迹说话,而这些印迹本身常常是吐露不出任何东西的,或者它们无声地讲述着与它们所讲的是风马牛不相及的事情。在今天,历史则将文献转变成重大遗迹,并且在那些人们曾辨别前人遗留印迹的地方,在人们试图辨认这些印迹曾经是什么样的地方,历史便展示出大量的素材以供人们区分、组合、寻找合理性、建立联系,构成整体。曾经有段时期,考古学作为一门探究无声的古迹、无生气的印迹、无前后关联之物和过去遗留之物的学科,与历史十分相似,它只有重建某一历史话语才具有意义。我们可以这样说,不妨做一个文字游戏,历史而今趋向于考古学——对历史重大遗迹做本质的描述。

由此产生了一些后果。首先是我们已经指出过的表层效果:在观念史中的断裂的增加和在确切意义上所说的历史中出现的长时段。事实上,后者就其传统形式而言,旨在确定事实之间或者过去的事件之间的关系(简单因果关系、循环确定关系、对立关系、表达关系):序列已经建立,就得确定各个因素之间的邻界。今后,问题的所在是建立序列:确定每一序列的各自的成分,规定它的界线,揭示它特有的关系类型,找出它的规律,并且更多的是描述不同序列之间的关系,以便建立序列中的序列或是某些"范围"。由此产生了层次的增加、层次的脱节、时间的特殊性和这些层次特有年代的特殊性;由此产生了不仅要区分重要事件(及其一连串后果)和那些无足轻重事件的必要性,而且要区分属于截然不同的层次的事件类型的必要性(哪些是瞬间的,哪些是中等时间的,例如技术传播或货币减少;哪些是属于慢节奏的,如人口的平衡,或者逐步调整经济以适应气候变化);由此产生了使罕见的或者重复事件构成的粗测系统出现的可能性。当代历史中长时段的出现不意味着向历史哲学、世界的洪荒时代或者向由各种文明的命运所规定的那些阶段的返归,它的出现是在方法论上慎重制订序列的结果;不过,在观念史、思想史和科学史中,同样的变化却引起了相反的结果:这种变化分解了由意识的进步,或者理性的目的论,或者人类思想的渐进所构成的漫长的序列,它对聚合和完成的主题提出了疑问,并对整体化的可能性提出了质疑。这种变化还导致了对不同的序列的个体化,这些序列或并列,或前后相连,或交替,或相互交错,而不可能把它们简化为线型模式。这样,在这部理性的连续的编年史,这部人们总是追根溯源直至开天辟地的编年学的位置上,出现了一些有时是短暂的、互不相同的、背离独一无二的规律的阶段,它们经常负载着各自特有的历史类型,这些类型不能还原为正在获得、进化和回忆的意识的普遍模式。

第二个后果是:不连续性的概念在历史学科中占据了显要位置。就古典形式的历史而言,不连续既是已知的,又是不可想像的:那些以分散的事件形式呈现出来的东西——决策、偶然事件、创举、发明——和那些通过分析,为了使事件的连续性显现出来而可能被回避、被抑制、被消除的东西。不连续性曾是历史学家负责从历史中删掉的零落时间的印迹。而今不连续性却成为了历史分析的基本成分之一。它在历史分析中身兼三种职能:首先它构成历史学家有意识的行为(而不是历史学家勉强从他所要研究的材料中接受的东西),因为历史学家应该,至少是作为一种系统的假设,区分分析的可能的层次,适用于每一层次的方法,以及适合所有层次的历史分期。不连续性还是历史学家描述的结果(而不是历史学家的分析要删除的东西),因为历史学家要发现的东西正是某一过程的界限,某条曲线的转折点,某种调节运动的倒置,某一摆动的界限,某项功能的极限,某一循环因果性不规则的瞬间。不连续性最后是研究工作不断进行阐明的概念(而不是在两个肯定形态之间把它当作一致的无差别的空白而被忽略)。根据人们对它指定的范围和层次,不连续性具有特殊的形式和功能:因为当我们在描述认识论的界限、人口曲线的逆转,或者一种技术替代另一种技术时,我们所言及的不是同样的不连续性。

不连续性的概念是一个悖论的概念:因为它既是研究的工具,又是研究的对象,它确定自己成为其结果的领域。因为它可以使各种领域个体化,而人们却只能在它们的对比中建立这种不连续性。总之,因为它可能不仅是出现在历史学家话语中的概念,而且是历史学家们私下假设的概念。事实上,断裂作为对象向历史学家提供的历史——亦即它自身的历史——如果不以这种断裂为起点,历史学家还能从什么地方开始呢? 这种不连续的位移无疑是新历史的最基本的特征之一:从障碍到实践中;介入到历史学家的话语中,它在这一话语中不再充当应该抑制的外界必然性的角色,而是起着人们使用的行动概念的作用;并且借助于由此产生的符号的倒置,它不再是阅读历史作品中的消极面(历史的反面、它的失败、它的能力的局限),而是成为积极因素。这个积极因素决定着自己的对象,并使得对它的分析更为有效。

第三个后果是:全面历史的主题和可能性开始消失,而一种与前者截然不同的,我们或许可以称为总体历史的东西已初步形成。全面历史旨在重建某一文明的整体形式,某一社会的——物质的和精神的——原则,某一时期全部现象所共有的意义,涉及这些现象的内聚力的规律——人们常比喻作某一时代的"面貌"。这样的计划与下面的两个或三个假设密切相关:假设在某一特别限定的时空层的全部事件之间,在人们重新发现其印迹的各种现象之间人们可能建立某种同质的关系系统:因果关系网络——它可以将这些现象中的任何一种现象派生出来,类比关联——它能说明这些现象是如何互为象征的,或者它们是如何一致地表现出同一中心核的。其次,假设历史性唯一的同一形式包含经济结构、社会稳定性、心理情性、技术习惯、政治行为,并把它们全部置于同一类型的转换中。最后,假设历史本身可以被一些大单位连接起来——阶段或时期——这些大单位在自身把握着它们的内聚力的原则。这些假设正是新历史在判断系统、分割、界限、差异、差距、年代的特殊性、记忆暂留的特殊形式、关系的可能的类型时所提出疑问之处。但是这并不是历史力图获得各种并行的和相互独立的历史的多样性,如:经济史的多样性与制度史的多样性相比,制度史的多样性与科学史的、宗教史的或者文学史的多样性相比。这也不是历史仅仅力图在这些不同的历史中,指出某些日期的巧合，或者某些形式和意义的类似。因此摆在我们面前的问题——这个问题决定总体历史的任务——是确定什么样的关系形式可以在这些不同的序列之间得到合乎情理的描述；这些序列能形成什么样的垂直系统；这些序列之间的关联和支配关系是怎样的；差距，不同的时间性和多种记忆暂留可能产生什么后果；在哪些不同的整体中，一些成分会同时出现。简言之，不仅要确定什么样的序列，还要确定什么样的"序列中的序列"，——或者说，什么样的"范围"有可能被建立起来。一个全面的描述围绕着一个中心把所有的现象集中起来——原则、意义、精神、世界观、整体形式；相反地，总体历史展开的却是某一扩散的空间。是否应该对最后的闲逛者强调：一个"范围"（无疑是在这个词的所有意义上讲），形式上就是一种"序列中的序列"？无论如何，这全然不是人们为消除孩子们的失望而置于幻灯前的一幅小的固定图画，而在孩子们的年龄，他们当然更喜欢电影的生动。

最后谈谈第四个后果：新历史面临着一些方法论上的问题，其中，无疑有一些在新历史出现的很早以前就已存在，但是如今这一类问题却成为新历史的标志。我们可以举出其中的几例：文献的一致和同质的资料体的构成（开放的或封闭的，有限的或无限的资料体）；选择原则的建立（根据人们需要彻底研究的大量文献，依据统计学取样的方法进行选材或者试图提前确定那些最有代表性的成分等要求）；对分析层次和适合分析层次的成分的确定（在被研究的材料中，人们可以提出数字的指标；某些有关事件、机构、实践的——清晰的或暗含的——参照；被使用的词及其使用规则和这词的语义场，或者还有句子的形式结构和连接它们的连贯类型）；对某种分析方法的说明（对材料作数量处理，根据某些可确定特征进行分解，人们正在研究这些特征的关联关系、解释性剖析、对重复性和分配的分析）；对于那些联结研究材料的整体和子整体的确定（区域、时期、单一过程）；对于那些可以标志某一整体的关系的确定（它们可以是数字的、逻辑的关系，也可以是功能的、因果的、类比的关系，还可以是从能指到所指的关系）。

所有这些问题在今天都是属于历史方法论范畴。这个范畴之所以值得我们关注有以下两个原因：首先因为人们看到它在何种程度上摆脱了前不久构成历史哲学的东西和历史哲学所提出的问题(如:关于变化的合理性和目的论,关于历史知识的相对性,关于在过去的情形中和在现在的未完成的整体性中发现和构造某种意义的可能性);其次因为它在它的某些点上重新分割已在其他领域发现的问题——如在语言学、人种学、经济学、文学分析、神话等领域中。如果愿意的话,人们完全可以赋予这些问题以结构主义这个缩略词。然而这受多种条件限制:这些问题本身还远远不能包括整个历史方法论的范畴,它们只占据这个范畴中的一部分,而它们的重要性随着分析的范围和层次而变化;除去在一些相对局限的情况中,它们并不是从语言学或人种学引入的(根据今天通常的说法),而是产生于历史自身范畴中——主要产生于经济史的范畴,有时产生于经济史所提出的问题。最后,它绝对不允许谈论历史的结构化或者谈论一种要清除结构和变化之间的"冲突"或者"对立"的企图:因为很久以来,历史学家们就在测定、描述和分析结构了,而他们却从来不觉得有必要自问是否他们已经把活生生的、脆弱的、颤抖的"历史"漏过去了。将结构同变化对立起来既不适合于历史范畴的确定,无疑也不适合于结构方法的确定。

　　　　　　　＊　　　　　　　＊　　　　　　　＊

　　今天,历史的这一认识论的变化仍未完成。然而这种变化并不是从昨天才开始,因为我们肯定会把它的最初阶段上溯到马克思。然而,它的收效却姗姗来迟。即便是在今天,而且特别对思想史来说,这一变化仍未被予以关注和思考,而其他一些较晚出现的转变却受到青睐——例如语言学的转变。犹似在这部人以自己的观念和知识划出的历史中极难提出一个关于不连续性、序列、界限、单位、特殊秩序、自律性和各不相同的从属性的一般理论。好像在人们对溯本求源,无限追寻先源线,恢复传统,追踪发展曲线,设想各种目的论和不断借用生命的隐喻等做法习以为常之外,对于思考差异,描写偏差和扩散,分解令人满意的同一性的形式深恶痛绝。或者更准确地说,就像人们将界限、变化、独立系统、限定序列——这些历史学家们经常使用的概念——变成理论,从中找出一般后果,乃至派生出可能的蕴涵,有着难言之隐。就好像我们害怕在我们自己的思想时代中思考他人。

　　对此可以作这样的解释：如果说思想史能作为不间断的连续性的场所的话，如果它不断地把任何分析不用抽象的方法就无法拆散的连贯结合起来的话，如果说环绕着人类所说的和所做的它归纳出一些晦涩难懂的综合——而这些综合又超前于人类的所说和所做——为它作好准备，并将它无限地引向它的未来的话，那么思想史对意识的主宰来说则是一个得天独厚的庇护所。连续的历史是一个关联体，它对于主体的奠基功能是必不可少的：这个主体保证把历史遗漏掉的一切归还给历史；坚信如果不把时间重建在一个重新构成的单位中，时间将不会扩散任何东西；并许下诺言，主体终有一天——以历史意识的形式——将所有那些被差异遥控的东西重新收归己有，恢复对它们的支配，并在它们中找到我们可以称为主体意识的场所的东西。将历史分析变成连续的话语，把人类的意识变成每一个变化和每一种实践的原主体，这是同一思想系统的两个方面。时间在这个系统中被设想为整体化的术语，而革命在这里从来就是意味着觉醒。

　　19 世纪以来，这个主题，尽管形式不同，却起着一个恒定不变的作用：反对一切偏移，挽救主体的至高地位，挽救人类学与人文主义这对孪生学科的形象。这个主题反对由马克思——对生产关系、经济决定论和阶级斗争所作出的历史分析——造成的偏移，19 世纪末叶，这个主题导致了对全面历史的研究，在这样的全面历史中，一个社会的全部差异都可以被归结于单一的形式、某种世界观的结构、某一价值系统的建立和某种文明的一致的类型。这个主题以起源基础的研究反对由尼采的系谱学造成的偏移，这种研究把合理性变成人类的目的，并把整个思想史同维护这种合理性连接起来，同维持这种目的论以及必须始终回到起源的基础联系起来。最后，近期以来，当就主体的欲望的规律、语言形式、行动规则，或者神秘和令人难以置信的话语的手法而言，精神分析、语言学、人种学偏移了主体时，当人被询问自己是什么时，不能对自身的性欲和自身的无意识、自己语言的系统的形式或者自己想像的规律性进行阐述成为清楚无疑的事实时，历史连续性的主题又被旧话重提：一部历史不可能是断裂，而是变化；不可能是关系的游戏，而是内部的动力；不可能是系统，而是自由的艰苦劳作；不可能是形式，而是某种意识不懈的努力，这种意识正在恢复清醒,并试图在自身环境的最深处振作起来,因为历史可能既是一种长期的不间断的耐心,又是最终要冲破所有界限的一种敏捷运动。为了发挥这一把历史生动的开放同结构的"静止"状态、"封闭"系统、必然的"共时性"对立起来的主题,很显然,应该首先在历史分析本身中否定对不连续性的概念的使用,对层次和界限的确定,对特殊序列的描述,对差异游戏的揭示等做法。因此,人们只好把马克思的学说人本化,把马克思变成一个整体性的历史学家,并在他的论述中重新找出人文主义的言论。因此,人们用超验哲学的术语解释尼采,并在起源研究方面抑制他的谱系学。人们最终把新历史今天提出的方法论问题涉及的整个领域弃置一旁,似乎这一领域还未曾出现过。因为如果不连续性、系统和转换、序列和界限等问题确实存在于历史的各个学科中(关于思想或者科学的学科不少于关于经济和社会的学科)的话,那么,人们怎能以某种合理性,将"变化"与"结构",运动与循环调节,或将人们不加思考所说的"历史"与"结构"对立起来呢?

在文化整体性的主题中——在这个主题上,人们先是批判了马克思,然后又为他乔装改扮,在起源研究的主题中——人们先是以此同尼采对立起来,而后又想把他移植到这个主题中去,还在生动的、连续的和开放的历史的主题中,是同一种保守功能在起作用。因此,每当人们在历史分析中——特别是当分析涉及思想、观念或者知识时——看到非常明显地使用不连续性和差异这类范畴,界限、决裂和转换这类概念,以及序列与界限这类描述时,人们就会抱怨历史被谋杀了。人们就会谴责说这是对历史的永不失效的权利和整个历史性基础的冒犯。但是不应被此所蒙骗:因为他们最痛心的,不是历史的消失,而是这种历史形式的被抹杀,因为这种历史的形式曾经神秘地,然而却是全部地参照于主体的综合活动。人们痛心的是这样一种变化,即它本应为意识的主宰提供比神话、亲属序列、语言、性欲或欲望更为可靠,更为隐蔽的避难所;人们痛心的是这样一种可能性,即它可以通过计划恢复意义的研究或者复活整体化的运动,物质决定论的手法,实践的规则,无意识系统,严格的却未经思考的关系,脱离亲身经验的对应关系;人们痛心的是对历史的意识形态的使用,因为人们试图通过它恢复人类在一个多世纪以来不断失去的一切。人们曾把所有从前的宝贝都堆放在这种历史的古老的城堡中；人们相信它是牢固的，并把它神圣化，把它变成最新的人类学思想的场所；人们甚至相信能够在这里俘获那些曾经猛烈地攻打过它的人，并相信可以把他们变成城堡的警惕的守卫者。然而，这座古老的城堡却被历史学家们长期弃置一旁，他们离开城堡，另辟蹊径；人们甚至发现即便是马克思或者尼采也不能保证人们保持托付给他们的护卫作用。不能再指望他们保持这些特权，也不能指望他们再一次断言——上帝知道在今天的困境中，人们是否有这些需要——至少历史是活的、连续的，断言历史对于回答问题的主体来说仍然是休息、确信、和解的和高枕无忧的场所。

我的研究正是基于这一点，其中《疯狂史》、《临床医学的诞生》、《词与物》勾勒出了这种研究的轮廓，只是十分不尽人意。我们试图通过这项研究测量出一般发生在历史领域中的变化；在这项研究中，一些属于思想史的方法、界限和主题受到质疑；我们还想通过这项研究试图在历史领域中解脱人类学的束缚；这项研究反过来揭示这些束缚是怎—样形成的。上述这些任务，虽然已被零乱地勾画出来，但它们的整体联结还没有得到明确的确定。现在是使它们一致起来的时候了——或者至少应该尝试一下。尝试的结果就是下面这本书。

在开始前，提出几点注意之处以免任何误解。

——本书不是要把已经在其他分析领域中试验过的结构主义方法移植到历史领域中，特别是移植到认识史的领域中。本书旨在展示历史知识领域中某种正在完成的转换原则和结果。但愿这种转换连同它提出的问题、使用的方法、确定的概念和获得的结果不至于在某一方面与人们称为结构分析的东西格格不入，这是完全可能的。但这并不是这种分析在此要特别进行讨论的现象。

——本书不是要（也谈不上）使用文化整体性的范畴（如：世界观、思想类型、时代的特殊精神）以便把结构分析的形式强加给历史，而不管它是否愿意。书中描述的系统、确定的界限、建立起来的对比和对应关系不以古老的历史哲学为依据，它们的目的是重新提出目的论和整体化的问题。

——在要确定一种超脱了人类学主题的历史分析方法的范围里，我们看到正趋于形成的理论连同业已完成的考察都处在一个双重关联中。这个理论试图以普通术语（但都做了大量的纠正和制订工作）提出一些方法。上述研究正在使用这些方法，或者说是为了研究的需要改造了这些方法。但是另一方面，这一理论以已取得的成果强化自己，以便确定一个无任何人本主义的分析方法。这个理论赖以存在的基础正是它自己发现的。对疯病和心理学的出现，对疾病和临床医学的诞生，对生命科学、语言和经济科学等所作的调查研究在某种程度上曾是盲目的尝试：但是这些尝试已逐渐明朗起来。

这不仅由于它们逐渐地明确它们的方法，还由于它们可能发现了——在这场人文主义和人类学的争论中——它的历史可能性的所在点。

总之，这部书同在它以前完成的那几部书一样，没有参与——至少没有直接马上参与——关于（起源、历史、变化）结构的争论，而是参与了人类、意识、起源和主体问题的出现，交叉错杂和相互规定的范畴。然而毫无疑问，认为这里同样存在着结构问题的观点是无可厚非的。

这项研究不是对人们可以在《疯狂史》、《临床医学的诞生》或者《词与物》等书中所能读到的东西作重复和详细的描述。它在很多方面与它们不同，其中亦不乏一些修正和批判。总的来说，在《疯狂史》中对被认为"经验"的东西花费了过大的篇幅并且令人费解，它想指出人们是多么容易接受历史的匿名和一般的主体。在《临床医学的诞生》一书中，我多次试图使用结构分析，但使用这种分析可能会回避想提出来的问题的特殊性和考古学特有的层次。最后，在《词与物》这本书中，由于没有在方法论上作明确的规定，致使人们认为我们是在进行文化整体性的分析。我为自己无力避免这些危险而忧心忡忡：我安慰自己说，它们之所以出现在我的研究中，是因为我的研究应该从历史这些多样的方法和多种形式中超脱出来，采用自己的方法；其次，如果没有这些向我提出来的问题①，没有出现这些困难以及人们提出的疑义的话，我绝不可能如此清楚地看

---

① 尤其是，该文的最初部分以稍不同的形式对高等师范学校的"认识论循环"所提出的问题作了回答。（参见，分析手册第9期）。另一方面，某些发展的概要已对"精神"杂志的读者作了回答（1968年4月）。——作者注

到这个不管我愿意与否从此已同我联系在一起的研究。于是,我采用了小心谨慎、步步回头的方法来写这本书:因为每时每刻,本书都在拉开距离,建立自己的方法,摸索着接近自己的界限,与它不想说的东西碰撞,并为确定自己的路线挖沟开路。每时每刻,这本书都在揭示可能的含混现象,拒绝研究本身的雷同,而且有言在先:我既非此亦非彼。通常这不是问题的关键,认为所有人在所有方面都错了并不合适。问题的关键在于通过邻域的外在性确定一块特殊的地方;在于试图——而不是迫使别人沉默,称他们在说空话——确定这个作为我谈论起点的空白。这个空白在依我看来仍然是在非常不稳定和不确定的话语中慢慢地形成。

*　　　　　　　*　　　　　　　*

——您是不是对您所讲的没有把握?您是不是又要针对人们向你提出的问题改变观点,变换立场,说这些驳斥并没有针对性?您是不是准备重复说您从来就不是人们谴责的那样?您已经在安排退路,以使您在您的下一部书中再次出现,并像您现在做的这样嘲弄我们说:不,不,我并不在你们窥测我的地方,可我却在这里微笑着注视着你们。

——总而言之,你们想象一下我在写作时经受了多少艰辛,感受到多少乐趣,如果我——用一只微微颤动的手——布置了这样一座迷宫的话,你们还认为我会执著地埋头于这项研究,而我却要在这座迷宫中冒险,更改意图,为迷宫开凿地道,使迷宫远离它自身,找出它突出的部分,而这些突出部分又简化和扭曲着它的通道,我迷失在迷宫中,而当我终于出现时所遇到的目光却是我永远不想再见到的。无疑,像我这样,通过写作来摆脱自我面孔的,远不止我一人。敬请你们不要问我是谁,更不要希求我保持不变,从一而终! 因为这是一种身份的道义,它支配我们的身份证件。但愿它能在我们写作时给我们以自由。

(摘自于[法]福柯:《知识考古学》引言,谢强、马月译,北京三联书店 2003 年版,第 1~19 页。)

权力的微观物理学

[法]米歇尔·福柯

在过去两百年间,刑罚的严峻性不断减弱,这是法律史学家所谙熟的现象。但是在很长一段时间里,人们笼统地视之为一种数量现象:更少的残忍,更少的痛苦,更多的仁爱,更多的尊重,更多的"人道"。实际上,与这些变化伴随的是惩罚运作对象的更换。那么,惩罚强度是否减轻了呢?结果或许如此。但是,可以肯定地说,惩罚对象发生了变化。

如果说最严厉的刑罚不再施加于肉体,那么它施加到什么上了呢?理论家们在 1760 年前后开创了一个迄今尚未结束的时代。他们的回答简单明了。答案似乎就包含在问题之中:既然对象不再是肉体,那就必然是灵魂。曾经降临在肉体的死亡应该被代之以深入灵魂、思想、意志和欲求的惩罚。马布利明确彻底地总结了这个原则:"如果由我来施加惩罚的话,惩罚应该打击灵魂而非肉体。"

这是一个重要的历史时刻。惩罚景观的旧伙伴——肉体和鲜血——隐退了。一个新角色戴着面具登上舞台。一种悲剧结束了,一种喜剧开演了。这是一种影子表演,只有声音,没有面孔,各种实体都是无形的。因此,惩罚司法的机制必须刺透这种无形的现实。

这只是一种理论论断吗?刑罚实践不是与之矛盾吗?不要匆忙地作出这种结论。诚然,今天,惩罚不仅是改造灵魂。但是马布利的原则不仅是一种虔诚的愿望。在现代刑罚实践中处处可以感受到它的影响。

首先是对象改变了。这并不是说人们开始突然惩罚另外的罪行了。毫无疑问，犯罪的定义、罪行的等级、赦免的限度、实际所容忍的和法律所许可的界限，所有这些在过去两百年间都发生了相当大的变化。许多与某种宗教权威的行使或某种经济活动相关的罪已不再成为罪行了。亵渎神明不再是一种罪过，走私和偷窃也不再是重罪。但是这些变化或许并不是最重要的，因为准许和禁止之间的划分从一个世纪到另一个世纪会保持一定的稳定性。但在另一方面，"犯罪"这个刑罚实践的对象则发生了深刻的变化：这里说的是犯罪的性质以及某种意义上可惩罚因素的内容，而不是形式上的定义。在法律相对稳定的表层下，发生了大量微妙而急剧的变化。诚然，判决所确定的"犯罪"或"犯法"都是法典所规定的司法对象，但是判决也针对人的情欲、本能、变态、疾病、失控、环境或遗传的后果。侵犯行为受到惩罚，但侵略性格也同时因此受到惩罚。强奸行为受到惩罚，性心理变态也同时受到惩罚。凶杀与冲动和欲望一起受到惩罚。有人会反驳说，判决实际上不是针对它们的；如果提到这些因素，也是为了说明相关的行为，为了确定受审者的意志在多大程度上与犯罪有关联。这不是令人满意的回答。因为受审判和受惩罚的正是这些潜藏在案件背后的幽灵。它们是被当做"减轻罪行的间接因素"而间接受到审判，使判决结论不仅引入"间接因素"证据，而且加进并非司法规定的完全不同的东西，如罪犯的自我认识，人们对罪犯的评估，人们对罪犯本人、他的过去与其罪行之间的关系的认识，对罪犯未来情况的估计等。它们还因为19世纪以来在医学和司法之间流行的种种观念而受到审判（如乔治时代的"怪物"，肖米埃所谓的"心理反常"，当代专家所谓的"变态"、"失控"等等）。这些观念名义上是解释人们的行为，实际上成为给每个人下定义的工具。它们还受到一种惩罚机制的惩罚——这种惩罚机制旨在使犯法者变得"不仅乐意而且能够在法律范围内生活，并能够满足自己的需求"。它们还受到一种刑罚的内部机制的惩罚——这种刑罚在惩罚犯罪的同时可以根据囚犯行为的变化而变化（一般是缩短刑期，有时也延长刑期）。它们还受到伴随刑罚的"安全措施"的惩罚（如限制活动地区、缓刑、强制性医疗措施等）。这些措施的目的不是惩罚犯法行为，而是监督这个人，消除其危险心态或改造其犯罪倾向，甚至在罪犯转变以后，仍然维持这些措施。在审讯中,涉及罪犯的灵魂,不仅是为了解释他的罪行和在司法上分辨责任。人们把灵魂提交给法庭,加以渲染,影响人们对案情的理解,并被"科学地"运用,这正是由于它也和罪行本身一样要受到审判并分担惩罚。在整个刑事程序中,从预审、判决到刑罚的最终后果,有一个被各种对象渗透了的领域。这些对象不仅复制了而且分裂了司法规定的对象。精神病学,尤其是犯罪人类学以及犯罪学的重复话语,在此发挥了它们的一项重要功能:通过庄重地把犯罪纳入科学知识的对象领域,它们就给合法惩罚机制提供了一种正当控制权力——不仅控制犯罪,而且控制个人,不仅控制他们的行为,而且控制他们现在的、将来的、可能的状况。被法律体系所控制的犯法者的灵魂,这一附加因素在表面上只是解释性和限定性的,而实际上却具有扩张性。在欧洲建立了新的刑法体系的一百五十至两百年间,法官借助于一种渊源久远的进程,逐渐开始审判罪行之外的东西,即罪犯的"灵魂"。

　　因此,他们开始做判决之外的事情。更确切地说,在司法审判中悄悄地渗进了其他的评估,从而深刻地改变了司法判决的规则。自中世纪艰难缓慢地建立起调查这一重大程序以来,审判就意味着确定犯罪事实,确定犯罪者和实施合法惩罚。有关罪行的知识、有关罪犯的知识和有关法律的知识,这三个条件为符合事实的判决提供了基础。然而,现在,在刑事审判过程中插入了一个截然不同的事实问题。首先,不再像原来那样简单地问:"该行为是否已被确认,是否应受到惩罚?"还要追问:"这是什么行为? 这种暴行或谋杀行为是什么性质? 它属于哪一种现象? 它是想入非非的结果,还是精神病反应,是一时糊涂,还是一种变态行为?"其次,也不再简单地问:"这是谁干的?"还要追问:"我们怎么来确定造成犯罪的原因? 犯罪的根源是出自犯罪者的哪一方面? 是本能,还是潜意识,是环境还是遗传?"最后,也不再简单地问:"根据哪一条法律来惩罚这种犯罪?"还要追问:"什么措施最恰当? 如何估计犯罪者的未来发展? 使他重新做人的最佳方法是什么?"这些对罪犯的评估、诊断、预测和矫正性裁决逐渐在刑事审判中占据一席之地。另一种事实渗透进法律机制所要求的扎实中。后一种事实被前一种事实所纠缠,结果把罪行认定变成了一种奇特的科学—司法复合体。刑法实践处理疯人问题的方式就很典型。

根据 1810 年法典，只能用第 64 条来处理疯人。该条款规定，如果犯罪者在犯罪时精神不健全，则不算犯罪或犯法。因此，确定精神错乱是与确定犯罪行为完全无关的事情；该行为的严重性并不因为行为者精神错乱或随后减免惩罚而改变；但是犯罪本身不存在了。据此便不能宣布某个人既犯下罪行又精神错乱。精神错乱的诊断一旦被认可，它就不能被纳入审判；它就打断了审判程序，解除了法律对行为者的制裁。不仅对被怀疑精神失常的罪犯的检查，而且这种检查的结果，都必须独立于并先于判决。然而，时隔不久，19 世纪的法庭便开始误解第 64 条的含义。尽管最高上诉法院几次作出决定，重申对精神错乱者不能判处轻刑，甚至不能作赦免判决，而应撤消立案。但是普通法院依然把精神错乱写进判决书。他们认为，一个人可以既是罪犯又是疯子；疯得越厉害，罪行越轻；罪行是肯定的，但应该把人送去治疗，用刑罚以外的方法来处置；这种人不仅是罪犯，而且是很危险的人，因为他病得太严重，等等。从刑法的角度看，这种观点必然导致许多荒唐的判决。然而，这种情况恰恰是某种演变的开始，法理学和立法本身在以后的一百五十年间加速了这种演变进程：1832 年的改革已经引入了"减轻罪行的间接因素"，从而能够根据某种疾病的设定程度或某种半疯癫状态的程度来修改判决。此外，请精神病专家出庭的做法（这种做法在巡回法庭中十分普遍，有些即决法庭也这样做）也意味着，即使判决通常是依法量刑，但也多少混合着对是否正常的评定，对因果关系的归纳，对各种可能前景的估计以及对犯罪者未来的预测。如果以为这些运作都是从外面影响判决的内容，那就大错特错了。它们是直接参与一项判决的形成过程。本来按照第 64 条的原意，精神错乱就消除了罪行，而现在任何犯罪或犯法都被纳入这一条款，受到合法的怀疑，同时在任何反常的案件中人们都可以提出精神不正常的假设。而且，无论是有罪还是无罪的判决，都不再仅仅是一项针对罪行的判决，一项实施惩罚的法律决定。它还包含了对是否正常的评定和对正常化前景的技术性预测。今天的审判者，无论是法官还是陪审员，当然就不只是在"判案"了。

而且，他也不是在独自审判。整个刑事诉讼程序和执行判决过程充斥着一系列的辅助权威。围绕着主要审判衍生出大量的小型法律体系和变相的法官:精神病和心理分析专家,执行判决的官员,教育工作者,监狱服务人员。所有这些人都分享着合法惩罚权力。有人会反驳说,以上这些人无一真正分享审判权:其中有些人只是在判决后实施法庭规定的惩罚;而另一些人,即那些专家,是在判决之前介入的,是帮助法官们作出决定。然而,只要法庭所规定的刑罚和安全措施不是绝对的明确,它们就会不断地被修改,就会给法官以外的人留下一个任务:决定犯人是否"应该"享有半自由或有条件的自由,他们是否将对他的监管贯彻到底。这就把合法惩罚的机制交给了他们,由他们任意支配。尽管他们可能是辅助性法官,但他们毕竟是法官。这种机制是长期以来围绕着判决的实施及其因人而异的调整而发展起来的,造成了司法决策权威的大量衍生,并把决定权扩展到判决以外的领域。精神病专家本身可能是不愿参与审判的。让我们来考察自"1958 年裁决"以来他们向自己提出的 3 个问题,即被定罪者是否构成社会的威胁,他是否应受到刑事惩罚? 他是否能够被矫正? 这些问题丝毫不涉及第 64 条,也不涉及被定罪者在犯法时是否精神失常,也不涉及"责任"问题。它们只涉及刑罚的使用、必要性和效用。用浅显易懂的语言说,它们使得人们有可能证明,精神病院是否是比监狱更合适的禁闭场所,这种禁闭应该是短期的还是长期的,人们所需要的是医疗处置还是安全措施。那么,精神病专家在刑事领域里的角色是什么呢? 他不是负有责任的专家,而是一个关于惩罚问题的顾问。他需要回答的是,这个对象是否"危险",人们应该如何防范他,人们应该如何改变他,人们应强迫他服从还是应给予他治疗。最初,人们求助精神病学专业知识时是为了对罪犯的自由在其犯罪行动中所起的作用得出"真的"解释。现在这种知识则被用来为对罪犯的"医学—司法治疗"提供处方。

总之,自从 18 世纪和 19 世纪的重要法典所规定的新刑罚体系实施以来,由于一种普遍的进程,使得法官审理罪行以外的某种东西,使得他们的判决也包含了审判以外的某种内容,审判的权力也部分地转移到审理罪行的法官以外的其他权威手中。整个司法运作吸收了超司法的因素和人员。有人会说,这毫无异常之处,法律不断地吸收其他因素,乃是一种必然趋势。但是,现代刑事司法的怪异之处在于,尽管它采纳了许多超司法因素,却不是为了从司法角度限定它们,逐渐把它们整合进实际的惩罚权力;相反,是为了让它们作为非司法因素在刑罚运作中发挥作用,是为了使刑罚运作不再是单纯的合法惩罚,是为了使法官不再是纯粹的和唯一的惩罚者。"当然,是我们作出了判决。但是,这种判决并不直接与罪行相关。显然,在我们看来,它是一种医治罪犯的方式。我们施加惩罚,但这也是在表明,我们希望获得一种疗效。"今天,刑事司法只有通过这种不断地指涉自身之外的某种东西,通过这种不断地嵌入非司法体系,才能展开运作和为自己正名。它的命运需要不断地由知识来重新确定。

这样,在这种惩罚日益宽松的现象背后,人们可以发现惩罚作用点的置换,而且可以看到,通过这种置换出现了一个新的对象领域,一个新的事实真理体系以及一大批在刑事司法活动中一直不为人们所知的角色。一整套知识、技术和"科学"话语已经形成,并且与惩罚权力的实践愈益纠缠在一起。

本书旨在论述关于现代灵魂与一种新的审判权力之间相互关系的历史,论述现行的科学—法律综合体的系谱。在这种综合体中,惩罚权力获得了自身的基础、证明和规则,扩大了自己的效应,并且用这种综合体掩饰自己超常的独特性。

但是,这样一部现代灵魂遭受审判的历史应该从何写起呢?如果我们局限于立法或刑事程序的演变,那么我们就可能会错误地认为,在集体情感中发生了一种变化,有一种人造化趋势,把人文科学的发展看做是一种大范围的、外在的、消极的和基本的事实。如果像涂尔干那样(见"本书参考书目"所引文),只是研究一般的社会现象,我们就可能错误地认为,在惩罚的个人化方式中日益宽松似乎成为一种原则。而惩罚的个人化方式其实是新的权力策略的一个后果,这些策略也包括新的刑罚机制。因此,本书的研究将遵循4个基本规则:

1. 对惩罚机制的研究并不单纯限于其"镇压"效应和"惩罚"方面,而是将它们置于惩罚机制可能产生的一系列积极效应中,即使这些积极效应乍一看似乎是边缘性的。这样也就是把惩罚视为一种复杂的社会功能。

2. 在分析惩罚方式时不只是将它们视为立法的后果或社会结构的表征,而是视为在其他行使权力方式的更普遍领域里具有自身特色的技术。

这样也就是把惩罚视为一种政治策略。

3. 不是把刑法史与人文科学史看做两个独立的系列——它们的相互重合似乎对某一方或对双方有干扰作用或有益效应,而是考察是否存在着共同母体,它们是否都出自同一个"认识—司法"结构过程。简言之,把权力技术学变成刑罚体系人道化和对人的认识这二者的共同原则。

4. 试图发现灵魂进入刑事司法舞台以及一套"科学"知识进入法律实践是不是权力关系干预肉体的方式发生改变的结果。总之,我将试着基于某种有关肉体的权力技术学来研究惩罚方式的变化,从中读解出权力关系和对象关系的一部共同历史。这样,通过把刑罚的宽松当做一种权力技术来分析,我们或许能够理解人类、灵魂、正常或不正常的人是如何逐渐复制出作为刑罚干预对象的犯罪,一种特殊的征服方式是如何能够造就出一种作为具有某种"科学"地位的话语的认识对象的人。

但是,我并不自诩是第一个做这种研究的人。

鲁舍(Rusche)与基希海默尔(Kirchheimer)①的大作《惩罚与社会结构》提供了一系列基本参考点。我们首先必须摆脱那种错觉,即认为刑罚主要是(即使并非绝对地是)一种减少犯罪的手段;因此,尽管由于社会形态、政治制度和政治信仰不同,刑罚或者十分严厉或者比较宽松,但都旨在达到矫正修补的目的,都要追究个人或追究集体责任。我们应该分析"具体的惩罚制度",把它们当做社会现象来研究,但不能单纯地从社会的司法结构来考虑,也不能单纯地从社会的基本道德选择来考虑。我们应该把它们置于它们运作的领域——在这种领域中对犯罪的惩罚不是唯一的因素;我们应该揭示,惩罚措施不仅仅是进行镇压、防范、排斥和消灭的"消极"机制,它们还具有一系列积极的、有益的效果,而它们的任务正是提供和维持这种效果(而且在这种意义上,虽然合法惩罚是为了惩罚犯罪,但人们也可以说,对犯罪的界定和追究也是为了维持惩罚机制及其功能)。从这种观点出发,鲁舍和基希海默尔将不同的惩罚制度与它们在其中运作的生产制度联系起来:譬如,在奴隶制经济中,惩罚机制被用于提供一种额外的劳动力——在战争和贸易所提供的奴隶之外,造成一批

---

① 鲁舍和基希海默尔,均系德国社会学家。

"民法"奴隶;在封建制度下,在货币和生产的早期阶段,我们会发现肉体惩罚急剧地增多——在大多数情况下,肉体是唯一可以触动的财产;随着商业经济的发展,收容所(总医院、纺织劳动院或木工劳动院)、强制劳动和监狱工厂纷纷出现。但是工业制度需要的是一个自由劳动市场,因此在19世纪,惩罚机制中的强制劳动逐渐式微,"教养"拘留取而代之。毫无疑问,关于这种严格的对应关系已经有了一系列的研究成果。

但是,我们可以有把握地接受一个基本观点,即在我们今天的社会里,惩罚制度应该属于某种有关肉体的"政治经济"中来考察:尽管它们并不使用粗暴的、血腥的惩罚,尽管它们使用禁闭或教养的"仁厚"方法,但是,最终涉及的总是肉体,即肉体及其力量、它们的可利用性和可驯服性、对它们的安排和征服。以道德观念或法律结构为背景来撰写一部惩罚史,当然是无可非议的。但是,当这种惩罚制度声称以掌握罪犯的灵魂秘密为自己的目标时,我们能以肉体史为背景来撰写这种惩罚史吗?

历史学家早就开始撰写肉体的历史。他们研究了历史人口学或病理学领域里的肉体;他们把肉体看做是需求和欲望之源,心理变化和新陈代谢之所,细菌和病毒的侵害目标;他们揭示了历史进程在多大程度上涉及到似乎纯粹生物学意义上的生存基础,在社会史中,诸如杆菌的传播或寿命的延长这类生物学"事实"应占有何种地位(参见 Le Roy Laturie)。但是,肉体也直接卷入某种政治领域;权力关系直接控制它,干预它,给它打上标记,训练它,折磨它,强迫它完成某些任务、表现某些仪式和发出某些信号。这种对肉体的政治干预,按照一种复杂的交互关系,与对肉体的经济使用紧密相联;肉体基本上是作为一种生产力而受到权力和支配关系的干预;但是,另一方面,只有在它被某种征服体制所控制时,它才可能形成为一种劳动力(在这种体制中,需求也是一种被精心培养、计算和使用的政治工具);只有在肉体既具有生产能力又被驯服时,它才能变成一种有用的力量。这种征服状态不仅是通过暴力工具或意识形态造成的,它也可以是直接实在的力量的对抗较量,具有物质因素,但又不包含暴力;它可以被计算,被组建,被具体地设想出来;它可能是很微妙的,既不使用武器,也不借助于恐怖,但依然具有物质结构。也就是说,可能有一种关于肉体的"知识",但不完全是关于肉体功能运作的科学;可能有对肉体力量的驾驭,但又不仅是征服它们的能力;这种知识和这种驾驭构成了某种可以称为肉体的政治技术学。当然,这种技术学是发散的,几乎没有形成连贯的系统的话语;它往往是各种零星的片断;它使用的是一套形形色色的工具和方法。尽管其结果具有统一性,但一般来说,它不过是一种形式多样的操作。另外,它不是固定在某种特殊的制度机构或国家机器中。它们都求助于它,使用、选择或推行它的某些方法。但是,就其机制和效应而言,它处于另外一个层面。在某种意义上,国家机器和各种机构所运用的是一种权力的微观物理学,其有效领域在某种意义上是介于这些重大功能运作与具有物质性和力量的肉体之间。

这样,我们对这种微观物理学的研究就提出以下的假设:首先,施加于肉体的权力不应被看作是一种所有权,而应被视为一种战略;它的支配效应不应被归因于"占有",而应归因于调度、计谋、策略、技术、运作;人们应该从中破译出一个永远处于紧张状态和活动之中的关系网络,而不是读解出人们可能拥有的特权;它的模式应该是永恒的战斗,而不是进行某种交易的契约或对一块领土的征服。总之,这是一种被行使的而不是被占有的权力。它不是统治阶级获得的或保持的"特权",而是其战略位置的综合效应——是由被统治者的位置所展示的、有时还加以扩大的一种效应。其次,这种权力在实施时,不仅成为强加给"无权者"的义务或禁锢,它在干预他们时也通过他们得到传播;正是在他们反抗它的控制时,它对他们施加压力。这就意味着,这些关系深入到社会深层;它们不是固定在国家与公民的关系中,也不是固定在阶级分野处,它们不仅在个人、肉体、行为举止的层面复制出一般的法律和政府的形式;尽管存在着某种连续性(它们确实通过一系列复杂机制而连接成这种连续形式),但是,既没有相似性,也没有同源性,而只有机制和模态的特殊性。最后,它们不是单义的;它们确定了无数冲撞点、不稳定中心,每一点都有可能发生冲突、斗争,甚至发生暂时的权力关系的颠倒。这些"微观权力"的颠覆并不是遵循着"要么全部,要么全不"的法则;这种颠覆不是由于国家机器被新的势力控制或原有的制度机构行使新的功能或遭到毁灭而一下子造成的;另一方面,这些局部的插曲无一会被载入史册,除非它对制约着它的整个网络产生影响。

　　或许,我们也应该完全抛弃那种传统的想象,即只有在权力关系暂不发生作用的地方知识才能存在,只有在命令、要求和利益之外知识才能发展。或许我们应该抛弃那种信念,即权力使人疯狂,因此弃绝权力乃是获得知识的条件之一。相反,我们应该承认,权力制造知识(而且,不仅仅是因为知识为权力服务,权力才鼓励知识,也不仅仅是因为知识有用,权力才使用知识);权力和知识是直接相互连带的;不相应地建构一种知识领域就不可能有权力关系,不同时预设和建构权力关系就不会有任何知识。因此,对这些"权力－知识关系"的分析不应建立在"认识主体相对于权力体系是否自由"这一问题的基础上,相反,认识主体、认识对象和认识模态应该被视为权力－知识的这些基本连带关系及其历史变化的众多效应。总之,不是认识主体的活动产生某种有助于权力或反抗权力的知识体系,相反,权力－知识,贯穿权力－知识和构成权力－知识的发展变化和矛盾斗争,决定了知识的形式及其可能的领域。

　　因此,为了分析对肉体的政治干预和权力微观物理学,在权力问题上,我们必须抛弃暴力－意识形态对立、所有权观念、契约和征服模式;在知识问题上,我们必须抛弃"有利害关系"和"无利害关系"的对立、认识的模式和主体的第一性。借用配第(Petty)及其同时代人的一个词,但赋予它一种不同于17世纪的含义,我们可以设想一种政治"解剖学"。它不是从某种"肉体"(具有各种因素、资源和力量的实体)的角度来研究一个国家,也不是从某个小国家的角度来研究肉体及其环境。我们关注的是"政治肉体"(Body Politic),把它看做是一组物质因素和技术,它们作为武器、中继器、传达路径和支持手段为权力和知识关系服务,而那种权力和知识关系则通过把人的肉体变成认识对象来干预和征服人的肉体。

　　这就需要我们把惩罚技术——它们或者是用公开酷刑和公开处决的仪式来捕捉肉体,或者是以人们的灵魂为对象——置于政治肉体的历史中。这还需要我们在考虑刑罚实践时,与其把它们看做是法律理论的后果,不如把它们看做是政治解剖学的一章。

　　坎托罗维茨(Kantorowitz)对"国王的肉体"作了一个精彩的分析。按照中世纪的司法神学,国王的肉体具有双重性质,既包含着有生有死的暂时因素,又包含着多个不受时间影响的不变因素。后者需要受到维护,因为它是该王国的物质的但又无形的依托物。这种二元性从根本上讲很接近于基督教神学模式。围绕着这种二元性形成一种肖像学,一种关于君主制的政治理论,一些将国王本人与王位的要求既区分开又联系起来的法律机制,一些以加冕典礼、葬礼和征服典礼为登峰造极的仪式。在相反的一端,人们会想到罪犯的肉体。后者也有其法律地位,也造就了自己的仪式。他们也引起了一系列的理论话语,但不是为了证实君主本人所拥有的"过剩权力",而是为了说明这些受惩罚者所显示的"权力的匮乏"。在这个最黑暗的政治领域里,罪犯是国王的对称而颠倒的形象。借用坎托罗维茨的说法,我们应该分析"罪犯的微不足道的肉体"。

　　如果说国王所拥有的过剩权力造成了国王肉体的复制物,那么施加在罪犯被征服的肉体上的过剩权力不也造成了另一种复制物吗?即马布利所说的"非肉体"、"灵魂"。因此,这种惩罚权力的"微观物理学"的历史就将成为现代"灵魂"的一个系谱或一个因素。人们不应把这种灵魂视为某种意识形态残余的死灰复燃,而应视之为与某种支配肉体的权力技术学相关的存在。如果认为这种灵魂是一种幻觉或一种意识形态效应,那就大错特错了。相反,它确实存在着,它有某种现实性,由于一种权力的运作,它不断地在肉体的周围和内部产生出来。这种权力是施加在被惩罚者身上的,更广义地说,这种权力的对象是被监视、训练和矫正的人,疯人,家庭和学校中的儿童,被隔离的人以及被机器所束缚、工余时间也受监视的人。这就是这种灵魂的历史现实。它与基督教神学所展示的灵魂不同,不是生而有罪并应该受到惩罚的,而是生于各种惩罚、监视和强制的方法。这种现实的非肉体的灵魂不是一种实体,而是一种因素。它体现了某种权力的效应,某种知识的指涉,某种机制。借助这种机制,权力关系造就了一种知识体系,知识则扩大和强化了这种权力的效应。围绕着这种"现实-指涉",人们建构了各种概念,划分了各种分析领域:心理、主观、人格、意识等等。围绕着它,还形成了具有科学性的技术和话语以及人道主义的道德主张。但是,我们不要产生误解,不要以为一种现实的人——认识、哲学思考或技术干预的对象——取代了神学家幻觉中的灵魂。人们向我们描述的人,让我们去解放的人,其本身已经体现了远比他本人所感觉到的更深入的征服效应。有一种"灵魂"占据了他,使他得以存在——它本身就是权力驾驭肉体的一个因素。这个灵魂是一种权力解剖学的效应和工具；这个灵魂是肉体的监狱。一般而言的惩罚以及具体而言的监狱属于一种关于肉体的政治技术学——我的这一结论与其是得自于历史，不如说得自于现实。近些年，监狱暴动在世界各地时有发生。当然，暴动的目的、口号和方式有某种似乎矛盾的东西。有些暴动是反抗整个延续了一个多世纪的恶劣物质状况：寒冷、窒闷、拥挤、潮湿、饥饿以及虐待。但是，也有些暴动是反抗模范监狱、镇静药物、隔离手段以及医疗和教育措施。这些暴动的目标仅仅是物质方面吗？既反对落后陈旧的条件，又反对舒适，既反对看守，又反对精神病专家，这些暴动不是相互矛盾吗？实际上，所有这些暴动（以及自19世纪初以来由监狱引起的无数话语）一直是围绕着肉体和物质状况展开的。正是那些琐碎的物质细节维持了这些话语、这些记忆和谩骂。人们可能会把这些只视为盲目的要求或者怀疑在这些要求背后有图谋不轨的计划。实际上，它们是肉体层面上的反抗，反抗的就是监狱这种实体。问题并不在于监狱的环境是否太严酷或太令人窒息，太原始或太有章法，而在于它本身作为权力工具和载体的物质性。"灵魂"技术学——教育专家、心理学家或精神病专家的技术学——既无法掩饰也无法弥补的正是这种支配肉体的权力技术学。原因很简单，前者是后者的工具。我要撰写的就是这种监狱的历史，包括它在封闭的建筑物中所汇集的各种对肉体的政治干预。我为什么愿意写这样一部历史呢？只是因为我对过去感兴趣吗？如果这意味着从现在的角度来写一部关于过去的历史，那不是我的兴趣所在。如果这意味着写一部关于现在的历史，那才是我的兴趣所在。

（摘自于［法］福柯：《规训与惩罚》，刘北成、杨远婴译，三联书店2003年版，第17～33页。）

尼采、谱系学、历史①

[法]米歇尔·福柯

（1）谱系学枯燥、琐细，是项极需耐性的文献工作。它处理各种凌乱、残缺、几经转写的古旧文稿。

像所有英国学者一样，保罗·李沉溺于对各种线性发展的描摹——例如，系于实用的考虑去梳理完整的道德史，似乎所有的词都保持着自己的意义、所有的欲望都保持着自己的指向、所有的观念都保持着自己的逻辑；似乎这个由所说的和所欲求的东西构成的世界与侵犯、斗争、掠夺从来无缘。由此，对谱系学来说，就必须审慎克制：超出单一的合目的性去发现事件的独特性；在最料想不到它们发生的地方，在情感、爱欲、意识、天赋这些被认为毫无历史可言的东西中去侦伺事件；把握事件的重现，以便发现它们起不同作用的不同场合，但绝不寻找缓慢的演进线；甚至还要确定它们的缺漏点、未曾发生的时刻。

故而，谱系学要求细节知识，要求大量堆砌的材料，要求耐心。它的"庞大纪念物"②不是借助"巨大、美好的错误"一蹴而就的，而是用"不明显的、以严格方式确立起来的微小真理"①垒筑的。简言之,一种无尽的博学。谱系学不是以一种在博学者鼹鼠般眼光看来高深莫测的哲学家视域而与历史对立;相反,它反对理想意义和无限目的论的元历史展开,它反对有关起源的研究。

(2)在尼采那里 Ursprung 一词有两种用法。其中一种用法没有特别强调,而是与 Entstehung、Herkunft、Geburt 这样的术语替换使用。例如《道德的谱系》在涉及义务或负罪感时,谈到它们的 Ursprung②;在《快乐的知识》中谈到逻辑或认知时,有时用 Ursprung,有时用 Entstehung 或 Herkunft③。

另一种用法被强调了。事实上,有时尼采把它与另一个术语相对立:《人性,太人性了》第一段将形而上学寻求的神奇起源(Wunderursprung)与一种历史哲学的分析工作对峙起来,后者就 Herkunft 和 Anfang 提问。有时尼采也以反讽和欺人的方式使用 Ursprung。例如,自柏拉图以来一直研究的源初(Ursprung)基础包括什么? 包括"各种令人不快的小结论"④。还有:该上哪儿去寻找那种被叔本华置于彼岸世界的形而上学体验中的宗教起源(Ursprung)? 到发明、到戏法、到诡计、到制造的秘密、到黑色魔术的过程、到舒瓦茨昆斯特尔(Schwarz—lanstler)⑤的活计中去找。

对于所有这些词的用法及 Ursprung 的特殊使用来说,《谱系》的前言属于最重要的文本之列,该文伊始,把道德偏见的起源确定为研究对象,所用的术语为 Herkunft。既而,尼采退回来谈起这项探索在他自己一生中的变迁,回顾起从他"练习"哲学时曾为是否应将恶的起源归于上帝的问题所困扰。现在这个问题只能使他好笑,他正确地认为,这是在寻求 Ursprung。同样的话推广一下,也适用于保罗·李的工作。随后,他又操起了真正尼采式的分析,这些分析滥觞于《人性,太人性了》;为了刻画这些分析的特征他谈到 Herkunfthypothesen。不过,这里用 Herkmnh 一词肯

---

① 尼采:《人性,太人性了》§3。

② 尼采:《道德的谱系》第二卷,§6 和 §8。

③ 尼采:《快乐的知识》110,111,300。

④ 尼采:《曙光》§102。

⑤ 尼采:《快乐的知识》§151 和 §353。同样出现在《曙光》§62;《谱系》第一卷,§4;《偶像的黄昏》:"伟大的错误"(§7)。

定不是随意的,它特指《人性,太人性了》中几篇讨论道德、禁欲、正义及惩罚的起源的文章。但这些文章中用的还是 Ursprung①。似乎是在《谱系》时期,特别是在文章的这一点上,尼采打算突出 Herkunh 和 Ursprung 之间的对立。大约十年前,他可没这么做过。但在这两个词的特殊使用之后不久,也就是在该前言的最后一段,尼采又回到了一种中性、等价的用法②。

为什么谱系学家尼采,至少是在某些时候,拒绝研究起源(Ursprung)?因为首先人们总是在起源中收集事物的精确本质、最纯粹的可能性、被精心置于自身之上的同一性、静止并异于一切外在、偶然和连续的东西的形式。寻求这样的起源,就是试图找到"已然是的东西",找到一个与其自身完全相似的意象的"那个自身";这就是把所有本应发生的枝节、所有计谋和伪装当做外在和偶然的东西;这就是要着手扯去一切面具,最终揭示出源初的同一性。但是,如果谱系学家热衷于倾听历史的声音,胜于对形而上学的信仰,那么他会获得什么呢? 一切事物背后都有着"完全不同的东西":不是什么无日期的、本质性的秘密,而是事物没有本质,或其本质是用完全不同的形象一点点制造出来的这一秘密。那么理性呢? 它以一种完全"合理的"方式——从偶然中产生。③ 对真理和科学方法的严格性的迷恋呢? 产生于学者们的热情、相互仇恨、狂热的并且反复进行的争论以及争强好生的本性——伴随着私人性的争斗,武器被慢慢地锻造出来。④ 自由呢,在人们的根底里,难道不正是自由把他与存在、与真理联系起来的吗? 实际上,它只是"统治阶级的发明"⑤。在事物的历史开端所发现的,不是依然保持着的事物起源的同一性,而是各种其他事物的不一致,是不协调。

历史同样学会了嘲笑起源的严肃性。高贵的起源是"从一种观念中萌生出来的形而上学的蓓蕾,这种观念认为,一切事物在开端时更珍贵、更本质"。人们倾向于认为在起点上,事物是完美的;它们出自造物主之

---

① 尼采:《人性,太人性了》格言 92,用的是 Urspung der Gerechtigkeit。
② 尼采:《谱系》的同一篇文章中 Ursprung 和 Herkunft 几次被在几乎相同的意义上使用。
③ 尼采:《曙光》§123。
④ 尼采:《人性,太人性了》§34。
⑤ 尼采:《漫游者和他的影子》§9。

手,流光异彩,沐浴着黎明时分无阴影的光照。起源总是先于堕落、先于肉体、先于世界和时间;它在众神之侧,讲述它的神谱广为传唱。然而,历史的开端是卑微的。不是谦和意义上的卑微,也不是鸽子脚步般羞怯意义上的卑微,而是微不足道、具有讽刺意味的、足以消除一切自命不凡的卑微,"人们试图通过展示人的神圣的降生来唤醒他的自主感,现在这成了一条死路;因为在它的入口处站着一只猴子"①。人是扮着他将变成的东西的怪相启程的;就是查拉图斯特拉自己,也会有只猴子在身后蹦跳,拽着他的袍裾。

最后,起源的第三个公设是与前两个相联系的:它是真理之所在。先于一切实证知识的绝对回溯点,它是认知的先决,而认知却遮蔽它、并且在喋喋不休中一次次将它错认;它处在注定要被抛却的环节点上,在这点上,事物真理和话语真理相联系。稍后,后者就模糊、抛弃了前者。但是,历史又一次残忍地将关系翻转过来,放弃"青春"追寻:在历久弥新、精简节制的真理背后是无数错误。不要相信"在面纱揭开后,真理仍是真理;在这点上,我们够成熟了,应该被说服"②。真理是一种错误,但它的优势是能免遭反驳,这肯定是因为历史进程的长期焙烧使它变得不可改变了③。此外,真理问题本身;真理自诩的反驳错误、拒斥外观的权利;真理之为智者发现,为少数虔信者保存,从它作为慰藉和命令的作用范围以外的世界中撤回,最终沦为无用、多余和遭反驳的观念被抛弃的渐次过程,所有这一切岂不就是一段历史,一段名为真理的错误的历史? 真理和它原初的统治在历史中有自己的盛衰过程。"影子最短的时刻"一过,光线就暗淡了,似乎不再是来自天空和黎明时分的了。④

作有关价值、道德、禁欲主义和认知的谱系研究,绝不是把历史插曲当做不可把握的东西忽略掉,绝不是径直去追寻它们的"起源"。相反,恰恰是要驻足于细枝末节、驻足于开端的偶然性;要专注于它们微不足道

---

① 尼采:《漫游者和他的影子》§3。

② 尼采:《曙光》§49。

③ 《尼采反瓦格纳》第99页(《尼采反瓦格纳心理学材料》,J. C. 巴亨利译,收于巴黎伽利玛出版社1974版《哲学著作全集》第八卷,第343~372页[N. dEj])。

④ 尼采:《快乐的知识》§265和§110。

的邪恶；要倾心于观看它们在面具打碎后以另一副面目的涌现；决不羞于到它们所在之外寻找它们：通过"挖掘卑微—基础"，使它们有机会从迷宫中走出，那儿并没有什么真理将它们置于卵翼之下。谱系学家需要历史来祛除起源幻象，这有点像有经验的哲学家需要药物祛除灵魂的阴影。要会辨认历史事件、它们引起的震动和惊恐、微弱的胜利、记录着开端却未被很好领会的失败、返祖现象和遗传；同样，为了评价某个哲学文本，就应该会诊断肉体疾病、健康状况、以及衰弱和耐力。历史有它的强盛、衰弱，也有神秘的迷狂和晕厥般的激动，它是生成变化的肉体。只有形而上学家才到遥远的起源的观念性中为自己寻找灵魂。

（3）像 Entstchung 和 Herkunft 这样的词比 Ursprung 更好地突出了谱系学的对象。尽管通常都把它们译成"起源"，还是应该尝试重新规定它们的特殊使用 Herkunft：就是根源、来源；就是属于同一族群的古老归属——在同样高贵或同样卑贱者中结成的共血脉、共传统的族群。Herkunft 会牵扯到种族[①]或社会类型[②]，但并不就此要在个体、情感或观念中寻找一般特征（这个特征把这个个例划归为同类），并不是要断言：这是希腊人，那是英国人；而是要去辨认细微、独特、属于个体的标记，这些标记在个体中交织成一张难以解开的网。这样一种起源远不是相似性范畴，它要梳理所有标记，以便将它们逐一区分。德国人说他们有双重灵魂时，自以为触及到自身复杂性的根基，但他们搞错了，或者至多只是试试而已，他们以为这样就能把握自己族系的复杂状况。[③]　就在灵魂试图统一自身的地方，就在"我"自造出同一和一致的地方，谱系学家着手研究开端——无数的开端，它们所留下的暗淡的颜色、隐约的痕迹丝毫逃不过历史的眼睛；来源分析允许解散"我"，取消"我"的空洞综合，代之以现已抛却的纷繁事件的聚集。

来源分析同样允许到特征或概念的独特方面的背后找取众多的事件；正是通过这些事件（借助它们、以它们为背景）特征或概念才得以形成。谱系学并不打算回朔历史，不打算在被忘却的散落之外重建连续性；

---

① 尼采：《偶像的黄昏》：《世界—真理是如何成为笑谈的》。
② 例如《快乐的知识》§135；《在善恶的彼岸》§200，242，244；〈谱系〉第一卷，5。
③ 尼采：《快乐的知识》§348，349；《在善恶的彼岸》§260。

它的任务并不是先给整个发展进程强加一个从一开始就已注定的形式，然后揭示：过去仍在，仍活生生地在现在中间，并在冥冥中唤醒它。民族的命运中没有什么类似种的进化的东西。相反，追寻来源的复杂序列，就要坚持那些在自身散落中发生的东西：确定偶然事件、细微偏差，或反之，去确定错误、错估和那产生了现时的、对我们有用的东西的错误演算；揭示在我们所知和我们所是的东西的基底根本没有真理和存在，有的只是偶然事件的外在性。① 正因为如此，道德起源即使不再崇高——Herkunft决不崇高——作为批评也还是有用的。②

通过这样一种来源而接受的遗产是危险的。尼采好几次把 Herkunft和 Erbschaft 两个词联系起来。但别上当，这种遗产不是什么累积、增长的经验和财富，毋宁是断层、裂缝、使它不稳定的异质层的集结，从内部、从深处威胁着脆弱的继承者："某些人精神上的邪恶和不稳定、他们的混乱和无节制是祖先所犯的不胜枚举的逻辑错误、缺乏深度的、草率推断等过失的最终结果。"③来源研究不奠定什么基础，相反要触动那些被认作是禁止的东西，要破碎那些被认作是统一的东西；它要呈现那些被想象成自身一致的东西的异质性。还能有什么信念、知识可以保留？若作一点有关学者的谱系分析——那些收集、记录事实的学者，那些进行证明和驳斥的学者——，那么，他们的 Herkunft 很快会表明，在他们表面无私的关注中，在他们对客观性的"纯粹的"执着追求中，留下的尽是些法院书记员的记录和律师④——他们的父亲——的讼辞。

最后，来源深入肉体。⑤ 它在神经系统、气质和消化系统中刻下印迹。因祖先过错造成的呼吸不畅、进食困难、肉体衰竭；祖先们错把结果当做原因，相信彼岸的真实性，提出永恒的价值，这都会使后代的肉体受到影响。怯懦、虚伪——只是错误的冤孽；不是苏格拉底意义上的，也不是因为要达到邪恶的目的就必须出错，更不是因为偏离了原初真理，而是

① 尼采:《在善恶的彼岸》§244。
② 尼采:《谱系》第三卷,17:"悒郁的 Abkunff"。
③ 尼采:《偶像的黄昏》:《哲学的理性》。
④ 尼采:《曙光》§247。
⑤ 尼采:《快乐的知识》§348,349。

因为肉体在它的生死盛衰中带着对全部真理和错误的认同,就像它同样或反过来带着对起源－来源的认同一样。为什么会发明沉思的生活?为什么给予这种存在至高无上的价值?为什么赋予沉思中形成的想象以绝对真实性?"在野蛮时代……只有在因衰弱、疲惫或病痛、忧郁或满足一时而没有欲望和胃口的时候,人才变得相对好些,也就是较少危险性,他的悲观主义才会通过言辞和反思而形成。处于这种精神状态,他才变成思想者和言谈者,或者说,他的想象力才发展出他的迷信。"①肉体——以及所有深入肉体的东西,食物、气候、土地——是 Herkunft 的所在:就像肉体产生欲望、衰弱以及过失一样,我们还可以在它上面发现过去事件的烙印;这些事件同样在肉体中相互连结、间或倾轧,也会相互解散、相互争斗、相互消解,追逐着不可克服的冲突。

肉体:镌刻事件的平面(而语言、记号和观念总是消除事件)、"我"的消解所(尽管肉体试图给它指代实体性统一体的幻象)、无始无终地风化剥落着的体积。谱系学作为来源分析,处在肉体和历史的环接上。它展现肉体,肉体总打着历史的印记;它展现历史,历史破坏着肉体。

(4)Entstchung 毋宁还指示着出现②——事物涌现出来时的那一刻。这属于显现的法则和独特的规律。人们在倾向于到不间断的连续性中寻找来源的同时,也常把出现错当成最后的终结。其实,眼睛并不生来就顺从思想,惩罚并不注定是儆戒的典范。表面上看来的最终结局,实际只是一系列征服的插曲:眼睛首先用于狩猎和战争;惩罚满足复仇、反击、解放和恐吓的需要。通过把现在与起源相对,形而上学使人们对寻求目的的含糊工作深信不疑,好像这种目的从最初一刻起就在努力显现自身。谱系学恢复了各种奴役体系:不是意义的预言能力,而是偶然的统治活动。

出现总是产生于权力的纠结状态。Entstchung 分析应该揭示权力的活动、相互斗争方式、与环境相对抗的搏斗、以及为避免退化获得新生所作的努力——自我分化。例如,一个种属(动物或人)的出现和巩固得益于"同各种持续不变的恶劣环境的长期搏斗"。事实上,"作为种,它要求

---

① 尼采:《快乐的知识》§200。

② 尼采:《曙光》§42。

自身成为坚忍、一致、形式简洁的东西,以便在冲突和反抗中获胜并生存下来。"相反,只有在另一种权力状态下,在种的胜利确立后,在外部威胁消除后,在"一些个体与另一些个体间某种形式的争夺阳光的利己主义"①斗争展开后,个体变化才会出现。有时候权力也会反对自己:不只在导致分裂的权力过剩时分,也会在权力衰竭时期。为了克服自身的衰微,权力转向自身,作用于这种不断增长的衰微,与之反复争斗。它给自己施加限制、肉刑和苦行,并赋予此以崇高的道德价值,从而使自己获得新生。"在退化了的生命……求生存的本能中"②产生出禁欲观的运动就是这样的,而在实际上教会最不腐败的地方产生出宗教改革的运动也是这样的。③ 16 世纪的德国,天主教还有足够的力量与自己斗争,惩戒自己的肉体和历史,使自己精神化,成为一种纯粹意识宗教。

所以,出现是诸权力粉墨登场的前奏;是权力的泛滥,它们奋力一跃,从幕后到台前,洋溢着青春和活力。尼采称做善的观念的 Entstchungsherd④ 的东西,确切说来,既不是强者力量的炫耀,也不是弱者的挣扎反抗;乃是它们相互对峙、相互倾轧的舞台;是展开和隔绝它们的空间,是传递它们之间相互威胁、叫嚣的虚空。既然,来源指示本能的特征及其增长衰落,指示它留在肉体上的印记,那么,出现就指示一个对峙场所,或者,还可以把它当做势均力敌、争斗犹酣的决斗场;这毋宁是——正像善恶的例子证明的那样——一个"非—场所",纯粹的距离,事实是对手间不属同类,毫无共性。没有什么对出现负责,没有什么能从中赢得荣耀;它总是在裂隙中产生。

从某种意义上说,在这无场所的舞台上演说的戏剧总是千篇一律的:统治者和被统治者反复上演的戏剧。一部分人对另一部分人的统治,这就是价值分歧的开始。⑤ 一个阶级对另一个阶级的统治,这就是自由观念的萌生;⑥人们对生存必需的东西的攫取,给它们加上原本没有的持

---

① 尼采:《在善恶的彼岸》§262。
② 尼采:《谱系》第三卷,13。
③ 尼采:《快乐的知识》§148,这同样属于一种归于佛教和基督教的 Entstchung 的意志薄弱。
④ 尼采:《谱系》第一卷,2。
⑤ 尼采:《在善恶的彼岸》§260;(谱系)第二卷,12。
⑥ 尼采:《漫游者和他的影子》§9。

存,或者说粗暴地将它们相互同化,这就是逻辑的创造。① 正像统治实施的场所不是真正的场所,统治关系也不是真正的"关系"。原因在于,在每一个历史时期,统治总是依附于一定仪式;它颁布义务和权利;制定细致的程序。它制作标记,把记忆镌刻在事物、甚至肉体上;它记录债务。其规则,目的不是缓和,相反倒要满足暴力。按传统图式,人们误以为,普遍的纷争会在对立中消耗殆尽,以放弃暴力、服从和平的律法告终。实际上,规则是经过反复盘算的喜悦,是允诺的鲜血。它允许统治游戏不断反复;它反复导演暴力,一丝一毫都不遗漏。和平的渴望、妥协的痛苦、以及对法律的默认,这些都远非道德上的改宗或衍生出在规则上的有益演算,而只是结果,确切说,只是倒错:错误、良心、责任在规定义务的法律中都有它们出现的根源;作为地上的至尊,开始时,律法是用鲜血浇灌的。②从冲突到冲突,直至以规则代替战争的普遍互惠,人性并没有获得任何缓慢的进步;它把暴力一一安置到规则体系中,由此,它从一种统治过渡到另一种统治。

正是规则允许以暴力对暴力,以另一种统治征服现有的统治。一切规则,其自身是空洞、野蛮、无目的的;它们制定出来服务于一定对象,屈从于某些人的意愿。历史的伟大游戏,属于占有法则的人,属于占据使用法则的位置的人,属于乔装改扮、歪曲规则、颠倒地运用规则、使它们反过来反对规则制定者的人;这种人,将自己引入复杂的装置中,让它运转起来,最终使统治者为他们自己的规则所统治。人们所能重复的不同出现,并非同一意义的连续体现;而是取代、替换、转移、乔装的征服和系统回归的结果。如果说解释是要逐渐揭示起源中隐匿的意义,那么只有形而上学才能解释人性的生成变化。但如果解释是借助暴力和欺瞒对自身并无本质意义的规则系统的占有,是将它置于一定方向,使它屈从于新的意愿、进入新的游戏、服从二级规则,那么人性的生成变化就是一系列解释。那么,谱系学就是解释史:作为不同解释出现的道德、观念、形而上学概念的历史,自由观念和禁欲生活的历史。要把它们作为程序舞台上的事件

① 尼采:《快乐的科学》§ 111。
② 尼采:《谱系》第二卷,6。

显现出来。

（5）确定为 Herkunft 研究和 Entstchung 研究的谱系学与人们通常所说的历史是什么关系？尽管我们熟知尼采有关历史的那些著名批评，但这不会带来什么进展。谱系学有时被指定为 Workliche Historie；有时又被冠以"精神"或"历史感性"。① 实际上，从（不合时宜的思想）第二部起，尼采从未终止过批评的，是这样一种历史，它反复引入（或总是设定）超历史的视点：一种将时间最终的多样性编织成自我封闭的整体的历史；一种把一切归结为人类主体；给全部往昔变迁提供和谐形式的历史；一种用末世论的眼光展望未来的历史。这种历史学家的历史赋予自己超时间的支点，试图以启示录的客观态度评估一切，而根子在于它设定永恒真理、不死灵魂和自我同一的意识。一但历史感性受超历史视点摆布，那么形而上学者就可以利用它，把它归到客观科学名下，给它强加上独特的"埃及主义"。相反，如果历史感性不以任何绝对性为坐标，它就能摆脱形而上学，成为谱系学特有的工具。它必须成为一种区别、分布、散播间距和边缘，并使它们发生作用的犀利的目光———一种解散性目光，它能解散自身，能消解那种被认为统治着历史的人类存在的统一性。

正是在这一点上，历史感性实践着实际的历史，它将所有那些据信内在于人的不死的东西重新引入变化中。我们相信情感的恒久性？不，所有情感，尤其是那些看起来最高贵、最无私的情感都有自身的历史。我们确信本能具有一种深沉的持久性，认为这儿、那儿，它们一如既往总在起作用。但是历史知识轻而易举地就把它们扯得粉碎，指出它们的变形，分清它们或盛或衰的不同阶段，确定它们伸缩着的作用范围，把握它们的缓慢变化和昭示着自我毁灭的自我回归运动。② 我们总以为，肉体只服从生理规律，无历史可言。这又错了。肉体处于流变过程中，它顺应于工作、休息、庆祝的不同节奏，它会因药物、饮食习惯和道德律等所有这一切而中毒，它自我阻抗。③ "实际"历史区别于历史学家的历史的根本点在于，它不以任何恒定性为基础。人没有任何固定的足以理解他人和区别

---

① 尼采：《谱系》前言；§7 及第一卷,2。
② 尼采：《快乐的知识》§7。
③ 尼采：《快乐的知识》§7。

他人的东西——甚至他的肉体。所有那些作为人们转向历史、从整体上把握历史的凭据的东西，所有那些使人们把历史追述成一种连续缓慢运动的东西，都要被系统地打碎。要粉碎那些使慰藉人的体认游戏得以可能的东西。知识甚至在历史秩序中也不意味着"重新找到"，尤其不是"重新找到我们"。在将非连续引入我们的存在这个意义上，历史是"实际的"。它裂析人的情感，强调人的本能，复殖人的肉体并使肉体与其自身对立起来。它使自我一无所有，使它不再拥有起确保作用的生命和本质的稳定性，它摆脱了任何千年终结观的诱惑。它挖空了人们给它找到的基础，拒斥所谓的连续性。因为寻求知识不是为了理解，寻求知识是为了决断。

由此，我们可以把握如尼采所理解的、使实际的历史与传统历史相对立的历史感性的特点。实际的历史打乱了通常在事件的突现与连续的必然性之间建立起来的关系。总有一种历史传统（神学的或理性主义的）倾向于将特殊事件纳入理想的连续性——目的论的进程或自然因果序列。而"实际"历史要使事件带着它的独特性和剧烈性重现。事件，由此不应被理解为一个决定、一部条约、一个王朝或一次战斗，而是对立的力量间的关系，是被攫取的权力，是重新任用、反对它的使用者的词汇，是衰落、松动、败坏了的统治，是带着面具登台亮相的他者。在历史中起作用的力量既不遵循目的，也不遵循机械性，它只顺应斗争的偶然性。[①] 它既不表现为原初意想的连续形式，也不是某个结论的推导步骤。它总是显现于事件的独特偶然性。与被神圣的蜘蛛广泛编织起来的基督世界相反，与划分了意志领域和宇宙的无价值领域的希腊世界不同，实际历史的世界只知道一个唯一的王国，在这个王国里，既无神意也无终极因，只有"摇掷偶然性骰子的必然性铁腕"[②]。不能把这种偶然性理解为一种简单的抽签，它是权力意志的冒险。为了掌握偶然的结局，权力意志以更随机的冒险与之相对。[③] 然而，我们所知的世界并不是这副模样，简言之，在我们所知的世界里，事件消失始尽，只有本质特征、最终意义、最初及最后

---

① 尼采：《谱系》§12。

② 尼采：《曙光》§30。

③ 尼采：《谱系》第二卷，§12。

价值慢慢显现出来。但是,世界是无数纠结缠绕的事件。今天,它显现出"惊人花哨的深刻丰富的意义",这是因为世界是由"成堆的错误和幻想产生并秘密豢养的"①。我们深信我们的现在基于各种深刻的意向和稳定的必然性,我们要求历史学家对此作出论证。但真正的历史感性认识到,我们在无数流逝的事件中生活,并无原初的坐标。

历史感性还要颠倒传统历史依据其形而上学信仰建立起来的远近关系。后者实际上喜欢把目光投向遥远的东西、高贵的东西:最崇高的时代、最优雅的形式、最抽象的观念、最纯粹的个性。为此,它尽可能地接近它们,到它们的峰峦下去朝拜它们,哪怕用十足的青蛙的眼光替代它们。相反,实际历史把目光投向切近的东西,投向肉体、神经系统、营养和消化系统、能量;它揭示衰落;如果要面对崇高时代的话,那也是带着犹疑的目光,决不敌视野蛮、不可明言的纷乱,反倒为之欢欣。它不忌讳朝下看,但它俯视、深入是为了把握各种景观,展现散落和区别,还诸事物以本来面目和自身强度。在运动方向上它与历史学家南辕北辙,正好相反。历史学家故作远眺,暗地里却偷偷靠近充满希望的近景(这就像形而上学家,彼岸只是作为他们许诺给自己的回赠才进入其视野)。实际历史从近处着眼,却是为了抽身再从远处来把握(这类似医生的做法,他们凑近看是为了诊断和指示区别)。在医学和哲学之间,历史感性更接近医学。尼采有时说"凭借历史学的和生理学的方式"②,这实在不足为奇。因为在哲学家的特殊反应中明显存在着对肉体的系统否定以及"历史感性的缺乏、对发展观念的仇视、埃及主义",还有对"把后来的东西放到开端"、把"最后的东西置于最初的东西之前"的迷恋。③ 历史并不是哲学的奴婢,也不应描述真理和价值的必然起源;它要成为强健和衰弱、上升和下降、毒鸩和解毒剂的知识。它要成为药剂学。④

实际历史的最后一个特征是,坦然成为一种透视性知识。所有历史学家都极力以任何可能的方法消除他们知识中的那些可能泄露他们的观

---

① 尼采:《人性,太人性了》§16。
② 尼采:《像的黄昏》:《不合时宜的游荡》(§44)。
③ 尼采:《哲学中的理性》§1 和 4。
④ 尼采:《漫游者和他的影子》§188。

察位置、他们所处的时刻、他们所采取的决定,他们无可抗拒的热情的东西。而历史感性,如尼采所理解的,明了自己的透视性、承认自己不公允的手法。它从一定角度出发观察,带着慎思后的决断去评价、去肯定和否定、去追寻毒药的踪迹、找寻更好的解药。它不在它观察的东西前故作审慎的消隐,不到它那里寻找自己的规则,不使自己的每一次活动都从属于对象,这种观察既了解所观察的东西,也了解自己是打哪里去观察的。历史感性使知识在其认识活动中获得一种谱系学的维度。实际的历史在垂直于自身的方向上实践着历史的谱系学。

(6)在他多次勾画的历史谱系学中,尼采将历史感性与历史学家的历史联系起来。二者拥有一个共同缠结的开端。同一个迹象,既显示了疾病的症候,又昭示出花蕾的萌发。① 在这个迹象中同时产生出历史感性和历史学家的历史,旋即二者就分化了。那么,让我们不作区分地追溯一下他们共同的谱系吧。

历史学家的渊缘(Herkunft)很清楚:身世卑微。历史的一个特征是不作选择,不分主次,认识一切;不分高下,理解一切;差别地领受一切。什么也不能逃避它,什么也不被排除。历史学自诩这正是细微审慎的标记:不将自己的趣味加诸旁人,不将自己的好恶加诸实际发生的东西。事实上,这是缺乏趣味,是粗俗和沾沾自喜,是极尽亵渎高雅、搜寻卑琐之能事。历史学家对令人作呕的东西麻木不仁,甚或喜不自胜,表面上公允客观,实际是将一切归于软弱的公共意见,而置崇高于不顾。他之所以想多知道一些,想知道一切,是为了把握日渐浓缩的秘密。"卑贱的好奇心"。历史源自何处? 贱民。向谁诉说? 贱民。他的言辞与煽动者的言辞如出一辙。后者说:"没谁比你们高贵","谁自诩优于你们,优于你们这些好人,谁就是邪恶的"。历史学家是煽动者的翻版,他回应说:"没什么今不如昔的,我的细致的知识要告诉你们历史上所有随伟人而出的东西的渺小、歹毒和邪恶。"苏格拉底是历史学家的鼻祖。

蛊惑人心的煽动者往往是伪善的。在普遍性的面具下掩盖着的,可能是他个人的仇恨。正如煽动者援引真理、本质规律和永恒的必然性,历

---

① 尼采:《快乐的知识》§327。

史学家乞灵于客观性、事实的精确性和凝滞的往昔。为了确立非时间性的观念的绝对权力,煽动者否弃肉体;为了他人能上前发言,历史学家倾向于消除自身个性。所以,历史学家极力反对自身:克制自己的好恶,消除自己的观点,代之以具有虚构的普遍性的几何学,去模拟死亡,以便进入死之国门,去获取没有面孔、没有名字的准存在。在历史学家克制自己的个性意志的世界,他要向旁人指明绝对意志的不变律令。既然在自己的知识中消除了意志的痕迹,历史学家就要从认识对象的角度寻找永恒意志的形式。他的客观性是对意志和知识关系的颠倒,是对上帝、终极因和目的论的必然信仰。历史学家是苦修者家族的成员。"我无法容忍这些淫欲的历史学宦官和禁欲理想的娼妓;我无容忍制造生命的伪君子;我无法容忍疲惫消沉的存在披着知识的外衣,投身于一种客观的态度。"①

至于历史的 Entstchung,它的出生地是 19 世纪的欧洲:杂交和私生风行的国度,种族混杂的时代。与文明的高贵时代相比,现在我们犹如野人,目睹废墟和神秘的遗址,在残垣断壁前驻足,思忖着这些空落的神殿中曾住过什么样的神灵。伟大时代既无好奇,也不虚敬,它们不承认先行者,古典主义不看重莎士比亚。欧洲的衰落给予我们一个过去时代的伟大场景。我们今天所处场景的特点,就是上演一出戏剧;没有我们创造的、属于我们自己的纪念碑,我们在一堆道具中生活。更有甚者,欧洲人不知道自己是谁,不知道自己身上有哪些种族的血脉,到处找寻应属于自己的角色,毫无个性可言。由此,我们就可以理解为什么 19 世纪顺理成章地就是历史学的世纪。力量衰竭、消除了特征的血液混杂导致了与禁欲苦行相同的后果:创造力减退、自身事业失落、不得不以往昔和其他地方发生的事情为依据,所有这一切使 19 世纪陷于一种自卑粗俗的好奇。

但是,如果这就是历史的谱系,那它又何以成为一种谱系分析? 何以没有止于一种蛊惑人心的宗教知识? 在同样的背景下,它怎么能改变自己的作用? 那只是因为人们占有它、掌握它,使它反对它自己的起源。实际上,Entstchuns 的本意并不是预先经过长期准备的东西的结局,而是一个力量冒险、对垒、间或取胜的场所,是人们盗用力量的场所。雅典式的

---

① 尼采:《谱系》第三卷,25。

蛊惑、苏格拉底贱民式的仇恨和他对永恒的信仰,是形而上学的土壤,柏拉图本应攫取苏格拉底哲学,使它反对自身——毫无疑问,他不止一次地努力过,但失败了,反而造就了它。19 世纪的问题不是要对历史学家卑贱的禁欲主义做类似于柏拉图对苏格拉底禁欲主义所做的事情。不是要给它以一种历史哲学的奠基,而是要从它产生出的东西出发去粉碎它,去掌握历史,拿它作谱系学的使用,也就是说,作一种严格的反柏拉图主义的使用。如此,历史感性就摆脱了超历史的历史。

(7)历史感性有三种使用,分别与历史的三种柏拉图主义模式相对照。其一,对实在性的反讽式的和破坏性的使用,它与历史—回忆或确认相对;其二,对同一性的分解和破坏性使用,它与历史—连续性或传统相对;其三,对真理的牺牲和破坏性使用,它与历史—认知相对。总之,要以一种完全摆脱了形而上学和人道主义化记忆模式的方式来使用历史,要使历史成为反记忆——从而也就展开了另一种时间的形式。

首先是反讽和滑稽化的使用。历史学家为血统混杂的、缺乏特征的欧洲人——他不知道自己是谁,不知道自己的姓名——提供了备用的同一性,它比他原有的同一性看起来更个性化、更真实。但具有历史感性的人不会被这种替代物所蒙骗,因为这只是一种装扮。人们逐次赋予大革命以罗马模式,赋予浪漫主义以骑士的甲胄,赋予瓦格纳时代以日耳曼英雄的长剑,但这些只是华丽的服饰,它们的不真实缘于我们自身的不真实。就让某些人去虔信这些宗教、去为新的彼岸举行祭仪吧,让他们去兜售这些空洞的同一性吧。好的历史学家、谱系学家很清楚 应该怎样去看待假面舞会。不是严肃地去拒斥它,相反要把它们发挥到极至:他要举办盛大的时间狂欢节,让各种面具频频亮相。不是把我们苍白的个性统一到往昔强健的同一性,而是要在大量重现的同一性中,将我们非真实化;重新拾起那些旧面具——弗里德利克·德·霍亨斯托芬(Frederic de Hohenstaufen)、恺撒、耶稣、第奥尼索斯,也许还有查拉图斯特拉——,让历史的滑稽剧重新开演,我们在自身的非真实中恢复更不真实的上帝的同一性,正是它决定了我们的不真实。“或许这样我们还能打开一个领域,在那里作为对历史的滑稽模仿,作为上帝的傀儡,或许我们还会有些许创造性。”这里我们可以看到对《不合时宜的思想》第二卷中称做“纪念碑式的历史”的滑稽模仿:重构发展中的诸高峰、使它们成为永远在场的历史,依据事业、行动、作品的内在本质的标记重新发现它们的历史。在1874年,尼采指斥这种虔敬的历史遮蔽了生活及其创造的真实强度。相反,在最后几篇文章中,为了指斥这种历史本身只是一种滑稽模仿,尼采又戏仿了这种历史。谱系学可以说正是作为杂凑的狂欢节的历史。

对历史的另一种使用是对我们的同一性的系统分解。这种脆弱的、我们竭力在面具下确保和聚合的同一性,本身不过是个可笑的模仿,它本身是复数的,内部有无数的灵魂争吵不休;各种体系杂陈交错、互相倾轧。研究历史的时候,我们为之“欣喜的是,与形而上学家所愿相违,在自我之中隐藏着的不是一个不死的灵魂,而是许多必死的灵魂”①。并且,历史在每个灵魂中揭示出来的,不是什么被忘却的、迅速复生的同一性,而是一个由众多不同元素构成的、不受任何综合权力主宰的复杂系统:“真诚地坚持某些进化阶段、坚持经历这些阶段而不虑及它的人是绝无仅有的,这是高级文明的一个特征……一个首要的后果是,把我们的相似性理解为完全确定的体系,理解为各种文化的代表,也就是说,是必然的和可变的。反过来的后果是,在我们自身的进化中,能分出各个片断,作区别对待。”②谱系学导向的历史不是寻找我们同一性的根源,相反要尽力消解它,不是确定我们源出的唯一策源地、那个形而上学家预言我们必将回归的最初决定,而是致力于昭显我们所经历的一切非连续性。这种功能,按照《不合时宜的思想》中的说法,是对“古玩商式的历史”的倒置。后者意在确认我们的现在所植根于其中的连续性:灵魂的连续性、语言的连续性、城市的连续性;它要“用纤手文饰永存的东西,为后人保留衍生的条件”③。《不合时宜的思想》反对这种历史,认为它假真实规律之名预告一切创生,这是冒险。稍后,尼采(在《人性,太人性了》中即已如此)重新承担起古玩商的任务,当然在取向上是完全相反的。谱系学之重提有关灵魂、语言和律令——这个灵魂曾目睹我们的诞生,这种语言正是我们所言说的,这种律令则支配着我们——的问题,是为了揭示那在自我面具之下

---

① 尼采:《在善恶的彼岸》§223。
② 尼采:《漫游者和他的影子》:《意见与混杂的句子》(§17)。
③ 尼采:《人性,太人性了》3,§274。

否决我们的同一性的异质系统。

　　对历史的第三种使用是对认知主体的牺牲。历史意识表面上看，或者更恰当地说，依照面具看，是中立的，消除了一切激情，专注于真理。但如果它自问一下，如果更普遍地讯问一下整个科学意识的历史，那么历史意识就会指示出求知之志的形式及其变化。这种求知之志是本能、激情、沉溺于讯问的任性、残忍的纯化活动和邪恶；它揭示出各种决断的暴戾：反对善良的无知的决断，反对人性为自己保留的生动梦幻的决断，祖护研究和发现中存在的一切有害的、令人不安的东西的决断。[①] 对这种渗透在人性中的伟大意志—知识的分析同时还揭示出，没有一种认知不基于偏见（认知并无获得真理或真实基础的任务），认知本能是有害的（这种本能中有某种戕害人的东西，对人的善良既不会也不愿有所裨益）。即使像今天这样最大限度地估价意志—知识，它也不能达到普遍真理，不能为人提供对自然的精确客观的把握；相反，它会带来更大的风险，甚至增加危害；它打破了幻想的保护，消除了主体的统一性，释放出一切执著于离析、破坏统一性的东西。知识没有摆脱经验根源和产生它的最初需要从而成为只服从理性要求的纯粹思想，没有在自身发展中与自由主体的建构和肯定联系起来，伴随它而来的是持久、强烈的偏执。本性的狂暴在知识中日益膨胀。昔日宗教要求牺牲人的肉体，今天知识放弃了认识主体，要求把我们自己当做实验对象。[②] "在我们当中，认识变成了一种激情，不畏牺牲、抗拒消亡的激情……认识的激情也许会扼杀人性……人性如不被扼杀，它自身也许会衰竭而死，我们作何选择？这是首要问题。愿意人性在火与光中涅槃，还是愿意它在沙砾中垂死？"[③]这两个为 19 世纪思想分享的重大问题（真理和自由互为基础，绝对的知识的可能性），这两个由费希特和黑格尔遗留下来的重大问题，现在是到了用"因绝对认识而死应该构成存在的部分基础"[④]来取代它们的时候了。在批判的意义上，这并不是说求真之志受制于认知的限度，而是说，在它牺牲认识主体的时

① 尼采：《不合时宜的思想》第二卷，3。
② 参考尼采：《曙光》§429,432；《快乐的知识》§333；《在善恶的彼岸》§229 和 230。
③ 尼采：《曙光》§501。
④ 尼采：《曙光》§429。

候,求真之志摆脱了一切限度,一切真理意向。"也许,只有一个神奇观念能够消除所有其他憧憬,能够成为最终的胜利者——我想这就是自我牺牲的人性观念。人们也许会评论说,如果有一天这个观念在天际涌现,那也就唯有真理认识这个宏伟目标与这样的牺牲相称,因为对认识而言,任何牺牲都不为过。暂时,这个问题不会产生。"①

《不合时宜的思想》谈到对历史的批判性使用,这种使用要求公正地对待过去,要斩断它的众多根枝,消除传统的虔信,以便最终解放人,最终留给他一个唯一的起源。在这起源中他能自我确认。尼采指责这种批判的历史为了获取真理使我们远离自己的源泉,甚至牺牲生命运动。我们看到,稍后,出于自己的需要,尼采又拣起了这种他曾拒斥过的历史。当然这另有所用,即不是要以我们现有的真理来评价过去,而是要大胆地在无限展开的求知之志中摧毁认知主体。

在某种意义上,谱系学回到了尼采 1874 年认识到的三种历史模式。这种回复超越了尼采以生命、以生命的判定和创造权力的名义所作的驳斥,是变形后的回复:对遗迹的崇拜变成了滑稽模仿,对古老连续性的虔敬变成了系统的分解,用今天所持的真理批判往昔的不公正变成了以认识之志所特有的不公正摧毁认识主体。

（摘自于杜小真编选:《福柯集》,上海远东出版社 2003 年版,第 146～165 页。）

---

① 尼采:《在善恶的彼岸》§539。

一位新型档案员

——论知识考古学①

[法]德勒兹

城里人称他是一位新型档案员。然而,这种称呼对他是否确切?是否符合他本人的意愿? 一些敌视他的人认为他是一种工艺学、一种结构技术至上论的新代表,而另一些把自己的愚蠢当做诙谐风趣的人则认为他是希特勒的走狗,或者至少他亵渎人权②(人们不会原谅他曾宣告"人的死亡"),还有人说他是一个模拟器,既不倚靠任何经典,也不援引大哲学家们的至理名言。相反,也有一些人说:某种新事物、全新的事物在哲学中诞生了,并认为这项事业具有节日清晨般的魅力,尽管这是它所要避免的。

总之,一切都像果戈理的故事(更胜于卡夫卡的故事)那样开始。这位新档案员宣布他将只注重陈述而不去理会那些曾以千百种方式吸引老档案员的东西:命题和句子。他将无视彼此重叠的命题的垂直等级和彼此呼应的句子的侧向性。他将置身于某种对角线的形式中,保持机动。这种对角线的形式可使那些人们在其他地方不能领悟到的东西暴露无

---

① 本文摘自于杜小真编选:《福柯集》,上海远东出版社2003年版,原书有多位译者,本文为谢强译。本文选自德勒兹:《米歇尔·福柯》一书,子夜出版社1986年版。本文在摘录时保留了原文样式,其中所引的福柯作品为外文原版,仅注出作品汉译名称如"福柯:《话语的秩序》",下同,不注。

② 在《词与物》出版后,一位心理分析学家曾著长文评论,把此书与《我的奋斗》相提并论。最近,反对福柯人权观点的人又开始论战。——原注

遗。准确地讲,这就是陈述。此乃无调性逻辑乎? 人们对此感到忧虑是自然而然的,因为这位档案员似乎在虚张声势,故弄玄虚。他认为在不久以前,他对此曾不断地举例论证,尽管在那个时候,他自己也不知何为例证。现在,他分析的唯一的形式性例证是有意为引起人们不安而做的:我偶然勾画出来的某个字母系列或者我按照打字机键盘上的字母顺序而复写出来的某个字母系列。"打字机的字盘不是陈述,但列举在打字机教材中的 A、Z、E、R、T 这一字母系列却是对法国打字机所采用的字母顺序的陈述。"[1]这样的多样性不具备任何语言学的规律结构。但是,它们确系陈述。何为 AZERT? 任何已习惯于其他档案员的人都要问他如何能够依靠这些条件创造陈述。

特别是福柯解释说陈述在本质上是稀有的,不仅在事实上如此,在权利上亦然:陈述与权利、稀有性效果密不可分。这甚至是陈述区别于命题和句子的特点之一。因为人们总是能够随意设立命题,并且总是能够根据类型的不同在表述时将命题分出"高低上下",而形式化更是如出一辙,旨在使可能的命题得以增加,而不是区分可能的与现实的。至于那些实实在在被说出的东西,它在事实上的稀有性源于一个句子用以否定其他的句子、阻止其他的句子;反驳或者回击其他的句子的东西,就像是每一个句子蕴涵着它所没有说出的东西,蕴涵着一个潜在的或者潜伏的内容;这个潜在或潜伏的内容使句子的意义增加,并奉献给解释,形成某种"隐话语",即真正合法的财富。句子的辩证法总是服从于矛盾,如此只是为了克服或者深化矛盾;而命题的类型学则服从于抽象,以便每一层次上的高级类型与其成分相适应。但是,矛盾和抽象,作为永远可以以句子反对句子或以命题证明命题的可能性,都是使句子和命题增加的手段。与此相反,陈述离不开稀有性的空间,在这个空间里,陈述依据节省甚至亏空的原则进行分配。在陈述的范畴内,不存在可能或潜在的东西:一切都是实在的,并且全部的实在性都在这里表现出来——它是唯一在此地此时估量被表现出来的东西,只不过留有诸多空隙和空白而已。然而,可以肯定的是,陈述能够相互对立和分成层次的等级。但是福柯用两章的

---

① Foucault Michel, *L' archeologié Du Savoir*, Paris, 1969.

篇幅明确指出陈述矛盾的存在只取决于稀有性空间中可测量的确实距离；他还指出，陈述比较需要依靠机动的对角线形式，它能够使同一整体在这个空间中直接面对不同的层次，还可以在同一层次中直接选择某一整体，而无须顾及其他整体，哪怕它们是这一整体的组成部分（甚至它们可能还包含另一个对角线形式）。① 正是这种稀疏化的空间产生了这些运动、这些运转、这些维度和这些罕见的分割。正是这种"带空隙的零碎的形式"使人们对在陈述中只有极少的东西被说出，而且"只有极少的东西能够被说出"②的现象感到惊讶。在这种稀有性或扩散成分中的逻辑记录结果会是什么呢？它与否定物无关，相反，却构成陈述固有的"实证性"。

福柯也有较令人欣慰的一面。如果说陈述确实稀有，或基本上是稀有的话，那么独创性之于产生陈述的需要便不复存在。一个陈述总是代表着在相应空间中分配的特性和特点的传播。我们将看到，这些空间本身的形成和转换提出了一些拓扑学方面的问题，而这些问题却被诸如创造、起始或基础等术语表达得十分蹩脚。其主要原因在于，在某一被观察的空间中，形成初次的放射或者重复和复制，并不至关重要。重要的是形成的陈述之规律性（régularité）：它不是一个中数，而是一条曲线。事实上，不能将陈述与其所包含的特殊性的放射混为一谈，但陈述却与贯穿这些特殊性的毗邻曲线的状态混在一起，特别是与这些特殊性的分配和复制的规律混在一起。以上便是陈述的一种规律性。"因此，独创性－平凡性的对立是不合情理的：在最初的某个表达和在数年或数个世纪后多少是准确地重复出来的这个表达的句子之间（考古学的描述）并不去建立任何价值的等级，也不作它们之间的彻底区分，它只试图建立陈述的规律性。"③起源的问题越是不被提出，独创性的问题也就越不被提上日程。

---

　　① 在《知识考古学》第四部分第三、四章里，福柯特别指出，在《词与物》中，他对同一层次的三种组成发生兴趣：自然史、财产分析、普通语法。但是，他本应该注意，其他组成（圣经批评，修辞学、历史……）尽管"发现一张话语间的网"，却并不重叠于前者之上，而是在某些点上与之相交。——原注

　　② 见《知识考古学》。

　　③ 引自《知识考古学》。

没有必要先成为什么人而后才能制造陈述。陈述既不归结于任何我思，也不归结于使它成为可能的先验主体；既不归结于最先说出（或者最先重复说出）它的"我"，也不归结于保留、宣传和重新分割过它的时代精神。①对于每个陈述来说，都存在着许多主体的"位置"，当然这些位置是多变时。然而正是由于不同的个体都可在任何一种情况上占据这些位置，陈述才成为某种并合性的特殊对象。依据这种并合性，陈述得以保留、传播或者重复。并合性如同存货的结构，它不是稀有性的反面，而是这种稀有性本身的结果。因此，它可以替代那些起源和起源回归的概念。像柏格森的回忆一样，陈述在自己的空间里被保存在自我之中，并且不顾这个空间的艰难而生存着或者重新构建。

在一个陈述的周围，我们应区分三种作为空间层面的环路。首先是侧位空间。这是一个合作或毗连的空间，即由构成同一群体的另一些陈述所组成的侧位空间。想弄清究竟是空间限定群体，还是相反地，陈述群体限定空间，是毫无意义的。这里既没有与陈述无关的同质空间，也没有未经定位的陈述，二者均在形成规律的层面上融为一体。重要的是这些形成规律既不使自己像命题那样归结于某一公理，也不使自己像句子那样，归结于某一语境。命题总是纵向地反映高层次的公理，而这些高层次的公理则决定内在常数和限定某一同质系统。这就是语言学建立如此同质系统的条件之一。至于句子，它们可以在一个系统中具有一个它们的成员，在另一个系统中具有它们的另一个成员，以此作为外在的变数。陈述却截然不同，因为陈述与某种固有的变化密不可分，所以我们从未置身于一个系统之中，甚至不断地从一个系统转移到另一个系统上去（即便是在同一语言的内部）。陈述既不是侧向的，也不是纵向的，它是横向的，其规律与它同处一个层面上。也许福柯与拉波夫彼此颇相近，特别是当拉波夫指出一个年轻黑人如何能够不断地从"黑人英语系统"过渡到"美国标准英语"的系统，而不受那些本身变化不定或随心所欲的规律的束缚的

①　见《知识考古学》。

时候。上述规律能够限定规律性,却不能限定同质性。① 即使当他们看上去是在同一语言中进行操作时,某种话语形成的陈述也同样被当做系统或语言,从描述过渡到观察、计算、确立和规定。② 因此,"构成"一个陈述的群体或家族的东西,是在同一层次上的过渡或变化的规律,这些规律使"家族"成为一个扩散和异质性的场所,正是同质性的反面。这就是所谓的合作或毗连的空间:每一个陈述都与通过过渡规律(媒介)联结起来的异质陈述不可分离。因此,每一个陈述不仅与某种"稀有的"同时又是规律的多样性密不可分,而且每一个陈述就是一种多样性,而不是一个结构或者一个系统。陈述的拓扑学反对命题的类型学和句子的辩证法;我们只相信一个陈述、一个陈述家族;一个话语形成,在福柯看来,首先是由一些固有变化的线路或某个媒介限定的,这些线路或媒介被分配在合作的空间中。因此,可以视陈述为原始功能,视其为"规律性"一词的第一意义。

第二个空间层面是对应空间,我们不能将它同合作空间混为一谈。这里不再涉及到陈述同其他陈述的关联,而是同陈述的主体、对象及其观念的关联。人们有幸能够在此一方面发现陈述的新区别,在另一方面发现陈述同词、句子或命题之间的新区别。事实上,句子反映陈述行为的所谓主体,而这个主体看上去具有有使话语开始的权力:"我"作为语言学人称,对于"他"是不能缺少的,即便在未被明确表述出来时,"我"也是作为媒介或者参照系而存在的。因此,句子可以从内在常数("我"的形式)与外在变数(说出"我"的那个人填补我的形式)的双重角度得到分析。而陈述则迥然不同:它并不归结于唯一的形式,而是归结于一些构成陈述本身的极易变化的内在位置。例如,如果一个"文学"陈述涉及一个作

----

① 参见拉波夫:《社会语言学》(子夜出版社)第262~265页。拉波夫最重要的思想是关于既无经常性又无一致性的规则的观念。我们可以回想福柯更晚时候的研究中的二不例子:当科拉夫－埃宾编纂有关性倒错的集子《性病理学》时,循语句子在陈述的对象变得过于可信的情况下包含了拉丁语部分。在这两方面之间存在一个体系向另一个体系的不断过渡。人们会说,这是因为情境或外部变化(羞耻、检查)的原因,而且确实是从陈述的观点出发的。但从陈述观点出发,科拉夫－埃宾的性意识的陈述是与完全不和谐的变化不可分离的。很容易指出任何陈述都处于这种情况之中。

② 参见《知识考古学》关于19世纪医学陈述的例证。

者,那么,一封匿名信却是在完全不同的意义上也涉及一个作者。一封平常的信涉及一个签字人,一份合同涉及一个保证人,一张布告涉及一个编辑人,一部集子涉及一个编纂者……不过,所有这些都是陈述的组成部分,即使它们都不构成句子:这是一种原始地派生的功能,即一种由陈述派生出来的功能。陈述之于变化主体的关系构成陈述内在的变化。"我很久没有早睡过……",如果把这句话与任意一个主体连在一起,或者把这句话同以此句开始的《追忆逝水年华》及其作者普鲁斯特联系起来的话,那么,句子虽然相同,陈述却不同。所以,同一陈述可以处在主体的若干立场或位置:一个作者和一个叙述者,或者一个签字人和一个作者(如一封塞维尼夫人的信——收信人在两种情况下可以是不同的人),或者一个作报告的人和报告中的人(如间接引语,特别是在自由间接引语中主体的两个地位的相互交叉)。然而,所有这些位置都不是陈述从原始的"我"中派生出来的形象,相反,这些形象是从陈述本身派生出来的,并在这个意义上成为某个"无人称"、某个"他"或者"人们"以及"他说"、"人们说"的方式,并由陈述家族加以说明。福柯很像布朗肖。布朗肖揭示出完整的语言人格学并将主体的地位置于匿名的低语的深层中。福柯正是要在这个无始无终的低语中占一席之地,而陈述为他提供了在此立足的机会。也许这就是福柯的最令人难忘的陈述了。

陈述的对象和概念也是一样。一个命题被认为总有一个参照物,参照物或意向性,是命题的一个内在常数,而来填补或不求填求或不来填补这个参照物的事物是一个外在的变化。然而,陈述与之不同。陈述有一个"话语对象",这个话语对象绝不是指某一确指的事物状态,相反,它是由陈述本身派生出来的。正是这个派生的对象被作为原始功能明确地限定在陈述变化线路的界限上。因此,它无助于区分不同意向性的类型。在这些不同的意向性类型中,一些可以由事物状态加以填空,另一些则陷于空白,而它们通常是虚构的或是想象的(如我碰上了一个独角兽),或者通常是荒谬的(如一个方圆圈)。萨特曾经说在区分人们日常进入睡眠的成分与人们普遍经历过的情景时,每一个梦,每一个梦的画面都具有其特殊的情景。福柯的陈述就像是一些梦境,因为每一个梦都各具其对象或者被某一情景烘托。因此,"金山在加利福尼亚"确是一个陈述:它没有参照物，而且它也不足以使人们想起某种可以由任何东西（通常以虚构）来填充的空白的意向性。"金山在加利福尼亚"这个陈述确有一个话语对象，即一个"容忍或不容忍这样一个在地质和地理上的幻想"的想象世界。如果引用"一个像利茨饭店那样大的钻石"的例子，人们会更容易明白。一般说，这个陈述不归结于虚构，但它却归于一个非常特殊的世界，这个世界包围着菲茨热哈德的某个陈述，使它处于与构成同一"家族"的同一作者的其他陈述所发生的关系之中。总之，相同的结论也适用于陈述的概念。一个词确有一个作为所指的概念，也就是它依据自己的能指（内在常数）与处在变化发生关系。但是，在这里陈述却不同。陈述拥有自己的观念，或者，勿宁说拥有它作为原始功能与异质系统进行贯通的话语"模式"。例如，在这样或那样的时代，或者在某个话语形成中：医学陈述具有关于病症的可变集群和差别（如在 17 世纪是躁狂症，后来到了 19 世纪，则是偏狂症的出现）。

如果陈述不同于词，句子或者命题，这是因为它们自身包含着主体的、对象的和概念的功能，有如其"派生物"。准确地说，主体、对象、概念只是原始地由陈述派生的功能。所以，对应空间是陈述家族中主体、对象和概念的地位或位置的话语秩序。这便是"规律性"的第二层意义：这些不同的位置代表某些特殊点。因此，来自于陈述的、与生俱来的内在变化的多样性同来自于词、句子和命题的内在常数和外在变化的系统形成相对立。对于词、句子和命题是偶然的东西，对于陈述却成为规律。福柯就是这样创建了一个新型的语用学。

剩下的第三层空间，却是外在的空间即补充空间，或谓非话语形成的空间（"制度、政治事件、经济实践和过程"）。福柯曾根据这一点勾画出一种政治哲学的观念。一种制度本身包含着陈述，如宪法、宪章、合同和记录与记载。反过来说，陈述也归于一定的制度范围，若没有这个范围，不仅在陈述所在地方出现的对象无法形成，即便是言及这种位置的主体也无法形成（如在这样一个时代，作家在社会中的地位，医生在医院或在他的诊所的地位，是新出现的对象）。但是，在这里，在制度的非话语形成和陈述的话语形成之间，要么建立某个垂直平行性类型，就像是两种相互象征的表达（表达的初级关系），要么建立某种横向的因果性，根据这种因果性,事件和制度作为陈述的假定作者可以决定人(思考的间接关系)。这种企图可谓宏大。然而,对角线的形式迫使我们接受第三条途径,即话语与非话语范围的关系。在陈述群中,这些关系本身既不是内部的,也不是外部的,可它们却构成我们刚刚言及的界限,没有这个确定的范围,陈述的任何对象都不会出现,而在陈述本身中,任何一个位置也不能得到确定。"这当然不是因为政治实践自19世纪初以来强加给医学以一些诸如与组织病变或解剖生理有对应关系的新对象,而是因为它打开了一个新的测定医学对象的范围(……在行政管理上被划分和监督的广大人口……庞大的人民军队……根据那个时代的经济需求和各社会阶层的相互地位而设的医院敏济制度)。政治实践同医学话语之间的这种关联,我们同样可以在医生特有的地位中看到……"①

由于独创性 – 平凡性之区别不甚恰当,陈述才能够被重复。一个句子可以被再次说出或被重新提及,一个命题可以再次被现实化,但唯独"陈述自有被重复的能力"②。然而,重复的实际条件看上去十分严格,它要求具备相同的分配空间、相同的特殊性分配、相同的地点和位置的秩序、以及与某一建构范围相同的关系,所有这一切构成陈述的"物质性"。这种物质性使陈述具有可重复性。在18世纪博物史和19世纪生物学中,"物种在变化"并不是相同的陈述。甚至,从达尔文到辛普森,也无法肯定这个陈述一直是相同的。这要看描述所强调的测量单位、距离和分配以及迥然不同的制度。同样一句标语"让疯子到疯人院去",可以属于完全不同的陈述形成,比如,在18世纪,它表示反对把疯子和犯人混在一起,而在19世纪则相反,它表示用疯人院将疯子与犯人隔离,或者在今天,进而表示反对医疗领域的某种演变。人们会提出异议,认为福柯除了使对语境的极为典型的传统分析变得更加精练之外一无所成。这恐怕是由于对他所建立的标准的创新还不了解的缘故。准确地说,他要指出人们可以说出一句话,或者表达一个命题而无需总是在相应的陈述中处于相同的位置并复制相同的特殊性。而且,人们如若被驱使用确定陈述所

---

① 引自《知识考古学》。
② 见《知识考古学》。

属的话语形成的方式来揭示虚假的分配,那么,人们反而会发现不同形成之间的同构性或同位性现象。至于语境,福柯无可解释,因为语境与话语形成或陈述家族不是同一性质的东西。

如果说陈述的重复具有如此严格的条件的话,那么,它所依据的不是外部条件,而是上述内在的物质性,正是它才使重复本身成为陈述的特有力量。这是因为一个陈述总是由与其他同处一个层次上的另一事物的特殊关系所确定的,亦即涉及到属于陈述本身的任何其他事物,而不是涉及陈述的意义或成分。这个"另一事物"可以是一个陈述。在这种情况下,陈述则被公开地重复。但是,严格地说,它又必须是不同于陈述的东西:它是外在的,这便是作为未确定点的特殊性之纯粹放射,因为这些特殊性尚未被语句曲线所确定和说明,尽管它连接这些特殊性并在它们之间的毗邻中形成各种形态。因此,福柯指出:一条曲线,一个图表,一个金字塔形表格都是陈述,但它们所代表的东西却不是陈述。同样,我复写的以下字母 AZERT 也是陈述,尽管它们在打字机键盘上不是陈述。人们看到,在这些情况下,一种神秘的重复使陈述复活,而且读者可以找到关于"异常引诱同一性的细微差别"的主题。这个主题是《雷蒙·罗塞尔》一书最出色的几页的源泉。陈述本身即重复,尽管它所重复的是"另一事物",而这个事物可以"与它极其相近并几乎相同"。不过,对福柯来说,最重要的问题是弄清陈述包含的这些特殊性是由什么组成的。但是,《知识考古学》一书却就此止步并不准备探讨这个超出"知识"界限的问题。福柯的读者猜测人们已步入一个新的范畴,即权力的范畴,因为它与知识相互关联。后来的几部著作将谈及这个问题。但是,我们已经感到键盘上的 AZERT 是权力家族的整体,是在法国语言字母表的字母之间,根据它们的常用程度和依据它们的距离安排手指位置的力量关系之整体。

福柯解释说《词与物》一书既不谈及物,也不谈及词,更不谈及对象和主体、句子、命题以及语法、逻辑或语义分析。陈述远非词与物的综合,远非句子和命题的混成。恰恰相反,陈述是句子或命题的先决前提(尽管句子或命题已隐含着陈述),是词与物的创造者。福柯曾两次承认他的失误:一是在《疯狂史》中,他过分求助于某种精神病的"经验",而这种经验尚处于未知的事物状态与命题的两重性中;一是在《临床医学的诞生》

中,他乞灵于某种"医学的视野",而这种医学的视野还包含对客观领域过于执着地假设主体的单一形式。然而,这些对失误的懊悔可能是虚假的。没有理由对放弃浪漫主义以迎接新实证主义感到惋惜,尽管这种浪漫主义曾展示了《疯狂史》的某一部分的隽永。这种稀有化的实证主义本身既是诗化的,又可能具有在话语形成或陈述的扩散中重新使某种永远属于精神病的普遍经验复活的效果,它能在这些形成内部的变化中重新使某个永远属于医生、临床医生、诊断医生、文明症状学家(独立于任何一种世界观)的机动位置复活。但是,《知识考古学》的结论会是什么——如果它不是对某种生产的普遍理论的求助的话?这种理论需与某一革命实践相结合,而在这种理论中,机动的"话语"形成于某个漠视我的生死的"外在"的成分中,因为话语形成是名副其实的实践,而它们的语言与其说是某种普遍的逻各斯,不如说是必定会消失的语言,但却有能力促成和不时地表示变化。

这就是所谓的陈述群,但它原来却是一个单独的陈述,这便是多样性之由来。里曼是创造与物理学和数学有关的"多样性"概念和多样性形态的作者。这个概念在哲学上的重要意义后来出现在胡塞尔的《形式逻辑和经验逻辑》和柏格森的《论文集》中(当时,柏格森正试图将绵延确定为某种多样性形态,以对照空间的多样性,这同里曼区别离散的和连续的多样性有些相似)。

但是,这个概念在这两个方向中均告失败:不是因为形态的区分在简单的二元论中会掩盖多样性,就是因为形态的区分趋于某一公理系统的结构。这个概念的关键在于:像"倍数"这样的名词,不再是与"一"对置的东西或者是赋予某个作为"一"而重复的主体的谓语。多样性与传统的"倍"与"一"的问题全然无关,特别是与主体的问题毫无关系,尽管这个主体规定了思想、多样性,并将它从某一起源派生出来。这里没有"一",也没有"倍数"。总之,它是对某种在"一"之中重新清醒并在另一个"一"中发展自己的意识的反思。这里只有稀少的多样性和一些特殊点及空缺的位置,它们是专为那些不时来此发生作用的东西而设立的。这些东西来此充当主体并且充当可并合、可重复和可自我保留的规律性。多样性既非公理的,亦非类型学的,而是拓扑学的。福柯的著作代表着向多样性的一种理论－实践迈进的最有决定性的一步。从另一方面看,这也正是莫里斯、布朗肖所制定的文学生产逻辑的途径:单数、多数、中性与重复之间的最紧密的联系。这种途径既可拒绝某种意识或某个主体的形式,也可拒绝某个未经区分的不可知物的无穷底细。福柯没有隐藏他在这一点上所表现出的同布朗肖的亲属关系。他进而指出今天争议的关键不全是针对所谓的结构主义,不是针对所谓结构的模式及其现实性之存在与否的问题,而是针对在人们认为没有被完全结构化的范围里属于主体的位置和状态的问题。因此,只要我们直接将历史同结构对照,我们就可以认为主体保留着某种意义,这种意义被看做是组成的、收集的和统一的活动。但是当我们将"时代"或者历史形成看做是多样性时,此法便不再灵验。

　　这些多样性超出了主体统治的范围,也超出了结构统治的范围。结构是命题的,它具有公理的特性,可为某一精确限定的范围所规定,它形成一个同质系统,而陈述却是一种可以横跨这些范围的多样性。它"与结构和可能的单位的范围交叉并且以具体的内容将其显现在时间与空间中"①。主体是句子的或辩证的,它具有第一人称的特性,语话总是由此开始;而陈述则是一种原始的、匿名的功能,这种功能只让主体以第三人称存在,并只作为派生的功能。

　　考古学与至今仍被"档案员"使用的两种主要技术相对立,这两种技术即是形式化和解释。档案员们在同时需要这两种技术时,总是从一种技术跳跃到另一种技术上。他们时而从句子中提取某个逻辑命题作为这个句子的明显意义:他们超越了"记录"在某个可以理解的形式上的东西,无疑也超越了能够被记录在某一象征表层上而其本身秩序又不同于记录的秩序的东西。相反,有时他们又跳过某个句子,停留在另一个句子上,而被越过的句子却暗含这个句子的意义:他们增加了被记录在另一个记录上的东西,无疑也增加了构成某一隐义的东西,而这被增加的东西却根本不曾记录相同的内容。这两种极端的态度恰恰表示出两个终极,而解释和形式化就在这两极之间徘徊不定(人们可以看到对以下情形精神

---

　　① 引自《知识考古学》。

分析难下定论,即在功能－形式假设与关于"双重记录"之切题性的假设之间难下定论)。一种假设是从句子中得出某种剩余的东西,另一种假设则是得出没说出的东西。逻辑学之所以指出应该区分相同句子中的两个命题,而各种解释学说之所以指出一个句子包含着应该填补的空白,都是由于这个缘故。因此,看起来很难有条有理地区分实际说出的东西与对说出的东西的唯一记录。语言学更是无法把握这条界限,因为语言学上的单位与说出的东西从未处于同一个层次上。

福柯要求有权制订一个完全不同的方案,即要求把握对说出的东西的简单记录,把它们看做是说出的东西的实证性,这也就是陈述。考古学"不试图绕过词语性能以便在它们的身后或在它们的明显的表层下面发现某种隐藏的成分,发现某种躲藏在它们身上的或已通过它们流露出来却没有说出来的隐秘意义;此外,陈述不是直接可见的,它不像语法或逻辑结构(尽管后者并不完全清楚,很难被明确)那样明显地出现。陈述既不是可见的,也不是隐藏着的"①。福柯在一些重要的章节中指出:没有一个陈述能够拥有潜伏的存在,因为它涉及实际说出的东西;即便是存在于陈述中的欠缺或空白也不应同隐蔽的意义混为一谈,它们只表示在构成"家族"的扩散空间中陈述的出场。但是,话说回来,如果说要把握这种与说出的东西同一层次的记录是一件极难的事情的话,这是因为陈述不是可以立刻感知的,并且总是被句子和命题掩盖着。我们应该找到它的"基底",将它刨光,乃至加工和创造。我们应该创造、分割陈述基底的三维空间,并且只有在我们将建构的多样性中,陈述才可能形成对说出的东西的简单记录。只是这以后会出现如下的问题,即弄清解释和形式化是否已经不把这种作为自己先决条件的简单记录包含其中。它事实上是不是陈述的记录(或陈述等于记录)? 在某些条件下,这种陈述记录会被引到另一个记录中,被一分为二,或者在某个命题中,去投射别的东西。每一个信上的地址,每一个信尾的签名都在其话语形成中反映陈述的唯一记录:它们是档案遗迹,或者说不属于文献。"为了使语言能够被看做对象,被分解成不同层次,被描述并被分析,就需要有一个永远是被确定

---

① 引自《知识考古学》。

的而又不是无限的陈述作为论据而存在：一种语言的分析总是在一个言语和文本的资料体上进行的。对模糊意义的解释和揭示总是基于句子的某一被限制的集合，而对某一系统的逻辑分析则在重写和形式语言中又包含有命题的特定的整体。"①

以上是具体方法的基本内容。我们不得不从词、句子和命题起步。只是我们根据提出的问题把它们组织在一个确定的可变的资料体中罢了。这也早就是布龙菲尔德或哈瑞斯的"分布主义"学派的要求。但是，福柯的独特性在于其确定资料体的方式，因为他既不依据语言上的频率或常数，也不依据那些说话或写作的人物（如大思想家、著名的国家元首等等）的个人素质。

难怪弗朗索瓦·埃瓦尔德（Francois Ewald）说福柯的资料体是一些"没有参照的话语"，并说这位档案员特别经常避免的便是援引大人物的名字。这是因为被选来作基础的词、句子和命题并不根据它们由之而来的结构或某一主体－作者，而是根据它们在某一整体里实施的简单功能，如进疯人院或进监狱的规定，军队和学校的纪律规定等。如果人们一定要问福柯的选择标准，答案仅仅明确地出现在继《知识考古学》之后出版的几部书中：哪些词、句子和命题被保留在资料体中，是根据因一个权力（及其对抗）的扩散源而牵连在一起的这样那样的问题来进行选择的。以 19 世纪的"性"的资料体为例，人们将选择那些在告解座周围交换的词与句子，那些在决疑论教义中拼凑起来的命题，人们也不会放过其他的来源，如学校、出生率和结婚率等等……②

在《知识考古学》一书中被实际运用的正是这种标准，尽管关于它的理论是后来发表的。不过，资料一经建立（它并不预先假定陈述的意义），人们就能够确定语言的聚集和"降落到"这个资料体上的方式，这就是《词与物》所言及的"语言的存在"以及《知识考古学》所乞灵的"存在着的语言"。它们依每个整体情形的变化而变化。这就是根据选定的资料体所形成的这样或那样的形式的"人们说"，它形同匿名的低语。因

---

① 引自《知识考古学》。
② 参见《求知之志》。

此,人们能够从词、句子和命题中提取与之不能混为一谈的陈述。陈述不是词,不是句子,也不是命题,它是当句子的主语、命题的对象、词的所指被摆进"人们说"之中,被分配和扩散到语言的深层之中而转变其性质时,唯一能够从这个资料体中表现出来的某些形成。根据福柯常用的悖论,语言只是为了成为陈述的分配或扩散的范围,成为某一自然扩散"家族"的规律才聚集在某一资料体上的。这种方式在整体上极其严密,可用于各种解释的角度,并贯穿于福柯的著作之中。

当果戈理在写关于死魂灵的记录的杰作时,他解释说他的小说是诗,并指出小说应该如何是以及在哪一点上必须是诗。在这本考古学中,福柯似乎也暗述了其方式,详谈了他以前的那些如诗的作品,并且达到了这样的结论:哲学亦需是诗,是说出的东西的诗,同样也是无意义的和具有最深意义的诗。在某种意义上,福柯可以宣称他除了故事什么也不曾写过。之所以这样说,是因为我们已经看到,陈述形似梦,而且像在万花筒中,一切都随着人们所选定的资料体和所勾划出的对角线而发生变化。但是,从另一种意义上看,福柯又可以说他除了真实,什么也不曾写过,因为陈述中的一切都是真实的,而且所有的真实性在陈述中都一目了然。

这里各种多样性层出不穷。不只有话语与非话语之多样性的伟大的二元论,而且在这些话语之中还有陈述的所有家族或者形成,这些家族和形成的名单面向每一个时代并随之变化。此外,还有靠某些"界限"来表示的陈述类型,因为同一家族能够横跨许多类型,而同一类型又能表示许多家族。例如,科学包含某些界限,而语气可以在这些界限之外达到某种"认识论"、"科学性"或者"形式化"的程度;但是,绝没有哪种科学可以将自己由之而出的家族或形成吞并掉。因此,精神病学的科学结构和抱负不排斥法律条文、文学表达、哲学思考、政治决策或普遍舆论。它们是相应的话语形成之不可分割的组成部分。科学至多引导形成,将其部分区域系统化或形式化,哪怕由之得到某种意识形态功能以致人们误认为这与某个科学上的简单缺陷相关。简言之,科学定位于某一知识范围之中,而它不能吞并这个范围;它定位于某一形成之中,而这一形成本身即是知识的对象,而非科学的对象。知识不是科学,甚至也不是认识,它的对象是早已确定好的多样性,或者,更确切地说,是它自己通过其特殊点及其地位与功能所描述的具体的多样性。"话语实践与科学的制订并非同时产生；科学的制订产生于话语实践，而话语实践所形成的知识既不是所建科学的粗糙雏形，也不是它的日常副产品。"①但是，人们也同样可以这样设想：一些多样性，一些形成，不能引导那种经常在认识论界限上影响它们的知识。它们可以在其他不同的界限上将知识引导到过去。人们不愿意只是认为一些家族不能"适用于"科学，至少不能"适用于"重新分配和真实变化（如在 17 和 18 世纪，存在于精神病学之前的东西）。人们还会问，是否存在着像美学那样的界限，这种界限可以使知识向一个不同于科学方向的方向运动，还可以在它所属的话语实践中确定某一文学文本或者绘画作品，或者，哪怕是有像伦理学或政治那样的界限也行。这样，人们就会指出诸如禁忌、排斥、局限、自由、违背等是怎样与"某种确定的话语实践联系起来的"，并且也与非话语化范围发生关联，或者人们会指出如何做到或多或少地接近某一革命的界限。因此，诗－考古学便在多样性的所有记录中，乃至在说出的东西的唯一记录中应运而生，并与事件、制度及所有其他的实践相关联。重要的不是克服使巴什拉的著作陷于困境的科学－诗的二元性，也不是找到一个科学地对待文学文本的方法。重要的是发现和测量这片陌生的土地。在这片陌生的土地上，文学形式、科学命题、日常句子、精神分裂症的无意义等等无一不是陈述，不同的只是它们没有相同的尺码，不可任意地缩减和使它们的话语彼此等值。那些逻辑学家、形式主义者或解释家都不曾达到这一点，都不知道科学和诗同样都是知识。

但是，是什么能界定一个家族、一个话语形成呢？如何设想这种分割呢？这是一个与划界截然不同的问题。在这里仍然不存在一个合适的公理方法，甚至也不存在纯粹意义上的结构方法。因为一个形成之替换另一个形成并不绝对发生在最普遍的和最易形式化的陈述层面。只有系统的方式，亦即现时历史学家们使用的方式，能够在某一特殊点的毗邻区域建构一个系统，并寻找另外一些在其他的方向或其他总的层次上延续这个系统的系统。这些系统在某个新的空间中开始被分解和被分配的瞬间

---

① 引自《知识考古学》。

和地点总是存在着的。这就是分割发生的地方,它同时就是建立在特殊性和曲线上的系统方式。福柯注意到这个方式似乎有两个对立的效应:一方面它将历史学家们导向对长时段作一些极其广泛的、相隔甚远的分割,另一方面又将认识论学家们引向偶然地增多的对短时段的分割。我们将再谈这个问题。但是,不管怎么说,关键是在可确定的多样性中建构系统以使哲学家们之因某个历史的需要而展开全部片段成为不可能的,因为这种历史是他们根据某一主体的伟大而想象出来的("将历史分析变成连续的话语,和把人类的意识变成每一个变化和每一种实践之独特的主体。这是同一思维系统的两个方面,亦即时间在这个系统中被设计为整体化的术语,革命在这里则永远只是意识的觉醒"①)。对于那些总是援引历史和反对概念的不确定性("变化")的人们,应该再次提请他们注重真正的历史学的困惑之处,即需要解释资本主义为什么会在此地此时产生而不是在别的地方和别的时代产生,尽管在彼地彼时某些因素看起来也有形成它的可能。形成、家族和多样性都是历史的。它们不仅是并存的组合,它们还与"派生的时间媒介"不可分离,因此,当一种新的形成伴随着一些新的规律和新的系统出现时,这个过程绝不是一下子表现在一个句子上或一个创造上,而是表现在"残砖碎瓦"上,即与旧成分的遗迹相伴随,出现时差和再现,使这些旧成分残存在新规律之下。尽管存在着同形现象和同位现象,但绝没有哪一种形成是另一种形成的模式。因此,分割是系统的一个基本要素。应该追踪系统、横跨层次、超越界限。永不满足于根据横向维度或纵向维度展示现象和陈述,而是要建立一条横跨的线,一条机动的对角线。这才是档案员—考古学者应该驰骋的地方。布莱对韦伯的稀有化宇宙的评价也适用于福柯(和他的文体):"他开创了一个崭新的维度,我们可称之为对角维度。它不仅是计划中的而且更是空间中的点、整体或形象分配的类型。"

(摘自于杜小真编选:《福柯集》,上海远东出版社 2003 年版,第 544~561 页。)

---

① 引自《知识考古学》。

沉淀,或历史的形成:可见物与可陈述物(知识)[①]

[法]德勒兹

沉淀是历史的形成,是实证性或经验性。"沉淀层"是由物与词、看与说、可见物与可陈述物、可见性的区域与可阅读场、以及内容与表达构成的。我们暂且向叶尔姆斯列夫借用这些时髦的术语,为的却是在另一种意义上用它们来论述福柯,因为这里的内容既不再与所指混为一体,而这里的表达也不再与能指分不清楚。这是一种崭新的、十分严格的分配。内容具有某种形式与实体,如监狱与被监禁在那里的人们、犯人(谁?为什么?如何?)[②]。同样,表达也具有某种形式与实体,如作为陈述对象的刑法与"犯罪"。刑法,作为一种表达形式,界定着一个可说性的范围(对犯罪的陈述);监狱,作为内容的形式,界定着一个可见性的区域("屏视式监狱",就是说,是一个人们每时每刻可以观察一切而又不被发现的地方)。这个例证是福柯在《监禁与惩罚》一书中对沉淀进行的最新的全面分析的佐证。然而,早在《疯狂史》一书中,这种例证就出现了:在古典主义时期,疯人院是作为精神病的可见性场所而出现的,其时,医学正在创造"精神失常"的基本陈述。在这两部书之间,福柯还写了《雷蒙·罗塞尔》和《临床医学的诞生》。前者指出罗塞尔的著作如何被分为两个部

① 本文摘自于杜小真编选:《福柯集》,上海远东出版社 2003 年版,原书有多位译者,本文为谢强译。本文在摘录时保留了原文样式,其中所引的福柯作品为外文原版,仅注出作品汉译名称,如"福柯:《话语的秩序》",下同,不注。

② 即关于"形式—监狱"和它与之同在的表达形式的差别。

分,即靠非常的机器发明可见性部分和靠奇特的"方式"创造陈述部分。后者则指出临床医学和病理解剖学如何在另一个截然不同的领域引发"可见物与可陈述物"之间的可变分配。

一个"时代"不可能先于表现它的陈述和填充它的可见性而存在。这是两个基本现象:一方面,每一种沉淀、每一个历史形成都蕴涵着某种在其自身上所形成的可见物和可陈述物的分配;另一方面,在一种沉淀到另一种沉淀的交替过程中,又存在着分配的变化,因为可见性本身的方式在变化,陈述本身也在更换着规则。比如,"在古典主义时代",疯人院是作为一种观看和展示疯子的新方式而出现的,它较之中世纪和文艺复兴时期的方式有天壤之别。而医学,还有法律、规章、文学等等,也创造出某种陈述规则。这种陈述涉及作为新概念的精神失常。如果17世纪的陈述将精神病表现为精神失常(关键性概念)的最高程度的话,那么,疯人院或拘留所便在某个整体中同精神病结下不解之缘。因为这个整体将精神病人与流浪者、穷人、二流子等形形色色的乌合之众融合起来。所以,这里,除了存在着话语规则之外,同样还存在着"某个明显的事实",即历史的感知或者敏感性。而在不久以后,在另一些情况中,监狱又成为观看和展示罪行的新方式,而犯罪则成为说的新方式。说的方式与看的方式,话语性与明显事实,它们中的每一种沉淀都是由两种沉淀的配合形成的,而且从在一种沉淀到另一种沉淀的交替中,此两者及其配合也在变化。福柯之期待于历史的,便是对每一时代的可见物和可陈述物的界定,它应能超越行为、心理和思想,因为使行为、心理和思想成为可能的正是这种界定。不过,要不是因为福柯通晓和博采众历史学家的新观念,从而创造出一种自身新颖的且能复兴历史的纯哲学意义上的质疑方式,历史是不会答应的。

《知识考古学》一是要作出方法论上的结论,二是要归纳出关于几对层面成分的理论,即关于可陈述物与可见物、话语形成与非话语形成、表达形式与内容形式的理论。然而,这部著作似乎给予陈述以绝对至上的地位。可见性区域只能由某种否定的方式予以确定;"非话语形成"则被置于一个完全属于某一陈述场的空间。福柯认为在话语陈述和非话语陈述之间存在着某些话语关系。但他从不认为非话语陈述要受某个陈述的限制,就是说要受某个剩余物或幻觉的限制。至上地位(即陈述拥有至上地位)的问题虽说重要,但我们以后再谈其原因。现在要指出的是,至上地位从不意味着可以限制一切。纵观福柯的著作,可见性从不受陈述的限制,其不受限制的程度之大,甚至看上去是要对陈述的行为形成偏见了。《临床医学的诞生》一书的副标题原是"看的考古学"。当然,如果我们不去追究为什么和在什么地方福柯作了改动的话,光是换副标题还不足以说明福柯放弃了这个副标题,因为他总是对他以前的著作进行修改。不过,这个改动多少还是表明了陈述的至上地位,因为福柯越来越意识到他以前的著作没有充分指出陈述规则之于看或感知的方式的至上地位。这是他针对现象学而作出的反应。然而,对他来说,陈述的至上地位,永远不可能取消可见物的历史的不受限制性。如果说陈述拥有至上的地位,这恰是因为可见物也有自己的法则,也有本身的自律性,这种法则和自律性使它与主宰物即陈述的异在律发生关联。如果说可陈述物拥有至上的地位,那也只是因为可见物以其自身的形式与之相对应。可见物的自身形式可以被确定,但却不受限制。在福柯的著作中,可见性的场所从未有过与陈述物相同的节律、相同的历史和相同的形式,陈述的至上地位在此受到限制,只要它所针对的是不可限制的东西。我们一旦忽略福柯的可见性理论,也就歪曲了他为历史所制订的概念,进而也就歪曲了他的思想,即他为思想所制订的概念。我们把这些当成现代分析哲学的一个变种,但实际上它与现代分析哲学并无共通之处(维特根斯坦或许除外,如果我们从维特根斯坦那里能找出可见物与可陈述物的独特关联的话)。福柯毫不松懈地迷恋于他的所见、所闻和所谈,而他所设计的考古学便是一部视听档案(从科学史开始)。福柯之所以热衷于陈述,热衷于发现别人的陈述,只是因为他有看的嗜好。因此,最能确定他本人的东西便是声音,还有眼睛。福柯始终是一个有超人视力的人,即便当他用陈述的新文体来表述哲学时也是一样,尽管这两者步调不一,节律两重。

能够使沉淀成层的东西并不是后来产生的知识的间接的对象,而是直接构成起来的某种知识,如直观和语法。正因为如此,沉淀便成为考古学感兴趣的事情,更确切地讲,这正是由于考古学并不一定要参照过去。这就是现时考古学。无论是现时的还是过去的,可见物都是可陈述物,因为它们都是对象,但它们不是现象学的对象,而是知识论的对象。福柯在《疯狂史》中所谴责的,便是人们仍求助于用现象学家们的方式,或是用想象的永恒价值或是用巴什拉的方式得出粗糙的经验。然而,事实上,依据福柯制订的知识的新概念,知识是由每一种沉淀即每一个历史形成之可见物与可陈述物的配合所界定的,所以,在知识之前,什么也不存在。知识是一种实际的布局,是陈述与可见性的"装置"。因此,在知识之下,一切皆无(即便有东西存在,我们将看到,也是知识以外的东西)。这就是说知识只作为多变的"界限"而存在,它在被考虑的沉淀上,标志着相当多的薄层纹、纹理和导向。从这一点上看,把它说成是一种"认识论化的界限"是不够的,因为这个界限已经被导入通往科学的方向,并且还将超越"科学性"的界限,可能的话,甚至超越"形式化的界限"。然而,在这个沉淀层上,亦不缺乏引向其他方向的界限,如伦理化界限、美学化界限、政治化界限等等。① 知识不是科学,但却不能脱离它所在的各种界限,即使是那些感知的经验、想象的价值、时代的思想或流行舆论的论据也不例外。知识是被分配到不同界限中的沉淀的单位,而沉淀本身的存在也只是形同那些可以引入各种方向上去的界限的堆积。科学仅仅是它们中的一种。这里只存在着构成知识的实践或实证性,如陈述的话语实践、可见性的非话语实践。然而,这些实践总是存在于考古学界限之中,而它们变化不定的分配则构成沉淀的历史差别。

这便是福柯的实证主义或实用主义。由于知识的概念通过把所有的界限变成作为历史形成的沉淀的变项而赋予这些界限以内涵和机动,所以,福柯从未遇到有关科学与文学、想象与科学,或所知与所亲历等方面的关系问题。

诚然,用物与词这样的术语来确定知识的两极,有过于泛泛之嫌。可福柯则认为"词与物"这个题目应在讽刺意义上来理解。考古学的任务,首先是发现表达的真正形式。这种表达的形式不能与任何一种语言学单位混为一谈,不论它们是能指、词、句子、命题或语言行为。福柯特别对能

---

① 参见《知识考古学》。

指提出谴责："话语因从属能指的秩序而失去了自身的现实性。"①我们已经看到福柯是如何在"陈述"这一独特的概念中揭示表达的形式。它具有与各种各样的单位相交、勾划出一条更近似于音乐而不是意义系统的对角线之功能。因此，应对词、句子或命题进行拆解和开启，以便从中剥离出陈述来，就像雷蒙·罗塞尔为创造他的"方式"所做的那样。但是，同样的操作对于内容之形式亦属必要。"内容"更多地是能指本身的表达而非所指。它也不再是物的状态而是一个参照物。可见性不能与视觉成分或更普遍地说感性成分、质量、事物、物质、物质的复合体等搅和在一起。在这一点上，福柯建构出一种功能，这种功能亦不比陈述的功能逊色。应将事物拆解，将它们揉碎。可见性不是物质本身的形式，更不是在接触光和事物时所表现出来的形式，而是由光本身创造出来的发光形式，这种发光形式只允许事物或物质作为光亮、闪光和闪烁而存在下去。这便是福柯从雷蒙·罗塞尔那里吸取的第二点。或许，他也曾试图从马奈那里获取它。所以，如果说陈述的概念在我们看来是来自某种更像是韦伯音乐的灵感，而不是来自语言学的话，那么，可见物的概念则更像是德娄内绘画的风格。在德娄内看来，光是一种形式，它创造了自身的形式和自身的运动。他曾说："塞尚既已砸碎高脚盘，就不应该像立体派所做的那样再试图将它补缀起来。"拆解词、句子和命题，拆解质量、事物和物质，是考古学的双重任务，这同罗塞尔的做法十分相似。我们不仅应该把适合于各个沉淀及其界限的陈述从词和语言中剥离出来，还应该将属于每个沉淀的可见性、"事实"从事物和视觉中剥离出来。

为什么必须进行这种剥离？先让我们从陈述讲起。陈述从来不是隐蔽的，但它们也不是可以直接被看清乃至被说出的。我们或许可以认为陈述有时是隐蔽的，因为它们可能是伪装、压力甚或拒斥的对象。但是，这种想法包含着关于权力的错误概念，它的适用之处只限于词、句子和命题。这便是福柯在《求知之志》的开篇所指出的关于性的内容。人们可以认为在维多利亚时代，整个这类词汇是被禁止的，而句子则是变形的，

---

① 引自福柯：《话语的秩序》。

语言是经过净化的,就如同性被建构成一种主要的隐私一样,只有大胆的无耻之徒才可能泄露这个隐私;这种情况直至弗洛伊德的突然闯入才告结束……然而,这些都算不了什么,沉淀或历史的形成在确定性的条件、规则、场所、时机和交谈者(精神分析的交谈者也包括在内)之间,竟能繁殖出如此多的性的陈述。假如我们跟不上性话语的这种繁殖,我们就不会明白唐特宗教会议以来的教会的作用。"人们精心净化语言,以使其韬晦婉转,在这种语言的掩盖下,性被某种话语承包下来,形同追捕的对象,这话语声称不予其以丝毫的喘息躲藏之机……对现代社会来说,最特殊的倒不是它们注定把性置于阴暗之中,而是它们注定在把它作为隐私的同时,没完没了地去谈论它。"简言之,如果我们不能站在把陈述剥离出来的高度,陈述便是隐蔽的。相反地,一旦我们达到这种高度,陈述便无所不在,无所不说。政治亦然。政治在外交、立法、规章制度、政府等方面,无秘可隐,尽管每种陈述规则包含着使词、句子和命题交织在一起的方式。只要会读解,虽难亦易,一切都会豁然开朗。秘密原本就是为了被揭露和自我暴露的。每个时代都完美地陈述着其政治的可耻性,就像它陈述着性的淫秽性一样,任何掩饰都无济于事。每个时代作为它自身的陈述条件,可以说出它能说出的一切。所以,福柯从《疯狂史》开始便着手分析"慈善家"的话语。慈善家在使疯子摆脱他们的锁链时却毫不掩饰他为他们准备的另一种更为有效的锁链。让每个时代中的东西都能够被说出,这恐怕是福柯最高的历史原则,意指在帷幕背后无物可看。正因为帷幕之后或之下没有什么东西存在,所以,对帷幕或基底的描述便显得至关重要。人们之所以否认有隐蔽的陈述存在,是因为他们只发现依制度或条件而不断变化的说话者和听取者,殊不知,这些说话者和听取者便是其他陈述中某一陈述的变项。条件作为功能确乎可以确定陈述,这些条件成为说话者和听取者紧紧依赖的东西。简言之,陈述要变成可看清或可说出的东西,就必须把它同使它成为如此并使它在某一"陈述基底"上形成唯一的记录(我们已看到,不存在着表面记录和隐蔽记录之分)的条件联系起来。唯一记录(即表达的形式)是由陈述及其条件构成的。它的条件可以是基底或帷幕,这就是福柯对于陈述的舞台或可陈述物的"纪念碑"、非"文献"雕塑的兴趣之所在。

　　什么是陈述或话语形成的最普遍的条件呢？福柯对这个问题的回答的最重要的一点是：条件需首先排除陈述行为的主体。主体是一个变项，或者说是一个陈述变项的整体。这是一个从原始或者从陈述本身派生出来的功能。《知识考古学》正是针对这种功能－主体展开分析，如，指出主体是一种依据类型和陈述的界限而不断变化的位置或地位，而"作者"本身在某种情况下也只是这些可能的地位中的一个。甚至，一个相同的陈述可能有许多的地位。因此，最原初的乃是"人们说"。在这种匿名的低语中，一些地位被提供给了某些可能的主体，这正是所谓"话语的不间断和混乱的无边无际的嘈杂声"。福柯还曾多次求助于这种无边无际的低语，以期自己也能在此安身。福柯反对三种使语言开始说话的方式。一是用人称，无论是语言学上的人称，还是一些连词（这即是语言人格学）。福柯不断地用作为无人称的第三人称的先存形式来反对"我说"。二是用能指，把它作为语言参照的内在结构或原始方向来使用（即语言结构主义）。福柯用某一资料体、某一确定陈述给定的整体的先存形式来反对"这个说"。三是用原始的经验，把它作为同世界发生的最初的共谋关系来使用，而这个世界为我们提供了言及它的可能性以及将可见物变成可陈述物的基础（即现象学）。福柯用看与说之间性质的差别来反对"世界说"，后者好像是说可见物已经在低声传递着某种意义，而我们的语言只能将这种意义提炼出来，或者说语言是倚靠在某一巨大的寂静之上的。

　　语言的提供要么完全彻底，要么丝毫不予。那么，陈述的条件是什么呢？是"有语言存在"。"语言存在"或者语言－存在，意即提供语言存在的维度，而这个维度又不与语言参照的任何方向相混淆。否则，就是"忽略它所具有的确指、显示和形成意义或事实之理由的能力，就是没有把注意力停留在决定它的特殊的、有局限性的存在的瞬间上，就是把它很快地采纳到能指和所指的游戏中"①。然而在这里，是什么东西为福柯的这种论点提供了具体意义呢？是什么东西使福柯不再逗留于现象学或语言学方向上的归纳之中？是什么东西使福柯求助于某种特殊的且受局限的存

---

　　①　引自福柯《知识考古学》。另外，《词与物》的整个结尾也是在阐述"有语言存在"这一点。

在？福柯与"分布主义"相近似。他以"考古学"的存在为依据,将出发点总是放在某一时代被放射出来的言语和文本、句子和命题的确定的或不确定的资料体上,不管它们是多么丰富多彩。而福柯试图澄清的正是这个资料体陈述的"规律性"。从此,条件本身成了历史,先天的知识成了历史。因此,那无边的低语,换句话说,语言－存在或"有语言存在"便随着每一个历史形成的变化而变化,而且并不因它是匿名的就显得毫无特色,这便是人们不能以这样或那样的方式进行分离的"神秘的和不稳定的存在"。每个时代对于其资料体都有其集合语言的方式。如果说在古典主义时期,语言的存在全部出现在它所确定的表达格式中的话,那么,在19世纪,它相反地会脱离表达的功能,不顾失去其集合的一致性的危险。不过,这一切都是为了在别的地方,在其他的方式上,在文学中发现作为新功能的表达("人原是界于两种语言存在方式之间的形象"[①])。因此,语言的历史存在从来不能将语言存在集合在某种创始的、先天的意识的内在性之中。相反地,语言的历史存在构成一种外在性的形式,在这个形式中,被考虑的资料体的陈述被分散、被扩散,以便显露头角。这就是分配的一致性。"实证性的"先天知识不仅是在某一时间扩散的系统,它本身也是可转换的整体。

我们刚才所说的一切关于陈述及其条件的话也应该适用于可见性。因为,可见性也同样地从来不是隐蔽的,但它们也不是立刻被看见和可见的。如果我们达不到开启它们的条件的高度,那么,即便是接触到它们的对象、事物或敏感的质量,可见性仍然是不可见的。假如事物都缄口不语,可见性就会变得模糊不清或混乱不堪,以致"明显的事实"在另一个时代会变得令人难以觉察。如当古典主义时代将精神病人、流浪汉、失业者集中在同一地方时,这"对于我们只是未经区分的敏感性,在古人则一定是明确规定了的感知"。然而,与可见性相关的条件不是某一主体看的方式,因为,看的主体本身便是可见性中的一个位置,一个由可见性派生的功能(如同在古代表达中国王的位置或任何一个看守在监狱制度中的位置)。那么,是否应该求助于引导感知的想象价值,或者求助于构成

---

① 引自福柯:《词与物》。

"感知主题"的敏感质量的游戏呢？这便是构成可见物之条件的图画和活跃质量。福柯在《疯狂史》中有时是用巴什拉的方式来表达自己的见解。① 但他很快找到了另一种解决方法。比如，如果说建筑是可见性和可见性的场所，这是因为它们不仅仅是由石头构成的形象，也就是说，不仅仅是事物布置和质量的配合，而它们首先是光的形式。这种光的形式分配明与暗，不透明与透明，看得见与看不见等等。在《词与物》中的一些著名章节中，福柯把委拉兹贵支的《默尼娜》（又名《宫娥》）这幅画描写成光的规则。这种规律打开了古典主义表达的空间，并从中分配被看见的东西与看东西的人们、交换与反映，乃至分配国王的位置，而这个位置只能被归纳成画外物（这岂不是另一种完全不同的规则？一份关于马奈的手稿曾用另一种使用反射的方法和用另一种反映分配的方法描述过这种规则）。在《监禁与惩罚》一书中，福柯把监狱的结构即敞视式监狱描述成一种发光的形式，它可以照亮四周的牢房却使中央塔楼躲在暗处，它分配那些能被看见而不能看的囚犯与任何一个可以看到一切而不被看到的看守。正如陈述不能脱离规则一样，可见性也不能脱离机器。这不是说每一部机器都是视觉的，而是说它是一个装置和功能的集合，它可以展示事物和让事物曝光、亮相（如"监狱—机器"或者罗塞尔的机器）。在《雷蒙·罗塞尔》中，福柯早就作出最基本的表述：原光映现事物，从而产生出以闪光和闪耀等"间接光"的形式出现的可见性。《临床医学的诞生》一书本可以"看的考古学"作其副标题，以便使每个历史医学的形成可以变成一种原光，构成疾病的可见性空间，反射出病症。有时像临床医学那样，在两个维度上展开病症层面，有时像病理解剖学那样，根据第三维度，合拢原来的病症层面，这第三种维度可以重新赋予眼睛以深度，给痛苦以容量。

因此，也有一种"有光存在"，一种光的存在或一种光－存在，可以与语言－存在相匹敌。每一种存在都是一种绝对存在，也是历史的存在。因为每一种存在与它用以碰撞某个形成和某一资料体的方式不可分离。光－存在使可见性可见或可感觉，而语言－存在则使陈述可陈述、可说或

---

① 福柯在《疯狂史》的"精神病的形态"一章中提到质量世界的"半感知和半想象的法则"。

可看清。因此,可见性既不是正在看的主体的行为,也不是某一视觉意义上的论据(因而福柯摈弃了"看的考古学"这个副标题)。光－存在之依赖某一物质范围并不甚于可见物之依赖某一事物或某一敏感质量。因此,福柯更接近歌德,而不是牛顿。光－存在是一种绝对看不到的条件,是唯一一种能够每次依据本身可见的配合将可见性同时带给视觉和其他意义的先验知识。比如,可触知物是一种可见物用以隐藏另一个可见物的方式;《临床医学的诞生》所发现的便是一种"绝对的看",一种"潜在的可见性"、一种"看之外的可见性"。它统治着一切感知经验,但它在不召唤其他感觉领域如听觉和触觉①时,也不召唤视觉。可见性不是由视觉确定的,但可见性是行为与情感、行为与反应的复合,是能接触光的多种感觉的复合。正如玛格丽特在给福柯的一封信中说的那样,能够看和能够被清楚地描述的东西,是思想。那么,是否应该认为福柯的这种只间接涉及视觉的原光之说与海德格尔、梅洛－庞蒂的自由的或开放的澄明(存在－时间)之说相近似呢? 大致有两个差别:福柯认为光－存在与这样或那样的方式不可分离,而且作为先天的存在,它更多的是历史的和认识论的,而不是现象学的;另一方面,光－存在对言语不像对视觉那样开放,因为言语作为陈述需在语言－存在及其历史方式中找到另一种完全不同的开放条件。我们所能得出的结论是,每一个历史形成,作为其可见性条件,能看到和展示它所能达到的一切,如同它之作为其陈述条件说出它所能说出的一切一样。这里从来没有秘密,尽管一切都不是立时可见的,也不是能直接看清楚的,而且,这些条件彼此都不集合在某种意识或某个主体的内在性中,更谈不上构成相同的东西,因为它们是外在性的两种形式,在这一种形式中,陈述被扩散,在另一种形式中,可见性被分散。语言"包含"词、句子和命题,而不包含根据不可限制的距离而被分散的陈述。陈述根据它们的界限、它们的家族被扩散。同样,光包含物质,但不包含可见性。因此,我们已经看到,若认为福柯对像医院、监狱这样的封闭场所感兴趣,则是一个错误。医院、监狱,首先是可见性的地点,它们被分散

---

① 福柯在《临床医学的诞生》中写道:"当克利赛听出心脏不正常,当拉乃克听到一种颤抖的尖声,他们看到的是心脏肥大和渗血。这种观察不知不觉地渗透到他们的听觉中;并在听力之外深入这种观察。"

在一种外在性的形式中，是一种外在功能的反映，即排除、划分……这不是思想的历史，也不是行为的历史。说与看，或者陈述与可见性，都是纯粹的成分，是先天的条件，所有的思想和行为在这些条件下得以表达和表现。对这些条件的研究构成了福柯所特有的新康德主义。然而，它与康德学说有着本质的区别。区别在于：这里的条件是真实经验的条件，而不是每一种可能的经验的条件（比如，陈述包含一个确实的资料体）。这些条件站在"物质"一边，站在历史形成一边，而不站在某个万能的主体一边（先天的知识本身就是历史的）。它们彼此之间都是外在性的形式。不过，如果说这是新康德主义，这是因为可见性依靠其条件形成了某种感受性，而陈述则依靠其条件，构成了某种自生性。这便是语言的自生性和光的感受性。因此，若认为易感受就是被动的，自生的就是主动的，这是不够的。易感受并不意味着被动，因为，存在于光所展示出来的东西中的行为，同情感一样多。自生也不意味着主动，而是意味着"另一个人"的活动，而这个人又对感受形式产生影响。康德的著作对此早有论述：我思的自生性对感受的存在产生影响，而感受的存在必须作为"另一个人"代表这个我思的自生性。[①] 这就是为什么在福柯著作中知性的自生性即我思让位于语言的自生性（有语言"存在"），而直觉的感受性让位于光的感受性（空间－时空的新形式）的原因。如此解释陈述之于可见物的至上地位便容易多了，因此，《知识考古学》可以主张陈述作为话语形成具有某种限定性的作用。但是，可见性则不然，它们比陈述更受限制，因为它们参照的是某个可限定物的形式，而该物丝毫不为限定的形式所限制。这就是康德与笛卡儿的最大分歧：限定（我思）的形式不涉及某个可限定物（我在），而是涉及某个纯可限定物（空间－时间）的形式。这正是关于共同采纳两种性质不同的形式或条件类型的问题。人们在福柯著作中发现上述问题的翻版，即在两种"存在"——光与语言、可限定的可见性与限定的陈述——之间的关联。

　　一开始，福柯的基本论点之一，是指出内容、形式与表达形式之间的性质区别，指出可见物与可陈述物之间的性质区别（虽然它们彼此包容，

---

① 参见康德：《纯粹理性批判》第一版中讨论"内感受的悖论"部分。

不断地相互渗透,以构成每一个沉淀层或每一种知识)。这可能就是福柯与布朗肖相遇的第一个方面:"说不等于看。"但布朗肖坚持把说的至上的地位看做是可限定物,而福柯却坚持把看的特殊性、可见物的不可限制性看做是可限定物,尽管是一些浮光掠影。在这两者之间,不存在着同形现象和共形现象,虽然存在着两者的相互包含现象和陈述的至上地位。就连强调至上地位的《知识考古学》也认为,两者相互之间既不存在因果性,也不存在彼此象征。假如陈述确有一个对象,那也只是一个属于它自己的话语对象,它不与可见的对象同形。诚然,我们只能幻想出同形现象,如当临床医学提出可见物与可陈述物之间、病症与符号、景象与言语之间的结构同一时,这便是认识论的幻想,或者当"一幅好字"给文字与图画、语言学与造型艺术、陈述与影像提供相同形式时,这便是美学的幻想。在对玛格丽特的评论中,福柯指出,"一条细小的、无色的和中性的线条"总是能够重现出来,它将文字和形式隔裂开来,将烟斗的画面和"这是一只烟斗"的陈述隔裂开来,以致这个陈述变成了"这个不是一个烟斗",这是因为,无论是画面、陈述,还是"作为假设的共同形式的"这个,"却不是一个烟斗……"。烟斗的画面与要说明烟斗的文字的相遇点既不在墨色的画上,也不在画下的注解上,这是一种"非关联"①。这或许是福柯在其历史研究中创立的某种方法的幽默体现。《疯狂史》可以为证。一般医院,作为精神病内容的形式(或精神病的可见性)的场所,与医学本无任何渊源上的牵连,而是源于警察。可是作为表达的形式,作为"精神失常"陈述的生产者的医学,却将其话语规则、其诊断和治疗扩展到医院以外。莫里斯·布朗肖在评论福柯时说:这就是精神失常同精神病之间的区别和碰撞。《监禁与惩罚》在深化这一主题时,又提出一个与之相邻的主题:监狱,作为罪行的可见性,并不派生于作为表达形式的刑法,它来自一个与之完全不同的领域,即一个"惩戒"的和非法律的领域。可是,刑法在这一方面却生产独立于监狱的犯罪陈述,这就好像在某种程度上它总是被迫说:这个不是一所监狱……从格式塔的考古学意义上看,上述两种形式不具有相同的形成,相同的起源或相同的系统。

---

① 福柯在《这不是一只烟斗》中重新采用了布朗肖的表述:"非关联"。

　　然而,它们彼此相遇,尽管需要借助于戏法。人们可以认为,监狱用另一种人来替代刑事犯,并且借助这种替代生产或再造犯罪,而与此同时,法律也生产和再造罪犯。① 在这样的沉淀和这样的界限上,两者的结合有聚有离,两者的联系有疏有密,也有交错。在福柯和布朗肖看来,非关联仍是一种关联,而且是较深层的关联。这又如何解释呢?

　　事实上,人们可以这样认为:存在着一些"真实性的游戏",或者说,一些真实的程序。真实性与建立它的程序不能分离(《监禁与惩罚》把"专横的调查"与"惩戒的检验"进行对比,前者是中世纪末的自然科学模式,后者是 18 世纪末的人文科学模式)。然而,程序究竟是由什么构成的? 它或许大体上是由一个过程和一个方法构成的,是一种实用主义。这个过程即是看的过程,并向知识提出一系列问题:在这样的沉淀或在这样或那样的界限上人们看到了什么? 人们不仅要问:人们由何种物质出发,追踪何种质量,驻足于何种事物状况(可感知的资料体),人们还要问:如何从这些物质、质量、事物中剥离出可见性? 这些可见性使用何种方法和在何种光之下可以发光、闪烁? 光又是如何被集中在这样的沉淀上的? 还有,作为这些可见性变项的主体的位置是什么? 谁占据这些位置和谁在看? 不过,也存在着语言的方法,这些方法在每一个沉淀上都是不同的,就像两个奇特的作者之间的不同一样(比如:罗塞尔的"方法"和布里塞的"方法")。什么是词、句子和命题的资料体? 如何从词、句子和命题的资料体中剥离出贯穿它们的"陈述"? 在怎样的语言集合中,这些陈述可以按家族和界限进行扩散? 还有,谁在说话? 就是说,作为变项的陈述主体是什么? 由谁来填补这个主体的位置? 简言之,存在着陈述的方法和机器的程序。对此,有无数的问题可提,而每一个问题都构成真实性问题。当福柯在《快感的享用》中指出真实只有通过"转化操作"才能提供给知识,而"转化操作"又只能在"实践"的基础即看的实践和说的实践的基础上进行时,他便为他以前的著作作出了结论。实践、过程和方法

---

　　① 福柯在《监禁与惩罚》中曾把犯罪列入监狱一边。然而,事实上,存在着两种犯罪,即参照陈述的"犯罪－非法"和参照监狱的"犯罪－对象"。重要的是,《监禁与惩罚》指出了 18 世纪刑法演变与监狱诞生之间的异质性,就像《疯狂史》一针见血地指出了 17 世纪疯人院的产生与医学状况之间的根本的异质性一样。

构成真实的程序,构成"一部真实性的历史"。但是,真实的两半当遇到真实性问题排斥其关联或共形现象时,必须彼此发生关联,哪怕是有疑问的。举一个在精神病学上十分简单的例子:人们可以在疯人院看到的某人和人们能称之为疯子的某人是相同的人吗? 比如,要"看到"施勒伯尔主席的妄想性精神病和把他送进疯人院不是难事,但随后还要把他放出来,因为要"陈述"他的精神病却要困难得多。相反地,对于一个偏执狂患者,要"陈述"他的精神病并不难,更难的是要及时发现和把他送进疯人院。有许多在疯人院的人本不应到那里去,也有许多不在疯人院的人都是应该到那里去的人。因此,19 世纪的精神病学便是本着这种观察而建立起来的。这种观察"转化操作"着精神病,而远非使其成为一个具有特征的和确定的概念。

　　真实既不由共形现象或共同形式所确定,也不由两种形式之间的关联所确定。在看与说、可见物与可陈述物之间存在着分离性,即"人们之所见从不寓于人们之所说"。两种说法的兼容是不可能的,因为陈述有着自己的对应对象,而且,它不是一个确定事物的状况或某个可见物的命题,就像逻辑学所要求的那样。然而,可见物更不是一个沉默的意义,一个被确定在语言中的、作为潜能的所指,如同现象学所要求的那样。档案与视听物是分离的。因此,看－说分离的最完整的例子存在于电影之中便不足为奇了。在斯特劳布那里,在希贝尔柏格那里,在玛格丽特·杜拉那里,一方面,声音作为一种没有场地的"历史"而消失了;另一方面,可见物作为没有历史的空场也消失了。[①] 在玛格丽特·杜拉的影片《印度之歌》中,声音唤起或表达一个从未被展示的古老的舞蹈,而视觉影像却表现出另一种舞蹈。否则,没有一个闪回镜头可以创造出一个视觉的结合,没有一个画外音可以创造一个音响的结合。而《岗日的女人》早就作为"影像电影和声音电影"这两种电影的相伴现象、作为一个既有连接作

　　[①] 福柯对勒内·阿里奥的影片《我,皮埃尔·里维埃……》极感兴趣,因为影片中涉及皮埃尔·里维埃的行为与他所写的文章之间的关系问题。福柯指出:"文章没有叙述举止,但从前者至后者,却存在着一个完整的关系的网状结构。"因此,这部影片必须面对这个问题,并用自己的方式来解决这个问题。事实上,阿里奥并不满意画外音,因此使用了种种方式以"所见"与"所陈述"(视觉影像与声音影像)之间的间隔乃至分离性来加以表现:从第一个镜头开始,人们就可以看见广袤的田野中的一棵树,而人们所听到的却是重罪法庭的声响和用语。

用又有间隔作用的唯一的"连接因素"之空缺而出现了。在此两者之间，永远存在着不合理的分割。然而，它们不是任意的影像上的任意的声音。诚然，不存在着从可见物到陈述，或从陈述到可见物的连贯现象。但是，在这种不合理的分割或在这种间隔之外，却始终存在着某种再连贯的现象。正是在这个意义上，可见物与陈述形成了一个沉淀，但这个沉淀总是被某种考古学的中心裂痕所贯穿、所建构（斯特劳布）。只要人们停留在事物和词上，人们就能相信人们所说的正是人们所见的，人们所见的正是人们所说的，而且两者密切相联。这是因为人们停留在某种经验的实践上的缘故。然而，当人们一旦打开词与事物，一旦发现陈述与可见性时，言语和视觉就会升华，变成某种高级的实践："先天的知识"。因此，它们中的每一个就会达到自己的界限，这个界限再将它们分隔开来。这样，一个可见物就只能是被看到的，而一个可陈述物也只能是被说出的。不过，这条分隔它们的独特界限，也是把它们彼此联系起来的共同界限，并拥有两个不对称的面：看不见的言语和听不到的视觉。福柯与当代电影如出一辙。

那么，非联系何以成为一种联系呢？否则，在福柯的这两个宣言之间就存在着自相矛盾之处：一方面，"说人们的所见从不寓于人们的所说之中，这是徒劳的。通过影像、隐喻、比较，看人们正在说的东西也是徒劳的。它们发光的地方并不是眼睛看到的地方，而是句法联结所确定的地方"；另一方面，"应该承认形象与文字之间存在着完整的交错系统，形象地说，即它们彼此之间展开攻击，针对各自的靶子射出箭，进行颠覆与破坏，造成长矛的突刺和伤口，一场战斗……"；"是影像落到了词中，是词的亮光照耀了画面"；"是话语渗透到事物的形式之中"，或者反过来。但宣言的这两种形式并不自相矛盾。前者认为不存在着同形现象或同质性，也不存在着看与说、可见物与可陈述物的共同形式；后者则认为这两种形式彼此渗透，如打仗一般。打仗的比喻恰好说明这里不存在同形现象。因为这两种异质的形式各自包含条件和被限定的条件，即包含光和可见性，语言和陈述。但条件却不"包含"被限定的条件，而是把被限定的条件给予某一个扩散空间，而它本身却作为某种外在性的形式呈现出来。因此，可见物与它的被陈述所渗透的条件之间的关系，就如同玛格丽特的两个烟斗之间的关系一样。而陈述与它的被可见性所渗透的条件之间的关系,也正如罗塞尔所做的那样。罗塞尔在陈述未经出现的情况下,从不打开词;同样地,在陈述未经出现的情况下,也决不打开事物。我们在前面已经试图指出刑事陈述如何蕴涵着间接可见物——监狱——的加强,并以此指出可见性的形式(监狱)如何蕴涵着伴随犯罪的间接陈述。此外,陈述与可见性作为斗士彼此直接交锋、冲击和俘获,而且每一次都构成"真实性"。福柯的如下表述正是由此而来:"在一个相同的运动中,说与展示是一个非常的交错现象。"①说和看是同时进行的,尽管这是两回事,而且人们所说未必是人们所见,人们所见也未必是人们所说。然而,这两者都构成一个沉淀,并且从一个沉淀同时转换至另一个沉淀(尽管它们所依据的不是相同的规则)。

　　然而,这第一个结论(斗争、潜入、打仗、双重渗透)尚欠充分,它没有考虑到陈述的至上地位。就陈述的条件(语言)的自生性而论——这种自生性为陈述提供一个确定的形式——陈述具有至上的地位。而可见物,就其条件(光)的反射性而论,却只有可确定物的形式。因此,我们可以这样认为,确定性永远来自陈述,尽管这两种形式彼此性质不同。所以,福柯从罗塞尔的著作中区分出一个新的观点,即不仅是要打开事物以归纳陈述和打开词以引导可见性,还要利用陈述的自生性,使它们萌发和孕育,让它们对可见物施展无限的确定性。简言之,这就是关于两种形式之间的关联问题所得出的第二个结论,即只有陈述是决定性的,只有它们能展示,尽管它们所展示的不是它们所说的东西。所以,在《知识考古学》中,我们对下面的情况就不会感到惊奇:可见物的界限,就像非话语现象一样,只能被否定地确定,而话语现象却与非话语现象有着无数的关联。在可见物与可陈述物之间,我们应该同时抓住所有这些方面:两种形式(可见性与陈述)的异质性,性质区别或异形现象,两者之间彼此的包容、相互的潜入和俘获,以及其中一种形式的绝对明确的至上地位。

　　然而,这第二个结论仍欠充分。如果说确定性是无限的,那么,具有与确定性不同形式的可确定物何以不会是取之不尽的呢? 当陈述无限地确定可见物时,可见物作为永久性的可确定物又何以不会回避呢? 如何

----

① 引自福柯:《雷蒙·罗塞尔》。

能够阻止物质溜掉呢？罗塞尔的事业是否最终就毁在这一点上？当然，这不是纯意义上的失败，而是广义上的失败。"这里，语言在其自身内部被布置成一个圆弧，隐藏了它所要展示的东西并让那些它准备提供给看的东西 躲避观看，它神速地滑向一个看不见的洞穴。在这个洞穴中，事物被拒之门外，而语言会因为疯狂地追踪事物而自行消失。"①康德曾有过相似的经历：知性的自生性对直观的感性不施予其确定性——只要后者不用可确定物的形式抗拒确定性的形式。因此，康德必须在这两种形式之外求助于第三种审查。这第三种审查基本上是"神秘的"，它能够同时适合于上述两种形式，即达到真实性，这便是想象的"图型"。在福柯著作中出现的"谜一般的"这个词语与康德的神秘观点正相吻合，尽管它属于另一个完全不同的整体和另一类分配。福柯也同样必须在两种形式之外或之内使第三种审查同时适合于可确定物与确定性、可见物与可陈述物、可见物的感性与语言的自生性。正是在这个意义上，福柯认为"潜入"包含着某种"距离"，通过它，双方可以"交换它们的威胁和词语"，而交锋的场地则包含着一个"非场地"，它证明双方不属于同一空间或不隶属同一形式。② 同样，在分析保罗·克里时，福柯认为，可见的形象与书写的符号相互配合，但不是在它们各自形式的维度上，而是在另一个维度上。这就是为什么我们应该超越沉淀及其两种形式而进入另一个维度中去的原由。这第三个无形的维度可以涉及这两种形式的沉淀化构成和它们之间相对的至上地位。但是，这个维度，这个新轴心，又是由什么构成的呢？

（摘自于杜小真编选：《福柯集》，上海远东出版社 2003 年版，第 562～580 页。）

---

① 引自福柯：《雷蒙·罗塞尔》。
② 参见福柯：《尼采、谱系学、历史》。

块　茎

[法]德勒兹,[法]瓜塔里

　　思想不是树状的,而大脑也不是扎根的或分支的物质。被错误地称之为"树突"的东西并不保证神经元在一个连续纤维体内的连接。细胞之间的断裂,轴突的作用,突触的功能,突触的微小裂纹的存在,每一个信息跨越这些裂纹的跳跃,都使大脑成为沉浸在黏性平面或神经胶质上的一个多元体,一整个不稳定的或然系统("不稳定的神经系统")。许多人都在大脑里长着一棵树,但大脑本身毋宁说是一棵草,而非一棵树。"轴突和树突相互缠绕,仿佛缠绕刺藤的旋花,每一颗刺上都有一个突触。"①记忆也同样。神经病学家和精神生理学家把长期记忆和短期记忆(大约一分钟)区别开来。二者间的区别不简单是数量的:短期记忆属于块茎或图表式的,长期记忆是树状的、中心化的(印痕,印迹,踪迹或照片)。短期记忆决不屈从于对客体的临近律或接近律;它可以在一段距离之外行动,在一段长时间之后到来或回归,但总是处于断续、断裂和繁殖的状况。此外,这两种记忆之间的区别并不就是对同一事物的两种临时理解模式之间的区别;它们并不掌握同一事物、记忆或理念。短期理念的光辉:写

---

　　①　Steven Rose, *The Conscious Brain* , New York:Knopf,1975,p. 76;关于货币,见 pp. 185 – 219。

作时用短期记忆,因此用短期理念,即便阅读和反复阅读时用长期概念的长期记忆。在短期记忆中,忘却也是一个过程;它不是与瞬间,而是与神经的、临时的和集体的块茎相融合。长期记忆(家庭,种族,社会或文明)追索踪迹和转译,但它所转译的东西继续在它内部发生作用,不是瞬间地,而是在一定距离之外,在它的范围之外,以"不适宜的"方式作用。

树和根激发一种悲惨的思想形象,永远依据中心的或分隔的高级的"一"模仿多。如果我们考虑到一组枝干－根,那么,躯干就起到了对立分隔的作用,因为任何一个次组合都是自下而上生长的:这样的分隔是一个"连接偶极",与"单位偶极"相反,后者是由从单个中心辐射出来的辐条构成的。① 即便这些连接偶极本身是多产的,如在簇生叶系统中一样,但永远也不能超越一到二的繁殖和虚假的繁殖。再生,繁殖,回归,水螅和水母,都不能使我们走得更远。树状系统是等级系统,带有意指和主观化的中心,仿佛有组织的记忆一样的中央自动控制。在相对应的模式中,一个因素只能从一个更高级单位接收信息,只能沿着事先确定的道路接收主观情感。这显见于信息科学和计算机科学现存的问题中。这两种科学仍然死抱最古老的思维模式,把全部权力赋予一个记忆或中枢器官。皮埃尔·罗森斯蒂尔和让·珀蒂托在一篇精彩的文章中痛斥"指挥树的意象"(中央系统或等级结构),指出"承认等级结构的重要性就等于给树状结构以特权地位。……树状形式容许拓扑学的解释。……在一个等级制中,一个个体只有一个能动的邻居,他或她的上司。……传播的渠道都是事先设定的:树状系统先于个体而存在,个体在一个指定的地点与这个系统融合在一起"(意指和主观化)。这两位作者指出,甚至当一个人认为他已经接近一种繁殖时,那也可能是虚假的——即我们所说的簇生叶——因为它在表面上的非等级表现或陈述,事实上只容许一种完全等级制的解决。著名的友谊定理就是一例:"如果一个社会中任何两个特定

① 见 Julien Pacotte, Le réseau arborescent, schéme primordial de la pensée , Hernann, 1936. 该书分析和提出了树状形式的各种图式,这种形式不是作为纯粹的形式主义提出来的,而是作为"正规思想的真正基础。"它始终遵循古典思想。它代表所有"一—二"的形式,即偶极理论。……最近,米歇尔·瑟莱分析了各相迥异的科学领域中树的变体和序列:树是如何基于"网络"形成的。La traduction, Minuit, 1974, pp. 27ff. Feux et signaux de brume, Paris: Grasset, 1975, pp. 35ff.

个人恰恰拥有一个相互的朋友,那么,就有一个个人是所有其他人的朋友。"(罗森斯蒂尔和珀蒂托问那个相互的朋友是谁。"在由无数对夫妇组成的社会里,谁是那个普遍的朋友? 主人,牧师? 还是医生? 奇怪的是,这些想法与最初的原理相去甚远。"谁是人类的这个朋友? 是提倡古典思想的哲学家吗? 哪怕他是一个失败了的整体,只能通过他的缺场或主体性才能让人感觉得到的整体,同时又说我一无所知、一无是处的哲学家吗?)这两位作者谈论的是专制原理。这就是根一树原则,或根一树的结果:簇生叶的结局,权力的结构。① 这两位作者把这些中心系统与无中心系统相对比。无中心系统是有限的自动控制网络,在这个网络中,交流从任何一个邻居到任何其他邻居,枝干或渠道并不是事先存在的,所有个体都是可互换的,只不过在特定时刻由其状态所限定——这样,局部的运作就会协调起来,而终极的全球结果便在没有中央代理的情况下同步发生了。强度状态的能量转换取代了拓扑学,而"调节信息流通的图表在某种意义上则与等级制图表相对立。……图表没有理由成为一棵树"(我们始终称这种图表为地图)。战争机器或射击班的问题:n 个人是否需要一位将军才能设法一齐开枪? 在一种无中心繁殖中将看到不需要将军的结论,这种无中心繁殖具有一些有限数的信号状态,从战争块茎或游击战的逻辑观点来看,这些信号状态表明相应的速度,而没有任何踪迹,没有对任何中央命令的复制。这两位作者甚至表明,这种机器繁殖、组合或社会,都拒绝把任何中心化的或统一的自动控制当做一种"非社会入侵"②。在这些条件下,n 实际上总是 n-1。罗森斯蒂尔和珀蒂托强调指出,中心

---

① Pierre Rosenstiehl and Jean petitot, "Automate asocial et systemes acentres," Communications, no. 2 (1974), pp. 45 – 62. 关于友谊定理, 见 Herbert S. Wilf, The Friendship Theorem in Combinatorial Mathematics (Welsh Academic Press);关于一种叫做"团体犹豫"的类似理论,见 Kenneth J. Arrow, Social Choice and Individual Values New York:Wiley,1963。

② Rosenstiehl and Petitot, "Automatea social." 无中心的主要特点是,局部的首创精神单独与中央权力相协调,而详尽分析则是通过网络(繁殖)进行的。"人的档案之所以可以放在每一个人的家里保存,其原因就在于此,只有他们才能够提供最新描述和最新档案:社会本身只是可能的关于人的数据库。一个天生就无中心的社会拒绝把中心化的自动控制当做非社会入侵。"(p. 62)关于"射击班理论",见 pp. 51 – 57. 无独有偶,梦想着盗用正规游击战技术的将军们也非常感兴趣于"以无数独立的轻量细胞为基础的……共时模式"的繁殖,这些模式在理论上只有最小限度的中央权力和"等级传递";见 Brossollet,Essai sur la non-batlille,Belin,1975。

与无中心的对立的有效性不是作为事物的标识,而是作为应用于事物的计算模式。树与块茎可能是对应的,或可能长成一个块茎。的确,同一事物一般适于两种计算模式,或两种协调类型,但不能不经历一次状态的变化。再举精神分析学为例:它不仅在理论上,而且在计算和治疗的实践上,把无意识从属于树状结构,等级图表,重现的记忆,重要器官,法勒斯,法勒斯—树。在这方面,精神分析学不能改变其方法:它把自身专制的权力建立在关于无意识的专制概念之上。因此,精神分析学的活动余地是非常有限的。在精神分析学与其客体中,总有一位将军,总有一位领袖(弗洛伊德将军)。另一方面,精神分裂分析把无意识当做一个无中心系统,换言之,当做一个有限自动控制的机器网络(一个块茎),因此到达一个完全不同的无意识状态。这些话也可用来描写语言学;罗森斯蒂尔和珀蒂托正确地提出了建立"词语社会的一个无中心组织"的可能性。无论对陈述还是对欲望,问题绝不是要根据一棵树的模式来约化无意识,阐释无意识,或赋予无意识以任何意义。问题是要生产无意识,同时生产新的陈述,不同的欲望:块茎恰恰是无意识的这种生产。

奇怪的是,树何以一直统治着西方的现实和全部西方思想,从植物学到生物学和解剖学,也包括真知学(gnosiology),神学,本体论,全部哲学……:根—基础,Grund,racine,fondement。西方与森林和砍伐森林有着特殊的关系;砍伐森林后的田野长满了种子植物,这些种子植物是基于树状种属的培育生产的;在歇耕的田地上豢养动物,这种豢养也选择构成整个动物树状的谱系。东方呈现的是另一幅图景:与大草原和花园有关(或在某些情况下与沙漠和绿洲有关),而非森林和田野;通过个体的破碎培养块茎;放弃或排除只限于有限空间的或被推向游牧的大草原上的动物豢养。西方:以某一所选谱系为基础的农业,包括大量可变的个体。东方:以衍生于广泛"无性繁殖"的少数个体为基础的园艺。东方,尤其是大洋洲,难道没有提供在每一方面都与西方的树模式相对立的一种块茎模式吗?安德列·豪德里克特甚至将此看做是西方超验道学或哲学与东方内在哲学之间对立的基础:播种和收获的上帝与栽植和开垦的上帝之间的对立（栽植嫩枝与播撒种子之间的对立）。① 超验性：欧洲特有的一种疾病。音乐也不相同，正如性一样，大地的音乐是另一种音乐：种子植物，甚至双性的种子植物，都把性从属于繁殖的模式；而另一方面，块茎则是性的解放，不仅从繁殖而且从生殖器欲的解放。在西方，树自行栽植在我们体内，甚至使性别僵化、分层。我们已经失去了块茎，或草。亨利·米勒："中国是人类菜园子里的野草。……野草是人类的天敌。……在我们归属于植物、动物和星球的所有想象的存在中，只有野草过着最惬意的生活。的确，野草长不出百合花，造不出战舰，讲不出西奈山上的布道。……最终野草占了上风。

最终事物重又回到中国的状态。历史学家通常愿意把这种状况称做黑暗时代。草是唯一出路。……野草的存在只是为了填充耕种区留下的荒芜空间。最重要的是它在植物之间生长。百合花很美，白菜是食物，罂粟让人发疯——但野草遍地生长……：它表明一种道德。"②米勒谈论的是哪个中国？旧中国？新中国？一个想象的中国？还是被置于一张变幻不定的地图上的另一个中国？

美国是一个特例。当然，它也免不了被树占领或对根的追寻。这甚至显见于文学中，在对民族身份的寻求中，甚至在对欧洲祖先或谱系的寻求中（克茹亚克出发寻找他的祖先去了）。然而，已经发生的或正在发生的一切重要事情都采取了美国块茎的路线：跨掉派，地下组织，帮伙，与某一外部直接相关的旁系。美国的书不同于欧洲的书，甚至当美国人开始追随树时亦然。书的概念不同。《草叶集》。美国的方向也不同：寻找树状和回归旧世界，这种事情发生在东方。但也有一个块茎的西方，拥有没有祖先的印第安人，越来越模糊的疆界，变幻的、错置的边疆。在西方有

---

① 关于西方的谷物农业与东方的块茎园艺，播撒种子与栽植枝条之间的对立，以及与动物豢养之间的对比，见 Andre Haudriecourt，"Domestication des animaux，culture des plantes et traitement d'autrui，"L'Homme，V01. 2，no. 1（January-April 1962），pp. 40 – 50，and "Nature et culture dans la civilization de l'igname：l'origine des clones et des clans，"L'Homme，vol. 4，no. 1（January-April 1964），pp. 93 – 104. 玉米和稻谷也不例外：它们是"块茎种植者后来才种植的"谷物，是用相同的方式种植的；稻谷最初可能是"芋头垄沟里的野草"。

② Henry Miller，in Henry Miller and Michael Fraenkel，Hamlet，New York：Carrefour，1939，pp. 105 – 106.

一整幅美国"地图"，那里，甚至树也构成块茎。美国颠倒了方向：把东方置于西方，仿佛地球恰恰在西方画完了完整的圆一样；它的西方是东方的边缘。① （印度并不位于东西方之间，豪德里克特认为：美国是中心点和颠倒机制。）美国歌手帕蒂·史密斯唱出了美国牙科医生的圣经：不要寻根，顺着食道走……

　　难道不也存在着两种，甚或三种（或许还多）的官僚政体吗？西方的官僚政体：源自农业的、土地的官僚政体；根与田地；树以及树作为边疆的作用；征服者威廉的人口普查；封建主义；法国国王的政策；把财产作为国家的基础；通过战争、诉讼、婚姻解决土地争端。法国国王选择了百合花，因为它是根深而固守斜坡的一种植物。东方的官僚政体也同样么？，当然，描写一个块茎和内在性的东.方是再容易不过的了。然而，事实是，在东方，国家并不遵循树状图式，即按与事先确立的、树状化了的、根深蒂固的阶级相应的树状图式行事；它的官僚政体是由渠道构成的，比如，人们常说的"没有多少财力"的水利发电站，国家开辟了被开通和正在开通渠道的阶级（参照还没有人否定的威特福格尔著作的一些方面）。② 君主是一条河，而不是一个水龙头。水龙头仍然是一个点，一个树一点或根；他随激流而去，而不是坐在树下；菩提树本身变成了一个块茎；毛的河流和路易的树。这里，美国不也是在二者之间作用吗？在内部它采取灭绝和杀戮（不仅印第安人，还有农民），在外部则掀起一波又一波的移民浪潮。资本的流动导致了一条巨大渠道的产生，带有直接"额度"的权力的量化，每个人都以自己的方式从货币流动中获利（于是便有穷人一夜之间变成了富翁、然后又堕入贫穷的现实神话）：在美国，一切都聚合，树和渠道，

　　① 见 Leslie Fiedler, *The Return of the Vanishing American*, New York: Stein and Day, 1968. 该书有一段关于地理及其在美国神话和文学中的作用以及相反的作用的精彩分析。在东部，人们特别寻求美国编码和与欧洲的重新编码（亨利·詹姆斯，艾略特，庞德等）；在南方，有关于奴隶制的多元符码，内战期间奴隶制和种植园的灭亡（福克纳，考德威尔）；在北方，有资本主义的解码（多斯·帕索斯，德莱塞）；而在西方，逃亡路线则起到了综合旅游、幻觉、疯癫、印第安人、认知和精神实验、边疆的变化和块茎的作用。（Ken Kessy 和他的"雾机器"，跨掉的一代等）。每一个伟大的美国作家都创造一幅地图，甚至是以自己的风格制作的；与欧洲的情况相比，每一个人制作的地图都与遍及美国的真正社会运动直接相关。菲茨杰拉德的整个作品中就充斥着地理方向的索引。

　　② trans: *Karl Witffogel*, *Oriental Des potism*, New Haven, Conn. : Yale University Press, 1957.

根和块茎。没有普遍的资本主义,没有自身独立的资本主义;资本主义位于所有社会构型的十字路口,它在性质上是新资本主义。它发明了东方的面孔和西方的面孔,并重新塑造了它们——全然是为了更糟的结果。

与此同时,我们对所有这些地理分布的探讨是错误的。一个死胡同。这更好些。如果问题是要说明块茎也有其自己的、甚至更僵化的专制主义和等级制,那么,这也很好:因为在此与彼之间没有二元论,没有本体的二元论,在好与坏之间没有价值的二元论,没有混合或美国的综合。块茎中存在着树结,根中有块茎的旁支。此外,块茎特有一些内在性和渠道化的专制构型,正如由树、空中的根和地下的枝干组成的超验系统中存在着无政府的构型一样。重要的是,根一树和运河一块茎并不是两个对立的模式:第一个是超验模式和踪迹,即便产生自身的逃避;第二个是一个内在过程,它推翻那个模式,勾勒一张地图,即便构成自身的等级,即便导致一个专制渠道的形成。问题不在于地球上的这个或那个地方,或历史上的某个特定时刻,更不是这个或那个思想范畴。问题在于一个永远建构或坍塌的模式,在于一个永远延长、断裂、再重新开始的过程。不,这不是一个新的或不同的二元论。写作的问题:为了准确地标识事物,不准确的表达是完全不可避免的。根本不可能避免,因为那是必要的步骤,或因为人们只能凭借近似值进步:不准确性绝不是近似值,相反,它恰恰是正在进行的事物的通道。我们启用一种二元论只是为了挑战另一种二元论。我们使用一些二元模式只是为了进入向一切模式挑战的一个过程。每一次都需要精神矫正来破解我们并不想建构但又必须通过的那些二元论。通过所有那些二元论,我们得出了我们都试图得出的公式——多元主义=一元论,二元论是敌人,一个完全必要的敌人,相当于我们不断重新安排的家具。

我们且来总结一下一个块茎的主要特点:与树或树根不同,块茎把任何一点与任何其他一点联系起来,而其特点却不必与相同性质的特点相联系;它激活了非常不同的符号王国,甚至非符号状态。块茎既不能简约为一,也不能演绎为多。它不是变成二,甚或直接变成三、四、五等数字的一。它不是衍生于一的多,或附加给一的东西(n + 1)。它不是由单位构成的,而是由维度或运动方向构成的。它没有起始和结尾,而总是有一个中间,并从这个中间生长和流溢出来。它构成 n 维度的线性繁殖。这些维度既没有主体,也没有客体,而可以在一个黏性平面上展开,一总是能从这里被抽取出来(n-1)。当这种繁殖改变维度时,它也必然改变性质,经历一次变形。块茎与结构不同。结构是由一组点和位置限定的,各个点之间是二元关系,而各个位置之间是双单义关系。块茎只由线构成:作为其维度的分隔和层次的线,作为最大维度的逃亡或解域的线,此后,繁殖将经历变形和性质的变化。这些线或地貌轮廓线不应与树状类的谱系相混淆,这些谱系不过是可以在点和位置之间局部定位的联系而已。与树不同,块茎不是繁殖的客体:既不是作为意象 - 树的外部繁殖,也不是作为树 - 结构的内部繁殖。块茎是一种反谱系学。它是短期记忆,或反记忆。块茎依据变体、扩张、征服、捕捉、旁支运作。与图表艺术、画画或照相不同,与踪迹不同,块茎与必须生产、必须建构的一幅地图有关。一幅地图总是可分离的,可连接的,可颠倒的,可修改的,有无数的进口和出口,有其自己的逃亡路线。置放在地图上的必须是踪迹,而非其对立面。与等级制交流模式和既定路线的中心(或多中心)系统相对比,块茎是无中心的,无等级的,无意指的系统,没有将军,没有组织记忆或中央自动控制系统,仅只由流通状态所限定。块茎的问题在于它与性的关系——但也存在着与动物,与植物,与世界,与政治,与书,与自然和人为事物的关系问题,这完全不同于树状关系:纯然"变化"的关系。

　　一座高原总是位于中间,不在开头,也不在结尾。一个块茎是由无数高原构成的。格雷戈里·贝特森用"高原"一词标识非常特殊的事物:一个连续的、自振的区域,其各种强度避免朝任何高潮点或外部终点发展。贝特森引巴厘文化为例:母婴之间的性游戏,甚至男人之间的争吵,都经历这种怪异强烈的稳定。"某种连续的强度高原用来代替(性)高潮",战争或任何一个高潮点。把表达和行动与外界或超验目的相联系,而不是据其内在价值在黏性平面上对其加以评价,这是西方精神令人遗憾的一个特点。[①] 比如,由不同章节构成的一本书具有高潮点和终点。一本书

　　① Gregory Batson, *Steps to an Ecology of Mind*, New York: Ballantine Books, 1972, p. 113. 值得注意的是,"高原"一词是以对球茎、块茎和块茎的经典研究为基础的;见 M. H. Baillon, *Dictionnaire de botanique*, Hachette, 1876 - 1892。

是由跨越微小缝隙相互交流的高原(像在大脑中一样)构成的,否则书中
又能发生什么呢? 我们说一座"高原"是通过表面的地下枝干与其他繁
殖相关联的任何一种繁殖,目的是为了构成或延伸到某个块茎。我们在
把这本书写成一个块茎。它由许多高原构成。我们给了它一个圆的形
状,但只是为了笑。我们每天早晨醒来,我们每个人都自问他要处理哪座
高原,在这儿写上五行,在那儿写上十行。我们有了幻觉经验,我们看着
一行行文字像一队队微小的蚂蚁一样离开一座高原,走向另一座高原。
我们画出聚合的圆。每一座高原都可以从任何地方读起,都可以与任何
其他高原连接。要达到多,就必须有一个有效地构造多的方法;任何巧妙
的印刷,任何灵活的构词,任何混合或创造的词语,任何大胆的句法,都不
能取代它。事实上,这些不仅只是纯粹用来播撒或散布一个统一体的模
仿程序,这个统一体是为了一本意象 – 书而保留在一个不同维度上的。
技术自恋主义。印刷的,词法的或句法的创造只在它们不再属于一个潜
在统一体的表达形式时才是必要的,这时,它们自身成了所论的繁殖维
度。我们只知道这方面的成功是罕见的。[①] 我们本人不能够成功。我们
只 使 用 词 语 , 词 语 反 过 来 为 我 们 起 到 高 原 的 作 用 。 块 茎 学
(RHIZOMATICS) = 精神分裂分析学(SCHIZOANALYSIS) = 地层分析学
(STRATOANALYSIS) = 语 用 学 (PRAGMATICS) = 微 观 政 治 学
(MICROPOLITICS)。这些词都是概念,而概念都是线,这就是说,维系于
繁殖(地层,分子链,逃亡和断裂路线,聚合的圆等)的特定维度的数字系
统。我们在任何地方都不能为我们的概念宣布一个科学的名称。我们对
科学性就像对意识形态一样不熟悉,我们所知的一切就是组合。而惟一
的组合就是欲望的机器组合和表述的集体组合。没有意义,没有主观化:
写作,直到 n 次幂(所有个性化的表达都深陷主导意指之中,所有意指的
欲望都与被控制的主体相关)。就其繁殖来说,一次组合必然同时作用于
符号流动,物质流动,和社会流动(独立于科学或理论著作中的任何概
括)。现实领域(世界)、再现领域(书)和主体性领域(作者)之间的三元

---

① 如 Joelle de la Casiniere,Absohment nescssaire. The Emergency Book,Minuit,1973,这是一
本真正的游牧书。又见 Montfaucon Research Center 正在进行的研究。

划分已不复存在了。

相反，一次组合确立了一些繁殖之间的联系，这些繁殖是从每一个领域中抽取出来的，所以，一本书没有续集，没有作为客体的世界，也没有作为主体的一个或几个作者。简言之，我们认为我们以某一外部因素的名义是不能充分写作的。外部没有形象，没有意指，没有主体性。与外部会聚的书对立于作为世界意象的书。一本块茎一书，不是一本二分的、中枢的或簇生的书。永远不要扎根，或植根，不管避免颠倒旧的程序该有多么困难。"这些事情在我身上发生了，不是从根上发生的，而是从中间的某处。让人试着去抓它们吧，让人试着去抓一叶草吧，抓紧它，它只能从中间开始生长。"①这为何如此艰难？这直接涉及认知符号学的问题。看到中间的事物是不容易的，这不同于从下向上看，或从上向下看，或从左向右看，或从右向左看：试试看，你会看到一切都在改变。看到事物中和词语中的草是不容易的（同样，尼采说，格言必须"慎思"之；一座高原永远不会与栖居其上的母牛分离开来的，这些母牛也是空中的云）。

历史总是从固定的观点来撰写的，而且是以一部统一的国家机器撰写的，至少是一部可能的国家机器，即便它的题目是游牧民。所缺少的是一部游牧学，即一部历史的反面。在这方面，成功也是罕见的。比如，关于儿童十字军的主题：马塞尔·施沃布的著作繁殖了像是许多高原的叙事，其维度的数量也在不断变化。然后是安德兹耶夫斯基的《乐园之门》（Les Dortes du paradise），只由一个未间断的句子构成；儿童的流动；走走停停、流离失散和匆匆忙忙的流动；所有儿童的忏悔的符号学流动，他们走到队伍前头逐个向那老和尚忏悔；欲望和性的流动，每个孩子都被爱所抛弃，或多或少为文多姆伯爵死后邪恶的鸡奸欲望所吸引；所有这些都循环往复地聚合起来。重要的不是这些流动究竟"是一还是多"——我们已经度过了那一刻：存在着表述的集体组合，欲望的机器组合，一个在另一个之内，二者都被塞入了一个巨大的外部，无论在哪种情况下，那个外部都是一种繁殖。一个较近的例子是阿曼德·法拉齐论第四次圣战的著

① The Diaries of Franz Kafka, ed. Max Brod, trans. Joseph Kresh, New York: Schocken, 1948, p. 12.

作《错位》(1ddislocation),书中,句子要么间隔加宽,排列松散,要么就拥挤在一起,相互共存,而字母和印刷也随着圣战越来越进入谵妄状态而呈跳跃态势。①

这些是游牧和块茎写作的模式。写作与战争机器和逃亡路线结合起来了,抛弃了地层,分隔,定栖和国家机器。但为什么还需要模式呢? 这些书难道不是圣战的"形象"吗? 它们不也保留一个统一体吗? 在施沃布的书中是中枢统一体,在法拉齐的书中是流产的统一体,而在最成功的例子即《乐园之门》中,则是穿着葬礼服的伯爵的统一。还需要一个比圣战更深邃的游牧主义吗? 一个关于真正游牧民的游牧主义? 还是关于不再运动、不再模仿任何事物的游牧民的游牧主义? 那些只聚合的人的游牧主义。书怎样才能找到一个充足的外部,并用这个外部在异质性中聚合而不是去再生产一个世界呢? 文化之书必然是一个踪迹:本身已经是一个踪迹,同一位作者的前一部书的踪迹,其他的不管有多么不同的书的踪迹,既定概念和词语的无休止的踪迹,世界的现在、过去和未来的踪迹。甚至反文化之书也仍然背负着过重的文化负担:但它将积极地利用这个负担,是为了忘却而非为了记忆,为了不发展而非为了趋于发展的进步,以游牧而非定栖方式,制作一张地图而非寻踪索迹。块茎学:波谱分析学(POPANALYSIS)。即便人们除了阅读外还有其他事情可做,即便其中的学院文化或伪科学性的障碍仍然太痛苦或太沉重。如果把科学完全留给其自身的发明它就会彻底发疯。且看数学吧:它不是科学,而是怪物的俚语,是游牧。甚至在理论界,尤其在理论界,靠不住的和实用的框架都强似踪迹的概念,这些概念的突破和进步并不改变什么。察觉不到的断裂,并非意指的突破。游牧民发明了一台战争机器以与国家机器相抗衡。历史从未曾理解游牧主义,书从未曾理解外部。作为书和思想模式的国家拥有悠久的历史:逻各斯,哲学家-国王,理念的超验性,概念的内在性,精神的共和国,理性的法庭,思想的公务员,作为立法者和主体的人。国

---

① Marcel Schwob, The Children's Crusade, trans. Henry Copley, Boston:Small,Maynand,1898; Jersy Andrzejewski, Les portes du paradis, Gallimard, 1959; Armand Farrachi, La dislocation, Stock, 1974. Paul Alohandery 就在施沃布的语境中谈到,在某些情况下,文学可以激活历史,并给历史指出"真正的研究方向";Ia chretiente et l'idee de croisade, Albin Michel,1959,Vol. 2,p. 116.

家假装成一种世界秩序，使人扎根。战争机器与外部的关系并不是另一个"模式"，它是使思想本身成为游牧的一次组合，书则是每一台活动机器的一个工作零件，一个块茎的一条枝干（反对歌德的克莱斯特和卡夫卡）。

写作直到 n 次幂，n−1 次幂，写出口号：制造块茎，不要根，决不要植物！不要播种，要栽植枝条！不要一或多，要繁殖！沿着路线跑，不要标示某一点！速度把点变成了线！[1] 甚至静止不动时也要加快速度！机遇的路线，臀部的路线，逃亡的路线。不要搬出内心的将军！不要只有思想，只有一种思想（戈达尔）。拥有短期思想。制作地图，不要制作照片或图画。作粉色的豹，这样你的爱就会像黄蜂和兰花，像猫和狒狒。正如他们所说的老人河：

> 他不种植土豆
> 不种植棉花
> 种植它们的人很快就被忘记了
> 但老人河却一直滚滚流淌

一个块茎无始无终；它总是在中间，在事物之间，是间存在者，间奏曲。树是亲缘关系，但块茎是联盟，独一无二的联盟。树强烈推行动词"to be"，但块茎的构架是连接"and…and…and…"。这种连接携带着足够的力动摇和根除动词"to be"。你去哪里？你从哪儿来？你朝哪儿走？这些都是毫无意义的问题。制作一块干净的石板，再次从零开始，寻找一个开端或一个基础——所有这些意味着一个虚假的航海和运动概念（方法的、教学的、首创的、象征的一个概念……）。但是，克莱斯特、伦兹和比希讷却有另一种旅游和运动的方式：从中间开始，通过中间，来来去去，而非开头和结尾。[2] 美国文学，还有英国文学，已经在很大程度上表明了这种块茎方向。它们懂得如何在事物之间运动，建立 AND 的逻辑，推翻本体论，打破基础，废除结尾和开头。它们懂得如何实践语用学。中间绝不

---

① 见 Paul Vifilio，"Vehieulaire，" in Nomades et vagabonds, ed. Jacques Bergue, Union Generale d'Editions，1975，p. 43，论线性表象和速度造成的认知爆炸。

② 见 Jean-Cristophe Bailly 关于德国浪漫主义运动的描述，Introduction to La legende dispersee. Anthologie du rorrantisme allemand, Union Generale d'Editions，1976，pp. 18ff.

是平均;相反,这正是物体加速的地方。在事物之间并不表明从一事物到另一事物再回归原事物的一种可定位的关系,而是一个垂直的方向,清除一个又一个障碍的一种横跨运动,破坏了两岸并在中间加速的没有源头或终点的一股溪流。

(摘自于陈永国编译:《游牧思想》,吉林人民出版社 2003 年版,第 146～161 页。)

游牧生存方式

[法]德勒兹

原理Ⅱ.战争机器是游牧民的发明（它外在于国家机器,有别于军事机构）。这样,战争机器就有三个方面:空间地理方面,数学或代数方面和情感方面。

命题Ⅴ.游牧生存方式必然使战争机器的空间条件成熟起来。

游牧民有一个领域;他遵循习惯的路线;他从一点走向另一点;他并非无知于点(水点,居住点,聚会点,等等)。但问题是,游牧生活的本质是一条原则,不过是一个结果。首先,虽然点决定路线,但却严格地从属于它们所确定的路线,是固定不动的事物的反面。到达水点只是为了被抛在后面;每一个点都是一个驿站,而且只能作为一个驿站而存在。一条路线总是在两点之间,但这个之间已经全部协调起来,获得了自治和自身的取向。游牧民的生活是间奏曲。甚至居住的条件也是根据永远赶他们上路的轨道来构想的。① 游牧民从根本上不同于移民;移民原则上是从一点走向另一点,即便第二点是不确定的,未曾预见的,或未曾定位的。

---

① Army Milovanoff, "La scinde peau du nomade," *Nouvells Littéraires*, no. 2646 (July 27,1978), p.18:"在阿尔及利亚撒哈拉边界上的拉巴游牧民使用 trig? 这个词,一般指道路,也指织带,用来固定帐篷绳索的带子……在游牧思想中,居住与某一地域无关,而相关于某一巡回路线。游牧民拒绝占有他们所路过的土地,而用绵羊毛和山羊毛建构一个环境,在暂时占据的地盘上不留一丝痕迹……因此,羊毛,柔软的质料,便给予游牧生活一种统一性……游牧民停留于旅行的再现,而非停留于所跨越空间的组织。他们从空间走向空间……羊毛多形态主义。"

但游牧民只是作为结果,作为实际的必然,才从点走向点;原则上,点对他来说是轨道上的驿站。游牧民和移民在许多方面是相混的,可以构成共同体;他们的原因和条件也没有明显的差别(比如,在麦地那与穆罕默德会合的人可以选择发游牧或流浪的誓约,也可以发逃亡或移民的誓约)。①

其次,尽管游牧路线遵循小道或惯行路线,但却不能发挥固定路线的功能。固定路线是要把一个封闭空间分配给人,每人分得一份,并调节份与份之间的交流。游牧路线恰好相反:它把人(或动物)分布在一个开放的空间内,一种不确定的、没有交流的分布。诺摩斯代表律法,但那是因为它原来就是分布,就是一种分布模式。它是一种非常特殊的分布,并不分成份儿,在一个空间内没有边界,也没有封闭。诺摩斯是一个大惊小怪的集体的凝聚力:正是在这个意义上,它才与法律或城邦相对立,而是落后的山村、山坳,或围绕城市周围的模糊地区("或是诺摩斯或是城邦")。② 因此,这也是第三点,在不同空间之间存有重大差别:固定的空间是条纹状的,有墙,封闭的圈子,圈子之间有道路;而游牧空间是平滑的,只有被轨道涂抹和取代的"特点"。甚至沙漠上的薄层也相互滑动,发出一种不可模仿的声音。游牧民自行分布在一个平滑空间内;他占据,居住,拥有那个空间;那是他的地域原则。因此,根据运动来定义游牧就是错误的。汤因比非常正确地指出,游牧民恰好是不运动的人。移民身后留下的是一个无形或充满敌意的环境,而游牧民则不离开,不愿意离开;他固守着由渐小的森林遗留下的平滑空间,草原或荒漠在扩大,而面对这种挑战,他发明了游牧生活方式。③ 当然,游牧民也移动,但却是坐

---

① 见 W. Montgomery Watt, Mohammed at Media, London: Oxford Univendty Press, 1956, pp. 85 - 86, 242.

② Emmanuel Laroche, Historie de la recine "Nem" en gre ancian(Paris: Klineksieck, 1949). 词根"Nem"表示分布,不是分配,即便二者是有联系的。在田园的意义上,动物的分布是在一个无限界的空间内进行的,意味着没有土地的分配:"在荷马时代,牧人的占地与土地分配无关;在梭伦时代,当农业问题突出之时,那是用完全不同的语汇表现的。""到草原上去"不是指分配,而是指分散,指动物的重新划分。只是在梭伦时代之后,诺摩斯才用指法律和权利基础上的原则,后来就与法律成为一体了。在此之前,在法制的城市或城邦与诺摩斯控制的郊区之间还有一种选择。在 Ibn Khaldūn 的著作中也谈到一种类似的选择:作为城市生活的 hadara,与作为诺摩斯的 badiya(不是城镇,而是城市时代之前的乡村,平原,草原,山脉,或沙漠)。

③ Arnold Toynbee, A Study of History, New York: Oxford University Press, 1947, Abridged by D. C. Somerwell, V01. 1, pp. 164 - 186:"他们投靠草原,不是要逃到草原的边界以外,而是要在那里安居乐业。"(p. 168)

着移动,他移动时坐着(贝都因人在马背上奔驰,膝盖顶着马鞍,坐在竖起的脚底上,"绝妙的平衡")。游牧民知道如何等待;他具有无限的耐力。不动与速度,紧张与冲锋,一个"静止的过程",作为过程的静止——克莱斯特提出的这些特点也是游牧民的突出特点。因此,有必要把速度与运动区别开来:运动也许非常快,但并不说明它有速度;速度也许非常慢,甚或是不动的,然而仍然是速度。运动是外延的;速度是内包的。运动表指一个被看成"一"的物体的相对性质,从点走向点;相反,速度构成一个物体的绝对性质,这个物体的不可简约的部分(原子)以涡流的方式占据或填充一个平滑空间,而且可能在任何一点上一跃而起。(因此,没有相对运动而集中在一个地方进行精神旅行,就没有什么大惊小怪的了:这是游牧生活方式的组成部分。)简言之,我们通常说只有游牧民才有绝对的运动,也就是说,有速度;涡流或旋涡运动是其战争机器的本质特点。

正是在这个意义上,我们才说游牧民没有点、路或土地,尽管在表面上似乎拥有这些。如果可以把游牧民称做被解域者,那恰恰是因为他们不像移民那样此后还有分域,或像长期居民一样依靠别的东西(长期居民与大地的关系是以别的东西为媒介的,如财产制度、国家机器)。相反,对游牧民来说,正是解域构成了与大地的关系,甚至达到依赖解域进行分域的程度。大地解域的是它自身,从而给游牧民提供了地域。大地不再是大地了,而成为纯粹的土地或支撑。大地不是在根据地球的相对运动解域的,而是在特定地点,在森林退缩、草原和荒漠延扩的地方。胡巴克认为,用普遍的气候变化(这是移民迁徙的原因)来解释游牧生活方式,不如用"地方气候的蔓延",这是正确的。[①] 游牧民就在大地上,在向四面八方侵蚀扩张的平滑空间里。游牧民在这些空间里栖居;他们不离开那里,亲手扩展它们;他们造就了荒漠,就如同荒漠造就了他们一样。他们是解域的向量。他们通过一系列局部运作、不断变换方向而造就了一片又一

---

① 见 Pierre Hubac, *Les nomod*, Ia Renaissance du Livre, 1948, pp. 26 – 29(尽管胡巴克往往把游牧民与移民相混淆)。

片荒漠,一片又一片草原。① 荒漠不仅有绿洲,那就像固定的点一样,而且有临时的块状植物,根据局部降雨情况而改变地点,不断地改变着巡回的方向。② 用来描写沙漠的术语也用来描写冰川:大地与天空之间没有分界线;中间没有距离,没有视角或轮廓;可视性受到了限制;然而,一种非常精密的类型学靠的不是点或物体,而靠的是个体性,以及关系的组合(风,雪或沙的波动,沙的沙沙声或冰冻的吱嘎声,以及二者的触觉性质)。这是一个触觉空间,确切说是"多触觉"空间,比视觉空间要响亮得多。③ 方向的可变性和多声部性是块状平滑空间的一个本质特点,这个特点改变了方向的绘制。游牧民,游牧民空间,是局部确定的,而不是受限制的。既被限制又进行限制的是条纹空间,相对全球的空间:它的各个部分是受限制的,它们的方向是不变的,取向是相互的,界限是可分的,也是可相互关联的。起限制作用的东西(城垛或城墙,而不再是边界线)就是与它所"包含"的平滑空间相关的这个集合体,它减缓或阻止平滑空间的发展,限制它或将其置于外部。甚至当游牧民达到这种全球效果时,他也不属于这个相对的全球,人们在那里从一点走向另一点,从一个地区走向另一个地区。相反,他处于绝对的局部地区,以局部显示的绝对地区,而且是在一系列变换方向的局部运作中生产出来的,其中包括沙漠、草原、冰川和大海。

让绝对的东西在特殊的地方出现——这难道不是非常一般的宗教特点吗(宗教表面现象的性质、其合法性以及使其得以再生的形象的缺乏都是有待于讨论的)? 但宗教圣地基本上是排斥模糊的诺摩斯的一个中心。宗教的绝对主要是包容一切的地平线,而如果这个绝对本身出现在一个特殊地点,那是为了给地球确定一个固定和稳定的中心。一神教包容一

① 关于海上或群岛上的游牧民,Jose Emperaire 写道:"他们并没有抓住整个巡回路线,而只是抓住了局部,把不同的连续阶段按顺序并置起来,从一个营地到另一个营地旅行。他们在每一个阶段都估计巡回的长度和连续的方向变化。"

② Wilfred Thesiger, *Arababian Sands*, London:langmans, Green, 1959, pp. 112 – 113, 125, 165 – 166)。

③ 见 Wilfred Thesiger 关于沙漠和 Edmund Carpenter 关于冰川的精彩描写,Eskimo, Toronto:University of Toronto Press,1964:风,触觉和沙漠的性质;视觉数据的次要特点,尤其是游牧民对作为正统科学的天文学的漠视;但总是有少数科学的全部性质变量和踪迹。

切的平滑空间（沙漠、草原或海洋）已是老生常谈的话题了。简言之,宗教改变了绝对。在这个意义上,宗教就是国家机器的一个零件（在形式上属于"契约","帮伙或联盟"）,即便它在自身内部有权把这种模式提高到普遍的高度,或构成一种绝对统治。但对游牧民来说,提出问题的术语却是完全不同的:局部是不受限制的;因此,绝对不在特殊的地方出现,而成为一个不受限制的局部;地点与绝对的重合不是在一个有中心的、定向的全球化或普遍化中达到的,而是在局部运作的一个无限序列中达到的。只要局限于观点的这种对立,我们就能看到游牧民并未给宗教提供一个有利的平台;战争人总是冒犯牧师或神。游牧民信奉模糊的、流浪的"一神教",并满足于这种宗教,满足于他们那流动的火焰。游牧民有一种绝对感,但显然是无神论的绝对。与游牧民有关的普世论宗教——摩西,穆罕默德,甚至与聂斯脱利异端有关的基督教——在这方面总是遇到麻烦,与他们所说的顽固亵渎发生冲突。这些宗教实际上离不开一个坚定不变的方向,离不开一个专横的法制国家,甚至缺乏一个实际存在的国家。它们提倡的理想是固定化,因此更加推崇移民而非游牧生活。甚至连早期的伊斯兰教也推崇逃亡或迁徙,而不喜欢游牧。恰恰由于一些分裂运动（如 Khāriji）,伊斯兰教才征服了阿拉伯或柏柏尔游牧民的。①

　　然而,仅仅在宗教与游牧生活方式这两种观点之间确立简单的对立并不能彻底解决问题。对一神教来说,其最深层的意向就是在全世界建立一个普世或精神国家,但也不是不存在着矛盾或冲突地区。它甚至超越了国家的理想限制,甚至超越了宗主国,进入一个更加模糊的地带,在国家之外的一个地带,能够发生突变或归化的地带。我们所谈的宗教是战争机器的一个组成部分,而圣战的思想则是那台机器的动力。与国王的国家人格和牧师的宗教人格相对立的是先知,在他的指导下,宗教变成了战争机器,或站在了战争机器的一边。常听人说伊斯兰教和先知穆罕默德完成了这种宗教皈依,建立了一种真正的精神实体:按乔治·巴塔耶所说,"早期伊斯兰教是从事军事活动的一个团体"。这是西方为证明他们对伊斯兰教的敌意而诉诸的一种说法。然而,基督教的十字军东征也

---

① Emile Félix Gautier, *Le passé de l'Afrique du Nord*, Payor,1952,pp.267 – 316.

许就是这种类型的冒险。先知们完全可能谴责游牧生活;战争机器完全可能推崇移民运动和定栖的理想;一般宗教完全可能以精神的、甚至质料的分域补偿其特殊的解域,就圣战的情况而言,这就是对作为世界中心的圣地的征服。尽管如此,当宗教发展成战争机器时,它就能够调动和释放一股可怕的游牧或绝对解域的力量,让游牧民陪伴着移民,而在潜在的游牧民的陪伴下,移民便进入了生成的过程之中,最后,它便用一种绝对国家的梦想来对抗国家形式。① 而这种反抗与那个梦想一样也是宗教的"本质"部分。十字军东征的历史标志着一系列惊人的方向变化:要到达作为中心的圣地的坚定方向往往只是个借口。但要说自私自利或经济、商业或政治因素使圣战偏离了方向,却可能是错误的。圣战这个思想本身意味着方向的可变性,即中断和变化,在把宗教变成战争机器、同时利用并促成了相应的游牧生活之时,它就具备了所有这些因素或所有这些变量。② 在定居民、移民和游牧民之间保持最严格划分的必要性并不排除实际存在的混合,反倒使这些混合显得更为必要。要思考定居生活方式征服游牧生活方式的一般过程也不能不看到局部游牧化卷走固定居民和双重移民的情况(这显然有利于宗教)。

平滑空间或游牧空间位于两个条纹空间之间:这就是带有垂直引力的森林空间,和带有网格和普遍平行线、现已独立的植树、具有间伐艺术的农业空间。但在"之间"也意味着那个平滑空间受控于两侧,它们限制它,抵制它的发展,尽可能多地分配给它交流的任务。或相反,在"之间"也意味着它与两侧对抗,在一边烦扰森林,在另一边获得耕地,肯定一股非交流力量或像"楔子"一样掘进来的发散力量。游牧民首先把矛头对

---

① 按照这一视角,Clastres 对印度先知的分析就可以概括为:"一方是酋长,而另一方是与他们作对的先知……先知机器运转得很好,因为 karai 能够荡涤步他们后尘的惊奇的印度民众……先知反抗酋长的叛逆行为通过一种奇怪的颠倒而给予前者一种无限的权力,远远超过了后者所掌握的权力。"Society against the State, pp. 184 – 185.

② Paul Alphandéry 在其经典著作(La chrétienté et l' ideé de croisade, Albin Michel, 1959.)中提出的一个精彩命题是,过程中的变化、停止和迂回是圣战的 必要组成部分:"这支圣战军队在我们看来是一支现代军队,如同路易十四和拿破仑的军队,绝对被动地行军,遵守一个外交官和其他官员的意志。这样一支军队知道自己的去向,而当犯错误时,却又不是由于缺少反思。一部注重差异的历史接受比较现实的圣战军队的形象。这支圣战军队无拘无束地、有时无政府地生存下来……这支军队从内部获得动力,借助一种复杂的一致性而未发生任何偶然事故。征服君士坦丁堡肯定是有原因的,也是必然的,具有宗教意义的,与其他圣战没什么两样"(Vol. 2, p. 7)。Alphandéry 特别表明,无论在哪里,攻打异教徒的思想都是早期出现的,与解放圣地的思想相伴而生。(Vol. 1, p. 219)

准森林和山民,然后下山对付农民。在此,我们看到的是与国家形式相对立的形式或外部形式——但该怎样解释呢? 作为一个全球空间和相对空间,这个形式包含着许多成分:在森林中间伐以开发农田;设置农业网格;附属于农业和固定食物生产的畜牧业;以城乡交流为基础的商业。当历史学家探讨西方征服东方的原因时,他们基本上都提到下列使东方处于劣势的特点:砍伐而非间伐,因此极难获取甚或发现树木;"稻田和花园"式的耕种,而非植树和农田;大多数不在固定居民控制之内的畜牧业,结果造成动物劳力和肉食品的缺乏;交流量低下的城乡关系,结果使商业缺乏弹性。① 结论不是说东方缺少国家形式。恰恰相反,为了保留和重组各种外流因素,就更加需要一个更严格的代理机构。国家的构造总是相同的;黑格尔政治哲学中唯一正确的观点就是:每一个国家内部都携带着重要的生存时刻。国家不仅是由人民构成的,而且还由树木、田地、花园、动物和商品。所有国家都是一个合成的统一体,但是,国家的发展和组织却大不相同。在东方,这些成分要松散得多,相互脱节,因此必然造成一种固定的形式以把它们聚拢在一起:亚洲或非洲的"独裁构型"面对着不断的反叛、分离和王朝更替,但却没有影响到其固定形式。另一方面,在西方,国家成分之间的紧密关联使国家形式的革命改造成为可能。当然,革命这一观点本身就是含混的。迄今为止,只有西方进行过国家改造,而东方则预示着国家的消亡,国家的废除。② 东方、非洲和美洲的大帝国起

---

① 从中世纪起,现代历史学家对东西方的这种矛盾进行了精彩分析(而且提出了这样的问题:为什么资本主义兴起于西方,而非其他地方?)。见 Fernand Braudel, *Capitalism and Material Life*, 1400—1800, trans. Miriam Koehan, New York Harper and Row, 1967, pp. 97 – 108; Pierre Chaaunu, L'expansion européene du xve siécle, PUF, 1969, pp. 334 – 339("Why Europe? Why not China?"); Maurice Lombard, Espaces et réseaux du haut Moyer Age (The Haugue Mouton, 1971), chapter 8 (and p. 219:"东方的砍伐在西方叫做间伐。因此,统治中心从东方向西方转移的第一个深刻原因是地理上的:森林间伐证明比荒漠—绿洲更有潜力")。

② M8x Cluelanan [Custom and Conflict in Africa,(Glencoe, III. : Free Press, 1959)]对非洲专制国家的分析证明了马克思关于亚洲专制国家的思考:固定形式与长期叛乱的共存。国家"转型"的思想似乎的确是西方的。而另一个思想,即国家"消亡"的思想大多属于东方,属于适合游牧战争机器的状况。有人试图把这两个思想作为革命的连续阶段,但它们之间存在很大差别,很难调和起来。它们反映了 19 世纪社会主义和无政府主义两股潮流的对抗。西方的无产阶级本身持有两个观点:夺取政权,改造国家机器(劳动力的观点),和立志或希望国家消亡(游牧化权力的观点)。甚至马克思也不仅仅把无产阶级定义为异化的,而且也定义为解域化的。从第二个观点来看,无产阶级是西方游牧民的后代。不仅许多无政府主义者诉诸于起源于东方的游牧思想,而且连资产阶级也很快就把无产阶级与游牧民等同起来,把巴黎比作游牧民经常光顾的一座城市[见 Louis Chevalier, laboring Classes and Dangerous Classes in Paris during the First Half of the Nineteenth Century, trans. Frank Jellenck, New York:H. Fertig, 1973, pp. 362 – 366。]

而抵抗渗透进来的开阔的平滑空间,保持各成分之间的距离(诺摩斯没有成为农村,农村与城市没有交流,大规模的畜牧业是游牧民主要从事的事业,等等);东方国家与游牧战争机器形成了直接对峙。这部战争机器可能会回归到统一的道路上来,只能通过叛逆和王朝的更替向前发展;然而,正是作为游牧的战争机器发明了废除国家的梦想和现实。西方国家大多躲在条纹空间的掩盖之下,因此有更大的余地把各个成分聚拢在一起;它们只是通过移民的中介间接地面对游牧民,而游牧民的立场则由移民那里激发或全盘采纳而来。①

国家的基本任务之一是给它统治的空间加上条纹,或把平滑空间用作交流工具,使其服务于条纹空间。不仅要征服游牧生活方式,而且要控制移民,更普遍地说,是要建立控制整个"外部",控制横亘全世界的所有流动的一个权力地带。如果能够容忍,国家不会从各种流动捕捉的过程中分离出来,包括人口、商品或商业、金钱或资本等流动。方向明确后,仍然需要固定的路线,以便控制速度,调节流通,相对稳定运动,细致地衡量主体和客体的相对运动。保尔·维里利奥的命题之所以重要,原因就在于此。他表明,"国家的政权是城邦(polis),即对公路的管理",城市的大门、征税和收费都是设置的障碍,过滤流动的人群,"抵抗"包括人、动物和货物在内的"移民帮伙的渗透力量"②。引力(gravitas)就是国家的本质。这绝不是说国家根本不懂速度;而是说,它要求运动,甚至最快的运动,也不要成为占领平滑空间的一个运动物体的绝对状态,而要成为在条纹空间内从一点到另一点的一个"被运动物体"的相对特点。在这个意义上,国家就从来没有停止过分解,重组和改造运动或调节速度。国家成为城市勘察员,改造者或公路交通:从这个观点看,国家承担了工程师的

---

① 见 Lueien Musset, Les invasions. Le second assaut, PUF,1965,如丹麦人的三个发展"阶段"的分析,pp. 135 – 137。

② Paul Vifilio,Speed and Politics, trans. Mark Poliotti, New York:Semiotext(e),1986,pp. 12 – 13 and passion. 离开与之相接触的外部流动,和它所调节的流通,"城市"就是不可想象的,而且,特殊的建筑群,如城堡,也是有据可查的改造者,它们的内部空间允许对运动的分析、延长和恢复。维里利奥结论说,问题与其说是关闭公共道路,毋宁说是管理或控制运动。福柯已经选择了这个方向,分析了作为手术者和过滤器的海军医院;见 Discipline and Punish, trans. A. M. Sheridan Smith, New York:Vintage,1975,pp. 143 – 146。

角色。速度和绝对运动并不是没有规律的,但那是诺摩斯的规律,是利用诺摩斯的平滑空间的规律,是居于这个空间的战争机器的规律。如果游牧民构成了战争机器,那就是通过发明绝对速度,通过与速度"同日而语"而构成的。每当出现与国家相对立的运作——不服从、骚动、游击战或革命行为——时,都可以说战争机器复活了,一股新的游牧潜力出现了,随之而来的是平滑空间或在仿佛平滑的空间中生存的恢复(维里利奥探讨了"占据街道"的骚乱和革命命题的重要性)。正是在这个意义上,国家对一切有可能超越它的力量的反应就是给空间加上条纹。国家在挪用战争机器的时候不能不赋予其相对运动的形式:作为运动调节器的堡垒就是这种情况。堡垒正是游牧民遇到的障碍,绝对涡流运动就是被这种障碍和躲闪破坏的。反之,当一个国家未能成功地给内部和相邻空间加上条纹时,横亘那个国家的流动就必然采取与它开战的战争机器的姿态,即平滑空间里的敌意和叛逆(尽管其他国家也能够渗透它们的条纹)。这就是中国走过的道路:在 14 世纪末,尽管在造船和航海业技术非常高明,但中国拒不理睬巨大的航海空间,目睹商业流动与海盗联手,致使自身无法行动,只能在政治上故步自封,大规模地限制商业,而这只能进一步加强商业与战争机器的联手。①

实际情况要比我们所揭示的复杂得多。在平滑空间中,海洋也许是最重要的,是典型的水利模式。但在所有平滑空间中,海洋是第一个被条纹化的,被改造成了陆地的附属,有固定的路线,恒定的方向,相对的运动,和一整套逆水的渠道和管道。西方争得海上霸权的一个原因是它利用国家机器给海洋加上了条纹,把北方的技术与地中海结合起来,吞并了大西洋。但这种做法导致了一个最出乎意料的结果,即相对运动的繁殖,条纹空间中相对速度的强化,其结果是平滑空间或绝对运动的恢复。如维里利奥所强调的,海洋成了存在中的舰队的场所,在那里,人们不再从一点到另一点,而是占领从某一点开始的空间:不但没有给空间加上条纹,反倒以永远运动的解域向量占据了它。这一现代策略从海洋转到了

---

①　关于中国和阿拉伯的航海,它们失败的原因,以及这个问题在东西方"档案"中的重要性,见 Braudel, *Capitalism and Material Life*, pp. 300 – 309, and Chaunu, L'expansion européene, pp. 145 – 147。

天空,那是一个新的平滑空间,但也转到了被视做沙漠或海洋的整个地球。作为改造者和捕捉手,国家并不仅仅使运动相对化,而且重新开始了绝对运动。它并不仅仅从平滑空间走向条纹空间,而且重建了平滑空间;在条纹空间之后重建了平滑空间。当然,这种新的游牧生活方式是伴随着全球规模的战争机器而来的,而战争机器的组织超过了国家机器,发展成能源、军事工业和跨国集团。我们说这是一个备忘录,提醒我们平滑空间和外部形式并不具有不可抗拒的革命号召力,但却据其相互作用和具体的实施条件或设施而发生根本的意义变化(比如,整体战争、民众战争,甚或游击战争相互借用方法的情况)。①

　　(摘自于陈永国编译:《游牧思想》中"论游牧学——战争机器"一文,吉林人民出版社 2003 年版,第 314 ~ 326 页。)

_____

　　①　维里利奥给存在中的舰队及其历史意义下了精彩的定义:"存在中的舰队……是永远出现在海上的一支不可见的舰队,随时随地都可以出击……新的暴力观念是暴力不再来自直接的对峙……而来自不同团体的不平等属性,在选定时刻内对一定数量的运动的评价,对这些运动的动力效应的永久证实……因此,这已不是跨越大陆或海洋从一个城市到另一个城市、从一个海岸到另一个海岸的问题。存在中的舰队……创造了没有时空目的地的错置观念……战略潜水艇不必开往特定的地方;在控制海洋的同时,它仍然保持不可见的状态……实现绝对的、不受干扰的、循环的航海,因为它既不涉及出发,也不涉及达……如列宁所说,如果'策略意味着选择应用力的点,'那么,我们必须承认,今天,这些'点'已经不是地缘策略的据点了,因为从任何特定地点来看,我们可以到达任何其他点,不管它在哪里……局部地理位置似乎绝对失去了战略价值,相反,这同一个价值也被归属于向量的局部地理位置的解除,而这又是一个永久运动的向量";Speed and Politics,pp. 38,40 – 41,134 – 135。维里利奥的文本在每一方面都具有重要性和创新性。对我们来说,唯一的难点就是他把在我们看来非常不同的三组速度同化起来了:(1)游牧民的速度,或革命倾向(骚乱,游击战争);(2)由国家机器调节的、转化的、挪用的速度(公路管理);(3)由世界性的整体战争组织或星球多元武装所重申的速度(从存在中的舰队到核策略)。维里利奥根据其互动关系把这些速度等同起来,概括了速度的"法西斯"性质。然而,使这些区别成为可能的正是他自己的分析。

后马克思主义:民主与认同

[英]尚塔尔·莫菲

在最近几十年,对人性、"普遍理性"以及"合理的自治主体"这样的范畴的积极依赖越来越多地受到了质疑。不同的理论家从各自不同的立场批判了普遍人性的观念、批判了所谓合理性的普遍标准的观念——据说,通过这种合理性标准,可以获得关于自然以及普遍真理的可能性的认识。对理性主义和普遍主义的如此批判(有时被称为"后现代")被哈贝马斯这样的理论家看做是对现代民主理想的威胁。他们断言,在启蒙的民主规划及其认识论方法之间有一种必然的联系,并且,他们声称,指责理性主义和普遍主义就意味着侵蚀民主的根基。这解释了哈贝马斯及其追随者对不同形式的后马克思主义、后结构主义和后现代主义的敌视。

对于如此论调,我表示异议,并且,我坚持认为,只有通过汲取本质主义批判(它构成了所有"后学"的汇合点)的全部意义才有可能理解政治的性质,才有可能重新阐述启蒙的民主规划并将其激进化。我相信,启蒙的民主规划赖以阐述的理性主义的、普遍主义的框架在今天已变成充分理解当代民主政治的一种障碍。这种框架应该被抛弃,并且这种抛弃完全可以在不抛弃民主革命所呈现的启蒙的政治面向的前提下进行。关于这个主题,我们应该接受汉斯·布卢门伯格(Hans Blumenberg)的引导——他在《现代的合法性》一书(1983)中对启蒙的两种不同逻辑进行了区分:一个被称为"自我决断"(政治的),一个被称为"自我奠基"(认识论的）。在布卢门伯格看来,这两种逻辑的接合具有历史性,并且,它们之间并没有必然的关联,即是说,它们完全可能相互分离。[1] 因此,有可能在真正现代的东西("自我决断")与仅仅是对陈旧立场的重新占有(即尝试给前现代的问题一个现代的解答)之间作出区分。依布卢门伯格之见,理性主义对于自我决断观念并非是本质性的东西,它只不过是陈旧的绝对主义问题的残余而已。启蒙理性表现为对神学的脱离,但是,赋予自身一个基础的这种幻觉却没有随这种脱离而消失;如今,这种幻觉是到了必须抛开的时候了,无论如何,现代理性应该承认自身的局限性。只有与多元主义达成妥协并接受完全控制与最终和谐的不可能性,现代理性才能把自身从前现代的后遗症中解脱出来。

这种方法揭示了"后现代"这一术语(当它被用于指称一个与现代根本断裂的完全不同的历史时期的时候)的不充分性。当我们意识到理性主义和抽象的普遍主义并不是现代理性的结构性成分,而事实上只是对前现代立场的重新占有的时候,我们就可以清楚得出如此的结论:对理性主义和普遍主义的质疑并不意味着对现代性的拒绝,而是与一开始就铭刻于其中的某些潜势达成妥协。这也有助于我们理解为什么对启蒙的认识论特征的批判并不是质疑其自我决断的政治面向,相反,这一批判对于民主事业的发展可以提供强有力的支持。

一、对本质主义的批判

我们对本质主义批判的一个基本推进是与作为理性的、透明的实体的主体范畴的决裂;这种主体表达了关于它自身全部行为的同质的意义,也就是说,主体的本质就是它行为的全部根源。精神分析已经表明,个体远远不是围绕自我的透明性而被一体化,相反,它是基于行为者的意识和理性之外的诸多层面的多元构造。这种观点由此证明了主体的必然同一性的虚假性。弗洛伊德的核心主张就是:人的精神必然基于两个系统的分裂——其中一个不是也不可能是意识系统。主体的自制(现代哲学的核心主题)恰恰就是弗洛伊德认为不能达到的东西。拉康追随并扩展了

---

[1]　Hans Blumenberg, *The Legitimacy of the Modern Age*, MIT Press, Cambridge, MA, 1983.

弗洛伊德的洞见。拉康要表明的是，任何认同都被多重语域（象征界、实在界和想象界）所渗透，主体的场域，作为一个匮乏之地，尽管在一个结构中被再现出来，但它本身是一个空位——这个空位既颠覆认同，同时又是任何认同建构的条件。主体的历史就是主体认同的历史，没有一个主体能够免于自我建构的过程。因此，对于主体而言，存在着双重的运动——一方面，是去中心化，这防止了围绕一个既定点将一系列位置固定化；另一方面，作为这一重要的非固定性之结果，是一种相反的运动，即创立一个节点（nodal point）以达成部分的固定，这种部分的固定也就是限制所指（signified）的波动而将之暂时归属于一个能指（signifier）。在固定性不是给定的条件下，非固定性与固定性之间的辩证法才是可能的，因为并不存在一个先于主体认同过程的所谓主体中心。

在我看来，有必要加以强调的是，对本质性认同的如此批判并不仅仅是当代法国的某些理论趋向，它也可以在 20 世纪最重要的哲学思想中被发现。比如，在晚期维特根斯坦的语言哲学中，我们就可以发现这种对理性主义的主体概念的批判——这一批判表明，主体并不是语义的根源，因为，正是通过参与到不同的语言游戏中，世界才向我们敞开。在伽达默尔的哲学解释学中，我们也遇到了同样的观念：在思想、语言与世界之间存在着根本的统一性，而且，正是在语言之中，我们当前的视界才得以建构出来。对现代形而上学关于主体的中心性及其单一性的类似批判也以种种不同的形式存在于其它一些思想家的著作中，这允许我们进一步断言，对本质主义的批判构成了当代最重要的哲学趋向（不只限于后结构主义或后现主义）的汇合点。

二、反本质主义与政治

在《霸权与社会主义战略》（1985）中，我和拉克劳试图吸收这种本质主义批判的成果，即通过把本质主义批判的某些洞见与葛兰西主义的霸权（hegemony）概念接合起来从而阐述一种激进民主的观念。① 这导致我

---

① Ernesto Laclau and Chantal Mouffe, *Hegemony and Socia-list Strategy: Towards a RadicalDemocratic Politics*, Verso, London, 1985.

们对权力和对抗及其不可根除性(它是我们探讨的中心问题)发表自己的见解。这本书的主要论题之一就是:社会客观性是通过行为或权力而建构起来的,这意味着,任何的社会客观性最终都是政治性的(political),并且它不得不显示出支配此一建构进程的排斥性——遵照德里达的说法,我们将这种排斥性称之"外在构成"(constitutive outside)。如果对象(或客体)总是铭刻于自身之外的某种存在中,如果作为其结果,每一事物总是作为差异而被建构,那么,这种存在就不能被理解为纯粹的"在场"或纯粹的"客观性"。这表明,社会(the social)构成的逻辑与支配社会科学和自由主义思想的客观主义与本质主义是不相容的。

客观性与权力之间的汇合(或者相互瓦解)点就是我们称之为"霸权"的东西。这种提出问题的方式表明,权力不应该被构想为一种发生于两个既定认同之间的外在关系,而应该被构想为认同本身的缔造。这一点真正具有决定性的意义,因为,如果"构成性的外在"作为"永远实际的可能性"呈现于内在之中,那么,内在自身就成为一种纯粹偶然性的、可逆转的部署(换言之,霸权部署除它赖以为基础的权力之外并不要求任何合法性根源)。任何客观秩序凭其霸权性而展现出来的纯粹可能性的结构仅仅在符号的颠覆(即能指与所指关系的颠覆)所造就的诸种形式中被给予。比如,"民主"这一能指,当它与某一所指在共产主义话语中固定在一起的时候,与当它与另一所指在反法西斯主义话语中固定在一起(使其成为反法西斯主义这一总体意义的一部分)时候,其意义是不相同的。由于在这些相互冲突的接合中并不存在共同的基础,所以也就没有理由把它们归属在据说可以展现其真正本质的深刻的客观性之下。这解释了对抗的构成性和不可根除性。

这些论点对政治的意义是深远的。在这种理论视域中,民主社会的政治实践并不在于为那些业已构成的认同作权利辩护,而在于在不稳定的脆弱多变的领域中建构认同。此一方式也包括对"民主"与"权力"的传统关系进行置换。在传统的社会主义观念中,一个社会越是民主,社会关系的构成中权力的因素就越少。如果我们承认权力关系乃是社会的构成要素,那么,民主政治的主要问题就不是如何消除权力而是如何构造与民主价值相匹配的权力形式。承认权力关系的存在、承认有改造它们的必要并认识到把自己从权力中完全解放出来乃是一种应该抛弃的幻觉，这就是我们倡导的"激进而多元的民主"规划所特有的内容。

我们的探讨方式的另一个显著特点涉及政治主体的去普遍化（de-universalization）问题。我们试图与各种形式的本质主义决裂。我们不仅与在很大程度上渗透到现代社会学的基本范畴和自由主义思想中的本质主义（在这种本质主义视野中，社会认同在存在的展开的历史过程中被完全决定了）决裂，而且也与这种本质主义的完全对立面决裂：社会被分化成某种极端的后现代碎片——这种立场拒绝给予碎片以任何关系认同。这使我们面对着大量的没有丝毫共同特性的个体，并且，要区分哪些是实际存在却不应该存在的差异、哪些是不存在却应该存在的差异，也是不可能的了。换言之，通过过度强调异质性和不可通约性，竟使我们无法认识到某些差异如何被建构成从属关系并因此应该受到激进民主政治的挑战。

三、民主与认同

在给予我们的反本质主义方法的主要信条及其对政治的一般意义以简要的概述之后，我现在想探讨一下关于民主认同建构的一些具体问题。我将考察此类问题如何能够在一个与传统理性主义的自由主义的问题域发生了根本断裂并结合了本质主义批判的某些最重要洞见的理论架构中加以阐述。自由主义框架的主要问题之一是它把政治简化为利益的计算。个体被描述为受自己利益最大化而驱动的理性行为者，也就是说，他们被看做以根本工具主义方式在政治领域中行动。借助于一个用来研究经济学的模型，政治被构想为一个对资源进行配置的市场——在这里，妥协由各种明确利益所达成而全然与其政治表述无关。另外一些自由主义者反抗这种模式并想在政治与道德之间创造一种联系，他们相信，通过自由讨论的方式来创建一种合理而普遍的同意是完全可能的。在他们看来，只要把有分歧的争议放逐到私人领域，就原则而达成的合理一致应该足以应对现代社会的多元化。对于这两种自由主义者来说，与激情、对抗有关的任何事情，可能导致暴力的任何事情，都被看做是古老的、不合理的，都被看做是陈年旧事或是已消逝的岁月留下来的残余——这些不合理的事情在过去之所以发生是因为那个时候"甜蜜的商业"尚未确立起利益对激情的优越性。

但是,这种消灭政治的企图注定是要失败的,因为政治不可能这样被归化(domesticated)。就像卡尔·施米特指出的,政治能够从迥然不同的各种源泉中获得活力,而且,它本身也正是从诸多差异性的社会关系(比如,宗教、道德、经济,族群及其他关系)中生成的。政治与存在于社会关系中的对抗维度有关,与那种以"敌人－朋友"关系而建构的"我们－他们"关系的一直在场的可能性有关。否认这种对抗维度并不能使此一维度消失,而只能导致对它的不同表现产生认识上的弱化与处置上的无力。这就是为什么民主的引入需要与对抗的不可根除性达成妥协。政治的一个主要任务就是去设想如何可能把存在于所有集体性认同的建构中排斥倾向的危害加以降解。为了澄清我现在提出的这种观点,我建议把"the political"和"politics"区分开来。我所说的"the political"涉及内在于所有人类社会的对抗维度,就像我已言明的,对抗可能采取不同的形式并生成于种种不同的社会关系中。而"politics"则指的是种种实践、话语和制度的整体——它旨在建立某种秩序从而把一直处于潜在冲突状态中的人类(因为人类总是受到"the political"的对抗维度的影响)的共存组织起来。这种理论视野试图把"polemos"(辩论)和"polis"(城邦)这两种意义结合起来,事实上,政治的观念也正是从这个地方诞生的。我认为,如果我们想要保护、巩固民主的话,这种理论视野就是至关重要的。

为了检视此一问题,我早就谈到过的"外在构成(constitutive outside)"概念就显得特别有用。就像德里达所阐述的,认同的缔造意味着通常是在等级体系中形成的差异的确立(比如,形式与质料,白人与黑人,男人与女人,等等),而突显这一事实恰恰就是政治的要务。一旦我们理解到每一种认同都是关系性的,一旦我们理解到承认差异是所有认同存在的前提,也就是说,一旦我们认识到总会有某种"他者"构成了某一认同的"外在"(exterior),那么,我们就可能开始真正理解为什么如此的关系总是变成对抗的繁殖地。当一种集体性认同达成(从根本上说,也就是区划出"他们"而形成"我们")之时,总会存在着这种可能性——"他们和我们"这种关系变成了"敌人和朋友"的关系,即是说,变成了一种对抗性关系。当迄今为止仅仅被当做差异来看待的"他者"开始被理解成对我们的身份产生疑问并威胁到我们的存在的对象时,这种对抗性关系就会产生。从这个极为重要关节点出发,任何形式的"我们与他们"关系,不论它是宗教的、族群的、经济的或是其他什么,都变成了政治性关系。只有当我们承认"the political"的这一维度并理解"politics"就在于归化敌意(domesticating hos-tility)从而力图降解存在于人的各种关系中的潜在的对抗,那么,我们才能够就民主政治提出根基性的问题。请理性主义者们容我辩白,这个问题并不是如何在没有任何排斥的情况下达成合理的一致的问题,换言之,并不是如何去建立没有与之相对应的"他们"的"我们"。这是不可能的,因为不可能存在没有"他们"的"我们"。至关重要的是如何以一种与多元主义民主相容的方式来建立这种"我们—他们"的区别。在政治的领域中,这预置了一种前提条件,即"他者"不再被看做是被消灭的敌人,而是被看做"对手"(adversary)——我们得与他的观念作斗争,但是,他为他的观点辩护的权利将不再受到质疑。我们可以说,民主政治的目标就是把"对抗"(antagonism)转化为"竞争"(agonism)。民主政治的主要任务不是消除激情,不是将其放逐到私人领域中以便使合理的一致成为可能,而是以促进民主设计的方式去调动这些激情。竞争性的冲突不仅不会危害民主,而且事实上它恰恰是民主存在的条件。

现代民主的特殊性就在于承认冲突并将之合法化,就在于拒绝强加一个威权主义的秩序来压制冲突。在与作为有机体(它是社会组织的整体主义模式的特征)的社会之表征决裂之后,民主社会为相互冲突的利益及价值提供了空间。由于这个原因,多元民主不仅需要就一套共同的政治原则达成一致,而且也需要异见以及意见的分歧得以表现的制度的存在。这是为什么民主的幸存依赖于围绕明显的差异性位置构成的集体性认同,同时,也依赖于在实际的替代之间进行选择的可能性。比如,左与右之间的政治边界的模糊化妨碍了民主政治认同的创建,并且引发了人们对于(代议制的)政治参与的幻灭感。这为围绕民族主义的、宗教的或族群的问题而接合起来的不同形式的民粹主义政治准备了理由。当多元主义系统的竞争性动力由于缺乏人们能认同的民主认同而受到妨碍的时候,风险就会出现,就本质主义的认同和非协商的价值而引发的冲突就会大量涌现。

一旦承认所有的认同都是关系性的,一旦承认所有的认同都是根据差异加以界定的,那么,我们如何能够消除任何认同所必然包含的排斥的可能性?"外在构成"的观念在此可以给我们以帮助。通过强调外部是构成性的,从而揭示了在内在与外在之间进行绝对界划的不可能性。既然没有他者我就不可能具有身份,那么,他者的存在也就成了我的身份的可能性的条件。因此,任何认同(或身份)无可挽回地被外在于他的东西去稳定化(destabilized)了,而其内在也总是表现为一种偶然性的状态。这对任何本质主义的认同概念提出了质疑并排除了最终确定身份或客观性的任何企图。因为客观性总是依赖于不在场的他性(absent otherness),所以它总是不可避免地受到这种他性的反射,它总是不可避免地受到这种他性的感染错合(contaminated)。因此,身份并不可能只属于单个的人,而人也不属于某种单一的身份。我们可以更进一步并由此证明,由于每一身份(或认同)都是一个创建过程的结果,所以,不仅不存在"自然的"和"原初的"身份,而且,这一过程本身必须被看做是持久的混合与流浪过程。实际上,身份(或认同)就是在一个其轮廓无以明确界定的空间内部的所发生的多种多样的相互作用的结果。大量的女性主义研究以及被"后殖民主义"观点激发出来的探索已经证明这一过程总是一种"多元决定"的过程——它在许多认同形式和复杂的差异网络之间创立了高度交错纠结的关联。为了寻求恰如其分的身份(或认同)界定,我们既需要解释话语的多样性,也需要对影响认同的权力结构作出说明,同时,我们也需要阐述话语与权力之间的共谋与抵制的复杂动力——它使包含着认同之建构的种种实践显得尤其重要。不是把不同形式的身份看做是忠诚于一个位置或者看做是一种不动产,相反,我们应该认识到,在任何权力斗争中,它们都存亡攸关、危若累卵。

我们通常所说的"文化认同"既是政治斗争的舞台又是政治斗争的对象。群体的社会存在需要如此的冲突。文化认同是霸权操作的主要场所,因为,参照偶然的、具体的社会关系的特殊系统使一个群体的文化认同获得规定,这在"霸权节点"(hegemonic nodal points)的创建中发挥着重要作用。这些"霸权节点"部分规定了"意指链"（signifying chain）的意义，正是这种部分的规定使我们得以控制能指流（the stream of signifiers）并暂时控制话语领域（the discursive field）。关于"民族"认同问题——如今这一问题再一次变得至关重要——所幸的是，建基于霸权与接合之上的理论视域使我们能够认真面对民族的观念并理解到这种类型的认同的重要性，也只有在这种理论视域之下，我们才不至于借反本质主义之名或者将其作为对抽象的普遍主义的辩护的一部分而将民族认同问题弃置一旁。由于民族认同可能被"国家"这一能指所调动，所以它是一个强大的力比多投入，正因如此，忽视这一认同乃是非常危险的。而寄希望于所有的民族认同都被所谓的"后习俗"认同所取代也是毫无助益的。反对排斥性的种族（或少数民族）民族主义的斗争只能通过接合其他类型的民族主义才能实现，比如，"平民的"民族主义就表达了对民主传统所特有的价值体系以及构造了这种价值的生活方式的忠诚。

　　与那种不时被维护的东西恰恰相反，我并不认为——姑且以欧洲为例——解决之道就是去创建一种"欧洲"认同，因为，这不过是将其构想为取代其他认同过程和忠诚形式的同质身份而已。不过，如果我们遵从德里达在《另类话题》（the OtherHeading）中提出的建议，从"困局"（apo-ria）、"双格"（double genitive）的意义来正视它①，那么，欧洲认同的观念可能就是大有希望的进程的一种良好促发因素。与梅洛－庞蒂称之为"横向的普遍性"（lateral universality）的东西不无相同，它意味着普遍恰恰存在于特殊与差异的中心，它意味着在普遍中铭刻着对多样性的尊敬。如果我们把这种欧洲认同构想为"独占性的差异"（difference to oneself），那么，我们就是在设想一种可以容纳他性的认同——这种认同表明了它的边界的多孔性（porosity）并开辟了通向外在的渠道——没有这一外在，这种认同根本是不可能的。认识到只有混合性（hybridity）才把我们创建为个别而独特的存在，从而也就进一步确证并坚持了每一认同的流动性。

　　我认为，通过抵制始终存在的根据排斥来构建认同的诱惑，通过承认

① Jacques Derrida, *The Other Heading*: *Reflections on To-day's Europe*, Indiana University Press, Bloomington, IN, 1992.

认同包含了复杂多样的元素并承认各种认同并不是各自独立的而是相互依赖的,渗透着反本质主义方法的民主政治才能够缓解暴力的潜在性——实际上,这种暴力一直存在于每一种集体性认同的建构中并为真正"竞争性"的多元主义创造条件。如此的多元主义锚定于对自身之内的多样性以及这种多样性必需的矛盾性立场之上。对他者的接受并不仅仅在于容忍差异,而在于积极地颂扬差异,因为,我们不得不承认:没有变动性(alterity)与他性,认同既不可能生成也不可能维持自身的存在。这也就是贴补并限定多样性与歧异性的多元主义,它使人们不断意识到充满斗争的民主生活的可能性条件。

（本文发表于 Environment and Planning D：Society andSpace，1995，Volume 13,作者 ChantalMouffe 系威斯敏斯特大学民主研究中心教授,山小琪译。）

权力系谱学的策略

高宣扬

一、福柯对于传统权力观的批判

作为一位社会哲学家,福柯在观察社会的时候,主要把注意力放在促使整个社会不断运作的权力系统及其同社会其他因素的复杂关系上。在他看来,社会基本上是一个权力系统。他在谈到《性史》①的时候说:"对我来说,我的作品的主要点是重新思考关于政权的理论。"②

在全面地说明和分析福柯有关权力的社会运作及其同社会其他因素的复杂关系以前,首先必须弄清楚福柯的整个权力观是建立在对于传统权力观和社会观的彻底批判的基础上。在福柯看来,不能如同传统社会观那样,简单地把权力归结为社会或国家的统治者的主权,是某种禁止或防止别人去做某些事的外力,不能把权力简单地同镇压相连接,不能把权力看做是一种单纯否定性的力量。权力是一种远比这类简单连接更为复杂的力量对比关系网,是同权力运作时所发生的各种社会、文化和政治因素等密切相关并相互交错的关系总和,尤其是同权力运作过程中活生生的策略的产生和实施过程相关联。

---

① *Histoirede Jo Sexualitd*. Tome. I. 1976;Tome. II and III. 1984.
② *Histoirede Jo Sexualitd*. Tome. I. 1976;Tome. II and III. 1984,p. 231.

其次,福柯从来都没有单纯地就权力来论权力,从来都不是把权力当做一个孤立的社会现象去分析,也从来都不是把权力同其他社会因素割裂开来,以传统式的化约方式去分析。

因此,在福柯所有关于权力问题的论述中,哪怕是集中分析权力的时候,都是把权力放在它同其他社会因素的关联网络中。与此同时,当福柯论述其他社会问题的时候,特别是当他分析近代社会最重要的知识、道德和社会制度问题的时候,他又不可避免地大谈特谈权力。

在福柯看来,权力是社会的基本生命线和动力,因此,权力构成了社会最基本的构成因素。权力,作为社会的基本动力和运作力量,同社会本身的产生和存在密切相关,是无所不在并无时无刻地起着作用的。实际上,权力与人、文化和社会密不可分;所以,只要有人的存在,有文化的存在,有社会的存在,势必有权力的存在与运作。在这一点上,福柯与传统社会思想家不同,他不愿意把权力抽象化、神秘化和神圣化。福柯严厉批判传统哲学和各种社会思想对于权力的掩饰和扭曲。

在西方近代社会思想史上,英国的霍布斯(Thomas Hobbes,1588—1679)可说是近代权力理论的开创者与奠基者。他根据16世纪西方社会的根本变化和总结中世纪西方政治生活的历史经验,尤其是总结和发展了文艺复兴时代由意大利的马基雅弗利(Niccolo Machiavelli,1469—1527)所提出的权力观,发表了重要著作《利维坦》(Leviathan,1651)。福柯指出,他所要批判的政权问题,与霍布斯在《利维坦》中所论述的完全相对立[①]。

霍布斯在《利维坦》中,首先是从机械论的观点出发,把人和社会当成一部由许多零件所构成的机器。接着他又引用物质运动的规则去分析人和社会,包括分析人和社会的精神和文化生活。因此,在霍布斯看来,社会无非是为数众多的个人机械地聚合的总体,而国家就是靠强制性的力量和规则,把所有这些个人凝聚成一个共同体。国家要具有强制性的凝聚力量,在霍布斯看来,就必须具有"主权"。这样一来,"主权"就是国家机器的灵魂,也就是他所说的"利维坦"的核心力量。如果说主权是国

---

① *Histoirede Jo Sexualitd*. Tome. I. 1976;Tome. II and III. 1984,p. 179,184.

家和社会的灵魂的话,那么一个一个的公民就不过是被灵魂操纵的个别肉体罢了。

显然,霍布斯研究权力的出发点,就是预设国家必须要有至高无上的主权,必须要有统摄整个共同体的强制性中心力量,才能把许许多多分散的个人凝聚起来,并依据各种规定组成为社会。霍布斯在分析国家和社会的时候,首先把主权和代表主权的最高统治者放在首位,并把它作为社会和国家存在的基本前提,也作为社会和国家的生命力的基本来源。在福柯看来,霍布斯的机械论国家观和权力观是继承了中世纪王权至上的国家观,其目的是为了建立一个君主专制的政权。

为了深入批判以霍布斯为代表的近代传统权力观,福柯的权力系谱学把批判的范围上溯到中世纪的封建君主制的权力观。福柯指出:"这个关于主权的法律政治理论,起自中世纪;它来自对于古罗马法的修正,同时它也是围绕着君主政权问题而建构。"①

霍布斯等人在建构近代国家理论和权力理论的时候,之所以参考和继承封建君王的主权论,是因为资产阶级也需要把近代国家建构成一个以主权为中心的强大行政管理的王国。只是到了17和18世纪,为建构民主议会制的需要,洛克和法国启蒙思想家卢梭等人,才对上述君王主权至上的国家理论和罗马法作了部分的修改。但是,即使是在这个时刻,洛克和卢梭等人对国家和政权机构的设计,重点仍然是关于主权的建构及其运作的问题。

在政治学和政治哲学的观念史上,对于"权力"这样一个关键性的概念,一直存在着激烈的争论。按照卢克斯(Steven Lukes)的综合性研究,迄今为止,理论界存在着三种权力观:单向度权力观(Le one-dimensional view of power)、双向度权力观(the two-dimensional view of power)、三向度权力观(the three-dimensional view of power)。

根据单向度权力观的代表人物达尔(R. Dahl)的说法,所谓"权力",就是表现在某个主体能够促使另一个主体去做一件原本不会去做的事情。为此,单向度权力观的思想家们在分析权力的时候,将焦点集中在决

---

① ibid. : p.184

策制定情境中的关键议题；而在决策制定情境中，占优势的一方，就是行使权力的主体，处于劣势的一方，则是受到不利影响的权力对象。这种单向度权力观显然只看到权力行使过程中的行为效果，并把权力的大小直接表现在行为者的行为性质和形式上。

双向度权力观是针对单向度权力观而提出的观点，虽然仍强调权力行使过程中可观察到的行为关系，但不满足于仅探讨外显的行为现象，而是进一步深入追寻内隐的因素。所以，双向度权力观除了分析和探讨行为者之间的某些外显冲突以外，还深入研究权力结构中那些不明显的"压制面"。

至于三向度权力观，充分地考虑到权力行使过程中极其复杂的社会和文化面的因素，充分考虑到权力是集体力量和社会安排的一个"函数"。这就避免了单向度和双向度权力观局限于个体间的决策和行为层面分析权力的片面性。同时，三向度权力观还把权力的分析从实际冲突延伸到实际冲突的消弭。决定着三向度权力观同前两种权力观区别的关键概念是"利益"。三向度权力观的代表人物卢克斯指出，单向度权力观采用了自由主义的利益观念，双向度权力观采用改革主义的利益观念，而三向度权力观则采取"激进的利益观念"（radical conception of interests），并以"实际利益"（real interest）诠释"利益"。

综观上述传统权力观的演变过程，我们可以看出：对于权力分析，虽然经历了从表面到内部、从单向度到三向度、从行为过程到行为表现前后的复杂过程，包括与行为相关的非外显的内隐因素，但是，始终未能将权力从行为关系扩展到整个社会的复杂关系网络，尤其未能将权力看做是活生生的多种"力"的竞争消长过程。在这方面，传统权力观仅仅将权力限制在政治活动的领域之中。福柯分析权力观的贡献，正是在于将权力从政治领域扩展到整个社会生活的实际网络中，尤其是集中分析权力同政治领域之外的知识论述、道德活动和人的主观精神活动的复杂关系。而且，福柯还意识到：权力问题并非是纯粹的理论问题，而是同实际的宰制权的竞争、同竞争过程中的策略运用密切相关。

二、在力量关系网络中分析权力

在福柯看来，考察近代社会的权力的性质，必须紧密地结合近代社会的发展过程,紧密地结合从 17 世纪以来近代社会中各种社会力量之间关系的变化,也必须紧密地结合近代社会中社会生活结构的变化和人们日常生活方式的改变。为此,福柯在分析近代权力结构和性质的时候,特别注意到 17 和 18 世纪西方社会的重要变化。他说:"在 17 和 18 世纪,出现了一个重要的现象,甚至应该说这是一个重要的发明。这涉及政权的一种新的机制,它具有非常特殊的执行程序和方式,有完全崭新的工具和手段,形成与主权完全不同质的新关系。这样一种新的政权机制,它所注重的首先是人的身体和身体的作为,而不是像过去那样只注重土地或它的产品。这样一种政权机制,是为了抽取劳动体和时间,而不是单纯地抽取财富。这样的政权,主要是靠规训和监督进行持续的运作,而不是靠赋税和定期的劳役进行中断性的统治。这样的政权是高度组织化的强有力的物质力量,它实行着一种新的政权经济学,通过这种经济学原则,一方面加强被统治者的力量,另一方面也同时加强统治者对于被统治者的统治力量和统治效力。"①。

福柯认为:"与其提出(国家和权力的)中心的灵魂的问题,在我看来,不如去研究构成国家和社会的那些边缘部分及其多种多样的成分,因为这些多样的构成部分是政权运作的效果。"②他接着指出:"必须超出《利维坦》的模式之外,超出主权的界限之外和国家制度之外,去研究政权。也就是说,要从分析统治和宰制的技巧及其策略出发去分析政权。"③根据福柯的权力系谱学,权力作为社会生活中的现实力量,是一种活生生的"力"的关系网。它是在各种关系的现实较量中,由于各关系中的各因素间的张力消长而形成的,又随着各因素间的不断竞争而发生变化,并由此而对整个社会发生作用。因此,权力既不是属于统治者单方面的,不是由统治者单方面所组成和维持,也不是由统治者这个唯一的中心单方向发出的。就权力的存在形式而言,它始终都是以两个因素以上的相互关系所组成的网络。因此,传统权力观的单一中心论或单向论,都是违背权力本身的实际存在方式。权力离不开关系,而关系始终是两个以

① 　Foucault, M. 1994. Vol. ⅡⅠ:185 – 186.

② 　ibid. ;180

③ 　ibid. ;184

上的因素所组成的。任何社会中的统治关系,都不是单纯由统治者一个因素所组成的,而是由统治者和被统治者的相互关系所决定的。即使是在统治者和被统治者双方内部,也不是单一的力量或因素所组成的。因此,事实上,任何社会的权力关系,总是包含统治者一方的多种内在因素同被统治者另一方的多种内在因素所组成的复合体。权力,就是在这样的复合体中存在并不断发生变化。福柯把对于近代社会权力系谱、对于权力同社会其他因素的相互交错、对于权力同知识论述和道德建构的相互关联、对于权力结构及其中各组成因素的相互关系、对于权力运作中各组成部分的不同功能、对于权力运作中的策略变化,都作了深入而具体的分析。由于上述诸问题都必须分别地解析而又相互关联,所以,在解读福柯的权力论述时,既要把握各个论述的具体内容,又不能把它们孤立起来,而是要同时考虑到他的其他相关论述,融会贯通地加以理解。

权力贯穿于整个社会网络,而在社会网络中,同权力的关系最密切、最复杂而又是最关键的因素,就是各种知识论述和道德论述。关于这一点,本书已在上一节作了集中的论述和分析。

三、在权力运作及其策略中分析权力

但是,对于福柯来说,单纯在关系中分析权力还是不够的。因为权力的本质是它的运作及其运作中的操作策略。权力在其运作中实现,也在其运作中产生、更新和增殖。换句话说,权力的运作本身及其运作中的操作策略,就是权力的展现,就是权力的真正本质。

在福柯看来,近代社会权力结构及其运作,似乎是从权力中心逐渐和有层次地扩展到边缘地区。随着这样一种运作的方向,近代社会的权力结构和形式也逐步地发生内容和策略的多种变化。在分析近代社会权力结构的时候,要充分考虑和注意到从中心到边缘的权力结构及其策略的每一个细微的变化。只有全面地分析和掌握从中心到边缘各个层级的权力结构的特征及其策略变化,才能真正地全面了解近代社会权力的性质。为此,福柯不但集中分析近代社会主权至上的特征,而且也逐层地分析和揭露散布在国家机器各个部门中的权力结构及其运作特征。

近代社会的权力中心就是其至上主权所在的最高权力机关及其领袖

人物。在这里,不仅显示出近代社会权力结构的主权至上和权力高度集中的特征,而且也典型地显示出近代权力结构的高度民主性、社会性和科学性,显示出近代权力结构在法制方面的正当性特征。

但是,近代社会的权力结构离不开边缘地区的"毛细血管系统"的多种政权组织形式及其运作。它们不仅同中央权力中心相呼应,构成互补的权力结构的一部分,而且,在某种意义上说,正是在这些边缘地区的多种权力组织形式中,才典型而又赤裸裸地呈现出近代社会权力结构的特征和性质。所以,对于近代社会权力结构的分析,一方面要集中揭露权力的法制系统,另一方面又要具体解剖权力法制系统的实际执行过程及其相应的环节。具体地说,一方面批判围绕着主权性的法制结构,另一方面揭露由一系列规训和强制性法律镇压机构和组织系统所组成的执法网络。由此可见,权力在其权力系统中的分布和表现是很不平衡的、多样的和多变的。自中世纪以来,包括现代资本主义社会在内,权力系统都是以至高主权作为中心,分布和扩散到整个社会的各个领域中去。这种权力系统的基本结构往往采取"中心/边缘"的存在形式。虽然中心边缘之间有密不可分的互动关系,而且中心永远统治边缘,但是并不意味着权力的性质和运作策略在整个系统中是单一的和同质的。因此,要彻底弄清权力的性质,必须分别集中分析中心和边缘的权力结构及其运作策略。

四、全面批判不同领域中的权力网络

对于近代社会权力系统及其结构的分析,还不能停留在国家和政府的政权组织形式的范围之内。福柯说:"权力,这是比一个法律的整体或一个国家机器更加复杂、更加厚实和更加扩散的东西。"[①]在他看来,权力除了在政治领域中广泛地分布在各个组织系统中以外,还分布在社会的经济、文化和各个社群以及实际生活领域。

为此,福柯高度评价马克思对于资本主义经济生产领域各个部门权力结构的分析和批判。马克思的主要贡献在于深刻地揭露了资本主义社会内部多种权力的存在,强调资产阶级社会并非仅由单一的权力所统治

---

①　Foucault, M. 1994. Vol. Ⅱ Ⅰ :201.

的系统,而是存在着多层次并协调地相互联系的权力网络的统一结构。福柯赞扬马克思能深刻地发现资本主义社会内部多种富有自律性的权力单位的存在。在这个意义上说,社会是多种不同的权力组织所组成的一个群岛(archipel)。马克思不仅揭露了资本主义社会国家机器的中心权力地位,而且也分析了分布于社会各个区域和各个层次的权力系统及其同国家中央权力系统的复杂关系。

而且,马克思还进一步分析了这些权力的不同功能,使权力的功能并不局限于"禁止"、"阻止"和"镇压",而且还起着组织和指挥的作用。福柯高度赞扬马克思对于工厂和军队内部权力系统的分析。同时,福柯还肯定马克思对于政权机制以及实施政权的策略和技术的分析。他说:"最重要的观点是必须把权力的机制和权力的贯彻程序看做是技术,看做是始终不停地发展、不断地被发明和不断地被完善化的程序。因此存在着一种真正的权力技术,存在着一种展现这些权力技术的实际历史。在这里,在《资率论》第二卷的字里行间,人们可以很容易地发现贯彻于各种工场和各种工厂的权力贯彻技术的分析以及关于这些技术的简史。我正是跟随着这些最重要的指示,并在有关'性'的问题上尝试不再把权力从单纯政治法律的观点,而是从技术的观点去看待。"[1]权力就是这样随着社会的发展,特别是随着资本主义的发展而无孔不入地渗透到社会的各个角落,尤其渗透到生活领域中,更紧密地掌握着人的生命,控制着人的肉体。

（摘自于高宣扬:《后现代论》,中国人民大学出版社 2005 年版,第 322～328 页。）

---

①　Foucault, M. 1994. Vol. IV :189.

福柯非历史主义的历史观

莫伟民

福柯哲学始终不遗余力地批判自笛卡儿和康德以来二百多年西方哲学传统的先验意识哲学或人类学主体主义。但在从事这一解决西方文化危机的艰难工作之前或同时,他必须先完成或同时进行一项基础工作,即批判以黑格尔为代表的历史主义的历史观。因为倡导历史连续性、进步甚至解放等总体历史观的历史主义事先假定了先验主体的奠基作用和构造作用,而近代西方哲学的基础恰恰就是在先验层面上把主体与思维的我(即意识)等同起来。福柯坚决否认存在一个至高无上的、起基础作用的主体,一个人们在到处都能发现的普遍形式的主体。按他的话说,他"非常怀疑和非常敌视这个主体观"①。不难看出,福柯对所谓起先验的连续的构造作用的历史主体的批判,构成了福柯整个哲学思想基石。本章通过考察福柯对历史主义三大论题:即起源(l'origine)、连续性(Iacontinuité)和总体性(Iatotalité)所作的批判,指出了在历史观问题上他与康德、黑格尔、马克思、法兰克福学派、萨特和哈贝马斯等的差异,从而揭示其"真实的历史"之非历史主义的特性。

---

① Michel Foucault, *"Une esthétique de l'existence"*, 1984, *Dits et écrits*, IV, 1980 – 1988, éditions Gallimard, Paris, 1994, p. 733.

一、起源和连续性批判

如果历史主义者所做的，就是从因果关系的角度描绘一个在过去有其起源并且在未来有其连续性的总体化历史过程，并认为历史的目标和本质就是人的自我意识的实现、人的理性的和预定的实现，合理性就是人类的目的，那么，很显然，福柯就不是历史主义者。

"合理性的命运和科学的目的论，思想经历时间的漫长的连续劳作，意识的觉醒和进展，意识通过它自身的永久复苏，总体性之未完成的但连续不断的运动，向一个始终敞开的起源的回归，最后还有历史的一先验的论题"①福柯的使命就是要使一直注意保护史学家并伴随史学家直至衰落的这一切消失殆尽。因为所有这一切的本质内容集中体现了历史主义具有的"起源"、"连续性"和"总体化"这三大论题。同时，福柯对历史主义三大论题的批判，也是为了使历史领域摆脱那基于主体特权之上的人类学和人本主义的束缚，为了把起构造和奠基作用的主体从历史这个最后的避难所驱逐出去。

福柯借助于尼采谱系学来反对历史主义第一个论题"起源"。尼采谱系学反对理想意义和无限目的论之元历史的展开，反对探求"起源"。因为探求"起源"，就是"设法把握事情的确切本质、最纯粹的可能性以及得到细致迭合的同一性，设法把握事物之静止和先于外部的、偶然的和连接的世界的形式"②。传统史学家始终偏好想方设法为历史现象寻找其所谓的本质起源和终极原则，千方百计要弄清在事物明显的开端之外始终有一个不具任何历史规定性的秘密的和原初的起源。传统连续的理性年代学始终千篇一律地回溯到无法达到的遥远的起源，回溯到其奠基的开启。然而，尼采告诉我们，如果谱系学家拒绝探求"起源"，而是去倾听历史的话，那就会发现事物背后并无本质或事物本质是以零星方式产生于不同于事物的图像的，就会发现理性是完全"合理地"诞生于机缘的。谱系学更加关注的是偶然性、变化、差异、分歧和偏差。高尚的"起源"只

---

① Michel Foucault, *L' archéologie du savior*, Éditions Gallimard, Paris, 1969, p. 54.

② Michel Foucault, "*Nietzsche, la généalogie, l' histoire*", 1971, *Dits et écrits*, Ⅱ, 1970 – 1975, Édition Gallimard, Paris, 1994, p. 138.

是一种形而上学的延伸物,因为它相信事物从产生时起就是最为珍贵的和根本的。但实际上,历史的开端要普通得多。

纵观哲学史,福柯发现,自 19 世纪以来,反对任何对中心的偏离,以拯救主体的统治权,这样一种倾向一贯以起源基础的研究来反对由尼采谱系学实施的中心偏离。尼采之所以使福柯感兴趣,主要是福柯在尼采身上发现了实证主义类型的、并不诉诸起源(L' originaire)的历史分析,这种分析旨在重新质疑认识、道德和形而上学的基本概念①。胡塞尔和海德格尔虽然重新质疑了我们所有的认识及其基础,但他们这样做时却是基于起源的,从而牺牲了全部所说之历史内涵。因为在追溯起源时,传统史学家和以往的哲学家总是假定所发生的事情都只不过是以前早已存在着的某个本质东西的展开和体现而已,这势必会轻视甚至无视历史上实际发生的偶然的事情。

谱系学并不打算在时间上往回追溯,并不设法寻找偶然的事物背后的本质,而只是就实际发生的事物本身来考察事物,只是倾听历史本身,还实际历史的本来面目。

然而,如果否认了历史在过去有其起源,即否认历史上实际发生的事情是过去某个本质东西的延续和发展,那也就意味着否认了历史在未来有其连续。历史并非一个连绵不断的、承上启下的过程,过去并没有因为替现在和未来预定了发展轨迹而在现在和未来中时隐时现,成为现在和未来的玄机和动力。所以,谱系学不想恢复一种能避免分散的事物被遗忘的巨大连续性;"谱系学的使命并不是表明,过去在一开始为自己的全部路程强加了一种预定的形式以后,过去仍在那儿,活跃在目前中,秘密地激发着目前"②。因而,在反对"起源"论题的同时,还须批判与此紧密相连的"连续性"论题。

在具体批判历史主义的第二个论题"连续性"时,福柯所依据的并不是结构主义的结构分析,而是借助于"考古学"的话语分析。结构观念对

---

① Michel Foucault, "*Les problèmes de la cuture, un débat Foucault Preti*", 1972, Dits et écrits, Ⅱ, 1970 – 1975, Édition Gallimard, Paris, 1994, p. 372.

② Michel Foucault, "*Nietzsche, 1a généalogie, l' histoire*", 1971, *Dits et édcrits*, Ⅱ, 1970 – 1975, Éditions Gallimard, Paris, 1994, p. 141.

他来说毫无意义。因为在他看来,如果使历史结构主义化的话,就会让活生生的、脆弱的、颤动的历史消逝。必须说明,虽然福柯在用词上有一个变化,即他在 60 年代使用考古学,而在 70 年代则使用谱系学,但他批判历史主义的三大论题却始终如一。当然,诚如他曾指出的,他所说的考古学,并不确切地指一门学科,而是指他所要考查的一个研究领域,他要在其中考查西方社会特有的作为知识、制度和实践之可能性条件的认识。作为权力与知识的可能性条件,这样的认识并不诉诸起源,也不是有关历史连续性的认识。

由于因果关系理论支撑着历史主义的连续性论题,所以,福柯首先要批判历史主义的因果关系学说。这种学说认为历史事件的产生和展开必有其因,在历史过程中事先存在着的某个原因必定会导致某种历史结果,在原因与结果之间存在着必然的、绝对的连续性关系。历史是因果链条展开的过程。或者说,历史过程中发生的一切都是为了实现在过去已被预定好的目的,不会有偏差和改道。但福柯认为,实际情况并不如此。具体的历史事件不仅往往是偶然的,而且还会有中断、波折、变化。历史主义事先铸就一个均匀一致的、毫无重大意外的连续性框架,然后硬是把丰富多彩的、千变万化的和具体生动的历史事件塞进这个铁框中,于是历史被肢解、歪曲、篡改了,被弄得千疮百孔,面目全非,毫无真实可言。

考古学方法是与历史主义的因果关系理论截然对立的。福柯的《癫狂与非理性》表明,西方文化对待癫狂的态度并不是一以贯之的,不是连续不变的。如果说在文艺复兴时期,癫狂与理性存在着对话,那么,在古典时期,癫狂的地位就发生了根本变化,癫狂不再是理性的对话者了,西方文化只有理性的独白了。也就是说,就癫狂在不同时期遭受的命运而言,在文艺复兴与古典时期之间并不存在历史主义所说的连续性,恰恰相反,两者之间存在着断裂和间断性。福柯断言站在西方大写的理性立场上的"真理目的论"和"理性因果链条"都无力说明在古典时代理性与非理性之间造成的断裂、理性对非理性的排斥和随之而来的理性的独白。《临床医学的诞生:医学眼光的考古学》同样批判传统观念史用美学的方法勾勒长长的因果和影响链条,批判它重构"时代精神"、世界观或寻求深层意义,认为临床医学并不像传统医学史理论所说的诞生于在前进道路上对无知、宗教和迷信的连续克服。

福柯强调，不仅癫狂史不是连续的，临床医学的历史不是连续的，而且知识史也不是连续的。通过考察以言词、存在和需求为研究对象的经验科学在不同时期根本不同的形态，《词与物：人文科学考古学》认为知识史是由具有不同认识型特征的基本上的间断的历史时期组成的。认识型是能组织"词"和"物"并决定"词"如何存在和"物"为何物的知识空间。福柯划分了文艺复兴认识型、古典认识型和现代认识型。虽然同一个认识型内部是一致的和相似的，但不同的认识型之间却存在着明显的断裂。"18 世纪最后几年被一种与 17 世纪初摧毁文艺复兴时期思想的东西相对称的间断性所中断；那时，包含相似性在内的巨大循环形式被拆散和打开了，以至同一性图表能展开；而现在轮到这个图表将被取消了，知识处于一个新空间内。"①福柯说的是，在 17 世纪初，西方理性在发展过程中经历了第一次断裂，标志着文艺复兴时期的终结和古典时期的开启，标志着能构建知识的相似性原则被同一与差异原则所取代，标志着阐释被分析所取代，标志着词与物从同一走向分裂。而在 18 世纪末，大约在 1775—1795 年之间，西方知识史发生了第二次断裂，物的存在方式，以及那个在对物作分类时把物交付给知识的秩序的存在方式发生了深刻的变化。古典的秩序变为现代的历史，古典认识型转变为现代认识型。相应地，就具体经验科学而言，财富分析转变为经济学，博物学（自然史）转变为生物学，普通语法转变为语文学。《知识考古学》则系统阐述了一种能克服传统观念史学科某些缺陷的历史方法论，为史学家避免历史主义提供了有益的启示。鉴于史学家长期来只关注长时期或世纪这样的大单元，只关注巨大的思想连续性，而忽视了断裂现象和局部间断性，消除了作为时间之皱痕（Le stigmate）的间断性。福柯则要求历史以考古学为目的，以对文献遗迹作内在描述为目的，在连续的观念史中引入并增加断裂，使间断性概念在历史学科中取得重要地位。福柯在书中专门分析了考古学与观念史的差异：倡导历史主义的观念史是关于意见、谬误和精神状态类型的分析，而不是关于知识、真理和思想形式的分析。考古学并不

①　Michel Foucault, *les mots et les choses*, Éditions Gallimard, Paris, 1966, p. 229.

是返回到最内在的起源秘密,而是要系统描述话语对象,限定话语的特殊性,有差别地分析话语方式。① 考古学要求我们必须看到思想史呈现出任何目的论形式都不能加以还原的间断性,确信思想史的展开是无先验主体的,是匿名的,是无身份的,思想史在面向时间时并不返回到开端。

福柯倡导间断性、断裂、界线、裂口等,主要都是为了杀死传统哲学家的历史神话。福柯已经毫不掩饰自己就是杀死历史的凶手。结合《知识考古学》和同一年的访谈,可以看出,福柯反对哥德曼、卢卡奇、狄尔泰、19世纪的黑格尔主义者们以及萨特等人"把历史分析当作有关连续的话语,把人类意识看做一切生成和一切实践的原初主体"②。因为他们在说明历史变化时,主要依据的是基于连续性的种种历史主义观念,如传统、影响、因果关系、发展、进化、"精神状态"或"时代精神",而这些变换连续性论题的概念游戏正是福柯力图要加以摆脱的。

实际上,狄尔泰历史主义还是不同于黑格尔历史主义,因为狄尔泰把时间看做是一个由系列、同时性和连续性组成的系统,并没有取消同时性的存在。而哥德曼试图借助于随着历史天天都在发生的"部分的和相关的总体性"(即人类行为)来把结构和共时与连续和历时这两对看似对立的术语统一在一起。至于萨特,他与福柯在历史观上确实针锋相对地较量了好几个回合,并且在各自的答复中互相指责对方是资产阶级用来对抗马克思的最后堡垒。萨特使人成为知识的对象,旨在使人能成为自己的自由和存在的意识主体。福柯也使人成为知识的对象,却否认存在着自由和存在主体的人。福柯在《词与物》一书中嘲笑了萨特主体哲学:"对所有那些还想谈论人及其统治或自由的人们,对所有那些还在设问何谓人的本质的人们,对所有那些想从人出发来获得真理的人们,相反地,对所有那些使全部认识都依赖于人本身之种种真理的人们……对所有这些有偏见和扭曲的反思形式,我们只能付诸哲学的一笑——即在某种程

① Michel Foucault, *L' archéologie du savior*, Éditions Gallimard, Paris, 1969, pp. 182 – 183.

② Michel Foucault, *L' archéologie du savior*, Éditions Gallimard, Paris, 1969, p. 22; Michel Foucault, "*Michel Foucault, explique son dernier livre*", 1969, Dits et écrits, I, 1970 – 1975, Édition Gallimard, Paris, p. 775.

度上,付诸默默的一笑"①。福柯通过科学话语体系的转换和知识构型的倒转,旨在证明由于知识史发生着确确实实的断裂,所以,萨特所讲的至高无上的意识主体也就无藏身之处了。萨特对福柯的批评马上作出了答复,用敌视的眼光来看待《词与物》的出版,指责福柯没有让实践和历史介入到从一个思想到另一个思想的过渡,没有把人类生活的物质要素、生产关系、实践放在首位,因而不能撰写严肃的历史。"的确,他的视角仍然就是历史的。他区分了有前有后的几个时代。但他用幻灯来取代电影,用静止不动的系列来代替运动。"②萨特的指责似乎回响着柏格森的声音:绵延是流,绵延是生成,绵延本质上就是连续性。而福柯则在许多场合回击了萨特。福柯强调自己确实描述了"18 世纪初始形式的科学话语过渡到 19 世纪最终形式的科学话语所充分必要的转换体系"③,不仅没有忽视实践,而且还因话语都依据历史模式而相互连接在一起而赋予历史优先地位。他不仅《词与物》中考察了几个话语领域共有的理论模式,而且在《癫狂与非理性》和《临床医学的诞生》还把握了话语领域与社会、经济、政治等非话语领域之间的关系。福柯公开指责萨特把历史当做了辩证法的最后避难所,企图在历史中拯救理性矛盾的王国。

在距萨特答复两年后的"答复萨特"访谈中,福柯又指出,对哲学家们来说,存在着一种大写的历史的神话,这种历史"是一种巨大而广阔的连续性,个人的自由与经济或社会的确定性将在其中相互纠缠在一起。当人们触及这样的大论题时:连续性、人类自由的有效行使、个人自由与社会确定性相结合,当人们触及这三个神话中的一个时,勇敢的人们就立刻开始抱怨强暴或谋杀。实际上,像马克·布洛赫、吕西安·费夫尔、英国史学家等这样重要的人及时地终止了这个历史神话"④。福柯很高兴被人认为自己杀死了这个历史的哲学神话,但他又强调这样的历史不是一般意义上的历史,他并不想杀死一般意义上的历史,而是想杀死对哲学

① Michel Foucault, *Les mots et les choses*, Éditions Gallimsrd, Paris, 1966, pp. 353 - 354.
② Jean-Paul Sartre, "*Jean-Paul Sartre répond*", L'Arc, n°30, 1966, pp. 87 - 96.
③ Michel Foucault, "*Sur les facons d'écrire l'histoire*", 1967, Dits et edcrits, I, 1954 - 1988, Éditions Gallimard, Paris, 1994, p. 585.
④ Michel Foucault, "*Foucault répond A Sartre*", 1968, Dits et edcrits, I, 1954 - 1969, Éditions Gallimard, Paris, 1994, pp. 666 - 667.

而言的大写的历史。

历史观与主体观、人性观紧密相关。在《知识考古学》中,福柯明确把批判历史连续性与批判先验主体哲学结合在一起,并不点名地指出萨特等人把结构与生成对立起来,既不能定义历史的领域,也不能定义结构的方法。"人们似乎习惯于探求起源,无限地回溯既往历史线索,重构传统,追踪发展曲线,设计种种目的论并且不停地求助于生命隐喻,而对于思考差异,描述间距和散布,分解令人放心的同一性形式极其反感。"①如果思想史仍然是连续的、不中断的,那它就将为意识的统治权提供特许的庇护所。连续的历史是主体之奠基功能必不可少的相关物。福柯断言,使历史分析成为连续性的话语,使人类意识成为所有生成和所有实践的最初主体,这是近代主体哲学同一个思想体系的两个方面。人们基于目的论和意识自由,基于起源的研究,把一个社会的全部差异都归结为"一个单一的形式、一种世界观的组织、一个价值体系的确立和一个融贯的文明类型"②。于是,人们就会因为福柯书写了思想史的断裂、差异、界限、转换而指责福柯谋杀了历史。福柯很清楚这个指责的实质就是为了捍卫由主体的综合活动所确保的历史形式。早在《词与物》中,福柯所宣告的"人的消解"和"人之死",就是主体之死,大写的主体之死,具有本质、自由的存在主体的死,作为知识、自由、语言和历史的源头和基础的主体之死,就是伴随主体哲学而来的人本主义的终结。人本主义用道德、价值、调和的术语,设法解决人们根本不能解决的问题。我们现在该明确摆脱这个得自 19 世纪的沉重遗产了。所以,若要批判人类学主体主义及其人本主义,就必须批判历史主义的观念史。在福柯看来,强调历史间断性的可能性,这能抑止主体的先验构造作用。因为主体现在没有身份,或至多主体所具有的身份都受制于他者,都受制于我们何时思考他者和自我的暂存性。用德里达的话说,主体的身份是"分延的",不同于自身,始终都拒斥身份。福柯不能接受现象学诉诸起构造作用的主体,因为连主体也是在具体历史结构中构建起来的。

---

①　Michel Foucault, *L'archdologie du savior* Éditions Gallimard, 1969, p. 21.

②　Michel Foucault, op. cit, p. 22.

　　福柯在不少场合都表示自己在 1950—1955 年间开始摆脱萨特和梅洛—庞蒂的时代。应该说,他从那时起确实脱离了萨特,但他与梅洛·庞蒂之间并不全是分歧,也还有一致的地方。梅洛—庞蒂认为主体并非绝对的先验自我,而是与社会－地理－历史环境相互作用的具体个人。主体在制度(L'institution)中诞生并因制度而成为它自身,同时又具有构建制度的力量,在未来使自己成为持有意义的主体。制度包含着既保存又超越这两个特征。因而,"种种制度既(因自己的绵延)而是连续的,又(因自己的超越)而是间断的"①。于是,历史并非黑格尔所说的绝对精神的历险,而是人在其社会共存中的历险。当然,两人之间的分歧主要在于,福柯因把人看做知识对象而凸现了人的被动性,历史连续与否并不取决于人的双重角色,人只有一个角色;而梅洛·庞蒂认为人既是被动者(被制度构建者),又是主动者(构建制度者),制度及其历史连续与否取决于人的双重角色定位。

　　福柯强调间断性的重要,否认连续性的绝对,并不是为了否认某个时段连续性的存在,而是要说明连续性的形成具有与断裂相同的条件和规则,连续性与断裂一样出现在话语实践领域中。历时性与共时性并不截然对立,结构与历史也非水火不容。考古学分析并不基于对断裂的关注之上,断裂是用来命名那些涉及到话语形成的一般体制的转换的。因此,当《小拉鲁斯词典》把他看做"是一位把历史理论奠基于间断性的哲学家"时,他就感到目瞪口呆。他并不是想说,间断性万岁,我们处于并仍待在间断性之中。他是想知道:为什么在某些时候,在某些像生物学、政治经济学、精神病学和医学等的经验知识中,会发生与人们通常具有的平静的和连续的景象不符的突然的中断、加速的进化和转型? 福柯找到的答案就是真正科学的陈述的构成规则发生了变化。"因此,这不是内容的变化(驳斥旧的谬误,阐明新的真理),也不是理论形式的改变(更新范式,改变系统整体)。"②这个科学陈述的体制既控制着陈述,又使这些陈述

---

　　① 　Creusa Capalbo,"*L'historicité chez Merleau-Ponty*", Revue philosophque de Louvain, tome 73,1975, p. 523.

　　② 　Michel Foucault,"*Entretien avec Michel Foucault*", 1977, Dits et edcrits, I, 1954 – 1988, Éditions Gallimard, Paris, 1994, p. 143.

彼此间相互控制,以形成在科学上可接受的并因而能被科学程序证实或废除的命题集合。在大写的西方历史高唱带有历史预定论和目的论色彩的连续性论调时,在历史主义的连续性论调极度膨胀时,福柯所要做的,就是起反拨的作用,要改变史学家和哲学家的习惯性思维,提醒人们不要忘了历史过程中实实在在存在着的间断性。

福柯对历史主义采取排斥的态度,典型地反映了整个50年代法国知识分子的心态。当时发生的一系列政治事件,造成了学界在50年代末对人本主义和政治不感兴趣,对大写历史的总体连续性、抽象的人和先验的主体不再感兴趣,而是转而从事像认识论、人种学、心理分析等不太具意识形态色彩的学术研究,转而关注体系和事物。

福柯反对先验主体哲学并重视历史过程的间断性,福柯的这种非历史主义立场不仅与当时特殊的政治氛围的变化密切相联系,而且在尼采、巴歇拉尔、康吉汉、巴塔耶和杜梅泽尔那里还有其思想源头。在哲学上,在反对自笛卡儿和康德以来200年的传统先验哲学上,福柯与尼采是血脉相连的。因为"尼采质疑了笛卡儿和康德含义上的主体的至上性、或确切地说主体的特权,质疑了作为意识的主体的至上性或特权",福柯也强调认识功能的结构、规则是出现在历史进程中的,不同的主体是处于历史进程中的。在科学哲学和科学史方面,巴歇拉尔和康吉莱姆对间断性和无笛卡儿我思的哲学的强调,使福柯受益匪浅。在文学上,巴塔耶谈论色情主体的消解,布朗肖谈论讲话主体的消失,再加上杜梅泽尔的神话研究,所有这些都促使福柯提出主体消失的论题:大写的主体最终是与大写的历史一起消亡的。

二、总体性批判

起源观、连续历史观势必导致总体历史观。历史的总体性是指历史过程中的任何现象都可还原为在过去存在着的某个精神性的本质,各种偶然事实都汇聚在这样的总体性中。历史过程就是所有偶然历史现象日益积聚在某个精神性原则或核心周围的总体化过程。实际上,福柯是同时批判历史主义这三个论题的,我们是为了叙述的方便才逐个加以讨论的。福柯在前后几部著作中都对第三个论题即总体化论题作了批判,具体表现为:《癫狂与非理性》主要批判体现为古典时代的西方理性对非理性实施的排斥过程;《词与物》主要批判了康德总体化的人类学中心主义;《知识考古学》主张用通史来取代总体史;《监督与惩罚》主要攻击西方社会对犯人的规范化管理;《性史》主要揭露西方文化对性的压制。

萨特诉诸于总体化的历史来拯救已被抛弃的 19 世纪的那些辩证法概念。萨特和许多知识分子坚持认为"历史根据叙事模式而被组织为陷于规定性等级的一大串事件:个体都是在这个总体性内部被把握的,总体性超越了个体并嘲弄个体,但个体也许同时就是总体性之很不自觉地发动人"①。福柯明言,自己批判这个既作为个人设想又作为总体性的历史,并没有像萨特所认为的在攻击伟大的革命事业。可在 3 个月后的另一次访谈②中,福柯却又改变了自己的看法,认为萨特把哲学活动看做政治活动,就不再把哲学话语看关总体性的话语。而胡塞尔由于设法根据先验主体来重新思考相关于先验主体的人类认识领域,因而就是曾经具有绝对普遍意图的最后一位哲学家。然而,一年后,福柯还是认为"从黑格尔到萨特的哲学仍然是一种总体化的事业,即使不是关于世界、知识的总体化,那至少也是关于人类经验的总体化"③,而福柯坚持把哲学看做一种分散在各个领域中的自主的诊断活动。

福柯坚决反对总体化的观念史,并描述了观念史上发生的突变带来的革命性后果:它"已分离了由意识的进展、理性的目的论或人类思想的发展构建的漫长系列;它已质疑了汇聚(La convergence)和完成(L' accomplissement)这两个论题;它已怀疑了总体化(1atotalisation)的可能性;它导致了不同系列之个体化(L' individualisation)……"④。总体历史观实是一种目的论,即认为人类是有目的地朝着某个预先决定的目标从低到高前进的。而福柯则要表明,由意识发展和理性目的论提出的总体

① Michel Foucault, "*Sur les facons d' écrire l' histoire*", 1967, *Dits et édcrits*, I, 1954 – 1988, Éditions Gallimard, Paris, 1994, pp. 585 – 586.

② Michel Foucault, "*Qui êtes-vous, professeur Foucault*", 1967, *Dits et édcrits*, I, 1954 – 1988, Éditions Gallimard, Paris, 1994, p. 612.

③ Michel Foucault, "*Foucault répond Sartre*", 1968, *Dits et édcrits*, I, 1954 – 1969, Éditions Gallimard, Paris, 1994, p. 665.

④ Michel Foucault, *L' archdologie du saviojr*, Éditions Gallimard, Paris, 1969, p. 16.

化是不可能的,把现代社会的进步看做是过去的积累和完成也是不可能的。

福柯要用系列、界限、偶然来质疑史学家们所使用的世界观、理想类型和时代精神这样的文化总体性和目的论范畴,他主张用通史(une histoire générale)来取代总体史(une histoire générale)。因为总体史"设法重构一个文明的总体形式,一个社会的物质或精神原则,一个时期的所有现象所共有的意蕴,说明这些现象的连贯性规律,即人们用隐喻所说的一个时期的'面貌'"①;而通史则讨论(problématise)系列、区分、界限、断裂、起伏、变化、转换、差距、年代学特征等特殊形式、可能的关系类型。因为总体史把所有的现象都压缩在唯一的核心,即原则、意义、精神、世界观、总体形式的周围;而通史正好与此相反,通史将展现无主体的、分散的、散布的、非中心的、充塞着各种偶然性的多样化空间。

笛卡儿、孔狄亚克、马勒伯朗什和休谟等人尚不关注总体性。思考总体性实际上就是自黑格尔以来最近一个世纪哲学思想所走过的所谓的合法道路。总体历史观先是把大写的理性、大写的主体确立为原则和核心,并进而用这样的抽象原则和核心来统摄所有斑驳陆离的文明现象。然而,福柯指出,今日从事哲学,就不再是构建关于总体性的话语,捕捉世界总体性的话语,而是实际上实施某种活动,某种活动形式。福柯对总体历史观的批判,是通过清算以往哲学中的总体化哲学理论来进行的。

《词与物》批判了位于现代历史意识和历史哲学核心处的康德的总体化的人类学中心主义,因为康德把贫乏的、有限的主体的构造力转变成了所有知识的先验条件,因为康德总体化的人类学主义把历史看做连续的进步和久远的集体意识。在一次访谈中,福柯更是直接指出,"康德的先验恰恰是在自然的层面上想要成为真理"②。黑格尔历史哲学是典型的总体化历史主义。福柯不仅反对康德有限主体的总体化,而且也反对黑格尔绝对精神的总体化。在近代社会经济飞速发展和科学取得惊人变化的动态条件下,哲学再也不能像传统那样僵化地把世界看做封闭的宇

---

① Michel Foucault, *L' archdologie du saviojr*, Éditions Gallimard, Paris, p. 18.

② Michel Foucault, "*Philosophie et véfité*", 1965 *Dits et édcrits*, I, 1954 – 1969, Éditions Gallimard, Paris, 1994, p. 452.

宙或固定的总体性。虽然黑格尔用活生生的、动态的、发展的总体性来取代以往自然的、无时间的和静止的总体性，但黑格尔却把总体性看做绝对精神，认为历史的总体性过程就是绝对精神实现其自身的过程，是人类据以意识并实现其自由的发展过程。黑格尔把占统治地位的历史民族的制度和法律结构看做精神本质的客观体现，把历史发展理解成精神的神圣展开。① 这说明黑格尔不仅倡导一种典型的人道主义的、历史主义的进步观，而且还有神学和形而上学的残余。鉴于黑格尔认为大写的理性占据了上帝的位置，人取代了神，就是人类精神的逐渐实现，而福柯则强调不仅上帝死了，上帝的行刺者，即人也死了。人不能取代上帝，人不能起上帝曾经起过的作用。

唯物史观产生于对黑格尔哲学的批判改造。虽然马克思有关人类本质力量实际活动和积累发展的观点吸收了黑格尔关于历史生成的解放观，但马克思批判黑格尔思辨哲学看不到理论理性需要其内在的实践和物质力量或历史主体。马克思把人类劳动看做历史过程隐藏的实际动力，批判黑格尔忽视了人类活动的自然和客观基础。马克思有意识地去掉了黑格尔形而上学的残余，把总体性概念重新置于革命实践的实际领域之中，把人的本质看做一切社会关系的总和，反对黑格尔在思维（精神）基础上实施思维与存在的同一，反对黑格尔在普遍精神的基础上把主客体统一起来，从而质疑了黑格尔总体性观念的基础。

对此，有的西方学者如约翰·E.格鲁姆雷却认为，当马克思认为在共产主义社会里，人与自然、人与人、存在与本质、自由与必然、个体与人类之间的冲突都得到真正解决时，马克思就重犯了黑格尔的错。因为马克思排除了历史进程的持续性并公开赞扬人类学目的论，马克思只是简单地用人类本质来取代黑格尔的精神本质，马克思的人类本质的历史实现意味着各种历史张力得到了调和，达到了总体历史过程的顶点，获得了据以评判所有现存社会条件的普遍价值视角。② 也有学者认为马克思是用经济总体性来代替黑格尔的绝对精神总体性，马克思与黑格尔最终都

① John E. Grumley: *History and Totality: radical Historicism from Hegel to Foucault*, Routledge, 1989, p. 34.

② John E. Grumley, op. cit., p. 46.

主张总体史观,都倡导历史主义,即马克思强调人类无限生成和个体发展的前景,把历史视做人类潜能的深层展开。而阿尔都塞则认为马克思的总体性是一种不可还原的结构,其中多个因素相互作用,而非经济因素单一决定。

福柯对马克思的态度就要复杂得多,他区分了两个具有不同学术地位的马克思。虽然福柯认为经济学家的马克思与李嘉图都属同一个认识型,马克思并不代表"认识论决裂",马克思的经济分析,马克思用来分析资本构成的方法,在很大程度上都受制于那些他得自李嘉图经济学结构的概念。但福柯对历史领域的马克思却评价挺高,甚至认为历史学中的马克思可与物理学中的爱因斯坦相提并论,强调马克思对于"巴黎公社"或"路易·波拿巴的雾月十八日政变"所作的历史分析显然不属于18世纪的模式。

由于福柯完全拒斥起普遍裁决、判决和见证作用并企图对无论什么样的科学都拥有真理话语的哲学,所以,他既否认存在着自在的、自封的、能证实无论什么样的话语形式的科学,也反对人们把马克思的思想当做永恒真理而神化马克思,因为这会使马克思脱离其时代并去创立一种本身是元历史的历史学。福柯也不赞成在历史学中使用"天才"这个词,即使必须谈论马克思的天才,这个天才恰恰也是站在前人的肩膀上才孕育的。换言之,马克思正是通过操纵实际上确立起来的并已存在好几年的政治经济学,才能提出一种仍能有效的对资本主义社会的历史分析,并能创立一种今天仍生气勃勃的革命运动。①

基于以上考虑,福柯就提出了一些不同于马克思的见解。在以下四个方面的考察中,不难看出,福柯的历史观与唯物史观存在着明显的本质差异,福柯显然不是马克思主义者。

首先,如果说马克思最终诉诸经济基础,那么福柯强调的则是无处不在的权力关系,权力关系并不必然形成从生产力到上层建筑这般金字塔式的结构;福柯强调在权力技术与生产力发展之间存在着多重关系,而不

---

① Michel Foucault, *"Entretien avec Michel Foucault"*, 1971, *Dits et édcrits*, II, 1970—1975, Éditions Gallimard, Paris, 1994, p. 168.

仅仅只有在工业和社会中探测到的在生产力内部运作的一类特殊的或几类权力。

其次,福柯把马克思关于劳动构成人的具体本质的观点看做典型的黑格尔观点。[1] 在他看来,劳动并不是人的具体本质。人劳动,无非出于被迫、出于自愿这两种可能。如果是前者,这是因为人被政治力量围困,因为人陷于权力机制内;如果是后者,那么人想劳动的愿望怎么可能构成人的本质呢? 总之,福柯认为,马克思关于劳动构成人的本质这个观点无法说明 19 世纪阶级冲突的情况。

第三,福柯拒绝任何形式的"辩证法"。这不仅是因为类似黑格尔的"辩证法"是一种不充分的逻辑形式,不恰当地把相互关系当做辩证关系了,而且还因为达尔文已经有力地证明在自然界中存在着大量并非辩证的对抗过程。所以,虽然辩证逻辑能被轻易地使用,但它贫乏得不能用确切的话表达权力过程(斗争、战斗、对抗机制)的意义、描述和分析。他反对用辩证的方法来研究历史:"说真的,辩证法并不释放异(Le différent);而是相反,它保证了异总是将被重新逮着。同之辩证至上性在于使异作为非存在的瞬间而存在,但所依据的只是否定律。"[2]为释放异,我们必须具有一种无矛盾、无辩证法、无否定的思想,具有一种赞成分歧、分离和多元的思想。

最后,福柯避免并批判马克思那样的总体化理论思考和总体化分析。福柯认为理论是实践,是局部的、地区性的和非总体化的实践,理论是用来构造适于读者使用的工具的,而不是用来构建具永恒真理的体系的。而且,福柯并不是从实践惰性的角度,而是从话语分析的角度来解释知识的。话语分析强调在同样的层面上并依据其同构性,来探讨理论和实践及其可能性条件,这个可能性条件就是历史性的知识层。这样的研究方法使福柯有可能避免理论先于实践或实践先于理论的问题。[3]

---

[1]　Michel Foucault, "*Dialogue sur le pouvoir*", 1978, *Dits et édcrits*, III, 1976 – 1979, Éditions Gallimard, Paris, 1994, p. 470.

[2]　Michel Foucault, "*Theatrum philosophicum*", 1970, *Dits et édcrits*, II, 1970 – 1975, Éditions Gallimard, Paris, 1994, p. 90.

[3]　Michel Foucault, *Les Mots et les Choses*, 1966, "*Dits et édcrits*, I, 1954 – 1969," Éditions Gallimard, Paris, 1994, pp. 498 – 499.

　　虽然福柯与韦伯、法兰克福学派和哈贝马斯等人都批判了西方文化总体化的理性过程，但彼此之间还是存在着不同的视角、不同的侧重面，有时甚至是相互抵触的看法。因而，不仅要考察福柯对黑格尔和康德的批判，而且还要梳理和比较福柯与韦伯、法兰克福学派和哈贝马斯等在批判以黑格尔为代表的历史主义时存在的歧异关系，以期全方位地透出福柯在批判总体历史观时所具的主要理论内涵。

　　鉴于韦伯认为现代人受制于一个与西方文化相联系的总体理性化过程，人类被困在工具理性的铁笼内而不能逃脱，异化力量日益加剧，人类自由不断受到侵犯，同样，福柯也批判了西方社会的总体理性化过程及其造成的严重后果。但鉴于韦伯认为理性化过程是不可逆转的，从而表现出悲观的心态，福柯则依据无处不在的抵抗去讨论权力的实施及其合理性过程，就显得乐观得多。而且，福柯对癫狂、犯罪和性等经验领域中的合理性和权力形式所作的分析，并不类似于韦伯的"理性类型"的分析。

　　虽然福柯也像霍克海默和阿多诺一样反对黑格尔具有形而上学残余的历史总体性观念，反对卢卡奇的黑格尔主义的普遍历史观，反对总体的社会、政治活动，反对总体真理，虽然福柯对监狱化社会的说明与霍克海默和阿多诺对完全被管理的社会的说明有着惊人的相似，但是，福柯并不是用社会主义的解放的和启蒙的高级合理性概念去推翻资本主义的工具的和技术的合理性概念。尤其重要的是，福柯否认了支撑着霍克海默和阿多诺的人道主义信仰，福柯在批判总体性时更是追溯到并批判了作为总体性支撑和最高价值来源的统一不变的先验主体。福柯避免诉诸作为任何认识之可能性条件的先验，他要努力摆脱这个先验，尽可能不给先验留有余地，以确立起人类认识的历史条件和转化。在福柯的眼里，话语知识和不同的、可变化的主体都处于历史进程之中，都是偶然的社会历史实践的产物。

　　虽然福柯与哈贝马斯都要求转换康德的纯粹理性批判，都批判了人文科学在理性化过程中所起的帮凶作用，但哈贝马斯认为，福柯与霍克海默和阿多诺等人都陷入了同样的困境，即他们在批判总体理性化时做不到使自己的标准免受批判。而且，福柯的权力概念在批判理性总体化过程中所起的作用，如同德里达的"分延"概念在解构形而上学中所起的作用。应该说,哈贝马斯在排除像总体历史主体和普遍历史这样的激进历史主义概念时,又保留了激进历史主义的根本精神和基于交往合理性的美好社会秩序的承诺,认为现代性是一项未完成的工程。然而,福柯断定,哈贝马斯的想法是乌托邦。因为在哈贝马斯的交往状态中,真理游戏能自由地、毫无障碍地、毫无约束和毫无强制地传播,这与福柯发现的知识－权力关系的实际运作不相符。不仅如此,而且,福柯也不能接受哈贝马斯所倡导的以交往为中心的语言哲学中的"语言"。哈贝马斯把语言当成交往,而福柯则把语言视做主体的对立面。

三、真实的历史

具有起源、连续性和总体化的历史都不是真实的历史。所以在否定历史主义的三大论题之后,福柯就描述了"真实的历史"会是什么样的。

福柯还是始于尼采。福柯认为,尼采曾把谱系学称做"真实的历史"(wirkliche Historic)、"精神"或"历史的感性"。尼采谱系学批判了历史主义的超历史:"一种其功能就是在自我封闭的总体性中汇聚最终被还原的时间之多样性的历史,一种使我们到处都能意识到自己并把和谐形式赋予给过去所有移位(déplacements)的历史,一种向它后面的一切投去世界末日眼光的历史。"①真实的历史拒斥超历史的视角,否认绝对物的确实性,否认历史具有不变的常项、普遍观念和绝对原则,从而避免了形而上学的历史观。真实的历史具有敏锐的目光,能区分、分离和分散事物,能释放歧义性、边缘的和偶然的因素。"重要的是要系统地粉碎人们据以转向历史并把握历史总体性的支撑点,粉碎使得人们能把历史当做一种耐心的连续运动加以回想的观点……历史将是真实的,这是在这样程度上说的,即历史会把间断性引入我们的真正存在之中。历史划分我们的情感,夸大我们的本能,繁殖我们的肉体并使肉体自己反对自己"。②福柯对尼采谱系学的解读表明,历史之所以是真实的,乃是因为历史没有以往史学家所妄求的终极原则和连续性,也不以绝对的、大写的理性来取消一

---

① Michel Foucault, "*Nietzsche, la généalogie, l' histoire*", 1971, *Dits et édcrits*, II, 1970 - 1975, Éditions Gallimard, Paris, 1994, p. 146.

② Michel Foucault, op. cit., p. 147.

切确确实实存在于历史事件中的本能、肉体等非理性力量。

真实的历史并不像历史主义那样先找到一个普遍观念或抽象原则，然后再从因果关系和目的论角度以线性和融贯的方式演绎和派生出其他一切概念，而是要在概念同时的或前后涌现，在概念与概念之间的差异、距离甚至不相容，总之，在概念的散布（dispersion）方面，去发现和分析基本的话语单元。在福柯眼里，间隙、裂缝、混杂、重叠、不相容、替换和取代都体现着"散布"。同样，福柯认为，撰写一部有关话语对象的历史就是展现支配着话语对象散布的那些规则性（régularités）的节点，而不是使这些话语对象深入一个起源地的共同深处。因为话语对象据以出现的种种条件"既为数众多，又苛刻"，话语对象存在于"在经济和社会制度、过程，行为形式，规范系统，分类技术和类型，显示特征的方式之间确立起来的"①复杂关系网络的实证条件中。福柯强调，像医学、经济学或语法这样的陈述大家族，并不能在"一个丰满的、紧凑的、连续的和在地理上勾画明确的对象领域上"建立它们的话语单元，而是"呈现出有空隙的和错综复杂的系列，有差异、间距、替代和转换的游戏"②。这些陈述大家族也不基于一类确定的和规范的陈述活动之上，而是基于一些层次极其不同并且功能也极其相异以致不能伪造成一种不间断的大文本的表述之上。相应地，陈述活动的各种样式也不诉诸于一个主体的奠基和联合功能，也不归之于主体的经验综合功能，而是同样表现了主体的散布性和间断性。《知识考古学》第三章第四节表明了福柯所乐于坚持的实证主义立场：对陈述作分析，无需参照我思的内在性，而是要依据外在性的散布；要用稀少性（La rareté）分析（因为陈述和话语所言说的永远只是稀少的内容，有欠缺的内容，不完满的内容）来取代总体性研究（体现每个部分的总体性大文本毫无遗留地说出了人们在话语实践中现要说出的全部内容）；要用特殊形式的并合和累积（cumuls）的分析取代起源的探求。

以往思想史试图在种种陈述本身以外重新发现讲话主体的意图和有意识活动，而真实历史的话语分析却与此截然不同，话语分析就是要在陈

---

① Michel Foucault, *L' archdologie du savoir*, Éditions Gallimard, Paris, 1969, p. 61.

② Michel Foucault, op. cit. , p. 52.

述事件的狭小性（L'étroitesse）和特殊性（La singularité）中把握陈述与陈述、陈述集合相互之间以及陈述或陈述集合与技术、经济、社会和政治事件之间的具体关系及其存在条件和界限。真实的历史在探求事件时，并不是诉诸天命或最终因，而是依据事件最独特的特征、最清晰的表现形式。这样的事件就是充满着机缘的力量关系的逆转和权力的侵占，就是稳定体的破坏和力量关系的重新组合，就是间断性、断裂、界限、差异、距离、间隙、系列和转换的不断涌现。人类生活在无数已丧失了的事件之中，既不具标志，也无初始坐标。

　　鉴于 17 世纪笛卡儿创立的近代主体哲学向世人展示了一幅人类理性和科学技术战胜自然的乐观主义的历史进步的场景，18 世纪法国笛卡儿主义者杜尔哥和孔多塞以及启蒙运动（除卢梭以外）和百科全书派哲学家都把历史看成是从低级到高级的趋向于现世之完美状态的进步，19 世纪孔德实证哲学断定人类历史是一个既无颠倒、也无断裂的连续的和不可压缩的绵延的过程，福柯同巴歇拉尔、康吉莱姆和列维·斯特劳斯一起认为科学史和认识史并不简单地服从理性进步的一般法则。从文艺复兴时代到古典时代，从古典时代到现时代，福柯否认其间存在着科学知识的真正进步，存在的只是科学话语结构的转换和知识构型的颠覆。福柯设法弄清楚"科学的历史、未来、插曲和偶然事件"所服从于的"某些法则和规定性"①。真实的历史有可能承认相对的进步，但进步从未是在历史上规定好的。人类历史不见得就是一部光荣的进步史，人们稍加回忆就可痛心地想起多少人类自相残杀、饿殍遍地的血腥纪录！所谓的进步史都是"同"，是同化、排斥、统治、消灭"异"的历史。这里所说的"同"，例如，指的是理性、人类、绝对主体甚至抽象本质等，"异"是指非理性、自然，甚至人类自身、相对的偶然的现象等。暂时的进步也不能弥补和抵消在过去时代造成的难以估量的苦难和损失。

　　历史不应成为哲学的奴婢，成为大写的历史，而是应成为治疗科学，成为关于能量和虚弱、顶峰和崩溃、毒物和解毒剂之有差别的知识。福柯

---

①　Michel Foucault, "*Foucault répond Sartre*", 1968, *Dits et édcrits*, I, 1954 - 1969, Éditions Gallimard, Paris, 1994, p. 666.

强调,历史的目的并不是为了发现主体的身份根基,而是要消解我们的身份,设法揭示出在我们身上穿行和涌现的间断性。

真实的历史不是关于帝王将相的历史,而是关于社会底层的历史。因为福柯与尼采都是社会底层的发掘者,总是对旁门侧道或社会底层感兴趣。如《癫狂与非理性》关注"今日的癫狂,关注癫狂被捕捉、被剥夺资格、被禁闭、被鄙视和诋毁……的方式"①。

虽然同狄尔泰一样,福柯也立足于目前这个历史维度,但福柯强调真实的历史要对目前作诊断,而不是一味对目前唱赞歌。以黑格尔为代表的历史主义者们倾向于不仅把目前当做过去的本质连续,而且更把目前视做历史的最高点,是太平盛世,是新时代的启示降临,是哲学终结的时代。黑格尔把现代国家看做是客观精神领域中普遍性和理性的充分例示,旨在神化普鲁士政府。毫无疑问,这种看法势必既否定过去值得肯定的东西,又对未来抱不乐观的态度。与此相反,福柯认为目前不同于过去,目前与过去是相分离的。目前并不产生于某种不可避免的历史必然性,而是产生于无数具体而偶然的人类实践。在《监督与惩罚》中,福柯承认他从历史上获知的东西比不上从目前获知的东西。他要依据尼采谱系学设法做诊断,设法对目前作诊断:即诊断我们今天所肯定的,今天我们的所说所意味的。谱系学家要像医生能诊断人体的疾病、身体强弱状况、身体的崩溃和抵抗那样,来诊断目前的弊端、不稳定的胜利和使人不快的失败,来判断哲学话语。在对目前作哲学诊断时,福柯考察了知识与权力的现实关系,投身到一些重要的政治活动中,如1971年创立"监狱报道小组",参加反种族主义的运动;在1975年赴西班牙为西班牙被不公正判决的死囚进行请愿活动;在1978年关注伊朗革命;在1979年声援越南船民;在1981年为波兰团结工会的命运奔走呼号等。

真实的历史还须从事一场特殊的政治斗争。由于福柯认为东西方体制都是在人本主义旗帜下兜售其伪劣产品的,所以,反人本主义的斗争就是政治斗争。福柯赞赏阿尔都塞在法国高举反对德日进 – 马克思主义联

---

① Michel Foucault, "*Radioscopie de Michel Foucault*", 1975, *Dits et édcrits*, II, 1970 – 1975, Éditions Gallimard, Paris, 1994, p. 784.

盟的旗帜。由于内心的呼唤，个人的要求，存在的要求，都脱离我们真实的科技世界，所以，福柯断定人本主义是抽象的！人本主义使福柯感到恼火，因为他认为最反动的思想都躲在这个屏风后面，结成了可怕的和不可思议的联盟：萨特与德日进的联盟。①　无人敢说人的坏话！福柯表示，"人心"（Le coeur humain）是抽象的，我们的思想，我们的生活，我们的存在方式，直至我们最日常的存在方式，因都与科技世界密切相连，所以才是具体的。

　　真实的历史要恰当地处理时间与空间的关系。柏格森认为时间是丰富多彩的、生动的和辩证的，而空间则是死的、凝固的、非辩证的、静止不动的。鉴于历史主义把历史混同于陈旧形式的进化、生命连续性、有机发展、意识进步或存在筹划，赋予了时间过多的作用，从而贬低了空间的功效，福柯要做的就是去凸现空间的功能。巴歇拉尔已经为福柯指明了道路，认为时间只具有一个实在，即瞬间的实在，绵延必定以瞬间为基础，必定只通过瞬间来感知和延续。福柯认为，对话语行为作空间描述，就能促使人们去分析与话语相关的权力结果。②　在他的眼里，科学、知识并不遵循某种直线式的"进步"，并不服从"增长"的原则，并不服从认识集中一致的原则。思想不应确立一种中心态度，而应指向界限、外部，指向人们所言的一切的虚无和否定，指向断裂、变迁、转换、相互竞争的诸叙事以及短暂而非正规的话语。总之，真实的历史重视系列、区分、界限、断裂、个体化、起伏、变化、转换、差距等，凸现无主体的、分散的、散乱的、非中心的、充塞着各种偶然性的多样化空间。哈贝马斯曾形象地解读这样的历史：福柯的历史是一座由任意的话语形式构成的移动着的冰山，这些话语形式前后涌动、上下起伏，不停地变化和重组，而毫无连续性可言。

　　真实的历史空间充塞着一系列杂乱无章的、变动不居的和完全偶然的历史事件，因而像一个万花筒那样不停地旋转，呈现出各种独特的景象。但是，这些混沌的变化始终都贯穿着权力－知识关系的变化。谱系

---

①　Michel Foucault, "*Entretien avec Madeleine Chapsal*", 1966, *Dits et édcrits*, I, 1954－1969, Éditions Gallimard, 1994, pp. 516－518.

②　Michel Foucault, "*Quesétion Michel Foucault sur la géographie*", 1976, *Dits et édcrits*, I, 1976－1971, Éditions Gallimard, 1994, p. 34.

学家只有在批判性三种本质主义权力观(性压抑假说、法律权力观、经济权力观)的基础上,才能把握权力过程(斗争、战斗、对抗机制)的意义并对之进行描述和分析。福柯认为权力是一种不具必然本质形式的关系,权力在于其在无数地方的实施。权力关系直接产生于在经济、知识和性等其他各种关系中发生的异化、不平等和不平衡。到处渗透的权力与多重的抵抗相互共存。知识与权力相互依赖。福柯还反对像萨特这样的作为社会良心的"普遍知识分子",赞成特殊知识分子。

真实的历史属于谱系学的历史本体论。福柯认为存在着三个可能的谱系学领域,即探讨人类与真理的关系并使我们成为认识主体的历史本体论(un eontologie historique),探讨人类与权力领域的关系并且我们在其中成为统治他人的主体的历史本体论,探讨人类与道德的关系并使我们成为伦理主体的历史本体论。因此,三个轴心对一个谱系学是可能的。在《癫狂与非理性》中,这三个轴心都出现了,即使有点混淆。在《临床医学的诞生》和《知识考古学》中,福柯探讨了真理的轴心。在《监督与惩罚》和《性史》中,他探讨了道德轴心。[①] 可见,在真理、权力和道德这三个领域中,尽管福柯前后侧重面有所不同,但他都是在历史维度中,都是从非历史主义角度,来构建历史本体论的。因为方法论间断性原则既是考古学的一部分,又是谱系学的一部分,旨在强调局部的、间断的、失去资格的、非法的和受压制的知识。

由于好战(即力量关系)决定了我们的历史性,所以符号学就不能理解历史,因为它逃避暴力、血腥和致命这样的特征;辩证法也不能理解历史,因为它依据黑格尔哲学逃避偶然的、开放的现实;现象学也不能理解历史,因为它在话语背后去发现权力和权力的来源,从话语中推演出讲话主体(les sujet parlant)的意向性。只有知识考古学和权力谱系学才能细致地理解历史,因为它们依据的是斗争、策略和战术的可理解性。[②] 显然,福柯并不简单地否认历史的意义,而是认为只有充分考虑到真实的历

① Michel Foucault,"*A propos de la généalogie de l' éthique:unaperéu du travail en cours*",1984,*Dits et édcrits*,IV,,1980 – 1988,Éditions Gallimard,1994,p. 618.

② Michel Foucault," *Entretien avec Michel Foucault*",1977,*Dits et édcrits*,III,1976 – 1979,Éditions Gallimard,1994,p. 145.

史中发生的战斗、斗争、对抗点、张力,才能非常细致地分析历史。福柯要谈论的就是本来的话语! 就是要检验话语借以在包含权力的战略体系内部起作用的不同方式(权力是为这个体系而运作的)。重要的是把话语看做一系列事件,并确立和描述这些话语事件与其他属于经济体系、或政治领域、或机构的事件之间保持的关系。① 历史并不是一个永恒的或统一的连续过程,而是充满着永恒斗争和权力的强弱变化。话语是一系列事件,这个"一系列"指的就是一个历史维度。

　　显然,福柯企求的真实的历史是杂乱无序的话语与实际权力之间错综复杂关系发生变化的历史,在其中,并不存在什么本质起源,也不只具连续性,历史现象也不可还原为总体原则,因而真实的历史就是非历史主义的历史。

　　(摘自于莫伟民:《莫伟民讲福柯》,北京大学出版社 2005 年版,第 155～187 页。)

---

① Michel Foucault, "*Dialogue sur le pouvior*", 1978, *Dits et édcrits*, III, 1976 – 1979, Éditions Gallimard, 1994, p. 468.

四、日常生活批判篇

把前于科学的和外于科学的
生活世界提到首位

[德]埃德蒙德·胡塞尔

一、生活世界是自然科学的被遗忘了的意义基础

然而,最为重要的值得重视的世界,是早在伽利略那里就以数学的方式构成的理念存有的世界开始偷偷摸摸地取代了作为唯一实在的,通过知觉实际地被给予的、被经验到并能被经验到的世界,即我们的日常生活世界(unsere alltagliche Lebenswelt)。伽利略的后继者,近几个世纪以来的物理学家,也都很快继承这种代替。

伽利略本人是纯几何学的继承人。这种所继承的几何学、这种"直观的"概念化、证明、构成所继承的方式,已经不是原先的几何学了,在这种直观中它已经把意义抽空了。即使古希腊罗马的几何学,从它的方式上看也是一种技艺(τεχνη①)。

它已经离开了真正直接直观的、和原初直观的思想的源泉。而正是从那里,所谓几何的直观,即那种运用理念存有的操作活动,首先导出它的意义。理念存有的几何学走到了实践的测量技艺之前,后者对理念存有一无所知。然而正是这样的一种前几何学的成就是几何学的意义的基础,是理念化的伟大发明的基础:这包括理想的几何世界的发明,或通过

---

① "τεχνη",希腊文,原意为艺术技巧、手艺、艺术、诀窍、诡计等。——译者注

构成创造"数学的存在"和客观地规定理念存有的方法论的发明。伽利略没有回过头来探问原初的意义给予的成就,这是一个致命的疏忽。这一成就是在原初的一切理论的和实践的生活——直接地被直观的世界(在这里特别是指经验地被直观的物体世界)——的基础上所取得的理念化的成就,它导致产生几何的理想构型。伽利略没有深入反思:对这个世界及其形状的自由想象的变更为何只导致可能的经验地可直观的形状,而不导致精确的形状;究竟什么样的动机和成就是真正的几何的理念化所要求的。人们继承了几何学的方法,但是对于导致这一方法的成就是如何取得的这一点,现在已经没有活生生的体验了,人们更不对从内部实现精确性的意义的方法作理论的反思。仿佛,几何学以其自己直接自明的先天的"直觉"和借助于这种直觉来操作的思想创造出自我完备的绝对真理,并且这样的真理——"不言自喻地"——能够毫不费力地被应用。这种不言自喻性是一种幻想(我们在说明伽利略思想的过程中已附带地考虑过这个问题,并大体指出了这一点),甚至几何学应用的意义也有复杂的意义源泉。伽利略本人及其相当长的一段时期内的后继者没有看到这一点。于是,自伽利略起,理念化了的自然就开始不知不觉地取代了前科学的直观的自然。

因此,每一偶然的(或者也是"哲学的")对技艺工作的真正意义的反思,始终停留在理念化了的自然上;他们没有把反思进行到底,不追问从前科学的生活和它周围世界中产生出来的新的自然科学,及其与之不可分割的几何学,是为何种根本目的服务的——这种根本目的必定存在于这种前科学的生活中,并且必定跟它的生活世界相关联。人们(包括自然科学家)生活在这个世界之中,只能对这个世界提出他们实践和理论的问题,在人们的理论中所涉及的只能是这个无限开放的、永远存在未知物的世界。一切关于规律的知识只能是作为按照所掌握的规律对实际的和可能的经验现象的过程作预言的知识。当我们通过观察和实验扩充经验,使之深入未知的领域中去,并以归纳的方式加以证实,我们就获得用来作出预言的知识。的确,日常的归纳已经发展成为按照科学方法的归纳。但是这并不改变已经在那里的世界是一切有意义的归纳的地平圈这一本质意义。我们所发现的这个世界是一切已知的和未知的实在的东西的世界。时空的形式以及一切以这种形式结合起来的物体的形状,都属于这个实际的经验直觉的世界。我们本身生活在这个世界之中,我们的人的身体的存有方式是与这个世界相适应的。但是在这个世界中我们看不到几何的理念存有,看不到几何的空间、数学的时间以及它们的一切形状。

这是一个重要的评论,尽管它的道理很寻常。然而正是这种寻常的道理被精确科学埋没了,而且自从古代的几何学被一种按其本身的方式来讲不可逾越的证明所给定以来就是如此。这是因为方法论方面的理念化的成就暗中代替了直接给予的东西,而后者作为现实性是一切理念化的前提。这个实际地被直觉到的、被经验到和可被经验到的世界(我们整个实践生活是在这个世界上发生的)在它自己的本质结构和在它自己的具体的因果样式方面总是依然如故,不管我们进行技术化或不进行技术化。因此,我们所发明的一种特殊的、几何的、伽利略的、称之为物理学的技术并不改变这个世界。通过这一技术我们所实际完成了什么呢? 没有别的,只有扩展到无限中去的预言。一切生活都依赖于预言,或者我们也可以说,依赖于归纳。在这种最原始的方式上,甚至每一种直接经验的存有的确定性也是归纳的。"被看的"事物永远丰富于我们对于它们所"实际地、真实地"看到的东西。看、知觉在本质上既是有某种东西本身,又是预先有某种东西,预先意谓某种东西。一切实践及其计划都涉及归纳,只是通常的归纳的认识或预言(即使采用形式化的、"证明的"表达方式)是朴实的,而伽利略的物理学所采用的那种扩展到无限中去的"方法论的"归纳则具有高度的成效和十分精湛而已。

在几何的和自然科学的数学化中,直可能的经验的开放的无限性中,我们为生活世界(即在我们的具体的世界生活中不断作为实际的东西给予我们的世界)量体裁一件理念的衣服(Ideenkleid),即所谓客观科学的真理的衣服。就是说,通过一种(为我们所希望的)能在每一个别的情况中实际地实行的,并能被不断证明的方法,我们首先为生活世界的可具体地被直观的形状的实际的和可能的感性的充实(sinnlichen Fullen)构作量值指数,然后用这种方式获得预言直观地被给予的生活世界中的具体的、现在还没有被实际地给予或不再被实际地给予的事件的可能性。这种预言的成就远远胜过日常的预言的成就。

　　这件"数学和数学的自然科学"的理念的衣服,或这件符号的数学理论的符号的衣服,囊括一切对于科学家和受过教育的人来说作为"客观实际的、真正的"自然,代表生活世界、化装生活世界的一切东西。正是这件理念的衣服使得我们把只是一种方法的东西当做真正的存有,而这种方法本来是为了在无限进步的过程中用科学的预言来改进原先在生活世界的实际地被经验到的和可被经验到的领域中唯一可能的粗略的预言的目的而被设计出来的。这层理念的化装使得这种方法、这种公式、这种理论的本来意义成为不可理解的,并且在这种方法的素朴的形成中从来没有被理解过。

　　因此,没有人意识到这类根本的问题:这类作为活生生的历史事实的素朴的东西如何实际地成为可能,并继续是可能的;当没有人真正理解这样的成果的实际意义和内在必然性时,实际地朝向系统地解决无限的科学任务这一目标和不断取得无可怀疑的硕果的这一方法如何能够成长发展,和为何历经几个世纪一直能有效地发挥作用。过去所缺乏和现在继续缺乏的是那种实际的自明性。认知者和制作者只有通过这种自明性才能为自己不仅说明所制成的新的东西和借以进行制作的东西,而且也能说明它们由于沉淀或传统化被掩盖起来的蕴涵的意义,即说明他们自己的构成物、概念、理论所一贯依据的前提。难道科学和它的方法不像一架能可靠地制作显然非常有用的东西的机器吗?人们一点不懂机器运转的内在可能性和必然性,却能学会正确地操作。但是,科学能像一架机器一样从一种在类似意义上的完全的——科学的——理解中被预先设计出来吗?难道这不导致"无限回归的"论证吗?

　　最后,这个问题难道不跟在通常意义上的本能的问题相联系吗?它难道不是一个暗藏的理性的问题吗?只有当它显示出来时,才知道它本身为理性。

　　伽利略这位物理学或物理学的自然的发现者(为了对他的前辈公正起见,应称为集大成的发现者),既是发现的天才,又是掩盖的天才。他发现了数学的自然、方法的理念,他是无数物理学的发现和发现者的先驱。以前人们只知道直观的世界的(作为它的不变形式的)普遍的因果性,而伽利略发现了自他以来一直被称之为因果规律的东西,即"真正的"(理念化和数学化了的)世界的"先天的形式","精确的规律性的规律",按照它在"自然"(理念化了的自然)中所发生的一切事件必定服从精确的规律。所有这一切都既是发现又是掩盖,以致我们现在把它们当做不言自喻的真理。新的原子物理学对经典的因果规律所作出的所谓哲学上革命性的批评,并没有在原则上改变这一点。因为在我看来,这些新东西之中最根本的本质依然如故,即通过公式规定的自身数学化的自然,并只有按照公式才能解释这一自然。

我当然诚心诚意地继续认为,伽利略位于近代伟大发现家之巅。我当然也心悦诚服地赞叹经典的和后经典的物理学的伟大的发现家和他们的理智成就。这些成就绝不是机械的,而是具有令人震惊的重大意义的。我们说明这些成就是一种技艺,我们在原则上批评物理学家,即使是最伟大的物理学家?批评他们没有看到,并一定看不到这些理论的本来的、原始—真正的意义,这对这种成就并没有一丝一毫的贬低。但是,我们的说明和批评决不是什么形而上学的神秘主义或思辨,而是以最强有力的自明性揭示出这些理论的真正的、实际的意义。这种意义是与作为方法的意义相对立的,后者在其公式的操作和实践的应用中,即在技术中有其自己专门的理解。

至此为止我们以这种方式所进行的讨论仍然是单方面的,我们还没有充分研究导向新维度的问题的领域,只有当我们深入探索生活世界和作为它主体的人,只有当我们按照它最内在的动力进一步阐明它的历史发展时,这一领域的真面貌才向我们展示出来。

二、由于没有澄清数学化的意义所导致的灾难性误解

随着伽利略对自然的、数学化的重新解释,虚假的后果也在自然以外的领域中产生出来。由于这些后果与这种解释的关系是如此地密切,以致它们统治了直到现在为止的关于世界的观点的一切发展。我在这里是指伽利略的著名的关于特殊的感性性质的单纯的主观性的学说。这很快就被霍布斯发展成为这样的一种学说,这种学说断定关于感性地直观的自然和整个世界的一切具体的现象是主观性的东西。这些现象只存在于主体中,并且它们只是作为在真实的自然中所发生的事件的因果关系之

结果而存在于主体中的。在真正的自然中的事件则完全依数学的特性而
存在。如果我们的直观的生活世界完全是主观的，那么整个前科学的和
科学以外的涉及日常存有的真理的意义就被贬低了。只有当它们含糊地
表明，（这尽管是虚假的）在这个可能的经验的世界之后存在着一个超越
于它的自在的世界，这些真理才不失去意义。

与此相关联，关于新意义形成的进一步的后果也紧跟而来：物理学家
从这种新意义形成中所作出的自我解释被认为是不言而喻的，并直到最
近一直居于支配地位。

自然在它"真正的自在的存有"中是数学的。时空的纯数学从这种
自在的存有中获得具有必真的自明性的、无条件地普遍有效的关于规律
的知识，即作为关于先天构成的公理性的基本规律的直接的知识，和通过
无限的中介从这些基本规律中推演出来作为其余的规律的知识。对于自
然的时空的形式，我们拥有一种（正如后来所称呼的那样的）"生而固有
的能力"，凭着它我们（在一切实际的经验之前）确切地认识作为数学的
理念存有的真正的自在的存有。因此这也意味着这些时空形式本身就是
我们生而固有的。

另一方面，我们遇到较为具体的普遍的自然规律，尽管它也彻底地是
数学的。它是通过对事实的经验材料的归纳而获得的"后天的知识"。
通常认为，先天的关于时空形状的数学和归纳的、尽管也应用纯数学的自
然科学之间存在着尖锐的对立。或者，人们也可以说：理由与结果之间纯
数学的关系完全不同于实在的理由与结果之间的关系，即完全不同于自
然的因果关系。

然而，自然的数学和时空形式的数学（它归根到底也属于前者）之间
的关系，即那种非生而固有的与生而固有的数学之间的关系的模糊不清，
不免使人逐步产生不安的感觉。与我们归之于创造者上帝的绝对的知识
相比较，可以说，我们在纯数学方面的知识所缺乏的只是：虽然它始终是
绝对自明的，但是为了把以时空的形式"存在"的一切形状实现为知识，
即实现为明晰的数学，它需要一个系统的过程。与此相反，对于在自然中
具体地存在的东西，我们完全没有先天的自明性。对于超出时空形式范
围之外的整个自然的数学，我们必须通过对经验事实的归纳才能达到。

但是,世界本身不是完全数学的吗? 它不也必须被设想为一个前后一贯的数学系统,能在前后一贯的自然的数学中得到实际描述吗? 这种前后一贯的自然的数学正是自然科学所永远寻求的,即寻求(在形式方面)用一个"公理的"规律系统来包括它,但是它的公理永远是假设,因而永远不能被真正达到。为什么它永远不能被真正达到呢? 为什么我们永远也没有希望发现自然自身的具有必真的自明性的公理系统呢? 这是因为我们在此实际上缺乏那种生而固有的能力吗?

在那种本来意义和表面意义相分离的、或多或少已经技术化的物理学和它的方法的意义模式中,上述那种区别是"完全明显的"。这是纯(先天的)数学与应用数学之间的差别,是(在纯数学的意义上的)"数学的存在"与数学地形式化了的实在(在那里数学形式也是一种具有实在的特性成分)的存在之间的差别。然而,即使像莱布尼茨那样杰出的天才也为了真正把握这两种存在(即作为纯粹几何存在的普遍时空形式的存在和具有事实的、实在的形式的普遍的数学的自然的存在),以及为了真正理解它们之间的互相关系,煞费苦心了很长时间。

在这些方面的模糊不清对于康德的先天综合判断问题的意义和他的划分纯数学的综合判断和自然科学的判断的意义,我们在以后要详细讨论。

这种模糊不清随着纯粹形式数学的发展和它作为方法的不断应用而越加严重,并在内容上有所改变。这表现为,"空间"与纯粹形式地定义的"欧几里得集"相混淆;作为在纯几何的思想以及算术的、纯逻辑的思想的自明性中所把握的、无条件地有效的、理想规范的现实的公理(wirkliches Axiom)(这里应在这个词的老习惯的意义上理解)与非真实的"公理"(uneigentliches "Axiom")——这个词在集合论中根本不是指判断("命题"),而是指作为形式地构成的无内在矛盾的"集"的定义的成分的命题形式——相混淆。

三、数学的自然科学的起源问题的基本意义

在这个问题上的模糊不清正如以前所指出的模糊不清一样,是由于原初的活生生的意义形成发生了变化,或者说,是由于原初的活生生的对

任务的意识、以及由此产生的方法及其特殊的意义发生了变化。用以完成任务的方法日益进步,它作为一种技艺一直被继承下来,但是它的真正意义并不必然传下去。因此,只有当科学家已经发展了一种能力,能用来追溯一切意义形成和方法的原初意义,即追溯原初确立它们时的历史意义,以及特别是从此往后不知不觉地作为意义遗产传下去的意义时,一种理论的任务和成就(如自然科学的或普遍世界科学的成就,它们只有通过方法的无限性才能掌握其课题无限性,并只有借助于抽去意义的技术思想和活动才能掌握方法的无限性才具有和才能够保留真正的和原初的意义。

但是,数学家、自然科学家至多能成为为了进行发现而创造出方法的才华横溢的技术家,他们通常完全不能进行以上所提到的那种反思。在他们探索和发现的实际领域中,他们完全不知道这些反思所要澄清的东西具有澄清的必要性,并且完全不知道这是为了对于哲学或对于科学来说,即对于关于世界本身、自然本身的真正的知识来说,具有决定性意义的重大利益的缘故。正是这种在科学的初创中起过决定性作用的兴趣被作为传统所给予的、成为一种技艺的科学而丢失了。任何一种从数学和自然科学的研究领域之外引导人们作这样的反思的企图,都被当做"形而上学"而加以拒斥。准备为数学和自然科学献身的专业人员似乎都十分清楚他们在工作中所要做和所要完成的东西,——这在他们看来是如此明显。还需澄清的历史的动机虽也使这些研究者感到哲学的("哲学 – 数学的","哲学 – 自然科学的")需要,但他们以适合于他们的方式来满足它。这就使得所需探索的问题的整个层面完全没有被看到和完全没有被加以处理。

四、我们阐说的方法特点

最后,关于我们在这一节的错综复杂的考虑中所采用的有助于达到我们的总目的的方法,还有一些话要说。为了达到在我们的哲学形势中非常必要的自我理解,我们所进行的历史的反思需要澄清近代精神的起源,从而需要澄清(由于没有能充分估价数学和数学的自然科学的意义)科学的起源。这也就是说,澄清原初动机和思想运动。这两者导致它们的自然的理念,和在自然科学本身的实际发展中实现这样的理念的运动。在伽利略那里,可以说,这种理念第一次羽毛丰满。因此我把我的一切考虑跟他的名字相联系,这样以某种方式理念化了和简化了这个问题。一个更为精确的历史的分析就需要考虑他的思想中的那些应归于他的"前辈"的东西(顺便说一下,我以后还将以类似的方式作分析,我认为这样做是有充分理由的)。考虑伽利略所面临的形势,考虑这种形势对他的必然促动,有助于我们很快确认和理解对自然科学的整个意义授予的开端。但是就在这里我们已经遇到了在较后的和最近的时代所发生的意义的转移和掩盖。因为我们这些执行反思的人(如果允许我作预先假定的话,也包括我的读者)本身处于这种时代的魔力之下。由于我们囿于它们之中,我们开始时对这种意义的转移一无所知:我们谁都认为自己十分清楚地知道数学和自然科学是什么,并能用来做什么。因为今天还有谁没有在学校中学过它们呢?但是一旦我们稍加阐明新的自然科学和它的新方法的样式的原初意义,我们就会感到后来发生了意义的转移。并且,这种意义的转移显然影响了对科学动机的分析,或至少使得它成为一项更为困难的工作。

因此我们发现自己处于一种循环中。要理解开端必须从以现今形式表现出来的科学出发,向后追溯它的发展。但是由于缺乏对开端的理解,作为意义的发展的发展就无迹可循。因此我们别无他法,只能前后来回地"决速"进行,在这种互相作用中寻求相互补益。对一方的相对澄清有助于阐明另一方,反之也然。因此,我们必须作一种历史的考虑和历史的批判,它沿着始于伽利略的(并以后直接从伽利略起的)时间顺序进行。但我们时常要作历史的跳跃,这不是离题,而是必要。之所以必要,因为正如我们已经说过,我们担负起从我们的时代及其科学的"总崩溃"的形势中产生出来的自我反思的任务。然而,对于这一任务来说,最重要的是反思新的自然科学的,尤其是精确的自然科学的原初意义。因为精确的自然科学通过它的一切意义的转移和误入歧途的自我解释(这是我们以后必须继续追踪的)对于现代实证科学,对于现代哲学,甚至对于现代欧洲人的整个精神面貌来说,过去具有、现在继续具有决定性的意义。

这也属于方法:读者,特别是从事自然科学工作的读者,对于不使用自然科学的说话方式的做法,是会感到恼怒的,或者会感到这是一种肤浅的涉猎。然而,这种说话方式正是我们有意识地避免的。我们处处想把"原初的直观"提到首位,也即想把本身包括一切实际生活的(其中也包括科学的思想生活),和作为源泉滋养技术意义形成的、前于科学的和外于科学的生活世界提到首位。在这样的一种思想方式中我们所遇到的重大困难是,我认为,一方面必须选择日常生活的素朴的说话方式,另一方面又必须使它恰如其份地把所要证明的东西清楚地表达出来。

通过一种高于生活的朴素性的反思,正确地向生活的素朴性回归,是唯一可能的一条克服那种处于传统的、客观的哲学的所谓"科学性"之中的哲学素朴性的道路。这将为曾多次提到过的新维度打开大门。这一点将逐步清楚起来,并最终完全明确。

在此还须补充一下,大致地说,我们的一切说明只是相对地有助于理解,我们在批判的沉思中所使用的怀疑式的表达方法(我们作为进行这种沉思的现代人是不能沉默不言的)的功用在于,它逐步使我们的沉思的结果成为我们的思想和方法,并有助于我们的解放。从"存在的理由"出发的一切反思自然是批判的。但是,我们以后也要对我们的反思线索的基本意义和我们特有的批判的基本意义作反思的认识。

(摘自于[德]埃德蒙德·胡塞尔:《欧洲科学危机和超验现象学》,张庆熊译,上海译文出版社 1988 年版,第 58 ~ 71 页。)

哲学与日常生活批判

[法] 亨利·列菲伏尔

"日常生活批判"究竟是什么意思？迫使哲学家面对生活——简单的日常生活——以及日常生活中的问题，迫使他们投入到关于人类的原材料中去，并且请求他们帮助我们把握这些关于人类的材料，请求他们帮助我们剥去泥土的外衣而揭露出珍宝的本来面目，这是不是一个新的突破、一个新的方向呢？我们应该如何定位日常生活批判与古典哲学之间的关系？在马克思主义哲学之中，有没有作为一种哲学分支学科的日常生活批判的位置呢？我们所研究的到底是社会学这一狭义的、专门化的学科，还是一系列具体的内容以及为其提供支持的社会现实呢？

仅仅只是简单地考察异化这个概念及其现实性是远远不够的（这里指的是辩证意义上的异化这个术语）。这是因为，我们当下讨论的是一种作为活动的哲学，以及作为行动者的哲学家，即哲学家的作用以及他在现实中所处的境地，我们在这里想要讨论的并不是作为一系列概念及其发展的集合的那种哲学。

谈到作为一种活动的哲学，哲学曾经是一种独特的、杰出的活动，而正是能够将生活付诸闲暇的人①才能进行哲学活动，并且通过从事哲学

---

① 笛卡儿说："比之那些可能给我提供人世间最光荣的职业的人们而言，我更感谢的却是那些使我能够拥有无约束的闲暇的人们。"

这种活动而超越日常生活,而这样的哲学活动就包括对日常生活进行内在或外在的批判。这样的活动还包括:做梦、想象、艺术、戏剧、伦理学以及政治生活等等。

在上述所说的这些活动中,对于日常生活的第一个定义是一个消极的定义。如果在我们的头脑中,通过抽象而将高度专门化的人以及整个人类移除出去,那么还剩下什么呢?很显然,如果移除了人和人类,对于日常生活的定义只能是不完整的残渣了。事实上,经过我们的研究发现,以上所说的残渣指的是人类这种拥有隐蔽财富的原材料。来自于人类的活动形式越高级,这种活动就越是对其自身的终极表达以及对其自身的异化形式的直接或间接的批判——例如劳动就是这样一种最高级的人类活动,而劳动的异化这个概念或多或少地隐含着想要成功地实现"去异化"的希望和努力。

批判的目的是要将这些高级活动以及它们所隐含的间接批判的不同方面系统化吗?还是与此相反,批判的目的是要系统化地排除这些活动,即通过为日常生活辩护而将一些特殊的时刻从日常生活中独立出来吗?都不是。一方面,以上所说的第二个目的将会使得日常生活变得粗俗化;这第二个目的将会把某种平民主义重新注入到哲学之中;因此,这第二个目的将会赋予艺术、科学、伦理学以及哲学过多的特权,这就是构建出超人——因此也就是非人——的世界的特权。另一方面,以上所说的第一个目的将会使自身具有局限性,即会将可能的东西与已经实现了的东西对立起来。从第一种目的出发,我们会通过诗歌、戏剧或伦理学来找寻超越日常生活之外的形象,并以这种超越日常生活之外的形象为论据来反驳日常生活。这对于过去的思想成果,即被忽视为对于日常生活的间接批判的思想没有任何帮助。因此,上述所说的两种目的都不是有效的目的。然而,它们却又都是有效的。我们必须要小心谨慎,既不能抛弃人类这种原材料的(已经获得的或是潜在的)内容的财富,又不能丢弃在过去那些最为辉煌的、也是最为紧张的时刻所获得的成就。由此可见,问题在于如何定义这些活动与现实之间的互逆关系:生活中的简单时刻与生活中最辉煌的时刻之间是互逆的。

高级的、分化了的以及高度专业化的活动从来都不曾与日常生活的实践相分离，它们只是看起来似乎是分离的。它们认为自己是与日常分离开来的意识本身就是一个联系环节；这些活动之所以会包含着对于日常生活间接的或隐含的批判，正是因为它们自身是从日常生活中提升起来的。因此，十八世纪的法国哲学、文学、艺术、伦理学以及政治学都与资产阶级的日常生活，即当时的资产阶级对于幸福、快乐、奢侈、财富以及权力的追求相对应。同样的道理，十八世纪的理性主义思想，也是与那些在"平凡的著作"中所表达出来的日常生活的态度相对应的。并且，每当一位科学家构建出了一个公式或一条定律，都必定与一个长期的经验有关，而在这个长期的经验里，即使是最低级的助手、最简单的工具也是必不可少的。

　　然而，在这一系列的表象中隐含着一个特定的实质（所有的表象中都隐含着一个特定的实质）。特殊的活动（被我们认为是活动的东西要拥有自身的成果或作品）一开始的确是在日常生活之外，或者说是在超越日常生活之上的层面上发展起来的。人们只有通过对这些活动的外界表象加以控制才能将其进行浓缩，使这些活动的意义以及成果得以集中起来。有个比喻我们听得耳朵都要起趼子了，这就是将创造性的时刻比喻为山顶，将日常生活比喻为平原或沼泽。然而，读者将会在本书中发现的道理与上述人们耳熟能详的比喻有所不同。在本书中，日常生活将会被比做肥沃的土壤。如果一块土地上没有鲜花或是茂盛的树木，那么路过这片土地的人或许会觉得十分沉闷；然而，鲜花和树木都不应该使我们忘记了它们身下的土壤，而这片土壤也拥有自身隐秘的生活以及自身的丰富性。

　　在过去的作品中，对于日常生活的间接批判出现得太过频繁，以至于我们无法将其去价值化。人们采集鲜花，在人们的眼中除了鲜花还是鲜花，而脏兮兮的土壤总是被人忽视。实践活动永远是"纯粹"思维的基础，即使是最为极端的纯粹思维，即纯粹的沉思仍然是以实践活动为基础的。沉思者所沉思的内容是什么呢？如果不是遥不可及的东西的话，那就是日常生活，人群和大众，即沉思者的"悬置"活动妄图使自己脱离而他却不得不一再返回其中并试图重新发现的所有东西。① 然而,这种情况最终被颠倒过来。当日常生活也变成了一种批判,一种对于高级活动(以及这些高级活动所创造出来的产物,即意识形态)的批判的时候,我们迎来了新的黎明。意识形态将日常生活去价值化,将日常生活描述成是片面的、局部的。(对于日常生活的)直接批判产生于间接批判;而这种直接批判包括对于日常生活的修复,以及对于日常生活中的积极内容的阐明。

我们已经论证了工人,或者说一个人是如何构成一个整体。将一个人作为工人进行思考,这就意味着在私人生活以及休闲生活中的人的因素与技术的因素的分离已经被排除了,但这并不是对构成一个整体的各种因素之间的矛盾进行分析所造成的结果。现代产业化劳动的片段式特征既包含了在某一领域内的劳动以及在整个社会范围内的劳动所具有的社会特征,又将这种社会特征掩盖了起来(这种社会特征指的就是劳动日益增长的社会性以及生产关系)。因此,在很大程度上,工人关于劳动的社会特征的意识是来自于外在的,而不来是来自于他自己独特的工作,也不是来自于他自己的政治生活。这种意识是工人对于他自己工作的期盼与要求,他之所以需要有这种意识,是因为只有具有了这种意识,他才能理解他所从事的劳动,然而,这种意识却不仅仅来源于他自己一个人的劳动。工人生活中的不同层面,以及工人生活中的各种矛盾和冲突都需要我们对其加以研究。工人的意识——除了他自己的实践经验的内容之外——还包括无数的意识形态的因素,在这些意识形态的因素中,有些是人们已经论证过的,有些是虚幻的;有些是隔代遗传的(来源于农民或工匠阶级的);有些来源于资本主义的目标,但这些目标中的部分内容已经过时了(例如,在竞争的资本主义时代中,"自由"劳动合同是阶级斗争的"经典"形式);有些则来源于资本主义的新内容(比如垄断,以及与垄断资本主义相矛盾的新内容;再比如工会活动与新形式的阶级斗争);有些

---

① 在此意义上,并且从这个观点来看,现象学和存在主义可以界定为属于日常生活层面的哲学("纯"哲学危机的征候),不过,这种哲学仍然把传统哲学的消极特征保留了下来:贬低日常生活的价值(认为它是虚假的、工具性的,等等),倾向于偏爱纯粹的或悲剧性要素(通过苦恼或死亡来批评生活)。

来源于社会主义；最后，有些来源于对个体的限制，或者来源于对我们所讨论的这个工人所从属的共同体（例如公司制，共同责任等等）的限制。如果我们对工人的全部生活进行思考，我们就会发现，某一个工人的劳动以及他对于劳动的态度，与作为一个整体的社会实践，即包括他的休闲活动、家庭生活、文化目标、政治目标以及他的阶级斗争在内的全部经验都是密不可分的。进一步来说，这个工人的社会实践作为一个整体，必然是发生在某个特定的国家，某一特定文明以及社会发展过程中的某个特殊时刻，并且包括一系列特定的需求。这就使我们回到了对于日常生活的批判。

让我们再思考一个特别的例子：政治活动。在已经建立的政权，被合法化的法律，神秘化与暴力，或者是在知识之中都可以找出政治活动的痕迹。根据我们在知识中的发现，政治活动最需要对于日常生活的细心观察。进步的政治家，或者说社会主义的政治家必须要了解人民的生活以及人民的需求，因为他所要维护的正是人民的直接利益以及根本利益。如果他远离了这项职责，也就没有资格继续从事他的工作了。只有当一位政治家具有以上所说的这种知识，才能说他是进步的政治家，或者说他是社会主义的政治家。那些最简单的事物，例如房屋、道路、孩子们的运动场以及公共交通等等，这些需求都在一种等级制度中占据着各自的位置，并且可能会导致整个国家的变革。一个政治家的才能就在于他将这些因素在等级制度中进行分级，以及对于当前状况下哪一种因素占据最重要的地位进行判断的能力。

然而，如果政治真的包括对于日常生活的知识以及对于日常生活中的需求的批判的话，那么反过来说，日常生活也包括对于所有的政治学的批判。从政治生活的定义来看，政治生活位于社会的平流层：也就是与国家处在同一个阶层。事实上，政治生活中的问题既是具体的，也是抽象的，但是，这些政治生活中的问题散发出一种专门化的气味，使得这些问题看起来似乎完全是具体的（举例来说，法律的问题，金融的问题，预算的问题等等，看起来似乎都是具体的问题）。然而，对这些问题的抽象会掩盖两个事实：第一个事实是，这些问题将会对许多人的生活和利益产生影响，而第二个事实是，任何一种对于这些问题的解决方法都将会具有阶级的特征。

　　更一般地说,近代国家中的公民概念与个体的人和生产的人的概念都有所不同,个体的人和生产的人以公民的形式被外化了。公民在某个政治共同体中扮演一定的角色,他将自己看成是这个政治共同体中的社会性存在。然而,公民在另一个语境中也是一种社会性的存在,甚至进一步说,他在我们后面将要提出的这种语境中的社会性要更强。公民——一个熟悉公共问题的人,一个具有理性观点的人,一个知晓法律的人——已经变成了一种政治上的假设。政治假设的存在是必要的,就像法律上的假设也是必要的一样("法律假设不存在无知")。此时此刻,我们可以为具体的民主进行辩护,因为具体的民主将政治假设的作用降到了最低的程度。将公民与其日常生活的关系之中外化出来的必要性投射到公民自身之外就变成了模式、狂热、偶像化以及拜物教。无论在哪里出现,对个体性的崇拜都具有政治上的含义,并且从来都不能被还原为纯粹的意识形态;对个体性的崇拜与国家的本质是密不可分的;对个体性的崇拜既意味着民主,也意味着缺乏民主:一种政治上的假设面临着变成压倒性的现实的危险。公民的外化以及他与他自己每天的生活之间的关系在外部的投射是日常生活的一部分。

　　"德国人①那种置现实的人于不顾的关于现代国家的思想形象之所以可能产生,也只是因为现代国家本身置现实的人于不顾,或者只凭虚构的方式满足整个的人。"②马克思在一篇稀有且珍贵的文本中探讨人类整体的时候曾经有过上述说法;对于君主制政体、文明的专制主义以及以黑格尔的伦理学为基础的国家来说是有效的东西,对于任何一种政体来说都依然有效,因为这是建立于社会之上的东西。拥有权力的人变成了唯一一个"完整的人",并且与此同时,在每一个个体的眼中所体现出来的关于完整的人的假设就是其欺骗性的形象。正是从这一分析出发,马克

---

　　①　(英译者注)列菲伏尔在其译文中用"哲学家的(philosophical)一词取代了"德国人的(German)"一词,现据马克思的原文改正过来。

　　②　Marx, *A Contribution to the Critique of Hegel's Philosophy of Right*. Introduction. in *Early Writings*, p. 250. 马克思:《〈黑格尔法哲学批判〉导言》,可参阅《马克思恩格斯全集》第 3 卷,人民出版社 2002 年版,第 207 页。

思得出了以下关于国家的重要结论：

> 只有当现实的个人把抽象的公民复归于自身,并且作为个
> 人,在自己的经验生活、自己的个体劳动、自己的个体关系中间,
> 成为**类存在物**的时候,只有当人认识到自身"固有的力量"是**社
> 会**力量,并把这种力量组织起来因而不再把社会力量以**政治**力
> 量的形式同自身分离的时候,只有到了那个时候,人的解放才能
> 完成。①

无论何时何地,只要存在一个国家,那么一个个体的人只有在这个国家之中才能找到其普遍性,并且才能作为类存在物而存在,这要做到以上所说的这些,这个个体就要变成一个假设的共同体之中的想象中的一员。在每一个以阶级为基础的社会中,一个阶级对于另一个阶级的压迫从来都是统治一切的非人的力量的一部分。在这个层面上,个体认为自身"被剥夺了自己现实的个人生活,却充满了非现实的普遍性"②。当一个个体面对国家中无数的大众的时候,他是如何看待自身的呢? 在他看来,自己就是一个小小的斑点,就像一个影子一样。他变成了自为的、不真实的表象;但与此同时,政治上的假设通过绝对矛盾作出裁决,将个体的人,即作为具有个人利益的自私的人批准为最高的实质。这一判决为利己主义赋予了现实性,并且为公民披上了一层抽象的外衣。由此可见,政治上的革命在没有国家的天然基础的情况下也可以发生,只要当真实的社会生活,即一个"需求的世界",或者说是一个私法的世界被批判,就可以发生完全的变革。并且,如果政治上的变革接下来又使某些特定的因素发生了变革——在将这些因素分离开来并且由此将它们特殊化之后——政治上的变革或许也会使其他的某些特定因素保持不变。举例来说,虽然政治上的变革已经改变了"私有的"利益或者是劳动被组织起来的形式,但(政治上的变革)或许会使需求的世界保持不变,或者会使某些法律保持不变。由此可见,只要国家还没有消失,在有国家的地方就会有政治带来

---

① Marx, On the Jewish Question, ibid., p.234. 马克思:《论犹太人问题》,可参阅《马克思恩格斯全集》第3卷,人民出版社2002年版,第189页。

② Marx, On the Jewish Question, ibid., p.220. 马克思:《论犹太人问题》,可参阅《马克思恩格斯全集》第3卷,人民出版社2002年版,第173页。

的异化,马克思对于某个特定国家的批判适用于所有的国家。如果说,某些特定的文本是针对黑格尔主义的国家,或者说是针对资产阶级民主国家而创作的,那么其他的文本则是在普遍的意义上,通过政治国家与市民社会之间的关系来对"政治国家"这个概念进行规定。无论从哪个方面来看,都不能说列宁在《国家与革命》中猛烈抨击资本主义国家体制、这种新国家的构建与衰退时所引用的文本使得之前的文本失效了。实际上,列宁在《国家与革命》中引用的文本恰恰证明了之前的文本在具体的政治现实中发挥了作用。但是,如果政治自身会产生异化,而且政治还包含着异化,那么政治也同样可以被去异化,并且去异化的过程只有在通过政治活动才能发生——通过政治层面上的、以及生活与政治之间的斗争而产生,并且是在斗争的过程中产生的。在这里,我们再一次意识到,在一个统一体之中,存在着许多复杂的矛盾。从某种意义上来说,以资本主义社会之中的资产阶级民主为例,这种资产阶级民主恰恰需要最大程度上的异化:整体的异化以及完全的政治异化。这种资产阶级民主使得公众与私人之间的对立,共同体与奴隶之间的对立达到了极端。这种资产阶级民主通过为个人在奴隶制与共同体之中、在假设与现实之中都赋予了位置而将每个个体都神秘化了。这种资产阶级民主使得个体获得了表面上的独立以及完全的自由,因为他认为"他能够在精神上和物质上进行无拘无束的活动,而这种无拘无束的活动构成了他的个体生活的内容"①。个体完全变成了供人奴役的对象,并且被完全去人化了。此时此刻,我们已经可以看出,这些社会原子以及片段式的活动之间的唯一联系似乎就是国家了。我们在此想要指出,斯大林从他开始政治生涯的那一刻起,就陷入了被马克思称之为政治迷信的怪圈中,这并非题外话:(斯大林提出了)是国家将社会凝聚在一起这种虚幻的观念,然而,事实上却是市民社会的功能及其凝聚力——甚至包括市民社会在无政府状态之下的活动——在支撑着国家。② 个体意识到在资产阶级社会中,一个人为己

①　Marx, On the Jewish Qaestion, Ibid. p.233. 马克思:《论犹太人问题》,可参阅《马克思恩格斯全集》中文第二版第 3 卷第 188 页。中译者按:此处没有采用《马克思恩格斯全集》中文第二版第 3 卷《论犹太人问题》的译文,而是根据英文原文重译的。

②　Cf. Stalin, *Anarchism and Socialism*.

和为他的存在是相互矛盾的,因此,一个人表现自我的方式就是将自身一分为二。一方面,这个人将自己孤立起来,成为一个"私有的"人,他将自身粉碎成原子,将自身分割开来;并且我们还需要指出一点,认为原子的个体没有需要,他们是自给自足的,他们是一群没有需要的、满足的、完美的原子,这是错误的印象。接下来,另一方面,这个个体的人认识到,他的每一个活动,他的"属性",他的本能冲动,都包含着需要。正是这种需要将这个人带入了与其他人的关系之中。无论一个人的需要、他的天然必要性以及他的本质属性如何被异化,它们仍然是连接社会中的无数个体成员之间的纽带。由此可见,这些日常生活中的需要是一股能够将社会生活,甚至是资产阶级社会的社会生活凝聚起来的力量,并且,政治生活不是(连接社会中个体成员的)真实纽带,需要才是(连接社会中个体成员的)真实纽带。因此,个体倾向于超越他自己同自身的分离,他的虚幻的形象,他真实的表象与虚假的实质,他自己人为的原子化以及他的二重性。个体认识自身,甚至可以说,个体通过认识到自身是一个利己主义的个体,他就已经超越了政治的迷信。

现在让我们总结一下。我们有一系列的因素需要考虑,关于我们已经考察过的因素,我们必须要补充说明这样一个复杂的矛盾:这就是公民,公众以及国家中的成员与真实的人、个体的人之间的矛盾。之所以说这是一个复杂的体系,是因为公众与公民都同时既是假设的,又是真实的;之所以说公众与公民是真实的,是因为他们将人的现实性引入了假设的领域中去。至于个体的人,他也同时既是假设的,又是真实的。

日常生活包括政治生活:即包括公共意识,对于从属于一个社会、一个国家的意识,以及阶级意识。日常生活之所以能够与国家与国家机制发生永久性的接触,要归因于公共管理与官僚政治。但是,从另一个方面来讲,政治生活也通过集中关注特定的事件(例如选举),以及促进特殊的活动,而将自身从日常生活之中分离出来。由此可见,对于日常生活的批判包含着对于政治生活的批判,这是因为日常生活已经包含并且组成了这样一种批判,这就是:在日常生活之中,日常生活本身就是批判。

现在,让我们思考一下意识的结构。一个人的意识是由他的(社会)存在所决定的。而硬币的另外一面就是,一个人的意识也反映出他的社会存在。"反映"这个词汇可能会导致许多混乱,最糟糕的是,这个词汇可能会导致过分简单化。如果我们想要避免过分简单化这种情况的发生,我们要做的就是注意,从本质上来说,反射物与它们所反映的东西之间是有深刻差别的;表面上看起来,镜子中反射出来的影像似乎是对站在镜子面前的事物的复制,但事实上并非如此。那种认为一方面是真实的事物,而另一方面是那些事物在人的思维之中的反射,而后者是对前者的复制的理论不过是一种哲学上的天真罢了。一种意识之中的反映,或者说一种构成了意识的反映有可能是不完整的、残缺不全的、头足倒置的、扭曲的或者是神秘化的;上述所说的这种不完整的、残缺不全的、头足倒置的、扭曲的或者是神秘化的反映是一种反映,然而就大家广泛认可的意义上来说,又不是反映。让我们在经典资本主义的条件下思考一下个体化的个体意识:也就是资产阶级的个体意识。资产阶级的个体意识决没有反映出他所归属的社会综合体——即资产阶级社会,也就是资本主义——的全部特质。在所谓"自由竞争"的本质中,就隐含着对一切现象进行概述,以及自由竞争的规律超出了个体意识的视野所能涉及的范围之外;这就是为什么我们需要有经济学家,需要有马克思,因为我们需要他们帮助我们去发现自由竞争的那些规律并且帮助我们理解那些规律!资产阶级的个体意识(也就是资本家的个体意识)反映出了他对于竞争所表现出的私人兴趣;因此,资产阶级的个体意识才会与相应的社会意识,也就是社会意识相冲突。在资本家这种个体的眼里,社会中的其他成员——无论他们是资本家还是别的什么——都是外在于这个资本家的存在,并且都是与他相对立的。这个资本家个体的意识只反映出这样一个事实,即竞争使得一个个体与另一个个体分离开来,这样一来,由此而形成的社会就超越了任何一个个体意识所能把握的范畴。但是,我们之前已经说过,我们要补充一点重要内容,这就是,资本家体现出资本及其功能,然而,这种资本的拟人化有可能是成功的,也有可能是不太成功的。典型的资产阶级应该是资本的完美化身。但是,资本只是一种经济上的崇拜物,资本自身无法定义一个个体的人并且为其赋予个体意识。每一个资产阶级都同时是另一种存在:是一个私有的人,并且拥有私人的兴趣——他可能是一位父亲,他可能会热爱骑马或者听音乐等等。就像马克思所说的那样,每一位资产阶级都像浮士德一样,他的两个灵魂在进行斗争:一方面,他需要享受并且需要积累,因此,他时常会屈从于"私人"的需要以及他的"私人"意识的某一个方面;另一方面,他的意识是他对于货币的需要,也就是资本强加给他的。进一步说,只要他还是一个私有的人,或者说是一位父亲,甚至是一位享乐主义者(换句话说也就是利己主义者),他就需要其他人;在这种情况下,他的意识就反映出他自身这种与之秘密对立或公开对立的倾向性。因此,意识与由个人所处的情况所决定的他对于他人的需要联合起来通力合作;它们二者联合在一起,共同将需要转变成了欲望,将决定转变成行动;或者,情况也可以反过来,它们二者之间相互抑制。

　　因此,上述所说的这种意识是由客观条件(这些客观条件包括经济上的客观条件,社会上的客观条件,但是,也同样包括生理上的客观条件等等)所决定的;然而,意识本身却没有意识到这些客观条件的存在;并且,恰恰是因为意识没有认识到这些客观条件的存在,意识才会被这些客观条件所决定。这样一种复杂的、充满矛盾的情况引发了大量的问题。个体(在这种情况下,我们所探讨的个体是资产阶级个体)需要解决那些问题;他有意识地找寻着解决问题的方法。他在意识形态和道德律令里寻找着自身的形象。由此而被解释出来的、表现出来的种种解决问题的方法及其可能性——通过一系列意识形态的假设与感觉、知觉的混合——有可能是真实的,也有可能是虚假的;有可能是虚幻的,也有可能是有效的;它们会导致完全的成功,也有可能会导致完全的失败,也有可能会导致成功和失败的混合。成功也有可能与意识形态没有客观联系。我们以一个信仰上帝的人为例,他同时也是一个成功的商人,他的信仰支撑着他;他将会把他的成功看成是上帝保佑的结果(在美国,宗教在人们心中大概就是这样运作的:宗教被看做是成功的因素)。因此,(信仰上帝)这种超自然的活动表面上看起来似乎是超越了日常生活,但实际上并非如此;人们进行这种活动的目的是为了解决自己(在日常生活中)的问题——或者人们进行这种活动的目的是为了不去解决自己(在日常生活中)的问题。意识形态的外化就包括幻想这种方法。

　　以上所说的这些都意味着,被简化的反映这个概念作为一个分析的工具是不够格的。意识既反映也不反映:意识实际上反映出来的东西不是它表面上反映出来的东西,而是其他的什么东西,而这个其他的什么东西正是我们必须通过分析的方法而揭露出来的东西。正是因为创造出意识形态的活动是独特的、专门化的,因此,我们才得出结论,这种活动从两个意义上来说是来自于社会实践,也就是来自于日常生活的:首先,这种活动创造出了意识形态,并且,被这种活动创造出来的意识形态从这种活动中逃了出去,并因而在逃离的过程中,在其真实内容之外获得了一种虚幻的意义。我们关于意识形态的问题如下:既然正是意识形态的内容及其存在决定了意识形态本身,那么各个层次上的意识形态(个体的意识形态,群体的意识形态,阶级的意识形态,人民的意识形态)自身及其内容——也就是其存在——是如何被人误解的呢?我们只有将意识形态的形式结构与其内容看成是不可分割的整体,并且对这种整体进行复杂的分析,才能够理解某种特定形式的意识,或者说才能理解某种特定的意识形态。

我们在这里再一次遇到了一个对于日常生活批判而言是根本性的问题。而在《日常生活批判》第一卷中,我们没能够清晰地提出这个问题。许多人,甚至可以说普遍意义上的人们,对他们自己的生活都不是十分了解,或者说对他们自己的生活了解得不够充分。这正是日常生活批判的主题之一,而(仅仅以采访、调查问卷以及调查报告为基础的)主观主义社会学的惨烈失败也证明了我们以上所说的这一点(即一般人对自己的生活不够了解)。人们对于他们自己的生活没有足够的认识:人们只是通过一些意识形态的思想观念以及伦理价值来看待生活,并且将这些意识形态的思想观念以及伦理价值付诸行动。尤其值得一提的是,人们对于他们自己的需求,以及他们自己的基本态度没有足够的了解;他们没有很好地表达自己的需求以及自己的基本态度;除了最为普遍和最为基本的需求和愿望之外,人们并不十分清楚自己的其他需求和愿望。但这就是他们自己的生活,是他们自己对于生活的意识;然而,只有哲学家,以及熟知辩证法的社会学家,或许还有一些小说家,只有这些人才能将生活的形式结构与生活中那些真实的内容联系在一起。因此,一方面,意识形态存在于日常生活之中,但与此同时,意识形态还存在于日常生活之外。意识形态总是要贯穿日常生活,总是在日常生活中汲取养分,并且从无中断。然而,与此同时,意识形态还要对日常生活进行解释,对其进行补充,转变日常生活,并且还要折射出日常生活(这种折射有可能是清晰的折射,也有可能是欺骗性的折射)。

人类这种存在既是自然的存在又是历史性的存在,既是生物学意义上的存在又是社会学意义上的存在,既是生理上的存在又是文化的存在(这并不排除人类的这些因素和层面之间存在潜在的或真实的冲突——与此相反,人类的存在本身就包含着冲突)。人类能够思考,是因为人类拥有(能够进行神经系统的高级活动的)大脑,人类能够思考还因为人类拥有双手因此能够劳动,还因为人类拥有语言。因此,意识反映出这些多种多样的相互作用;意识不仅仅"反映"出外在世界以及外在世界中的事物,并且还能反映出人类的活动,以及人类统治自然的实践力量。意识不仅仅反映出一个既定的客观环境,还同样可以反映出人类与其当下所处的"环境"之间的客观冲突,人类世界与自然界的冲突,以及人类世界之中的个体之间的冲突。一个孤立存在的事物可以被称之为一个产物,而与一个产物相对应的是一种或多或少是固定的力量。即使当一种意识反映出的是一件事物的时候,实际上,意识反映出来的也是一种力量,以及与这种力量结合在一起的行动的必要性及其可能性。这就包括了意识的向前发展,以及意识永无休止地从已经获得的图像和想象中向一个超越日常生活之外的领域逃离,并且从那个超越日常生活之外的领域回到日常生活之中从而认识日常生活。

然而,在日常生活之中,并且仅仅是在日常生活之中,(人类这种)自然的、生物学上的存在被人化了(也就是变成了社会的人),并且进一步来说,人这种已经形成的、被培养成文明人的存在变成了自然的存在。从这里我们可以看出,被控制的领域(即被知识以及实践所控制的领域)与不受控制的领域(即知识认识不到的领域,或者说不受知识的束缚,因而人的无助与无知被盲目的必然性所支配的领域)之间进行着持续不断的相互作用。在日常生活之中,并且仅仅是在日常生活之中,那些被哲学和哲学家以或普遍或抽象的术语所定义的相互作用、相互渗透得到了具体的实现。由此可见,当哲学家回到真实的生活之后,那些通过高度专门化的活动以及从日常生活中抽象出来的方法而得出的普遍概念并没有丢失。与此相反，那些普遍概念获得了一种属于生活经验的新的意义。哲学家发现，独特的活动受益于其在日常生活层面上所获得的丰富性，在平常，这些独特的活动总是对日常生活进行掠夺并且榨干日常生活的养分；这些活动从不创造日常生活。正是在日常生活之中，并且通过日常生活，那些器官（例如眼睛和生殖器官）才被人化了。它们被历史、劳动、社会生活和文化改造了。这种改造在日常生活中发生，随着日常生活的进程而进行，并且随着生活的结束而终结。如果没有日常生活，这种改造就不会存在。

在这里涉及一个基本的概念，即侵占（appropriation），这是一个马克思从经济学家的作品中提取出来并对其加以批判的哲学概念；马克思接着还将侵占这个概念与批判整合在了一起，并且将其运用到了关于资本和财产的理论中去，但是，马克思却从来没有将侵占这个概念发展完整。通过社会实践，人类侵占了自然（这是马克思主义的一个基本观点）；人类还侵占了他自己的本质。因此，人的眼睛不再是一个动物在紧张或正常的情况下，永远处于警戒状态，并用来探索一个永远充满着危险并永远充满了掠食者的大自然的器官。人的眼睛变成了人的意识与一个加工过的、友好的世界之间的媒介。因此，从这个意义上说，人的眼睛变成了一种手段，变成了一种目的：快乐，休息，满足，还有交流。

在一个片段式的、被异化的生活中，以及关于生活的非辩证法的概念中，休息可以被简单地看成是活动的中断，或是活动的对立面。事实上，有意识的存在物的整体——即使在他进行最为独特的活动，即当他在休息的时候——仍然受益于劳动，受益于劳动这个本身就被看成是整体的活动的东西，或者换句话说，就是仍然受益于作为人类支配自然（以及支配他自己的本质）的力量的劳动。

物质劳动（精神劳动为物质劳动提供了最为基本的工具——例如科技、理念和知识）创造出产品。在这些产品之中，有些是生产方式，有些则是物品或者说消费品。这些产品合在一起，产品和劳动共同构成了"人类世界"。但是，生活中的人与他们所消费的产品是在哪个领域、在什么领域之中被现实化了呢？他们是在哪个领域里变成了具体意义上的商品了呢？他们是如何被侵占的？这个领域就是在日常生活之中，需要和商品相遇的领域。① 然而，需要又是从哪里来的呢？它们是在哪里形成的？是如何形成的？而需要又是如何找到了它们一直在寻找的东西呢？需要构成了某种体系吗？是否存在一个"需要的体系"，或者说一个需要的结构？这种结构又是什么？

由于政治经济学致力于对生产关系进行科学的研究，因此，在政治经济学之中，有着对于侵占这个概念的具体研究：政治经济学研究侵占这个概念的目的是要构建出一种关于需要的理论。这种研究包含了一些哲学上的概念，并且将其具体化了；政治经济学将哲学带回到真实生活、日常生活的领域内，并且不允许哲学消失于日常生活之中，从这种意义上来说，政治经济学更新了哲学。但是，政治经济学也从属于一门特定的科学，这就是我们所说的社会学。

个体与产品（以及劳动）之间的社会关系包括各种形态以及许多不同的层面，这都需要我们通过研究而加以辨别。我们不能将其还原为对于生产和流通过程的经济学研究（也不能像庸俗经济学家那样将其还原为对于分配的研究）。对于个体与产品（以及劳动）之间的社会关系的研究需要社会学，甚至还需要心理学。个体与产品（以及劳动）之间的社会关系包括意识形态的、文化的，甚至是伦理学的因素，而经济学家通常会忽视上述这些因素，但实际上，那些经济学家是没有能力把握这些因素。像需要以及商品这样的概念一方面对政治经济学产生了影响，另一方面，还对伦理学，关于社会阶级的理论，对于社会的批判以及对于社会的定义，还有文化和文明都产生了影响。因而，它们都对具体的哲学产生了影响。

由此可见，我们需要对需要这个概念进行进一步的阐发，并且构建出一种关于需要的理论。这是我们在《日常生活批判》第二卷中想要达成

---

① 在资本主义经济中，被交换的商品必须被消费。对于资本家而言，已经生产的商品是否符合人们真正的需要，或者它是否能被有效地消费掉，乃是无关紧要的，只要它能换来钱并且能获利（剩余价值）就行。甚至完全可能激起虚假需要。由需要所决定的这种资本主义生产理论因此是故弄玄虚的神秘化，不过，像所有的神秘化一样，它也包含了真理因素，如果没有这些因素，它就丝毫没有意义。需要迟早会介入，由此，不符合需要的商品从市场中消失。

的目标之一。

从某种意义上来说,我们可以将日常生活定义为"残余",就是"剩下的东西",也就是我们在通过分析而将所有独特的、高级的、专门化的、结构化的活动剔除之后,可以作为一个整体而被定义的东西。考虑到高级活动的专门性以及技术性,那些活动之间留下了一个个"技术的真空",而这些技术的真空正是被日常生活世界所填满的。日常生活与所有的活动都有着深层的联系,并且围绕着所有活动之间的差别及其冲突的都是日常生活;所有的活动发生的地点,它们之间的联系以及共同点都是日常生活。并且,正是在日常生活之中,关系的总和使得人——每一个人——与其他人组成了一个整体。这些关系在日常生活之中表现出来并且得到满足,并且总是以某种特定的方式,即局部的、不完整的方式——像是友情、同志情谊、爱情、交流的需要以及游戏等等——使得真实的劳动作为一个整体而发挥作用。

日常生活的质料——最简单也是最丰富的"人类原材料"——贯穿在所有的异化之中,并且建立了"去异化"。如果我们辩证地看待"人类本质"这个术语及其全部含义的话,我们也许会说,日常生活批判研究的是具体意义上的人类本质。

因此,接下里的问题是,我们该如何定义哲学家的作用呢?哲学还能继续保持其作为一种专门化的活动的内涵吗?

是的,答案是肯定的。只有哲学家致力于研究生活,那么他就会考察生活的含义及其内部的发展。哲学家只要致力于研究生活,就不会将自身凌驾于日常生活之上,不会使自身处在特殊的活动的领域内,也就是意识形态以及国家意识形态的领域内。在日常生活的核心,哲学家将会发现是什么在阻碍或阻挡生活的进程。哲学家一直都会是异化的见证者,以及审判异化的人。哲学家会夜以继日地进行监视,他不会仅仅满足于对"人类本质"的发展进行简单的研究;哲学家会想要通过拔除所有可能会阻碍"人类本质"这株脆弱幼苗生长发展的东西而帮助"人类本质"进行发展,即使这种帮助只是消极的帮助——但是,消极的帮助也是积极的帮助。并且,生活越是处于危机之中,哲学家就越会对生活进行监视。他监视的到底是什么呢?是宇宙全景?还是宇宙哲学?是本体论?还是知识论？哲学家将要重新发现的东西不是传统意义上的哲学所能发现的东西，这就是具体的普遍性。要想重新发现具体的普遍性，哲学家就必须面对若隐若现的异化，无论这种异化从何而来，这种海市蜃楼般的异化都既是哲学家批判的对象，也是与哲学家难以和解的仇敌。

对于哲学家来说，无论是作为一个个体，还是他作为哲学家这个角色是否称职，他为自己定下的上述目标都具有危险性，因为这个目标总是有可能会导致他从事背离真理的活动，或是带来不相干的副作用。但是哲学家必须要面对这些风险。进行日常生活批判不意味着可以免除自我批判。

（摘自于 Henri Lefebvre, *Critique of Everyday Life_Introduction*, wolume 1, London and New York: Verso, 2008. pp. 85 – 98, 孟丹译, 周凡校。）

连续性与不连续性、微观与宏观

[法] 亨利·列菲伏尔

一、连续性与不连续性

连续性与非连续性这两个范畴之间的联系对知识的每个领域都产生了影响。从这个方面来说,从连续性与非连续性这两个范畴相互作用的方式、它们与对象和内容之间的联系,以及它们带来的操作方法的角度来看,它们在任何一部关于辩证逻辑的著作中都应该得到重视(因为它们是形式逻辑与具体的辩证思维之间的中介或媒介)。

然而,此时此刻,我们却只想要提供一些方法论意义上的评论。分析理性或者说理解力,是认知过程的核心,它通过非连续性来检验连续性(反过来也是如此,即它也用连续性来检验非连续性)。一条直线是思维在一个二维或三维空间中切割出来的结果。为了检验这条直线,我又进行了一次裁切;我在这条直线上选择了一个人为的点当做起始点(零点);我将这条直线分段;然后我又进行了很多次裁切,我可以数出裁切的次数(裁切的次数是可数的)。我将它分成可数的线段,每条线段上都有两个点。但是,我知道,直线仍然从我手中逃脱了;每一段都具有连续性的力量,不管怎么数也不能将其穷尽。

另一方面,如果对一种现象的研究——通过变量进行分析——能够为我们提供一系列不连续的价值,并且由此在图像上区分出不同的点,我可以用一条曲线将这些点连在一起;我会找出能最好地将这些点连在一起的方法。如果有必要的话,我会采用推断的方式。这样,连续性就能够把非连续性连在一起了。

通过这种方式,我们可以判断,连续性的事物与非连续性的事物的统一体最早就发生于抽象逻辑的范畴之内(在抽象逻辑的范畴之内,连续性的事物是通过非连续性的事物而被定义,反过来也是如此,非连续性的事物也是通过连续性的事物而被定义的),依次类推,这种统一体可以被具体地、辩证地推断到无限。如果我们有可能具体地掌握这种统一体,并且可以对其进行完整的判断的话,那么知识也就终结了,而且(知识的)对象,也就是宇宙本身,也就会被穷尽了。我们只能通过将这一辩证的统一体作为无穷无尽的东西来进行思考,才能够对其进行判断。由于我们的知识是通过运用范畴并且通过对从前以"真实的事物"为出发点而发展出来的概念进行应用而发挥作用的,因此,对我们的知识来说,"现实"不是难以接近的,也不是超越性的;然而,我们的知识只能被看成是一种对于无限的知识的有限地接近(就好比一条渐近线)。无限是有限的知识的终极目标,无限一方面将自身表现为连续性(举个数学上的例子:集合论中的量);另一方面,无限又将自身表现为非连续性(举个数学上的例子:一个无限大的空间)。关于这一点,可恶的辩证法的确犯了一个错误,它认为关于(连续性与非连续性的)统一体的理念构成有效的知识,但是,实际上这种统一体只是表明了我们知识的零点而已,只是为我们指明了一条前进的方向。在我们看来,关于(连续性与非连续性的)统一体的理念只是为知识或者说是为对于概念的使用规定方向。就我们通常的理解,这种关于(连续性与非连续性的)统一体的理念不如公理精确和严格,但却比简单的定理或者是非启发式的原则更为严格。这种关于(连续性与非连续性的)统一体的理念的内容不仅仅是一种抽象,但又不够具体。尽管听起来似乎不可思议,但只有当一种本体论将这种关于(连续性与非连续性的)统一体的理念从一种理念或者说是一个遥远的、不可企及的视域转变成一件事物、一种既有的"存在"的时候,这种关于(连续性与非连续性的)统一体的理念才能变成(明白的)知识。

其结果就是,知识通过对概念的使用而获得了一种相对化。教义学家,尤其是那些意在成为辩证学家的人,一直在为辩证思维所具有的这种相对主义进行辩护。列宁所说的那种包含在一个陈述或是一系列定理之中的"真理的谷粒"从来都不过是谷粒罢了,而只有在后来,当谷粒借助肥沃的土壤而发芽并生长的时候,其真理性才明白地显现出来。然而,确实存在一种"真理的谷粒",并且我们并不是在采取一种绝对相对主义的说法。知识包含着无数相互碰撞并且相互联系的点。用一个比喻来说,就是知识具有无数的固着点。

我们以非连续性为起点,并且用非连续性来分析连续性,反之亦然。然而,非连续性却具有某种特权,这种特权既是恶性的,但同时又是良性的(我们将会使用更多比喻的说法)。举例来说,我们是从有限出发的。迄今为止,一个个小数字仍然是科学的跳板。非连续性构成了思维的起点以及思维的稳定性,非连续性是漫长的思维旅程开始的地方,而思维最终将会带着战利品返回到起点。在实践中存在着独特的、固定的对象,而分析理性意在认识哲学对象的存在,分析理性想要知道这些对象是什么,然而,分析理性随之就认识到,这些对象不完全是独特的、固定的,并且分析理性并不知道这些对象都是什么,因此,就导致分析理性对这些对象的稳定性产生了怀疑。知识将自身运用于这些对象所构成的点,因为这就是它们在日常生活实践中的存在。从根本上来说,所谓制造就是创造出在生成过程中不断增强的明确的手段和对象。知识总是渴望能将它所认识的对象还原为对一系列有限的问题的答案,而每一道问题都只能引发"是"或"否"的答案("否"这个答案是根据"是"这个答案从逻辑上推断出来的)。由此可见,非连续性的特权似乎没有任何直接的本体论特征(即使这种特权与人类的有限性联系在一起,并且与非连续性之中的有限的东西有关)。非连续性的这种特权来源于日常生活实践,还来源于导致人类从无知发展到有知识、从接近发展到远离、从无媒介发展到有媒介、从一个个小数字发展到无限的集合、从固定性发展到偶然性的过程。辩证思维不应该通过将(例如像既存在连续性又存在非连续性,连续性与非连续性相互作用这样的)模糊不清的命题转变成绝对真理而与之妥协。辩证思维必须要更加明确地把握种种理念和过程。辩证思维也同样不应该将知识的对象——以某种特定的相对性以及知识的历史性为标记——

等同于绝对的客观性,从而使其具有了通往特权大门的钥匙并且分享(绝对客观性的)特权。

辩证的互逆性要求思维应该能够从非连续性出发来分析连续性,并且反之亦然。概念和范畴并不等同于现实。概念和范畴阐明现实,并且通过阐明现实从而在某种程度上"反映"出现实。因此,将像连续性与非连续性这样的范畴应用到内容当中去(所谓的内容就是指一系列现象或是可以用经验证实的事实),就会包含偶然性、主观性和相对性的因素。从某种意义上来说,对某种东西进行阐明,也就是在一定程度上为其赋予特定的视角。然而,某种特定的视角隐含着另一种视角,而两种视角的对立就会引发新的问题;这种新的问题就是,每一种视角都包含其各自的"真理的谷粒"并促使其生根发芽。根据每一种范畴构造出来的客观对象的客观性都会得以显现;事物会获得新的形式。客观性得到了强化。

乔治·古尔维奇(Georges Gurvitch)指出,社会学构建出的视角是根据非连续性这个范畴来看待人类社会中的事实。社会学构建出的这种视角强调差异,并且揭示出不可否认的多元性;这种视角还发现了不同的种类、类型以及二分法。这种社会学的视角以(像阶级和国家这样的)群体为根据进行研究,并且对结构之间的冲突进行了描述。另一方面,历史学家关注的也是同样无穷无尽的、各种各样不同的事实,但是,历史学家是从连续性这个视角出发来观察这些事实的。一位历史学家也许会强调变革和变动;但是,历史学家一定会根据一种持续发展的模式、单一时间的模式、历史中的时间的模式来思考那些变革和变动。

(乔治·古尔维奇提出的)这种智慧的、深刻的观点曾使我们深受震动,我们之前所接受的一直是这种观点。但现在我们认为,社会学家的视角与历史学家的视角是相互作用的。他们相互之间的对抗对于人类智慧的增长十分有益,并且他们必须时时将对方的观点纳入自己的思考范围之内。社会学家的视角与历史学家的视角之间的对立促使我们关注他们之间的那种统一体。这就是引领我们到达崭新的真理的路径。那么,有没有可能在使得两种视角保持独立的情况下实现它们之间的相互转换呢?即使它们之间的差异被证明是不能克服的,即使它们之间的统一体是无法达成或穷尽的,这一过程也值得我们为之努力。如果没有这种统一体,社会学家的发现(即社会学家对于种类和结构的发现),以及历史学家的发现(即历史学家对于时代、阶段、过程和事件的发现)就会变成单方面固定的发现,而这将会阻碍知识的发展进程,例如,概念以及这些概念试图强化客观性的辩证活动的发展进程就会受到阻碍。

因此,社会学家应该反思历史作为一门科学的局限性,并且试图发掘出历史该如何与其认识"对象"联系在一起。我们已经知道,社会学已经公开记录了历史发展中的不平衡性。我们也知道,社会学已经对历史的"漂移"进行了观察:所谓历史的"漂移"就是指有效的行动和意图与作为战略和策略所造成的结果的事件之间的空隙。以这种方式,社会学变成了历史中理性的一部分,但是,我们也并不是要放弃人类的历史性。社会学家所发现的关系与历史学家所发现的关系是有差异的,但是这也并不能抹杀历史生成发展的进程。

日常生活批判看重的是人类经验之中的某些特定层面,例如实践。日常生活批判实践单独挑选出来,并且将实践进行分类。日常生活中实践的状况以及实践在日常生活中所占据的层面是由作为一个整体的社会来决定的。我们根据以往的经验能够知道,在垄断资本主义国家中,日常生活与实践的其他层面之间的鸿沟到达了无以复加的程度;日常生活隶属于一个极端基础的功能等级(例如标准、价值、角色、模型和机制),在这种等级制的金字塔顶端是科技、官僚政治和个人权力。令人感到悲哀的是,日常生活在国家社会主义之中几乎是同样的情形,当然,我们也只是通过远距离的观察得出这一结论;(日常生活在垄断资本主义国家及其在国家社会主义之中的)差别——这种差别是显著的,但却不是绝对的——在于政治的重要性以及对于政治在国家社会主义的社会结构中的理解。从理念上把握日常生活每一天中可能发生的改变,以及由这一理念所引发的对于日常生活的激烈批判就等同于选择一种去集中化的社会主义(decentralized socialism)——这种类型的社会主义会使生产服从于广泛认可的以及被国家社会主义认为是优先的社会需要,并且,知识和对于其他的人、欲望、创造性的自由以及内在于社会实践之中的诗学会因此被置于(标准,价值,角色,模型和机制的)等级金字塔的顶层。最后,我们还知道,在古代社会中,日常生活远没有像在现代社会中那样从文化、宗教和意识形态中独立出来。

无论如何,尽管我们或许会强调(日常生活在垄断资本主义国家及其在国家社会主义之中的)差别,但这并不意味着我们忽视了同源性、相似性以及最重要的一点,即转变的过程,或者换句话说,就是历史与人类的历史性。在社会学的研究中,不能仅仅通过提出并强调某些将经验上为真的东西引入普遍的社会环境和理性之中的纲要性东西来满足日常生活批判的需要;社会学致力于探索它能够对其产生影响力的领域,并且通过对其产生影响力来改变日常生活。社会学将自身视为是实践之中的实践。社会学拥有一个特定的愿望,如果没有这个愿望,社会学就会沦为——举例来说,就像奥地利诗人里尔克(Rilke)——那样诗化的悲叹。社会学作出了选择;它决定承担风险:它对于历史投下了赌注。从某种意义上来说,可以通过一些巨大的混乱来定义人类的历史性;所谓巨大的混乱指的就是革命。当这些混乱发生的时候,社会学与历史学、日常生活与全世界都混合在了一起。革命是一种总体现象,是许多根本性的事件,或者至少可以说在现代世界,也就是在历史性判断并确定自身的世界中发生的革命是总体现象以及许多根本性的事件。在混乱平息以后,就是随波逐流,然后就是分裂和空隙。我们在之后还会回过头来对这些过程进行探讨,到那个时候我们将会为连续性这个范畴赋予一定的位置。并不是连续性创造出了这些过程,连续性只是帮助我们更为有效地把握这些过程,而与此相对应的范畴(这是隐含的、能够与连续性这个范畴互逆的范畴)将会帮助我们把握生成发展的过程以及人类行为的过程所造成的结果。

现在,让我们思考一下这个问题的另一个层面,也就是连续性与非连续性之间的关系这个层面。我们假设 A 和 B 是两个生物体,或者比这更好,是两个可以思考并行动的“存在物”(这种存在物可以是个人,也可以是群体)。A 空间将 A 和 B 分割开来。如果 A 空间是不可进入的——例如像森林、荒山或是海洋之类的——那么 A 和 B 就必须各走各的路,无论他们想要碰面还是想要避免碰面都是如此。如果 A 空间是完全可以进入的,并且提供了一个一直是自由的场地,当 A 和 B 感知到各自的存在之后,他们就会走向对方,或是打斗,或是相爱,或者仅仅就是相互了解而已。

最有趣的例子就是那种过渡地带的空间,这种空间既不是完全可以进入的,又不是完全不可以进入的。在这种空间中存在着障碍,因此,A可以从很多条道路走向B,反过来,B也从可以从很多条道路走向A。这些道路是独立存在的,但是它们却相互交叉,或者说它们有合并的地方。在这个时候,非连续性就介入了。A必须选择一条特定的道路。A出发走向B(或者说A出发走向他认为是B所在的地方),那么在每一个十字路口,A都要进行一轮新的选择。每一个选择都是出于某种策略性的考虑。A假设B在某一个特定的方向,而A所选择的道路将会引领着A逐渐接近B。如果A所作出的一系列人为的选择都是出于前后一致的、连贯的考虑,那么我们就说A具有一种策略,B也是如此。

因此,理论家可以将A与B的策略性选择放在一个矩阵里。再运用计算的方法,就会揭示出A与B这对生物体的相互关系(A与B有可能是恋人,也有可能是不共戴天的敌人——对于我们来说,重要的是我们知道了A与B是想要碰面,还是想要相互逃离,或者一方想要碰见另一方,我们还能知道想要与对方碰面的是哪一方)。[①]

让我们假设A与B是一对敌人。如果A与B之间的空间是不透明的,并且是不可进入的,那么A与B双方都不具有优势,他们只能碰运气。这是一场纯粹的赌博。如果A与B能够从远处看到对方,他们就可以在视觉上相互挑战,并且可以在一个有光亮的、透明的空间中跑向对方。这是一场纯粹的斗争。因此,斗争和赌博代表着两种极端的情况以及两种纯粹状态的极端性特征。在A与B这二者之间,存在着一个广大而混杂的区域,在这个区域内,含糊和透明,恐惧与大胆,危险与机会以不同的方式结合在了一起。在这片广大的区域中,占据支配地位的是数字(至少是在简单的例子中,小的数字是首先能够通过分析而得出的数字)。列举出行为和事件的可能性取决于某些数量的选择,以及选择与机会相互联系在一起的方式。如果只是进行这种简单的列举,那么我们就

---

① 参阅威廉斯(Williams)的《人类行动策略》(*La Stratégie les actions humaines*),它是对冯·诺伊曼(von Neumann)、德·卢斯(de Luce)的极端技术性著作的出色的通俗化。

必然会忽视一种更为深层次的辩证运动：这就是赌博与斗争之间的关系，以及连续性（从客观的角度指的是空间；而从主观的角度指的则是打击敌人的愿望）与非连续性（一系列前后一致的决定）之间的关系。

换种方式来说，差异（有差别的单位）必须有其基础。我们不能将差异看成是绝对的，因为这将会使我们忽略这样一个事实，即差异为事物提供了瞬间的形式或者结构。在作出区分以后，分析理性开始寻找联系。在找到联系之后，分析理性又开始进行进一步的区分。然后，辩证理性对生成发展的过程进行重构，并且通过强调提升客体和客体性而倾向于总体性。

我们现在思考的理论——即关于战略和策略的理论——并不仅仅局限于游戏之中，也不局限于战争或是商业关系。这种理论适用于所有暂时连续在一起的、有差别的（也就是非连续性的）单位：常规的动作、文字和话语、形象以及象征的序列；以及有问有答的对话等等。只要一场对话不再使用一般对话最常用的话语，并且其内容超出了平凡的琐事，那么这场对话就开始使用战略和策略了。常规的交换也是如此，只要是群体之间语言上的交流或是礼物的交换都是如此。

再看一下极端的例子或是混杂的情况（具体的情境如下：爱情或亲密，对立或联盟，二者之间的距离是透明可见还是含糊不清），无论何时，只要事物被形式化或是仪式化，或者无论何物以一种独特而前后相继的方式展开，包括礼拜仪式，婚礼，舞台表演，以及诗歌或爱情的特定场景，斗争和赌博就会出现。

在这些过程之中（情感的、主观的、自发的）内容没有消失；内容在连续性之中幸存了下来。然而，支配着形式的是非连续性，或者说，是非连续性支配着在场景中发挥作用的主角之间的关系——接近、挑战、碰面、对峙——的形式化。

由此可见，应既定环境的具体要求，重复的社会形态出现了。这些社会形态不能仅仅被还原为对于机械化的动作以及纯粹样本的简单重复，这种重复是对于过程及其主观的发展和客观的发展的重复。分析投射出频率，就像频谱一样，可以立刻将它们区分开来，或者说，在它们超出像海浪或者波涛这样细微的声音后，立刻根据它们的"共振峰"将它们区分开来。

要建立或者重建连续性相对于非连续性的权利(反之亦然),就意味着要认可前者相对于后者而言具有特权。可以肯定的是,十九世纪的思维由于受到了进化论以及历史哲学的影响,从而为连续性赋予了特权(尽管这种表述对马克思和马克思主义来说并不成立)。接下来,就是非连续性这个范畴被放在了显要的位置上。这一时期涌现出许多有用的发明。语言的构造中充斥着差异性、不相容性、分裂与排斥(或短期或长期,既在音素学的层面上,也在词素学的层面上)。结构主义观察到了以上这些现象,但却将这些现象发展到了不成比例的程度。在这里,就像在以前一样,我们先暂且接受结构这个概念,尽管我们是有所保留地接受这个概念。我们在这里想要做的是,在考虑到连续性与非连续性之间所有的相互作用及其相互冲突的情况下,去研究连续性与非连续性之间的深层运动。

从这个角度来看,我们可以说,存在着生成和发展的过程,而这些过程相对来说是连续性的。我们需要强调一种极为重要的过程,这就是积累的过程。我们也将会说明,这些过程,尤其是积累的过程,是如何沦为非连续性、障碍、瓶颈、暂停、断裂、间隙以及不均衡性的牺牲品。然而,一个过程本身从不会导致决定或事件。决定从属于力量(例如社会力量),而力量是通过一个过程发挥作用的,或者有时我们也许会在某种"基础"之上作出决定(例如,我们会在经济过程的基础之上作出决定),但是决定不能被还原为过程。至于事件,是人导致了事件的发生,是人构建出了社会力量的战略和策略(或者以人际关系为例的话,就是心理学的力量),并且将这些战略和策略付诸实施。

我们可以辨别出三个层次的分析与现实:过程,力量与事件。通过从一个层次移动到另一个层次,我们将会获得更为巨大的复杂性,更多的自由,以及更多的偶然性。

在这里,我们还要再次重复我们之前已经提出的那些命题,但是此时此刻,我们对于那些命题的阐述将更为清晰,并且也会更为深入。所有从"微观"到"宏观"的社会群体都具有意识,或者是无意识的,并且都具有潜在的或是常规的(公开展示的)战略和策略。处在不经过媒介、或是经过媒介的关系中的个体也是如此。为什么呢？这是因为无论我们是个体还是群体，我们都拥有一个相对不确定的未来，而这个未来是我们必须要面对的，因而我们必须要以一种相对清楚明白的方式为未来作准备。我们都有自身的问题，而我们的存在或多或少都会牵涉到这些问题之中。完整的社会与局部的群体之间是相互联系的，它们相互支持，或许也会消失或崩溃。无论清楚与否，他们都是知道这一点的。

　　从来都不存在一种人类的"实体性"，无论是社会学的、心理学的、社会心理学的、意识形态的、经济学的还是政治学的人类实质性都不存在。"实体"的本体论范畴正在从我们的视野中消失。群体的秘密，群体的不透明与含糊不清，也就是那些促使实体这个幻象产生的东西，都是由在面对其他群体的时候，在思考是挖壕沟还是进攻作战，是撤退还是前进，是鼓起勇气还是畏缩不前这些问题的时候所产生的焦虑或大胆思考可能的选择所构成的。人类群体看到了——或者选择不去看——这些"条件"所造成的结果。这些人类群体的自发性与生命力在他们的表象（如符号、标准、模式、形象等等）中被反映出来，或者是被意识形态的表现方法所构建出来的。然而，真正反映并构建理念的是人类个体，是个体定义了态度，并且使行为的模式清晰化了。个体向他们所从属的群体展示出可能的形象以及不可能的形象。是个体在进行计数和计算；个体是（群体的）发言人，是代表，是（群体）"选择"出来的代表：举例来说，家庭中的负责人、工会领袖、乡绅、城市管理者、派对组织者以及政治家就是这样的个体。这里不存在什么实体，只有具体的人、行为、关系以及（个人的或共同的）意识。一开始，先作出某种行为；到了最后，这种行为得到确认（尽管关于行动、行为或是经验这样的经典概念并没能消灭实践这个概念）。每一个人的人生都是一个过程，或者说是一个通向可能性的过程，是可能性开放或关闭的过程，是一种计算以及以偶然事件和"其他人"的介入为基础作出的选择。

　　在日常生活含糊不清的表象之下，我们对于日常生活的批判性研究将会为我们揭示出在作为一个整体的社会中存在的部分群体（例如女性，年轻人，知识分子等等）的战略和策略。无论这些战略和策略是明白可见还是被隐藏起来，日常生活批判都能探测出这些战略和策略及其表达自身的方式。对于日常生活的批判性研究将会帮助我们把握群体之间的关系,而正是群体之间的关系使得群体之间的联系变得模糊不清,或者说使得群体之间即使存在误解、战略性的调遣、误导、策略性的开放以及冒险,也变得相互可以进入。

当群体被孤立起来的时候,他们就会退化;他们不再"通过行为"而存在。持续的存在自身就隐含着行为与斗争,因此,也就隐含着关系。只有当群体和个体走向衰落的时候,斗争才会停止。当群体退化的时候,群体会分裂为一些零散的元素,一些小群体或是个人。日常生活转为了平凡琐碎的小事。而在策略占据支配地位的时刻,就是伟大的历史事件发生的时刻,即革命性的混乱发生的时刻。策略为群体以及生命力赋予了意义。"感觉"——方向感,定位,表达,目标——对于一个专家,用哲学来说明就是一个哲学家,对他来说不是令人感到舒服的思辨性的实体。感觉就是刺激。感觉是由策略——也就是群体的策略——所构成的。群体的策略创造出了感觉。

因此,日常生活世界的"现实"层面,也就是战略的层面,这个层面位于以下两个层面之间:在第一个层面内不存在行为,在这个层面内,现实是停滞不前的,是凝固不变的,并且平凡琐碎的小事占据了支配的地位;第二个层面是决定、刺激、历史、策略以及凸显的层面。

在这里,我们再一次重复了我们之前提出过的观点,但这一次我们采用了不同的视角。然而,我们不能从字面上来理解这些观点。由于日常生活是一种必定会被批判所改变、所质疑并且可以发出挑战的现实,我们必须要在战略的层面,在关于力量及其关系的层面,以及在策略和怀疑的层面上对日常生活进行观察。日常生活的转变发生在事件、策略一级历史性的时刻这一层面之上。因此,我们不会将一个统计的层面应用于日常生活以及我们对于日常生活的研究。如果是这样的话,我们或者会向下被拖入到琐碎小事之中去,或者向上被拉到(在法律所规定的意义上的)真实性中去。

因此,我们将会试着发掘出,我们所检验的每一个群体是如何回应其他的群体的"刺激"(例如挑战、建议、挑衅、威胁、要求和进攻)的,并探索出我们所研究的群体是如何解决战略性的问题。等我们移动到了策略的层面之后,我们将会试图发掘出,群体是如何将他们的伙伴或对手获得最大利润的机会最小化——或者反过来说,他们是如何将自身获得的最小利润最大化。① 在一系列偶然的、不受限制的问题之中(这些问题的答案就是"是或否",在日常生活的对话中,大多数问题都属于这种问题),是这第二种策略制造出了最大数量的正确答案。另一方面,最小化策略将会决定伪装、撤退、否认以及误解这些战略,这些战略在日常生活中会表现得非常明显。

　　知识自身也有自己的战略:认知,使得事物可以被认知,以及使得日常生活被看成是知识的对象。知识拥有自己的战略:这就是知识通过展示出将日常生活中真实的以及可能的事物之间的距离拉近的可能性,通过资助(相对来说是)较为高级的事物以及提升(相对来说是)较为低级的事物,来导致日常生活的退化,并且无限地将其还原,还有就是通过提供最大数量的选择来促使日常生活发生变形。这种策略包括对于哲学的使用,与此同时,从哲学的根基出发对其进行推进,还有就是使哲学作为一种对于日常生活之中的人类关系的清晰预见而得以实现。这种完全相同的策略包括为使科学拥有成为一种普遍策略(即政治策略)的一个要素的权利而进行的斗争。

　　我们必须将关于赌注的理论(这种理论最早来源于帕斯卡)以及关于策略的理论区分开来。个体可以赌博,也可以下赌注。一个群体永远不会意识到它正在拿自己的未来赌博,或者说,一个群体永远不会意识到它正在下赌注并且面临着风险。只有对于处在这个群体之外的、"站在远处的"旁观者来说,这个群体的活动看起来才好像是一种赌注。一个群体只有为了获利才会进入一种活动,并且一个群体只有在有了获胜的把握之后才会从事这项活动。我们将这种获胜的把握称之为"自信心"。自信心是"怀疑"的对立面,是一个敢于"挑战"其他群体的态度。只有领导者才会认识到风险——例如失败与成功的几率——的存在,并且通常来

---

　　① 这是参照巴耶斯(Bayes)关于策略的理论。可参阅克洛德·弗拉芒(Claude Flament):《关于知觉判断的社会影响的策略模型》(Modèle stratégique d'influence sociale sur les jugements perceptifs),载《法国心理学》1959 年 4 月,它与其说是一种社会学研究还不如说是一种心理学研究。

说,领导者会对风险守口如瓶;群体对于他们所定下的目标所具有的"自信心",同时也是他们对于领导者的"自信心",而群体的这种自信心是领导者努力保护使之不受破坏的东西。在这里,意识形态扮演着一个模糊不清的角色,或者说,是意识形态培养出了模糊性。意识形态既是一种幻象,又是一种兴奋剂,它产生出的陈述就是对于"他者"的轻视,以及对于自我的过度赞扬。一个共同的单位在进行一场赌博,但他们并不知道他们正在赌博。举例来说,如果一队士兵可以清晰地看出自己在一场赌博中的命运是被打败,那么他们在上战场的时候必定已经意识消沉,并且离战败只差半步了。只有领导者才能获得确切的信息,并且将信息作为命令传达下去。只有领导者才能对机遇和风险进行评估。只有领导者才知道他正在进行一场赌博,只有他才能知道他下了很大的赌注,并且只有他才处在刺激的核心。这是"领导能力"与意识形态当中最为困难的因素之一。通过隐藏失败的可能性来提升士气的做法增加了成功的几率。领导者承担所有的责任,包括承担错误的解释、错误的理解的责任,甚至还包括制造意识形态的谎言的责任,以及消灭掌握过多信息的个体的责任。人们在日常生活中行动的方式就像他们在危机的时刻中行动的方式一样,都是以马基雅维利式的权谋术的方式来行动。进一步来说,对于善的追求以及对于欲望的满足,无论这种追求和满足是多么的不完整,也必定会招致风险和危险。打赌和下赌注能是少数能够掌握情况的个体在面对偶然性时所具有的特权吗?对于这个问题的回答对于民主来说恐怕不会是振奋人心的,但是,就像马克思和列宁曾经告诉我们的,民主自身就是自相矛盾的,民主就是在矛盾的基础上得以发展的,并且只有当政治这种极端危险的赌博、这种戏剧中的戏剧、这种命运中的命运终结的时候,民主的自相矛盾才会走向终结。

批判不是来源于理论,而是来源于实践。虽然我们十分重视群体的策略和战略,但这并不意味着我们就崇拜这些策略和战略。只有当我们将这些策略和战略形式化以后,它们才倾向于变成崇拜物,因为形式化将会使这些策略和战略转变为一种更高的科学研究的对象。

关于命运的传统观点在传统文化(或者说经典文化)中得到了详尽的阐释,这种关于命运的传统观点包含着许多混杂在一起的矛盾因素,而博弈论和策略理论帮助我们进一步澄清了这些矛盾因素。例如,命运这个理念,或者说悲剧这个理念,包含着每一种意图以及每一个计划都会(不可避免地走向)失败的理念。命运这个理念体现着一场博弈,在这场博弈中,所有的赌注都押在英雄注定会失败、英雄会(不可避免地)犯错误,并且错误会导致他走向衰落,而与此同时,英雄的对手(或许是上帝,或许是决定论,也有可能是某种机制)必然会稳操胜券。最后,英雄所作出的行动就是一种所有参与博弈的人都会预料到并且都希望他这样做的理念。无论是从广度还是从深度来看,悲剧都无非是一场赌博。

从这个意义上来说,日常生活中的每一天都既是悲剧与命运留下的残余物,又是悲剧与命运创造出来的产物。人们认识不到那令人窒息的、未被发现的悲剧。命运时时守候在我们的身旁,而深陷命运之中的人们却意识不到命运的存在,或者更确切地说是无法认识命运的存在。大行其道的是策略和战略,而"我们"对此同样一无所知,因为"我们"被困于主体与客体之间:我们深深地陷入一种从未得到彻底解决的模糊性之中,我们成为了行动的对象,但与此同时,我们又是行动的主体。因此,同样也可以说,日常生活中的每一天不是悲剧,而悲剧及其赤裸的遗骸的来源以及命运的空旷场地,被混杂着必然性、偶然性、自由、危险、信心、风险以及安全的无定形的混合体所填满。①

从这个角度来看,一方面,日常生活是关于人类生活组织的一种经验形态,另一方面,日常生活是大量的表现形式,而这种表现形式为人类生活组织进行伪装,将其偶然性与危险性隐藏起来。因此,日常生活给我们留下的印象就是一种"现实":而这种现实中既有不一致性又有固定性,既是脆弱的又有凝聚力,既是严肃的又是无用的,既是深刻的戏剧,又是隐藏在演员面具背后的空虚。

难道有任何一个独特的人类单元(个体和群体)不曾被带到或者说被引导着去了不想去的地方,并且被拖到想去的地方之外吗? 历史与历史性的经验以一种令人困惑的方式对现实产生影响。每一个人类单元都

---

① 对悲剧的界定,可参阅尼采的《悲剧的诞生》以及克莱芒·罗塞(Clément Rosset)的《悲剧哲学》(*Le Philosophie tragique*),巴黎,1961 年。

拥有记忆以及大量的信息——有可能是好的记忆和信息,也有可能是坏的记忆和信息——而这些大量的记忆和信息在日常生活中混杂在一起。虽然人类单元无法看到所有的事,也无法认识所有的事,但是人类单元总能看到并且认识到某些事。如果说人类单元无法认识到自己的命运的话(最重要的主角并不知道他们自己是主角,因为策略之间产生冲突所造成的结果是无法预见的),每一个实体都能感知到被自己所使用的象征符号、语言和格言以及形象和神话中表现出来的或者说是揭示出来的某些事物。这样的事物除了对于未来的担忧、焦虑、象征符号以及记忆之外,还有劳动,对于现实的深刻担忧,财产与满足,普通的快感,以及普通的消遣:或者是当下的,或者是真实的(为了避免使用"现实"这个使人怀疑其具有崇拜物特征的术语,而使用了真实这个词汇)。当下并不一定完全符合与条件或数据的结果,更不可能与可能性完全相符。当下只是条件、数据的结果以及可能性的其中一部分,它多于它们,它也少于它们。

理论已经揭示出游戏在日常生活中以及普遍的社会实践之中的重要性以及渗透性。我们可以明显地看出,游戏有着不同的等级以及不同的维度。有的游戏具有自发性的特征,有的则有一定的规则,还有的游戏讲究战略。虽然有的人并不这么认为,但策略实际上是一种严肃的游戏。并且还有其他的游戏,例如,有的游戏对于自身茫然无知(举一个极端的例子:通过命运而实现的异化以及悲剧);还有客观的游戏,这种游戏愿意承担风险(举一个极端的例子:在日常生活的情境之外进行探险);以及主观的游戏,这种游戏具有正式的规则(举一个极端的例子:举止轻率)。存在着许多各不相同、但却不能截然分开的方式和舞台来上演偶然性,并且限制、控制偶然性的自由度。

正是从这个意义上来说,游戏是日常生活以及实践中的一个(经常被伪装起来并且被误解的)维度。游戏自身包含着许多不同的等级和维度,这些等级和维度取决于游戏是怎样直接地并且是有意识地与偶然性联系在一起。游戏可以成为我们面对日常生活的变形的起始点吗?

二、微观与宏观

"微观"与"宏观"之间的差别在大多数科学中都有所体现,并且与此同时,在等级这个理念中,也表现出了微观与宏观之间的差别。微观与宏观之间的差别最早来源于数学,当黎曼(Riemann)意识到大型空间与小型空间相比具有不同的性质时,微观与宏观之间的差别就诞生了。在这之后,物理学家也运用了微观与宏观之间的差别(举例来说,物理学家指出了微观现象与宏观规模之间的差别),然后,社会学家、地理学家以及经济学家等等都开始运用微观与宏观之间的差别。

在每一个领域中,尤其是在我们的研究领域中,"微观"与"宏观"看起来似乎是可以相互还原的。我们作出以上结论的时候一定要小心,因为这可能隐含着严重的后果:在摒弃了将行为(在这里,我们指的是社会群体的行为)转化为质料的亚里士多德主义认识论之后,我们又摒弃了笛卡儿主义认识论,笛卡儿主义认识论用简单来构建复杂,并且认为在过程符合逻辑规则的条件下,只要进行详尽的分析,就有可能实现整体的综合。

在日常生活之中,从微观社会学的层面来看,一个人与另一个人之间不经过媒介而发生的关系(他们之间可能有着血缘关系,或者他们是邻居,也有可能是别的什么偶然的社会关系)被直接的依赖性与敌对性的联系复杂化了(以夫妻、父子以及老板与雇员之间的关系为例),并且伴随着同样直接的反抗。从宏观社会学的层面来看,这些没有媒介的联系与从属关系是在古代社会中(占支配地位)的关系(血缘关系和地缘关系)或封建社会中的关系(隶属关系和家臣身份)延续至今的遗留物。在这个"宏观"的层面上,以下所说的这些关系是要经过媒介的,这些关系要经由"事物"这个媒介才能发生——被物化的东西和使之物化的东西,使之异化的东西与被异化的东西:这样的"事物"包括商品、货币和语言。

因此,"微观"的层面是意义不明确的,而"宏观"的层面是抽象的,然而,没过多久,我们就根据我们的需要将以上叙述颠倒过来了。如果说"微观"的层面是意义不明确的,那么微观层面也同样是这样一个层面,即在这个层面上,关于真实性的问题具有某种意义:或者是在自发性中,亦或是在真理之中,不经过媒介的东西就是真实可靠的;至少,我们是这样认为的,并且我们提出了这样的要求。如果说"宏观"的层面是抽象的,那么宏观层面也同样在一个严格的意义上是存在于当下。我们有必要强调一个悖论。由于"微观"的层面是意义不明确的,因此我们可以指责微观层面是错误的。然而,只有"微观"层面才能通过对于关系的相互确认而变得真实可靠,或者换句话说是变得清晰可见。而表面上看起来,并且事实上也确实是非常"真实"的"宏观"层面,同时也是充斥着错误和盲目崇拜的领域。然而,如果我们想要证实"微观"层面的真实可靠性,就必须首先改变"宏观"。

因此,"宏观"和"微观"这两个层面之间存在着距离,或者说存在着鸿沟。任何试图通过对有限的群体进行研究而将社会科学微观化的努力最终都会遇到上述阻碍。分析理性是将复合体还原为基本要素,将复杂还原为简单,而"宏观"和"微观"这两个层面之间的鸿沟正是分析理性的障碍。"微观"层面与"宏观"层面一样复杂,但是它们复杂的方式各不相同。再说,反过来的程序就是试图通过"宏观"来把握"微观"的做法,这种做法会导致某种难以支持并且非常危险的社会学,即一种完全用整体来定义日常生活的社会学。

"宏观"和"微观"层面之间虽然存在着间距和鸿沟,但这并不意味着容许我们把其中的一个层面与另一个层面二分开来,更不允许我们"忽视"(scotomize)其中的某一个层面。[①] 不可还原性并不等同于截然分立。在"宏观"层面和"微观"层面之间,存在着多种多样的关系、对应性以及同源性。"宏观"和"微观"这两个层面都对由它们组成,并且包围着它们的社会有所"反映"。因此,家庭生活(或者说私人生活)与作为一个整体的社会之间的对应性几乎可以说是自明的。社会作为一个整体而活动,社会也因其是一个整体而明显可见,并且通过既是生物的、同时又是社会的直接联系的模糊性而介入(家庭生活),或者,我们或许应该这样说,作为一个整体的社会正是由于这种模糊性才能介入(家庭生活)。家庭内部的矛盾和冲突象征着或者说是反映出作为一个整体的社会(或者是封建社会,或者是资本主义社会,也有可能是社会主义社会),以及社会中的阶级(资产阶级或者是无产阶级)。进一步来说,从某种意义上来讲,直

---

① "scotoma"是指思想上的盲点(英译者注)。"scotomize"为动词形式,可译为"忽视"、"视而不见"。——译者注

接关系所具有的不经过媒介的特征不过是一种海市蜃楼般的幻想罢了。所谓直接的关系其实也是经由媒介才能发生的：例如，要经由语言或货币等等媒介才能发生。在这些直接关系的层面上，不经由媒介的东西既是一种重建，也是一种组成成分。对于他人的感知也同样隐含着一个由媒介组成的网络，而正是这种由媒介组成的网络决定并限制着我们对于他人的感知。表面上看起来，"宏观"层面似乎是"微观"层面与整体结合在一起的这样一个层面，"宏观"层面似乎也是一个过程，而这个过程没有为边缘化的、异常的，或者说是"不正常"的因素留下任何空间。但是，实际上，"宏观"并不能决定"微观"。"宏观"只是包围着"微观"；"宏观"控制着"微观"；"宏观"渗透在"微观"之中，并且强行为"微观"制定规则，而"宏观"强加于"微观"之上的这些规则，从其自身的深度和有效性来看，有着不同的等级：这些规则包括行为的标准以及行动的模式，模范人物和角色身份等等。"宏观"通过使用并滥用"微观"的局限性而压制着"微观"。

（"宏观"与"微观"之间的）这些关系是辩证的吗？或者换一种问法，这些关系是相互矛盾的、多价性的、易变的以及多重形式的吗？毫无疑问，答案是肯定的。一方面，"宏观"竭尽全力（但却是通过拥有特权的个人的行为，即领导者的行为）去包含、吸收并且重新吸收"微观"。尽管"宏观"具有模糊性，但话说回来，或许正是因为"宏观"具有模糊性，"微观"才会对其进行反抗。社会的、文化的东西从来没能重新吸收生物物理学的、不经过媒介的，或者说是自然的东西。被实践合理地控制着的领域从来没能消灭不受控制的领域，即自发性与激情的领域。一旦当"宏观"被分割开来，它就会衰退、萎缩：当没有东西需要媒介去充当媒介的时候，当不再需要交流的手段去进行交流的时候，"宏观"就走向了衰退。一旦当"宏观"被孤立起来，它就会陷入非理性以及无意义之中。

当自发性与直接性不受法律控制的时候，自发性与直接性就会失去方向。反过来，如果没有自发性，法律和标准就与死亡相类似了。正是在"微观"的层面上，生命才拥有权力，并且自发性才能注入到实践和文化当中去；"微观"是社会的生命根基。然而，只有在"宏观"的层面上才能够作出消除模糊性的决定，只有在"宏观"的层面上才能够组织社会劳动的分工,只有在"宏观"的层面上才能够制定出标准并树立起榜样的形象。

"微观"层面的存在隐含并假设社会空间之中存在邻居般的关系(或者说偶然的关系)。(在这种邻居般的关系之中)微观的因素是独立存在的,但却不是截然分离的,这些微观因素的不同层面和侧面之间是相互联系着的。事实上,虽然这些微观的因素是相互独立的,但这并不能掩盖它们之间的同源性、对应性以及相似性。在社会空间之中,家庭、村庄、城市以及商业生活共同存在着,并且它们的"内在性"是相互联系着的。从连续性的角度来看,正是这些社会空间之中的关系导致了象征和数字形式化(例如拓扑学、转换以及群体)的产生。从非连续性的角度来看,也是这些社会空间之中的关系导致了象征和形式化(例如网络和图像)的产生。

树这个形象是邻居关系以及在一个更大的单元中的内在邻近性的最佳象征。细小的树枝是从更大的树枝上长出来的,而更大的树枝又是从树干上长出来的;树干和更大的树枝都会长出分支,而分支制造出的是距离,但却不是截然分离。在分支的末端,树叶肩并肩地生长着,它们只能通过树枝以及树干才能相互联系,也就是说,它们只能通过作为一个整体的树才能相互联系。

由此可见,相互独立、但却不是截然分离的单元之间的相互联系,可以在适合于严格的形式化的形象以及标准之中表现出来。这就是思考与调查的模式,思考与调查一方面运用形象和想象力,另一方面则运用数学研究。① 因此,如果将树这个形象转换成社会的话,就不仅仅是一个物理实体了;它(社会这棵树)超越了象征,并且是象征之外的某种东西。它是一种与具体有着原初联系的形式化工具。那么,它究竟是一种形式,还是一种结构呢? 让我们先暂时搁置这个问题。树在长出分支的时候并没

---

① 不可能否认对于这些形式或这些结构体系的社会科学的理论兴趣,这些形式或这些结构体系最初以物性的方式表现出来:圆圈和循环,螺旋,周期性现象,树,网络系统。在对统一性的探求中,这是比系统化的哲学更加有用的一个方向。不过,在我们看来,它们只能看做模型(models),并且只能看做是不减损象征的双重性的模型。模型仅仅是一个象征,并且,它不能耗尽生成过程。

有丧失其内聚力。在树生长的过程中,它保持着一种特别的,并且是颇具特征的外形。它象征着许多重要的观念——分支、分叉、分裂——并且它还象征着一些脆弱的东西,例如断裂以及方向的改变。它既表现出动态,又表现出相对的稳定性;它表现出连贯的生长,但却总是面临威胁。它能够解决质料的性质与社会之中的"连续性与非连续性"、"部分与整体"的问题吗? 从某种意义上来说,毫无疑问,它能够在某种程度上解决上述问题。在任何一个事件之中,它都能够表现出社会的空间与时间,以及邻近与疏远之间的关系。① 然而,作为一个整体的社会还具有某些特别的性质,例如通过货币与商品而实现的异化,而树这个形象无法表现出异化这种特别的性质。并且,树这个形象也不能表现出在社会意识与社会之中的(暂时性的)平衡与自我约束,并且在既定的社会框架之中,这种(暂时性的)平衡与自我约束不是机制造成的结果,而恰恰是象征的媒介所导致的结果。

（摘自于 Lefebvre, Henri, *Critique of Everyday Life—Foundations for a Sociology of The Everyday*, *wolume* 2, London and New York: Verso, 2008. pp. 126 – 142,孟丹译,周凡校。）

---

　① 　因此,我们将在需要理论、交流的社会网络理论(等等)中遇到树的形象。

日常生活世界的实在

[德]阿尔弗雷德·许茨

一、日常生活的自然态度及其实用动机

我们以日常生活世界的分析开始,完全清醒的、成熟的人与其同伴就在日常生活的世界之中活动并影响这个世界,他在自然态度之中将日常生活的世界当做一种实在来经验。

"日常生活的世界"应该意味着主体间性的世界,它在我们出生之前很久就存在,由他人、我们的祖先当做一个已组织好了的世界来经验并加以解释。现在它对我们的经验与解释是给定的。对这个世界的所有解释都建立在对此世界以前的某种经验储备的基础之上,建立在我们自己的经验储备以及由我们的父母和老师传授给我们的经验储备的基础之上,这些经验储备以"现有的知识"的形式作为某种参考方案而起作用。

属于我们这种现有的经验储备的知识的是:我们所居住的这个世界是一个非常受限制并且具有明确属性的对象的世界,我们在这些对象之中运动,它们抵制我们,我们也可以影响它们。对自然态度来说,这个世界绝非仅仅是有色的点、不连贯的杂音、温暖和寒冷的各个中心构成的一个集合。对我们经验构造的哲学的或心理学的分析,可以在以后从回顾的角度描述这个世界的各种成分如何影响我们的感官,我们如何以某种不确定的和含混的方式被动地感知它们,我们的心灵如何凭借主动的统

觉从这个感知的领域中挑选出某些特征,并将其设想为对应某种或多或少没有明确说明的背景或视域而凸显出来的得到很好描述的某物。自然态度并不知道这些问题,对于这种态度来说,这个世界从一开始就不是单个个体的私人的世界,而是一个对我们所有人都是共同的主体间性的世界,在此世界中,我们并非具有一种理论的兴趣,而是具有突出的实践的兴趣。日常生活的世界既是我们行动和互动的舞台,也是我们行动和互动的对象。为了在这个世界里、在我们的同伴之中实现我们所追求的意图,我们不得不支配这个世界,不得不改变这个世界。我们不仅在此世界里工作和操作,而且还影响这个世界。可以说,我们身体的运动——动觉的、运动的、操作的——都与世界相连,在校正或改变它的对象及其相互关系。另一方面,这些对象也对我们的行为提供阻力,我们或者不得不克服这种阻力,或者不得不向其屈服。因而,可以正确地说,一种实用的动机支配着我们对于日常生活世界的自然态度。世界,在此意义上,是我们凭借行动不得不校正的某种东西,或是校正我们的行动的某种东西。

二、外部世界中人的自发生活的各种表现及其一些形式

但是,我们对刚刚使用的"行动"一词必须作何理解?自然态度的人如何在世界之中经验他自己的"行动",并影响这个世界?显而易见,"行动"是人的自发生活的各种表现。但是他既不把所有这些表现经验为行动,也不把他的所有行动经验为在外部世界中正在造成的变化。不幸的是,所有这些经验的不同形式在目前的哲学思想中并非清晰可辨,因而,并没有任何普遍接受的术语存在。

我们向现代行为主义以及它对公开的行为与隐藏的行为之间的区分寻找帮助也将是徒劳无益的,对于这种行为主义来说,第三范畴,即次级公开行为的范畴,有时得以补充进来,以便为了描述言语行为中自发性行为的表现特征。在这里批评这种行为主义观点的基本错误或讨论刚刚提到的这种三分法的不适当和不一致并非我们的目的。我们的目的是足以表明:对自发性行为的这种行为主义解释对我们所关心的问题并没有任何帮助,即自发性行为的不同形式由产生它们的心灵如何来经验。行为主义充其量是一种对他人的行为的观察者有用的参考方案。他,并且只

有他,可以在诸如刺激－反应,或有机体－环境的有关的参考方案之下对考虑人或动物的活动感兴趣,并且唯有从他的观点来看,这些范畴才是完全可及的。然而,我们的问题并非是人作为一个心理生理的单元会想到什么,而是面对这些事件他所采取的态度——简言之,人赋予其自发生活的某些经验的主观意义。客观地呈现给观察者的同一行为对于行为主体来说,可能具有非常不同意义,或者根本没有意义。

意义,正如在其他地方已表明的①,并非是发生在我们意识流中的某些经验的固有属性,而是以一种反思的态度从当前的现在来看某个过去经验的解释的结果。只要我生活在我的行为之中,直接面对这些行为的对象,这些行为就并不会有任何意义。只有我将它们当做过去的受到充分限定的经验,因而以回顾的方式来理解它们的时候,它们才成为有意义的。因而,唯有那些不具有现实性而能够得以回忆起来,并且能够对其构成加以质疑的经验才是主观上有意义的。

但是,如果接受了意义特征的这种描述,则还有在主观上根本没有意义的有关我的自发生活的任何经验吗?我们认为回答是肯定的。存在纯粹的生理反应,诸如膝跳、瞳孔的收缩、眨眼睛、脸红;而且,还存在由莱布尼兹称为觉察不到的和含混的微小感觉的波动所引起的某些被动反应;此外,还有我的步态、我的面部表情、我的心境,导致可以进行笔迹学解释的我的某些笔迹特征的有关我的自发生活的那些表现,等等。所有这些不自觉的自发性行为方式在其发生之时得以经验,但是在记忆中没有留下任何痕迹;它们是如此之经验,再从莱布尼兹那里借用一个术语,对此独特的问题是最合适不过了:感觉而非统觉。由于它们来源于边缘经验中不稳定的和不可分开的经验,因而,对这些经验既不能加以描述,也不能加以回忆。它们属于**本质上实际经验**的范畴,即它们只存在于正在经验的现实当中,而不能凭借一种反思的态度来加以领会。②

---

① A. 许茨:《社会世界的现象学》,维也纳 1960 年版,第 29～43 页,第 72～93 页。

② 关于"反思态度",马文·法伯,在《现象学基础》,剑桥,1943 年,第 523 页以下;还有第 378 页以下。此外,多瑞恩·凯恩斯:"现象学"载《纪念爱德蒙德·胡塞尔的哲学论文集》由马文·法伯编辑,剑桥,1940 年,第 8 页;然而,"本质上实际上经验"的概念,不能在胡塞尔的著作中发现。胡塞尔的观点是,原则上,第一个行为都由于反思来领会。

发源于我们自发生活的主观上有意义的经验应该被称做**行为**（conduct）。［我们避免使用"举止"（behavior）一词是因为它在目前的使用中还包涵了在主观上没有意义的自发性行为表现，诸如反应。］"行为"一词——这里被使用——是指所有各种主观上有意义的自发性行为的经验，不管它们是内在生活的经验，还是连接外部世界的经验。如果人们允许在对主观经验的描述中使用客观的术语——并且经过前面的澄清之后，误解的危险不再存在——我们可以说，行为可以是公开的或隐蔽的。前者应该被称做**纯粹的作为**，后者应被称做**纯粹的思考**。然而，这里所使用的"行为"一词并非意味着对意图的任何所指。所有各种所谓的内在生活或外在生活的无意识的活动——习惯性的活动、传统的活动、情感的活动——都落入这一类，由莱布尼兹称做"经验性行为的类型"。

应该把经过提前设计的行为，即以一种预先设想的计划为基础的行为，称为**行动**（action），不管它是公开的还是隐蔽的。关于后者，不得不加以区分是否有伴随计划而出现要实现它的意图——将其贯彻下去，会造成已设计的事态的意图。这样一种意图将纯粹的预谋变成了一个目的，将计划变成了一个意图。如果缺少将其实现的意图，则这种已设计的隐蔽的行动就成为一种幻觉，诸如一个白日梦；如果存在这种将其实现的意图，则我们可以谈到一种有意图的行动或一种**执行**。有关一个隐蔽的行动是一种执行的例子是已设计的思想的进行过程，正如在精神上要解决一项科学问题的尝试。

说到所谓的公开的行动，即由身体运动连接到外部世界的行动，在没有实现意图的行动与那些具有实现意图的行动之间的区分并非是必要的。任何公开的行动在我们界定的意义之范围内都是一种执行。为了将纯粹思考的（隐蔽的）执行从那些（公开的）需要的身体运动区分开，我们应该称后者为**工作**。

工作则是外部世界的行动，它以一种计划为基础，并且以具有凭借身体运动而造成已经计划的事态的意图为特征。在所有自发性行为的已经描述形式中，工作的形式对于日常生活世界的实在的构造来说是最重要的一个。正如我们不久将要表明的，完全清醒的自我在其工作中，并且凭借其工作将现在、过去和未来结合成一种特定的时间维度；在其工作行为中,它作为一个整体而实现自身;它通过工作行为而与他人沟通;它通过工作行为将日常生活的世界不同的空间视角组织起来。但是在我们能够转向这些问题之前,我们必须解释一下刚刚使用的"完全清醒的自我"一词的意义。

三、意识的张力与注意生活

柏格森哲学的核心观点之一是他的以下理论:我们的意识生活显示为无数的不同的平面,从行动的平面的一极向梦的平面的另一极延伸。这些平面中的每一个都以某种特定的意识张力为特征,行动的平面显现为意识张力的程度最高,梦的平面显现为意识张力的程度最低。根据柏格森的观点,我们意识张力的这些不同程度是由于我们生活中变化的兴趣而起的作用,行动代表了我们符合实在及其要求的最高兴趣,梦则是完全缺乏兴趣。因而,attention a la vie,注意生活是我们意识生活的基本调节原则。它界定了与我们有关联的世界的领域;它连接我们那不断流动的思想之流;它决定我们记忆的广度和功能;它使我们——用我们的语言——或者生活在直接针对其对象的我们现在的经验之中,或者以一种反思的态度回到我们过去的经验中寻找意义。①

凭借使用"**完全清醒**"一词,我们打算要意指一种起源于完全注意生活及其需要的态度的最高张力的意识平面。唯有这种执行特别是工作的自我才是完全对生活感兴趣,因而是完全清醒的。它存在于其行为当中,它的注意专门指向将其计划付诸实施,指向执行其计划。这种注意是一种主动的,而非被动的注意。被动的注意是完全清醒的反面。例如,在被动注意中,我经验无法辨别的微小感觉的波动,这些感觉,正如前面所述,

① 上述表述并没有严格遵照柏格森的术语,而希望充分地提出他重要的思想。这里选择了其著作中对我们的问题有重要意义的一些部分:《论意识的直接材料》,巴黎,1889年,第20页以下;第94~106页;《材料与记忆》,巴黎,1897年,第189~195页;第224~233页;《论梦》(1901)[载《精神的力量》,巴黎,1919年,第108~111页];《理智的努力》(1902年)[同上,第164~171页];"形而上学导论",[载《思维与运动》,巴黎,1934年,第233~238页];《现在的记忆与错误的认识》(1908年)[载《精神的力量》,第129~137页];《意识与生命》(1911年)[同上,第15~18页];《变化的感觉》(1911年)[载《思维与运动》,第171~175页;第190~193页];《活人的幻想》与《心理探索》(1913年)[载《精神的力量》第80~84页];《问题的地位》(1922年)[载《思维与运动》第91页以下]。

是本质上的实际经验,而非有意义的自发性行为的表现。有意义的自发性行为可以由莱布尼兹定义为:达到其他感觉,并且总是达到其他感觉的努力。在其最低的形式中,它导致将其转化为统觉的某些感觉的分界,在其最高形式中,它导致连接外部世界并校正它的工作的执行。

完全清醒的概念为我们认知生活的一种合法的①实用主义解释提供了出发点。工作自我的这种完全清醒的状态描绘出世界中与我们在实用角度上是相关的那部分的轮廓,而且这些关联决定了我们思想之流的形式与内容:决定形式,是因为它们控制我们的记忆的张力,以此控制我们过去回忆的经验和我们未来预期的经验的范围;决定内容,是因为所有这些经验都通过预想的计划及其实施而经历了特定的注意力的校正。这使我们立即进入工作的自我经验自身的行为的时间维度的分析。

四、"生动的自我"的时间视角及其统一

我们通过进行某种区分开始,这种区分指涉一般的行动,即在一方面作为某个正在进行过程中的处于进展中(actio)的行动和另一方面作为已完成的行为,作为已经做成的事情(actum)的行动之间区分隐蔽的和公开的行动。当我生活于正在进行的行动中时,我直接面对由这种行动所造成的事态。但是,那时我没有考虑这种行动正在进行过程中我的经验。为了考虑它们,我不得不以一种反思的态度回头转向我的行动。正如杜威曾经描述过的,我不得不停下来思考。如果我采取了这种反思的态度,而我所能领会的就不是进行中的行动了。我唯独能领会的是我已经完成的行为(我过去的行动),或者如果我的行动仍在继续而我转向(我现在行动)的那些已完成的最初阶段。而当我生活在我进行中的行动时,它只是我的生动的现在的一个成分。现在,这种当前已经转变成过去,我进行中的行动的生动经验已让位于我对已做行为的反思或对正在完成的行动的滞留。从我采取这种反思的态度的实际的现在来看,我的过去或现在完成的行动唯有凭借我已完成的行为才是可想象的。

①　除了极少例外,普通的实用主义并不考虑包含在生动的自我或匠人的概念中(大多数作者将其作为一种给定之物而开始)的意识生活的构成问题。因而,在很大程度上,实用主义只是对日常生活的工作世界的人的态度的一种常识的描述,而非研究如此环境的前提的一种哲学。

因而,我可以或者生活在我的行动的不断进行过程中,直接面对其对象,以及我在现在时态中(modo presenti)行动的经验,或者比方说,我可以迈出那不断进行之流而从过去时或过去完成时(modo praeterito)以一种反思的眼光来看以前的行动过程中那些已完成的行为。这并非意味着——根据前面的部分所述——唯有已完成的行为才是意义的,而不是正在进行中的行动。我们必须要牢记的是,通过下定义,行动总是以一种预想的计划为基础,正是这种对以前计划的指向才使这些行动和行为都成为有意义的。

但是,一个已经计划的行动的时间结构是什么?正如杜威指出的,当我在计划我的行动时,我正在想象中排演我的未来行动。这意味着我预期我的未来行动的结果。我在我的想象中将这种预期的行动视为将要做完的某件事情,由我将要完成的行动。在计划中,我以将来完成时来看待我的行为,我通过将来完成时来思考它。但是这些预期是空的,可能由曾经完成的行动来实现,也可能不会实现。然而,过去或现在完成的行为表明没有如此这些空的预期。计划中空的预期已经得以实现或者没有实现。没有什么留下尚未解决,也没有什么未被决定。当然,我可能记得包含在计划的行为中开放的预期,甚至是伴随我生活在我的行动的不断进行过程中的那些延展。但是现在,以回顾的方式,我依据我过去的已经实现或没有实现的预期而记得它们。因而,唯有已完成的行为,而绝非在进行中的行动能作为某种成功或失败的结果。

到目前为止,我们所陈述的对所有各种行动都有效。但是现在,我们必须转向作为外部世界中身体执行的独特的工作结构。柏格森的还有胡塞尔的研究都强调了我们的身体运动对外部世界构造及其时间视角的重要性。我们同时在两个不同的平面上经验我们的身体运动:因为它们是外部世界的运动,所以我们将其视为发生在空间以及空间化的时间中依据穿过的路径而可以测量的事件;因为它们与来自于内部当做正在发生的变化,当做从属我们的意识流的自发性行为的表现一起得以经验,所以它们参与了我们的内在时间或**绵延**。在外部世界中发生的事件与在没有生命的自然发生的事件属于同一时间维度。它由合适的工具来加以记录,并且由我们的记时计来加以测量。它是空间化的同质的时间,这是客观时间或宇宙时间的普遍形式。另一方面,它是内在时间或**绵延**,我们的实际经验在其中凭借回忆和滞留与过去相联系,凭借延展和预期与未来相联系。在我们的身体运动之中,并且凭借我们的身体运动,我们进行从我们的绵延到空间或宇宙时间的转变,我们的工作行动参与这两个过程。在同时发生之中,我们将工作行动经验为在外部时间和内在时间中的一系列事件,将这两个维度统一为应该被称为**生动的现在**的单一之流。因而,这种生动的现在起源于**绵延**与宇宙时间的一个交叉点。

生活在不断进行的工作行为中生动的现在,直接指向对象及其将要造成的目标,工作自我将自身经验为不断进行的行动的发起者,因而也经验为一个不可分割的整体自我。它从内部经验身体运动;它生活在有关联的本质上实际经验之中,这种经验是回忆和反思所不可及的。它的世界是一个开放预期的世界。工作自我,并且唯有工作自我,**用现在时**经验这一切,并且将自身经验为这个不断进行工作的发起者,它作为一个整体而意识到自身。

但是,如果自我以一种反思的态度回过头来看已完成的工作行为,并且**以现在完成时**来看待它们,则这一整体就瓦解了。完成过去行为的自我不再是这个不可分割的整体自我,而是一个部分自我,指向属于它的一系列相关行为的这个独特的行为的执行者。这个部分自我仅仅是一个角色的承担者,或——詹姆斯和米德引入到文献中的并在所有必要的保留的意义上使用的一个相当模棱两可的词——一个客我。

我们这里不能进入此处所包含的困难含义的某种详尽的讨论之中。这将需要某种主张,和对米德处理这些问题相当不完全和不连贯的尝试的批评。我们将自身限定在让人们注意到米德在行动自我的整体,他称为"主我"与完成的行为的部分自我,角色的承担者,他称为"客我的"之间所做的区分上。到目前为止,在此论文中提出的论点与米德的分析集中起来。此外,还赞同米德的以下陈述:唯有在"主我"已经完成行为之后,因而作为客我的部分在经验上显现之后,即,客我显现在我们记忆中的经验时,"主我"才进入经验之中。[①]

对我们的目的来说,我们的身体运动的内在经验,本质上的实际经验以及开放的预期都是反思的态度所无法领会的,这种单纯的思考充分清晰地表明,过去的自我绝不会超出在其不断进行的工作经验中实现自我的整体的某个方面。

我们不得不增加一个有关在公开的工作与隐蔽的执行之间进行区分的观点。在纯粹执行的例子中,例如在精神上解决一道数学题的尝试,如果结果没有实现我的预期,并且我对其结论不满意,则我能取消这整个的精神操作的过程,而重新开始。在外部世界中什么也没有改变,将不会留下任何的已经取消的过程的痕迹。在此意义上,纯粹精神上的行动是可以挽回的。然而,工作是无法挽回的。我的工作已经改变了外部世界。充其量,人可以通过相反的运动而恢复最初的位置,但是我不能使我已经做完的事情变成没有做的。那是为什么——从道德和法律的观点——我需要对我的行为负责,而不需对我的思想负责的原因。那也是为什么我在外部世界执行这项工作之前,或者至少当生动的现在正在执行,因而仍对校正开放之时,我仅仅对于内心中已计划的工作,有多种可能性选择的自由的原因。依据过去,没有任何选择的可能性。由于已经实现了我的工作,或至少部分实现了,因而我一劳永逸地选择了已经做完的东西,而现在必须忍受其结果。我不能选择我想要已经做过的东西。

到目前为止,我们的分析已经涉及了在单一个体的孤立的意识流之中的行动的时间结构——并且作为一种必然结果,也涉及了自我的时间结构——似乎自然态度中的完全清醒的人能被看做与其同伴分开来考

---

① 参见 G. H. 米德在《心灵、自我与社会》芝加哥,1934 年,第 173～175 页,第 196～198 页,第 203 页;"自我的起源"在《现在的哲学》之中重印,芝加哥,1932 年,第 176～195 页,特别参见第 184 页以下;"心理学必须预设什么社会对象?"载《哲学杂志》,第 VIII 卷,1910 年,第 174～180 页;"社会自我",载《哲学杂志》,第 X 卷,1913 年,第 374～380 页。也可参见阿尔弗雷德·斯坦福·克莱顿论述米德的出色著作:"实现的心灵与教育",纽约,1943 年,第 136～141 页,特别参见 137 页。看到行为、自我、记忆、时间与实在之间的关系,无疑是米德的功绩。现在这篇论文的立场当然不会与米德关于自我的社会起源及其诱使他依据刺激－反应解释所有前面提到的现象的已修正的行为主义理论相一致。詹姆斯的《心理学原理》的著名一章(X)中有更多的真理,在那里,不仅能够发现对客我与主我之间区分,而且还能发现对身体运动、记忆与时间感的指涉。

虑。当然,这样一种虚构的抽象只是为了更清晰地阐述所涉及的那些问题而做的。我们现在必须转向工作世界的社会结构。

五、日常生活世界的社会结构

我们前面陈述,我们从一开始就出生于其中的日常生活的世界是一个主体间性的世界。这意味着,一方面这个世界不是我私人的世界,而是一个对我们所有人共同的世界;另一方面在这个世界之中,存在着我通过多重的社会关系与之联系的同伴。我的工作不仅影响无生命的东西,而且影响我的同伴,受他们促使而做事,并且促使他们作出反应。这里如果我们无法进入有关社会关系的结构及其构成的具体讨论,我们可以只是将其作为许多形式之一的例子而提出,即我的已完成的行为可以促使他人反作用,反之亦然。例如,我对他人的询问具有使他回答的意图,而他的回答也由我的问题所引起。这是"社会行动"的许多类型之一。在那种类型中,我的行动的"目的动机"成为伙伴作出反应的"原因动机"。

社会行动包含着沟通,并且任何沟通必然建立在工作行为的基础之上。为了与他人进行沟通,我不得不在外部世界执行公开的行为,这种行为作为我打算要传达的信号而由他人加以解释。手势、言谈、书写等等都建立在身体运动的基础之上。到目前为止,对沟通的行为主义的解释被证明是合理的。而将沟通的媒介,即工作行为与沟通的意义自身相等同就是错误的。

让我们从解释者的观点来检验一下沟通的机制。我可以发现,或者将他人的沟通行为的现成结果看做为对我的解释是给定的,或者我可以参与作为进行中的他的沟通行为的不断进行过程的同时性之中。前者的例子是,如果我必须解释一个由他人竖立的路标,或者由他生产的某个工具。如果我正在听我的伙伴的讲话,就会出现后一种关系。(存在着许多这些基本类型的变体,正如阅读他人的信时,以一种准同时性参与到不断进行的沟通过程之中。)他一字字地、一句句地、一段段地逐步建立起他想要向我表达的想法。当他这样做的时候,我的解释行动也以同样的节奏跟随其沟通行动。我们二者都,我与他,在生动的现在经验着这种不断进行的沟通过程。当沟通者说一段一段话来表达其想法时,他不仅仅经验到了他实际上所说出来的东西;包含延展和预期的某种复杂的机制在其意识流中将他以前讲话的某种成分和将要讲话的某种成分联结成他想要传达的思想统一体。所有这些经验都属于他的内在时间。并且这些经验另一方面是由他造成的在外部世界的空间化时间中他的讲话的事件。简言之,沟通者在其生动的现在作为一种工作而经验这种不断进行的沟通过程。

而我,作为听者,也从我这一方面将我的解释行动作为一种在我生动的现在正在发生的事件来经验,尽管这种解释并非一种工作,而只是在我们界定的意义中的一种正在执行。一方面,我在外部时间经验到了他人正在说话这一事件;另一方面,我将我的解释经验为发生在我的内在时间中由我作为一个整体单位而理解他人想法的目的而相互联系的一系列延展和预期。

现在让我们思考发生在外部世界中的事件——沟通者的讲话——即当其进行时,对他的生动现在和我的生动现在共同的某种成分,因而二者是同时发生的。因而,我参与到他人的沟通建立的进行过程的同时性是一个新的时间维度。当这种过程继续时,他和我,**我们分享着一种共同的生动的现在,我们的**生动的现在,这使他和我可以说:"我们一起经验了这个事件。"因而凭借已建立的我们关系,我们都——他,在对我说,而我,在听他说——生活在我们相互的生动的现在之中,在这种沟通过程并凭借这种沟通过程,目标指向将要实现的想法。**我们是一起变老练的。**

迄今为止,我们对我们关系生动的现在中沟通的分析一直限制在所涉及的时间视角中。我们现在必须将他人的身体运动的特定功能考虑为一个可以作为他人想法的记号而进行解释的表达领域。很清楚,即使是沟通发生在生动的现在,此领域的延伸也可以变化相当大。如果在伙伴之间不仅存在着时间共同体,而且存在空间共同体,则此领域将伸展到其最大值,即社会学家所称为一种面对面的关系的情形。

为了更清晰地说明这一点,让我们继续举说话者和听者的例子,并且分析包含在如此情境中的可以解释的成分。首先是根据词典和在语言中使用的语法而具有的意义说出的字,加上这些词来源于说话者的独特环境中谈话的语境及其伴随发生的含义而接受的额外的边缘意义。此外,还有说话者嗓音的感染力,他的面部表情,伴随其谈话的手势。在正常条件下,根据我们的定义,唯有凭借适当选择的词语来表达的那些思想才由说话者所设计,因而构成"工作"。在可以解释的领域中的其他成分从说话者的观点来看,并没有加以计划,因而至多只是行为(单纯地做事)或仅仅是反应,是不具有主观意义的本质上的实际经验。然而,它们也是听者对他人的心里状态进行解释的不可分割的部分。空间的共同体容许伙伴不仅作为在外部世界中的事件来理解他人的身体表达,而且作为沟通过程自身的某些因素来理解他人的身体表达,尽管它们并非起源于沟通者的工作行为。

在面对面的关系中,每一个伙伴不仅分享另一个人的生动的现在;而且,具有其自发生活的一切表现的他们中的每一人也是他人环境中的一个成分;二者都参与了另一个人的工作行为可以联结的外部世界的一套共同的经验。最后,在面对面的关系中(并且只有在这种关系中),伙伴才能将其同伴的自我视为生动的现在中的一个完整无缺的整体。这具有特殊的重要性,因为正如以前所表明的,我只能用**现在完成时**来看待我自己的自我,并且只能理解作为我过去的这个自我的某个方面,只能将我自己作为某种角色的执行者,作为一个客我来理解。

所有其他多种多样的社会关系都来源于时空共同体中对他人自我整体的最初经验。对"环境"概念的任何理论分析——用于当前的社会科学中的最不清晰的词语之一——将必须从作为日常生活世界的一种基本结构的面对面的关系开始。

这里我们无法进入到这些衍生关系的框架的细节。对我们的目的来说重要的是,作为一个整体的伙伴不可通达他人的自我这些衍生关系的任何一个。他人仅作为一个部分自我,仅作为这些和那些行为的发起者而呈现,我不能在一种生动的现在中共享这些行为。我们关系的这种分享的生动的现在预设了伙伴的共同存在。来源于生动的现在的某种类型的独特的时间视角,都属于每一种类型的衍生的社会关系。存在着某种独特的准现在,在其中我将他人正在沟通的行动解释为纯粹的结果——手写的书信,打印的书——而没有参与到沟通行为正在不断进行的过程之中。还有其他的时间维度,在其中,我与我从未见面的同时代人、或与前人、与后人相联系;还存在历史时间,在其中我将实际的现在经验为过去事件的结果;还有许多更多的时间维度。所有这些时间维度都能参照于生动的现在:我自己实际的或以前的生动的现在,或者我依次在最初的或衍生的生动的现在之中与之相联系的我的同伴实际的或者以前的生动的现在。所有这一切都发生潜在性的或准现实性的不同方式之中,每一种类型都具有时间性减少和增加的其自身形式,以及在一种直接的运动中或"骑士的运动"中跳跃的适当的风格。此外,还有对这些不同视角的重叠和相互渗透的不同形式,存在着凭借从一个向另一个转移和一个向另一个改变的进入活动和不再活动的不同时间视角,以及对其进行综合、合并或孤立、分解的不同类型。由于这些不同的时间视角及其相互关系是多种多样的,因而,它们都起源于绵延和宇宙时间的一个交叉点。

处于自然态度之中我们的社会生活并通过社会生活,这些时间视角被理解为结合成某种单一的假定同质的时间维度,这不仅包含我们每个人在其完全清醒的生活中一切个人的时间维度,而且包含对我们所有人都是共同的时间维度。我们应该称其为城市时间或**标准时间**。它也是宇宙时间和内在时间的交叉点,关于后者,只是内在时间的一个独特方面——在其中,完全清醒的人将其工作行为经验为处于其意识流之中的各种事件。由于标准时间带有宇宙时间的特征,因而它可以由我们的时钟和日历来测量。由于标准时间与我们在其中经验我们的工作行为的内在时间感相一致,如果——并且仅仅是如果——我们是完全清醒的,因而它支配着我们的设计归入其中的计划体系,诸如生活计划,工作计划,休闲计划。由于标准时间对我们所有人都是共同的,因而它使在不同个体计划体系的某种主体间的合作成为可能。因而,对于自然态度而言,城市时间或标准时间在相同的意义上是自然态度之中的日常生活的主体间性的世界的普遍时间结构,在其中,地球是包括我们每一个人空间环境的普遍空间结构。

六、工作的日常世界的实在的层次

自然态度中完全清醒的人首要感兴趣的是,处在他的范围之内的以他自身为时空中心的日常生活世界的那部分。我的身体在世界之中占据着位置,我的实际的这里,是我在空间中确立我的方位的出发点。可以说,它是我的坐标系的中心"原点"。相对于我的身体来说,我将我的周围成分在左与右、前与后、上与下、近与远等范畴下分类。并且以某种相似的方式,我的实际的现在是所有时间视角的起源,处于我实际的现在之下,我将世界之中的事件组织为诸如以前和过后,过去和未来,同时性和连续性等等的范畴。

然而,在定位的基本方案之中,工作世界结构化为实在的不同层次。米德①的重要功绩在于:分析了至少与人的行动、特别是与手头上实际操控的对象有关的物质事物的实在的结构化。他所称之为的"操控领域"构成了实在的核心。这个领域包括既可以看见又可以触摸的那些对象,与不能用接触来经验、但仍处在可见的领域之中的远距离对象截然不同。唯有处于可操控领域之内的物质事物的经验才容许所有实在的基本检验,即阻力,唯有它们界定了米德所称事物的"标准尺寸"的一切东西,它于可操控的领域之外在视觉视角的扭曲中呈现出来。

当然,突出操控领域的理论集中在此篇论文提出的论点上,即,我们的工作世界,身体运动的世界,操控对象以及处理人和事物的世界,构成了日常生活的具体实在。然而,对我们的目的来说,在通过触摸而经验到的对象与远距离的对象之间在别的地方是最重要的区分并非具有首要的重要性。我们能够容易地表明,这种二分法起源于米德的基本行为主义的立场以及他对刺激-反应方案的未加批判的使用。我们,另一方面,与日常生活的完全清醒的成年人的自然态度相联系。他总是处理以前的经验储备,距离本身的看法以及凭借工作行为克服距离的可能性,即运动的看法都在其中。因而在自然态度中,远距离对象的视觉意味着,凭借运动远距离的对象能够得以接触的这种预期,在此情形下,那些对象变形的视角将会消失,它们的"标准尺寸"将会得以重建。这种预期像其他任何的预期一样,可能经得起伴随发生的实际经验的检验,或可能经不起检验。它受到经验的反驳将意味着:处于考虑之中的这个远距离的对象不属于

---

① George・H・Mead, *The Philosophy of The Present*, Chicago:1932,p. 124ff;*The Philosoophy of The Act*, Chicago:1938,pp. 103－106,121ff.,151ff.,190－192,196－197,282－284。

我的工作的世界。一个孩子可能要求触摸星星。对于自然态度之中的成年人来说,它们是处于他的工作范围之外的发光点,即使他将它们的位置应用于为发现其方位的一种途径,这也仍然有效。

因而,对我们的目的来说,我们建议将个人经验的这个工作世界层次称为他的实在的核心:**处于他可及范围之内的世界**。他的这个世界不仅包括米德的操控领域,而且包括处于其视力范围与听力范围之内的事物,此外,不仅包括对他的实际工作开放的世界领域,而且包括他潜在工作的紧接着的世界领域。当然,这些领域没有严格的边界,它们有它们的晕圈和开放的地平线,并且这些都受到各种兴趣和注意态度的校正。很明显,通过我的任何运动,"处于我可及范围之内的世界"这整个体系经历着变化;通过转移我的身体,我移动我的坐标系的中心原点,仅仅这样,就改变了属于这个体系的所有数量(坐标)。

我们可以说,处于我的实际可及的范围之内的世界本质上属于现在时态。然而,处于我的潜在可及的范围之内的世界则显示出某种更加复杂的时间结构。我们至少不得不区分潜在性的两个范围。以前处于我的实际可及的范围之内的世界,所以我设想,能被再带回到我的实际可及的(处于可复原达到范围之内的世界)的东西属于指涉过去第一个范围。所包含的这种设想建立在支配着自然范围之内的所有行为的这种理想化的基础之上,即,我可以像迄今为止已经活动的那样继续活动下去,我可以一而再地在同一条件下重新开始同一行动。胡塞尔在处理用于逻辑的特别是纯粹分析的基础起普遍作用的这种理想化时,称其为"诸如此类"的理想化和"我能再做一次的"理想化,后者是前者的主观相关物。① 举一个例子:凭借某种运动的行为,以前"处于我可及范围之内的世界"可以达到我可及范围之外。我的坐标系的中心原点的移动已经将我以前的**在这里**的世界变成了一个现在的**在那里**的世界。② 但是在"我能再做一次"的这种理想化指引下,我假设我能够重新将实际的**在那里**变成一个新的**在这里**。处于我可及范围内的我的过去世界在这种理想化的指引下具

---

① Edmund Hussel, *Formale und transzendentale Logik*, Tübingen:1981,p. 167.

② 我们跟随胡塞尔在其《笛卡儿的沉思》中使用的术语,第 53 节以下部分。

有能够再带回到我的可及范围内的世界的特征。因而,例如,我的过去的操控的领域继续以**在那里**的方式作为一种潜在的操控领域在我的现在起作用,并且现在具有重新复原的特定机会的特征。①

由于潜在性的第一个范围与过去相关,因而第二个范围以未来的预期为基础。在我的潜在可及的范围内也是一个既非已经处于我的实际可及的范围内,也非曾经处于我的实际可及的范围内,但在"诸如此类"(能够达到的范围内的世界)的这种理想化的指引下,是仍然可以达到的世界。潜在性的第二个范围最重要的例子就是,处于我同时代的同伴实际可及的范围内的世界。例如,他的操控领域并没有——或者至少没有全部——与我的操控领域相符合,因为仅仅对于他,才是以**在这里**的方式存在的某种操控领域,但对于我,则是**以那里**的方式存在。然而,我的可达到的操控领域将会成为我的实际的操控领域,如果我处于他的位置,而且凭借合适的运动,它将会真正地变成一个实际的操控领域。②

我们已经指出,有关同时代的同伴的操控领域非常普遍地适用于处于你们的、他们的、某个人的可及范围内的世界。这不仅意味着处于他人的实际可及的范围内的世界,而且意味着他的可复原的或可达到的范围内的世界,因而延伸到社会世界的所有不同层面的这个整体体系一起显示出起源于诸如亲密和匿名,陌生和熟悉,社会邻近和社会疏远等社会性视角的所有影子,这些社会性视角支配着我与合作者、与同时代人、与前人和后人的关系。所有这些在这里都无法一一处理。对于我们的目的来说,表明整个的社会世界是一个处于我的可达到的范围内的世界,并具有其特定的达成机会就足够了。

而潜在性第一种范围特有的复原的特定机会,与第二种范围特有的达成机会决非等同的。关于前者,我们不得不思考现在对于我来说只是一个可复原的范围的机会,而在以前是由我作为正在我的实际可及的范围内所经验的东西。我过去完成的工作行为,甚至是在过去只是计划了

① 参见《现象学与社会科学》,第 125 页以下,和《萨特的他我理论》,第 201 页以下(M. N.)

② G. H. 米德在论文"各种视角的客观实在",在《现在的哲学》一书中重印,得出相似的结论:"现实的实在是一种可能性。如果我们是在那里,而不是在这里,就会是这样。"(第 173 页)。

的那些行动,属于那时处于我的实际可及范围内的世界。另一方面,它们与我现在的心理状态相联系,之所以如此是因为现在的过去的实在曾经是现在的实在。因而,曾经在我可及范围内的实际的世界的预期的可能重新实现建立在我自己过去的完成经验的各种复制和延展之上。复原曾经的实际可及的机会则是一种最大的机会。

潜在性的第二个范围预期地指向我未来的心理状态。除了它预期(如同所有预期)起源于并且不得不与我过去实际在手头的经验储备相一致这个事实以外,它并不与我的过去经验相联系。这些经验能使我权衡执行我的计划的可能性,并且使我评估我的能力。很显然,第二种范围根本不是同质的,而可分为达成的不同机会的各个部分。这些机会随着我的工作世界的实际中心的各个部分的空间距离、时间距离和社会距离不断增加而成比例地减少。这种距离越大,我可达成的实际的预期就越不确定,直到这些预期成为完全空的和无法实现的为止。

七、作为最高实在的工作世界;原始焦虑;自然态度的悬置

作为一个整体的工作世界作为最高实在对应于许多其他实在的次级宇宙之上而凸显出来。它是包括我的身体的物质事物的世界;它是我的运动和身体操作的领域;它提供需要我们努力去克服的阻力;它在我面前提出任务,容许我去执行我的计划,并且使我在达成我的目标的尝试中获得成功或者失败。我凭借着我的工作行为,与外部世界相连接,我改变这个世界;而且这些改变,尽管由我的工作所引起,但是既能由我自己也能由他人作为起源于独立我的工作行为的这个世界之中的事件来加以经验和证实。我与他人分享这个世界及其对象;我与他人具有共同的目标和手段;我在多种多样的社会行为和社会关系中与他人工作,验证他人,并由他人所验证。并且工作世界是在其中沟通以及相互促进、相互作用成为有效的实在。因而,它能够在两个参考方案的指引下,在多种动机的因果关系的指引下,以及在各种意图的目的论的指引下得以经验。

正如我们上面所述,这个世界对于我们的自然态度来说首先不是我们思想的某个对象,而是某种支配的领域。我们对其具有一种突出的实践的兴趣,这是由于符合我们生活的基本需要的必然性所引起的。但是

我们对工作世界的所有层面并不同样地感兴趣。我们兴趣的有选择的功能在两个方面组织这个世界——关于空间与时间——在主要的关联或次要的关联层面。从我实际的或潜在的可及范围内的世界中,那些对象作为在实际上是或未来有可能成为实现我的计划的各种目标和手段,或者作为对我是或将会是危险的或快乐的或要不然有关系的首要重要性而得以选择出来。我不断预期我可以从这些对象中期待的未来反响,并且不断预期从我的已经设计工作将会带来的与其有关的未来变化。

让我们更加清晰地指出,"关联"在其上下文的意义是什么。例如,我在自然态度中,我强烈地对我的行动的结果,特别是对我的预期会否经受住实际的检验的问题感兴趣。正如我们前面已经看到的,所有的预期和计划都指向现在在手头上的以前经验,这能使我权衡我的各种机会。但这只是故事的一半。我所正在预期的东西是一回事,而我为什么预期其确定发生则根本是另一回事。在某些条件和环境下可能发生什么是一回事,而我为什么对这些发生感兴趣,我为什么应该强烈地等待我的预言的结果则是另一回事。唯有这些二分法的第一部分可以参照作为以前经验沉积的手头上的经验储备来加以回答。这些二分法的第二部分则指向日常生活的自然态度中的人受其指引的各种关联系统。

这里我们无法揭示关联问题的所有含义,我们刚刚已经接触了其某一方面。但一言以蔽之,我们想要阐明,自然态度中支配我们的各种关联的整个系统建立在我们每一个人的基本经验基础之上:我知道我将会死亡并且我害怕死亡。我们建议将这种基本经验称为**原始焦虑**。它是所有其他预期起源于其中的原始预期。从这种原始焦虑中,产生出希望和恐惧、愿望和满意、机会和冒险的许多相互联系的系统,这些刺激自然态度中的人去尝试统治世界,去克服各种障碍,去草拟计划并且去实现它们。

但是原始焦虑自身只是作为日常生活的最高实在之中的我们人类存在的一个相关物,因而,各种希望和恐惧以及相关的满足和失望都以工作世界为基础,并且只有在工作的世界中才是可能的。它们是实在的本质要素,但是它们并不指向我们对其的信仰。相反,这正是自然态度的特征:将世界及其对象视为理所当然的,直到有反面的证据强加于它自身。只要曾经建立的参考方案,我们的和他人的已证明了的经验系统起作用,只要受其指引下而完成的行动和操作产生了想要的结果,我们就必须相信这些经验。我们对发现这个世界是否真的存在或它是否只是不断呈现出来的一个连贯的体系的问题不感兴趣。我们没有理由对我们证明了的经验提出任何的质疑,所以我们相信,这些经验作为果真如此的事物而给予我们。它需要一种特殊的动机,无法纳入手头上的知识储备或与其不一致的某种"陌生"经验的打断,而使我们修改我们以前的信仰。

现象学已经向我们讲过现象学的**悬置**的概念,通过使笛卡儿哲学怀疑的方法彻底化,悬置我们对世界实在的信仰,以此作为手段以便克服自然态度。① 我们可以冒险地提出下列建议:自然态度中的人也使用一种特定的**悬置**,当然,是与现象学家非常不同的另外一种悬置。他并不是悬置了外部世界及其对象的信仰,而是相反,他悬置了对其是否存在的怀疑。他放在括号里的是这个世界及其对象与其呈现给他的样子不同的这种怀疑。我们建议将这种**悬置**称为**自然态度的悬置**。②

（摘自于 Afred Schutz, *The Problem of Social Reality*, The Hague:Martinus Nijhoff. 1973, pp. 208 – 229,张彤译。）

---

① 参见法伯,同前引书,第 526 页以下。

② 尽管目前的论文在许多方面与赫伯特·施皮格伯格的观点不同,但是我应该希望引起读者注意他非常有趣的论文:"实在现象与实在"载《纪念埃德蒙德·胡塞尔哲学论文集》(同前引书),第 84～105 页,他试图分析与实在有关的可怀疑性和含糊。根据他的观点,实在标准是有关准备、坚持、感知边缘、具体对象的边界、独立性、阻力以及同意的现象。

日常生活面临着危险吗？

[匈]阿格妮丝·赫勒

一

在过去 2 500 年的哲学传统中，日常生活本身很少引起注意。然而，在 20 世纪它已经进入了值得哲学和社会学检查的问题行列。这个问题能够在各种范式（paradigms）中被谈论，其中每一种范式中都能够产生它自己的词汇。一种特殊的范式讨论"日常生活"，又一种讨论纯粹而简单的"生活"，第三种讨论"生活－世界"，第四种讨论"自然的态度"或者"平常的语言"等等。它们中的一些提到了"**常人**"（das Mann）的"非本真生活"，而其它的谈论基本的传统，或者"平常生活"，**日常**（quotidienneté）以及许多别的。似乎他们并不是谈论着同样的**事情**，然而，因为日常生活本身并不是一些/事情（some/thing），而是建立在**我们**主体间世界构成基础上的共享现代生活经验。因此，建立在这些主体间世界构成范式之一基础上的所有的理论和哲学必须包括用他们的世界诠释的日常生活问题、我们共享的主体间性的经验问题。一种哲学的范式被理解为一个发起者或者一些发起者的观点。所有共享这一观点的人们将发现很容易接受表达这种特殊观点的哲学范式，并因此接受对世界的诠释。对于那些并不共享这一范式、诠释的人，它们尽管也许是可以理解的，但是看起来是不合理的。如果这个怀疑者也是一个哲学家，他或者她将肯定会寻找合适的工具检验并质疑那种特殊世界诠释的真实性。这并不表明所有的观点就广度、真实性、严肃性和相关性而言都是同样的，这仅仅表明如果一个太空人、"超观察者"（metaobserver）拥有一种从生活经验中长出的客观标准估量世界的诠释，那么被这样的人认为是同等合理的观点就能够被共享某些生活经验的男男女女们接受为自明的，而被其他并不共享这些同样生活经验的人所拒绝。就生活经验而言，我肯定不仅涉及行为、事件和偶然事件，而且涉及引导、综合和整理（order）经验过程本身的一般意义框架、世界观和意义机构。

这里讨论的问题（"日常生活是否面临着危险，如果是，在什么程度上以及被什么危害"）一直在大量范式框架内被谈论。我将在我自己的框架内谈论这个问题，其中包含着我自己的生活经验观，以及我也与他人共享的生活经验观。意料中的异议，即我应该使用另一个范式进行，完全与此不相关。当十九世纪自信的进步主义的－现代信条令人惊奇的坍塌之后，是时候摒除陈旧的黑格尔关于"哲学进步"的叙事了。除非我们相信曾经断定的存在（Being）的一般原则现在被包含在具体普遍性的总体中的一切事物，否则我们必须放弃一种特殊的范式就是惟一确切的一个，以及它能为居高临下地看其它的尚未处在最新发现水平上的范式提供权威的虚夸。今天，语言范式和它的分支－范式对"哲学帝国主义"（'philosophical imperialism'）是有罪的。"一切/事情"（'every/thing'）是语言或者"一切/事情"是交往的论题都是同样的而且都是绝对合法的哲学推断。但是这些是工作、想象和意识的范式——而且，实际上，一切事情是物质和形式的论题并不低于它们。无论如何，在这里我已经将我自己限定在那些有证据支持我称为"主体间的现实构成"的范式上。

我的范式是一种"人类条件"，稍后我将详细阐述这一概念。然而，立刻明显的是"人类条件"的范式几乎与绝对精神一样宽泛，因为它包含着已成为所有其它现代范式参照物的一切东西，例如语言、言语、交往、相互作用、工作、想象、意识、理解、诠释以及其它东西。这实际上就是我发现这一范式如此确切的原因，考虑到日常生活是所有的这一切并且它们中的任何一个在日常生活本身中都不占有绝对首要的位置。如果我们从单独个人、个体的视角来观察日常生活，后者尤其是真实的。单独的个人从事于完全异质性的行动。在进行异质性的行动中，他或她是或者成为素质全面的人（a whole person）。他或者她并不是"所有的语言"或者"所有的意识"、"所有的身体"、"所有的精神"、"所有的劳动动物"、"所有的创造性技术"、"所有的政治行为主义"等等。然而他或者她是，或者能够成为所有的它们。为了避免误解，我想强调站在个体的立场决不等同于笛卡儿主义、方法论意义上的个体主义或者人本主义。因为"站在个体的立场"既没有本体论的位置也没有认识论的位置。它既没有解释的价值也没有诠释的价值。然而它仍然有一种立场。人们能够断言个人是他或者她环境的产物并且仍用它产物的眼睛注视着环境。人们也可以断言在人类生活中存在着一些比单独的个体更有价值的事情和事例，并且仍然从单独个体的视角注视着那些"更有价值"的事情。此外，人们能够断言男男女女们总是处在社会关系网上，然而这不应表明唯一的值得探究的网就是那个特殊的网，或者说网上的组成部分对于理论目的来说是非存在的个体存在。然而，当今声明"个体终结"的那些人是以他们自己的名义，而不是以一些称做"布道"（'Discourse'）的神秘实体的名义出版著作。第欧根尼（Diogenes）与芝诺（Zeno）之间的著名论争实践的参考了日常经验；我的亦如此。在日常生活理论中，这种表面上看来单调的姿态是完全有意义的。

二

"人类条件"包含着所有活着的人必须共享、逝去的人曾经共享、未出生的人必将共享的一切事情。在我们现代世界中，人类条件栖居在日常生活中。这并不是说我们整个的现代日常生活与人类条件事实上共同延伸。日常生活包含着固定的和易变的特征。日常生活的内容与结构的变更相比变化得相当频繁。而且，历史学家能够准确指出相当多的日常生活结构的重要改变，最急剧的一个改变是沿着现代和前现代分界线出现的。人类条件仅仅栖居在日常生活的固定特征中。日常存在静态的和易变的方面为了所有理论和实践的目的肯定是完全交织在一起的。然而不完全是为了分析明晰的缘故而在固定和易变特征（模式）之间划分界线；或者是由于看起来明显的原因而试图制造又一个效率更高的关于"人性"（'human nature'）变迁的"宏大叙事"。因为人性的叙述并不同于人类条件的叙述。前者在乐观的－进步主义（optimistic-progressivist）和悲观的－退步主义（pessimistic-regressivist）的描述中都是一个明显设计好的历史叙事。这些描述如下："很久以前存在着一种人性，不能逾越的狭隘范围被工业或者合作变宽了"；或者，另一种说法是，"很久以前存在着一种人性，一直在退化并转化成单向度的存在"。

人类条件的叙述并不是叙述本身。如果一个人讲述了一个打算接近于人性的故事，那么这个人讲述的不是人类条件本身的故事，而是被人类条件规定的历史性。人类条件本身是一个限度范畴或者一个限制性的范畴。因为这一范畴包含着恰巧成为人类生活最低条件的一切东西，所以，如果"人类条件"的一个独特方面消失，那么人类生活就不存在。就人类条件是人类法则（human order）而言，它是秩序（cosmos）。缺乏人类条件或者因此缺乏其中任何一个独特的要素，都会引起混乱（chaos）、世界末日、（人类）生活的终结。这可以说成是，在我们现代世界中人类条件栖居在日常生活固定特征中的论题承载着重要的内涵。很显然不仅仅是为了分析的原因，区分现代生活中的静态的和易变的特征很重要，无论它们是否实际上交织。如果日常生活的某些易变特征消失，那么人类生活的混乱、终结将不会发生。然而，如果固定的特征面临着危险，那么像这样的日常生活将达到它自己的极限，将达到秩序和混乱之间的模糊区域（the twilight zone）。

三

为了支持在现代性中人类条件栖居在日常生活中的论题，有必要首先简要地介绍我的人类条件的概念。

人类条件首先能够被确定（**规定**）为社会法规（social regulation）代替本能法规（instinct regulation）。规律性、重复性、再现性和一致性是生物的法则。在动物王国中本能负责（take care of）这种法则。在某些最接近我们的种类中，学习过程在不太严格但仍然存在本能法规的背景下发生。人类幼儿（human infant）的身/心中包含着一套复杂的生物法则，但是合作、敌意和冲突的印记并不在其中。如同生物之间相互交往的样式，规律性、重复性、再现性和一致性是作为一种外部实体和力量而分别给（呈现给）人类幼儿。由于这种原因，学习的过程并不能只求助于内在模式；它们必须以外在法则为中介。唯有通过这种外在法则的规范和规则的应用，幼儿才开始进一步的学习过程。人类条件因此被中介。新生儿当然不像一块白板（tabula rasa）；他或者她生来还伴随着相当独特的遗传密码。在这个遗传密码上没有什么预先规定他或者她恰好已出生在这种或者那种特别的社会模式中。每一个人通过出生的偶然被抛进一个具体的社会法规网中。文化负责将这种偶然性转换成命运或者天意（providence），可以被理解为有机嵌入性（embeddedness）。社会法规和遗传独特性因此早于人类经验。为了称为"人类"（'human being'）的固定独特体系发生，社会和遗传先验（a priori）需要被衔接（dovetailed）。人类经验就在这种衔接过程中起飞。人类是已经跨越深渊的存在物，或者使用盖伦（Gehlen）①的术语，是已经成功缩小空隙（bridging the hiatus）的存在物。并非每种遗传先验都适合每种社会先验，即便适合，也不是在同等程度上适合。在人类的两种衔接的先验之间存在着不断的张力。这种张力可能强也可能弱。然而，无论张力强还是弱，人类仍然生活在这种张力中。这种张力是破坏性的还是创造性的是一个我们在这里不作进一步讨论的问题。

因此，人类是创造和自我创造的系统。他们既不是自然的一部分也不是社会的一部分，因为他们通过社会和遗传先验的衔接过程而产生的。这两种先验在时间上的共在（co-temporality）和在空间上的共在（co-spatiality）完全是偶然的事。

人类条件一个常量并且经常地被记起。自从反思性的自我意识出现以后，人类条件之谜总是在寓言、神话、宗教、哲学和心理学中谈起。注意的焦点始终是张力本身。

四

社会需要为人们获得生存工具、为人类的合作和冲突、为意义－构成

---

① 阿尔诺德·盖伦（Arnold Gehlen, 1904—1976年）是德国重要的哲学家和社会学家，也是哲学人类学的主要代表。——译者注

提供规则。如果这些规则中的一些缺少,那么衔接的过程肯定会出现问题。不论这些规则是简单的、硬性的、单调的,还是复杂的、灵活的、高度分化的,但有一个特征保持不变:所有这三种规则都需要被衔接。众所周知,社会化导致的并不是对整个世界,而是对它一小部分的侵占(appropriation)。问题是,这一小部分必须承担什么。在我看来,它承担足够数量的方案以确保人们的社会生活以及社会世界的再生产。并且社会世界的这个微小横截面(cross-segment)必须显现给每一个新生儿。在假定的情况下,如果没有给新生儿显现社会世界的这个横截面,而是只显现了一套特殊的规则和法规,或者根本没有呈现给他们社会的规定方案,那么社会生活将瓦解并且混乱将来临。某些理论家提醒我们要防止堕落到野蛮状态的事件中。因为这一术语是误导的,所以我将用人类学上中性的术语"混乱"代替。

这个"社会的横截面"必然包括什么?为了任何一个人都能够成为伟大的生物链条中的一员,这种必须与遗传**先验**衔接的社会**先验**是什么?这种社会**先验**,一个新人类灵魂的要素之一是什么?我已经将这种"社会的横截面"称为"自在的对象化领域"。可以说,它是社会世界的第一个领域。如果不走进这一领域并因此成为一种特殊社会世界中的个人,那么就不能走进其它领域。在这一领域中获得的东西是个人交往、认知、想象、创造性和激起情感可能性的基础,当人们完全幸运或者不幸的偶然出生在那个时间那个(社会的和地理的)地点时,这就呈现在他们的整个生命中。

我有充分的理由将这个领域称为一种"对象化"的领域。这个领域使新生儿面临着完全的外在性、异己性、他者、对象。我们并不是要为"压抑"('repression')的论点作贡献。对象的世界既发展主体也压抑主体的一些冲动。感情和驱动力实际上被调控,但是在被调控的同时,对象也给它们提供一些方向。此外,"对象化"('objectivation')并不等同于"客观的"('objective')。它也包含着"客观的"事物被主体显现、再安排、再制定的内涵,即人类、"成年人"的生活体验已经被具体化在一切"客观的"事物上。

最后,我已经称这一领域是"自在的",这一词汇是指"前反思的"。

一个人并不能从这个领域的立场反思这个领域。独立于其它的领域，"自在的对象化"领域包含着自明和理所当然性。

"自在的对象化"领域是由以下几部分组成：（1）日常语言和语言使用的规则和规范；（2）使用、处理和操纵对象，特别是人造对象的规则和规定；（3）被称做习惯的人类相互作用的规则和规范。这三种规范和规则相互交织，并且像这样被划分。这些规范和规则之一仅仅在其它两种语境内才有合适的意义，反之亦然。在进入这一领域时，人们获得语境中语言的用法、语境中的"知其然"（'know-what'）以及"知其所以然"（'know-how'）；他们学会在特有的语境中认知地感受并诠释他们的感情，学会做正确的事情，学会以恰当的方式应对危险和威胁，学会区分对和错、好和坏、朋友和敌人等等。

自在的对象化领域本身是日常生活的领域，但它与日常生活领域既不相当（coterminous），也不同延（coextensive）。在日常生活中我们理解（absorb）某些价值、规范和观点，我们完成某些实践和行动，我们获得知识。所有的这些行动并不起源于自在的对象化领域，而是起源于其它更高的领域。今天比以往尤其如此，而且它也必须如此，而不考虑历史的**此时此地**（hic et nunc）。至少两种不同的对象化领域的同时代存在是人类生活的本体论条件，而不是历史的条件；它内在于人类条件中。通过完全偶然而被抛在一个世界上和理所当然的外在社会领域的内化之间存在着矛盾。因为能够意识到张力，所以，被内化的理所当然的对象化领域需要支持和正当的理由。它不能产生于已经被证明是正当的领域；相反，它必须产生于另一个领域。"自在的对象化"领域给男男女女们提供**诸种意义**（meaning），如一套复杂的规则和规范、符号和语境的含义、混合含义。它提供的的确是诸种意义（复数形式的）。然而，它提供的并不是单数形式的意义——整个事业的意义、它的存在的意义、生活的意义以及我们自己生活的意义、它所包含的一切东西的意义。从这个视角上看，人类条件包括并且预设另一个意义领域的存在作为它必要的（本体论的）要素。我将这一领域称为"自为的对象化"领域。这是意义（meaning）被提供的地方。黑格尔称它为"绝对精神"并大大窄化了它的可能内容。"自为的对象化"领域包括所有类型的叙事、各种起源的神话、各种沉思、视觉象征以及很多其它的东西。这些成分的共同特征是,它们都给生活提供意义。它们能在与质疑现存的法则合法性同等程度上使现存的法则合法。

"自为的对象化"领域必须准确地提供意义,因为意义(单数形式的)不能够在"自在的对象化"领域产生。然而,后者能够作为一种过滤系统运转。为了通过"自在的对象化"领域之网,产生于其它领域的有意义的世界观必须适合最低领域,同时也是基本领域的法则和模式。因为基础领域的诸种意义是被理所当然的规范和规则所展现的,所以想要拥有基础领域诸种意义的人也将吸收并拥有理所当然的意义。跨语境(transcontextual)的意义出现在诸语境中(复数形式的),而且它仅仅能通过诸语境相互关联的实践和思考获得。"自在的对象化"领域是日常生活的领域,因为它将所有类型规范的、认知的和实践的知识都转化成了它自己的语境语言网。因此它真正地介于个人和更高的(较少基础的)对象化之间。

当一个人根据基础对象化领域的规则而获得行动、工作和总体上做事情的能力时,就完成了两种**先验**的衔接过程。因为男男女女们普遍地获得了这种能力,所以我们人类是由理性的存在物构成。无疑男男女女们能获得这种能力,能将规则认为是理所当然的,尽管如此,他们的行为就好像是无能力的一样。换句话说:他们也能成为非理性的。此外,男男女女们能够获得能力并将规则认为是理所当然的,然而他们的行动就好像没有受规则约束一样。在这种描述中,他们可能将成为邪恶的但仍然是有理性的。最后,尽管男男女女们能够获得记住规则的能力,然而却拒绝这种规则的种种相关性(有效性、正义、善)。换句话说,他们在第一个层面或者第二个层面上能成为理性的,因为如果这以其它方式,那么所有的期望都将瓦解,我们人类也不能够幸存。哲学家、先知和智者将非理性作为一个问题思考并且给予充分的理由。一个人思考或者反思一些并不理解的事情,一些有助于各种诠释的事情或者一些人们想要改变和修正的事情。人们的基本的合理性永远不会被作为一个问题思考,因为它并不需要被思考:它总是被认为是理所当然的。

在这一讨论的开始,我提出了日常生活在二十世纪已经成了一个问题。恰恰在"日常生活殖民化"被讨论(被哈贝马斯)的时候,迄今为止一直被认为理所当然的事情现在成为了理论审查的焦点。因此,我们可以提出诸如如果基础的对象化领域作为一些系统的发展结果而不再存在以及如果它被其它的对象化代替,那么将发生什么的问题。现在我将临时地提出这一问题的答案。如果这发生,那么人类的(遗传的和社会的)**先验**根本不能衔接,人们将不再成为理性的人,并且最终不再成为人。我既不能想像也不能设想这种替换物。但是我仍然给予这种可能事件一个理论的解释/诠释。

五

日常生活的主体是"作为一个整体的人",卢卡奇创造的一个术语。[①]一个人需要完成的行动是异质的。它们并不构成一个系统。毕竟在彼此说"您好"、吃饭、关于家庭开支的讨论、乘车、献殷勤以及其它的事情之间没有系统的联系。但是人们不得不知道这些事怎么做的以及如何偶然而持续地做这些事情。日常生活要求动员许多人类的能力。但是它并不要求任何一种能力极度改进(refinement),它也不要求将我们的天资(endowments)发展成特殊的才能(talents)。人们能够自发地完成曾经学过的日常行动,没必要进一步关注它们。从许茨到民族方法学已经记录了一些日常思维和行动的模式;这里并没有留下讨论它们的空间,即便是简洁地讨论。然而,应该提及的是,这些模式中没有一个指责日常生活的主体是纯粹被动的。作为一个整体的人并不是被习惯之线拉动的傀儡。规范需要在常新的语境中被诠释,人们需要在预想不到的情境中采取主动;他们也必须应对日常生活的灾难。在纯粹日常事务和同类准本能重复的背景下,个人的独特性的确在渐渐减少。

尽管两种对象化的领域对于人类生活来说是必不可少的,但是第三种则不然。第三种就是我称为"自在自为的对象化"领域,因为它来源于前两种的分化,所以它是社会－经济－政治制度的领域。这些制度建立了它们自己的交往、行动和程序的规范和规则。它们充满了进一步发展的潜能,然而也可能被证明是绝境(cul-de-sacs)。制度的领域密集的地

---

① Georg Lukács, *Die Eigenart des Ästhetischen*, Neuwied/Rhein: Luchterhand, 1963.

方,制度表现得就像是其它系统环境内的系统。然而,它们的命运,无论是一种展开还是一种减退,并不被单独的"自在自为的对象化"领域决定。在某种程度上,制度性的系统总是寄生在基础性的和最高级别的领域上。基础性的领域永远都是人类条件的领域。没有这一领域就没有人类,但是没有"中间的领域",人类仍然能存在。最高的领域,这个给生活提供意义,或者给生活提供意义匮乏意识的领域,在服务于制度化的领域时履行同样的任务。它使这一领域合法并且与之相伴的是权力、统治和苦难的合法。最高领域的合法化作用在它进入制度化领域的过程中变得相当显著。正是在这一过程中,"呈现意义"本身也被制度化了。然而,"自为对象化"的领域不能被完全制度化,因为如果这样,那么它就不能为基础性的领域提供意义。而且,它也不能够吸收作为两种人类**先验**未完成衔接的结果而涌入这一领域的文化剩余。不用说,制度性的领域对其它的两个领域有影响却不能同化它们。在最后一种情况下,制度的领域寄生在其他两个领域中,而不是相反。

制度领域的主体是专门化的主体。人们仅仅通过专门化就能进入到一种制度中(除了家庭)。作为一个整体的人能够精通不止一种行动和工作。然而,无论怎么强调只有作为一个整体的人才能专门化都不过份。

因此,三种领域中的每一个都要求一种不同的态度。基础性的领域要求整体的人(the whole human person),制度性的领域要求专门化的人(the specialized human person),"自为的对象化"领域要求"人的总体"('human wholeness'),使用了卢卡奇的术语。一旦一个人**全部地**(wholly)专心致志,一旦一个人完全沉湎于此,一旦一个将自己全部能力、天资、情绪性格、判断力等等集中在完成更高领域的一些事情上,那么这个人能够栖居在"自为的对象化"领域中。当我们谈到预言家和哲人、先知和圣人、出神、狂喜、灵感、自我投入、巅峰体验、启示、直觉、"着迷"的情感、完全的智力专注、"认真听"或者聚精会神时——在所有的这些词汇中,无论我们的词汇是神秘的还是乏味的,我们始终不变地在诠释已被称为"人的总体"的态度。因此,伴随着三种领域的存在,也存在着三种态度。

六

在这里两种主要的社会－政治组织类型，或者冒着过分简化的风险，两种主要的劳动划分类型应该被并置。从历史的角度，基础性的领域，即"自在的对象化"领域是构成劳动划分的领域。正是基础性领域的规范、规则和法规的内容、性质才将社会层次结构内的人们分成等级。进入制度化领域的很多类型（以及这一领域的每一种制度）在这一领域中都有它们初始的模式。此外，内在于自为对象化领域的想象类型也通过各种分层的社会经验"图层"以不同的方式被过滤。基础性的领域也是决定性的（determining）领域。在这种模式中人类条件看起来像什么？通过出生的偶然性（accident of birth），一个人不仅被抛在特定的时间和空间中，而且被抛在特定的基本生活方式的系统中。这一双重偶然性相当于一种确定性：这就是我运用术语"决定性领域"的原因。遗传**先验**与一种非常明确的社会**先验**衔接。一个人需要应对诸如奴隶、主人、市民等等应对的事情；进而，他们需要应对不同的事情。生来是男性或者女性的人们必须衔接完全不同的日常法规；正是社会**先验**创造了男人和女人。出生的偶然性既被重新确认也被否定。人们的生活在幼年时代就被预先确定：社会**先验**是主要的设计者，人们用他或者她自己的生活体验的调色板填充着这一设计。设计的变动并不是日常事件。在这种模式中，人类条件其含义应是一种不均等，生活机遇和自由划分不均的条件亦如此。

社会组织的第二种类型将整个的劳动划分的义务放在了制度的领域。现代社会更接近于第二种模式而不是第一种——实际上，这恰恰是"现代"的意义。考虑到所有现存的现代社会由第一种社会组织而来，所以它们并不能被看做是第二种模式的纯粹表现。我只讨论模式，而不是它的经验存在的形式。

在第二种模式中，劳动的划分或者阶层的划分并没有包括在"自在的对象化"领域里。从这方面考虑，人们生而平等。社会**先验**并没有预先决定人们将来的生活方式，在这种意义上，未来的篇章是空白的。从这一视角考虑，人们生而自由。尽管一个人仍然偶然地被抛入世界中，但是这种偶然并不是个人自己的命运。这是我称为一种偶然性（contingency）的情境。我将出生的偶然（accident of birth）和偶然性（contingency）区分开来。出生的偶然是一个内在于人类条件中的本体论范畴。偶然性是一个内在于现代历史性中的历史范畴。偶然性通过我们的偶然存在意识重新确认了出生的偶然，即重新确认了我们的人类条件。为了将偶然性意识驱逐到背景中去，神话的和宗教的模式和叙事不再通过基础性的领域模式被连续地过滤。当形成意识时，我们恰恰出生在此地此时的偶然特征也被"扬弃"，这一词汇是在黑格尔词汇意义上使用的。人的偶然特征被保持，因为这是人类条件，但是它也被我们个人视阈的开放性否定。毕竟，偶然性的情境在每个人一出生时就将生活的最高指挥棒（marshall's baton）①放了每一个人的口袋里。偶然性的自由是可能性。原则上，尽管每件事情是可能的，但实际上并不是这样。将他或者她的偶然性转化成他或者她的命运是个人的责任，而其它的替代物依然处在悬而未决的纯粹可能性中。

这样，社会组织、劳动划分和层级形成的任务就在制度性的领域中进行。在一种制度中，或更确切地说在各种制度中，人们所履行的诸职责将人们归为不同的阶层中，同时也赋予他们不同程度和类型的权力、财富和威望。即个人将作为**专门化的**主体，而不是作为一个整体的人被层级化。这种情形容许各种各样的组合。为了回答日常生活是否面临着危险的问题，我们需要简要地探讨一些典型的组合。

七

与前现代条件相比，制度化领域在现代世界中极度膨胀。如果假设存在着一种系统，或者两种系统，完全包括所有的制度作为它们子系统，吞没它们、影响它们并且决定它们发展和扩张的逻辑，那么，考虑到人们根据他们在制度内履行的职责被层级化的情况，我们对现代世界的看法实际上一定是完全悲观的。"自在的对象化"领域越使所有的人生而平

---

① marshall's baton 一词出自拿破仑的一句话"Tout soldat a dans son sac son batn de maréchal."（不想当元帅的士兵不是好士兵。），这句话对应的英文大致是："Every soldier has his marshall's baton in his bag."其中"marshall's baton"可以被翻译成"元帅的指挥棒"或者是"最高指挥棒"。——译者注

等和自由,这些人反抗诸支配系统压力的机会就越少。这是否定辩证法的模式。一旦发展到极致,它也能充当人类条件自我毁灭的模式。

另一种可能的组合是哈贝马斯提出来的,他的前提是他称为"整合"(integration)的双重性质:①社会的和诸系统的同时整合。就诸系统和诸系统整合而言,模式与第一种相一致。但是它通过断言社会整合的持续存在而避免了否定辩证法的悲观前景。同时,伴随着制度化领域的膨胀[在这种情况下,两种支配性的子系统],男男女女们仍然被"生活世界"整合,并且融入其中,特别在的规范意义上。因为目前我正在谈论的模式与具体哲学命题相反,所以我并没有进一步跟随哈贝马斯的讨论路线,而是用我自己的代替它。诸系统的整合是专门化的人的整合,而社会的整合则把这个世界的所有新来者都包括在了跨系统的交往之网中,在其中他们是作为整体的人参与的。社会融合继续在诸系统内部前进,但是它并不被系统完成。它一直被自在的对象化领域完成。就这种组合而言,人们可以得出结论:每个人(现代性中的)都被抛入**同样的**基础性的系统中,因而他或者她的遗传**先验**必须与这种社会**先验**衔接。进而,这个人也与跨系统交往的规范衔接。每一套"自在对象化"领域的具体规范性的要求可能完全不同,然而它们所有的都将,或者都能将遗传**先验**和规范性交往的社会**先验**衔接起来。因此,一个人能够作为一个整体从一个场所转移到另一个场所,而不会失去他的或者她的规范性理解的能力,这属于那些他或者她通过基础性的整合获得的能力。这是一种冲突的模式,因为除了它有一种悲观的外观,它还是建立在两种对象化领域("自在的对象化"领域和"自为的对象化"领域)冲突的基础上。在这里基础性的领域显然处于守势,而制度的领域处在攻势。压倒一切的领域发起的一场过于猛烈而成功的攻击能够轻易地瓦解生活世界的交往整合的连续性。因此,就这种模式而言,能够很容易构想出现代性的自我毁灭。

第三种可能的组合伴随着制度领域的一种完全不同的描述(或者观点)。人们能够设计一个系统的世界,而没有一种或者两种压倒一切的能够吞噬支撑物并把一种几乎无法抗拒的压力放在生活世界上的系统。人

---

① Jürgen Habermas, *The Theory of Communicative Action*, Boston: Beacon Press, 1985, 1987.

们进而能够想像每一种制度(无论大或者小)就其本身而言都是一个系统,并以其它系统作为它的环境,这种观点与卢曼的相似。一种特殊的系统能强大到足以用它自己的逻辑影响其它的系统。然而,并没有任何系统(制度)能够强大到足以在同一程度上影响所有的其它系统。这种描述给我们留下了一个由不同力量、重量和独立性构成的子系统的镶嵌图案,但每一个都有一定的重量和相对独立性。假定层级的产生是根据人们在各种制度中履行的职责。如果存在着一个诸制度的"镶嵌图案",那么层级模式必然是有弹性的,而不是刚性的。一个人可以在这种情况中处在高位,而在另一种情况中又处在低位,正因为如此,社会等级才成为"流动的"。让我们进一步假定存在着恰恰与以前模式相同的或者有些变动"社会整合"。很明显,诸制度的世界并没有将一种几乎无法抗拒的负担强加在基础性的领域上,因为后者也能处在攻势。诸制度不仅仅向外在规范的批判敞开,也能向内在的规范的批判敞开。能够在某些制度内改变制度的模式,这反过来也能够影响其它制度的学习过程,由于这些制度是其它制度的环境。因此,规范地有根基的干涉更多的是一种具体的可能性。最后同样重要的是,精通和专门追求某种制度,或制度类型的人无需走出这种制度以重获他们整体的人的资格。实际上他们能够处处采取专门化的态度以及整体人的"正常"('normal')态度。如果我们将这种模式与前一种模式相比,我们一定得到一个结论:鉴于存在着压倒一切的系统(一个或者两个),因而,难以想象作为专门化的人如何能够保持他们的"自然态度",他们正常的、日常的规范,或者他们交往的‑规范的能力,除非存在着一些已经被制度化的制度恰好为了这样商谈行为的事实。然而,从个人的立场上看,这不过是又一项职责。

我们假定自在的对象化领域消失或者它变得如此柔弱以至于不能够衔接遗传**先验**和人类交往、相互作用和"做事情"中的基本规范和规则的社会**先验**。即使赫胥黎(Huxley)①和他的"美丽新世界"('Brave new world')也不会开始设想如此噩梦般的幻想。在赫胥黎看来,孩子们被立

---

① 阿道斯·伦纳德·赫胥黎(Aldous Leonard Huxley,1894—1963年),一位多产的英国(英格兰)作家,其中最著名的作品是1932年创作的长篇小说《美丽新世界》。——译者注

即分配在各种制度化的职责中,而且他们从摇篮中就被制度化的对象化分成等级。所有基础性的规范社会化的场所和机构(例如,家庭)都消失了。然而即便是在这里,一种最低程度的跨制度交往一定被保持和被中介。这通过教化,即惯例地发生。显然,如果没有某些类型的日常社会化,如果没有最低限度的保存作为一个整体的人的痕迹,那么人类条件将不可避免地坍塌。完全制度化的模式看上去成了混乱的模式,因为完全操纵的法则**就是**混乱。混乱不等于无规则的状态。相反,混乱是缺少构成人类条件的规范和法则的状态,而这些规范和法则能够衔接社会和遗传**先验**,并且能将一种新的整体的人引入到所有其他整体人的群体中。

那么在什么条件下"自在的对象化"领域本身在日常生活中、在纯粹而简单的生活中占优势并保留主要的社会化要素?

八

在我对"人类条件"概念的最初介绍中,我谈到这一领域提供复数形式的意义,而不是单数形式的。正是"自为的对象化"领域提供意义(单数形式的)。反过来这种通过"自为的对象化"领域模式形成的意义被基础性的领域模式过滤。

在现代性中"自在的对象化"领域不再成为社会层级的主要力量。正如我们已经看到的,这种发展导致了现代人的偶然性。它也导致了进一步的转化。这一领域的规范在内容上的变化导致了没有等级组织的多元化。因此,人们可以自由地离开一种生活方式而加入另一种,又或许在后来加入几种其它的生活方式。规范网络的密集度也成为可变的,因此,人们通过从一个更密集的规范网跳入较稀疏的规范网,或者反过来,产生于原来的两种**先验**之间衔接的张力也减弱了。此外,日常生活的规范不仅根据张力的程度,而且连续地向理性审查、检验、再确认和拒绝开放。我们知道在"自在的对象化"领域中存在的规范的经验体系被认为是理所当然的。因此,人们不能通过求助于自我同一的对象化而质疑这些规范。人们必须要么求助于制度化的领域,要么求助于自为的对象化领域。在现代日常生活中,男男女女们有直接进入"自为的对象化"领域的方法。因此,随着意义已经通过基本的对象化被过滤掉,人们已无需预定意义。正是通过这种既直接进入"自为的对象化"领域，又直接进入一些已经占据"自为的准－对象化"位置的普遍化价值的方法，启蒙的过程才积聚了动力。在那个时期，两个危险区域露出了它们的面目。人们相信日常规范模式的不断解合法性(de-legitimizing)将导致意义的完全丢失，将导致极端的相对主义、末日和混乱。另一方面，人们却相信"自为的对象化"领域的死亡是作为一种在噩梦范围内的可能性出现的。在所谓的"虚无主义叙事"中，正是高尚的理想本身导致了日常生活基本模式的毁灭，与此同时，在所谓的"操纵性的商谈"中，威胁来自于不同的地方。它预先假定全部"自在的对象化"领域被制度化并且它将被制度化的领域吞噬。这是对否定性辩证法描述附加的一面。制度的领域成为无所不能的，而且在它已经成功地吞噬了"自为的对象化"领域之后吞噬了主体。制度的领域虽然有能力学习，但是却没有能力创造意义。

日常生活的个人有直接进入"自为的对象化"领域的方法吗？日常生活的个人能将他自己或者她自己提升到"整体的人"的水平吗，或者，只是作为一个"专门化的人"，他们能将曾经从事的艺术、哲学、宗教以及其它的工作作为一种像所有生活事务中的类似职业一样的职业吗？如果对后者的回答是肯定的，那么我们除了全身心投入和支持反现代主义的干劲之外没有其他的选择，即使后者设法恢复自在的对象化领域的等级结构，同时把我们带回到不平等和不自由中去，并且迫使我们退到成为"双重偶然"的产物。实际上，一旦以上的主张被作为无法抗拒的趋势被接受，那么现代性的否定辩证法就会作为一种无法停止的逻辑出现。但是并没有理由赞同以上的主张。相反，有充分的理由赞同那些在它们之前所描述的主张。所有的组合在逻辑上都是可能的，但它们中哪一种具有现实可能性，应留给后人去评定。然而，我们可以做一些推动一种组合而不是另一种的事情。

九

存在着两种基本的社会组织模式。据我们所知，并没有第三种，因为社会模式并不是被哲学家或者社会学家发明的；相反，它们仅仅能够被人们在一种理论范式内重建、类型化、修改。我们熟悉的第一种模式提供了稳定性,这种稳定性与统治、力量和层级的系统相伴。第二种模式则向能朝着更好或更坏发展的可能性开放。这是一种不稳定的模式。与人类越处于"自然状态"中(即处在更简单并且更显而易见的人类关系中),就越有可能堕落到混乱的威胁的观点相反,我们已经逐渐意识到制度化的领域越成为压倒一切的,规则系统就越发展,我们人类条件就越不稳定。在这种情况下,混乱的威胁实际上比其它时期离我们更近。我们人类条件的张力并没有消失,它仅仅被移位(dislocated),更确切地说是:被重置(relocated)。现在人类条件的张力存在于三个领域之间。这些领域中的每一个都必须各司其职,以维持我们人类条件的脆弱平衡。

现代性的人类条件栖居在日常生活中。日常生活必须被基础的对象化领域引导。如果这种对象化领域萎缩了,那么人类条件将随之一起消失。如果人类不首先在日常交往和相互作用中获得能力,那么人类就不能专门化。在人类生存的现代形式中,这样的能力通过直接进入"自在的对象化"领域,直接进入这一领域的非制度化方面而获得。

在现代性条件而不是其它条件下,由于三个对象化领域中的一个步步扩散式的增长,使得三者之间存在着脆弱的平衡,所以,日常生活面临着危险并且人类条件受到威胁。然而,存在着能够给现代条件带来稳定性的诸领域的三种组合方式,与在第一种模式的有限形式中曾设想的相比,至少它们中的两种组合能够将稳定性与更大的开放性、更多的平等和自由结合起来。如果这些组合中的一个将结束,那么我们将处在一个新时代的开端,而不是终点。

(摘自于 Agnes Heller, *Can Modernity Survive*? Cambridge:Polity Press, 1990, pp. 43－60,王秀敏译。)

日常生活的形而上学

[捷]卡莱尔·科西克

一、烦（care）①

对人来说,经济的最原始最基本的存在方式是烦。人非自烦而"烦"人。人既不是烦蠹也不是脱烦者,烦蠹与脱烦中皆已有烦。人可以摆脱烦,但不可置烦于不顾。赫尔德(Herder)说:"烦乃人生之归属。"那么,什么是烦? 首先我们要说,烦不是一种心理状态,也不是与另一种相反心境交替出现的消极心境。烦是经过主观转换的人的客观主体实在。人之生存是能动的,尽管它可以表现为绝对被动性和逃避。人在其全部生存中总是业已陷入境况与关系的恢恢之网。这张网作为实践－功利世界呈现在人的面前,烦就是这关系之网缠绕人的重重挂牵。因此,客观的关系作为一个操持(procuring)的世界,作为手段、目的、计划、障碍和成功的世界,显现在个人面前(在"实践"中而不是在直观中)。烦是孤立社会个体的纯粹能动性。在参涉主体面前,实在不能原封不动地直接显身为一系列它应服从的客观规律;相反,它表现为活动和阻碍,表现为一个由于个人的能动参与才运动起来并有了意义的世界。这个世界是通过个体的参

① 拉丁词'cura'(忧虑)是多意的。人的终生的'忧虑'包含指向物质的凡俗要素,也包含向上帝追求的要素。K. 布达赫(K. Burdach),'Faust und die Sorge'《浮士德与忧虑》,Deustsche Viertoljahrss chrift fiir Literaurwissen-schaft und Geistesgeschichte, 1923, p. 49。

与构造起来的。它决不仅仅是一系列观念,它首先是存在于极为多样的变形之中的某种实践。

烦不是奋争着的个人的日常意识,不是他闲暇时便能摆脱的东西。个人从亲身的主观参与的角度构想出社会关系的盘错之结,烦便是他在这缠结中的实际参与。这些关系不是客体化的,不是科学或客观研究的题材,而是个人参与的境域。因此,主体不能把它们直观为现象和过程的客观规律。他从自己的主观性出发,把这些关系看做一个与主体相关联、对主体有意义、由主体所创造的世界。既然从参与主体的观点看烦是社会关系中个人的重重挂牵,那么它在这个主体看来也就相当于一个超主体的世界。烦是主体内中的世界。个人不仅是他自己认为自己所是或这个世界之所是,他还是他的环境的一部分,他在这环境中扮演着客观的超个体角色而毫不自知。在主观性中,作为烦的人外在于自身,瞄准着其他东西,超越着自己的主观性。但是,人不仅在外在于自身的存在中是主观性,而且在经由这种存在对自身的超越中也是主观性。人的超越意味着他通过自己的活动而成为超主观的和超个体的。人的终生忧烦(cura),既包含指向物质的凡俗要素,又包含向上追求,向神性追求的要素,"烦"是两重性的。这里问题就来了:"为什么会是两重的?"它是不是基督教意识形态观念的产物和创造物,因为对这种观念来说,此岸世界的苦难考验是通向上帝的唯一可靠途径? 是神学把人类学神秘化了,还是人类学把神学世俗化了? 神学之所以能被世俗化,只是因为神学的课题是现实中神秘化了的人类学问题。人对凡俗的和神圣的要素的跨越,是人类实践的两重性的结果。这种两重性在其神秘化形式中表现为"烦"的两重性。

主体被一个客观关系体系决定着,但他是作为以自己的活动构造关系网的个体行动的。所谓烦乃是:

1. 在以社会个体的参考和功利主义实践为基础的社会关系体系中,个人的重重挂牵。

2. 这一个体的最初以烦神(caring)和操持(Procuring)的形式表现的活动。

3. (操持和烦神)活动的主体,它表现为无区分和无名。

操持是抽象劳动的现象方面。劳动被分裂、被非人格化了，以致它的所有领域（物质的、经营的、理智的）都表现为单纯的操持和操控。如果我们看到，劳动范畴在德国古典哲学中的位置在二十世纪已被单纯的操持所取代，如果我们把这种变质看做黑格尔客观唯心主义向海德格尔主观唯心主义转变代表的衰落过程，我们就洞悉了历史过程的某一现象方面。以"操持"代替劳动并不反映某个具体哲学家思想的性质或某种哲学的性质，宁肯说它以某种方式表现出客观实在本身的变化。从"劳动"向"操持"的转变以一种神秘化的方式反映着人类关系的加剧拜物教化。经过这种拜物教化过程，人类世界在日常意识中（正如它在哲学意识形态中固定下来的那样）表现为现成的器械（device）、装具（implements）和关系的世界，表现为个人社会运动的舞台，他的主动性、就业、遍在（ubiquity）和汗水的舞台，一句话，表现为操持。个体在器械和装具的现成体系中运行，他操持它们，它们也操持他。他早已"忘记"了这个世界是人类的创造物。操持渗透了他的整个生活。不管劳作是生产还是白领工作，都被分割为数以千计的独立操作，每一种操作都有它自己的操作者和执行者。操控者面对的不是劳作，而是劳作被抽象分解后的一个片断，这使他无法看到作为整体的劳作。操控者把整体感知为即有之物，关于它的产生只有一些细节，而且这些细节本身是非理性的。

操持是实践的现象异化形式，它并不表明人类世界（人的世界、人类文化世界、人化着自然的文化世界）的起源，它表现着日常操控活动的实践，而人则受雇于一个即有"物"的系统，即装具系统。在这一装具系统中，人本身成了操控对象。操控实践（操持）把人转化为操控者，又转化为操控对象。

操持是（对人和物的）操控。它的动作天天重复着。人对此早已习以为常，机械地完成这些动作。"操持"这个术语表现实践的物像化性质，它意味着操控不是进行创造性劳作。人为操持殚精极竭，而对劳作"不加思索"。操持是人在现成给予世界里的实践行为。它相当于在某一世界里维护并操持装具，但它决不是构造人类世界的过程。对烦和操持的世界作了描述的哲学，受到异乎寻常的热烈欢迎，因为这个特殊世界是二十世纪实在的普遍表层。这个世界呈现在人面前时不是他所构造的实在,而是一个现成的不可透视的世界,在这个世界里操控表现为参与和活动。个人把电话、汽车或电源开关当做平常的无可置疑的东西来操控。只有在意外故障中,他才能发现自己生活在一个运行着的装具世界中,这个世界是个互相联结的连锁系统。意外的故障显示出,"工具"不能单独存在,只能复合地存在。没有话筒听筒就毫无用处,听筒又离不开导线,导线离不开电流、离不开发电站、离不开煤(原料)、离不开矿山。一把锤子或一把镰刀不是装具(装备)。毁坏一把锤子是单个人就能处理的一目了然的事情。一把锤子不是装具而是器具(tool)。它并不能显示出一个制约其功能的装具系统整体,它只代表生产者的极为狭小的圈子。在农作物、锤子和手锯的家长制世界里,要了解由二十世纪现代工业世界所创造的装具和设备的问题是不可能的。[①]

　　作为抽象人类劳动的现象形态,操持创造了一个同样抽象的效用世界。在这个世界里,一切东西都转化为功利性的器械(instrument)。在这个世界里,事物没有独立的意义,也没有客观的存在。它们只在可被操控时,才有意义。在实践性操控(操持)中,物和人都是装具,是操控对象。它们只有在一个普遍可操控性的系统中才有意义。世界在相关个体面前展示为一个意义系统,其中每个意义都指向所有其它意义。而作为整体的系统则反过来指向主体。物只是对这个主体才有这些意义。这反映出现代文明的复杂性。在现代文明中,特殊性已经被超越了,它的地位被绝对普遍性所代替。其次,在意义世界(如果将它绝对化并从对象的客观性中分离出来,它将导致唯心主义)的现象形态背后,依稀可以窥见人的客观实践及其创造物的世界的轮廓。在这个意义世界里,客观物质实践不仅构成了作为事物意谓(meaning)的事物意义(sense),而且还造就了使人得以与物的客观意谓(meaning)沟通的人类官能(sense)。在烦的视野中,客观实践和感性实践的世界溶解了,转化为由人类主观性勾画出来的

---

　　① 在《存在与时间》中看出了落后的德国宗法制世界的批判者,也步海德格尔的后尘落入了神秘化的窠臼。海德格尔所描述的是二十世纪资本主义世界的问题。但他用铁匠和锻造为例来说明这个世界,在很大程度上以浪漫主义精神将其伪装和掩盖起来。这一节不是对海德格尔哲学的分析,而是对"烦"的分析。它与"经济因素"和"经济人"一样表现为实践的物像化要素。

意义世界。这是一个静态的世界,在这里,操控、操持和功利性筹划代表着相关个体在一个来历不明的现成固定实在中的运动。个体与社会实在的紧密联结是通过烦来表现和实现的。然而,这一实在却在相关意识中展现为一个操控和操持的物像化世界。作为人类实践的普遍物化形象,操持不是生产和构成一个客观实践人类世界的过程,而是对现成装具乃至于文明的源泉和必要条件之总体的操控。人类实践的世界是客观人类实在的起源、生产和再生产;而操持的世界则是现成装具及其操控的实在。既然工人和资本家都生活在二十世纪的操持世界里,这个世界的哲学就必将显得比人类实践的哲学更具普遍性。这种虚假的普遍性产生的根源在于它是一种神秘化实践的哲学。这种实践不是人类的变革活动,而是对物与人的操控。在烦之中的人不仅被"抛入"早已存在的现成实在世界中;而且他在这个世界(本身就是人的创造物)中运行就像运行在仪器综合体中,他知道怎样操控这些仪器,却不知道其功能和存在的真理。在操持过程中,在烦之中的人操控电话、电视机、电梯、小汽车和地铁列车,却忘掉了技术的实在,忘掉了这些装置的意义。

在烦之中的人被包缠在社会关系中,同时还与自然发生某种关系,并发展出某种自然观。看出人类世界是个功利世界,就揭示出一个重要的真理:这世界是个社会世界,自然表现为人化的自然,表现为工业的对象和物质基础。自然是操持活动的实验室和原料基地,而人与它的关系类似于征服者与被征服者的关系、创造者与他的原材料的关系。然而,这仅仅是所有可能的关系中的一种,在此基础上形成的自然图景既没有穷尽自然的真理,也没有穷尽人的真理。"自然有时被化约为一个作场,为人的生产活动提供原材料。这实际上是自然向人(生产者)呈现出何种面貌的问题。但是,自然的整体及其意义不能仅仅化约为这种角色。把人与自然的关系归结为生产者和原材料的关系会使人类生活无限贫困化。此种归结暗示着人类生活的伦理方面和人与世界关系的伦理方面颠倒了;而且,自然(既不是人的创造物也不是别的什么的创造物,而是内在自存的东西)的丧失总与忘记人是更大整体的一部分相耦合。对照这个更大整体,人才能意识到自己的渺小和伟大。"①

在烦之中,个人总是即已投身未来,并将现在变为实现计划的手段或工具作为个人实践参与的烦,总在某个方面偏爱未来,并将未来变为基本的时间维度,在未来的烛照之下把握并"实现"现在。个人借助于他为之奋斗的蓝图,借助于他的计划、希望、恐惧、期待和目标来评价现在和过去。由于烦是期待,它便使过去失去效力,并全神贯注于尚未出现的未来。人的时间维度,他的存在于时间中的存在,在烦中展开为拜物教化的未来和拜物教化的暂存性。由于烦超前于现在,它不把现在看做可靠的实存,不把它看做"存在的封闭",而是看做一种飞逝。② 烦并未揭示人类时间的可靠性,未来本身不能在自身中克服浪漫主义和异化。在某种意义上,它等于从异化中逃脱,然而这是异化的逃脱,即功利性地克服。"生活在未来"和"预测未来"在一定意义上否定了生活:在烦之中的个人不是生活在他的现在,而是生活在他的未来。由于他否定存在之所是,而期待它之所不是,所以他生活在虚无中,即生活在不可靠性中,而他自身则在盲目的"果敢性"和放弃了的"等待"之间徜徉。蒙田对这种异化形式颇有见地③。

二、平日与历史

人类的每一种生存方式或在世(being-in-the-world)方式都有它的平日。中世纪的平日分散于不同的阶级、等级和社团之中。虽然农奴的平日不同于僧侣、游侠骑士或封建领主的平日,但它们都分有一个共同的类

---

① (美)S. L. 鲁宾斯坦(S. L. Rubinstein),*Printsipi i put' i Razvit' ia Pskhologii*, Moscow, 1959, p. 204。这里,作者是在与唯心主义地解释马克思《经济学 – 哲学手稿》中某些见解的做法论战。

② (西)奥尔特加·加赛特(Ortega Gasses)认为,第一个把人看做烦(care)的是他而不是海德格尔。"我们把人定义为这样的存在,他的基本的和决定性的实在是他对自己未来的关心……是他的先忧(preoccupation)。"这就是人类生命之所在。首先是先忧,或者像我的朋友海德格尔三十年以后说的那样,是烦(sorge)、见 *La connaisance de l'homme au XXe siecle*, *Neuchâtel*, 1952, p. 134。然而,问题是他和海德格尔都没有认识到,实践是人的根本决定因素,它包含着可信的世俗性。烦和烦的世俗性是实践的派生的物像化的形式。

③ "我们永远心无归处,我们永远魂系天涯。恐惧、欲望、希望将我们抛置到未来,并且从我们这里盗走了在者的感觉和思绪。"(《蒙田全集》,*Complete works of Montaigne*. Stanford, 1958, p. 8.)

名,即决定生活的速度、节律和组织的单一基础——封建社会。工业和资本主义不仅引入新的生产工具,新的阶级和新的政治制度,而且还引入了新的平日生活方式,引入了一种与先前时代根本不同的平日。

什么是平日?平日不是作为公共生活对立物的私生活。它也不是与某种高雅的官方世界对立的所谓的粗俗生活。刀笔小吏和皇帝同样生活在平日之中。整个的世代、千百万人民曾经或正在生活在他们的生活平日之中,好像平日是一个自然氛围。他们从未停下来问一下平日的意义是什么?询问平日的意义这件事本身有什么意义?这样的提问或许能使我们接近于了解平日的本质?平日在哪一点上成了问题?这种遮蔽意味着什么?平日(everyday)首先在于把人们的个人生活组织成每个一天(everyday)。他们的生活功能的可重复性固定在每一天的可重复性中,固定在每一天的时间安排表中。平日是时间的组织,是控制个人生活史展开的节律。平日有它的经验和智慧,有它的精微奥妙和预测功能。它有重复性,同时也有特殊情况,有常规日程,也有节日庆典。因此,平日并不意味着一种与反常、节庆、特殊或历史[大号的]相反的东西。假定平日是与作为反常现象的历史不同的一种常规,这本身就是某种神秘化的结果。

在平日中,活动与生活方式都变为本能的、下意识的、无意识的和不假思索的机械过程。物、人、运动、工作、环境、世界等的创造性和可靠性是不曾被人感知的。它们未经考查、未被发现,但是却简捷地存在着,并被看做囊中之物,看做已知世界的组成部分。平日表现为平淡冷淡的黑夜、机械和本能的黑夜,表现为熟知的世界。同时,个人可以用它的能力和智谋控制并计算平日世界的各个维度和潜在可能性。平日里一切都"在手边",个人可以实现他的意图。所以,它是一个可信、熟知和惯常行为的世界。生老病死、成功失败都是可以说明的平日事件。平日里个人在自己的经验、自己的可能性、自己的活动的基础上发生关系,所以他把平日看做自己的世界。这是个人能够筹划并控制的、可信的、熟识的世界,是直接经验和重复性的世界。在这个世界的边界之外还有另一个世界,一个与平日世界正好相反的世界。这两个世界的碰撞昭示了它们各自的真理。平日生活只有在被打断时才成了问题,才暴露自己为平日。

它不会被意外事件消极现象打断,因为日常水平的意外和庆典是平日生活的必要组成部分。平日表现为把千百万人的生活组织成一个规则的、可重复的工作、行动和生活的节律。所以,只有当千百万人受到强烈震撼而脱离了这一节律时,平日生活才被打断。战争打断了平日生活。它强有力地把千百万人拖出他们的环境,把他们从工作中撕扯出来,把他们逐出他们所熟悉的世界。虽然战争也"发生"在地平线之内,"发生"在平日的记忆和经验中,但它超出了平日。战争是历史。在(历史的)战争对平日的撞击中,平日被征服了。对千百万人来说,习惯的生活节律完结了。在这种平日与历史(战争)的冲突中,一种(特殊的)平日生活已被打断,另一种习惯的、机械的和本能的行动和生活的节律尚未建立起来。这种冲突暴露了平日的性质,也暴露了历史的性质,以及二者之间的关系。

俗话说,人们甚至连断头台也能习惯。就是说,即使在最不寻常、最不自然、最不人道的环境中,人们也会发展出一种生活的节律。集中营也有它的平日。事实上,即使是死囚室中的人也有他的平日。平日中运演着两类可重复性和替换。平日中的每一天都可以换为相应的另一天。平日使这个星期四与上个星期四或者去年的某个星期四毫无二致,它与其他的星期四合而为一。而且,只有当这一天中有什么特殊的意外的东西时,它才能被保存下来,亦即在记忆中与其他日子不同而突现出来。同时,任一平日的主体,都可以任意换为别的主体,平日的主体是可以互换的。对他们可以用数字来描述,用印章来标记,毫无不便之处。

平日与历史的冲撞引起了一个剧变。历史(战争)打断平日生活,但平日也能制服历史,因为任何事情都有其平日。在这个冲撞中,实践证明平日与历史的分离是一种神秘化。但这种分离恰恰是日常意识的出发点和主导思想。实际上平日和历史是相互渗透的。在互相缠绕中,它们表面上的性质改变了。平日不再是平常意识所了解的那样。同样,历史也不再是它显现给平常意识的那个样子。素朴的意识认为,平日是一个自然氛围或熟悉的实在;而历史仿佛是一种超越的实在,它发生在平日的背后。历史以灾难的形式闯入平日,个人像牲口被赶入屠宰场一样,听天由命地被抛入这灾难之中。在素朴意识看来,平日与历史之间的生活断裂是一种宿命。平日表现为信任、熟识、亲近,表现为"故乡"。而历史表现为出轨、平日生活的打断,表现为意外和陌生。这一断裂把实在一劈两半,一面是历史的历史性,另一面是平日的非历史性。历史变化着,平日则保持不变。平日是历史的基础和原材料。它支撑着并滋养着历史。但它本身却没有历史并且在历史之外。在什么样的环境中平日变成了"工作日宗教?"在什么样的环境中平日成了人类生活永恒的、不可改变的条件?既是历史的产物和历史性之渊源,平日又如何最终与历史分离?它如何考虑历史中的自相矛盾,即事变和事件之间的互相矛盾?平日是一个现象世界,即使在掩盖实在的时候它也以某种方式揭露着实在。①

在某一方面,平日揭露着实在的真理,因为外在于平日世界的实在等于先验的非实在,亦即一种没有力量和效能的结构。但是在另一个方面平日又掩盖着实在。平日并不直接包含实在之整体,而是有中介地包含它的某些方面。对平日的分析只能在一定程度上把握和描述实在。在这个意义上说,人们是通过实在来把握平日,而不是相反。②

"烦的哲学"的方法既是神秘化又是非神秘化。在这种神秘化和非神秘化中,它以一种特殊的实在表现平日,好像这就是平日本身。这种方法在平日和"工作日宗教"(即异化了的平日)之间不加区别。它把平日看做不可靠的历史性,认为向可靠性的转化是对平日的丢弃。

如果平日是实在的现象"层面",那么物像化了的平日就不能在向可靠性的跳跃中克服,而只有通过在实践中消除平日拜物教和历史拜物教才能克服,亦即通过实践从现象和本质两方面摧毁物像化实在。我们曾说明,把平日与可变性、历史僵硬地分开,一方面会导致历史的神秘化,这种历史的神秘化可以表现为马背上的皇帝和〔大写的〕历史;另一方面会抽空平日,导致平庸陈腐和"工作日宗教"。与历史离异,平日会变得空洞乏味,以致演变成荒诞的不变性。与平日离异,历史就会变成一个荒诞

---

① 现代唯物主义第一次消除了平日与历史之间的矛盾,并确立了关于社会 – 人类实在的前后一贯的一元论观点。只有唯物主义理论把一切活动都看做历史的活动,并填平了非历史的平日与历史性的历史之间的鸿沟。

② "平日的秘密……最终显其原形为一般社会实在的秘密。然而,这一概念的内在辩证法表现为,平日既展现社会实在又掩盖社会实在"。(美)G. 雷曼(G. Lehman),'*Das Subjekt der Alltäglichkeit*',*Archiv für angewandte Soziologie*,Berlin,1932 – 1933,p. 37。作者不正确地认为,"平日的本体论"可能通过社会学来把握,而哲学概念可以直接翻译为社会学范畴。

的软弱无力的巨人,它作为灾难闯入平日却无法改变它,即无法清除它的陈腐,无法给它以充实的内容。十九世纪的粗俗自然主义认为,历史事件的重要性并不在于它们如何发展和为何发展,而是在于它们如何影响"群众"。然而,仅仅把"宏大的历史"投映到普通人民的生活中,并不能清除唯心主义历史观,它在某种意义上甚至强化了唯心史观。从政坛英雄的观点看,只有所谓的高雅的世界,使平日的空虚性相形见绌的伟大业绩和历史性事件的世界,才有资格纳入历史之中。与此相反,自然主义的概念取消了这个高雅的世界,而全神贯注于鸡零狗碎的日常琐事,专注于平常生活的单纯记录和纪录片式的快镜拍摄。然而,这种处理和唯心主义的处理在同样程度上剥夺了平日的历史维度,平日被看做永恒的,原则上是不可改变的,因此与历史上任何时期都是可兼容的。

平日表现为非个人力量的无名和专制。这种力量指导着个体的行为、思想趣味、乃至于他对平庸的抗争。平日的无名代表为其主体的无名,即表现在"某人/非任何人"这一名称中。这种无名的副本是被称做"历史创造者"的历史演员们的无名。历史事件最终表现为非任何人的作品,因而也就是所有人的作品,这是平日和历史所共有的无名性造成的。

有人说,个人的首要身份是无名的,人首先是在烦与操持的基础上,在把他淹没了的操控世界的基础上理解自己和这个世界。这是什么意思呢?说"Man istclas, Was manbetreiht",(人所是即是人所为)是什么意思? 如果说个人最初隐没于"某人/非任何人"的无名和匿名之中,而这个"某人/非任何人"在他内里行动着、思维着,并且在他之内为了他、为他的那个我抗争着,这又是什么意思呢? 人正是通过他的生存,才不仅仅是一个业已被罩入社会关系之网的社会存在。即使在他意识到或有了能意识到这一实在之前,他也同时作为一个社会主体行动着、思维着、感受着。日常意识("日常生活宗教")把人的生存当做可操控的对象,并如此对它进行处理和解释。由于人与自己的环境相认同,与那些手边之物、操控之物和最接近于他的有形之物相认同,他自己的生存和对这生存的理解就成了某种遥远而疏导的东西。熟知是认识的绊脚石。人可以对其操控和操持的直接世界了如指掌,但不能对他自己"了如指掌",因为他消失在这个操控世界中并与它化为一体了。神秘化和非神秘化的"烦的哲学"描述这个实在，以这个实在为前提，但却不能解释它。为什么人最初消失在"外部"世界之中，并从这个世界出发解释自己？人原本就是他的世界所是的东西。这种派生性生存决定着他的意识，并且规定着他以什么方式解释自己的生存。某一个别的主体首先是一个派生性主体，虚假的个体性（虚假的"我"）和虚假的集体性（拜物教化的"我们"）都是如此。唯物主义指出，人是社会条件的总和，但忘了提及谁是这些"条件"的主体。① 结果，它只好加以"解释"，用真实的或者神秘化的主体（即神秘化的我或神秘化的我们）来填补这一空白。这两种情况都把真实的个体转变成一个工具或一具假面。

人类生存中的主－客体关系与内外关系不同，也不同于孤立的前社会或非社会主体与社会实体的关系。主体早已在骨子里渗透着一种对象性，这种对象性是人类实践的对象化。一个个体会非常彻底地沉溺于对象性之中，沉溺于操控和操持的世界之中，以致他的主体消失在这个世界里，而对象性则突现出来成为真实的（尽管是神秘化的）主体。人会消失在"外部"世界中，因为他是对象性主体的实存。这种对象性主体通过生产出一个主－客观历史世界才得以生存。现代哲学发现了一个伟大的真理，即人不是堂堂正正地诞生于环境之中，而总是被"抛入"②一个世界。他不得不在挣扎中，在"实际生活"中，在他自己生命史的进程中，在占有和变革的过程中，在生产和再生产实在的过程中，为自己审视这世界的可靠性和不可靠性。

在个体的和人类的实践－精神进化过程中，无名性的无差别的全能统治终将崩溃。在个体发生和种系发生的过程中，一方面，它的无差别性多样化为人和一般人性；另一方面，对一般人性的占有把个体转变为人类个体，并转变为一些特殊的、非人类的、在历史上转瞬即逝的特征。如果个体要为自己开辟通向可靠性的道路，他就不得不从这些特征中挣脱出来。在这个意义上，人的进化是作为一个人与非人、可靠性与非可靠性分

---

①　对立体的删略或遗忘表现着并造成了"人的异化"的一种类型。

②　我们应该记住，存在主义的术语往往是革命唯物主义概念的唯心浪漫主义复制品，亦即掩蔽性的和戏剧化的复制品。

离的实践过程而前进的。

我们已把平日规定为一个有规则的节律世界。人听从机械的本能，带着一种熟识感在这种节律中游荡。反省平日的意义导出了荒谬意识：平日毫无意义可言。"早晨穿衬衣多么令人讨厌，然后又要穿裤子。晚上缩进被窝，早晨再钻出来。日复一日，年复一年，永远不能指望有任何改变。这真是太可悲了。再想想，千百万人在我们之前这样做，又有千百万人今后还要这样做……"①然而，问题的本质不在于对平日的荒诞性的意识，而是在于人们在什么时候开始对它进行反省。人们对平日的自动性和不变性提出疑问，并不是因为它本身能成为问题。相反，平日成为问题反映着实在成了问题。从根本上讲，人所寻觅的不是平日的意义，而是实在的意义。荒谬感不是由对平日的自动性的反省所唤起。相反，对平日的反省是历史实在强加给个人（丹东）的荒谬性的结果。

只有自动地实现多种多样的生活功能，人才能成其为人。这些活动对他的意识和反思冲击愈少，它们就愈是妥当，愈能提供好的服务。人的生活愈复杂，他所卷入的关系愈多，他所实现的功能愈多，自动化的人类功能、习惯、程式的必然领域的范围就愈大。把人类生活的平日加以自动化、机械化的过程是个历史过程。因而，自动化的可能的和必然的领域与人类最大利益不允许自动化的领域之间的疆界，是在历史过程中变更的。由于人类文明日益复杂化，人的活动在更大范围内自动化了。人必须接受这个事实，以便为真正的人类问题留出充分的时间和空间。② 如有某种生活功能不可能自动化，它就会成为人类生活本身的障碍。

由于从不可靠性向可靠性的转变是个历史过程，它的实现既有赖于人类（阶级、社会），也有赖于个人，所以，对具体转变形式的分析必须涵盖这两个过程。在哲学为它的问题提供的枯燥无味、烦琐冗赘的答案中，我们常常可以看到人们把一个过程强制性地还原为另一个过程或者将两个过程等同起来。

---

① （德）格奥尔格·毕希纳：《丹东之死》，*Plays of Georg Bchner*，London，1971，p. 27。

② 控制论有一个方面很少有人正确评价过。这就是它重新提出了人的本性是什么问题，并在实践中变更了创造性活动与非创造性活动之间的界线，同时也变更了两个领域之间的界线：在一个领域中摆弄古董被看做是闲暇和消遣，在另一个领域则被看做学术工作。

异化了的平日世界的伪具体,通过间离、通过存在主义的更改或革命的变革而被摧毁。虽然上述诸方式属于不同等级,但每一种摧毁方式都有其相对独立性,就这个意义来讲,都是不能由其他方式代替的。

平日的熟识世界并不是一个已知的被认识了的世界。为要表现它的实在,必须撕去其拜物教化亲密的假面,暴露其异化的残忍。素朴地、非批判地体验工作日生活,把它当做自然的人类环境,这与哲学虚无主义有一种实质性的共同品格。这两者都是把平日的某一特殊历史形式看做一切人类共存形式的自然的、不可改变的基础。在前者中,平日的异化反映在意识中是一种非批判的态度;在后者中,则是一种荒谬感。为了窥见异化了的平日之真情,人们必须与它保持一定的距离;为了取消它的熟识性,人们必须对它施行"强制"。为了使人们的真实形象得到恰当的表现,他们不得不"变成"寄生虫、狗、类人猿。这是什么社会,什么世界!为了表现人和他的世界,为了让人们看清自己的面目并认识自己的世界,需要多么"牵强"的比喻和寓言! 我们觉得,当代艺术(诗歌与戏剧,绘画与摄影)的主要原则之一是对平日的"强制",是对伪具体的捣毁。①

人们正确地意识到,人所提出的关于人类实在的真理,是某种不同于这一实在本身的东西,因而总是不充分的。只把实在的真理呈现在人的面前是不够的,人还必须实施这一真理。人总想生活在可靠性中并实现这种可靠性。一个人不可能自己在环境中造成一个革命性的变革从而根除罪恶。这是否意味着,作为个体的人与可靠性没有直接关系? 在一个不可靠的世界中,他能过一种可靠的生活吗? 在一个不自由的世界里他能得到自由吗? 是否存在一种唯一的超人格、超个体的可靠性,是否存在一种所有人都可以达到的一劳永逸的选择? 在存在主义的更改中,个人的主体发觉了自己的多种可能性,并对它们作了选择。他改变的不是世界,而是他对世界的态度。存在主义的更改不是对世界的革命性改造,而

---

① 以间离原则为基础的诗歌理论与实践,只是摧毁伪具体的一种艺术方式。贝托尔特·布莱希特(Bortolt Brecht)与二十年代知识界氛围的关系,以及他与反异化的抗议运动的关系是十分明显的。我们还应把弗兰茨·卡夫卡的作品看做是对伪具体的艺术的捣毁。见 G. 安得尔斯(G. Anders),*Franz Kafka*,London,1960,及 W. 恩里希(W. Emrich),Franz Kafka,Frankfurt,1957。

是个人在世界中演的一出戏。在存在主义的更改中，个人把自己以不可靠的生存中解放出来，并通过考察平日的准死亡状态，在多种生存方式中选择了一种可靠的方式。这样，他消除了平日的一切异化，并且把平日提升了。但在此同时，他也否定了自己活动的意义。选择可靠性的准死亡状态导致一种贵族的浪漫式的斯多葛主义（不管是在王座上、还是在锁链中，我都带着死亡的印记可靠地活着！）。或者，干脆选择死亡。然而，这种形式的存在主义更改不是个人实现其可靠性的唯一方式，甚至也不是最常见或最恰当的方式。它同样只是一种有相当明确的社会阶级内容的历史性选择。

（摘自于［捷］卡莱尔·科西克：《具体的辩证法——关于人与世界问题的研究》，傅小平译，社会科学文献出版社 1989 年版，第 46～62 页。）

理性向生活世界的回归

——20 世纪哲学的一个重要转向

衣俊卿

　　纵观 20 世纪哲学的发展,我们可以从异彩纷呈的哲学理论体系的多重格局中捕捉到人类理性多向流变的轨迹。在这里,我们看到了分别发端于叔本华的唯意志论和孔德的实证哲学的人本主义和科学主义两大哲学思潮的分野与碰撞,发现了人类理性演进的几次重大的转向,如开始于弗雷格而完成了维特根斯坦的"语言学转折"、舍勒所代表的"人类学转折"等等。对于上述思潮或转向,哲学界已多有研究。然而,在 20 世纪一些不同流派的重要哲学家那里,还以自觉的或不自觉的方式发生着一种很具普遍性的哲学转向,即人类理性向"生活世界"的回归,其结果是形成各种显性的或隐性的日常生活批判理论。了解 20 世纪哲学的这一重要转向或新视野,有助于我们更加深刻地把握当代哲学的本质精神。

一、向生活世界回归的理论范例

　　卢卡奇在《审美特性》的"前言"中曾指出,"如果把日常生活看做是一条长河,那么由这条长河中分流出了科学和艺术这样两种对现实更高的感受形式和再现形式"①。从这样的视角出发,他认为,人在日常生活中的态度是第一性的,日常生活领域对于了解科学、艺术等更高的反映方

---

① （匈）乔治·卢卡契:《审美特性》,徐恒醇译,中国社会科学出版社 1986 年版,第 1 页。

式极为重要。然而，正如他所发现的那样，在现代社会中，科学、艺术同日常生活处于分离状态，因此，日常生活至今尚未得到自觉的和充分的研究。伴随着人类自我意识的增强，最初从扑朔迷离的原始神话世界中分化出来的科学、艺术和哲学等自觉的精神生产活动，取得了愈来愈远离日常生活世界的独立性。科学在很长的时间内只关注没有人的活动参与其中、与人无涉的"纯粹"客观之物；艺术常常远离生活的原生态，以浪漫的或现实的手法提炼与塑造典型环境中的典型人物；哲学则只思索生活世界背后的本体、抽象的认识机制，或人的形而上的本质。日常生活世界则往往处于自觉的理性视野之外，退隐为人类生存的背景世界。

　　然而，人类实践发展到 20 世纪，不仅仅是某个哲学家零散地、偶尔地将目光投向了日常生活领域，而是许多哲学家或哲学流派都不约而同地从不同视角将注意力聚集到生活世界上，提出了关于生活世界的构想和批判理论。我们可以从胡塞尔的现象学、维特根斯坦的语言哲学、海德格尔的存在主义、列菲伏尔的西方马克思主义、K. 科西克和 A. 赫勒的东欧新马克思主义等重要哲学流派的主要观点中，看到 20 世纪哲学向生活世界回归的这一重要转向。

　　1. 胡塞尔的现象学："生活世界"

　　作为现象学的创始人，胡塞尔的思想对海德格尔、萨特等 20 世纪的许多思想家产生了重大的影响。他早年致力于建立以"现象学还原"的方法和意向性理论为核心的先验现象学体系，其宗旨是要把哲学建构成一种严格的科学。在他看来，这不仅是哲学的本质要求，而且也是科学发展的要求。换言之，胡塞尔哲学研究的深刻动机是为了重新确立科学的基础。正是胡塞尔的科学理想使他晚年看到了欧洲科学的危机，并在对科学危机的诊治过程中发生了一次重大的思想转折：从理想的科学世界回归前科学的生活世界。

　　胡塞尔于本世纪 30 年代在《欧洲科学危机和超验现象学》一书中明确指出，欧洲的科学已陷入深刻的危机之中。这里的所谓"科学危机"不是指物理学或数学等具体学科本身的危机，而是指由于科学的社会作用所引起的文化危机，因而，从根本上说，这是一场哲学的危机，一场人自身的危机。胡塞尔认为，在 19 世纪与 20 世纪之交，实证主义思潮开始流行,人们被实证科学的表面繁荣所迷惑,让自己的整个世界观受实证科学的支配,结果,被人们理想化和神化的科学世界偏离了关注人生问题的理性主义传统,把人的问题排斥在科学世界之外,导致了片面的理性和客观性对人的统治。从这种意义上看,科学危机的实质是科学同人的存在相分离,结果使科学失去了意义,甚至危害人类。而迷信于实证科学的人们也失去了意义和价值世界。

面对这场深刻的文化危机,胡塞尔为欧洲人开出了"生活世界"的药方。他认为,导致这场危机的根源在于科学世界在自己的建构过程中,偷偷地取代并遗忘了生活世界,因此,要摆脱这场危机,就必须回归生活世界。他指出:"最为重要的值得重视的世界,是早在伽利略那里就以数学的方式构成的理念存有的世界开始偷偷摸摸地取代了作为唯一实在的,通过知觉实际地被给予的、被经验到并能被经验到的世界,即我们的日常生活世界。"①胡塞尔有时也把"日常生活世界"(alltagliche Lebenswelt)称做"生活世界"(Lebenswelt)或"周围世界"(Umswelt)。在他看来,这一生活世界是"直觉地被给予的"、"前科学的、直观的"、"可经验的"人之存在领域。

胡塞尔认为,这一生活世界同科学世界相比具有优先性,因为在生活世界中,人和世界保持着统一性,这是一个有人参与其中的、保持着目的、意义和价值的世界;而科学世界是从这一前科学的生活世界中分化出来的,它把生活世界的一部分抽取出来加以形式化和片面化,结果把人从统一的世界图景中作为主观性而排斥出去,形成了一幅没有人生存于其中,没有目的、意义和价值的科学的世界图景。正是科学世界与生活世界的这一分裂导致了科学和人的存在的危机。从这一分析中,胡塞尔得出结论:"生活世界是自然科学的被遗忘了的基础。"②他认为:"现存生活世界的存有意义是主体的构造,是经验的、前科学的生活的成果。世界的意义

---

① (德)胡塞尔:《欧洲科学危机和超验现象学》,张庆熊译,上海译文出版社 1988 年版,第58 页。

② (德)胡塞尔:《欧洲科学危机和超验现象学》,张庆熊译,上海译文出版社 1988 年版,第58 页。

和世界存有的认定是在这种生活中自我形成的。"①

基于上述分析,胡塞尔反复强调,科学不应当把人的问题排除在外,哲学应当自觉地回归并研究生活世界,为欧洲人重建人与世界相统一的,有价值、意义和目的的世界。他明确指出:"我们处处想把'原初的直观'提到首位,也即想把本身包括一切实际生活的(其中也包括科学的思想生活),和作为源泉滋养技术意义形成的、前科学的和外于科学的生活世界提到首位。"②这样,胡塞尔在 20 世纪哲学中率先完成了具有决定意义的、对后来产生很大影响的回归生活世界的思想历程。

2. 维特根斯坦的语言哲学:"生活形式"

无独有偶,在 30 年代中期,当胡塞尔开始写作并讲解《欧洲科学危机和超验现象学》一书的主要观点时,另一位大哲学家维特根斯坦也开始了自己思想的巨大转折,他从另一条路径向生活世界回归。

众所周知,维特根斯坦早年与罗素共同创立了逻辑原子论,把哲学归结为一种分析活动,一种"语言的批判",即逻辑的澄清活动和语言的治疗活动。他认为,人们的日常语言即自然语言带有歧义性与含混性,从而掩盖了语言的本质和逻辑。因此,他同弗雷格和罗素一样,主张建立科学语言即人工语言,以消除日常语言的混淆。然而,十几年以后,在 1936—1949 年间写成的《哲学研究》中,维特根斯坦公开承认用理想的人工语言取代日常语言是一种错误的做法,他由此开始放弃科学语言或人工语言的追求,回到色彩纷呈的日常语言,以日常语言的分析代替人工语言的逻辑分析。正是这种由理想的人工语言向日常语言的转向,导致他对"生活形式"即生活世界的回归。

维特根斯坦在晚期依旧坚持"哲学是语言的批判",但是,哲学不再是逻辑分析,不再是从表面语法现象去揭示逻辑形式本质,而是要使语言回到日常应用上去。日常语言虽然含混,但却有意义。他用语言游戏说来代替早期的逻辑图画论,认为语词的意义不在于图象,而在于语词的日

① (德)胡塞尔:《欧洲科学危机和超验现象学》,张庆熊译,上海译文出版社 1988 年版,第 58 页。

② (匈)胡塞尔:《欧洲科学危机和超验现象学》,张庆熊译,上海译文出版社 1988 年版,第 81、70 页。

常用法。这样,维特根斯坦就提出了一个十分重要的概念,一个同胡塞尔的"生活世界"基本相同的范畴:"生活形式"(Leben Form)。

维特根斯坦提出"生活形式"范畴是为了解决语言乃至实在的意义来源问题。他认为,语言的真正意义就呈现于丰富多彩的生活形式之中,使用一种语言就是采用一种生活形式。换言之,语言游戏的意义归根结底来源于生活形式。他举例说,我们即使懂得一个陌生国家的语言,如果不了解他们的生活方式,也还是不能理解这个国家的人民。只有知道了他们的"生活形式",我们才明白他们用语言做什么,以及语言怎样适应于他们的活动。

维特根斯坦没有给"生活形式"下一个确切的定义,但从他的论述可知,他用生活形式来指谓人在"人类自然史"中所进行的各种活动,即现实的生活。他的"生活形式"也同胡塞尔的前科学、前逻辑和原给定的"生活世界"一样,是人们"必须接受的东西,给定的东西"。因此,当维特根斯坦通过回归生活形式,把语言从抽象的逻辑王国中拉回到日常生活世界时,他就同胡塞尔一样,试图为陷入危机之中的科学世界和人文世界提供一个内在于生活世界之中的意义世界。他清楚地意识到这一点,在《数学基础评论》中曾明确指出,"时代的疾病要用改变人类的生活方式来治愈,哲学问题的疾病则要以改变人类的思维方式和生活方式来治愈,而不是用某个人发现的药物来治愈"[1]。正如有的论者指出的那样,维特根斯坦向日常语言和生活形式的回归,实际上是在为陷于危机之中的人类寻找家园。"他对生活形式的回归实际上就是在寻找被实证主义所遗忘的人的世界。""寻找作为生活形式的语言就是寻找一个安宁的家。"[2]

3. 海德格尔的存在主义:日常共在的世界

在 20 世纪的重要思想家中,存在主义创始人海德格尔也对生活世界进行了深刻的剖析。然而,他不像胡塞尔和维特根斯坦那样,把日常生活世界当作自在的价值和意义的源泉,而是通过对人的在世,特别是通过对

---

① 引自尚志英:《寻找家园——多维视野中的维特根斯坦语言哲学》,人民出版社 1992 年版,第 203 页。

② 引自尚志英:《寻找家园——多维视野中的维特根斯坦语言哲学》,人民出版社 1992 年版,第 198、204 页。

人的日常共在的剖析,揭示现代日常生活世界的深刻和全面的异化。

海德格尔哲学的宗旨是追问"在的意义"。他认为,西方传统形而上学一向从现成的、被给定的东西即在者入手来探讨存在的意义,结果都未能真正理解在是什么。因此,他主张从此在即人的存在入手来揭示存在的意义,此在通过"在世"(即存在于世界之中)而展开自身的本质和展示在的意义。海德格尔用"被抛入"和"烦"来揭示此在的"在世"结构。此在的在世是从"被抛入"状态开始的。人被抛入世界之中,一方面必须同包围着自己的在者即手边的物打交道,另一方面必须同共同在世的此在(即他人)打照面,前者可以被理会为"烦忙",后者可以被理会为"烦神",烦由此就作为此在的基本在世结构而内在于共同此在(即共在)的世界之中。这样,海德格尔就展开了对日常共在世界的剖析。

海德格尔在《存在与时间》中从多方面描绘了日常共在的方式。比如,他用闲谈、好奇、两可来描述此在的日常存在方式。日常交谈常常表现为闲谈,一件事情是怎么样的倒要取决于人们对它是怎么说的;好奇描述的是人在日常生活中贪求新奇却又无所用心、不求甚解的生存状态;而两可现象则描绘了人的无所定见状态。海德格尔把闲谈、好奇和两可几种方式统称为"沉沦",即人由本真的存在状态向非本真状态的沉沦,也就是此在的异化。他指出,"此在首先总已从它自身脱落、即从本真的能自己存在脱落而沉沦于'世界'。杂然共在是靠闲谈、好奇与两可来引导的,而沉沦于'世界'就意指混迹在这种杂然共在之中。我们曾称为此在之非本真状态的东西,现在通过对沉沦的阐释而获得了更细致的规定。"①显而易见,在海德格尔的视野中,日常共在的世界或日常生活世界是一个全面异化的领域,一种非本真的存在状态。关于日常生活的异化,海德格尔作了许多论述,我们可以择其要者指出几点。首先,日常主体把本己的此在完全消解在他人的存在方式之中,与无个体性的常人认同,结果造成一种未分化的平均状态。"常人怎样享乐,我们就怎样享乐;常人对文学艺术怎样阅读怎样判断,我们就怎样阅读怎样判断;竟至常人怎样从'大众'中抽身,我们就怎样抽身;常人对什么东西愤怒,我们就对什么

---

① （德）海德格尔:《存在与时间》,陈嘉映、王庆节译,三联书店 1987 年版,第 213 页。

东西'愤怒'。这个常人不是任何确定的人,而一切人(却不是作为总和)都是这个常人,就是这个常人指定着日常生活的存在方式。"①其次,日常共在的主体在逃避自由的同时,也推卸责任。"常人仿佛能够成功地使得'人们'不断地求援于它。……常人一直'曾是'担保的人,但又可以说'从无其人'。在此在的日常生活中,大多数事情都是由我们不能不说是'不曾有其人'者(造成的)。常人就这样卸除每一此在在其日常生活中的责任。"②再次,日常共在的主体间的交往同样具有异化的性质。"互相关心、互相反对,互不相照、望望然去之,互不关涉,都是烦神的可能的方式。而上述最后几种残缺而淡漠的样式恰恰表明日常的平均的相互共在的特点。这些存在样式又显示出不触目的与不言而喻的性质,这类性质为日常世界内的他人的共同存在所固有,亦如为烦忙每日所及的用具的上手状态所固有一样。"③总而言之,海德格尔视野中的日常生活世界是一个全面异化的领域。

4. 列菲伏尔的西方马克思主义:现代世界的日常生活

西方马克思主义著名代表人物、法国哲学家列菲伏尔明确提出了日常生活批判这一主题,他的名著《日常生活批判》(1946)和《现代世界的日常生活》(1968)使他当之无愧地被誉为当代日常生活批判大师。他在基本观点上很接近海德格尔,把日常生活世界当做一个全面异化的领域。

列菲伏尔日常生活批判的理论基础是马克思的异化理论。他的全部理想追求是"总体的人",即创造性的、自我创造的人在世界历史中的生成。他认为,迄今为止总体的人尚未生成,人还处于异化的、非人的状态之中。而且,在现代世界中,异化存在于人的劳动、思想、需求、交往等一切生活领域。尤其值得注意的是,异化不仅存在于政治、经济等社会活动领域,而且渗透并充斥于日常生活领域。列菲伏尔把日常生活看做是一个介于经济基础和上层建筑之间的"层面"。他认为,日常生活这一层面的突出地位在于,人正是在这个层面上"被发现"和"被创造"的。这实际上是指个体的生存和再生产。正因为日常生活层面具有如此重要的基础

①　(德)海德格尔:《存在与时间》,陈嘉映、王庆节译,三联书店1987年版,第156页。
②　(德)海德格尔:《存在与时间》,陈嘉映、王庆节译,三联书店1987年版,第157页。
③　(德)海德格尔:《存在与时间》,陈嘉映、王庆节译,三联书店1987年版,第149页。

地位,所以它的异化必然直接阻碍总体人的生成,直接遮蔽和束缚上层建筑和意识形态中的革命倾向。也正因为如此,对现代世界中的日常生活批判应当是现代哲学的重要使命。

列菲伏尔指出,在传统哲学理论中,日常生活一直被当做"非哲学的"和"非真理的"存在而排斥在哲学的视野之外。这种情形是很消极、很危险的。分立的哲学和日常生活都有自己的局限,前者是"无现实的真理",后者是"无真理的现实"。只有二者相结合,才能抵消各自的局限,而如果哲学远离"非哲学的"日常生活,它就会陷入自我矛盾和自我破坏。因此,应当建立起对现代世界的日常生活进行批判的哲学,"解决问题的办法是尝试建立日常生活的清单和分析,以便揭示日常生活的歧义性——它的基础性和丰富性,它的贫乏和丰饶,用这种非正统的方式可以解放出作为日常生活内在组成部分的创造力"①。

列菲伏尔认为,这样一种日常生活批判要按照生活的本质样式去分析它,揭示现代日常生活的积极因素和消极因素,特别是它的异化性质,致力于克服人性的分裂和矛盾,如脑力劳动与体力劳动的分裂、城市与乡村的分裂、私人与社会的分裂等等,同时要扬弃由于技术客体和大众文化对日常生活的渗透而造成的异化,即现代世界的"消费主义"特征等。总之,他认为,日常生活批判是一场促进"总体的人"生成的革命,它最终将导致一种人道主义社会,"在这种人道主义中,最高的权力机关不是社会,而是总体的人。总体的人是自由集体中自由的个人。它是在差别无穷的各种可能的个性中充分发展的个性"②。这是日常生活批判的宗旨。

5. 科西克与赫勒的东欧新马克思主义:"伪具体性的世界"和"自在的类本质对象化领域"

捷克哲学家 K. 科西克和匈牙利布达佩斯学派的 A. 赫勒均是东欧新马克思主义重要代表人物,他们受卢卡奇的直接或间接的影响,都把对日常生活世界的批判当做自己哲学理论的重要组成部分,而且,尽管二人对日常生活的界定不同,但都倾向于把日常生活世界理解为一个自在的

---

① H. Lefebvre: *Everyday Life in the Modern World*, p.13, Harper & Row, Publishers, 1971.

② 引自《西方学者论〈1844 年经济学—哲学手稿〉》,复旦大学出版社 1983 年版,第199 页。

领域。

科西克于 60 年代初发表了著名的《具体的辩证法》,用"具体的总体"来揭示在人的革命的和批判的实践活动中展开的人的真正的、非异化的存在状态,揭示自我生成、自我建构的"人的总体"或"总体的人"。然而,他认为,在现存中,同以人的革命的和批判的实践活动为基础的具体总体的世界相对立的,还存在一个"伪具体性的世界",这是由"伪具体"和"虚假总体"构成的统治人、束缚人的世界。科西克认为,他的具体辩证法的宗旨是通过革命的和批判的实践活动摧毁伪具体性的世界,建构具体的总体,使总体的人得以生成。

科西克认为,尚未显现本质的现象、人的拜物教实践、降低为手段的劳动、盲目的经济必然性、异化的客体、日常活动都是这一伪具体性的世界的组成部分。其中,日常生活最能反映伪具体性世界的自在的本质,因为它直接地建立在自在的功利主义实践和重复性的日常思维的基础之上。"直接的功利主义实践和与之相应的日常思维,使人们可以在世界中自然地运行,使人们感到与物相熟悉,并且能操控它们。但是,这并不能使他们达到对物和实在的理解。"①

从这样一种自在的和重复性的日常实践活动入手,科西克比较深刻地揭示了传统日常生活的基本图式和本质特征。首先,日常活动是自在的、无意识的、不假思索的活动。科西克说:"在日常中,活动和生活方式被转变为本能的、下意识的、无意识的和不假思索的活动和生活的机制:事物、人、运动、工作、环境、世界——它们不是按其创造性和真实性而得以理解,它们没有被考察和被发现,而只是存在于那里,被当做存货,当做已知世界的组成部分而加以接受。日常呈现为未分化的黑夜,机械和本能的黑夜,即表现为熟知的世界。"②其次,日常生活的运演有着鲜明的重复性,日常主体不是不可替代的个体,而是可以被他人替换的无名分的存在。科西克指出:"在日常中运演着两种可替代性和替换。日常中的每一天都可以换为相应的另一天,日常使这个星期四与上个星期四或去年的

---

① Karel Kosik, *Dialectics of the Concrete*, D. Reidel Publishing Company, 1976,pp. 1 - 2.

② Karel Kosik, *Dialectics of the Concrete*, D. Reidel Publishing Company, 1976,p. 43.

某个星期四毫无区别。……同时,每一给定日常主体都可以为另一任何主体所替换:日常的主体是可以互换的。最好用数字或印章来描述和标识他们。"①再次,日常生活的运行具有自然性,"世世代代,芸芸众生曾经或正在过着他们的日常生活,仿佛日常是一种自然的氛围,他们从未停下来去追寻日常的含义是什么"②。往往只有当历史以灾难的形式(如战争)闯入日常之中,使日常生活中断,人们才意识到日常生活的存在。

从上述论述可见,科西克把日常生活理解为一个自在的、未分化的、类自然的领域。在这一点上,布达佩斯学派主要代表人物 A. 赫勒与科西克十分接近。在导师卢卡奇的影响和指导下,赫勒于 1970 年发表了《日常生活》一书,对日常生活作了较为全面的探讨,并设计了日常生活的人道主义变革的模式。

赫勒划分了社会再生产和个体再生产两个层面,从而把日常生活界定为"个体再生产要素的集合"。她认为,从存在方式或活动图式上看,这种以个体再生产为内涵的日常生活表现为"自在的类本质对象化领域"。即是说,同外部物理自然的运动相比,日常活动属于人的对象化活动,但是,同人的自觉的社会活动和精神生产相比,日常生活的运行又具有自在自发的特性。赫勒在《日常生活》一书中多方面分析了日常生活的基本结构和一般图式的特征,我们可以从中概括出几个主要观点。首先,日常生活具有重复性,是以重复性思维和重复性实践为基础的活动领域。赫勒指出:"'自在的'类本质活动是重复性的活动。单一性的行为不是习惯行为;偶然一次处理的对象不会由此成为富有具体意义的对象;唯一地表达过的词不是词。"③其次,日常生活具有自在性,是以给定的规则和归类模式而理所当然、自然而然地展开的活动领域。赫勒指出:"日常行为和日常思维的明显图式不过是(或者以重复性思维或者以创造性思维为辅助的)归类模式。借助这些图式,个人管理和安排他所从事或决定从事的一切,以及他那里所发生的一切和他发现自己置身于其中的一切情境;他以这样的方式来从事这些以便能部分地或全部地使这些经验

①　Karel Kosik, *Dialectics of the Concrete*, D. Reidel Publishing Company, 1976, p. 44.

②　Karel Kosik, *Dialectics of the Concrete*, D. Reidel Publishing Company, 1976, p. 42.

③　Agnes Heller, *Everyday Life*, Routledge and Kegan Paul, 1984, p. 135.

同他'业已习惯'的东西相吻合。"①再次,日常生活具有经验性和实用性。例如,人们在日常活动中很少寻问"为什么",而满足于对象的"如是性",以求得经济化的后果和实用价值;很少依据科学的论证来行动,而是基于经验的可能性,并通过类比和模仿而活动。

赫勒认为,日常生活作为个体再生产领域具有不可或缺、不可替代的作用,它构成社会再生产的基础;但是,以重复性思维和重复性实践为特征的日常生活结构与图式又具有保守性和惰性,常常起着阻碍个体发展、侵蚀创造性实践和创造性思维的消极作用。因此,赫勒提出了日常生活人道化的设想。她认为,日常生活批判或革命的任务不在于一般地抛弃迄今为止的日常生活结构和一般图式,而在于使之人道化,即扬弃日常生活的自在性质。具体说来,日常生活人道化的核心是使日常生活的主体同类本质建立起自觉的关系,通过主体自身的这一改变而改造现存的日常生活的自在性质,从而使个体再生产由"自在存在"变成"自为存在"和"为我们存在",使个人由自发和自在状态进入自由自觉的状态。

二、日常生活批判理论的价值学维度

20 世纪的日常生活批判理论从文化哲学的角度极大地拓宽了当代哲学的视野,对于加深和丰富我们关于人类社会历史的认识,具有十分重要的价值。我们至少可以指出以下几点:

第一,日常生活批判理论可以拓宽我们关于人类社会结构的认识。

上述几位哲学家在回归生活世界时,对自己的研究对象作了各不相同的界定:生活世界、生活形式、日常共在、日常生活、伪具体性世界、自在的类本质对象化,等等。如果撇开它们之间的细微差别,可以断言,这些哲学家所谈论的是处于有组织的社会活动和自觉的精神活动之外的个体的日常生活,即每个人都在从事的衣食住行、饮食男女、婚丧嫁娶、言谈交往等自在的、重复性的日常生活。当这一被人们习以为常、熟视无睹地置于背景世界之中的日常生活领域纳入哲学的视野、置于理性目光的聚焦点时,极大地改变或拓宽了人们对于人类社会结构的传统认识。

---

① Agnes Heller, *Everyday Life*, Routledge and Kegan Paul, 1984, p. 165.

在以往的哲学理论和史学理论中,对于人类社会结构的把握主要集中于两个层面:一是生产工具的改进,政治、经济、军事、技术等物质层面的活动;二是科学、艺术、哲学等自觉的观念层面的活动。这里很少涉及衣食住行等个体的日常生活。应当承认,马克思和恩格斯在创立唯物史观时,曾提及日常生活问题。他们在《德意志意识形态》中明确指出:"人们为了能够'创造历史',必须能够生活。但是为了生活,首先就需要衣、食、住以及其他东西。因此第一个历史活动就是生产满足这些需要的资料,即生产物质生活本身。"①恩格斯晚年在《家庭、私有制和国家的起源》中把直接生活的生产分为两种,"一方面是生活资料即食物、衣服、住房以及为此所必要的工具的生产;另一方面是人类自身的生产,即种的繁衍"②。显而易见,这里所提及的衣食住等活动和人类自身的生产都属于日常生活的范畴。但是,在唯物史观的发展过程中,人们把生产力与生产关系、经济基础与上层建筑视做人类社会的基本结构,其实这只思考了非日常的活动领域,而日常生活领域则在这一理解的视野之外。

当我们把日常生活世界纳入历史理论和哲学理论的视野时,就可以建构起更为丰富、更为复杂的人类社会结构的理论范式。一般说来,可以把人类社会结构划分为三个最为基本的层面:(1)最基础的层面是以个体的衣食住行、婚丧嫁娶、饮食男女、言谈交往为主要内涵的日常生活领域;(2)中间层面是政治、经济、技术操作、经营管理、公共事务、社会化大生产等非日常的社会活动领域,由于这一领域直接涉及社会的体制、规范等,所以有人将之称做"制度化领域";(3)由科学、艺术和哲学等构成的非日常的、自觉的人类精神和知识领域,因为这一领域所揭示的是关于人这一自觉的和对象化的类存在物的知识,因此可以称之为自觉的类本质活动领域。

我们通常所说的经济基础和上层建筑主要指后两个层面,即有组织的社会活动和自觉的精神生产所构成的非日常生活世界。现在,我们在这一非日常生活世界之外又揭示了日常生活世界这一更为深层的基础结

---

① 《马克思恩格斯选集》第 1 卷,人民出版社 1995 年版,第 79 页。
② 《马克思恩格斯选集》第 4 卷,人民出版社 1995 年版,第 2 页。

构或背景世界。无论日常生活世界还是非日常生活世界,都不是孤立发展的,而是相互交织的。从历时态度看,日常生活曾构成人的原始世界,而政治、经济、社会管理等有组织的社会活动和科学、艺术、哲学等自觉的精神生产活动都是从原始日常生活世界中分化出来的;从共时态来看,日常生活世界构成有组织的社会活动和精神生产活动等非日常世界的深层基础性结构。关于这一点,我们可以在下文中通过分析日常生活世界和非日常生活世界的历史演进来进一步说明。

第二,日常生活批判理论可以丰富我们对人类文明建设的理解。

传统的历史理论和哲学理论在把握人类文明的演进史时,更多地思考政治、经济、军事、技术、科学、艺术、哲学等非日常活动领域的发展,而把日常生活视做无足轻重、周而复始地循环重复的领域。实际上,日常生活自身的结构尤其是日常生活在整个社会历史生活中的方位与比重,一直与非日常生活领域在交互作用中发生着演变,而且这一演变是人类文明演进的重要内涵。

我们可以把迄今为止的日常生活演进史划分为三个大的阶段。第一个阶段是与古代文明相对应的原始日常生活。对于原始人而言,日常生活涵盖了他们的全部生活与活动。自然环境的恶劣和人自身素质与能力的低下,使人们把全部精力都投入衣食住行、饮食男女这些凭借巫术、神话、图腾、原始意象等支配的带有强烈自然色彩的日常生活中,而有组织的非日常的社会活动(政治、经济等)和精神生产活动(科学、哲学等)尚未发展起来。因此,可以断言,日常生活世界曾经是人类社会的原生态,整个原始社会可以说就是一个日常生活世界。第二个阶段是与漫长的农业文明相对应的传统日常生活。在农业文明条件下,非日常活动领域开始从原始的日常生活世界中分化出来。一是随着私有制、阶级和国家的起源,逐步发展起有组织的政治、经济、经营管理和各种公共事务所组成的社会活动领域;二是建立在精神劳动与物质劳动的分工基础之上的科学、艺术、哲学等自觉的精神生产领域得以发展。但是,在整个农业文明条件下,非日常生活世界还相对不发达,由于自然分工、土地依赖、人身依附、等级制度等因素的限制,只有少数人能走出日常生活世界,进入有组织的公共社会活动领域和自觉的精神生产领域,而绝大多数人则依旧被闭锁在天然共同体之中,停留在日常生活的层面,他们世世代代凭借着给定的传统、习惯、风俗、常识、经验、戒律、规则,以血缘关系和天然情感为交往的纽带,自发地进行着以个体生存和再生产为内涵的日常生计。显而易见,日常生活世界的过分庞大和非日常生活世界的相对不发达,是农业文明时期人类社会缺少发展驱动力的根本原因之一。第三个阶段是同现代工业文明相对应的现代日常生活。工业文明的发展从根本上改变了传统农业文明条件下以庞大的强有力的日常生活结构支撑着相对狭小简单的非日常社会结构的格局。一方面,市场经济的发展打破了自然经济的封闭王国,同时也打破了日常生活世界的自在性和自足性,把越来越多的人逐出熟悉的日常生活世界,使他们进入充满竞争和创造机遇的非日常生活世界;另一方面,支撑工业文明的技术理性和人本精神极大地改变了人们的思维方式和活动方式,人们不能再仅仅凭经验、常识、传统、习俗而自在自发地生存,必须凭借创造性思维与创造性实践而自由自觉地生存。这两方面共同作用的结果,使非日常生活世界的领域急剧扩大,结构日趋复杂,而日常生活世界的领域急剧缩小,退隐到背景世界之中,成为与轰轰烈烈的非日常生活世界相对应的狭小的私人领域。日常生活领域和非日常生活领域的这一根本性的演变带来了人类社会发展的极大的内驱力,同时也为个体充分发挥创造才能提供了机遇。但是,非日常生活世界的竞争、高速发展、急剧变化、不确定、物化等特征也常常使现代人陷于丧失价值与意义世界的异化状态之中。

日常生活世界和非日常生活世界在人类历史长河中的演进进程在不同的民族那里,情形各有不同。西方发达国家已完成由农业文明条件下的传统日常生活向工业文明条件下现代日常生活的嬗变,而东方发展中国家则正处于这个转变过程中。正是由于这种复杂的历史背景,不同的思想家对于日常生活世界作出了不同的价值判断:胡塞尔和维特根斯坦为了拯救处于深刻危机和异化之中的科学世界、技术世界、艺术世界等非日常生活领域,主张回归到没有受到科学技术和工业文明渗透的传统日常生活世界,将此作为价值和意义的源泉,试图为人类重建意义世界和精神家园;海德格尔和列菲伏尔也面对一个异化的技术世界与科学世界,但他们更多地关注被工业文明所切割的现代日常生活世界自身的异化,以求从生活世界的根基上唤起人们反抗异化的冲动;而科西克和赫勒似乎更多地以前工业文明条件下的传统日常生活世界为模本,对自在的日常生活进行批判,从而使人超越自在的日常存在状态,成为自由的、创造性的、人道化的个体。

第三,日常生活批判理论可以加深我们对人类社会进步的内在机制的理解。

通过上述对日常生活世界与非日常生活世界所作的共时态和历时态的分析,我们可以得到一个重要的启示:除了像传统历史理论和哲学理论那样仅从政治、经济、科学、哲学等非日常生活领域的运动来解释人类社会的进步外,还应从日常生活世界和非日常生活世界的相互关联和交互作用中揭示人类社会进步的内在机制。

一方面,日常生活世界和非日常生活世界的整合构成了人类社会的全部结构,无论是非日常的社会活动和自觉的精神生产,还是自在自发的、重复性的日常生活,都是人类社会的基本层面,对于人的存在都具有不可替代的价值和作用。例如,大规模的有组织的社会活动可以造成生产力的加速发展、财富的增长、生活条件的改善、社会的有组织化和秩序化;精神生产为人们提供丰富的知识、理性和价值意义;日常生活则以重复性实践和重复性思维为基本活动方式,由此在时间和能力投入上所造成的效果是社会政治、经济活动和科学、艺术、哲学等精神创作活动得以进行和发展的重要条件;日常生活的自在性和重复性还为处于激烈竞争之中的人们提供"在家"的熟悉感、安全感。

另一方面应该看到,尽管日常生活、一般社会活动和自觉的精神生产对人之存在各有上述不可替代的价值,是人类社会结构不可或缺的层面,但是,任何一个层面都不是尽善尽美的,它们都有各自的负面,我们不能幻想某一层面的发展会决定或解决人类社会的全部发展问题。例如,在特定条件下,经济、政治活动会成为异化的领域,技术本身可能转变为失控的非人道力量,片面的知识会成为人类陷入迷途的原因;而凭借着传统、习俗、经验、常识、血缘、情感等因素而自发地活动的日常生活图式则具有抑制人的主体意识和创造性的倾向,在一定条件下还会侵蚀政治、经济、经营管理活动以及精神生产领域,阻滞人类社会的发展。

　　因此,我们必须克服社会发展观中的简单化、片面性观点,而形成一种总体观念。真正的社会进步应该体现为人类精神、一般社会活动和日常生活三个层面的协调进展,而真正的历史转变(如现代化)则体现为这三个层面的协调的总体性嬗变。具体说来,日常生活世界和非日常生活世界之间有三种基本的关联模式:

　　第一种模式:过分强大的日常生活结构和相对不发达的社会活动与精神生产。这时,社会大多数人沉溺于日常生活,只有少数人进入非日常生活领域。而且,日常生活的自在自发方式还常常侵蚀一般社会活动和自觉的精神生产领域。因此,在这种模式中,社会以“过去”为定向,其各方面的发展速度相对迟缓,这往往是大多数以自然经济为基础的农业文明社会的写照。在这种情形中,社会发展和进步的契机在于打破过分沉重的日常生活结构,如西方的现代化就经历过这样的历程。

　　第二种模式:过分发达的非日常生活世界和被切割的支离破碎的日常生活世界。这是西方发达国家高度工业化之后出现的情形。政治、经济、科学技术的发达带来了社会各方面的高速发展,但是也带来了人的异化、焦虑、孤独、无家可归的感觉,日常生活世界被切割并被压缩到背景世界中,日常生活世界的原初的、自然而然的意义和价值也随之被埋葬了。这正是处于文化危机之中的西方人寻求回归生活世界、重建精神家园的原因之所在。

　　第三种模式:日常生活世界与非日常生活世界相互渗透、相互作用、协调发展。它要求日常生活的结构和图式为一般社会活动和精神生产创造适宜的条件,而同日常生活分离已久的科学、艺术、哲学等精神生产则“重归故里”,向日常生活领域渗透。这样,非日常生活领域为人提供自由创造和竞争的空间,而日常生活世界则为人提供安全感和家园;每个人都既是日常生活主体,又是非日常生活主体,他能同科学、艺术、哲学等精神生产建立起自觉的关联,无论在日常生活中还是在非日常生活中都既能恰当地有限度地运用日常生活图式和重复性思维,又能自觉地求助于创造性思维和创造性实践。显然,这正是我们所追求的日常生活世界与非日常生活世界协调发展的理想模式。

　　目前,中国正处于重大的历史转变时期,一方面,现代化的进程呼吁对传统日常生活的批判与重建,呼吁人的素质的现代化;另一方面,西方高度工业化过程所带来的日常生活世界萎缩、破碎的消极后果和负面效应也清晰地展示在我们面前。如何兼顾两方面因素,寻求一条日常生活世界和非日常生活世界从传统向现代协调嬗变的途径,是需要我们深思的课题。

（刊载于《中国社会科学》1994 年 2 期。）

五、中国学术界对社会历史理论

微观视域的初步思考

现代化进程中的日常生活批判

衣俊卿

在我国,建立日常生活哲学的任务具有双重紧迫性:其一是填补这一哲学分支领域的理论空白;其二是为目前正在行进中的现代化进程提供必要的理论参数。日常生活哲学的宗旨并非从日常生活中发掘或升华出某种哲理或观念,而是要以日常生活整体为批判对象,致力于把握它的社会坐标和历史方位,探索对之加以重建的途径。在这种意义上,日常生活哲学也就是日常生活批判的同义语。

日常生活批判是本世纪出现的哲学新学科,它同文化批判、技术理性批判、意识形态批判等并列为不同类型的社会批判理论。G. 卢卡奇、H. 列菲伏尔、A. 赫勒、K. 科西克等人在这一研究领域中有许多建树。在我国,日常生活批判尚属空白领域,因而,对日常生活哲学的建立必须从最基础的东西开始。首先,应当对日常生活作出一般的界定,即从理论上建立起日常生活模式;其次,应当对日常生活作出一般的价值学思考;最后,应当以日常生活的历史演变趋势和现代化进程的基本内涵为参照系,设定日常生活变革的方向。

一、日常生活的理论界定

从表面上看,界定日常生活范畴似乎并不难,日常生活即人们每日每时所进行的活动的总称。实际上,情况远为复杂,一个人每日都在从事的活动并不必定从属于日常生活范畴。一个政治家可以日理万机,时时为国务大事而操劳;一个科学家可以废寝忘食、把远远超出社会平均劳动量的时间投入科学实验之中;一个艺术家可以视艺术为生命,终日沉浸于美的创作之中;一个哲学家可以成为理性的化身,时时关注和思索着"头上的星空"和"心中的道德戒律"……这些活动在他们的生命中占据很大的比重,但并不属于日常生活范畴,而是属于有组织的社会活动和以知识建构和人的本质的透视为宗旨的自觉的类本质活动(主要是精神生产领域)。毫无疑问,这些人也有自己的日常生活,但是,其日常生活处于上述社会活动和自觉的类活动的阈限之外。

应当承认,不同的个体有不同的日常生活,不同的时代也有各不相同的日常生活,但不可否认,这些不同的日常生活则具有共同的本质特征,它们都与个人的生存和再生产直接相关。布达佩斯学派主要代表人物A. 赫勒在《日常生活》一书中曾把日常生活界定为"个体再生产要素的集合"。一般说来,日常生活是以个人的直接环境(家庭和天然共同体)为基本寓所、旨在维持个体生存和再生产的各种各样活动的总称,其中最为基本的是以个体的肉体生命延续为目的的生活资料获取与消费活动,以日常语言为媒介、以血缘和天然情感为基础的具体交往活动,以及伴随上述各种活动的日常思维或观念活动。

这样,我们可以依次粗略地将人类社会结构分为三个基本层次:日常生活领域;政治、经济、经营管理和各种公共事务所形成的一般社会活动领域;以科学、艺术和哲学为主要形式的自觉的类本质活动领域。后两个领域构成了与日常生活相对的基本的非日常活动领域。日常与非日常的界限在于:日常生活旨在维持个体生存和再生产;而社会活动和自觉的类活动则同人的类本质和社会整体的发展密切相关。换言之,二者的差别在某种意义上表现为个体再生产与类的再生产或社会再生产的区别。但是,必须看到,仅凭这种十分一般性的界定,尚不足以深刻全面地揭示日常生活的本质特征,也无法在纷繁复杂的社会运动中清晰地区分日常与非日常。因此,我们应当从活动方式、存在方式、内部结构、一般图式等不同角度进一步深入把握日常生活的本质特征。

1. 日常生活是一个凭借各种给定的归类模式和重复性实践(思维)

而自在地运行的领域。H. 列菲伏尔和 A. 赫勒等人均区分了重复性实践与创造性实践。我们可以发现,尽管两种实践(以及思维)并非截然分立,但是,它们在不同的活动领域中占据不同的地位。在科学、艺术和哲学等自觉的类活动中,创造性思维和创造性实践显然占据主导地位。类本质或社会发展水平上的创新与各种新问题的自觉解决总是这些活动的宗旨,其结果是不断修正或突破原有的规则或模式。在日常生活中,情形正相反,重复性思维和重复性实践占据主导地位。在这里,人们往往不是通过对新问题的自觉的和创造性的解决而修正或突破原有的规则和模式,而是理所当然地把各种新问题和新情况都纳入各种给定的归类模式或一般图式中。结果,日常生活很少表现出创新,而是表现为同一水平上的循环往复。在充满差异、矛盾和冲突的各种日常行为和活动的背后,存在着许多起支配作用的一般图式或归类模式。A. 赫勒曾列举了实用主义、可能性原则、模仿、类比、过分一般化等日常活动的一般图式。这些图式或归类模式虽然也是人类实践活动的积淀和内在化的结果,但它们对于日常生活个体而言,往往具有先验性和给定性,人们习以为常地、理所当然地在日常生活中运用它们,却很少对之提出质疑。

2. 日常生活是一个凭借传统、习惯、经验以及血缘和天然情感等因素而加以维系、以过去为定向的领域。如上所述,科学、艺术和哲学等非日常活动代表着人的自由和创造性的领域,它们总是以未来为定向,总是指向未知的领域,指向尚未存在的领域和可能性的领域。因此,在这些非日常的生活中,很少有传统、习惯、常识等等的位置,科学、艺术和哲学的进步往往表现为对过去时代遗留的和施加的规则的冒犯与超越。与此相反,在日常生活领域中,人们之所以可以凭借各种给定的图式或归类模式而成功地和理所当然地活动,重要原因之一在于,传统、习惯、风俗、常识、自发的和直接的经验在这里占据统治地位,它们通过教育、社会示范、模仿类比等方式而渗透到一代又一代日常生活主体之中。人们在日常生活中常常表现出以过去为定向和经验主义的倾向。我们发现,在人的活动主要以日常生活为轴心的传统社会中,富有经验、代表过去的长者具有至高的权威,他们往往就是真理或正确性的化身。同时,道德和宗教在日常生活中有不可低估的地位。在宗教意识薄弱的民族那里,往往是代表着传统习俗的、自发的、非理性化的道德习惯调节着日常生活；而在宗教意识强烈的民族那里，与自发的传统和道德习惯相结合的宗教成为日常生活的十分重要的组织者。因而，日常生活常常面向过去，成为传统与惯例的寓所。

3. 日常生活是人们以非批判的和理所当然的姿态所占有的熟悉的、但却是自在的和未分化的领域。在日常生活中，人们往往自发地接受习惯、道德等的约束，自然而然地运用各种归类模式解决日常问题，同身边的他人交往，占有手边的物。日常生活的世界为人提供熟悉感、安全感、亲近感和"在家"的感觉，是人的"家园"。在这里，人们不必像在科学、艺术和哲学等创作活动中那样提出和思索"为什么"的问题，而只要知道"是什么"就足以成功地生存下去。在现代日常生活中，人们也常常接触和运用科学知识，但是这同严格意义上的科学尚有很大差距。一个家庭主妇只要知道何种食物富有维生素即可，而根本不必懂得维生素的化学结构和特性，不必懂得人的生理机制。因此，日常生活是一个现象与本质尚未得以区分的未分化的和自在的领域，是人的所有活动中最接近和类似于自然运动的领域。

捷克哲学家 K. 科西克在《具体的辩证法》中曾形象地描述日常生活的自在的和自然的本质特征。他指出："在日常中，活动和生活方式被转变为本能的、下意识的、无意识的和不假思索的活动和生活的机制：事物、人、运动、工作、环境、世界——它们不是按其创造性和真实性而得以理解，它们没有被考察和被发现，而只是存在于那里，被当做存货，当做已知世界的组成部分而加以接受。日常呈现为未分化的黑夜，机械和本能的黑夜，即表现为熟知的世界。同时，日常是个体可以运用自己的才智和智谋控制其各个维度和潜在可能性的世界。在日常中，一切都处于'手边'，个人可以实现其意图。正因如此，它是一个可信、熟识和惯常行为的世界。"[1]

二、日常生活的价值学思考

通过上述分析，我们初步建立起日常生活的理论模式。概而言之，日

---

[1]　Karel Kosik, *Dialecties of the Concrete*, D. Reidel Publishing Company, 1976, p. 43.

常生活是以人的直接环境为基本阈限,以个体的生存和再生产为宗旨,以文化传统、道德习惯、自发的经验和天然的情感加以调节和维系,凭借各种给定的归类模式和重复性实践(思维)而自然地运行的未分化的和自在的活动领域。显而易见,这一界定还只是初步的和粗糙的,尚需进一步展开与说明。但是,在这里,为了勾勒日常生活哲学的基本轮廓,更为重要的是以上述界定为基础,对日常生活作出价值学的思考、判断和分析批判。

进行日常生活探讨的理论家,大多对迄今为止的日常生活结构和状态持批判的态度。法国哲学家 H. 列菲伏尔是公认的日常生活批判大师。他从马克思的异化理论出发,把日常生活视做异化的领域,主张通过对日常生活层层深入的分析批判,最终揭示资本主义社会的异化本质和总体,并通过对现存世界的日常生活的改造而实现真正的人道主义理想,即"总体的人"。在他那里,日常生活批判是异化批判的同义语。K. 科西克认为,迄今为止,日常生活与历史总是处于分裂和相互冲突之中,日常往往代表着非历史性和不变性,而历史则常常以灾难的形式(如战争)闯入日常之中,使日常生活中断。结果,日常生活成为空洞的、尚未真正实现总体性的伪具体性的世界,成为异化的领域。A. 赫勒对日常生活的批判与上述观点略有不同。她认为,日常的交往活动和对象化活动常常会呈现出异化的状态,但是,日常生活并非异化的同义语,它并不必然是异化的领域。同样,科学、艺术和哲学等自觉的类活动也并不必然是非异化的同义语。日常生活本质上是一个自在的对象化领域,它构成了社会生产和类活动必不可少的基础,但同时也具有抑制人的创造性的倾向。应当承认,A. 赫勒的见解具有很大的合理性。我们的确应当从积极的和消极的两个方面对日常生活作出价值学的判断。

关于日常生活的积极内涵与重要价值,我们至少可以提及以下几点:

第一,从人类社会的整体存在结构来看,日常生活所代表的个体生存与再生产是一切社会活动和社会关系的不可或缺的前提与基础。马克思、恩格斯反复强调,人们首先必须吃、喝、住、穿,然后才能从事政治、科学、艺术、宗教等历史活动。缺少基本的生产与再生产,任何其他社会关系和社会结构都根本无法确立。"事情是这样的:以一定的方式进行生产活动的一定的个人,发生一定的社会关系和政治关系。……社会结构和国家总是从一定的个人的生活过程中产生的。"①可以断言,只要人类历史延续,一定的日常生活总是它必不可少的前提。

第二,从活动方式来看,日常生活的基本图式和重复性实践(思维)所造成的经济化效果是社会的政治经济活动和科学、艺术、哲学等自觉的类本质活动得以进行和发展的重要条件。日常生活中所表现出的实用主义倾向、经验主义倾向、类比模仿等归类活动方式、重复性特征等使人们可以用最小的时间和精力投入获取最大的效益,成功地进行日常生活,从而有可能去从事科学、艺术、哲学等自觉的类本质活动以及各种社会活动。如果要求人们在日常的衣食住行、饮食男女、语言交往的每一活动中都自觉地运用创造性思维和创造性实践,都进行合理性和可能性的反复论证,那么很难想象人们还能否生存下去,更不必说有闲暇与精力去从事社会活动和自觉的类活动了。同时,我们发现,社会活动和自觉的类活动也并非与重复性实践(思维)完全绝缘。政治经济进步、科学技术发展、艺术和哲学在思维方式上的革新等等,表现为对旧有规划和活动模式的突破与超越,但是,这些新成就只有以某种方式转换为相对稳定的和可重复的规则与活动模式,才可能在日常生活和社会运动中真正发挥功能。从某种意义上说,自觉的类活动对日常生活不只是超越,也会表现为上述意义上的回归和相互转化的关系。

第三,从个体生存的角度来看,日常生活为人提供人之生存所必需的熟悉感、安全感和"在家"的感觉。应当承认,真正能揭示人的本质的并非是日常的重复性实践,而是自由自觉的活动,即革命的和创造性的实践。但是,人是有限的肉体存在物,他不能时时处于人生的最高境界——创造性的发挥之中;而且,大规模的社会活动所带有的竞争性和自觉的类本质活动所具有的超越本性和非给定性在弘扬人的主体性和创造性的同时,也常常使人处于焦虑不安、孤独无助和"不在家"的感觉。相比之下,日常活动图式的给定性、习惯和经验的理所当然性以及日常实践与日常思维的重复性,给人提供了一个安全、熟悉的世界,提供了人在宇宙中的

---

① 《马克思恩格斯选集》第1卷,人民出版社1995年版,第71页。

一个坚固的支点,一种"在家"的感觉。缺少日常生活这一调节器和缓冲器,很难设想社会活动和自觉的类活动何以顺利进行。

上述几点足以说明,日常生活是个体和人类存在必不可少的基础和前提。但是,日常生活不仅有积极内涵和重要价值,它对个体发展和人类进化也具有消极作用和阻碍作用。从根本上说,日常生活的结构或一般图式具有惰性和保守性,其消极后果集中表现为两点:

首先,从个体发展的角度看,日常生活的图式和结构具有抑制人的主体意识和创造性的倾向,使人处于一种未区分和无名分的存在状态,处于自然的和自在的存在状态。日常生活的宗旨是个体的生存和再生产,但是它的聚焦点主要在于个体自然生命(肉体生命)的延续和再生(后代的繁衍)。在日常熟悉的、安全的和自然而然的世界中,在衣食住行、饮食男女和自发的人际交往等日常活动中,人很少表现出主体意识和创造性的倾向。严格的日常生活中的每一天都可以为相应的另一天所替换,每一个主体都可以为另一个主体所取代,这是人之典型的未分化和无名分的存在状态。那些其日常生活几乎等于其全部生活的人,那些几乎终生没有跨越直接的天然共同体阈限的人,那些终日面朝黄土背朝天,视黄土地为生命,把自己嵌入自然存在链条的人,更是表现出日常生活所特有的极度保守性和惰性。他们几乎从未提出和思索过"我是谁","人是什么","人类从何处来","人类将奔向何处","社会应如何管理","历史应如何运行"之类的问题,他们从未同人的类本质建立起自觉的关联。因此,日常生活是人类社会最基础的层次,也是它的最低层次,从日常生活向后退一步,人就同自然存在物无异。

其次,从社会整体发展的角度来看,日常生活的图式和结构具有侵蚀政治和经营管理活动以及科学、艺术和哲学等自觉的类本质活动领域的倾向,这使社会缺乏足够的发展动力和内在活力,呈现出"以过去为定向"的状态。停留于日常生活水准的人,不但在日常生活中无法同科学和哲学等建立自觉的联系,而且在社会化的大生产过程中,在政治管理和经营活动中,在科学、艺术和哲学创作中,也往往习惯于按日常生活的图式自发地活动,把自觉的创造性的类本质活动变成重复性的实践操作。在传统力量十分强大,价值取向过分偏向于习惯、经验和过去的东西的社会,这种情形尤为严重。例如,生产劳动中缺乏生产者积极的和自觉的参与意识与首创精神,政治管理和经营活动中盛行经验主义、教条主义和例行公事的官僚主义,甚至科学、艺术和哲学这些最需要创造性的活动也变成按给定图式或框架进行归类或复制的重复性实践。显而易见,如果一个民族主要凭借日常生活的图式和模式而活动,那么无论是个体的发展还是社会的进步都将受到传统的巨大束缚与桎梏。进而,不仅在社会的平稳的发展时期,日常生活结构和图式可能悄悄地吞食自觉的类本质活动和社会活动领域,而且在历史巨变和转折时期,日常生活和过分沉溺于日常生活的人们往往会成为拒斥新时代、反对新体制的保守和守旧力量的主要阵地和主体。

三、日常生活的历史演化与社会的现代化进程

通过对日常生活的价值学批判,我们得出这样的结论:日常生活是社会存在和自觉的类活动所必不可少的基础,但是迄今为止的日常生活的图式和结构又带有保守性和惰性,具有阻碍个体全面发展和社会进步的倾向。据此,我们应当确立对待日常生活的基本态度:一方面,在任何情况下,人类都不可能完全抛弃日常生活,不可能彻底超越日常生活的图式和结构;但是,另一方面,人类不应放任日常生活的自律发展,应当对之加以自觉的引导和重建。上述讨论只是论证了日常生活变革的必要性,尚未说明这一变革的可能性和所应遵循的方向。为此,有必要简要考察一下迄今为止日常生活的基本历史演变。

如上所述,日常生活的结构和一般图式具有稳定性、惰性和保守性,具有"以过去为定向"的特征。按照一般的常识,日常生活代表着不变性、超历史性(或非历史性)和恒定性,社会生产和历史运动则代表着可变性、非恒定性和持续的超越性。然而,从较大的历史尺度来看,日常生活并非亘古不变的。日常生活自身的结构经历着缓慢的变化,而这一内在变化又在很大程度上取决于日常生活在整个社会生活中的方位与比重,以及它对科学、艺术和哲学等自觉的类本质活动的开放程度。一般说来,从古至今,日常生活在个人和社会存在与发展中的比重呈现出下降的趋势。我们可以把迄今为止的日常生活演化史划分为原始日常生活、传

统日常生活和现代日常生活三个阶段。

第一阶段,与古代文明相对应的原始日常生活。对于"原始的、通过自然发生的途径产生的人们"①而言,日常生活涵盖了他们的全部生活与活动。自然环境的恶劣和人自身素质和能力的低下,使人把全部精力投入到衣食住行、饮食男女这些带有强烈自然色彩的日常生活中。在这种情况下,超日常的社会活动和自觉的类本质活动尚未开始。一方面,原始的氏族、部落等组织,在严格的意义上只是天然的血缘联系的简单扩大,是血缘家庭的自然放大,它们主要对日常生活进行自发的调节,尚不具备组织真正意义上的社会化活动的功能。甚至部落间的战争也是带有强烈自然色彩的血族复仇,尚未取得自觉的和鲜明的历史含义。另一方面,原始的神话、艺术等等,还不是真正意义上的自觉的类本质活动。原始人尚未形成对类本质和自我存在的自觉意识。在扑朔迷离的原始神话的表象世界中,我们充其量只能捕捉蕴涵于原始天人合一的意识之中的朦胧的类意识和自我意识的萌芽。原始人严格生活于天然给定的直接环境之中,他的日常生活范围是他的全部世界。显而易见,原始人的存在状态十分接近于自然物的存在状态,如果没有后来的非日常世界的确立,人类或许至今还被锁在自然的存在链条之中。

第二阶段,与农业文明(封建文明以及更早的奴隶制文明)相对应的传统日常生活。就日常生活本身的结构和日常生活主体的存在状态而言,这一时间的日常生活同原始日常生活本质上无异,它是一个纯粹天然的和自在的世界。E. 弗洛姆在《逃避自由》中反对将西方中世纪视做完全黑暗的时代。他认为,中世纪社会并不剥夺个人的自由,因为那时候,真正意义上的"个人"还不存在,人们靠"原始关系(束缚)"与世界自在地相关联。

然而,传统日常生活与原始日常生活的社会坐标有很大的不同。正如唯物史观所坚持的那样,在原始社会后期发生了多次社会大分工,私有制、阶级和国家等相继产生,在各种形式的分工中,最为重要的是精神生产与物质生产的分工。从这时候起,在日常生活的基础上逐步建构起原始时代所不曾有的非日常生活领域,它主要包括两个基本层次:其一是由

---

① 《马克思恩格斯选集》第 1 卷,人民出版社 1995 年版,第 77 页。

有组织的政治活动、经济活动、经营管理活动和各种公共事务活动所组成的社会活动领域;其二是以科学、艺术和哲学等精神生产为主要内涵的自觉的类本质活动领域。应当承认,日常生活领域、社会活动领域和自觉的类本质活动(精神生产)领域三个层次直到今天依旧是人类社会的基本结构,但是,在农业文明中,由于严格的自然分工和等级制所限,只有少数人能够进入社会活动和自觉的类本质活动这两个非日常生活领域,而绝大多数人几乎同原始人一样被关闭在自在的和未分化的日常生活的天然王国之中。这正是 K.科西克所批判的日常生活与历史相分裂的异化状态。

　　第三阶段,与现代工业文明相对应的现代日常生活。不难看出,从传统日常生活向现代日常生活的转换同从原始日常生活向传统日常生活的过渡相比,带来远为深刻的变化。不仅日常生活在社会生活中的比重急剧下降,而且日常生活自身的结构和图式也真正受到了冲击和改造。在这方面,尤其值得注意的有三个基本因素。第一,大规模的商品经济和社会化大生产打破了人的自在的和天然的存在状态,斩断了人与人之间过于强化的自然的和血缘的联系,使大多数人从封闭的日常生活世界中走出来,使越来越多的人有进入非日常的活动领域的可能性和机遇。结果,日常生活的领地急剧缩小。第二,呈加速度发展势头的科学技术和科学思维日益渗透到日常生活之中。科学技术一方面以提供优化的消费对象的形式改变着人们传统的日常生活方式,另一方面则以提供新观念的形式改变人们的日常思维方式,使人不再满足于按给定的归类模式而自律运行的重复性的日常生活。第三,体现于近现代艺术与科学之中的人本主义精神愈来愈强有力地影响甚至指导日常生活主体的活动。现代人不再满足于日常生活思维的"是什么",而更多地借助科学思维探寻"为什么",并且形成强烈的自我意识和批判意识。人普遍开始关注自身和类的存在与本质,关注人的历史困境与前途命运。这样,现代人无论在社会生产和活动中还是在日常生活中,都呈现出一种超越传统日常生活思维图式和活动方式的冲动和倾向。深入探究就会发现,以商品经济、技术理性和人本主义精神为内涵的工业文明日益打破自在的和封闭的日常生活世界,将传统的日常生活主体改造为具有自我意识、批判意识和积极的社会参与意识的自觉个体,而后者又反过来积极促进工业文明的发展,这正是

现代化的最基本的内涵。M. 韦伯认为，西方近代社会历史变迁的核心是
理性化过程，传统社会以传统、习惯和情感为基础的行为让位于以理性的
目标取向为基础的活动。T. 帕森斯曾制定了由传统社会向现代社会转变
的"五个模式变项"，例如，由情感性向非情感性的转变，对他人的态度由
特殊主义向普遍主义的转变，社会地位的决定因素由天赋向自致（后天成
功）的转变，集体取向向个人取向的转变等。不同的社会学家对现代化的
界定和理解往往有很大的差异，但是，在他们所揭示的现代化的基本内涵
中，往往都包含着由传统的以自然主义（情感）和经验主义（习惯）等为基
础的行为向以科学技术理性和人的自我意识（人本主义精神）为基础的
自觉的类本质活动和大规模的社会活动的转变。这即是说，日常生活的
变革是现代化进程所必不可少的基本内涵。

四、简要的结论

通过对日常生活的理论界定、对日常生活的价值学思考和对日常生
活历史沿革的考察，现在可以简要地表述我们的日常生活批判的基本结
论。由于我们不是超时空和超历史地，而是置身于现实的现代化进程中
来谈论日常生活的变革问题，因而，结论具有很强的现实性。

第一，迄今为止的日常生活演化史表明，日常生活的变革不仅是必要
的，而且是可能的。日常生活批判的宗旨并非根本超越日常生活。实际
上，只要人类存在，作为个体再生产的日常生活以及日常重复性实践所带
来的最大经济化结果是必不可少的。日常生活变革的宗旨是改变日常生
活主体的存在状态，使之由自在和自发状态进入自为和自觉状态。诚如
A. 赫勒所言，这并非主张每个人均应成为政治家、科学家、艺术家和哲学
家，而是要通过科学、艺术、哲学等自觉的类本质知识的引导来增强主体
的自我意识、批判意识和社会参与意识，使个体无论在日常运动中还是在
非日常活动中都既能恰当地有限度地运用日常生活图式和重复性实践
（思维），又能自觉地求助于创造性思维和创造性实践。

第二，日常生活的变革是现代化进程不可或缺的基本内涵之一。传
统的社会理论的聚焦点是社会的经济政治变革。在我国，人们通常理解
的现代化也主要涉及工业、农业、国防和科学技术。现在我们必须正视日

常生活的重要地位,它不是社会的附带现象,而是社会存在的重要基础和前提;日常生活的变革和重建既不会与社会的政治经济变革完全无涉,也不会是后者的简单伴随现象或副产品。可以肯定地说,停留于日常生活水平之上的个体无法成为现代化进程的主体,带有过分沉重的传统日常生活结构和图式的民族很难汇入现代世界历史潮流之中。

第三,日常生活的变革与重建对于那些业已实现现代化的西方国家而言,往往是自发地进行并依旧在延续的过程;而对于那些正处于现代化开端的民族而言,则是一个必须自觉地提出并加以解决的迫切任务。对于我们的民族和国家的发展而言,自觉地提出日常生活变革的任务尤为重要。首先,我国的现代化是我们民族生死攸关的重大问题,具有十分紧迫的历史感。历史的发展和世界的格局不允许我们听任日常生活在商品经济和技术理性的渗透下缓慢地自发地变化。其次,商品经济和工业文明有其自身的弊端,技术理性有其固有的局限性。西方在工业化和现代化进程中自发地从传统向现代转化的日常生活并不是日常生活的理想楷模,它虽然开始打破传统日常生活的封闭和自在结构,但同时也带来了日常生活异化、消费主义世界、单维度的人等消极后果。如果听任商品经济、工业文明和技术理性自律地改塑日常生活而不加以自觉的引导,那么我们将会走许多历史弯路。最后,至关重要的是,我们的现代化进程呈现为一个艰难困苦的历程。在现代化进程所面临的各种阻力和羁绊中,传统日常生活结构和图式的过分强化占据十分重要的位置。无论在我们的物质生产、经营管理、政治活动中,还是在科学、艺术和哲学创作中,参与意识和主体意识的缺乏,经验主义、教条主义、实用主义、官僚主义的倾向都相当严重。处于这种存在状态中的主体很难胜任发展商品经济和工业文明、实现现代化的历史重任。显然,现在已经是建立日常生活哲学、呼吁自觉的日常生活变革与重建的历史时刻了。日常生活变革的内涵十分丰富,但从前述可以看出,其核心有二:发展科学思维和技术理性;培养主体的自我意识、批判意识和社会参与意识。至于日常生活变革的具体方案,是需要我们进一步探讨的问题。

（刊载于《天津社会科学》1991 年 3 期。）

日常生活批判与社会科学范式转换

衣俊卿

西方马克思主义创始人卢卡奇在《审美特性》中曾把日常生活比做一条长河，他认为，科学、艺术等更高的对象化形式都是从这条生活长河中分化出来的。他的学生赫勒在《日常生活》中明确把日常生活界定为"那些使社会再生产成为可能的个体再生产要素的集合"。她认为，如果没有个体的再生产，任何社会都无法存在。然而，与每一个体的生存息息相关，而又无言地孕育和滋养着人类社会的衣食住行、饮食男女的日常生活世界，却长期处于哲学社会科学的视野之外，成为人们熟知的但又熟视无睹的背景世界，一种与物换星移、花开日落无异的自然氛围。把日常生活世界从背景世界中拉回到理性的地平线上，使理性自觉地向生活世界回归，是20世纪哲学的重大发现之一，胡塞尔、维特根斯坦、许茨、海德格尔、列菲伏尔、哈贝马斯、赫勒等许多理论家从不同层面推动了这一哲学转向。对我国哲学界而言，生活世界的概念已经不再陌生，但是，回归生活世界的真实含义，以及这一转向对于哲学社会科学范式转换的重大意义，还远远没有开展起来。

生活世界之被遗忘是在两个层面上完成的。首先，在社会结构层面上，历史的进展呈现出从日常向非日常的演化趋势，即从原初的、未分化的衣食住行、饮食男女、婚丧嫁娶、礼尚往来的日常生活世界中逐步分化出哲学世界、艺术世界、科学世界、政治系统、经济体系等非日常世界。相应地,人类社会和历史发展的重心也由日常向非日常转移。其次,在理性反思的层面上,哲学和历史科学的关注点越来越被非日常世界所吸引。近现代,哲学社会科学经历了"自然科学化"的过程,习惯于把自然科学所揭示的因果现象、必然性、线性决定特征、还原性、可计算性、普遍性等,放大为统一的、一元的、无限的世界的普遍规律,由此建立起以理性逻辑、绝对真理、普遍规律为核心的形而上学、认识论和各种社会科学体系,人真实地生活于其中的日常生活世界则被完全从理性的视野中放逐。一种遗忘生活世界的社会科学理论范式生成了:哲学成为描述普遍精神和绝对理性的纯粹意识哲学,历史学表现为环绕着政权更迭和国家兴亡的宏观史学,政治学表现为以政治权力和制度安排为核心的宏观政治学,经济学成为揭示基本经济运动规律的国民经济学,等等。

应当说,这种以追逐普遍性的宏大叙事为特征的哲学社会科学范式有其存在的合理性,因为,理性的反思性本身就具有抽象性和普遍性的本质特点。在人类历史由自发走向自觉的时代,对日常的微观的生活现象进行理论抽象,有助于在偶然的、差异的、个别的、多样化的社会现象中把握人类历史运行中的某些规则性和普遍性的机制。但是,当宏观的哲学社会科学把人具体地生存于其中的生活世界完全视做无足轻重的、平庸的日常琐屑而加以蔑视时,当以价值和意义为特征的人的生活世界完全被以必然性和普遍性为特征的自然世界所消解时,这种遗忘生活世界的社会科学理论范式之弊端就充分显现出来。

弊端之一:否定差异性和个体性。李凯尔特曾分析过,自然科学是一种排斥特殊性和个别性,强调同质性和规律性的"普遍化的方法",而文化科学则是探讨文化的价值和意义内涵,强调个别性和差异性的"个别化的历史方法"。遗忘生活世界的社会科学理论范式的根本缺陷是用普遍化的方法来研究文化和社会现象,从而否认差异性、个别性、主体性和自由。黑格尔在《精神现象学》中甚至断言,在精神的普遍性已经大大地加强的时代,"个别性已理所当然地变得无关重要",而绝对理念的普遍性要求统治一切。

弊端之二:忽略社会发展的文化内涵。遗忘生活世界的社会科学理论范式对差异性和个体性的否定,实际上是对生活世界的内在文化内涵和意义结构的排斥。结果,在这种宏大的哲学社会科学体系中,不仅生活世界和伦理道德世界的特殊性和个别性被抽象掉,变成数学化和理念化的无限自然世界图景中的一个案例,而且,从原初的生活世界中分化出来的经济领域、政治领域、科学世界等非日常世界,也变成没有内在文化规定性和价值约束的机械的、冷冰冰的自然领域,历史成为"无主体的"自在运动。

弊端之三:理论研究的抽象化顽症。马克思关于从抽象上升到具体的方法论强调思维中的具体,即思维中包含"许多规定的综合"和"多样性的统一"。恩格斯曾断言,任何一种社会哲学,它的研究结论如果没有包括"使它得以成为结论的发展过程"就毫无价值。我们发现,遗忘生活世界的社会科学理论范式的根本特征正是在普遍的知识和原理中抽象掉这些多样性和过程性,从而形成空泛的、大而化之的理论结论。目前,这种抽象化的毛病不仅在哲学研究中而且在社会科学各个领域中普遍存在,例如,在社会学和人类学研究,人们开始习惯于不必亲自动手开展"田野工作",而从现成的原理和结论出发,使用现有的各种思想资料和实证材料,进行逻辑推演或范畴排列。甚至回归生活世界在许多理论研究中也与现实的日常生活的文化意义结构无关,变成一种理论标签和理论口号,变成关于生活世界的基本特征、功能、规律等的抽象概括。关于实践的研究,也往往热衷于争论实践的规定性、功能、要素、形式等理论思辨,而与具体的、历史的、现实的实践无关。结果,我们的哲学社会科学研究提供的许多原理和结论往往没有明确的"所指",呈现为"能指的狂欢"。

因此,"回归生活世界"有着更为深刻的内涵和意义。真正的日常生活批判范式是要使我们的哲学社会科学研究真正回归到不同时代、不同历史条件下的具体的生活世界,回到日常生活世界的衣食住行、饮食男女、婚丧嫁娶、生老病死、礼尚往来的具体活动,回到生活世界内在的价值、意义、传统、习惯、知识储备、经验积累、规范体系,等等;是要在日常生活的层面上批判地考察每一时代每一文化中的个体是如何展开自己的消费、交往、思考和生存,如何形成自我同一性,如何把这些文化背景带入公共的社会生活之中,还要考察生活世界内在的图式、知识储备、规范体系等是如何同社会公共生活和制度安排形成互动。不难看出,这种意义上的日常生活批判范式代表着哲学社会科学范式的深刻转变。

　　首先,日常生活批判或生活世界理论极大地拓宽了社会历史理论的视野。实际上,马克思恩格斯所创立的唯物史观的内涵要比我们的教科书体系更为广泛。他们反复强调一个重要的出发点:人们首先必须吃喝住穿,才能从事政治、科学、艺术、宗教等社会活动。因此,人的生存需要和满足需要的生产,以及人自身的繁衍和家庭等是社会历史运行的深刻基础和社会历史理论的基本主题。然而,后来的理论体系并没有对这些日常生活予以关注,而是围绕着生产力和生产关系、经济基础和上层建筑等非日常领域而展开。如果我们把衣食住行、饮食男女等日常消费、日常交往、日常思维活动纳入社会历史理论的视野,认真考察日常生活世界和非日常世界在不同历史时期此消彼长、支撑、制约、互动的关系,我们可以构造更为完整的人类世界的图景,对社会历史运动肯定会有更为深刻而全面的理解和把握。

　　其次,日常生活批判或生活世界理论提供了一种微观哲学社会科学范式,一种文化批判的理论视野。日常生活批判并不是对于具体的日常活动及其要素的非批判的描述,而是对于生活世界的内在文化结构和活动机制的分析,特别是对经济、政治、科学、艺术等非日常活动的日常文化根基的挖掘。哈贝马斯把世界划分为客观世界、社会世界和主观世界。而由文化、社会和个性构成的生活世界不是世界的一个独立的组成部分或领域,而是为行为主体提供给定的文化传统力量(知识储备)、规则体系和价值支撑的条件和背景世界。作为交往行为主体的主体间性的生活世界实际上是以文化的解释力量内在地与所有其他三个世界相互交织和相互影响,或者构成所有这些对象领域的内在的文化机理。在这种意义上,哲学、社会学、历史学、政治学、法学、教育学等在微观层面上开展日常生活的解读与批判,无论是挖掘生活世界内在的价值和意义以抵御技术理性的异化,还是拆解前现代的日常生活世界的自在自发的、经验式的和人情化的文化图式以铺平社会公共生活和社会运行中现代性启蒙的文化地基,或是把生活世界当做全球化交往和世界历史背景下交往行为合理化的文化基础而加以重建,都会为我们的哲学社会科学研究提供新的研究思路。

　　特别需要强调指出的是,日常生活批判范式对于克服哲学社会科学理论研究的抽象化顽症,具有根本性的意义。20世纪,在哲学所营造的回归生活世界的文化氛围中,史学、政治学、社会学等众多社会科学领域中都出现了告别宏大叙事,自觉地向生活世界回归的趋势。法国的年鉴学派、意大利的微观史学派、德国和奥地利的日常生活史学派、英国的"个案史"学派等,都反对只写重大历史事件和只关注政治、经济、军事、外交等宏大叙事的历史学,而主张把关注中心转向具体的和微观的日常生活世界的各个领域。在政治学领域,开始出现微观政治学,主张从日常生活的机制去思考制度安排问题,探讨微观权力秩序的重建问题,而福柯则从监狱、医院、军队、学校等传统政治学忽略的边缘领域,开展了关于理性权力结构的微观政治学的批判。

在我国,20 世纪 90 年代哲学领域率先开展日常生活批判研究,此后,日常生活批判的理论范式对于政治学、社会学、教育学、文学、法学等领域的研究也开始产生重要的影响,相继出现了教育的日常生活批判、法学的日常生活批判、历史学的日常生活批判、文学的日常生活批判,等等。虽然这些探索具有初创的性质,但是已经开始展示特别的发展潜力。我们的哲学社会科学研究开始自觉地告别那种遗忘生活世界的理论范式,自觉地摒弃那种从范畴到范畴的抽象化病症,并且开始为我们提供具有创造性的新见解。例如,中国社会转型过程中现代性的启蒙和生成所遭遇到的许多阻力都可以从日常生活批判的视角获得特别的解释:中国各级教育中的应试教育屡禁不止,而素质教育流于形式的问题,以及决策机制和行政运行机制的经验化和缺乏理性化的特征,在深层次上与中国传统日常生活世界的普遍的经验化文化图式有着紧密的关联;而中国社会公共生活之中相当普遍地存在着的"有法不依"、超越规则的现象,则与中国传统日常生活世界的普遍的人情化文化图式有着必然的关联,也即费孝通先生在《乡土中国》中所分析的那样,传统农本社会是一个"无讼的"社会,其日常的礼俗文化基因阻碍法治秩序的建构。总之,日常生活批判范式将成为 21 世纪最具解释力和创造力的哲学社会科学范式,它同宏观的社会历史理论范式有机地结合,将为哲学社会科学研究开启崭新的地平线。

（摘自于《光明日报》2006 年 2 月 14 日第 12 版。）

现代性的维度及其当代命运

衣俊卿

现代性毫无疑问是我们时代最重要的焦点性话题之一,它在文学的、哲学的、政治学的、社会学的、法学的、经济学的争论话语中,都已经成为出现频率最高的核心术语之一。不同领域的研究者已经洞察到,我们面对的许多理论和实践方面的重大问题,实际上都直接地或间接地与现代性问题构成深刻的关联。20 世纪的许多著名批判性思想家,如胡塞尔、韦伯、齐美尔、卢卡奇、葛兰西、霍克海默、阿多诺、哈贝马斯、利奥塔、福柯、德里达、鲍德里亚、吉登斯、鲍曼等,都在以不同方式关注现代性问题,他们关于欧洲科学危机、启蒙理性、工具理性、技术理性、意识形态、大众文化、现代国家等问题的思考,实际上都可以概括为现代性批判。在实践层面上,20 世纪西方发达国家的文化危机,以及后发展中国家在现代化进程和全球化进程中所经历的价值争论和文化冲突,在很大程度上都与现代性的本质和命运问题密切相关。正如吉登斯断言的那样,全球化在某种意义上是"现代性的全球化","现代性正内在地经历着全球化的进程"[1]。

然而,虽然在全球范围内人们对现代性问题的关注与兴趣有增无减,

---

① Anthony Giddens, *The Consequences of Modernity*, California: Stanford University Press, 1990, p. 63.

但当我们真正面对这一问题时,依旧有些茫然。现代性问题似乎还没有完全露出其清晰的地平线,依旧是一个开放的、相互冲突的、相互关联又纠缠不清的"星丛"。这或许源自这样的情境:现代性的捍卫者和批评者差不多都是在非常一般的和普泛的意义上探讨现代性问题,没有揭示出现代性是怎样作为基本的图式和机理无所不在、无孔不入地渗透到现代社会的各个层面,怎样作为基本的生存模式深刻地影响现代人的生存和生活。问题的深入显然有赖于在现代社会的深层机制和根基上对现代性作更为耐心和细致的反思。这就需要采取一种可以称之为"多维整合"的研究视角。对现代性问题,无论是事实判断还是价值判断,都既不能局限或满足于现代性的某一方面的特征,也不能简单地罗列和堆积现代性的各种特征,而必须整合哲学的、社会学的、政治学的、文学的等多维视角,揭示现代性的多重维度。这里所说的"现代性的维度"不是所谓的"多种现代性"或"多元现代性",而是现代性具有本质关联的各个方面,它们形成一个有机整体,并作为文化精神与内在机理无所不在地渗透到现代社会和现代个体生存的所有方面。

一、现代性的多重维度

在这里,我们的主要意图不是尽可能多地罗列现代性的丰富内涵,而是从现代社会的运行机制和现代主体的生存模式中揭示出现代性的主要维度及其有机的和本质的联系。显而易见,这是一种文化哲学的思考方式,因为,在最深层的意义上,文化是历史地凝结成的稳定的生存方式,是一切社会活动和社会存在领域中内在的、机理性的东西,是从深层制约和影响每一个体和每一种社会活动的生存方式。而现代性所标志的理性文化模式,正是现代社会的主导性文化模式和文化精神。

（一）现代性的精神性维度

很多思想家在思考现代性的问题时,主要着眼点是现代社会的本质性文化精神,如康德关于"启蒙"的理解、胡塞尔的"纯粹的理性"、霍克海默和阿多诺的"启蒙理性"、哈贝马斯的"时代意识"、利奥塔的"宏大叙事",等等。应当说,现代性首先作为一种理性的文化精神,这是完全合乎历史逻辑的,因为,从传统社会的经验结构中脱域出来的现代社会的理性存在方式的最根本的特征就是理性或精神获得了一种自觉性或反思性。从文化精神的内涵上看,现代性的精神性维度包含人们通常所熟悉的理性、启蒙、科学、契约、信任、主体性、个性、自由、自我意识、创造性、社会参与意识、批判精神等;从文化精神的载体来看,现代性的精神维度体现为作为个体的主体意识、公共的文化精神和文化价值、系统化的历史观,等等。因此,我们必须多维地透视现代性的精神维度。

1. 个体的主体性与自我意识

个体的主体性和自我意识的生成或走向自觉,是现代性的本质规定性之一,是全部现代文化精神的基础和载体,换言之,个体化是理性化的必然内涵。在前现代的经验文化模式下,绝大多数个体是按照经验、常识、习俗、惯例而自发地生存。只有当个体超越纯粹的自在自发的日常生活的阈限,同科学、技术、理性的自觉的精神再生产或自觉的类本质对象化发生实质性的关联时,现代社会和传统社会的断裂才实质性地发生,现代意义上的人才真正产生。在这种意义上,福柯关于人和主体的论述有一定的道理,即"人"是现代时期推论出来的产物,是一个理性构造。

人作为个体从自在自发的生存状态进入自由自觉的生存状态,这是人类社会历史进程中的重大事件,它成为现代社会运行的支撑性因素,是现代社会的创新能力、内在活力和驱动力的源泉。特别重要的是,这种个体的自觉状态不是少数社会精英的特殊状态,而是现代社会公民的普遍的生存状态。正是在这种意义上,很多学者强调,与文艺复兴在现代性的生成方面的重要的启蒙作用相比,宗教改革在平民层面上的启蒙作用甚至更为重要。康德在《什么是启蒙》一文中就是在个体主体性的意义上定义启蒙。他强调,"启蒙就是人类脱离自己所加之于自己的不成熟状态。"所谓的"不成熟状态,就是不经别人的引导,就对运用自己的理智无能为力"①。

2. 理性化的和契约化的公共文化精神

当主体性、个性、自由、自我意识、创造性、社会参与意识、批判精神等成为现代人的生存方式的本质性特征和规定性时,整个社会的普遍心理、

① (德)康德:《历史理性批判文集》,何兆武译,商务印书馆1990年版,第22页。

价值取向和文化精神必然发生根本性的变化,经验式、人情式的宗法血缘的前现代的文化基因让位于自觉的、理性化的人本精神。在这种背景下,公共文化精神的主导性价值取向,或者哈贝马斯所说的现代社会所建立的"属于自己的模式或标准",必须兼顾考虑两个方面的问题,一方面是如何最大限度地保护现代个体的主体性、个性、自由、自我意识、创造性、社会参与意识、批判精神等文化特质,另一方面如何保证那些追求自我利益和自我实现最大化的自由个体形成一个合理和合法的共同体。由此就衍生出以平等、契约、信用等为核心的人本化的、理性化的社会文化精神。这种社会文化精神和价值取向要提供以个体后天成就为基础的平等竞争和发展的氛围,提供非直接化和非面对面的普遍交往和交流的信任基础,提供以每一个体有限出让权利和普遍同意为前提的社会契约精神。

由于现代社会的理性化转折直接地以近现代的实验科学为重要背景,因此,上述人本化的、理性化的社会文化精神从兴起之时就被科学精神和技术理性所渗透。无论是自我设计的目标的实现,还是平等的、契约的文化精神的形成,都离不开理性的和科学的精神。至于普遍的信任和信用精神和机制,更是离不开科学精神和技术理性的支撑。如吉登斯分析的那样,在"脱域"之后的现代社会,"随着抽象体系的发展,对非个人化原则的信任,以及对匿名他人的信任,成了社会存在的基本要素"[①]。而这些现代人的生存不可或缺的抽象体系,无论是以货币符号为典型代表的象征系统,还是无所不在的专家系统都直接依赖于科学精神和技术理性才能实现。因此,我们可以用人本精神和技术理性来表征现代社会普遍的理性精神。众所周知,韦伯曾把现代社会的合理化的价值精神区分为价值理性与工具理性,在某种意义上都与现代文化精神的特征直接相关。

3. 意识形态化的社会历史叙事

理性化的现代性文化模式的重要特点之一便是其无所不包的统摄性。具体说来,现代性的文化精神维度不只是表现为个体的主体意识和

---

① Anthony Giddens, *The Consequences of Modernity*, California: Stanford University Press, 1990, p. 120.

理性化的社会文化精神,它还会进一步整合为一种关于历史的演进、社会的发展前景和人类的终极目标的总体性的、同一的、系统化的、理论化的、纲领化的文化精神或社会价值,或者说,整合为一种系统化的、自觉的意识形态,一种自觉的、理性化的世界观和历史观,一种具体设计和规范人类历史目标的"宏大叙事"。用曼海姆的话来说,这是一种"总体的意识形态概念",它"指的是一个时代或者一个具体的历史－社会群体所具有的意识形态"①。

这种意识形态化的自觉的社会历史叙事在近现代以来表现为多种形态,如奠基于启蒙理性和契约精神的关于人的自由和人类解放的理性设计,以绝对理性的普遍运动为核心的关于绝对真理的阐发,关于历史的合目的性与合规律性的历史决定论,等等。其共同之处在于相信理性万能,相信理性是一种绝对的力量;同时相信理性至善,把理性及技术当做是人的本质力量、人的自由和全面发展的确证;进而,它支持一种乐观的人本主义或历史主义,它相信,人性永远进步、历史永远向上,现存社会中的不幸和弊端只是暂时的历史现象或时代错误,随着理性和技术的进步,人类终究可以进入一种完善完满的境地。

应当说,理性化的文化精神从个体的和社会的一般的文化模式和价值取向上升为普遍的、总体性的、意识形态化的文化精神,是理性化进程的内在必然性。在"脱域"之后的理性化社会中,理性内在的分析和反思本性必然驱使理性不仅规范个体的和群体的行为和活动,而且直接指向社会总体和历史目标。然而,当理性无限扩展到可能达到的极限,就会导致某种张力和"二律背反",这正是 20 世纪意识形态批判理论兴起的重要原因。利奥塔等后现代主义者对现代性的批判集中于"宏大叙事"(grand narratives)或"元叙事(metanarratives)",也正是看到这种理性化的意识形态在现代性问题上的紧要性。他指出:"在《后现代状况》中我关心的'元叙事'(metanarratives),是现代性的标志:理性和自由的进一步解放,劳动力的进步性或灾难性的自由(资本主义中异化的价值的来源),通过资本主义技术科学的进步整个人类的富有,甚至还有——如果我们

———————————

① (德)卡尔·曼海姆:《意识形态和乌托邦》,艾彦译,华夏出版社 2001 年版,第 66 页。

把基督教包括在现代性(相对于古代的古典主义)之中的话——通过让灵魂皈依献身的爱的基督教叙事导致人们的得救。黑格尔的哲学把所有这些叙事一体化了,在这种意义上,它本身就是思辨的现代性的凝聚。"①

通过上述分析,我们可以看到现代性的文化精神维度的丰富性和无所不在的特征。恩格斯在分析法国启蒙思想家时代的理性启蒙时对理性化有一段精彩的描述,他指出:"他们不承认任何外界的权威,不管这种权威是什么样的。宗教、自然观、社会、国家制度,一切都受到了最无情的批判;一切都必须在理性的法庭面前为自己的存在作辩护或者放弃存在的权利。思维着的知性成了衡量一切的唯一尺度。那时,如黑格尔所说的,是世界用头立地的时代。"②

(二)现代性的制度性维度

现代性作为"脱域"之后的理性化社会的主导性文化模式不仅要作为文化精神和价值取向渗透到个体的和群体的行为和活动之中,而且必然作为自觉的制度安排而构成社会运行的内在的机理和图式。正是在这种意义上,吉登斯干脆断言,"现代性指社会生活或组织模式",而韦伯则不仅从世界"祛魅"的角度分析了现代性的伦理和文化精神内涵,还详细地从经济合理化、管理科层化等角度揭示了现代性作为理性化制度安排的普遍性。

实际上,我们只是在理性分析的意义上,可以相对地区分出现代性的精神性维度和制度性维度,而在现实社会运行中它们是密不可分的。一方面,文化精神的自觉构成社会运行的灵魂。另一方面,自觉的理性化的文化精神如果不通过制度安排而成为社会运行的内在图式和机理,也会成为某种无根基的浮萍,这种情况在许多后发展中国家的现代化进程中常常出现。因此,我们必须在内在统一的意义上,进一步展示现代性的制度性维度。

1. 经济运行的理性化

与传统社会的自给自足、自在自发的日常的自然经济相比,经济活动

---

① (法)利奥塔:《后现代性与公正游戏:利奥塔访谈、书信录》,谈瀛洲译,上海人民出版社1997年版,第167页。

② 《马克思恩格斯选集》第3卷,人民出版社1995年版,第355~356页。

的理性化无疑是现代社会的本质特征之一。很多思想家都注意到现代经济受内在的科学理性和计算原则支配的特征。例如,齐美尔的货币经济是对经济现代性的一种重要解读,这种货币经济的发展是理性化的思想和行动增长的结果。① 而韦伯对理性的经济行为或经济的理性化,作了最深刻的阐述。他认为,资本主义企业作为一种合理的组织,是"自由劳动之理性的资本主义组织方式",这种方式只在西方出现,它形成于经营活动与家庭的分离。经济理性化的突出特征是可计算性,即合理簿记、资本核算。

特别要强调的是,韦伯在论述理性的经济活动时,还特别分析了经济合理性的两个方面的基础。一是经济合理性依赖于现代技术和科学的发展,"其理智性在今天从根本上依赖于最为重要的技术因素的可靠性。然而,这在根本上意味着它依赖于现代科学,特别是以数学和精确的理性实验为基础的自然科学的特点"②。二是经济合理性依赖于内在的文化精神,一种从宗教改革产生的世俗化的和理性化的经济伦理,即新教伦理。"这种世俗的新教禁欲主义与自发的财产享受强烈地对抗着;它束缚着消费,尤其是奢侈品的消费。而另一方面它又有着把获取财产从传统伦理的禁锢中解脱出来的心理效果。它不仅使获利冲动合法化,而且(在我们所讨论的意义上)把它看做上帝的直接愿望。"③不难看出,韦伯的分析还揭示了理性化的文化精神或价值伦理与理性化的经济运行之间的本质关联。

2. 行政管理的科层化

与经济运行的合理化同样重要的是现代社会行政管理的合理化。在前现代社会中,社会的行政管理不会成为突出的问题,因为,在自给自足、自在自发的日常的自然经济条件下,与日常生活未分化的原初的经验结构及其自发的经验原则和自然原则调节着效率低下的社会运行。而随着

---

① 参见(德)齐美尔:《社会是如何可能的:齐美尔社会学文选》,林荣远编译,广西师范大学出版社 2002 年版,第 68 页。

② (德)马克斯·韦伯:《新教伦理与资本主义精神》,于晓、陈维纲译,三联书店 1987 年版,第 13～14 页。

③ (德)马克斯·韦伯:《新教伦理与资本主义精神》,于晓、陈维纲译,三联书店 1987 年版,第 134 页。

与家庭活动分离的独立的、理性化的经营活动的出现和快速发展,哈贝马斯所讨论的体系与生活世界的分离也随之出现,越来越复杂的管理机制的形成必然采取科学的理性原则和技术手段来加以调节和管理。行政管理中现代性确立的标志是科层化的理性管理取代了传统的经验管理。而对科层化首先作出经典阐述的依然是著名社会学家韦伯。

　　科层制(bureaucracy)是一个在社会主义国家中被长期误读的概念。原本是一个西方现代社会的行政和生产管理的组织形式的理性化模式,由于在十月革命期间被译作"官僚制"而被完全变成一个贬义的范畴。像关于经济的合理化的分析一样,韦伯同样慎重地关注到由于工具理性或目的理性的膨胀而引起的经济合理化和管理科层化的负面作用,例如垄断信息、抗拒质变、行为专断等。但是,尽管如此,韦伯关于科层制与现代性关系的分析具有不可磨灭的意义和价值。他从管理人员的专业化、规章制度、等级制的分工与监督机制、档案管理等方面揭示了高度理性化的、高效的行政管理机理。他指出:"纯粹的官僚体制的行政管理,即官僚体制集权主义的、采用档案制度的行政管理,精确、稳定、有纪律、严肃紧张和可靠,也就是说,对于统治者和有关的人员来说,言而有信,劳动效益强度大和范围广,形式上可以应用于一切任务,纯粹从技术上看可以达到最高的完善程度,在所有这些意义上是实施统治形式上最合理的形式。"①许多学者强调科层制对于现代社会运行的不可或缺及其对现代性的意义。彼得·布劳和马歇尔·梅耶在《现代社会中的科层制》断言,"在当今社会,科层制已成为主导性的组织制度,并在事实上成了现代性的缩影。除非我们理解这种制度形式,否则我们就无法理解今天的社会生活"②。

　　3. 公共领域的自律化

　　现代性作为社会内在的机制和活动图式不仅体现在具体的经济运行和行政管理中,而且体现在社会公共管理之中。社会的公共管理又可以区分为两个层面:公共生活领域和公共权力领域。这两个领域既相互关

---

① (德)韦伯:《经济与社会》(上),温克尔是,林荣远译,商务印书馆1997年版,第248页。

② (美)彼得·布劳、(美)马歇尔·梅耶:《现代社会中的科层制》,马戎等译,学林出版社2001年版,第8页。

联又相互制约,前者表现为个体化的私人领域的自觉和自律,后者是国家权力的独立化。应当说,在前现代社会中是不存在公共生活领域和公共权力领域之间的特殊分化与相互制约,只有沉默的、自在自发的私人家庭生活与集权的非理性的专制国家权力。在现代社会中,现代性的重要标志之一是自觉自律的公共生活领域和民主化、契约化的公共权力领域的同步生成。

相对独立的公共生活领域的出现是以理性化进程中的个体化为前提的,它是理性化的公共文化精神的寓所。具有自觉的主体性和自我意识的个体的生成,需要一种以平等的交互主体性为基础的理性的公共活动空间,来表达主体性的内涵和价值需求,或者抵御公共权力的自律化所造成的体系对生活世界的殖民化。这是普遍理性化的社会的本质性特征之一。葛兰西的市民社会理论持久不衰的影响力正在于他敏锐地发现了作为文化伦理和意识形态领域的市民社会。在经济基础和国家政治权力之间存在着相对独立的公共领域,它既包括政党、工会、学校、教会等民间社会组织所代表的社会舆论领域,也包括报刊、杂志、新闻媒介、学术团体等所代表的意识形态领域。这一领域体现为一种文化上的领导权,它赋予国家权力以合法性,从而使现代国家走向理性化,具有社会的“托管人”的特征,不再是单纯的暴力专政机器。

关于公共领域的最经典的论述来自哈贝马斯。他通过对近现代历史上的文学、政治、消费者、批评者等活动领域的考察,确立了与公共权力相分离的、自律的、理性的、平等的、对话的公共领域。他说:“资产阶级公共领域首先可以理解为一个由私人集合而成的公众的领域;但私人随即就要求这一受上层控制的公共领域反对公共权力机关自身,以便就基本上已经属于私人,但仍然具有公共性质的商品交换和社会劳动领域中的一般交换规则等问题同公共权力机关展开讨论。这种政治讨论手段,即公开批评(das Öffentliche Räsonnement)的确是史无前例,前所未有。”①哈贝马斯非常重视公共领域对于完善现代性的意义,正因为如此,他对在国家干预和大众传媒等因素影响下公共领域的转型,例如利益专门化、传媒的

① （德）哈贝马斯:《公共领域的结构转型》,曹卫东等译,学林出版社 1999 年版,第 32 页。

操纵和选择压力等问题表示担忧,因为,由此出现的后果是以工具理性为特征的系统对以交往理性为基础的生活世界的侵入,即"生活世界的殖民化"问题。

4.公共权力的民主化和契约化

在经济的理性化、行政管理的科层化和公共领域的自律化的基础上,现代性在社会整体的运行和管理层面上的体现就是公共权力的民主化和契约化,这也就是我们通常所说的理性化的政治文明的确立。正如葛兰西所分析的那样,在现代性的背景下,由于市民社会的出现,国家权力的性质发生了重要的变化,表现为"伦理国家"、"文化国家","牵制力量"和"领导权"的结合。具体说来,现代性背景下的理性化的公共权力的重要特征是法治国家和民主国家的确立。

虽然如许多批评家所指出的那样,现代发达国家的民主和法治存在着很多的限制性条款,并常常出现摆脱自律的公共领域的监督走向集权的倾向,但是,民主、契约、法治的确是现代性的本质属性。很多学者充分意识到民主和法治的不可替代和不可或缺的价值。例如,东欧新马克思主义代表人物赫勒曾认真分析了资本主义的形式民主的内涵和价值。她认为,形式民主的含义并不是说不具备实质内涵,而是指它是一种法律化、程序化的政治体制,其主要内容有人权、多元化、契约制、代表原则,等等。它使国家从单纯的阶级统治工具转变为社会总体自我调节的工具,成为社会总体的"受托管理人"(trustee)。形式民主承认自由的公民权,由此而形成了个体全面和自由发展的观念,并促进政治平等。赫勒概括道:"市民社会的相对独立与自律本身是具有双重内在逻辑(双重机制)的存在形式。它保证私人经济领域的相对独立性。相应地,它的逻辑之一是市场、私有财产的专有特征、不平等和统治的普遍化。同时,它建立了消极的但却是平等的个人自由,这样,它的第二重逻辑是这一自由(人权)在权力的民主化、平等化和非集中化的过程中的发展与加强。"①当然,必须看到,当公共权力彻底理性化,现代性在制度性维度上也容易趋于整合并一体化为总体性力量。这一总体化和同一化的公共权力如果与

---

① Agnes Heller, *A Theory of History*, London: Routledge and Kegan Paul, 1982, p. 284.

意识形态化的社会历史叙事相结合，就可能导致现代性最可怕的风险性后果，即启蒙理性的"自我毁灭"。

二、现代性的当代命运与中国语境

当我们从关于现代性的维度的揭示转向现代性的中国语境和当代命运的分析时，实际上是从关于现代性的事实判断转向关于现代性的价值判断。在 20 世纪后半叶，一方面由于发达国家的现代文化危机，另一方面由于后发展或欠发达国家的现代化目标的普遍确立，围绕着现代性的当代命运展开了激烈的争论，关于现代性的价值判断已经成为一个根本性的问题。关于现代性命运的争论主要围绕着两个方面的论题。争论的主题之一是关于现代性自身是否依旧保持着不可替代的、肯定的价值问题。在胡塞尔关于科学世界与生活世界的分析、韦伯关于价值理性和工具理性的分析以及关于"宰制社会"的论断、哈贝马斯关于交往合理化与劳动合理化以及关于系统与生活世界的分析、霍克海默和阿多诺的启蒙辩证法批判、马尔库塞的单向度人的批判、哈贝马斯和利奥塔等人关于现代性与后现代性的争论、福柯关于现代权力结构的"全景敞视主义"（panopticism）或"全景监狱"特征的微观政治学分析、鲍德里亚的"完美的罪行"批判、鲍曼的"现代性与大屠杀"的探讨等理论争论中，关于现代性的价值的肯定与关于现代性的激进批判，一直没有间歇过。争论的另一个重要主题是现代性与后发现代化国家的关联问题。从韦伯关于现代性为什么没有在西方之外的社会中生成的问题的文化分析，到 20 世纪后半期的后殖民批判、新儒学思潮的兴起等等，关于后发现代化国家应当继续捍卫现代性的观点与拒斥现代性的主张就一直没有停止过论战。

上述关于现代性的内在维度的分析，对于我们理解现代性在当代的复杂命运具有十分重要的意义，在某种意义上，只有依据关于现代性的这种深刻的"事实性"分析，我们关于现代性的当代命运问题所做的"价值判断"才能避免情绪化和简单化的误区，才能更为冷静和扎实，更具有实践价值。我们在这里拟在中国的语境中，依据上述关于现代性维度的事实判断，展开关于现代性命运的价值判断。我们可以把争论归结为几个关键的问题。

　　第一个问题：现代性在中国社会运行和社会生活中是已经生成并且在某种意义上同西方发达国家一样开始走向"启蒙的自我毁灭"，还是尚未生成或者只是停留在少数知识精英的学术研究中的文化理念？

　　对于这一问题，我们的结论是：在中国的境遇中，现代性本质上"不在场"或尚未生成。当然，当我们作出这样的断言时，并不是从一种简单的"历史虚无主义"的立场出发，否定过去一个多世纪中国社会的深刻变化和现代化进程的巨大进步。从"五四"新文化运动开始，关于科学、民主的现代性启蒙一直以各种方式存在于中国的社会历史进程中；科学技术的发展和社会生产力的提高使中国社会经济快速增长、综合国力增强、人民生活生活水平普遍提高、社会普遍进步与发展、国际地位不断提高，等等；现代市场经济机制的目标的确立，一方面开始推动经济运行机制的理性化，另一方面开始促使权力运行机制的制度化、规范化、契约化、程序化和理性化。

　　我们还特别欣喜地看到，现代市场经济的建构正在从根本上触动和改变中国传统的文化结构和文化模式。一方面，今天社会意识形态的聚焦点不再是政治斗争和思想斗争，而是科学技术和经济的发展，它给哲学理论研究和大众生活以前所未有的自由度和宽容度，多元的经济利益，多元的需求，多元的生存样式、多元的价值观念不再被限制与禁止，而是被默许、宽容，甚至被鼓励。另一方面，作为现代工业文明立根基础的市场经济本质上是一种"主体经济"，在发达工业文明条件下，社会活动主体开始超越传统的经验主义和自然主义的活动方式，通过接受现代技术理性和人本精神而由自在自发走向自由自觉，在这一转变过程中，以现代实业家为主体，逐步形成相对自律和自觉的市民阶层（或公民阶层）。这一相对独立的和自觉的市民阶层不再满足于作为某种外在的精英文化的被动的听众和受众，而是开始形成自己本身的自觉的文化精神，即市民文化或公民文化。

　　然而，尽管如此，我们还是没有充足的理由断言，现代性已经成为中国社会的主导性文化精神和社会运行机理。从根本上说，后发展社会和落后国家的现代化决不是一个简单的机械复制和单纯的经济增长的问题，而是现代性的全方位的生成问题。就中国的状况而言，现代性对很多人来说并不陌生,但是,它只是以碎片的、枝节性的、萌芽的形态或方式出现在某些个体的意识中,出现在社会理论和精神的流动之中,出现在社会运行的某些方面或某些侧面,而没有作为社会的深层的和内在的机理、结构、图式、活动机制、存在方式、文化精神等全方位地扎根、植入、嵌入、渗透到个体生存和社会运行之中。因此,同上述分析的现代性的多重维度及其现代性的全方位性和深刻性相比,我们可以断言,在中国境遇中,现代性尚未作为一种主导性文化模式和文化精神全方位地渗透到社会运行和个体生存中。

对此,我们先不作更多的理论分析,而首先从中国社会结构的一个基本事实出发加以说明。这就是中国社会依旧存在的十分严重的"城乡二元结构"。具体说来,当我们判定现代性在中国社会的现实境遇时,不能仅仅从人文知识分子的理解和对西方发达国家的观察出发,也不能仅仅从发达地区的城市区域的人力资源状况和社会运行机制的状况来得出普遍性的结论,而必须把视野投放到在社会城乡二元结构中从比重上占主体的农民、农村和农业的状况。这种传统农本社会的文化模式和社会结构不仅会大大降低我们对城市化群体的现代性程度的估计,而且,它本身是中国社会运行和活动方式的深层的、隐性的根基,在这里,我们看到了传统与现代之间的对抗与冲突,看到了传统的顽强的生命力。

总体说来,中国社会的主导性文化样态依旧是以经验对抗理性、以人情对抗法治和契约。稍加具体分析,可以区分这样几个层次:首先,在制度性维度上,我们离现代性最远;其次,在精神性维度上,我们同主体精神、个性意识、科学精神、自由观念、民主意识等并不陌生,但是,这些理性化的文化精神远没有在我们的个体生存、公共生活、社会运行和制度安排中作为本质性的机理和规定性而扎根,事实上处于一种"无根的"浮萍状态。特别要提及的是现代性在中国语境中的两种异化状态:一是我们社会中存在着一种很可怕的思维样态,即理论上的教条主义和形式主义与行动上的经验主义的奇特结合;二是中国人文知识分子中存在的一种脱离现实生存根基的文化批判情结,即"启蒙的自我循环"。这一"启蒙的自我循环"的可怕与可悲之处就在于:当社会的内在机理或生活世界的内在文化精神从根本上还依旧处在远离现代性的"前现代"情境中,前现代的经验性和人情化文化模式在许多方面依旧十分强有力时,我们的一些人文知识分子的批判已经完成了从现代性启蒙到现代性批判、从强调主体性的文化激进主义立场到文化保守主义立场的完整的心路历程。但是,与发达国家的历史情形不同,当我们在"启蒙的自我循环"中自以为已经很"后现代性"时,猛然会发觉我们可能是原地踏步,又可悲地回到了"前现代的"经验式文化模式中了。

第二个问题:如果说现代性在中国尚未生成,而在发达国家已经出现危机的征兆,那么,我们可以通过理论讨论或实践决策而对现代性进行选择和取舍吗?

我们发现,在目前的争论中,的确存在着可以对现代性加以取舍的观点,很多情形中,无论是捍卫现代性或重写现代性的一方,还是拒斥现代性的一方,其理论的依据和思考的方式都有滑入情绪化和简单化的嫌疑,突出表现是,人们往往自觉不自觉地把现代性当做我们可以简单地通过讨论而加以取舍,决定"要"或"不要"的问题。而造成这一误区的重要原因是人们对于现代性往往作了"单向度的"分析,只关注它的某一方面的文化精神维度,而没有真正揭示出现代性在现代社会中无所不在的深层根基状态。

应当承认,我们关于现代性的多重维度的揭示,还是粗线条的描述,但即使如此,通过上述关于现代性的维度的初步揭示,已经可以清楚地确定探讨现代性命运问题的合法性限度:现代性决不是我们可以简单地通过理论探讨和决策就能"取舍"的问题,而是必须通过更为深入的、冷静的分析才能作出合理的价值判断的问题。进而,只要一个民族步入了现代化和全球化的世界历史进程,现代性的问题就不是一个我们可以抽象地探讨和简单地取舍的问题,而是一种历史演进机制的问题。在这一点上,哈贝马斯十分深刻地强调,虽然现代社会和经济发展中"存在着根植于体制性的、自我生成的危险",但是,现代性"仍然包含着规范的、令人信服的内涵",因而,他得出一个十分重要的结论:现代性"并非某种我们已经选择了的东西,因此我们就不能通过一个决定将其动摇甩掉"①。从这样的基点出发,我们的分析必须从关于现代性的所谓"一分为二的"分析,即简单地梳理和罗列现代性的积极价值和负面影响的情绪化和简单化的解析模式中摆脱出来,而从内在性分析的角度揭示现代性的内在冲突及其原因、内在超越性与自我完善的趋向,并为后发现代化国家在全球化背景下关于现代性的命运作出更为理性和冷静的价值判断。

第三个问题:如果现代性是所有汇入全球化世界历史进程的民族和国家无法随意取舍、无法回避的命运,那么,现代性在当代的命运真的像它在西方发达社会的某种文化危机中展示的那么不可救药吗? 人类真的会进入斯宾格勒所说的文明的普遍"没落"状态吗?

我们认为,问题并非如此悲观。正如哈贝马斯所言,现代性是一项尚未完成的设计,无论对于发达的国家还是对于走向现代化的落后国家,现代性的价值都远远没有完全展示出来。现代性由于其内在的矛盾而不可避免地出现某种危机,但是,同样,其内在的动力机制也使它有能力不断超越这些冲突和危机。这种冲突和危机的不断产生和不断超越既是现代性的生命力所在,也是人类社会的内在驱动力所在。我们可以从以下几方面略加论证:

首先,现代性不可避免地存在内在的张力和冲突,在某种条件下会走向极端甚至导致破坏性后果。这并不是某种外力强加于现代性的后果,而是现代性自身的逻辑和不可回避的命运。从一开始,现代性就不是作为一种至善至纯、可以解决人类所面临的一切问题的全能的力量登上历史舞台。相反,正如哈贝马斯和吉登斯分析的那样,当人类历史达到一定的自觉程度,当社会从原初的自然关联中"脱域"出来时,原来"预设的模式或者标准都已经分崩离析",人类必须用一种新的"人为的"运行机制、规则或模式去取代原有的自然的和经验的社会机制,必须用理性化的抽象体系来进行再嵌入,形成理性化的生存环境和社会运行机制。这种理性的机理从一开始就具有复杂的内涵,在不同层面上面临着张力和冲突。

---

① (德)哈贝马斯:《现代性的地平线:哈贝马斯访谈录》,李安东,段怀清译,上海人民出版社 1997 年版,第 123 页。

一种情形是,现代性的不同维度之间存在着张力,甚至冲突。例如,各种社会领域中的理性运行机制的规范化力量与个体的主体意识和个性化之间、科层化的高度理性化效率与个性创新之间、公共权力的民主化和不可调和的个体利益的多元化之间的张力。另一种情形是现代性某一维度的过分发达和自律导致的社会发展的失衡。例如,韦伯分析的工具理性的过度膨胀导致人对自然的过分征服、哈贝马斯分析的劳动的"合理化"导致的交往行动的"不合理化"及其生活世界的"殖民化"问题,等等。还必须特别强调的一种情形是,现代性的理性机理具有一种阿多诺所激烈批判的"同一性"的整合力,内在地倾向于同一化为意识形态化的社会历史叙事与高度一致的公共权力,以及标准化的科学技术相结合的总体性力量,由此完全可能出现启蒙理性"弗兰肯斯坦"式的"自我毁灭"的极端性后果,如"奥斯维辛"、"格尔尼卡"、"古拉格群岛"等历史悲剧。

其次,虽然现代性由于其内在的张力和冲突而出现了深刻的危机,但是,它对现代社会和现代人生存的不可替代、不可或缺的价值依旧没有丧失。我们承认,20世纪众多的现代性批判理论或文化批判思潮都具有产生和存在的现实基础,以及某种理论的合理性和价值。但是,一种冷静的和合理的现代性分析或现代性批判的任务决不是把现代性当做一个不加区分的整体简单地固守或抛弃,而是对现代性维度及其面临问题的具体分析、分类、限定、修补和完善。实际上,现代性不同维度的张力和冲突等具体问题完全可以通过现代性内在的平衡机制的调节和社会公共文化精神的有意调整而动态地缓解。进而,人类历史迄今为止的演进状况和发展趋势尚未展示出现代性的完全终结的迹象,也没有为我们提供一种完全不同于现代性的文化精神、制度安排和生存方式的可能性。可以断言,无论如何限定、修正与批判,人们通常所熟悉的理性、启蒙、科学、契约、信用、主体性、个性、自由、自我意识、创造性、社会参与意识、批判精神等现代性的内在要素依旧是人类社会运行的主要支撑力和前行的动力,我们依旧无法设想,离开上述现代性的本质性维度,人类将会怎么样,将会如何生存。

因此,我以为,现代性批判的主要任务不是去论证如何彻底抛弃或超越作为理性的生存方式、文化精神和社会内在机理和图式的现代性,而是一方面防止现代性的某一维度过分膨胀,对于现代性其他维度以及人与人、人与类、人与自然的关系造成损伤和破坏,另一方面阻止现代性的内在理性机制及其权力结构过分集中化、同一化和总体化,以免现代性整合成一种集权的而又无所不在的精神的和实体性的力量,导致对于人类生存的价值和意义基础的颠覆,以及对于现代性所内在追求的关于个体的和类的积极的价值目标的破坏。在这种意义上,20世纪的许多文化批判理论作了深刻的和富有启迪性的探讨。例如,在避免后现代理论的某些极端结论的前提下,我们必须承认,在各种后现代批判理论中共同追求的多元差异的文化精神和价值理念对于修正现代性的消极后果,保证理性化的健康与合理的限度,具有重要的意义。"后现代理论描绘了那些被许多古典社会理论所忽视的微观现象和边缘现象,肯定了常常被过去的宏大理论所压制的差异性、多元性和异质性。"[①]再如,哈贝马斯所倡导的交往理性对于防止工具理性或目的理性的膨胀,对于阻止生活世界的"殖民化",即防止以金钱和权力为媒介的理性化的经济系统和行政系统对作为文化再生产的生活世界的侵蚀,具有重要的价值。他特别强调通过"批判的公共性"、自主的公共交往中的开放的"对话机制"重建公共领域和交往理性,"以民主的方式阻挡系统对生活世界的殖民式干预"[②]。吉登斯在制度和社会运动的层面上,主张重视劳工运动、言论自由和民主运动、和平运动、生态运动等社会运动的作用,同时,"需要权力的协调使用","以寻求最大限度地把握机会并把具有严重后果的风险降至最小"[③]。

再次,如果我们再进一步从现代性的内在机制的角度思考现代性批判主题,就会进一步印证上述结论。实际上,无论是造成现代性的内在冲突或风险的原因,还是批判或修正现代性的推动力量,都来自现代性的内在本性和机制。甚至宣称与现代性势不两立的所谓的"后现代转向"实

[①] (美)道格拉斯·凯尔纳、(美)斯蒂文·贝斯特:《后现代理论:批判性的质疑》,张志斌译,中央编译出版社1999年版,第333页。

[②] (德)哈贝马斯:《公共领域的结构转型》,曹卫东译,学林出版社1999年版,"1990年版序言"第21页。

[③] Anthony Giddens, *The Consequences of Modernity*, California: Stanford University Press, 1990, p.162.

际上并不是现代性之外的某种力量使然,而是现代性内在的超越本性的必然结果,因此,所谓"后现代性"不是现代性的自我否定,而是它的自我完善。

现代性的本质标志与前现代的文化模式的根本区别在于,它体现了人的生存中的开放的超越性维度。人作为一种从大自然链条中挣脱出来的、以自由自觉的实践活动为本质的存在,本身就内在地具有不断超越给定性的特征。而在现代性的理性的文化模式中,理性使人的超越本性以更加自觉和更加彻底的方式淋漓尽致地展示出来,它要求个体发展自主性,摆脱依靠外力的"不成熟状态",它要求人类用一整套合理的规范来表述文化的价值和安排各个层面的制度,这是现代社会和现代主体的动力和活力之所在。但是,与此同时,按照吉登斯的"社会知识的循环性"和"社会知识的反思性",必然会出现个体活动和社会运行的"未预期的后果",出现由于理性的规范化功能和总体化趋势而带来的可能的风险,出现启蒙理性走向"自我毁灭"的情形或出现人们所说的现代性的"自反性"特征。而这种状况肯定不是短暂的历史时期,而是理性的生存方式的必然状态,同时也是人类不断创新的可能性空间。吉登斯认为,反思性是人类活动的内在规定性,但是,由于前现代社会具有"以过去为定向"的特征,因此,"在前现代文明中,反思性在很大程度上仍然局限于重新解释和阐明传统"。而"随着现代性的出现,反思性具有了不同的特征。它被引入系统再生产的根基,由此思想和行动总是处在连续不断地彼此相互反映的过程之中"。在这种情况下,"社会实践总是不断地受到关于这些实践本身的新认识的检验和改造,从而在结构上改变着自己的特征。……现代性的特征并不是为新事物而接受新事物,而是对整个反思性的确证,这当然也包括对反思自身的反思"①。

关于现代性的深刻反思性或内在超越性的分析,的确给我们以很深刻的启示。它不仅说明了现代性的内在冲突和风险的可能性,而且也使我们丢掉一切不切实际的幻觉,即以为我们批判已经发现了完全不同于现代性的"新大陆"的幻觉。实际上,关于现代性内在冲突和风险后果的

---

① Anthony Giddens, *The Consequences of Modernity*, California: Stanford University Press, 1990, pp. 37,38 – 39.

各种自觉的、深刻的批判之所以可能,正在于现代性的理性图式内在的深刻的反思性和超越本性。正因为如此,很多思想家和理论家都断然否认所谓"后现代性"与"现代性"之间彻底断裂的结论。后现代的文化批判如果存在着重要的价值,绝不是表现在发现了与理性化的现代性截然不同的文化精神和社会机理,而在于其对现代性的风险后果的深刻揭示和对现代性的反思性本性的淋漓尽致的发挥。所以,我们看到,不仅哈贝马斯所代表的现代性的捍卫者强调"理性的潜能",把现代性视做"一个未完成的方案"(an unfinished project),即使与哈贝马斯的捍卫立场针锋相对的后现代主义代表人物利奥塔也承认,"重写现代性"的提法要优于"后现代性"、"后现代主义"之类的提法。他有一段意味深长的解释:所谓"后现代性"不是在"现代性"之后到来的东西,"相反我们必须说后现代总是隐含在现代里,因为现代性,现代的暂时性,自身包含着一种超越自身,进入一种不同于自身的状态的冲动。现代性不但以这种方式超越自身,而且把自己变成一种最终的稳定性,举例来说就像乌托邦计划,也像解放的大叙事包含的明确的政治计划致力达到的最终稳定性那样。现代性在本质上是不断地充满它的后现代性的"①。

总之,上述分析为我们重新审视现代性与后发现代化国家的关联问题提供了一种新的视野。实际上,无论现代性在 20 世纪展示出自身的何种局限性、风险、消极后果,现代性依旧是现代主体和现代社会根深蒂固的、安身立命的内在支撑;无论 20 世纪各种各样的文化批判(包括后现代主义)关于现代性的批判如何激进和彻底,无论我们对现代性作了多少理论上和实践上的修正,我们依旧没有能够从根本上在现代性的范畴和范式之外思考与生存。这种结论并不透露我们是否在情感上就是一个现代性的捍卫者,而是代表了一种冷静的"事实性"的分析与判断。从这样的基点出发,转向现代性问题的中国语境,我们会为我们通常在现代性问题分析上的表面化、情绪化和简单比附的做法及其可能带来的消极后果出一身冷汗。其实,当我们自以为已经读懂了现代性问题,当我们以为可以

---

① (法)利奥塔:《后现代性与公正游戏:利奥塔访谈、书信录》,谈瀛洲译,上海人民出版社1997 年版,第 153、154 页。

凭借所谓的"后发展优势"对现代性加以自主地"取舍"时,当我们强调必须承受发展的代价或必须经历不可超越的历史阶段而捍卫现代性时,当我们把现代性的生成与发展等同于对自然的过度征服而加以拒斥时,当我们把现代性简单当成西方的"后殖民霸权"加以拒斥时,当我们从生态学的角度来谈论中国的技术理性是否已经过分发达时,当我们以为可以"全面地"、"一分为二"地切割现代性并且只选取对我们有利的成分时,我们实际上已经远离了现代性的真实问题和现实的中国语境。因此,关于现代性在后发现代化国家的命运问题是我们必须更加审慎地对待的问题。

　　如果作为现代社会的本质性文化精神和社会内在机理的,具有内在反思性和超越性的现代性依旧是现代社会和现代主体的生存之基,如果像吉登斯断言的那样,全球化在某种意义上是现代性的全球化,那么,中国的文化批判理论如何走出关于现代性的"to be or not to be"的简单化误区,重新审视现代性问题,就真的成为生死攸关的焦点性问题了。

　　(刊载于《中国社会科学》2004 年第 4 期。)

日常生活史：一个新的研究领域

刘新成

日常生活史学于 20 世纪 70 年代中期兴起于德国和意大利。在意大利，日常生活史被称为"微观史学"。80 年代初，日常生活史不仅在学术界受到关注，而且走出高等学府和研究机构，进入社会视野。在西欧，无论是文物展览还是成人教育；无论是地方文化发展规划还是大众传媒，都常常包含日常生活史内容，以致有人把日常生活史的出现称为史学发展的"标识性"事件。自 90 年代迄本世纪初，关于日常生活史理论的论文不断结集出版。德国和意大利发行了日常生活史专业刊物。美国史学史专家伊格尔斯在 1997 年出版的《20 世纪的历史学》一书中，设专章对"日常生活史学"予以评介。

日常生活史在西欧出现有其深刻的社会背景。在西欧发达国家，从上个世纪后期开始，人们对现代化能否带来"永恒福祉"越来越感到怀疑。面对工业化社会将人们自由选择生活时空的权利碾得粉碎、日益强化的社会理性严重抑制生活多样性的局面，人们突然发现，自古以来习焉不察的日常生活在现代社会已经构成了一个严重的"问题"，有必要对其进行认真思考。一些左翼知识分子在质疑现代化的"绝对合理性"的同时，还试图以丰富多彩的大众日常生活解构现代化的"铁律"，用日常生活的多元发展走向来说明，西方的现代化虽然在经济、政治、社会等方面似乎代表着某种发展规律，但至少在生活方式层面具有偶然性和选择性。

他们希望在历史中发现"不确定性"和"可变性",从而重新建立起人们对未来的希望。

日常生活史学的出现还与当代西方学术发展趋势有关。在20世纪,越来越多的西方思想家开始关注日常生活,胡塞尔、维特根斯坦、海德格尔和卢卡奇等人都曾对"日常生活世界"进行过理性观照或价值评判。弗洛伊德的精神分析学说赋予日常琐事以不容忽视的重要意义;福柯虽然否认历史发展的统一性和连续性,但是他在对精神病、诊所和监狱演变的历史进行研究后却得出结论:全部现代史以日常生活越来越受到"规训"为特征;马克思主义学者对日常生活的哲学思考尤其深入,列菲伏尔和赫勒都出版了以"日常生活"为题的专著,法兰克福学派则把日常生活视为最值得重视的领域之一。

文化人类学对日常生活史学的影响更为直接。从文化人类学的角度看,在相对封闭的人群中,衣食住行因日复一日、年复一年的重复而成为习惯,又随着空间扩展和时间延续变为风俗,而风俗的人格化即为社会;所谓文化传统不过是社会的符号表征,它一旦形成即会反过来规范人们的日常生活。日常生活史学几乎全盘承袭了文化人类学的学术理路,只是用"回顾"代替了"平视",将研究对象从人类学的"初民"换成了历史上的"古人"。像文化人类学赋予研究者相当广阔的解释空间一样,日常生活史学也鼓励史学家放弃"让史料说话"的客观主义治史传统,大胆地进行历史"重构"。

作为史学的一个分支,日常生活史是西方现代史学自我反省、自我批判的产物。首先是对历史结构主义的批判。20世纪西方史学发展的主要倾向是"社会科学化",即把人类历史看成一种纯粹的客观存在,热衷于统计数字,绘制图表,勾勒发展曲线,构筑宏观框架,创制社会发展模型。按照"社会科学历史观",历史研究应该具有长时段、大跨度的宏观视野,着眼于"大结构、大过程、大比较",力图从总体上说明人类社会的进步规律。日常生活史学者对这种"宏观"史学提出质疑。他们认为,史学"科学化"的最大弊端是"见物不见人",而抽掉了"人"这个内核,任何社会现象都不能得到正确的解释。日常生活史学者指出,政治、经济、社会等各种客观存在的"结构"固然在某种程度上"规定"了人们的行为,但是个人毕竟保有"自由空间"和"选择余地","制度"所留下的这些"缝隙"是说明某些行为差异和社会矛盾的关键。他们认为,在现实的生活中,个人与"结构"、"制度"之类"庞然大物"相距甚远,而家庭成员、邻里乡亲,甚至谈话伙伴却会对人的行为产生巨大影响,就这个意义而言,人际交往远比"结构"更能说明社会发展的动力。因此,日常生活史学者研究的重点不是整个社会的基本价值取向,而是每个人、每个群体的价值观以及这些人们公开或掩盖、实施或抑制其愿望的方式,最终说明社会压力与刺激怎样转化为人们的意图、需求、焦虑与渴望,人们在改造世界的同时是怎样接受和利用外在世界的。日常生活史学者认为,空谈"社会结构",而忽视个人在日常生活中的感受,必然导致对历史规律认识的简单化。需要指出的是,虽然日常生活史学者批评"宏观史学",但并不否认后者的存在价值,也不想取而代之,而是将自己的研究作为后者的补充。

日常生活史学的出现也是对历史虚无主义的批判。西方现代社会的弊端不仅销蚀了人们的理想和信念,也凸显了理论的贫弱。在这种形势下,相对主义、非理性主义、新理想主义等思潮渐渐兴起,历史学则出现虚无主义倾向,其功能被认为只限于文本解读,而不是探明史实。日常生活史学者并不赞成这种观点,他们认为历史上发生的一切事件,包括生活琐事都富于意义,历史学家的任务就是说明其意义,尽管这种说明未必能够转化为对未来的预见,但毕竟可以形成某种"解释的框架",提高人们的认识水平,最终深化人们对过去,也包括对未来的理解。日常生活史学所追求的是找到一种既承认知识和理性的有限性,又能建构和解释人类过去的历史学。所以,日常生活史学是经验主义的学问,是唯物主义的学问,这一点可以用日常生活史研究者多半来自马克思主义史学群体来解释。

经过30多年的学术实践,目前日常生活史已经形成若干研究特色,主要包括:

研究对象微观化。日常生活史学家追求生动立体地再现千姿百态的日常生活,并探究其发生和变化机制,结果必然导致研究对象"微观化",村落、街区乃至个人常常被视为最合适的研究对象。但是,日常生活史学者特别指出,研究对象的微观并不意味着结论意义的"微小",以小见大是日常生活史学的真正主旨。

"目光向下"。日常生活史倡导"让史学向历来被忽视的人群敞开大门","在小人物群体中探寻历史动因"。日常生活史研究者关注社会大众,特别是弱势群体,他们对二战中德国下层工人、外籍雇工、犹太人、同性恋者以及吉普赛人的研究,对欧洲近代早期惨遭迫害的"女巫"的研究,不仅在史学界,而且在社会科学界引起了震动和强烈反响。

研究内容包罗万象。日常生活史的研究领域十分宽泛,以至于对其关注范围只能"软界定"为"日常行为",包括工作行为和非工作行为两大类。按照这种界定,衣食住行、人际交往、职业与劳动、生与死、爱与憎、焦虑与憧憬、灾变与节庆,都属于日常生活史的研究内容;而日常行为所牵涉的所有制关系、财产继承、人口变化、家庭关系、亲族组织、城市制度、工人运动、法律争讼等等,也可以作为背景进入日常生活史的研究范围。

重建全面史。20世纪中叶以来,"全面史"一直是西方社会史学者追求的目标,所谓"全面"是指政治、经济、社会与文化的有机结合。但事实上,许多标榜"全面"的史著或是将上述四个因素列为互不相干的四条平行线,或是仅在政治、经济、社会三者之间建立联系,而将文化孤悬在外。出现这种现象的原因,在于未能准确把握文化与政治、经济、社会相互连接的"接点"。而日常生活史恰恰解决了这一问题。如前所述,日常生活史的研究对象是日常行为,而日常行为既有"给定性"又有"创造性",前者属于内在的文化范畴,后者则体现于外在的社会、政治、经济活动;说明两者的关系,就等于在文化模式与政治、经济、社会体制之间建立起联系。正因为此,日常生活史学者建构的社会模型比社会史学者所建的更加均衡、更加丰满,许多社会史结构无法说明的现象,在日常生活史结构中得到了差强人意的解释。

"他者"立场。日常生活史学家认为,所谓"让史料本身说话"的科学主义历史观是既不正确也不可能的;史料本身并没有意义,日常生活史的史料因其凌乱细碎而尤其如此;因此必须经过人的思考,赋予史料以意义,所以"解释"是必不可少的。但是同时,他们对一般史学家自鸣得意的"客观分析"也嗤之以鼻,认为这种"客观"其实是居高临下的俯瞰,"分析"愈深入,与历史真实相去愈远。同时,受文化人类学的影响,日常生活史学家不赞成对历史上的生活方式妄加评判或滥施同情,而是主张以"他者"立场,亦即站在历史当事人的位置上,"设身处地地感觉和体会"。他们认为,研究历史最重要的是理解,理解了古人也就理解了自己。

(摘自于《光明日报》2006 年 2 月 14 日第 12 版。)

日常生活史与西欧中世纪日常生活

刘新成

一、日常生活史：一个新兴的史学流派

20 世纪 70 年代中期，日常生活史首先出现于德国和意大利。德文"日常生活史"一词为 Alltagsgeschichte；意大利相似的学派称 microstoria，直译为"微观史学"，但因其主旨与 Alltagsgeschichte 无异，故而一般也归入日常生活史学派。

日常生活成为历史学一个研究领域，这在德国曾被视为史学发展的"标志性"事件①。随着日常生活史的出现，历史学走出高等学府和研究机构，进入普通人的世界，并对社会生活产生了巨大影响。1977/78 年和 1980/81 年的德国史学总统奖分别以"日常生活社会史"和"国家社会主义时期的日常生活"为选题指南。20 世纪 80 年代初，有关日常生活史的争论在学术圈内外形成热潮，从博物馆和展览馆建设、成人教育、地方文化发展规划，到大众传媒、出版社和自发学术团体，似乎都离不开"日常生活史"这一话题。尽管有些"正统"史学家曾一度对此不以为然，但日常生活史终成气候。1989 年和 1991 年，德国和意大利先后出版了日常生

---

① Alf Ludtke, ed., *The History of EverydayLife*, translated by William Templer, Princedon University Press, New Jersey。

活史方法论专集。80 年代末叶以来,不仅日常生活史的研究论文和学术专著大量问世,而且以"历史上的日常生活"为题材的影视剧、专题片光盘也在市场上大受欢迎。目前在德国和意大利都已经有了日常生活史专业刊物。美国史学史专家伊格尔斯在其 1997 年出版的《20 世纪的历史学》一书中,设专章对"日常生活史学"予以评介①。

　　任何学术思潮的产生都有其深刻的社会背景,日常生活史亦不例外。上个世纪后期,西方左翼知识分子十分活跃。一方面,高度工业化的社会机械运转将人们自由选择生活时空的"权利"碾得粉碎,日益增强的社会理性则严重抑制生活的创造性,以至自古以来人类习焉不察的日常生活在现代社会突然成为一个"问题",因而引起关注和思考②。另一方面,人们对福山(Francis Fukuyama)的论断——"现代化标志着永恒福祉,历史将就此终结"——日益产生怀疑,同时对现代化的"代价"以及这一"代价"的承担者——既包括殖民地人民,也包括宗主国的"草芥之民"(small people)或非精英阶层——越来越倾注关怀和同情。但是,当西方国家有良知的知识分子想要探寻这些历史牺牲品的失落过程时,以宏大叙事自诩的政治史、经济史、军事史、法律史中难寻其踪。这迫使史学家不得不"目光向下"(from below),转向"历史失语者",其结果便是深入日常生活领域去探求答案③。"左翼"的直觉告诉他们,丰富多彩的大众日常生活或许能解构现

　　代化"铁律"的神话。既然政治、经济、社会发展一再证明的"进化规律"令人失望乃至绝望,那么也许日常生活的多维走向能够说明,至少在生活方式方面,西方的现代性是偶然的。他们希望在历史中发现"不确定

---

① George G. Iggers, *Historiography in the Twentieth Century*, Wesleyan University Press, 1997, pp. 101 – 117.

② Dacid Chaney, Cultural *Change and Everyday Life*, Palgrave, 2002, pp. 5, 38. 在文化研究中,以日常生活为题的书籍也越来越多,仅在英国近年出版的就有 Mackay, H. (ed.), *Consumption and Everyday Life*, London, 1997; Miller, T. and McHoul, A., *Popular Culture and Everyday Life*, London, 1998; Moores, S., *Media and Everyday Life in Modern Society*, Edinburgh University Press, 2000; Silverstone, R., *Television and Everyday Life*, London, 1994; Storey, J., *Cultural Consumption and Everyday Life*, London, 1999.

③ George G. Iggers, *Historiography in the Twentieth Century*, Weslegan Vniversity Press, 1997, p. 101.

性"和"可变性"（contin-gency），从而重燃对未来的希望。"日常生活史"的研究者所追求的，正是这样一种"政治上令人满意的历史学"①。日常生活史学的出现还与当代西方学术发展趋势有关。与 20 世纪的时间进程同步，社会日常生活越来越多地进入西方思想家的视野。胡塞尔、维特根斯坦、海德格尔和卢卡奇等大思想家都在其著述中从不同的角度、在不同的程度上对"日常生活世界"进行了理性观照或价值评判。弗洛伊德的精神分析学说赋予日常琐事以不容忽视的重要意义，引起人们震惊。福柯虽然否认历史发展的统一性和连续性，但是他在对精神病、诊所和监狱演变的历史进行研究后却得出结论：全部现代史以日常生活越来越受到"规训"为特征。

在对日常生活的哲学思考中，欧洲马克思主义学者取得的成果最为卓著。法兰克福学派曾把日常生活视为最值得关注的领域之一。法国著名马克思主义理论家列菲伏尔在 1946 年和 1968 年相继出版《日常生活批判》和《现代世界的日常生活》两部专著，把日常生活研究视为哲学革命，并将马克思主义解释为一种日常生活批判理论②。卢卡奇的学生、20世纪中期以后先后旅居澳大利亚和美国的匈牙利学者赫勒女士所著《日常生活》一书堪称马克思主义日常生活研究的代表作。该书写作于 60 年代末，1970 年以匈牙利文发表，后被译为英、意、西、德、塞尔维亚等多种文字。赫勒认为，既然人类活动的本质是实践自觉，那么完全可以把日常生活定义为人类的"类本质活动"，自在性、给定性是迄今为止人类日常生活的特点，而在不断重复的日常生活思维与实践中，人们不仅实现着自身的个体再生产，同时也实现着整个社会的再生产，因此"可以把日常生活界定为那些同时使社会再生产成为可能的个体再生产要素的集合"③。中国学者衣俊卿先生则在其著作《现代化与日常生活批判》中定义："日常生活是一个以重复性思维和重复性实践为基本存在方式，凭借传统、习惯、经验以及血缘和天然情感等文化因素而加以维系的自在的类本质对

① Gregory, Brad S., Is small beautiful? Microhistory and the history of everyday life, In *History and theory*, v. 38, No. 1 (Fed. 1999), pp. 100 – 110.

② 陈学明：《西方马克思主义教程》，高等教育出版社 2001 年版，第 558 ~ 559 页。

③ （匈）阿格妮丝·赫勒：《日常生活》，衣俊卿译，重庆出版社 1990 年版，第 11、15 页。

象化领域。"①研究者们都认为,在人类解放的道路上,日常生活应该而且正在逐步从自在走向自觉。

哲学视野中的日常生活命题对于当代西方世界具有重要理论价值。如果说第二次世界大战以后,特别是 20 世纪末叶,西方资本主义的"高歌猛进"使得所有对资本主义生产制度的非议都显得苍白无力,那么只有从人类的"类本质"出发,从生活方式的角度对资本主义展开的批判才可能具有说服力。或许正是基于这一点,旨在揭示西方社会荒谬性的学者把目光投向了日常生活史,而有关日常生活之自在性、给定性和重复性的哲学归纳,则为日常生活史学家的研究和思考提供了理论前提。

文化人类学对日常生活史学的出现也有影响,而且这种影响比哲学的更为直接、更加强烈。20 世纪初,文化人类学以解析非西方民族的文化传统为学科指向。按照文化人类学的观点,在一个相对封闭的人群中,衣食住行的种种行为因日复一日、年复一年的重复而成为习惯,习惯又随着空间的扩展和时间的延伸进而变为风俗,风俗的人格化即为社会;所谓文化传统不过是社会的符号表征,而文化传统一旦形成又会反过来规范人们的日常生活。文化人类学家认为,在作为其研究对象的"初民社会"中体现出的这一规律,同样适用于发达的西方社会;无论是初民社会的酋长,还是现代社会的时髦女郎,其着装取向都蕴涵丰富的"文化强制"信息,因此探讨初民的着装心理未必对当代社会没有启示意义②。显然,无论是文化人类学的学科指向还是其理论结构,都对日常生活史学家产生了巨大的吸引力。后者几乎全盘承袭了文化人类学的学术理路,只是用"回顾"代替了"平视",将研究对象从当今世界的"初民"换成了历史上的"古人"而已。正因为如此,日常生活史的分析框架具有许多文化人类学的特点。其一,如同文化人类学家力求以平等态度对待落后的"他族"一样,日常生活史学家也首先要求自己对历史上遭受压迫的人群"感同身受"(personal emotional concern)。其二,文化人类学特别强调研究者的"他者"立场,日常生活史学家则时刻警惕用现代概念"阅读"古人,而主

① 衣俊卿:《现代化与日常生活批判》,黑龙江教育出版社 1994 年版,第 33 页。
② 王铭铭:《人类学是什么》,北京大学出版社 2002 年版,第 57~58 页。

张"设身处地地感觉和体会"（active identification and involvement）古人；与文化人类学家一样，日常生活史学家也认为研究的目的不是批评研究对象，而是充分理解他们，并通过理解他们来理解自己①。其三，由于注重理解，文化人类学赋予研究者相当宽阔的解释空间，而日常生活史学家也放弃了"让史料说话"的客观主义治史传统，大胆地进行历史"重构"。其四，在研究范围方面日常生活史也与文化人类学如出一辙，以至德国日常生活史学家格茨坦承："从内容上说，对日常生活史的研究可以回溯到20世纪初期文化史提出的一些问题：生活状况（食物、服装、劳动、居住环境、消遣和性生活）、生活时段（出生、教育、婚姻生活、死亡）。"②

作为史学的分支，日常生活史的出现也是西方史学自身发展的必然产物。但是日常生活史与传统史学之间的关系，不是像哲学、人类学那样，以吸收和借鉴为主；而是以扬弃和超越为主。20世纪西方史学发展的主要倾向是"社会科学化"，即把历史学这种素以人文性为特征的学科，努力转向"科学诉求"。正如自然科学家对其研究对象所做的一样，历史学家也把人类历史看成一种纯粹的客观存在，热衷于统计数据和图表，勾勒发展曲线，构筑宏观框架，创制社会发展模型，并且视此为学术研究的最高境界。社会史的勃然而兴乃是这种倾向的集中体现，法国年鉴学派第一代、第二代代表人物的皇皇巨著和赫赫声名则说明这一倾向在西方史学界已踞于绝对主导地位。日常生活史学家在这种治学环境中成长起来，其学术理念与方法必然带有"科学化"的痕迹，尽管他们自己并不认同这一点，甚至还对"社会科学史学家"所推崇的"科学方法"和"科学结论"提出严重质疑。

按照"社会科学历史观"，历史研究应该具有长时段、大跨度的宏观视野，着眼于"大结构、大过程、大比较"③，追求从总体上说明人类社会的进步规律。作为这一史观的代表作，布罗代尔的《菲利普二世时期的地中

---

① Alf Lüdtke, ed. , *The History of Everyday Life: Recontnuting Historical Experiences and ways of life*, Princeton Uniresity press, 1995, p. 24.

② （德）汉斯－维尔纳·格茨：《欧洲中世纪生活》，王亚平译，东方出版社2002年版，第2页。

③ Charles Tilly, *Big Structure, Large Processes, Huge Comparisons*, New York, 1984.

海和地中海世界》、《15 至 18 世纪的物质文明、经济与资本主义》及其身后出版的未竟稿《法国史》在西方史坛引起强烈反响，表明宏观结构研究已经成为西方史学发展的主流，其结论得到广泛认可。

日常生活史学家对"主流"史学的质疑主要有两点。第一，宏观研究只注意"公共领域"，对"私人领域"则视而不见；而事实上后者包含在前者之中，是存在于所谓"结构、过程、模式"中的"内部现象"；忽略这些"内部现象"，忽略"人们在具体生活情境中的日常经历"，就无法了解人们的真正"需求"，也就无法说明历史发展的动力。① 第二，基于宏观研究的高度概括性结论及发展观，在局部的、地方的、具体的个案研究面前显得漏洞百出，无法自圆其说。

日常生活史学家对社会科学史学"见物不见人"的特点也提出尖锐批评。按照"社会科学历史学"的观点，市场和分工扩大、工资劳动者队伍膨胀、管理科层化、中央政府取得现代形式等代表着近现代历史发展的基本趋势，也是理解和解释近现代史的基础。而日常生活史学家认为，上述一切都不会发生在"人"的背后；抽掉"人"这个内核，对世俗社会的任何变化都不能作出正确的解释。日常生活史学家把历史沿革视为具体的个人或人群的行动结果，他们关注的重点不是整个社会的基本价值取向，而是每个人、每个群体的价值观以及这些人们公开或掩盖、实施或抑制其愿望的方式，最终说明社会压力与刺激怎样转化为人们的意图、需求、焦虑与渴望，人们在改造世界的同时是怎样接受和利用（appropriate）这个世界的②。他们指出，历史画卷无论多么宏伟壮丽，都是具体的人在具体的生活实践中一笔一笔描绘出来的，而不是抽象的国家、市场或"空心（impersonal）结构"的天然作品。"如果说传统的社会科学设定了一个客观的关系体系，那么现在则应该站在组成该关系的男人、女人和孩子的角度来研究社会和文化世界。"③日常生活史学家还认为，"个人"与"结构"

① Alf Ludtke, ed. *The History of Everyday Life: Recontnuting Historical Experiences and ways of life*, Princeton Unirersity press, 1995, introduction, p. viii.

② Alf Lüdtke, ed. , *The History of Everyday Life: Recontnuting Historical Experiences and ways of life*, Princeton Unirersity press, 1995, p. 7.

③ Hans Medick and David Sabean, *Interest and Emotion: Essays on the Study ofFamily and Kinship*, Introduction, Cambridge, 1984, p. 41.

之类的"庞然大物"其实相距甚远,相对于"结构"而言,家庭成员、邻里乡亲、同事伙伴等"个人"对于人的行为具有更为巨大和直接的影响,因此人际交往远比"结构"更能说明社会发展的动力①。

二、日常生活史:有继承,也有超越

在对上述渊源的继承与超越的基础上,经过三十多年的学术实践,日常生活史已经形成了独有的研究特色。大致可归纳为以下数端:

1. 研究范围微观化

日常生活史学家不认同"整体史"(total history),认为布罗代尔等人的这一主张具有过于浓厚的历史结构主义色彩;他们提倡"全面史"(integral history),就是要将物质、政治、社会、文化等种种因素统统涵盖,生动立体地再现千姿百态的日常生活,并探究其发生和变化的机制。但是这样的"全面史"的研究范围不可能是很宽广的,于是"微观化"便顺理成章。一个村庄、一个商业区、一个工人住宅区等,往往被日常生活史研究者当做合适的研究单位。以致有人说,日常生活史学就是微观史学②。需要说明的是,日常生活史学家所从事的微观研究不同于"宏观史学家"的个案分析,前者的目的是通过研究具体的人类行为,说明这种行为具有无限丰富的表现形式,而不是把这种行为视为一个宏观过程的必然现象。日常生活史学者认为,在历史上,只有个体的人与人之间的交往和相互影响才是"唯一的真实",国家、制度、市场等只有放在这些交往和相互影响当中来考察才有意义。③ 正如德国日常生活史学家鲁德克(Lüdtke)所言,只有建构"历史小像"(historical miniatures),展示多种"动力、因素和声音"并强调其差异,从而拓宽视野,改变或丰富分析解释的框架,才有可能

---

① Gregory, Brad S. , *Is Small Beautiful? Microhistory and the History of Everyday Life* , In *History and theory* , v. 38 , No. 1 (Fed. 1999) , pp. 101 , 104.

② Gregory, Brad S. , *Is Small Beautiful? Microhistory and theHistory of Everyday Life* , In *History and theory* , v. 38 , No. 1 (Fed. 1999) , p. 101 ; Alf Ludtke , ed. , *TheHistory of Everyday Life: Recontnuting Historical Experiences and ways of life* , Princeton Unirersity press , 1995 , p. 157.

③ Alf Lüdtke , ed. , *The History of Everyday Lifee: Recontnuting Historical Experiences and ways of life* , Princeton Unirersity press , 1995 , pp. 121 , 142 ; Gregory, Brad S. , *Is Small Beautiful? Microhistory and the History of Everyday Life* , In *History and theory* , v. 38 , No. 1 (Fed. 1999) , p. 101 , 103.

按照人们生活的本来面貌,更真实地把握其行为观念当中的模糊与矛盾之处①。

2."目光向下"

日常生活史将其使命定位于"让史学向历来被忽视的人群敞开大门";"在小群体层面上探寻历史动因,因为绝大部分生活都发生在他们当中"②。日常生活史学家不仅关注大众生活,而且对历史上的弱势群体给予特别的重视。比如研究二战中的德国时,他们的注意力就集中在下层工人、外籍雇工、犹太人、同性恋者以及吉普赛人的死亡上面。日常生活史学家关于欧洲近代早期迫害"巫师"的研究,在欧美国家引起的震动与反响已经超出了学术领域,女权主义者把这一历史教训当做教育当代人正确理解认同感的必修课。

3.研究内容包罗万象

鲁德克说,日常生活史是一个宽泛得难以度量的领域,对其研究范围只能采取"软界定"的办法,即仅限于"日常行为"③。"日常行为"可分为两类:一是工作行为,另一是非工作行为。按照这种界定,衣食住行、人际交往、职业与劳动、生与死、爱与憎、焦虑与憧憬、灾变与节庆,都在日常生活史研究的范围之内;而日常行为所牵涉的所有制关系、财产继承、人口变化、家庭关系、亲族组织、城市制度、工人运动、法律争讼等,也可以作为背景进入日常生活史的研究范围。另外,虽然日常生活史以平民大众为研究对象,但为了进行对比,精英阶层也不能完全摒弃在外。如此说来,用"包罗万象"一词形容日常生活史实不为过。

4.重建全面史

20世纪中叶以来,"全面史"一直是西方社会史家追求的目标。所谓"全面"是指政治、经济、社会与文化的有机结合。但事实上,许多标榜

---

① Alf Lüdtke, ed. , *The History of Everyday Life : Recontnuting Historical Experiences and ways of life* , Princeton Uniersity press , 1995 , introduction , p. x.

② George G. Iggers, *Historiography in the Twentieth Century* , Wesleyan Unriversity Press , 1997 , p. 109;引文见 Muir and Ruggiero, eds. , *Microhistory and the Lost Peoples of Europe* , Johns Hopkins University Press , 1991 , introduction , p. xxi.

③ Alf Lüdtke, ed. , *The History of Everyday Life : Recontnuting Historical Experiences and ways of life* , Princeton Uniersity press , 1995 , p. 151.

"全面"的史著或是将上述四个因素列为互不相干的四条平行线,或是仅在政治、经济、社会三者之间建立联系,而将文化孤悬在外。出现这种现象的原因,在于未能准确把握文化与政治、经济、社会相互连接的"接点"。而日常生活史恰恰解决了这一问题。如前所述,日常生活史研究对象是日常行为,而日常行为既有"给定性"又有"创造性",前者属于内在的文化范畴,后者则体现于外在的社会、政治、经济活动;说明两者的关系,就等于在文化模式与政治、经济、社会体制之间架起桥梁。正因为这一点,日常生活史学家建构的社会模型比社会史学家所建的更加均衡、更加丰满,许多"社会史结构"无法解释的现象,在"日常生活史结构"中得到了差强人意的答案。日常生活史学家的很多论点都是颇具启迪意义的,例如社会分层并非全然凭藉经济地位、性别对立、代际冲突、职业差别等,在决定人们的归属方面,其作用并不逊于经济因素;就学徒工而言,来自熟练工人的支使、嘲弄、欺负甚至打骂常常是他们学徒期间最痛苦的经历,这些痛苦的记忆使得他们仇恨熟练工人的程度超过仇恨资本家;刺激性体育活动、黄色笑话、技艺崇拜等伴随着欧洲近代工人的心理发育过程,使得他们即使在经济地位发生变化之后,也无法融入其他阶级或阶层;生活习惯、思维习惯通常是由职业决定的,一旦因年老力衰等原因失去工作,其习惯与身份就会发生背离,其文化归属就会动摇,从而陷入"社会死亡",因此与就业相关的健康、教育、年龄等因素在社会研究中不可小视;人口变化既与经济增长、资源分配、自然灾变有关,也受家庭模式、婚育观念、子女养护方式的影响;在殖民地国家,生活的"殖民化"并不与国家和制度的殖民化同步,而需要一个漫长的"浸润"过程;任何社会都存在"主导性的生活模式"(orintational patterns of life),其与人们实际的日常行为和经验方式既有联系又有区别,二者的互动构成社会变革的原因;每个人、每个群体都依其具体的生活经验而对社会变革作出反应,这种反应制约着社会发展,由于生活经历各不相同,反应的取向和程度也有很大差异,所以社会发展总是特定条件的产物,具有很大偶然性,并不存在普适性的发展规律;在前资本主义的农村社会,家族实力与威望的作用大于经济因素和政治制度,人际关系、家庭结构和生活策略决定农村市场价格;凡此种种。

在日常生活史诸多研究成果中,最引人注目的是对二战中德国工人的表现的解释。当人们习惯于从工业化、资本主义、国家与革命等宏大命题去解读二战时,却无法回答一个问题:处于民主化浪潮当中的德国工人阶级何以有意无意地成为纳粹政权的"帮凶"? 日常生活史学家通过对当时德国普通工人的生活、心理状态的研究,提出了发人深省的观点:一方面,德国工人长期以来一直以技术先进、工艺精湛自诩,鄙视外国技工,这种心理恰与纳粹主义的"日耳曼种族优秀论"暗合;另一方面,德国工人有敬业守纪的传统,做事严谨规范、务求完美,即使他们对政府和战争持有不同看法,由于"文化的迫力",他们也不会在实际工作中消极怠工。[①]

5. "他者"立场的解释

日常生活史学家认为,所谓"让史料本身说话"的科学主义历史观是既不正确也不可能的;史料本身并没有意义,日常生活史的史料因其凌乱细碎而尤其如此;必须经过人的思考,赋予史料以意义,因此"解释"是必不可少的。但是同时,他们对一般史学家自鸣得意的"客观分析"也嗤之以鼻,认为这种"客观"其实是居高临下的俯瞰,"分析"越深入,与历史真实相去越远。受文化人类学的影响,日常生活史学家不赞成对历史上的生活方式妄加评判或滥施同情,而是主张以"他者"立场,亦即站在历史当事人的位置上,"设身处地地感觉和体会"。他们认为,研究历史最重要的是理解,理解了古人也就理解了自己。[②]

在史学界,日常生活史研究者常常是非主流派,他们当中还包括一些影视编导、自发组成的历史俱乐部成员等。他们并不讳言自己是"业余史学家",甚或以"赤足史学家"自诩,鄙夷那些一心追求个人名利而对研究对象"不负责任"的专业历史学家。他们宣称,自己对历史上的弱势群体有着"天然的理解力",因为"只有赤足者才能真实地感受泥土和石头"[③]。

① Alf Lüdtke, ed. , *The History of Everyday Lifee: Recontnuting Historical Experiences and ways of life*, Princeton Unirersity press, 1995, p. 6, 11; George G. Iggers, *Historiography in the Twentieth Century*, Wesleyan University Press, 1997, p. 106.

② Alf Lüdtke, ed. , *The History of Everyday Life*, Princeton Uniresity Press, 1995, p. 24.

③ Alf Lüdtke, ed. , *The History of Everyday Life*, Princeton Unirersity press, 1995, p. 29.

在历史研究中强调"体验"并不新鲜。早在 19 世纪末狄尔泰就提出,包括历史学在内的人文科学都是体验的科学。克罗齐也说过,历史学主要是通过研究主体的内省和体验来认识历史现象。柯林伍德则指出,历史学是心灵科学,自然科学所肯定的是通过观察和试验得出的事实,而历史事实是通过反思得出的心灵的事实。轻视"体验",强调历史学的客观性,是 20 世纪以来历史学"社会科学化"的结果。日常生活史重提"体验",实际上是对 20 世纪史学发展倾向的乖违。因此有人称,日常生活史代表着"新主观主义"①。尽管对此作出全面评价还为时过早,但是日常生活史学家确实受到更广大读者的欢迎,因为他们在历史研究中倾注了充沛真挚的情感,所以其作品较之一般史著更具有感染力。

6. 拓宽史料来源

直接记录日常生活的文字史料十分匮乏,研究者通常需要在法庭证词、治安报告、监工的报表、教师和教士的演讲、信函、日记、旅行笔记等五花八门的原始材料当中抉剔爬梳,沙里淘金,搜取有用的信息。传记和回忆录是再现生活史的最佳参考资料。现当代日常生活史研究者可以通过抽样访谈来弥补史料不足。

在材料的处理和使用上,日常生活史学也表现出与文化人类学密切的学术传承关系。日常生活史学家认为,把史料限定为文字资料是作茧自缚,在文字史料以外同样存在可以认知的史实,这取决于能否对种种似乎无关宏旨的"迹象"和"象征"作出合理的解释。于是日常生活史学家"提出了如何利用种种迹象来丰富历史知识的问题"②,倡导文化人类学的"解释性研究"方法。在他们的著作中,不仅传达他们的发现,不仅包括对大量的同质信息的归纳,而且传达他们的研究步骤,包括陈述分析和推理的过程。但是日常生活史学家仍然坚持"实事求是"的原则,严守"事实"与"虚构"的界限,不赞成像文化人类学那样,把诗歌、小说等文学作品也直接当做支撑论点的依据。

----

① 　Alf Lüdtke, ed. , *The History of Everyday Life: Recontnuting Historical Experiences and ways of life*, Princeton Unirersity press, 1995, p. 159.

② 　Giovanni Levi, On Microhistory, In *Peter Burke*, ed. , *New Perspectives on Historical Writing*, University Park, Pen-na, 1991.

三、西欧中世纪日常生活史研究综述

在西方传统史学中,中世纪史几乎等同于政治史、宗教史,但这并不意味着完全没有生活史方面的著作。早在 19—20 世纪之交,著名中世纪史学家库尔顿(Coulton)就曾出版过《中世纪的生活》一书。但是受兰克学派影响,这部著作只是罗列了有关贵族、修道士等主要社会阶层生活的有限的史料,并没有对这些史料作任何评价和说明①。

20 世纪初新史学兴起后,民众生活开始正式进入史学家的视野。法国年鉴学派的代表人物之一布洛赫是最早对西欧中世纪生活进行系统描述的史学家。20 世纪二三十年代,布洛克在斯特拉斯堡大学任教,其间与一些研究人类学、社会学、语言学、经济学、心理学的学者过从甚密,并因此而萌生了将历史学与其他社会科学学科融会贯通的想法。在他的著作《封建社会》中,专辟"生活条件与精神状态"一章,对中世纪时期的水陆交通、人居环境、人口、饮食、安全等作了简要介绍,并指出一些特点:如当时的许多饮食习惯与新石器时代并无明显区别;新生儿死亡率奇高,即使贵为国王也寿纪短促;居民区常有野兽出没;战争、饥馑与疫病交替频发;人们缺乏安全感,等等。受文化人类学影响,该书还涉及中世纪时期的教育、语言、人们的时空观、宗教意识、尚武精神等。上述内容均属日常生活史领域,但布洛克的着眼点并非"个人生活",而是把生活作为社会经济史的背景,通过这些现象阐释中世纪的经济关系和生产关系②。

马乔里·罗林(Marjorie Rowling)的《中世纪生活》写作于 1968 年,1979 年出版。该书内容与书名并不完全相符,并未涉及私人日常生活,而只是表现社会生活特征,即社会分工不同造成的生活方式差异。书中"市民与商人"一章主要谈城市兴起、商业路线、奴隶贸易、市集、作坊与行会等,与日常生活有关的民居、市容等所占篇幅不足一页。③ 妇女的生活本来丰富多彩,但该书"妇女"一章仅仅谈到妇女的法律地位与社会地位。

---

①   G. G. Coulton, *Life in the Middle Ages*, Constable & Co. Ltd. , 1910.

②   Marc Bloch, *Feudal Society*, Routledge, 1982, vol. 2, pp. 57 – 87.

③   Marjorie Rowling, *Life in Medieval Times*, Putnam, 1979, pp. 68 – 69.

　　真正以中世纪私人日常生活为内容的专著出现于 20 世纪 60 年代末 70 年代初,即与日常生活史学派的出现同步。约瑟夫·吉斯和佛朗西斯·吉斯夫妇是这一领域最成功的拓荒者,从 1969 年至 1990 年,他们先后出版了《中世纪城市生活》、《中世纪城堡生活》和《中世纪农村生活》三部著作,1999 年美国莱文索(Black Dog & Leventhal)出版公司将三者合编为一部《中世纪日常生活》。吉斯夫妇采取个案解剖的办法,分别以法国特洛耶市(Troyes)、英格兰和威尔士边界的切普斯托(Chepstow)城堡和英国埃尔顿(Elton)村为典型,展示西欧中世纪的城市、城堡和村庄的生活风貌。《中世纪城市生活》的研究对象特洛耶市,1250 年前后曾作为香槟郡的首府和主教驻节地,也是两个香槟市集的所在地。书中对该市市民生活进行了全方位描述,包括该市的四陲与面积、地理环境、市容市貌、人口、民居、室内外照明、家具、主妇与家仆、出生与童年、婚姻与婚礼、夫妻关系、生意买卖、疾病与医疗、宗教信仰、学校与学者、书籍与作家、新戏剧、城市政府、香槟市集,等等。《中世纪城堡生活》研究的是英国中世纪著名的切普斯托城堡,属于盎格鲁 – 诺曼时代某豪门贵族的后代。吉斯夫妇使用私人日记、家庭账簿之类材料,“让中世纪的男男女女讲述自己的故事”①,并对城堡的建筑格局与功能、照明、取暖、给排水设施、家具、贵族家庭特有的生活习惯如宴饮、洗浴、狩猎、比武、作战等以及从主人、管家到侍卫、仆人的城堡居民一一作了详细介绍。其中“城堡的一天”、“城堡的一年”两章生动而立体地勾勒出中世纪贵族生活的画面。《中世纪农村生活》记述了埃尔顿村的位置、地形、房屋、院落、园地、铁匠铺、公共烤房、耕地、草场、沼泽以及农民的衣食住行、婚姻家庭、农村教堂、庄园法庭等。之所以选择该村,除因此地是 13 世纪敞地制的典型外,还因遗存史料相对丰富,关于村民家庭、地产、劳动、饮食、休闲、争讼等均有文献可查,田野考古也有丰富发现,可以弥补史料阙疑。该书的写作汲取了德国学术的养分。德国学者贝苏(Gerhard Bersu)二战时期在英国避难,他把文化人类学的研究方法介绍到英国;20 世纪 50 年代德国考古学家赫斯特(Jone Hurst)和史学家贝里斯福德(Maurice Beres-ford)对英国约克

---

　　①　《时代周刊》(Times)评论,见该书封底。

郡瓦拉姆波希（Wharram Percy）村进行了合作考察，这使吉斯夫妇深受启发①。

在个案研究的基础上，20 世纪 90 年代起，一些有关西欧中世纪日常生活的综述性专著相继问世，而且作者在日常生活史观以及方法论方面达到了更加自觉的程度。

杰弗里·辛曼（Jeffrey L. Singman）的《中世纪欧洲的日常生活》（*Daily Life in MedievalEurope*）是格林伍德（Greenwood）出版公司所出的《日常生活史丛书》中的一部②。尽管作者声称他面向的并非史学专家，而是包括大学生和研究生在内的一般读者，但该书仍被认为是一部严肃的著作，因为其写作目的不是满足好奇心，而是要加深人们对中世纪的"理解"，以便更清醒地认识"西方现代文化的起源"③。从"文化"的角度"理解"历史，这正是日常生活史学派的治史原则。作者说，日常生活史的意义与其说是"回答问题"，毋宁说是"提出问题"；研究中世纪日常生活史是为了提醒人们，只有当考虑到具体的人的生活状况时，对历史过程和事件的解释才有意义。④ 作者特别关注个人感受，并力主"站在历史人物的位置上"去理解中世纪的世界。他说："我们对历史背景的描述，只有经得住个人审视，才是可信的，因为抽象的社会结构和过程只有当有人参与时才是真实的。"⑤该书前三章从社会、人、物质三个维度，概述中世纪时期人们的社会分层、生命周期和物质文化，介绍他们的衣食习惯、社会交往和劳动生活；然后以牛津郡的卡扎姆（Cuxham）村、多佛尔（Dover）城堡、克吕尼（Cluny）修道院和巴黎市为样本，对各等级生活进行抽样分析，在这个过程中尽量具体化，以再现个人的具体生活经历为最高追求。作者认为，人们曾在哪里入睡，如何洗浴，怎样便溺等问题，史学家通常

① Joseph & Frances Gies, *Life in a Medieval Village*, Harper Perennial, 1990, p. 4.

② 该丛书还包括《乔叟时代的英国日常生活》、《维多利亚英国的日常生活》、《印加帝国的日常生活》、《玛雅文明的日常生活》、《1960—1990 年美国的日常生活》等。前两部书的作者也是 Jeffrey L. Singman。

③ Jeffrey L. Singman, *Daily Life in Medieval Europe*, Greenwood Press, 1999, preface, p. IX; introduction, pp. 9, 11.

④ Jeffrey L. Singman, *Daily Life in Medieval Europe*, Greennood Press, 1999, introduction, p. 12.

⑤ Jeffrey L. Singman, *Daily Life in Medieval Europe*, Greennood Press, 1999, introduction, p. 13.

"不屑一顾",但这正是日常生活史学家需要格外用心的地方,因为这些问题涉及人们对人体和自身的看法①。该书最后一章"中世纪的世界"从描述生活状态转入对精神世界的探讨,例如当时人的时空意识和心态等。

汉斯－维尔纳·格茨的《欧洲中世纪生活》是第一部德文版的中世纪日常生活史综述性著作,以中世纪早期为主。与其他著作相比,该书显示出一定程度的理论成熟性。书中首先对日常生活进行哲学定义,特别强调其"给定性质";然后作为"生活的前提",第一章交代当时的人口、气候、自然环境和文化氛围,第二章介绍家庭、婚姻、爱情和妇女地位;接下来,作者按照"机制(即该阶层的政治和经济地位,或社会与文化环境)——空间(物质生活环境)——人(社会地位和人际交往)——日常生活(衣食住行、劳动、休闲)"的顺序,分别对修士、农民、贵族、市民四个主要社会阶层的生活状态进行描述,并且突出"机制、空间、人"三者的给定性质;作者的结论似乎是,在日常生活中,人们的活动空间、风俗习惯乃至生活态度很大程度上是先验的,无可选择的。② 该书在下列方面体现出日常生活史的创新性:1. 首次将儿童纳入研究范围;2. 对女性地位重新作出估价,并且指出,尽管妇女位于等级阶梯的最下端,"但地位低下与其说等于轻视,毋宁说也包含对妇女的尊敬……保护和统治是互为条件的,受丈夫保护的妻子既在其监护之下,便也在其保护之下"③;从"他者"立场看,妇女失去独立法律地位并不意味着失去保护,地位低下也不意味着遭受凌辱;理解了这一点,对"骑士之爱"也就容易理解了;3. 对爱情和性爱的分析更加透彻④;4. 指出了行为准则文本与行为本身之间的差距。

保罗·纽曼(Paul B. Newman)的《中世纪日常生活》(*Daily Life in the Middle Ages*)主要描述 1000 年至 1485 年的西欧日常生活,其研究时段正

① Jeffrey L. Singman, *Daily Life in Medieval Europe*, Greennood Press, 1999, introduction, p. 13.

② (德)汉斯－维尔纳·格茨:《欧洲中世纪生活》,王亚平译,东方出版社 2002 年版,第 275~276 页。

③ (德)汉斯－维尔纳·格茨:《欧洲中世纪生活》,王亚平译,东方出版社 2002 年版,第 44 页。

④ (德)汉斯－维尔纳·格茨:《欧洲中世纪生活》,王亚平译,东方出版社 2002 年版,第 49~55 页。

好与汉斯－维尔纳·格茨相接。该书特点是内容全面,中世纪日常生活研究的各个方面都基本涵括在内,书中所述内容代表了目前研究比较成熟的部分。该书目录有助于了解当前日常生活史研究者的关注重点,兹录于下:第一章饮食与烹饪;第二章建筑与房屋;第三章服装;第四章卫生;第五章消闲与游乐;第六章武器与装备;第七章医疗。

　　20 世纪 70 年代以来,通过个案研究和综合研究,西欧中世纪日常生活史的基本内容已大致确定。但是有关研究成果还不止于此。当一些研究者以上述内容为研究对象时,另一些研究者借助日常生活史学的理论、观点和方法进行历史文化研究,通过对具体史实的微观分析,透视中世纪时期人们的生活和精神世界。虽然后者著作的题材和体例与前者完全不同,但通常也被列入日常生活史学。这方面的代表性著作有卡罗·金兹伯格(Carlo Ginzburg)的《奶酪与蛆虫》、勒高夫(Jacques Le Goff)的《中世纪的时间、工作与文化》和哈罗德·克林奇米德(Harald Kleinschmidt)的《理解中世纪》。①

　　《奶酪与蛆虫》一书的写作宗旨是"重构 16 世纪意大利某偏远乡村的一个磨坊主的心智世界"②。作者显然深受文化人类学的影响,因为他承认:"用文化来定义历史某一时期某一阶层的行为、信仰和心态是近年来向文化人类学学习的结果。"③该书主角门诺西奥(Menoc-chio)是个粗通文墨的农民,读过几本书,不幸的是,他因而对世界的起源、上帝的性质产生了与教会完全不同的看法,结果受到宗教法庭长达 15 年的审判,最后以异端罪被判处火刑。作者利用各种史料,从分析门诺西奥的家庭关系、日常生活和经济状况入手,继而分析他读过的书籍,尤其重视分析宗教法庭的审判档案,因为其中记录着他的爱与憎、期盼与绝望、鄙夷与恐惧的丰富信息,由此重构了门诺西奥的心路历程,进而从大众文化与精英文化关系的角度说明该案的意义。最后作者得出结论:在前工业社会,属

---

　　①　伊格尔斯就把这些著作中的一部分列为日常生活史学成果。

　　②　Carlo Ginzburg,*The Cheese and the Worms*,preface,translated by John and Anne Tedeschi,Penguin Books Ltd.,1982,p.8.

　　③　Carlo Ginzburg,*The Cheese and the Worms*,preface,translated by John and Anne Tedeschi,Penguin Books Ltd.,1982,p.14.

于大众文化的农民文化并不是封闭的,它与社会上层文化之间存在"文化循环"①。作者的笔法也别具一格,虽然是经过详细考订的史实,但用讲故事的方式娓娓道来,引人入胜,趣味盎然。

勒高夫是法国年鉴学派第三代的领袖人物,他赞同治史需要想象力的观点,尤其赞同在中世纪史领域实践这一观点。他说:"处于古代与现代之间的中世纪,对我来说似乎是理想的领域,在这里可以实现博学与想象力的必要结合。"②他非常欣赏借鉴人类学方法论研究日常生活史的做法,并且身体力行。他的目标是要建立一门西方前工业社会历史人类学。他主编的《中世纪的时间、工作与文化》是关于中世纪梦境、心理活动、文化现象等"观念历史"的论文集,同人类学家一样,他认为"劳动观与时间观是社会结构与功能的本质方面,研究这些观念为历史学家考察其由此产生的社会提供了有用的工具"③。他甚至把宗教和思想运动与时钟的发明、24 小时计时法以及晚近出现的手表联系在一起进行考察。④

《理解中世纪》的作者哈罗德·克林奇米德是当代人类学家,他像勒高夫一样,以重现中世纪人们的精神世界为追求。他在书中研究了中世纪人们的空间观、时间观、群体观、两性观、行为模式观、生产和分配观、战争观、老年观、青年观、交往观等,并且竭力说明这些观念的形成、演变与中世纪日常生活之间的密切关系。因此,尽管作者明确说过,观念史并不等于日常生活史;但评论家们仍然认为,至少在他的书中,二者之间的联系无法割断。⑤

总的说来,从以上几部著作可以看出,目前的西欧中世纪日常生活史研究有一些共同的、明显的特点:

——研究者大多采用"等级研究法",也就是说,通常都是以等级或

---

① Carlo Ginzburg, *The Cheese and the Worms*, preface, translated by John and Anne Tedeschi, Penguin Books Ltd. , 1982, p. 12.

② Jacques Le Goff, *Time, Work and Culture in the Middle Ages*, The University of Chicargo Press, 1980, introduction, p. 8.

③ Jacques Le Goff, *Time, Work and Culture in the Middle Ages*, introduction, p. 12.

④ 两篇文章为:Merchant's Time and Church's Time in the Middle Ages; Labor Time in the "Crisis" of the Fourteenth Cen-tury: From Medieval Time to Modern Time,均载于 Jacques Le Goff, *Time, Work and Culture in the Middle Ages*, pp. 29－52。

⑤ Harald Kleinschmidt, *Understanding the Middle Ages*, The Boydell Press, 2000, pp. 9－10.

阶层为单位,分别考察和阐述其生活方式;

——除一般社会史研究惯用的土地清册、账簿、庄园法庭记录之外,还开发和运用了大量的公私、教俗文件、田野调查成果和其他原始资料,甚至包括游戏指南、菜谱、歌曲等,这些史料是以往的史学研究很少触及的;

——个案研究备受推崇,"以小见大"是研究者孜孜以求的理想境界;

——有些传统观点被修正,例如对农村和农民的看法:乡村生活并不宁静祥和,而是十分喧闹的;一般农民与领主的关系其实很疏远,他们最憎恨的是庄头而非领主①,他们最看重的人际交往也不是同领主的,而是同邻里乡亲的;中世纪的生活并不像现代人想象的那么原始和野蛮,农民也并非那么不讲卫生②;

——有些研究领域是前人从未涉足的,如农民的休闲活动、农民的疾病与乡村卫生状况③、农民对外部的交往方式、贵族家庭日常开支④、医疗与公共卫生、商品价格与社会各阶层收入比⑤;

——有些观点颇具新意并且发人深省,例如罗马帝国崩溃之类的重大政治事件对人们的日常生活、想象力和创造力实际上没有什么直接影响⑥;农民思维的最突出特征是形象比喻;在 16 世纪宗教改革中,新观念的产生不是自上而下,而是自下而上的,从新观念的发生学模式来看,这一点与近代社会完全不同。

近三十年的探索和努力,终于在史学界形成了共识:日常生活乃是史学研究不可或缺的一个领域。晚近出版的中世纪通史性著作中,对日常生活的研究已成为必要部分。

但是中世纪日常生活史研究也存在明显的缺陷,这主要是指:大部分

---

① Joseph & Frances Gies,*Life in a Medieval Village*, p. 45.

② Paul B. Newman, *Daily Life in the Middle Ages*, McFarland & Company, Inc. 2001, pp. 13 - 14.

③ Joseph & Frances Gies,*Life in a Medieval Village*, p. 121.

④ Joseph & Frances Gies,*Life in a Medieval Castle*, Harper & Row, 1974.

⑤ Jeffrey L. Singman,Daily Life in Medieval Europe, p. 60.

⑥ Paul B. Newman,*Daily Life in the Middle Ages*,McFarland & Vompany, Inc. 2001,p. 1.

著作还停留在简单描述的层面。1996 年出版的汉斯－维尔纳·格茨的《欧洲中世纪生活》是笔者所见唯一一部对中世纪日常生活进行综合性批判分析的著作,但即使该书作者也承认,他"只是迈出了第一步"①。如前所述,日常生活史学是带着对现代社会的强烈批判意识进入史坛的,具有鲜明的时代感;但是在迄今为止的中世纪日常生活史研究中,这一特点尚未彰明较著。30 年来,对日常生活史学的批评之声不绝于耳,其中有很多,如忽视理论、违背科学、放弃宏观等均已不攻自破。但是笔者以为,日常生活史学距离实现自身的使命仍然很远。在现代社会中,随着物质的极大丰富,人的异化和人生的悖论愈来愈明显,对生活的价值以及由此产生的生活质量的追问成为学术研究不容回避的课题。历史学面临着同样的挑战,而日常生活史就是对这一挑战的回应。如果说,传统史学的视线集中在少数精英、帝王将相身上,新史学把视野扩大到各个阶层,并以此为基础构建起一个宏观的社会架构,那么日常生活史学则是将目光向下移,深入"架构"之中,去捕捉生活于其间的个体,那些普通的、然而活泼生动的人。但是,目前这种个体研究还停留在表面现象,即"经验"、"活动"、"交往",满足于叙述生活"条件"以及这种条件如何被接受、怎样根据主体需要而变化。这种研究在方法论上没有明显的突破,只是"与主体有关的环境分析",而没有深入主体的心灵,更没有说明主体的感受,因此也就不能解释生活价值所在以及生活质量如何的问题。所以目前的日常生活史学还不能令人满意。日常生活史研究下一步应向说明个人感受的方向拓展,因为归根结底,生活是感受的,个人体验乃是生活的本质。日常生活史应该关心的不是抽象的"人",而是具体的"这个人"。在说明了个人感受的基础上,再去回溯造成这种感受的条件,这样才能建构满足现代人需求的,同时也是符合人性本质和人文理想的,真正具有理论价值与社会科学意义的历史学。

（摘自于《光明日报》2006 年 2 月 14 日第 12 版。）

---

① （德）汉斯－维尔纳·格茨:《欧洲中世纪生活》,王亚平译,东方出版社 2002 年版,第 280 页。

日常生活批判与法学研究

谢　晖

在法律学术界,人们对法律究竟是什么,有许多完全不同的界定,但其中两种观点值得特别关注:其一是把法律看做理性,不论这种理性是神启的理性、自然的理性还是人的理性;其二是把法律看做经验,法律来自于人们的日常生活,来自于日常生活的内在规定性。把法律看做理性,就意味着法律仅仅是精英们的事情,和普通公民没有必然的逻辑关联,即使有,也是精英们强加给普通公民的一种规范,而不是从公民的日常交往行为中自然衍生出来的规范。反之,如果把法律界定为人们根据日常交往关系的内在规定而安排生活的规范,那么,法律就是和任何一位普通公民息息相关的存在,它不待精英们特别强加,就自然会体现于公民的日常交往行为中,因为不这样,人们的日常交往行为就无从展开。

当把法律纳入日常生活视野中观察时,它其实是交往行为中人们意志实践的基本游戏规则。它不但不远离人们的日常交往和生活,而且就是人们日常交往行为的基本条件和根据,须臾不能离开人们的日常生活;失却了人们日常生活关注的法律,只能被人们的日常生活本身所抛弃。所以,才有所谓"纸上的法律"这样的说法。就是说,你在法律条文上规定了再严谨的法律,但如果这些条文不能有效地融入主体日常交往的生活世界,那它就只能是死的规则,或者只有象征意义,而缺乏实践意义。

大概正是出于这种考虑,社会法学者既没有停留于价值设证,像自然法学者那样强调法律的价值追求;也没有满足于国家立法的严谨、有序,像规范法学者那样热衷于规范内部的逻辑证成。与此不同,他们旗帜鲜明地把论证的触角伸向人们的日常交往行为领域,其中"活法"或者"行动中的法"这一类概念的提出,就十足地表明了他们对作为非日常生活的,或者远离日常生活的一些法律规定可能带来的对日常生活世界的挑战、销蚀、无效之担心、忧虑和理论矫正。他们强调要从人们日常生活的事实中去观察法律、发现法律。一方面,要把业已制定为纸上的法律代入人们的日常社会生活中去,倘若这种代入不能发生可预期的法律调整效力,就只能被判定为缺乏生活活性的"死法"。另一方面,进一步的问题是:"死法"的存在并没有消灭人类生活必需的秩序,反之,人类总是生活在秩序体系中,否则,社会的存在、公共交往的进行、人们的日常生活等都将无从谈起。因而,"活法"的含义,既包括在人们日常生活中被遵循、运用从而具有实效的国家法,也包括因为人们构造秩序的需要,而在公共交往行为中所形成的自生自发规则。

现在,在哲学界,学者们已经超越了仅仅关注实证的社会学视角,而将日常生活理论由社会学的实证升华为哲学的反思和辨析。作为哲学思考的日常生活理论,其要旨就是要沟通日常生活与哲学思辨间的关联,以日常实践为向度或坐标来搭建哲学思考的平台。把日常生活自身纳入到哲学视野中,从而使自在的日常生活及其合理或非理形成自觉的证明效力。具体到法律和法学领域,我觉得这一理论的意义在于:

其一,以日常生活为根据,发现人们生活中的规定性(法律)。归根结底,不是法律派生了人们的日常生活,而是日常生活和主体交往关系决定了法律的内容和面向。在西方法律实践中,英美法系陪审团对案件事实的认定,在一定程度上就是在社会纠纷这种生活事实中发现法律、发现规则。尽管在那里有遵循先例的原则,但先例并非案件的必然解决方案。先例识别本身就是对遵循先例的一种修正措施,而根据当下的案件进行必要的创造——自由裁量更是在案件事实中直接发现法律(规则)。至于强调制定法的国家,其法律制定的基本事实根据和逻辑前提是对主体生活实践及其关系的把握。即使在现代中国的立法史上,人们也不难发现这样的例证。譬如清末以来的民法典起草和制定工作,是与当时中国民、商事习惯的社会调查工作紧密地联系在一起的。这种调查工作,其实就是在以往并没有民法典的日常生活实践中发现民法典起草和制定的日常生活事实和基础。我以为,当下中国的民法典制定工作所缺乏的,同时所急需要做的,就是要寻求人们日常生活中的支持因素。

不过,日常生活乃是一个变量,而不是常量。因此,对日常生活的梳理、观察、解析、批判本身也是一个变量。不仅如此,日常生活还是一个文化的概念,不同民族的文化传统、生活方式构成其日常生活中最坚固的内容,因此,在不同文化背景的日常生活之间不宜硬性地推行一种所谓普适的规范。这样,发现人们日常生活中之规定性的学术研究,就多了一重复杂性。但无论如何,这在立法理论和研究中是格外重要和必要的。

其二,以日常生活为根据,研究法律应用的过程和方法。法律的制定,固然要全方位地作用于公共交往的一切领域,但其典型的运用,则在于借助法律对社会纠纷的解决上。然而,立法仅仅为司法者解决人们的纠纷创造了一个必要的前提,它不可能包办对所有社会纠纷的解决方案,其基本原因在于法律有穷尽而生活世界中的纠纷无穷尽。这种冲突使得法律在人们纠纷解决中的作用是有限度的。但是,法治原则容不得人们在纠纷解决中轻易放弃法律,这就需要在理论上为完善法律"打圆场"——寻求有说服力的案件解决方案,在法治原则之下,为社会纠纷的解决寻求基本的方法和出路。

可以说,以规范(而不是价值、事实)为典型研究对象的法学,在近百年来越来越发展成为一种以司法活动为中心的技术之学、方法之学。特别是在法学相当发达的国家,为了解决法律规范和案件事实之间的冲突、张力,法律方法论业已成为法学院教授的重点课程。然而,倘若法律方法离开人们日常生活交往的事实,而仅仅满足于推理、解释、论证一类的技术规程,那么,它也只能提供给人们一套在解决案件过程中的说服技巧,而不能解决人们心悦诚服地接受案件判决的问题。这种矛盾,在我看来,最好是借助日常生活来进行。其中所谓"民间法"的作用,在这样的场合就可大为显现。

其三,以日常生活为根据,反思法律自身可能存在的一系列问题。当代西方世界中所兴起的批判法学、后现代主义法学,在一定程度上正是本着对日常生活负责,而不仅仅是对用文字堆砌的法律的负责,才提出了对法律和法治的深入批判和反思。就我国而言,尽管法治建设才刚刚起步,法治理念尚未建立,但是对业已建立起来的一些法律制度,根据我国既有的和正在形成的人们的日常生活而加以反思、评判、辨析,自然也是法学家们理应关注的问题。对法律的日常生活批判,一是根据日常生活来对照、反思、检讨法律的问题;二是对人们的日常法律生活本身进行清理、总结和提升。正是这种对法律的反思,才可能使我们在推进法治的同时,也把法律真正融进日常生活世界,而不是相反。

（摘自于《光明日报》2006 年 2 月 14 日第 12 版。）

当代中国的乡民社会、乡规民约及其遭遇

谢　晖

　　本文所谓"当代"，是指自中国于 1970 年代末期"改革开放"以来的这一段历史时期。所谓"乡民社会"，则指中国农村社会。而"乡规民约"，则指除了作为"大传统"的国家法律制度之外，维系中国乡民社会生活的规则－制度系统。可以认为，相对于传统中国而言，当代中国已经经历了第三次转型，其中第一次是以辛亥革命为契机的政治领域的革命，它推翻了中国"皇权国家"与"宗法社会"两分的局面，建立了一个由"政治国家"统揽全局的政治结构体系。第二次是中华人民共和国的成立，它进一步地强化了国家与社会在中国合一的情形。第三次就是"改革开放"以来，在很大程度上讲，其使命是为了使统揽一切的"国家主义"有所改观，实现"政治国家"与"市民社会"的分野。

　　然而，应当清楚的是，在中国追求"政治国家"与"市民社会"两分的过程中，其首先现实地面临着"城市社会"（一定意义上的"市民社会"）和"乡民社会"的分野。于是，强大的"政治国家"、微弱的"市民社会"以及底蕴深厚的乡民社会之间形成中国社会"三元结构"的独特景观。事实上，"政治国家"与"市民社会"的两分乃是自功能而言的，而"城市社会"与"乡村社会"的分野则是从结构而言的，只有中国的城市化发展达到相当程度以后，这两种不同视角的社会结构组合才可能被同一视角（功能视角）的社会结构组合，即"政治国家"与"市民社会"的结构组合所取代。

但是,毫无疑问,这是一个长远的过程。因此,研究中国"乡民社会"的状况,特别是其规范生活方式,对于进一步建设中国的市民社会,或许不无裨益。本文宗旨,即在于此。

一、当代中国乡民社会的一般性描述

要对具有九亿多人口的中国乡民社会作出一般性的描述,显然是一篇文章所力难胜任的,但必要的描述在此又是不可避免的。我们知道,中华民族是世界最早进入农耕文化的民族之一,在这里,有两种最基本的依赖关系,其一是血缘或亲缘依赖关系,其二是土地依赖关系。对血缘或亲缘的依赖,构成其独特的血缘或亲缘文化共同体;而对土地的依赖,又使其具有某种意义上的地缘文化共同体的特征。我们常讲的"姓氏"这个词,就最恰当地说明了这一点。在中国,以母亲为代表的姓就指血缘系统,以父亲为代表的氏则指地缘系统。

如果说家庭是血缘共同体的基本单位,那么,"村庄"则是地缘共同体的基本单位。中国的乡民社会正是这种地缘文化和血缘文化的结合体。血缘文化的突出特征表现为中国的村落一般是以"姓"为主导的,尽管在村落结构中,往往存在着"单姓村"、"多姓村"和"杂姓村"的区别,但在后两种情形下,每每存在着"主姓"(或"大姓"),并且一般的情形是:一个村落之事务的建设和发展,往往取决于"主姓"的主导、统领和协调。在"杂姓村"中,或许常常存在着势均力敌的几个姓氏,这也就必然意味着"大姓"之间的联合或分裂决定着村务发展好与坏的具体状况。①

地缘文化则集中表现为中国乡民们安土重迁、择土而居的特点上。在中国广袤的土地上,分散着成千上万个世世代代依赖于一定的土地而居住的"自然村庄",如果说以血缘和亲缘为主导的家庭是中国社会结构的细胞的话,那么,"村庄"则是中国社会的最基层单位。脱离了村庄这个基本单位,则乡民社会这一概念也就难以成立。

可以认为,在中国乡民社会,血缘和亲缘文化基本反映的是"村庄"

---

① 相关实证分析,参见曹景清著:《黄河边的中国———一个学者对乡村社会的观察与思考》,上海文艺出版社 2000 年版。

内部的关系(当然,这绝不排除在村庄外部关系中也存在血缘或亲缘关系,并且在流动性极小的乡民社会,这种关系在邻近的村庄之间还大量地存在),而地缘文化则基本反映的是"村庄"外部的关系(同样需要说明的是在村庄内部,并不意味着不存在地缘问题,特别是在土地承包到户以后的村内"农户"之间,此种关系则豁然可现)。通过血缘或亲缘文化关系,构织着中国乡民社会的内核;通过地缘文化关系,延伸、拓展着中国乡民社会的范畴。前者使乡民社会得以稳固,后者则令乡民社会从一般的血缘关系中溢出,通达、渗透并整合为整个中国农村的普遍性存在。一言以蔽之,这种存在就是乡民社会。

但是,数千年来一以贯之的乡民社会也在近十数年内悄然生变,主要表现为乡民们对土地的依赖关系明显减弱,对血缘或亲缘的依赖程度也明显不如从前。前者是因为"改革开放"以来的大规模社会流动,出现了数以亿计的"离土不离乡"的农民,他(她)们几乎全年在外做工,相当一部分甚至还带着其全体核心家庭成员在外做工,如果不是现行户籍制度限制了其向市民成员的发展,则他们完全有可能融入市民社会中。如上情形,使其对乡村的土地即使不陌生,但在态度上也不再积极。与此同时,长期以来在外乡的生活,使其对仍在家乡的血缘或亲缘关系不再像以往那样倾注其全部的热诚。尽管在中国的媒体上,每到逢年过节时,总能看到全国各地交通拥挤、客流居高不下的状况,但昔日那种"父母在,不远游,游必有方"的情形正在彻底改变,有大量在外做工的农民不再把春节回家过年看成是必需的道义责任和制约。这也意味着中国乡民的观念、行为方式乃至其交往行为的规则模式发生着明显的改变。

尽管中国的乡民社会有如上的明显特征,从而给人们留下了一种明显的印象:这是一个完全自治的社会,但事实却完全并非如此。自古以来,中国宗法社会中某种意义上的自治,主要是因为其自然地理的原因所导致的"天高皇帝远"的一种客观结果,而不是出自任何意义上的社会自觉。即使在像宗法家族内的那种相对自治,也明显地具有家长强制的重要因素,这正是古人将国作为家的放大的原因所在(所谓"家者,国之本也";"家-国同构","家本国固"等皆然)。正因为如此,在古典中国所存在的"皇权国家"和"宗法社会"的分野,只是一种"自然"的事实,而不是"自觉"

的事实。这也就决定了"皇权国家"与"宗法社会"的分别和现代"政治国家"与"市民社会"的对应不可同日而语,决定了在"皇权国家"与"宗法社会"的分别中很难自发地诞生出"政治国家"与"市民社会"的分野来。

　　帝制中国被推翻以来,此前国内的乱世情形以及其所遭受的外敌之辱,深深地刺激并激发着中国国民追求自立自强的"民族国家"意识,此种意识加之主体交往之技术条件的大大进步,已经打破了乡土社会"天高皇帝远"的格局,国家的实际控制能力已经完全能够延伸到乡土社会。这样,民族国家意识和主体的交往技术条件共同铸就了一种以国家取代、甚至销蚀乡土社会的情形。特别是中华人民共和国成立以来,国家政权直接控制的层级进一步加强,县、乡政权机构的设立,使古典中国长期坚持的三级政权控制体系和格局被打破。国家力量于是可以直接方便地深入乡土社会,从而使乡土社会的自治能力进一步受到限制,甚至自治几乎不存在①——乡土社会就是由国家直接控制的对象和内容。

　　不过,国家的控制能力再强,甚至即使每个社会成员都成为国家这架机器上的"螺丝钉",也不能彻底销蚀社会自治力量的客观实存。而总体倾向于市场化的改革,业已使中国在城市地区出现了"市民社会"的萌芽。在乡土社会,传统的乡村自治、特别是在宗族力量强大地区的乡村自治,更是不容忽视的事实。正是如上情形,使得当代中国的社会规范控制系统绝不仅仅是国家正式法律的一家独霸,与此同时,被广泛地称之为"民间法"或"乡规民约"②的规则体系更在实际地规范着乡民们的日常

---

　　①　事实上,国家对乡土社会的这种直接插手和干预,已是当下中国改革过程中所面临的最棘手的问题。特别是土地承包到户和市场经济的发展,使国家政权组织明显面临着在乡村社会进也不能、退也难堪的局面(相关实证资料可参见于建嵘:《岳村政治》,商务印书馆 2001 年版,第 218 页以下;肖唐镖主编:《宗族、乡村权力与选举》,西北大学出版社 2002 年版,第 1 页以下;吴毅:《村治变迁中的权威与秩序》第 102 页以下等)。最近户籍管理在一些地区的松动,能否被看做国家力量对乡土社会所作的有限让步? 这还有待随着改革的发展继续观察。

　　②　正因为如此,我在同一意义上使用"民间法"和"乡规民约"这两个词。关于民间法,在当下中国有两种研究思路,一种侧重于现象以及外延的描述和探讨,如朱苏力的研究(参见朱:《法制及其本土资源》,中国政法大学出版社 1996 年版);另一种则侧重于"本质"及其内涵的描述,如梁治平的研究(参见梁:《清代习惯法:社会与国家》,中国政法大学出版社 1996 年版)。笔者认为,当代中国的民间法在外延上可以分为习惯法(特别是少数民族习惯法和乡民习惯法)、家族法、行会会规、(狭义的)乡规民约、宗教法、社团纪律、官方的非正式经验等等。而民间法的条件可以被界定为:1. 在特定民间社会具有普遍的规范性;2. 可以作为人们定分止争的基本规范根据。

生活。

二、当代中国乡民社会的乡规民约

基于如上的论述,我们可以进入对乡民社会何以能够在强大的国家政权力量的夹缝中自成一体地生存的原因进行探讨。事实上,乡民社会的存在同任何组织体的存在一样,都无法离开构织规则系统而自存。一般说来,一个制度化的社会组织体的存在,至少应当有如下几个要素:即作为前提的规则要素,作为动力的主体要素,作为内在支持的观念要素,作为外在表达的行动要素和作为检修机制的反馈要素。[①] 当代中国的乡民社会作为整个中国社会的一部分,固然离不开作为大传统的国家法律制度的规范和支持,但之所以人们称其为乡民社会,其原因恰恰在于它具有明显不同于市民社会或者由国家全盘统摄下的"政治社会"(政治国家)的内在资质和特征。这里仅就其规则系统进行描述。

当代中国乡民社会乡规民约的第一种表现形式是:习惯法。关于习惯法的界定,在学界并无多大歧义,大体上,习惯是一定社区的人们在长期的生产、生活过程中所"自发地"形成的社会相互间交往行为的规则。人们根据这种交往规则,解决相互间的纠纷和矛盾。在中国,由于国土之地形的极其复杂,不同区域为高山、大河、湖泊……分割,使得每个被分割的区域内形成相对封闭的"社区"系统。尽管国家政权的力量在这里不时地存在,但其实际控制能力相对较弱,控制人们日常交往行为的规则,恰恰是作为小传统的地方"习惯法"。在中国,习惯法作为最浓厚的地方乃是一些少数民族聚居的地方,所以,民族习惯法构成中国习惯法资源的主体。当下中国学界对于习惯法的研究,也主要集中于对民族习惯法的研究上。例如龙大轩对羌族习惯法的研究,吴大华等对苗族习惯法的研究,罗洪洋对侗族习惯法的研究,张济民等对藏族习惯法的研究等等。可以说,在中国占国土面积百分之六十以上的民族聚居和杂居地区的社会构造及其运转,主要不是因为国家法的作用使然,而是因为其固有的民族

[①] 参见谢晖:《法制之法与法治之制》,载谢晖:《法的思辨与实证》,法律出版社 2001 年版。

习惯法的作用使然。

在汉族乡村地区,尽管国家法的作用要大得多,但乡民日常生活和交往的准则,仍大体上主要由习惯法来调整。汉族习惯法是一个极不统一的概念范畴。作为世界第一大民族,也作为广布于世界各地的一个民族,汉族习惯法在各地具有截然不同的内容和样式。这就是所谓"十里不同俗,百里不同风"。因此,这里大体勾勒的只是作为自古以来中国主体民族即汉族的习惯法。汉族乡村村民的生活绝不仅仅是由国家正式法律所调整和支配的,与此同时,作为乡俗的多元化的地方习惯和习惯法是其日常社会生活和交往中最主要的规则根据。在古代,汉族人民就总结了诸如"入乡随俗"、"入乡问俗"等生活交往的经验。尽管在以汉族为主的乡民社会中也存在着大量的习惯法,但直至如今,对汉族习惯法的深入研究还远未展开。民国时期为了制定民法典所做的"民商事习惯调查",就其内容而言,主要可以看做是对汉族地区民商事习惯的调查,是汉族民商事习惯的集大成者。[①] 但遗憾的是,从民国时期到现在,中国、特别是汉族地区人们的交往行为习惯已经发生了巨大的变化,对于这些变化了的习惯和习惯法,人们几乎没有认真地涉及和研究之。

当代中国乡民社会中乡规民约的第二种表现形式是:家庭法。聚族而居、敬祖祀天、崇尚血缘,以及以此为特征的宗法社会,大概是从古以来中国各民族共有的特征。此种情形,导致了从古至今中国社会构造中对家族法予以格外的青睐和关注。在古典的中国,《唐律疏议》就通过法律解释的方式明确了家庭应当承担的社会责任:"刑罚不可弛于国,笞捶不可废于家"[②],事实上,这是在法律上对业已存在的皇权国家与家族社会两分、对刑罚权与家父权两别之事实的一种法律认可,即对家族法之客观社会作用的一种正式承认。

正是国家力量对家族法的必要重视,在古典中国就已经发展起来了一整套严谨的家族法体系,滋贺秀三先生的研究,表明古典中国家族法极

① 参见《民商事习惯调查录》,中国政法大学出版社 1998 年版。
② [唐]长孙无忌等撰:《唐律疏议》,中华书局 1983 年版,第 1 页。

盛的事实。① 中华人民共和国成立以来,由于"国家社会主义"的发展,家族以及相关家族法的力量和作用大大缩小,国家对乡民社会之事务的直接介入和干预能力大大增加。家族法长期以来也被作为"四旧"的组成部分归于取缔和打击之列。这样,家族法在中国的实际影响就大大下降。但以市场化为取向的改革,却在两个方面影响着家族法的发展:

一方面,因为国家(政府)对乡民社会管理的相对放松,乡村社会事务除了在计划生育、"三提五统"、"水利建设"等和国家管理相关的事务方面多少有些强制"组织性"之外,更多的情况下则是处于一盘散沙状态。如何填补因国家力量的有限退出而形成的管理真空? 如何管理乡民们所必须的社会公共事务(如红白事务、乡民间纠纷、村际关系、济危解困等等)? 这显然是新的问题,固有的村级管理模式在新形势下已经渐显乏力,于是,传统的力量——家族力量在乡民社会的复兴就势所必然。这正是近年来较大的家族修撰家谱之风盛行的原因,因之,家族和家族法的力量及作用再次凸显②,家族法成为中国乡民社会最重要的"乡规民约"之一。

但另一方面,随着市场经济更加深入地发展,传统的家族和家族法对市场经济发展的滞胀、阻碍等负面作用也日益显现出来。第一代家族式民营企业正在遭遇着前所未有的市场压力,相当一部分家族式企业因为难以适应现代化的市场运作而日薄西山、摇摇欲坠。这就在客观上提醒人们:究竟家族情感式的企业经营模式能在多大程度上继续推进经济社会的发展? 无情的社会现实业已使人们对家族式企业的能力和效力产生了深深的怀疑,于是,相当一部分企业已经改弦更张,从注重家族式的经营转到对现代企业制度的关注。

上述情形,客观上又使得家族和家族法发生社会作用的基础在悄然生变,市场经济在解构着传统的家族力量和家族法的作用。特别是由它

---

① 参见[日]滋贺秀三著:《中国家族法原理》,张建国等译,法律出版社 2003 年版;费成康:《中国的家法族规》,上海社会科学院出版社 1998 年版;李文治等:《中国宗法宗族制和族田义庄》,社会科学文献出版社 2000 年版等。

② 参见肖唐镖等:《村治中的宗族》,上海书店出版社 2001 年版;肖唐镖主编:《宗族、乡村权力与选举》,西北大学出版社 2002 年版。

所导致的数以亿计的"农村进城务工"人员(在当下的中国,被不适当地称之为"民工")的出现,使得农民和市场社会中的其他主体一样,日益处于不断流动状态,这在客观上更加促使人们对家族力量和家族法作用的看轻(当然,在主观上,由于远离故土的人们越来越浓的寻根意识,可能还会强化人们的家族观念、家族法意识,这就像远徙海外的华人们致富之后,更加怀念故乡桑梓,频频回国寻根祭祖一样,但这种情形只能是家族和家族法在人们记忆中的强化,而不是实践和行动中的强化)。总之,在以发展市场经济为使命的新的时代,家族法明显地走向如上两个相反的方向:既存在着强化的现实需要,也存在着弱化的客观基础。

就中国各民族而言,家族法更多地在汉民族共同体中发挥着作用。尽管中华民族各成员由于长期受先进的主体民族文化的影响,对于家族和家族法都重视有加,但相对而言,汉民族更加注重家族法。过早地实行农耕技术和农业定居,使得汉民族安土重迁、崇宗敬祖的观念尤为浓厚,汉族最大的节日——春节在很大程度上就是一个家族成员隆重聚会,上以祭祀祖先、下以团结宗族的节日。因此,不了解以宗族和宗法(家族法)为核心的汉族生活形式,就在总体上不了解汉民族。正是在这一意义上讲,可以把宗族法看做是汉民族的习惯法。但问题又不如此简单,因为一个民族的习惯法一般其统一性必大于、多于多样性,但在家族法中,其多样性却远远大于统一性,每个能够制定"家法"的大家望族,都有一套并不同于其他家族的家族法,并且家族法更多地只在家族内部发生效力,对家族外关系一般并不调整和辐射。正因如此,当我们讲家族法是汉民族最重要的习惯法时,绝不意味着它在汉民族中有统一的体系,相反,它的统一性只是一个形而上的理念,而不是一种客观实存的事实。或者说只具有文化理念上的统一,而不具有规则制度上的统一。

当代中国乡民社会中乡规民约的第三种表现形式是:(狭义的)乡规民约。如前所述,我将乡规民约分为广义和狭义的两类。前者泛指一切乡土社会所具有的国家法之外的公共性规则,而后者则仅指在国家政权力量的"帮助、指导"下,由乡民们"自觉地"建立的相互交往行为的规则。显然,在这里,乡规民约既具有某种意义上的"官方"性质,也具有某种意义上的"民间"性质。它是官方与民间、国家与社会合作和互动的产物,因而既不是官方单向度的命令，也不是民间纯粹自治地决定的结果。这在一定程度上客观地反映了当下中国乡民社会受官方制约的客观事实。

在很大程度上讲，"乡规民约"是官方借民间的力量以管理乡民社会的方式，这就如同在城市，"社区公约"也往往是国家借民间的力量来控制和管理最基层的城市社会的一种方式一样。表面上看来，这与中国古人所奉行的"以夷制夷"无所区别，但实质上，两者区别甚大，因为后者所纯粹借助的是民间社会的固有规则，而前者是由官方和民间互动地给民间制定规则，并由此确立某种"新传统"。

但这种乡规民约往往受时事政治一类的事务影响甚大。例如，在山东某市，当执政党文件和国家宪法强调"依法治国，建设社会主义法治国家"时，当地政府组织村民，签订"依法治家"的"文明公约"，并且也将"乡规民约"纳入"法"的范畴，作为依法治家的重要"法律"根据之一。但随着政治领袖提出"把依法治国和以德治国相结合"的"主张"，当地政府很快"适时地"改进了先前的做法，提出了"德法双治，文明理家"的口号。①相应地，先前的有关乡规民约也就会发生微妙的变化。

该市政府的如上做法，还清楚地表明在相关的活动中政府所发挥的明显而积极的作用。甚至在很大程度上说，它是一种由政府所主导的、由乡民们配合参与的行为，而不是乡民们自发地所从事的行为。由此所产生的乡规民约自然就有"半官方、半民间"的性质了。在当代中国，类似的举措在乡民社会中多有存在，各地所开展的"十星级文明户"评比活动及其相关"公约"，每每以政府的倡导、推动甚至一刀切的强制为前提和保障机制，从而使政府赖以方便地进入并控制乡民社会。这表明，在此种乡规民约下的乡民自治，事实上是一种政府所赐予的自治，而不是乡民根据相关自治法律自觉地从事的自治活动。

当然，还应说明的是，在有些地方，也存在着纯粹由乡民自己所订立的乡规民约，但这往往存在于要么家族势力极其强大，政府力量难以进入或者难以很好地进入的场合。如在福建晋江一带，以少数民族为主的地

---

① 当地政府曾多次邀请笔者去参观他们"依法治家"或"德法双治、文明理家"的成果，并且在全市、全省和全国范围内召开过多次相关的现场经验交流会，其中有一次司法部某位副部长也来现场参观和参加相关经验交流会，并给予高度评价。

方所订立的乡规民约就有如上特点。① 要么某一乡村处地偏远，实际上形成"天高皇帝远"的情形，政府一旦进入便耗时费工、收效甚微。因为在这里，公共秩序的维护要么靠强大的家族，要么靠乡民的联合。事实上，尽管此种意义的乡规民约在名称、内容等方面都采取一般乡规民约的方式表达，但其实质上更多地趋近于家族法或者习惯法，因此，并不能典型地说明我这里所讲的狭义的乡规民约。

和习惯法与家族法相比，乡规民约具有形式上的严谨性、范围的公开性和制定的自觉性等特征。我们知道，习惯法大体上是一种自发的乡民规则系统，它是真正意义上的"行动中的法"，它往往通过乡民们的口耳相传和行为操守而得以"公布"、贯彻和落实。而家族法尽管是家族内部的知识阶层有目的地制定的，因此，许多家族法在逻辑上是相当严谨的，但由于其效力范围只及于家族内部，所以，家族法往往具有"秘密"的、不公开的性质。但是，乡规民约一方面是乡民们在政府指导下自觉制定的，因此就避免了自发性的可能；另一方面，在乡民社会，乡规民约一般是要公之于众的（实际情形往往是，要么公布于一个村庄的中心地带的"公报栏"，要么刊刻于水泥或石头做的标志建筑物上），因此，其公开性是显而易见的。重要的地方还在于：在有些地方，乡规民约不仅仅是一种宣告或摆设，它实际地解决着乡民之间所发生的各种纠纷。在山东某市的向高村，乡民之间因为林木问题、土地问题等所发生的纠纷，每每借助乡规民约来解决——即使乡规民约的规定与国家法律的内容是相抵触的。②

当代中国乡民社会中乡规民约的第四种表现形式是：官方在乡民社会的非正式经验。迄今为止，中国仍然是一个政府（官方）主导的社会，至于在乡民社会，就更是如此。因此，在中国乡村地区，经常会产生一些由政府所主导，但又被民众所接受的非正式经验。说其是"非正式的"，乃是因为一方面，它并没有来自官方权威的法律授权；另一方面，它往往

---

① 笔者曾两度到晋江调查，对其乡规民约的情形约略有知，但就其效力而言，可以明确的是：乡规民约乃是对外宣布，因此，更多地具有"宣告性"价值，在那里实际起作用的往往是民族习惯法。

② 在向高村的乡规民约中规定，本村内的任何人非法地砍伐集体林木，都应接受村集体的130元罚款。在1998年于章丘市举行的相关经验参观和研讨会上，就有学者提出村集体行使相关处罚的合法性问题。

是由地方基层政权组织倡导的结果。就其后果而言,这些非正式经验有些通过上级政府的倡导和制度性规范,成为一项正式制度,有些则仍然作为非正式经验在乡民社会中运作。

源自山东东明县的"148 法律服务热线"和山东陵县的"乡镇司法调解中心"可以作为两个典型例证。前者是东明县司法局为了使司法行政更好地服务和作用于社会,通过设立热线电话(148 热线)的方式,主要针对乡民(当然,绝不止于乡民)在面临纠纷时所遇到的种种法律难题予以解答。由于它经常能够实际地回答和解决乡民们所提出的问题,所以,颇受乡民欢迎,成为由官方所引导而产生的非正式经验。尽管它是官方的,但它主要是官方针对民间的实际情况而设立的。因此,可以将其看做推向民间的官方非正式经验。此一经验,后来通过由官方控制的媒体的大力宣传和上级政府的肯定与支持,形成了一种被相当一部分地方司法行政当局所认可的服务方式。尽管我们还没有看到通过法律的方式给这种经验以定位,但它的普遍推广,业已使其成为一种具有正式效力的经验。

"乡镇司法调解中心"又被称之为"陵县经验",它是陵县地方当局针对在乡村地区所遇到的纠纷往往具有综合性质以及通过司法程序解决纠纷时的拖沓、冗长和诉讼费用高昂等情况,而组织县、乡主要职能部门的工作人员,按照类似于司法审判庭的模式,建立"乡镇司法调解中心",以用来迅速地、方便地、高效地、节俭地处理乡民之间所发生的种种纠纷。[①]这一经验,因为贴近偏远地区和贫困落后地区乡民们的实际情况,而受到乡民们的热烈欢迎。同时,国家最高司法行政当局也曾经予以积极宣传和推广。前任司法部长题词认为"陵县乡镇司法调解经验通天下"。但是,由于这一经验本身更多地适合于偏远和落后的乡村地区,再加之其它原因,因此,它不像"148 法律服务热线"那样广受人们重视,这就决定了"陵县经验"及其规则至今依然主要是官方作用于乡民社会的非正式经验。然而,这一非正式经验却实际地受到当地乡民们的认可和支持。

把官方在乡民社会的非正式经验也列入乡规民约中,似乎有点不伦

---

① 相关理论分析,参见谢晖等著:《民间法》,第 1 卷,山东人民出版社 2002 年版,第 312 页。

不类,但只要认真考虑当下中国官方与民间的独特关系,就不难理解我在本文中这样处理的道理:对乡民们而言,所谓乡规民约只是其有序地生活的规范凭据,不论这种乡规民约来自家族、村落"自治体"还是地方政府,只要其能够有效地调整乡民日常的交往行为秩序,并且它不是来自于国家正式法的调整,那么,它所发挥的实际功能也就是乡规民约的功能。唯一的区别只在于:家族法和习惯法等"乡规民约"是在乡民社会中内生的,而由政府主导所制定的"狭义的乡规民约"和政府针对乡民社会所创造的非正式经验则是由外生而转向内生的。

三、社会变革中乡民社会与乡规民约的遭遇

众所周知,当代中国是一个急剧变革的社会,它所面临的最大问题,就是对历时性问题的共时性解决。因此,传统中国乡民社会的一切在此大变革的时代都面临着重新检验。它的乡规民约更在此种检验之列。特别是在市场社会主义模式的发展和中国加入世界贸易组织的举措,更加前所未有地使乡民社会的乡规民约被纳入变革社会的行动选择中。具体说来,在这种大背景面前,乡民社会及乡规民约面临着如下的遭遇:首先,在生活方式上,乡民社会和乡规民约被城市化浪潮所激荡。城市化既是现代化的物化标志,更是渴望现代化的人们所追求的生活方式。特别在中国,广大的乡民对城市化的生活寄予了一种强烈的羡慕和渴望,而政府也因为追赶型现代化的影响,把城市化的发展赋予了一种国家盛衰之类的意识形态含义和道义价值。于是,乡民社会通过两种方式急剧向城市化方向发展:其一是大批农民进城务工,尽管相关的国家户籍法律还不认可其市民的身份,但事实上,其中相当一部分人已经融入城市市民的生活中;其二是在不少地方,特别是东、中部地区,原先的乡村小镇迅速地向小城市方向发展,从而使长期以来和土地及农业打交道的农民也很快地向市民身份转化。如果说前者因为"迁徙自由权"尚未被宪法所肯定而存在一些问题的话,那么后者正好补救了因迁徙尚未自由而带来的城市化的迟缓问题,从而使城市化浪潮在中国迅速兴起。随着中国进一步向工业化国家的迈进,城市化的推进可能要更为迅速,在可预见的未来二十到三十年,应是中国迅速城市化的关键时期。

我们知道,城市化常常意味着人们的生活方式从熟人结构向陌生人结构的转化。在熟人结构的乡民社会中,尽管国家的法律也原则性地调整相关的社会关系,但人们日常秩序的形成,主要靠温情脉脉的血缘或者亲缘关系。即使在村际之间"陌生人"中,人们也要竭力将"陌生人"关系置于熟人架构中来处理,于是,辈分的排位就显得格外重要。辈分关系事实上就是人们处理熟人世界的框架结构,一切陌生人关系经此过滤,也就成了熟人关系。可见,固有的熟人规则——各种各样的乡规民约会很好地调整相关熟人关系。

但在城市化的陌生人社会中,一方面,固有的熟人关系规则已然坍塌;另一方面,人们又习惯性地运用既有的熟人规则,想方设法把"人生地不熟"的陌生人社会改造成为在一定范围内的熟人社会,其典型表现就是城市社会中所存在的各式各样的"圈子",如老乡圈、同学圈、战友圈、同事圈等等①,于是,乡民社会熟人间的行事规则又顽强地转化成为陌生人之间的行事规则。初入城市社会的乡民们在根本上缺乏处理陌生人关系的规则意识和习惯,因此,把乡民社会的固有规则照搬于此也就无可厚非。

然而,应说明的是,这种对陌生人关系的熟人化改造和处理,尽管可以比较方便地以固有的熟人规则调整陌生人关系,但城市社会却永远主要是一个陌生人社会,人们更多地面对的是陌生人关系。而且,以熟人规则调整陌生人的关系,终究会影响城市化的质量,从而无法形成公民理念,而只能形成熟人间的关系理念。正因为如此,在城市化过程中,既有的熟人关系规则已经明显地成为公民社会形成的阻碍力量。城市化自身发展的内在要求必然会削弱、化解、改造,甚至抛弃熟人社会的关系规则——乡民社会的规则。

其次,在经济运作方式上,乡民社会和乡规民约受市场化趋向所左右。在传统的乡民社会,奉行着"父母在,不远游,游必有方"的精神,因此,乡民们也奉行着"树之艺、种之谷、桑之麻、万事不求人"的基本生活

---

① 在中国民间把如下几种"关系"作为在陌生人社会中牢不可破的熟人关系:"一起扛过枪、一起同过窗、一起下过乡……",尽管其中不乏讽刺意味,但它也形象地、现实地表明人们在陌生人的城市社会是如何运用本应当属于熟人社会的"关系资源"和规范模式。

原则。因此,以血缘为内含、以熟人为外延的乡规民约就能得到更好的贯彻和落实。直到今天为止,凡是乡规民约(特别是其中的习惯法和家族法)起作用更大的地方,往往是自给自足的自然经济比较稳固的乡村。反之,在市场经济比较发达的地区,乡规民约的作用就大为受限。原因何在呢?

我们知道,市场经济的基本特征是人、财、物的流动,是劳动、资本和原材料在流动中的结合。因此,流动中的人们更多地受流动社会之统一规则的支配。这样,画地为牢、崇尚血缘、亲缘的乡规民约就很少有其发挥调整作用的社会基础。当下中国所奉行的经济运作样式不仅使大量的中国城市人进入广阔的市场流通领域,而且随着城市和乡村相互依赖关系的深入开展,牵引着成千上万的中国农民进入市场流通领域,从事商业化的市场交易活动。这样,乡民社会的乡规民约就受到市场化浪潮的严重冲击。一方面,身置流动社会中的乡民们日渐疏远了自己曾经熟悉、并且须臾不能离开的温情脉脉的乡规民约,反而在一定程度上接受了市场社会的运作法则。因为市场运作法则的基本目的就是通过市场交易而求取利润。如果在交易行为中公开违背市场交易规则,转而求取乡民社会的规则,在最终意义上只能是市场利益的损耗和失去。因而,尽管乡民们的选择对其固有的乡规民约而言意味着某种失落,但任何时候,利益规则的强制性更具根本性。当市场把人们都带入利益关系体系中时,寻求市场的利益动机便会大大地削弱人们对固有的乡规民约的持守。于是,市场化本身就在不断解构着固有的乡民社会的规则系统。

另一方面,即使置身于市场活动中的农民,总的来讲仍然是一群离土不离乡的人。他们在现行制度框架下、在中国传统文化背景下,即使从事市场贸易活动,也不可能根本摆脱乡民社会的规则架构,而走向林毓生所描述的那种彻底反传统之路[①]。我们知道,追求、倡导全面反传统的一些"五四"学人,如胡适、鲁迅、钱玄同等等,大都最终回归传统[②],更何况本身就浸泡在乡民传统中的广大农民呢? 所以,中国乡民在市场化浪潮中,

---

① 参见林毓生:《中国传统的创造性转化》,三联书店 1988 年版。
② 参见李泽厚:《中国现代思想史论》,东方出版社 1987 年版。

同样面临着要谨守传统还是革新、甚至切断传统的问题。这样,在实践中,乡规民约就面临着多方面尴尬。

最后,在价值选择上,乡民社会和乡规民约因全球化的事实而发生转向。以市场贸易为先导而引致的全球化浪潮是当代世人最瞩目的现象。它集中地体现为政治上的国际对话、经济上的国际贸易和文化上的国际交流。可见,全球化乃是一种全方位的社会变革,特别对中国这样具有自身悠久古典传统——帝国传统的国家而言,这一新气象既具有诱人之处,也具有担心之处。诱人的是:全球化使得长期处于封闭的乡民社会发生了质的转变,昔日偏僻的乡村利用现代信息技术和实际的贸易活动、文化技术交流活动以及旅游活动等等,已经和丰富多彩的外部世界——甚至和全球任何一个角落的人们进行对话、合作和交流。它使人们的视界得以急剧地扩展,也使乡民们的规范生活发生着明显的变迁。因此,全球化事实上在塑造着全新的乡民社会及乡民们的行为规范选择。总的说来,全球化是乡民社会及其乡规民约发生急剧变革的一种重要的外在力量。这一外在力量也因为乡民们走向世界的内在要求而业已转化为其追求行为规范变革的内在动因。重要的是,当下中国对乡村社会具有重要作用的国家法律主要是根据国际标准和全球化的要求而制定的。尽管在不少学者看来,国家法律对乡民社会的影响是相当有限的[1],笔者也认为国家法律在乡村社会的运行面临着种种难题,但这绝非意味着国家法律在乡民社会中无效。正如前述,在当下中国的政治体制下,国家通过各种方式(包括通过法律)作用于乡民社会的内容是全方位的,其事实效力也绝对高于本土性的乡规民约。与此同时,由于近代以来,特别是中华人民共和国成立以来,中国也不可避免地融入当代世界体系中,成为世界体系中的重要一员,因此,国家立法必须考虑全球化和世界性内容。在此情形下,国家法律在乡村地区的推行和运作,客观地促进了传统乡民社会乡规民约的变革。今天,这一变革趋势正在迅速地、前所未有地展开,并且随着国内统一市场的发展和向世界贸易体系的融入,该进程还在加剧。还应当指出的是:在中国乡民社会,对国际依赖的程度明显地存在着地域性差

---

[1]　参见朱苏力:《法治及其本土资源》,北京大学出版社 1996 年版。

别。在东部沿海地区,哪怕是从事传统农业产业的乡民,已严重依赖于国际市场(如前两年日本实施的对中国农产品限制进口的政策,使山东农民——特别是菜农、蒜农陷入极其困难的境地),但在内陆绝大多数乡民社会中,对全球化的影响还没有什么明显的感觉,当下中国大多数乡村地区和乡民们仍然生活在相对封闭的固有乡村体系中。因此,全球化对乡规民约的影响也就只能用有限这样的词汇来评说。因为世世代代生活在乡民社会的人们更需要的是和自身现实生活相合辙的行为规范和实践逻辑。这就使全球化及其规则在乡民社会遭遇到种种挑战和难题。全球化是富有魔力的,但其目前在乡民社会的作用又是相当有限的。

以上论述表明:当下中国的乡规民约正处于历史变革的十字路口,它既在顽强地坚守着自己的固有领地,并期望有所作为,但又不得不随着社会变革的需要而改变、削弱甚至隐退自身。

(刊载于《东岳论丛》2004 年第 4 期。)

社会历史观研究中的微观
分析与宏观描述
——历史唯物主义研究中的新视角

王晓升

在历史唯物主义的研究中一些人注意生产力和生产关系、经济基础和上层建筑之间的矛盾运动,注意社会历史发展中的宏观结构;而另一些人则认为,马克思主义的历史观所强调的是现实的人及其历史发展的科学,强调历史唯物主义的研究应该从现实的个人活动出发。在西方学者中,一些人强调社会历史中的宏观结构,比如结构主义;而另一些人则强调社会历史研究中个人的自由、个人的生存和发展,如存在主义。如何把这两者结合起来就成为社会历史研究中的重要问题。在这里,我们力图进行初步的探索。

一、个人及其活动是马克思历史观的前提

哈贝马斯认为,在社会历史研究中,人们可以采取两个不同的向度,一个是观察者的向度,一个是参与者的向度。从观察者的向度来说,社会是一个由不同的子系统构成的,功能上相互补充的大系统。从参与者的角度来说,社会是人和人之间互动的领域,通过这种互动人和人之间相互理解,相互协作,并协调他们之间的相互关系。① 如果我们把哈贝马斯的

---

① (德)哈贝马斯:《合法化危机》,灯塔出版社 1975 年版;《交往行动理论》,曹卫东译,上海人民出版社 2004 年版,第 6~7、103 页。

这种区分方法用来说明马克思的社会历史理论,那么我们就可以发现。在马克思的社会历史研究领域中,也存在着两个相互联系的维度:宏观领域和微观的领域。在宏观领域,马克思把社会历史理解为人类在总体上的进化过程,这就是人类历史过程的研究。马克思在《〈政治经济学批判〉序言》中所描述的就是这个宏观的历史过程。在这里,马克思通过生产力和生产关系,经济基础和上层建筑的矛盾运动说明了人类历史发展的基本趋势。但是,马克思对于宏观的历史进程的描述是建立在对于人的微观活动分析的基础上的。而这个微观的领域就是单个的人及其活动的领域。马克思和恩格斯在他们的历史唯物主义的奠基性著作《德意志意识形态》中不止一次地强调,历史的前提是"一些现实的个人,是他们的活动和他们的物质生活条件,包括他们已有的和由他们自己的活动创造出来的物质生活条件"。① 马克思和恩格斯还进一步强调,"全部人类历史的第一个前提无疑是有生命的个人的存在"②。显然,人类历史的研究不能仅仅局限于宏观的人类总体的研究,而必须从现实的个人及其活动出发来研究历史。只有从这样的前提出发的社会历史研究才能真正成为一种科学的研究。长期以来,人们总是抓住马克思和恩格斯在《〈政治经济学批判〉序言》中对历史过程的宏观描述,而把社会历史过程简单地理解为生产力和生产关系、经济基础和上层建筑之间的矛盾运动。而马克思在《德意志意识形态》中所关注的个人的活动的维度被忽视了。这个问题在今天应该得到特别的重视。

马克思和恩格斯在谈到社会历史研究方法的时候特别指出了这种从现实的个人及其活动出发来研究历史的方法的重要性。他们强调,这种从现实的个人及其活动出发的社会历史研究方法区别于唯心主义的方法。他们说:社会历史研究中的一种考察方法是"从意识出发,把意识看做是有生命的个人"。这显然是一种唯心主义的考察方法。黑格尔和他的继承者青年黑格尔派就是从意识出发,把历史描述为通过理念、观念实现的历史。在这里人类精神的发展过程决定了现实的人类生活的发展过

---

① 《马克思恩格斯选集》第 1 卷,人民出版社 1995 年版,第 67 页。
② 《马克思恩格斯选集》第 1 卷,人民出版社 1995 年版,第 67 页。

程。而另一种考察方法是"从现实的、有生命的个人本身出发,把意识仅仅看做是他们的意识"①。在马克思和恩格斯看来,这是一种"符合现实生活的考察方法"。这种方法也是马克思和恩格斯本人所坚持的方法。但是,这种从现实生活中的个人出发也许可以被某些唯物主义者所接受。然而,马克思和恩格斯强调,虽然他们也可以采用这种方法,但是,他们是"抽象的经验论者",对于他们来说,历史不过是"一些僵死的事实的汇集"②。这就是说,虽然抽象的经验论者也会关注现实生活中的个人,但是这些个人不过是人类结合体中的一个样本,是他们的统计数据中的一个号码。现实的有个性的个人,他们的生活条件、生活方式和他们的特殊劳动方式都被忽视了。马克思和恩格斯指出,抽象的经验论者的研究方法虽然使唯心主义历史观失去了存在的基础,但是,他们只是从人类历史中"抽象出一般的结果的概括"。这种抽象的概括也不能真正地说明历史。这是因为,这种概括脱离了现实的个人及其活动过程。马克思和恩格斯所强调的是对于现实的个人及其活动的观察。他们认为,对于他们所提出的这种现实的前提"可以用纯粹经验的方法来确认"③。马克思和恩格斯所说的这种经验方法当然不是抽象的经验论者所使用的经验方法,而是一种深入个人生活中,在个人生活的深刻体验中所获得的对于个人生活方式和实践方式的把握。马克思和恩格斯强调,"只要描绘出这个能动的生活过程,历史就不再像那些本身还是抽象的经验论者所认为的那样,是一些僵死的事实的汇集"④。显然这种描述不是任何超出实际生活过程的观察者所进行的描述,而是实际生活过程中,每个人对自己生活的实际感受的描述,是人们之间互动过程的描述。只有这种描述才是活生生的,是具体的而不是僵死的。于是,马克思和恩格斯指出,虽然抽象的经验论者所概括的结果对于整理历史资料有价值,但是"在实际阐述资料的时候,困难才开始出现"。只有"从对每个时代的个人的现实生活过

---

① 《马克思恩格斯选集》第 1 卷,人民出版社 1995 年版,第 73 页。
② 《马克思恩格斯选集》第 1 卷,人民出版社 1995 年版,第 73 页。
③ 《马克思恩格斯选集》第 1 卷,人民出版社 1995 年版,第 67 页。
④ 《马克思恩格斯选集》第 1 卷,人民出版社 1995 年版,第 73 页。

程和活动的研究中"才能产生排除困难的前提。①

　　从马克思和恩格斯对于社会历史研究方法的描述中,我们可以看到,他们在历史唯物主义的研究中之所以能够克服唯心主义和旧唯物主义,其根本点就在于他们对于社会历史研究方法的变革。而这种历史研究方法的变革的核心就是从现实的个人及其活动出发来研究社会历史。这是马克思主义社会历史观中的微观领域。对于马克思和恩格斯来说,如果把这个微观的领域归到宏观的历史过程中,而不是具体考察这个微观的领域,那么社会历史的研究就滑入了唯心主义历史观和旧唯物主义(经验论)的历史观。马克思和恩格斯所提出的从地上到天上的社会历史研究方法,从一定意义上说,就是从社会历史的微观领域出发,通过对于社会历史中的微观领域的分析,而达到对于社会历史的宏观的描述。

　　黑格尔把整个历史描述为绝对精神的自我发展史。青年黑格尔派的成员们抓住黑格尔哲学中的某个方面来描述历史,或者把绝对精神理解为实体,或者把绝对精神理解为自我意识,或者把它理解为"唯一者"。当他们把绝对精神描述为实体或者自我意识的时候,思想和观念的东西被他们看做是独立的东西,而历史的发展过程就是人从思想和观念的枷锁中摆脱出来的过程。在历史发展过程中,人的个性特征被忽视了。施蒂纳试图改变对于社会历史理解中的这种局限性,而强调人的个性的历史地位。但是,在他那里,这种有个性的人被理解为"唯一者",被理解为脱离生活关系和现实生活过程的"唯一者"。他也无法真正地理解现实的个人在历史中的地位。而费尔巴哈超越了唯心主义,把人看做是"感性对象",但是,在他那里,作为感性对象的人不过是作为类的人,"一般人"。虽然他也看到了单个的现实的感性的人在历史中的地位,但是,他只是在感情的范围内承认"现实的、单个的、肉体的人"②。在马克思和恩格斯看来,凡是在需要强调个人生活中现实问题的时候,费尔巴哈就诉诸"类的平等化",都强调作为类的人,而不是现实生活中的个人。后来,恩格斯在回忆他本人和马克思创立历史唯物主义的过程时指出,费尔巴哈

---

① 《马克思恩格斯选集》第1卷,人民出版社1995年版,第74页。
② 《马克思恩格斯选集》第1卷,人民出版社1995年版,第78页。

没有能够从抽象的人走向现实的、活生生的人,而马克思和恩格斯就是从现实的活生生的人出发的,因此,他把历史唯物主义称为"现实的人及其历史发展的科学"①。在这里现实的人就是在历史活动中有个性的活生生的个人。

马克思在历史观中的伟大变革就在于,他一方面吸收了唯心主义关于一般历史规律的思想,并把这种对于历史规律的理解融合到唯物主义的思想体系中,把社会历史的发展过程看做是感性的人的历史发展过程。或者说,用唯物主义的方法改造了黑格尔等对于社会历史发展规律的理解,对于社会历史一般进程进行了宏观的描述。另一方面他们又吸收了英国古典经济学的看不见的手的理论,从而强调个人在社会历史发展中的作用。从对于现实的个人的描述来勾勒出一幅人类社会发展中微观领域发展的图画。古典经济学从方法论上促使马克思从单个人出发来研究社会历史活动。我们知道,按照英国古典政治经济学,特别是亚当·斯密的观点,在经济活动中,每个人都从自己出发来从事经济活动,但是得到的结果却有利于整个社会。在他看来,这是看不见的手的作用。因此,从方法论上来说,要了解宏观的经济活动就应该从单个人的经济行动的分析开始。我们知道,在撰写《德意志意识形态》之前,马克思就曾经阅读了古典经济学的著作。而马克思对于古典经济学的兴趣又与他对于黑格尔《法哲学原理》的批判是分不开的。黑格尔在《法哲学原理》中特别是在"市民社会"的研究中吸纳了古典经济学的思想。② 马克思在《黑格尔法哲学批判》中,通过对于黑格尔理论中关于"市民社会"和"国家"关系的分析,提出了"市民社会"决定"国家"的思想。马克思正是在这个思想的基础上,在《德意志意识形态中》把"市民社会"理解为全部历史的舞台。在探索这个全部历史的舞台中,马克思所吸收的就是古典经济学的思想,就是从个人及其活动出发来探讨全部历史。离开了对于"市民社会"的深刻理解,离开"市民社会"和"国家"关系的理解,就无法理解全部的历史,也无法理解马克思的经济基础决定上层建筑的根本思想。当我

---

① 《马克思恩格斯选集》第 4 卷,人民出版社 1995 年版,第 241 页。
② 参见黑格尔:《法哲学原理》,范扬、张企泰译,商务印书馆 1961 年版,第 204 页。

们在理解马克思的历史唯物主义思想,把"市民社会"和"国家"关系的理论(即经济基础决定上层建筑的思想)重新纳入黑格尔的宏观历史过程的时候,历史就是一个生产力和生产关系、经济基础和上层建筑矛盾运动的历史。这个历史观就是唯物主义改造过了的黑格尔历史观。这无疑是马克思主义历史观中的重要内容,但是我们忽视的正是马克思对于"市民社会"基础的分析。而恰恰是对于市民社会基础的分析是后期马克思关注的核心。这个核心的东西才是历史唯物主义的最基础的部分。当代历史唯物主义的研究中对于这个最基础的部分,也就是马克思作为出发点的部分研究得十分不够。

二、个人的活动模式及其变迁

马克思是在吸收古典经济学基础上来研究社会历史过程的。在这里,马克思吸收了黑格尔和费尔巴哈关于异化的思想。不过马克思和恩格斯在对异化思想的理解却渗透了古典经济学的思想。在《1844 年经济学哲学手稿》中,马克思强调,我们从国民经济学的各个前提出发,从工人被降低为商品这个前提出发。从这个经济事实中,他发现,人所创造的东西反过来又成为压制人自己的东西。按照古典经济学的思路,每个人都是按照自己的利益来从事经济活动的,而最后得到的结果却有利于所有的人。但是事实却是,虽然人都是从自己出发来进行经济活动,但是得到的结果却没有给所有的人带来福利。这是为什么呢? 马克思和恩格斯指出:"各个人的出发点总是他们自己,不过当然是处于既有的历史条件和关系范围之内的自己。"①马克思和恩格斯发现在"市民社会"中每个人都是从自己出发来从事经济活动,但是这个经济活动的结果被虚幻的集体所控制。在这个虚幻的集体中,个人是不自由的。马克思在《德意志意识形态》、《资本论》中用了相当的篇幅来说明在"市民社会"领域中人的活动的特点以及人和人之间的相互交往的特点来揭示这种现象产生的根源以及消除这些现象的途径。马克思对于政治经济学的研究、对资本运行过程的研究,可以说,就是对于"市民社会"领域的深化研究的过程,就是

---

① 《马克思恩格斯选集》第 1 卷,人民出版社 1995 年版,第 119 页。

从微观领域深化历史唯物主义基本思想的过程。因此,深化历史唯物主义研究就是要进一步深入研究马克思在政治经济学领域所取得的成果。

对于马克思来说,人都是具体的人,这些具体的人都有自己的个性和活动特点。但是,人的这种个性和活动都是在一定的历史条件下形成的。过去,我们也强调人的个性是在一定的历史条件下形成的,但是我们却忽视了一个重要的方面:人的这种个性的形成是受到偶然的生活条件的制约的。① 每个人的个性是完全不同的。这种个性的形成是有非常复杂的原因的,有家庭的、社会的、历史的、甚至人种的原因。正是这些复杂的偶然因素造就各个人的不同的个性特征,这些不同的个性特征反映在他们的个人生活,多样的活动方式和行为方式之中。马克思强调,每个人的存在方式表现在他的活动方式和生活方式中。人的这种生活方式表现出一种生活中的惯习(Habi-tus,布迪厄)。马克思说:"个人怎样表现自己的生活,他们自己就是怎样。"②比如,某些人在生活条件有了极大的改善的情况下,仍然把红烧肉看做是最美的食品。这种生活中的惯习成为人的活动的一种模式。惯习对人在特殊情况下的决策、选择都会自觉不自觉地发生影响。个人在活动中可能经过理性的权衡和思考,特别是经济的考量,但是他的活动又不是完全受到这种权衡和思考所决定的。其中既存在着理性的思考,又存在着模式化的行动方式的影响。由于人的活动中存在着特定的活动方式,存在着特殊的生活方式,每个人的社会行动就不能仅仅用经济的原因,思想的原因或者阶级的原因来简单地加以解释。在以往的历史唯物主义的研究中,由于人们忽视了人在复杂的社会历史条件下所表现出的个性特征和活动方式,简单地用经济原因、阶级原因来解释人的社会活动。似乎所有的人在经济活动中都是按照经济效率的计算而作出的抉择,所有的行动都要用经济的原因来解释,人似乎成了一台自动的经济机器。由于我们对于历史唯物主义的这种机械化的理解,在对于马克思的一些经典的论述中容易出现一些令人啼笑皆非的解释。比如,"他们是什么样的,这同他们的生产是一致的——既和他们生产什么

---

① 《马克思恩格斯选集》第 1 卷,人民出版社 1995 年版,第 119 页。

② 《马克思恩格斯选集》第 1 卷,人民出版社 1995 年版,第 67~68 页。

一致,又和他们怎样生产一致。因而,个人是什么样的,这取决于他们进行生产的物质条件"①。比如,如果一个人是农民,那么他就必然有小生产者的性格,而如果他是工人,那么他就有无产阶级的性格特点。按照这样的逻辑,地主阶级的儿子必然具有地主阶级的特点,而大学教授就必然具有知识分子的品格。实际上马克思和恩格斯无非强调了社会的宏观结构和个人的活动结构之间的相互关系。它表明,社会的宏观结构会内化为个人的微观的心理结构和品格结构,而这种品格结构决定了人的行动特点。虽然经济的原因影响人的活动,但不是简单的决定被决定的关系,而是通过人的心理构造和品格的构造来影响人的。社会历史的研究必须通过宏观社会结构与个人行动的微观结构的关系的分析才能真正把握活生生的历史。

每个人的活动方式或者生活方式都是一定的社会生产方式中所形成的惯习,或者活动的模式。每个人的活动模式都是个人的复杂的生活方式和生产方式内化的结果。但是,这并不意味着,人的活动完全由这种行为模式所决定。每个人又都会根据自己对周围环境或者社会结构的深刻理解而适时地调整自己的活动。马克思和恩格斯指出:每个人的发展"是在历史地前后相继的等级和阶级的共同生存下产生的,也是在由此而强加于他们的普遍观念中产生的"②。但是这并不意味着个人的行动完全是由阶级和等级的地位所决定的。马克思和恩格斯虽然不是出生在工人阶级家庭,但是他们对于社会历史环境的认识使他们的行动在很大程度上与其他资产者有很大的不同。他们通过对社会环境的理解而不断地调整自己的活动模式。

在个人的活动中,一个人不仅要根据自己的模式来行动,而且还要对于周围其他人的活动作出反应。这就是说,每个人都是在与其他人的互动中来行动的。马克思和恩格斯把这种互动称为"交往"。他们强调,"生产本身又是以个人彼此之间的交往为前提的"③。马克思和恩格斯在这里所说的交往(Verkehr),是人们之间物质、思想和语言等多层次上的

---

① 《马克思恩格斯选集》第 1 卷,人民出版社 1995 年版,第 68 页。
② 《马克思恩格斯选集》第 1 卷,人民出版社 1995 年版,第 118 页。
③ 《马克思恩格斯选集》第 1 卷,人民出版社 1995 年版,第 68 页。

互动。其中也包含了人和人之间以斗争、反抗、承认形式出现的多种形式的角力。这种交往不同于哈贝马斯在交往（Kommu-nikation）行动理论意义上所说的人和人之间通过语言上的沟通而进行的交往。马克思和恩格斯所说的这种交往无疑是指在范围和内容上极其广泛的人际互动过程。传统上，我们在讲生产关系的时候，主要从宏观上讲，生产关系是人在生产中形成的关系。其中包括生产资料归谁所有，人和生产资料的结合方式以及劳动成果的分配方式。我们也从微观上把生产关系理解为生产、消费、分配和流通中的人际关系。这种微观上的人际关系实际上是马克思所讨论的生产关系的重要方面。在生产领域，人和人之间的关系是多样的。这里必然包含着人们之间在劳动上的配合，在劳动中对于不同人的权利、尊严的尊重，包含着对各个人的劳动成就的理解和评价。在消费中，产品脱离社会运动，而成为个人需要的对象和仆役。马克思强调这只是消费的表面现象，而在这种表面现象背后还存在着更深刻的理解。这就是，消费也是生产。当然马克思在这里所说的生产是有他自己的特殊的含义的。但是，实际上马克思也告诉我们，消费并不完全是个人生活的事情，而是有着社会生产的意义的。比如，它还是个人地位和尊严的再生产。消费在某种意义上成为社会地位的符号，是争取他人承认的社会符号。而马克思在《〈政治经济学批判〉导言》中所说的分配和交换实际上就是人和人之间的财富再分配。这种再分配无疑包含了各种形式相互沟通和相互理解、相互斗争和相互承认。没有这样的沟通、理解、斗争和承认，任何形式的分配和交换都是不可能的。这种微观领域所存在着的沟通、理解、斗争和承认是非常复杂的，它受到社会宏观结构的影响，又受到个人行动模式的调节。这需要我们去具体深入的研究。

马克思和恩格斯指出，在社会历史的研究中，个人的活动是完全可以经验地加以研究的。这种经验的研究方法不是像费尔巴哈那样，把个人作为类之中的一个样本来理解，也不是要作为一个观察者来研究个人，而是要把个人作为现实生活的参与者，说明他在生活中的体验和感受。马克思和恩格斯所说的经验地研究个人的活动就是这种意义上的研究。在社会生活中，每个人的体验和感受是不同的。这种体验和感受就是每个人在人际互动中相互交往的感性基础。在社会生活中存在着各种权力关系,有些是公开的权力关系。比如资本对于工人的控制,政治权力对于国家经济领域的调节等。有些权力关系上隐蔽的是一种传统、经济、文化的各种力量的结果。比如,在乡村社会中有威望的长者所具有的权力。他的威望可以成为一种特殊的资本,而在社会经济中发挥作用。同样,一个西装笔挺的人在满身泥土的工匠心理也会产生特殊的权威作用。人们在这种交往中产生某些特殊的感觉和体验。这种体验和感受不是一个外在的观察者所能够理解的。历史唯物主义通过对于工人和资本家之间的关系,政治权力和经济领域之间的关系揭示社会历史中的宏观的社会关系,但是如果不深入考察这些隐蔽的权力关系,那么它就根本无法深入地解释社会历史中的各种特殊的现象。

社会活动的领域是多样的,不同的个人之间的相互斗争的形式也是多样的。在政治领域、经济领域、文学领域、科学研究领域,个人之间的互动方式是不同的。在政治领域,为权力的合法性而斗争是人际互动的主要内容;而在经济领域中,为经济利益最大化而斗争是这种斗争的主要方面;在科学研究领域,为真理而斗争是人际互动的主要形式;而在其他一些领域,为名誉的斗争可能是人际互动的主要特点。我们不能不承认,在社会生活中,某些领域具有相对独立性,与经济利益没有直接关系。但是,如果我们深入人际互动的微观领域,我们又发现,那些表面上与经济利益无关的人际互动,实际上都隐含着权力斗争和利益斗争。比如,在学术争论中,从表面上看,这是为了真理而斗争。但是,为真理而斗争又是与为学术地位的潜在竞争联系在一起的。这就是我们常常说的话语权的斗争,这种话语权的斗争在一定程度上也是利益斗争。我们可以说,话语权的斗争是争取"符号资本"(布迪厄)的斗争。我们常常听说,学术争论不影响个人感情,但是学术争论又确实影响个人之间的感情。因此,在学术领域中,与谁争论,争论什么都会有特别之处。这种特别之处只有参与竞争的个人才能理解。历史唯物主义不是经济决定论,但是历史唯物主义对于社会现象的分析又必须强调经济在社会斗争中的基础地位。

马克思和恩格斯指出,在资本主义社会有个性的个人和阶级的个人出现了差别。① 这是因为,在资本主义社会,人的个性不是由他所处的等级和阶级所决定的。在传统社会个人的个性完全是由他所处的等级地位所决定的,是由他所处的阶级地位所决定的。在现代社会,人的个性是由一系列偶然因素所决定的。这就意味着,工人的儿子也可以成为白领,甚至可能成为大资本家。马克思把这种由一系列偶然因素所决定的个性称为偶然的个人。他强调真正有个性的个人应该不受到偶然的因素的制约。在不受到偶然因素的制约的条件下,人的个性才能得到真正的发展。资本主义社会中,工人阶级就是受到这些偶然因素的制约,这些偶然因素是与工人阶级的个性相冲突的。在马克思看来,只有联合起来的共同体掌握了偶然的因素,个人才能成为具有个性的个人。在这样的情况下,人就可以发展自己的自由个性。马克思从个人活动的微观的领域来研究社会历史,对于社会历史的发展进程得到了一个全新的理解。这就是马克思指出的:"人的依赖关系(起初完全是自然发生的),是最初的社会形式……以物的依赖性为基础的人的独立性,是第二大形式……建立在个人全面发展和他们共同的、社会的生产能力成为从属于他们的社会财富这一基础上的自由个性,是第三个阶段。"② 马克思对于人的依赖、物的依赖和个性自由发展的论述,是对于"现实的人及其历史发展的科学"的一般说明,它从微观领域说明了个人的活动以及个人之间的活动关系的一般特点。它向我们展示了人与人之间的交往所存在着的由政治、文化、经济以及其他因素所制约以各种形式出现的权力关系和这种权力关系变革的特点,说明了个人独立发展的社会条件。它与马克思在《〈政治经济学批判〉序言》中对于社会历史规律的宏观描述互相补充。这两者结合在一起构成了历史唯物主义关于社会历史发展一般进程的总体图画,强调其中的一个方面而忽视另一个方面都是不完整的。

三、微观分析和宏观描述的关系

马克思对于社会历史的微观研究和宏观的分析是密切联系在一起

---

① 《马克思恩格斯选集》第 1 卷,人民出版社 1995 年版,第 119 页。
② 《马克思恩格斯选集》第 1 卷,人民出版社 1995 年版,第 107 ~ 108 页。

的。如果用微观分析来代替宏观的研究,那么历史的发展过程就成为少数英雄人物的历史;反过来,如果用宏观的分析来否认微观领域中的人的活动,那么历史就会被描述为一个自发进化的历史。马克思在《路易·波拿巴的雾月十八日》中就指出了雨果和蒲鲁东在分析这个历史事件的时候所犯的方法论错误。马克思指出,雨果在他的《小拿破仑》一书中所关注的是波拿巴一个人,"这个事变只是一个人的暴力行为"。而蒲鲁东则"把政变描述成以往历史发展的结果"。"他就陷入了我们的那些所谓客观历史编纂学家所犯的错误。"①这就是说,如果社会历史研究仅仅关注个人,而不是把个人放在宏观历史过程中理解,那么历史就成为个人心理描述的历史,陷入历史虚无主义和个人英雄主义。反过来如果历史的研究忽视了微观领域中人和人之间的互动过程,而仅仅考察经济、政治和文化领域的相互作用关系,那么历史就成为一种类似于自然过程的自发进化史。马克思的社会历史研究在方法论上的最重要的特点就是从现实的个人及其活动出发来研究历史。但是这个研究又不是停留在个人及其活动的领域,而是把这个活动放在宏观的历史进程中加以理解。反过来,宏观的历史进程的分析又借助于微观的分析而得到深化。

　　从马克思和恩格斯的有关论述中,我们可以看到,虽然马克思和恩格斯一再强调,社会历史的研究应该从个人及其活动的微观领域出发,但是马克思和恩格斯并没有局限在个人及其活动的微观领域中,他们把个人放在宏观的社会氛围中来理解。对于马克思来说,只有把个人放在宏观的社会氛围中理解,个人的活动习惯、特性、个性才能得到说明。在这个问题上,他们提出了一个表面上相互矛盾,但是却包含了深刻内涵的思想:"迄今为止的一切交往都只是在一定条件下个人的交往,而不是作为个人的个人的交往。"②这就是说,迄今为止的一切交往都是个人之间的交往,但是作为交往的主体的个人不是"作为个人的个人",而是内化了各种社会关系和社会结构的个人。但是这种内化了社会关系和社会结构又不是完全决定了个人之间的互动,这种活动是个人根据自己对于社会

①　《马克思恩格斯选集》第 1 卷,人民出版社 1995 年版,第 580 页。
②　《马克思恩格斯选集》第 1 卷,人民出版社 1995 年版,第 127 页。

的理解而发生的。因此,它既有某种确定性,又是偶然的。个人正是根据自己的这种新的理解而对于社会结构发生影响,并调整社会结构。这就意味着,社会的经济系统、政治系统不会自发地进行调整,而是在每个人对于社会关系、社会结构的理解中,在他们之间的相互交流中发生的。正因为如此,社会历史发展的过程,社会历史的变革有许多偶然性和不确定性。在以往的社会历史研究中,我们所忽略的正是对于这种偶然性和不确定性的分析。

当马克思和恩格斯从个人之间相互交往的角度来分析历史发展的过程的时候,马克思发现了交往形式的发展过程的一般特点。他说:“交往形式的联系就在于:已成为桎梏的旧交往形式被适应于比较发达的生产力,因而也适应于进步的个人自主活动方式的新交往形式所代替;新的交往形式又会成为桎梏,然后又为别的交往形式所代替。”[①]那么问题在于,人们是如何知道一种交往形式是否适应生产力,是否适应个人的自主活动呢? 显然,这只能从个人所参与的交往过程的内部才能理解。只有参与交往的每个人自身才对于社会交往过程有切身的体会和感悟,只有他们每个人才能理解交往中的痛苦和欢乐,只有他们才真正地体会到交往过程中哪些适应于生产力发展,哪些不适应生产力的发展,哪些适应个人的自主活动,哪些不适应人的自主发展。这是任何一个外在的观察者所无法真正理解的。因此,生产力和生产关系、经济基础和上层建筑的矛盾不仅是社会历史研究中的外在考察对象,而且更是人们在社会交往过程中体验、理解和把握的对象。在每个人之间的相互交往中,人们体会这种矛盾、把握这种矛盾并解决这种矛盾。社会历史的研究无疑应该研究生产力和生产关系、经济基础和上层建筑的矛盾,但是长期以来,社会历史研究中所缺乏的恰恰就是从社会行动者个人的角度来研究这种矛盾和这种矛盾的解决过程。

每个人都是从自己出发来参与社会行动的,这是因为,每个人都是自己的感觉、需求、情感的最根本的判断者。当然这并不意味着,从自己出发的行动都是利己主义行动,都是孤立的个人的行动。这是因为,每个人

———————

① 《马克思恩格斯选集》第 1 卷,人民出版社 1995 年版,第 124 页。

都是在一定社会中生活的,他的需求、情感都是受到了社会的改造的。在马克思看来,人的本质是一切社会关系的总和。马克思总是从个人和社会的关系的角度理解社会。他既不是把社会化约为个人的结合体,也不是用社会否定个人。或者如我们前面所说的,个人都是社会关系结构内化的结果。当然,由于每个人所处的环境不同,他们所进行的社会活动模式也会不同。但是这并不意味着他们之间毫无类似之处,也不意味着他们之间就无法沟通。其中的一些人由于职业、社会地位、社会关系的原因,而对于社会结构、社会关系等会产生类似的观点、类似的需求和情感,他们之间通过沟通而成为一种特殊的社会集团。于是社会中就形成了各种阶级、阶层等社会共同体。当然,这不是说,阶级关系与人们之间的经济利益无关,而是说,这种利益关系还需要借助于人们对于利益关系的体会和理解才能构成具有共同目标的社会共同体。在社会的宏观研究中人们关注的是各阶层的利益关系和利益斗争;而在微观的研究中,人们所关注的是个人对于这种集团和利益关系的体验和理解。马克思和恩格斯当然从宏观层面上强调了利益关系是构成阶级的客观基础。但是马克思和恩格斯也没有把这种关系绝对化。这就是因为,马克思和恩格斯看到,阶级关系中还存在着人们的情感和认知上的维度。人们之间如果对于社会关系和社会结构缺乏共同的体验,那么这种阶级关系也无法确立起来。

　　生产力和生产关系、经济基础和上层建筑的矛盾运动是社会历史领域中的宏观的矛盾,是生产力系统和经济制度系统、经济系统和政治权力系统的矛盾。从系统的角度来说,经济制度系统应该随着生产力系统的发展而变革,政治权力系统应该随着经济系统的变革而变革。通过这种变革,社会整体提高了克服由自然和社会的偶然因素所引起的危机的能力。这无疑是社会发展的宏观标志。但是,经济制度系统的变革,政治权力系统的变革不是生产力的发展所自发推动的,而是生活中的每个人在生活世界的交往中发动的。在生活世界的微观领域,他们对于调节每个人之间关系的道德、习俗、法律、制度进行交流、商讨、斗争。在这种交流、商谈、斗争中,他们达成共同的理解或者相互妥协,乃至进行社会革命。就是在这种交流、理解和妥协,乃至社会革命的过程中,社会制度和政治权力结构发生变革。在传统中,历史唯物主义的理论主要考察生产力和生产关系、经济基础和上层建筑的矛盾和适应的关系,而忽视了个人之间的相互交流和斗争。这就是忽视了生产关系和上层建筑领域中一个非常重要的维度:正当性的维度。在社会历史进程中,如果生产关系适应了生产力的发展,这表明这个制度对于促进生产力的发展是有积极意义的。如果我们用哈贝马斯的话说,这种生产关系具有合理性,具有提高效率的意义,但是这并不就意味着,它必然得到人们普遍的、理性的赞同。这种新的生产关系只有得到人们的普遍赞同,它才是正当的。同样,上层建筑的变革如果适应了经济基础的发展,那么这表明上层建筑的这种变革对于提高整个社会系统的效率是合理的、有积极意义的,但是这并不意味着它就必然会得到人们的普遍赞同。当然,我们并不否认,如果上层建筑适应了经济基础,提高了人们的生活水平,它是容易得到人们的普遍赞同的,但是这两者之间没有必然联系。换句话说,经济制度和政治权力的合理性并不必然具有正当性。只有当经济制度的变革或者政治权力体系的变革真正得到人们的拥护,这种制度或者权力体系才是正当的。在宏观的历史分析中,我们关注的是生产力和生产关系、经济基础和上层建筑的相互适应的问题,关注的是经济制度和政治权力的合理性问题,而忽视的却是它的正当性问题,甚至用合理性来解释正当性。一旦我们的社会历史观的研究重新重视社会历史领域中人和人之间的微观的交往关系,那么经济制度和政治权力体系的正当性问题就纳入我们的视野中。不同的人们对于自己的利益上的关切、对于自己价值观念上的坚持,对于传统文化的认同等都成为人们之间相互交流的对象。正是在这种交流、理解、斗争中,人们形成了自己对于政治权力、对于经济制度的看法。经济制度和政治权力的变革在很大程度上是从这个微观的生活领域中开始的,而主要不是从生产力的发展所自发地发生的。当我们忽视微观领域中这种相互交往,我们就很难避免对于生产力和生产关系、经济基础和上层建筑之间的矛盾运动的机械化理解。诚然,在传统的历史观中,人们也用生产关系和上层建筑的反作用来淡化这种机械化的理解,但是问题在于,为什么生产关系和上层建筑具有反作用,这种反作用究竟表现在什么地方。如果不能从社会生活的微观领域加以深入研究,那么对于反作用的说明就是苍白无力的。在这里,我们必须深刻地理解宏观领域和微观领域之间的相互关系。只有把握了宏观的社会结构和微观的个人活动结构，我们才能深刻地理解社会历史，全面地把握社会历史。只有把握了宏观的社会结构的特征，我们才能理解那种把社会关系结构内化了的个人行为。只有深刻地理解了个人的活动结构和特点，我们才能深刻地把握社会宏观结构的具体特征。历史唯物主义就是在宏观分析和微观分析的循环解释中全面把握社会历史过程。在《德意志意识形态》、《路易·波拿巴的雾月十八日》、《资本论》等历史唯物主义的重要文献中，马克思始终都是从这两个维度研究社会历史的发展过程。在我国学术界，在对于社会历史阶段的理解上存在着三形态和五形态的不同理解。实际上，三形态指的就是"人的依赖"、"物的依赖"以及"个人自由发展"，三形态实际上是从人的发展的维度来解读历史的；而五形态的理解是从生产力和生产关系、经济基础和上层建筑的宏观结构来解读历史的。这两种不同的解读实际上并没有什么冲突，我们应该从宏观结构和微观结构的互动关系来阐释它们的关系。对于马克思来说，如果从人的发展的维度来解读历史，那么资本主义社会之前的社会属于"人的依赖"阶段，而资本主义则属于"物的依赖"阶段，共产主义是人的个性得到自由发展的阶段。因此，要准确把握历史唯物主义的思想实质就必须全面把握马克思在宏观和微观对于社会历史过程所进行的研究，把握宏观结构和微观结构之间的相互关系。

（刊载于《教学与研究》2009 年第 2 期。）

论马克思的微观哲学视域

赵福生

长期以来,马克思哲学一直被人们误读为宏大叙事、整体主义和经济决定论。这与人们误认为马克思哲学只有宏观视域,而没有微观视域的观念密切关联。然而,深入的研究将发现,马克思已经从微观经济、微观史学、微观权力三个方面向人们敞开了微观哲学视域。

一、微观经济分析的展开

马克思哲学从一开始就是一种微观叙事,并在微观叙事的基础上形成了一种总体叙事。不了解马克思的微观叙事,不了解总体叙事的微观基础,就容易将马克思哲学误读为宏大叙事。

马克思哲学是从微观叙事开始的,这种微观叙事体现在两个方面。首先,它叙述的人不是一个大写的存在,而是一个小写的、具体的存在。马克思哲学所关注的人既不是笛卡儿的我思的主体,不是黑格尔的精神,也不是费尔巴哈的抽象的类,而是生活于近代资本主义社会中的具体人群。其次,它叙事的方式,既不是传统意识哲学的抽象方式,也不是具体科学的实证方式,而是一种新的方式,这种新的叙事方式就是对实证科学的对象作历史的和社会功能的哲学考察。

在《1844 年经济学哲学手稿》(以下简称《手稿》)中,马克思就将自己的哲学关怀指向日常生活中的微观人群,也就是工业社会的弱势群体——工人群体。他要考察的是，作为社会推动力量的工人是如何落到边缘地位的。这种考察把马克思的目光引向实证科学的典范——国民经济学。国民经济学"命名"了工人，以"科学"的形式确定了工人在经济体系中的位置，但是，马克思通过对国民经济学进行批判性的考察发现，亚当·斯密的国民经济学蕴涵着一种抽象化的哲学。这种抽象化表现为"拟动物化"策略，即把人转变为牲畜。在国民经济学中，工人被抽象化为"经济人"，这种抽象体现了三个方面的特征：第一，生活的工人被抽象为劳动过程中的工人。斯密的国民经济学不考察"不劳动时的工人"，它只考察劳动时的孤立的工人个体。第二，工人是完全被动的个体，他受动于经济需要，从属于经济系统，他的存在仅仅相当于经济机器上的一个零部件。按照斯密的意见，通常的工资相当于工人牲畜般的存在状态下的最低工资。因此，马克思批判说："国民经济学把工人只当做劳动的动物，当做仅仅有最必要的肉体需要的牲畜。"①在国民经济学那里，工人完全像一头牛或一匹马，只应得到维持劳动所必需的东西。第三，工人是理性的，他的非理性方面完全被国民经济学割除了。国民经济学"不把工人作为人来考察，却把这种考察交给刑事司法、医生、宗教、统计表、政治和乞丐管理人来做"②。

国民经济学的问题在于：以科学的面目，以理论的形式，把人转变为非人，把主客体统一的存在转变为纯粹客体性存在。而国民经济能够做到这一点，是因为它悬置了自身的前提。"国民经济学从私有财产的事实出发，它没有给我们说明这个事实。"③如果把国民经济学的前提视为理所当然，那么工资理论看起来就具有合理性：工人的贫穷不在于别的原因，而在于他没有私有财产。因此，要想改变工人的生存境遇，恢复工人的主体性地位，就必须冲破国民经济学的迷雾，就必须批判国民经济学的前提。而批判国民经济的前提，就必须从工人的现实劳动事实出发，来探寻私有财产的根源，其结果是马克思"异化劳动"思想的诞生。马克思指出："我用不着向熟悉国民经济学的读者保证，我的结论是通过完全经验

---

① 马克思：《1844年经济学哲学手稿》，人民出版社2000年版，第15页。
② 马克思：《1844年经济学哲学手稿》，人民出版社2000年版，第14页。
③ 马克思：《1844年经济学哲学手稿》，人民出版社2000年版，第50页。

的、以对国民经济学进行认真的批判研究为基础的分析得出的。"①

"异化劳动"思想是马克思在对国民经济学关于工资、地租等理论批判的基础上得出的结论,在异化劳动阐述中,劳动者已经由工人扩展到包括工人和农民在内的劳动者,这些劳动者不再是国民经济学视域的个体的、被动的、被安排的、动物的存在,而是异化劳动视域的群体的、互动的、创造着的、劳动着的、感性的、异化的存在。分工和物化产生私有财产,私有财产的产生使劳动者的产品与劳动者本身相异化。马克思的异化理论成功地解释了工人何以成为现代社会的边缘存在。如果忽视马克思对国民经济的分析与异化劳动的关联,不了解"异化劳动"思想形成的微观基础就可能陷入"异化劳动"是"抽象历史观"、"不成熟阶段"、"宏大叙事"等论断中。

马克思的异化劳动思想,一方面源于他对国民经济学的走入,另一方面源于他的哲学背景和立足点。马克思对国民经济学的批判荷载了一种新哲学,这种新哲学超越了国民经济学中蕴涵的认识论的"形而上学"和方法论的意识哲学。这种新哲学就是建立在费尔巴哈哲学基础上的实践哲学。因此,马克思在《手稿》中对费尔巴哈哲学给予很高的评价。费尔巴哈哲学使人成为自身唯一的和最高的对象。费尔巴哈对"人"的发现为从微观上颠覆国民经济学的"拟动物化"策略提供了哲学前提,为把活生生的人从其他劳动要素中突显出来提供了可能。马克思把对国民经济学的微观批判与费尔巴哈哲学结合起来,提出了自己关于"实践"的最初思想。马克思在《手稿》中阐述人赖以生存的无机界时指出:"从实践领域来说,这些东西也是人生活和人的活动的一部分。"②这既表明了人是现实的、生活的,而且表明实践在马克思那里的最初含义是人的生活和活动。这种关于实践的理解在《关于费尔巴哈的提纲》中表述为"人的感性活动,人的实践活动,人的主体的方面"。马克思将微观经济批判中形成的实践观点具体到对社会生活的分析之中。他强调:"社会生活本质是实践的,凡是把理论导致神秘主义的东西,都能在人的实践中以及对这个实

---

① 马克思:《1844 年经济学哲学手稿》,人民出版社 2000 年版,第 30 页。
② 马克思:《1844 年经济学哲学手稿》,人民出版社 2000 年版,第 50 页。

践的理解中得到合理的解决。"①以实践为基础,马克思对市民社会展开全面哲学运思,形成了有关资本主义社会的哲学视域。这其中,马克思不仅把实践观点运用于对当下社会生活的分析之中,而且也扩展到对人类历史的分析之中。

二、微观史学的开启

马克思把实践的观点应用到历史分析之中,形成了以实践为基础的唯物史观,他建立唯物史观的过程,也是批判传统宏观史学的过程。首先,马克思关于历史对象的阐述,批判了传统宏观史学的存在论。在《德意志意识形态》中,马克思和恩格斯指出:"迄今为止的一切历史观不是完全忽视了历史的这一现实基础,就是把它仅仅看成与历史过程没有任何联系的附带因素。因此,历史总是遵照在它之外的某种尺度来编写的;现实的生活生产被看成是某种非历史的东西,而历史的东西则被看成是某种脱离日常生活的东西,某种处于世界之外和超乎世界之上的东西。"②换句话说,传统宏观史学所指称的存在不是相应历史时期的现实存在,现实存在的日常生活往往被宏观史学家置之度外,传统史学家的视域要么停留在日常生活之外,要么停留于日常生活的表层。在他们的视域中,要么是把现实之外的精神作为历史的存在,要么把古代帝王的思想作为历史的基础。这是将外在于世界之物作为历史发展的基础的做法,是一种历史观上的基础主义。

其次,马克思关于历史内容的阐述,批判了传统宏观史学的认识论。传统史学认识论存在很大的问题,"他们根本不提一切真正历史的事件,甚至不提政治对历史进程的真正历史干预,为此他们的叙述不是以研究而是以虚构和文学闲篇为概括"③。宏观史学不去认识丰富的历史事件及其意义,只倾向于以虚构和文学闲篇来书写历史的精神本质。这是一种历史观上的本质主义。

再次,马克思关于历史发展因素的阐述,批判了传统宏观史学的方法

---

① 《马克思恩格斯选集》第 1 卷,人民出版社 1995 年版,第 58 页。
② 《马克思恩格斯选集》第 1 卷,人民出版社 1995 年版,第 93 页。
③ 《马克思恩格斯选集》第 1 卷,人民出版社 1995 年版,第 96 页。

论。从方法论上看,马克思反对传统宏观史学的整体主义的或还原论的方法论。整体主义把历史发展因素理解为机械的部件,这种方法论的问题在于:第一,它假定它所指涉的时空范围内的全部事件之间具有同质性,这些事件遵循同样的因果关系。第二,它假定历史发展是由经济结构、社会结构、心理性情、技术习惯、政治行为这些社会要素同步整体地发展。第三,它假设历史发展路径是线性的和连续的。对马克思来说,这种历史观是机械的历史观,从本质上看,属于唯心史观。还原论的问题在于它认为,一个社会的全部差异都可以被还原于某一种要素、某种世界观的结构、某一价值系统的建立或与某种文明相一致的类型。这种还原论将历史的"杂多"绝对地抽象为"唯一",它的本质也是唯心史观。

马克思以实践观点来分析历史,认为历史是现实的生产实践的历史,是日常生活的历史,是人民群众创造的历史。在历史进程中,生产力、生产关系、经济基础、上层建筑等各种历史因素往往不同步、不均衡地发展。然而,传统的历史观不懂得实践的辩证法,要么把一切还原为机械,要么把一切还原为精神。这种历史观实质上都是以一种主体之思来统一历史,因而遮蔽了市民社会、日常生活、政治活动和道德伦理实践的丰富性和现实性。

马克思对传统史学的批判,开启了史学由传统向现代的转向,这一转向改变了史学的语法结构。传统史学的语法是动词"是"(be),"历史是某物",因此历史是封闭的,是必然的;现代史学的语法是连词"和"(and),"历史某物和某物……",因此历史是开放的。传统史学的结构是旧的"三位一体":基础主义、整体主义、本质主义和还原论,而现代史学结构则是新的"三位一体":内在基础、多样事实、微观活动和实践论。马克思的史学转向的意义深远,它由抽象向现实的转向导致了"日常史"和"社会历史学派"的诞生;由"一"向"多"的转向导致了"长时段史学"的诞生;由宏观向微观的转向导致了"微观史"学派的发展。法国思想家福柯对此给予了正确的评价,他说:"这种变化并不是从昨天才开始,因为我们肯定会把它的最初阶段上溯到马克思。"①

---

① (法)米歇尔·福柯:《规训与惩罚》,谢强、马月译,三联书店2003年版,第12页。

马克思在批判传统史学建立实践的历史观的过程中，并没有明确地使用"微观史学"字眼，没有将微观史学主题化，但实践的历史观已经蕴涵着微观史学视域。而且在批判"国民经济学"的过程中，马克思展开了一种对经济史的微观分析，比如，国民经济学把现代工业社会中的主体等同于农业社会中的牲畜，把资本主义社会的"地租"等同于封建社会的地租，这种经济史无疑是线性的历史观或者静止的历史观，于是私有财产的历史成为永恒的历史。在马克思看来，工人在工业生产中的作用不同于农业社会中的牲畜，资本主义社会的"地租"不同于封建社会的地租，工人也不同于农业社会中的农民，历史的发展是一种连续与间断的辩证法。

马克思还在《手稿》序言中提出，打算"用不同的、独立的小册子来相继批判法、道德、政治等等，最后再以一本专门的著作来说明整体的联系、各部分的关系以及对这一切材料的思辨加工进行批判"①。然而，马克思终生没有实现这个计划。如果我们把马克思的这一计划与恩格斯晚年关于历史唯物主义的通信联系起来，就会发现恩格斯对此作出了回应。在1893 年 7 月 14 日致梅林的信中，恩格斯提出："这一点在马克思和我的著作中通常也强调得不够，在这方面我们大家都有同样的过错。这就是说我们大家首先是把重点放在从基本经济事实中引出政治的、法的和其他意识形态的观念以及以这些观念为中介的行动，而且必须这样做。但是我们这样做的时候为了内容方面而忽略了形式方面，即这些观念等等是由什么样的方式和方法产生的。"②在这封信中，恩格斯承认，马克思只是在基本经济事实的阐述中，在基本经济事实的问题域内论及政治的、法的和其他意识形态的观念及其实践的内容。马克思并没有对政治的、法的和其他意识形态产生的方式和方法展开微观研究。至于为什么"必须这样做"，恐怕与马克思哲学的使命有关。马克思哲学是革命的哲学，这个哲学为无产阶级和全人类提供解放的思想武器。从这个意义上说，革命形势和任务可能使马克思没能来得及对上层建筑作更多更微观的分析。在恩格斯看来，这种微观研究的缺乏是"不足"，甚至是"过错"，因为

---

①　马克思：《1844 年经济学哲学手稿》，人民出版社 2000 年版，第 3 页。

②　《马克思恩格斯选集》第 1 卷，人民出版社 1995 年版，第 126 页。

这样"就给了敌人以称心的理由来进行曲解或歪曲"。事实的确如此,19世纪70年代末,自称"马克思主义者"的法国"马克思派"就曾曲解了唯物史观。马克思坚决反对这种做法,"我只知道我自己不是马克思主义者"就是对"马克思派"的回应。不过,大约100年后,"马克思派"的后人福柯批判了他们割裂马克思的做法。在《知识考古学》中,福柯认为,19世纪末,"在文化整体性的主题中人们先是批判了马克思,然后又为他乔装改扮"①。文化整体性的主题,旨在恢复主体性和人类学。为此,他们对马克思哲学作了如下分解:首先,这种研究把马克思历史观还原为"经济决定论",认为马克思对经济规律的强调忽略了主体性,而将历史发展归结为与人无关的"物"。其次,这个研究又把马克思学说人本化,"把马克思变成一个整体性的历史学家,并在他的论述中重新找出人文主义的言论"②。他们先将马克思提出的辩证的历史还原成"全面历史",再把它转变成"整体性"的历史,然后,以"马克思"的"整体性"的历史,来攻击"马克思"的"全面历史",殊不知,"全面历史"正是马克思所批判的还原论的历史观,"整体性"的历史恰恰是马克思所批判的机械的历史观。所以,他们批判的那个"马克思"不是真正的马克思,而是被他们自己构造和扭曲了的马克思,在这个意义上,他们进行的实际是自身对自身的批判。

虽然马克思没有单独分析法、道德、政治的历史,但是,马克思在《手稿》中对国民经济学的批判,在《资本论》中得到更为精致的展开,其中很多思想后来成为福柯、哈耶克等人微观批判理论的资源。

三、微观权力视域的敞开

马克思哲学不只在19世纪被人误读为"经济决定论",20世纪西方哲学界也倾向于对马克思作同样的解读。比如,法国学者拉法格(P. Lafargue)就直接把"卡尔·马克思的经济决定论"作为自己《思想起源论》一书的副标题。毋庸置疑,马克思强调经济的基础作用,但是,他也非

---

① (法)米歇尔·福柯:《规训与惩罚》,谢强、马月译,三联书店2003年版,第15页。
② (法)米歇尔·福柯:《规训与惩罚》,谢强、马月译,三联书店2003年版,第14页。

常强调意识形态等上层建筑对经济系统的反作用。关于这种反作用,马克思主要涉及了三个主题:一是国家权力对经济发展的反作用,二是意识形态对经济发展的反作用,三是协作、监督等活动对经济的反作用。

首先,马克思强调了国家权力对经济发展的反作用。《共产党宣言》通篇体现着这一思想。恩格斯则在 1890 年 10 月 27 日致康·施米特的信中阐明了国家权力对于经济发展反作用的三种具体方式。

其次,马克思从不同角度强调意识形态对经济发展的反作用。早在《手稿》中,马克思就批判国民经济学的"道德姨妈"是新教伦理的发言人。在《德意志意识形态》中,马克思和恩格斯分析了人们以为自己的手艺为真的原因。在《路易·波拿巴的雾月十八》中,马克思指出:"通过传统和教育承受了这些情感和观点的个人,会以为这些情感和观点就是他的行为的真实动机和出发点。"[①]作为意识形态散布系统,传统和教育将原则化的阶级情感和观点内化到人的心里,这些情感和观点对于这些个人来说,容易成为一种"非思",一种集体无意识。当人们以为这些情感和观点为真时,这些情感和观点会以强大的力量推动包括人的经济行为在内的全部行为。马克思认为,必须批判资本主义意识形态的虚假性,他计划"从市民社会出发阐明意识的所有各种不同理论的产物和形式,如宗教、哲学、道德等等,而且追溯它们产生的过程"[②]。然而,如前所述,马克思并没有来得及做这些工作。福柯在自己的知识考古学中所做的工作,实际上追溯了宗教、哲学、道德产生的过程,把人们以为理所当然的宗教、哲学、道德"问题化"(problématisation),不仅如此,福柯还把"问题化"策略拓展到精神病学、人文科学、知识、监狱、性和主体之上,形成知识考古学思想。

再次,马克思的《资本论》分析了生产空间的被分割和生产时间的被组织,在大工业的新时空中,展开着协作、纪律、监视等活动。这里的分析已经触及上层建筑具体形式的微观运作机制。因此,被福柯明确地引用。在《规训与惩罚》一书中,福柯在阐述"规训的手段"时引用马克思的话:

① 《马克思恩格斯选集》第 1 卷,人民出版社 1995 年版,第 611 页。
② 《马克思恩格斯选集》第 1 卷,人民出版社 1995 年版,第 92 页。

"一旦受到资本控制的劳动成为协作劳动,管理、监督和调节的工作就变成资本的一个职能。一旦成为资本的职能,它就获得了特殊的性质。"①这表明:首先,马克思强调了监督、管理和调节工作对生产的意义。其次,马克思强调,一旦成为生产要素,监督等活动就获得了特殊的性质。这个"特殊的性质"是什么? 在引用马克思的话之前,福柯写道:"监视就变成一个决定性的经济活动因素,既是生产机构中的一个组成部分,又是规训权力的一个特殊机制。""特殊的性质"在福柯这里即规训权力。这里就出现一个问题:福柯何以认为,监督获得的特殊性质就是规训权力呢? 这是不是一种独断论呢? 深入马克思文本中,就会发现福柯对规训权力这一理解的来源。在《资本论》第一卷第十一章关于协作的阐述中,马克思认为,资本家把监督的职能交给了"特种的雇佣工人",监督工作被固定为这些人的专职,而监督工作所花费的费用不算做生产费用。在这里,传统军队中的监督职能进入经济生产,并且从资本权力中分化出一种社会性的权力,这种权力掩盖了工人与资本家之间的直接对立,监督的这种特点和优点使之迅速地扩散。在《资本论》第三卷中,马克思指出:"政府的监督劳动和全面干涉包括两方面:既包括执行由一切社会的性质产生的各种公共事务,又包括由政府同人民大众相对立而产生的各种特殊职能。监督和指挥的劳动,只要由对立的性质,由资本对劳动的统治产生,因而为一切以阶级对立为基础的生产方式和资本主义生产方式所共有。"②

早在《德意志意识形态》中,马克思和恩格斯就提到了中世纪的行会师傅对学徒的监视。那时,监督还只是一种有限的服务于师傅的经济利益的技术措施。随着社会的发展,凡是存在着分工与协作的有组织生产,都必然会产生监督行为和监督职能,监督已经获得了更广泛的意义。一方面,监督、调节等手段的实施促进了经济增长,同时由于监督已经由专门的工作人员来进行,监督就成了资产阶级掩盖阶级对立的障眼法。这种障眼法的有效性和隐蔽性,使得本来就从属于政治生活一个微小职能具有了向社会日常生活全面进军的可能,而资本主义使得这种可能成为

---

① (法)米歇尔·福柯:《规训与惩罚》,谢强、马月译,三联书店 2003 年版,第 119 页。

② 《马克思恩格斯选集》第 2 卷,人民出版社 1995 年版,第 510 页。

现实。除了监督外，马克思还多次强调了劳动分工、协作、乐队和军队等组织之间的相似性。在马克思的这类论述中，已经蕴涵着监视的二重性。一方面，监视具有生产力性质，具有经济性，它以管理的形式优化了其他生产要素的结构，推动生产力的发展。另一方面，监视具有广泛的微观政治意义，不仅存在于劳资之间，而且存在于一切组织与个人之间。现代工业社会使二者空前地结合起来，使这种监视越来越隐蔽，越来越温和，却越来越有效。在这个意义上，资本主义所宣扬的 18 世纪以来的与社会权利、法律公正、人人平等相联系的宏观权力的进步历史不过是一种服务于资本主义的"效果历史"。事实上，宏观权力是由监视、纪律等细小的、日常的微观权力来支撑和维持的。统治并没有被取消，而是变得越来越隐蔽，越来越"科学"，越来越"合理化"。需要强调指出的是：马克思的上述分析只是在阐述资本生产规律范围内的"副产品"。马克思早在《手稿》中指出："在本著作中谈到的国民经济学同国家、法、道德、市民生活等的联系，只限于国民经济学本身专门涉及的这些题目的范围。"①

马克思关于监督的微观分析被福柯从三个方面丰富和发展：一是视野的扩大。空间的被分割和时间的被安排已经从工厂、军队扩展到全社会。在监狱、学校、家庭等几乎日常生活的所有领域，监督、纪律全面展开。二是理论的主题化。马克思的法律政治权力、资本社会权力和监督技术权力被划归为"宏观权力学"和"微观权力学"的研究对象。三是领域的转换，马克思对监督、管理等技术考察集中在经济分析层面，福柯的研究则明确地将它们拓展到科学、话语、道德、教育等社会文化分析层面。

从上述分析不难看出，马克思关于监督的阐述中蕴涵着监督的二重性。这种二重性使经济基础与上层建筑空前地联系在一起。站在这个高度，把马克思哲学归结为经济决定论的做法，就不仅仅是恩格斯在 1890 年 9 月 21—22 日致约·布洛赫的信中所说的"把这个命题变成毫无内容的、抽象的、荒诞无稽的空话"，而且不了解马克思对上层建筑所作的微观分析，无视马克思哲学的微观视域，把一个完整的马克思割裂开来。

马克思在批判国民经济学、传统史学和资本主义上层建筑的过程中，

---

① 马克思:《1844 年经济学哲学手稿》,人民出版社 2000 年版,第 3 页。

虽然没有主题化,但是已经在事实上从三个维度开启了哲学批判的微观视域。从这个角度看,马克思的哲学运思蕴涵着一个不断"走入－走出"的过程:他走入实证科学,又走出实证科学;他走入微观分析,又走向宏观分析;他走入具体人群,又走向全人类;他走入微观史学,又走向总体史学;他走入异化社会,又走向共产主义。不是"马克思没有哲学",而是马克思的旨趣不在于构造完整的知识体系,所以马克思才在《费尔巴哈提纲》中说出那样振聋发聩的话:"以往的哲学家都在解释世界,重要的是改变世界。"①解释世界依靠的是一套完整的知识体系,而改变世界依靠的是实践。马克思的哲学是实践的哲学,而不是"宏观知识体系",我们不能把马克思哲学编织成知识体系,而应关注马克思在微观经济分析、微观史学开启和微观权力探索上所作的尝试和努力,还马克思一个完整的哲学,还哲学一个完整的马克思,恐怕是不容我们回避的。哲学向我们表明,其运思就像德里达所说的幽灵一样,其本性就在于不断走入－走出。对哲学来说,走入是为了使哲学问题得以明确,走出是为了超越体系的封闭。对哲学家来说,走入是使生命更加现实,走出则是使生命超越形式的束缚。在这个意义上说,传统意识哲学和后现代哲学共同的弊病就在于只有走入,传统意识哲学走入宏观视域,而没有走出宏观视域,所以陷入抽象化、体系化;后现代哲学走入微观视域,却没有走出微观视域,所以陷入断裂化、破碎化。我们说马克思哲学是真正的哲学,就在于马克思不断地走入－走出,就在于微观哲学视域与宏观哲学视域的结合,这是多与一结合,是客观与主观结合,这表明马克思深谙并突显了哲学的辩证本性和实践使命。因此,马克思哲学能冲破学科形式的束缚,穿越所有社会文化领域,穿越人类历史。正是在这个意义上,对整个后马克思时代来说,马克思是不可绕过的。

马克思既给我们提供了宏观的哲学视域,也向我们敞开了微观的哲学视野,然而,马克思没有也不可能穷尽微观哲学分析。因此,放眼世界,对当代西方社会日常生活展开马克思未竟的微观哲学分析,是历史留给我们的重任。展望中国,在马克思的宏观思想指导下,对中国的现实生活

---

① 《马克思恩格斯选集》第 1 卷,人民出版社 1995 年版,第 57 页。

作微观分析,创造性地展开微观哲学视域,是中国马克思主义哲学界面临的现实课题。

（刊载于《求是学刊》2008 年第 1 期。）

"宏观历史解释模式"及其批判

张正明

　　"历史来自何处？历史通往何方？历史是指什么？"①雅斯贝尔斯在《历史的起源与目标》开篇便提出历史的三个问题。斯宾格勒也指出，研究历史必须回答两个问题：一是历史是否有内在的逻辑和规律？是否有形而上的结构或意义？二是历史是否有统一的进程和必然的阶段？"历史是什么？"（卡尔）的问题一直是历史学家和哲学家共同关注的问题。实际上，人类自从有了历史意识，开始书写自己的历史，就开始了对历史理论的思考。诸如"历史是什么？""历史有何用途？""历史同自然有何区别？""历史是科学的还是文学的？""历史的主题是什么？""历史有没有规律？""历史过程是如何展开的？""历史的动力是什么？"……这些问题涉及历史的性质、意义以及历史与自然科学、哲学、文学、艺术的关系等问题。不同的学科、从不同的视角、在不同时期对这些问题又有不同的理解。根据对这些问题的不同回答形成了各个历史时期不同的历史观和方法论。反过来，这些历史观和方法论又成为人们认识社会历史的"框架"、"图式"、"路数"、"范式"、"模式"……再通过理论家的系统化理论化而形成了史学理论。受其支配，历代史学家编撰出了属于自己时代的历史学。这里涉及这样几个概念：历史意识——历史——历史学——史

---

　　① （德）雅斯贝尔斯：《历史的起源与目标》，魏楚雄等译，华夏出版社1989年版，第3页。

学理论。与史学理论相近的还有三个概念：社会历史理论、史学范式、历史解释模式。这四个概念意义相近又不完全相同；既紧密联系又有细微差别，有时可以混用，有时又有严格区别。

一、"历史解释模式"概念的提出

马克思的确说过"问题不在于解释世界"，但要想改变世界，首先还是要认识和解释世界。所谓"历史解释模式"是指最一般的对历史的理解范式和解释框架。主要包括历史观和方法论。库恩的科学研究"范式"、布罗代尔的"历史模式"、伊格尔斯的"研究路数"等概念具有相近的含义。与"史学理论"、"史学范式"、"社会历史理论"等概念意义相近又有所区别。史学理论是个史学概念，是理论化系统化的历史观，和哲学认识论是相对的概念，还没有上升到认识论的高度。史学范式也是史学概念，比史学理论外延小，多在方法论意义上使用这一概念。它表明历史学家作为一种共同体，在一定时期内共同开展研究活动的基础和准则，也是该科学中的一种传统。社会历史理论是哲学概念，是人们对社会历史最一般的看法，是世界观，是社会历史观的理论化、系统化；又是方法论，既是本体论，又是认识论。而历史解释模式则是比社会历史理论小的哲学概念，偏重于方法论。

所谓范式是美国科学史家托马斯·库恩提出的一个核心术语，但库恩从未对"范式"的概念作过明确定义，而是在不同场合常常作出不同的解释。在他看来，范式不同于单纯的理论和理论系统，它包含了科学实践中一切影响科学家的活动和发展的认识的、技术的因素。可以理解为某一科学共同体在一定时期内共同开展研究活动的基础和准则，也是该科学中的一种传统。库恩说，"范式"一词无论是实际上还是逻辑上，都很接近"科学共同体"这个词。一种范式是、也仅仅是一个科学共同体共有的东西。反过来说，也正由于他们掌握了共有的范式才组成了这个科学共同体，尽管这些成员在其他方面并无任何共同之处。库恩从历史的角度出发，提出了科学发展和进步的纵向结构，即以范式的形成和更替来说明科学进步的途径和规律。按照他的观点，科学进步和发展的基本模型应当是：前科学（没有形成范式的阶段，即没有系统理论的阶段，如古希腊的自然知识,托勒密以前的天文学,牛顿以前的物理学)——常规科学(出现了系统的、得到普遍承认的理论,即形成了范式)——危机(该范式的动摇)——科学革命(出现了新的范式)——新的常规科学,依次循环反复。常规科学是正常状态下的科学,即范式支配下的科学研究和解决难题的活动。科学进步与发展除了比较平静的"常规科学"的发展期外,还会发生"科学革命"。常规科学经过平稳积累的长期发展之后,往往出现大量的该范式无法解释的"反常"现象,即该科学出现了"危机"(例如,麦克斯威电磁理论中的"以太"假说,托勒密的地心说等)。为了摆脱困境,新一代科学家抛弃旧范式,以非常规的研究代替常规研究,寻找新的范式,于是进入了科学革命阶段。在这个意义上,危机的到来预示着科学的大发展。所谓科学革命实质上就是新旧范式之间的斗争,它以新范式取代旧范式,进入新的常规科学而告终。因此,范式不但是区分科学与前科学或非科学的标准,而且是解释科学革命的核心概念。

1964 年,纳德尔将库恩范式论用于历史研究,提出了历史学的基本范式。斯多亚诺维奇又进一步地将历史学的基本范式具体地归纳为三类。第一类是从古希腊到马基雅弗利时代的历史学范式,称做资鉴范式,第二类是兰克范式,称叙事史范式,第三类是结构 – 功能主义范式,它规定历史著作不再是描述性地重现过去,也不是讲有教化作用的故事,而是提出问题并作出系统的分析和阐述。第三类范式实际上又是把第一类范式中的学术标准同第二类范式中的历史解释有机地结合起来,形成了一种崭新的常规历史科学。年鉴学派的范式无疑属于第三种范式。

所谓"历史模式"是法国年鉴学派大师布罗代尔使用的一个术语。年鉴学派历史学家们一般都远离历史哲学等理论的建构,布罗代尔少有的关于史学理论的描述一般都采取形象比喻的方法。他有时把"模式"比做时间河道中航行的船只,实际是根据不同时段研究历史的一种方法手段,是在研究社会实在中总结出来的历史更深层的、结构性的东西。他说:"我有时把模式比做船只。一旦船只已经建成,我就要让船只下水,看它是否漂浮,然后沿着时间的长河顺流而下或逆流而上。船只失事始终是最意味深长的时刻。""模式的时限有长有短:模式的有效时间是它记录的实在的有效时间。在观察社会时,这一时间具有头等重要的地位,因为同生活的内在结构相比,这些结构在各种矛盾压力下出现的断裂(突然的或缓慢的)意义更加重要。"①这种"模式"不同于数学模式,数学"模式只是以方程和函数形式出现的、互有紧密联系的假设和解释体系:这个决定那个,或者这个等于那个⋯⋯历史模式从来不想用数学语言作出表述。"②他说:"我认为定性数学的现有模式不适于从事这类往返运动:时间的河道多不胜数,而这些模式却只在一条河道中航行(长时段和超长时段的河道),避开了航行事故、外在机遇、与实在脱节等偶然因素。"③在这里,布罗代尔把历史模式同数学模式区别开来,"模式"由研究社会实在中总结出来,并不断回到社会实在"修补"。同时,反对模式的滥用。他说:"在制订社会科学的共同纲领前,必须先确定模式的作用和界限,以免它们被某些人肆意扩大。为此,我们应该把模式和时段进行对照,因为在我看来,模式的意义和价值在很大程度上取决于它的有效时段。"④"马克思主义有众多的模式。萨特强调特殊和个体,指出模式的不足,反对生硬的公式化倾向。除少数细微差别外,我赞成他的意见,但我不反对模式,而是反对滥用模式。马克思的天才,马克思的影响经久不衰的秘密,正是他首先从历史长时段出发,制造了真正的社会模式。⋯⋯如果把马克思主义的模式拉回到时间的可变长河中进行观察,它们的网络将显得一清二楚,因为这是编织得十分精细、十分牢固的一张网络,它不断重新出现,但每次都在其他结构的作用下,发生细微的增删变化,而其他结构本身也可能受其他的规律、其他的模式所规定。马克思主义是上个世纪中最强有力的社会分析;它只能在长时段中恢复活力和焕发青春⋯⋯但必须补充,在我看来,当今的马克思主义却喜欢停留于既有的公式,为公式而公

---

①　(法)布罗代尔:《资本主义论丛》,顾良、张慧君译,中央编译出版社1997年版,第196页。
②　(法)布罗代尔:《资本主义论丛》,顾良、张慧君译,中央编译出版社1997年版,第191页。
③　(法)布罗代尔:《资本主义论丛》,顾良、张慧君译,中央编译出版社1997年版,第196页。
④　(法)布罗代尔:《资本主义论丛》,顾良、张慧君译,中央编译出版社1997年版,第190页。

式;这难道不正好典型地反映着整个社会科学面临的危险吗?"①这一点,不也正好切中历史上和当今的各种教条马克思主义者的要害吗?

伊格尔斯的"研究路数"一般是指一种研究传统,偏重于方法。他认为后现代史学与传统宏观史学在研究路数上有很大区别。他认为,新的历史学挑战专注于政治社会精英的传统历史编纂学,并要求把长期以来被来忽视了的各色人等也包罗在内……他们也面对社会科学的研究路数的挑战;社会科学的研究路数把巨大的非个人的结构置于历史的中心……新的历史学就转而研究被人理解为是日常生活与日常经验的条件的文化②。受库恩的"科学范式"、布罗代尔的"历史模式"和伊格尔斯的"研究路数"启发,笔者认为,把"历史解释模式"概念引入历史和哲学领域更恰当规范。那么,历史上都有哪些历史解释模式呢? 从哲学视角看,历史解释模式总体上可分为"宏观历史解释模式"、"微观历史解释模式"和文化哲学的历史解释模式。

如同对一切事务的认识一样,人们首先总结归纳出宏观的"结构"、"规律",再由宏观到微观细节,人对自身、对历史的认识也是如此。首先从"繁茂芜杂"的历史事件中揭示出历史的总体概观,再从宏观深入微观的发展历程。所以,先有宏观史学和宏观历史解释模式后有微观史学和微观历史解释模式。

二、宏观历史解释模式及其基本观点

所谓宏观历史解释模式是指从社会历史宏观领域着眼,注重历史的"大结构、大过程、大比较",从人类活动的宏观领域去把握和解释历史,一般围绕历史的性质、有无规律、决定因素—动力系统、进步路线图等领域展开。力图通过构成社会系统各要素之间的联系揭示社会历史的本质,从"总体"上寻找或发现历史发展的"规律",预测历史发展的进程,构建起社会历史的宏观框架和发展模型,即社会历史的"宏大叙事"。由于

---

① (法)布罗代尔:《资本主义论丛》,顾良,张慧君译,中央编译出版社 1997 年版,第 202~203 页。

② 参见(美)格奥尔格·伊格尔斯:《二十世纪的历史学:从科学的客观性到后现代的挑战》,何兆武译,山东大学出版社 2006 年版。

历史观和方法论的不同,历史上,这种宏观历史解释模式又有不同的表现形态,最典型的是社会科学化的史学和各种教条的"马克思主义"。此前,神学的、文明形态史的、批判历史哲学的解释模式也属于宏观历史解释模式。它们往往陷入"能指的狂欢",成为后现代理论家批判的靶子。其哲学基础是"意识哲学"和思辨历史哲学,是本质主义和还原论的。

历史研究由来已久,西方从古希腊希罗多德和修昔底德即已开始,中国古代的《春秋》,到后来的《国语》、《战国策》和《左传》等,都是最早的历史研究。但这时的历史,虽已摆脱了古代神话的禁锢和影响,成为了一种新的文体形式,但还不能说是历史学。因为以今天的目光考量,这些历史著作,多是一种文学叙述,只是所叙述的不再是远古英雄传说,而是历史事实而已。不过,这些最早的历史研究已经打开了一扇窗户,让我们知道那存在于过去的,客观的历史事实;同时它也为后来的历史学提供了一种基本的理念,历史是一种叙述,是那些通过艰苦卓绝的努力(可以是亲身经历,也可以是通过史料的挖掘),保有对过去的记忆的人,讲述昨天的真实故事。因而历史学著作,成为了一种特殊的写作,历史学家成为了一批特殊的作者。他们的写作不是为了审美的目的,而是如希罗多德所说,为了往事不至于被湮没。当然他们也不只是记录过去,也要从对过去的记述和研究中寻找到一些历史事实背后的东西。西方历史学之父希罗多德赋予历史三重任务:"记念、寻找原因和评价。"[①]这里说记念比较好理解,而所谓寻找原因与评价,已经有了历史学的雏形,只不过还没有形成真正属于历史学自身的理论方法,而是借用了哲学的思辨。因而我们说这个时代虽然出现了历史著作,有了历史研究,但还不能说出现了真正的历史学,只能算是一种史料的编撰与整理。从史料的保存与整理到历史学解释模式,要到文艺复兴时期以后才逐渐形成的。文艺复兴时代是人从宗教神权的禁锢和束缚中解放出来,发现自身、肯定自身、张扬自身的价值、实现自身的目的时代,大写的人,成为了历史的核心,于是产生了人文主义史学,并形成了一些新的史学观念:要从历史自身来寻找历史的解释,提出了所谓历史的内部法则问题,而决定这些历史内部法则的是人的

---

① 章士嵘:《西方历史理论的进化》,山西教育出版社 2004 年版,第 57 页。

本性。也就是说,他们看到了人和人的活动是历史的真正动力,而非神的推动,找到了解释历史的新的态度。在这种人文主义史学理念中,他们更加注意社会政治史的发展变化,这一点在 17 世纪被放大,并在一定程度上扭曲,出现历史为现实政治服务的趋势。

18 世纪是西方史学发生巨大变化的一个时期,这一方面是因为启蒙理性的广泛传播,一方面是自然科学取得了巨大的发展,另一方面,则是社会政治斗争和政治革命风起云涌,社会制度变革势所必然。最早提出系统的历史理论的是意大利思想家维科,他在 1757 年出版的《新科学》一书中,力求用严格的规律性来说明人类的全部历史问题。法国启蒙思想家们比较注重从理性主义立场出发,去看待一切历史问题,当时表现了三种不同的倾向:一是从人类普遍的理性本质来看待历史问题;二是从人类社会与自然界的相互关系来寻找历史规律;三是机械地把自然规律平移到历史中来。这个时候,历史学在人们心中已经成为了一门独立的科学,有着自己特定的研究对象和研究方法,而且它必定是要在普遍理性的指导之下进行研究。同时,人们对待历史,形成了两个基本的信念:历史是有着自身的规律的,一切外在于历史的力量都只能是对历史的发展产生很小的影响,而真正决定历史发展变化的是它自身的规律;人类历史是一个不断发展、不断进步的过程。从 18 世纪到 19 世纪,直到 20 世纪初,对于这门独立于其他科学之外的历史科学,从对象到研究方法、基本原则以及对史料的看法、对人类历史进程的看法等等,形成了系统的历史理论或者称做历史哲学思想,康德从人类的普遍理性理解历史的过程,将历史看做"必然的、有规律的,又是自由的、合乎目的的",并把善恶斗争理解为历史发展的动力[①]。黑格尔则将历史理解为绝对精神的自我展现和自我演化过程,其中贯穿着一种辩证法的思想。而马克思的唯物史观则强调经济结构是社会历史发展的根源,经济基础决定了上层建筑。

兰克是传统史学理论的集大成者,他的史学思想除对古典史学思想的继承外,也有自己独到之处,主要体现在四个方面:(一)他强调历史学是一种科学。这是他最基本的主张,他以为历史研究是和其他的科学研

---

① 章士嵘:《西方历史理论的进化》,山西教育出版社 2004 年版,第 123～127 页。

究截然不同的,是一门独立的科学。这一点并不是兰克第一个主张的,早在文艺复兴时期人文主义史学兴起的时候,人们就已经意识到这是一门独立的科学,但那时关于历史学的研究,还没有形成完整的科学体系,即关于历史学的对象、问题、方法等等系统的理论。经过几个世纪的积淀,到兰克这里,已经具备了提出有关历史学系统理论的条件,于是兰克首先倡导历史学的科学性和体系性。(二)他对史料的态度与研究方法。他提出历史学科学性的最主要支撑就在于他对于史料的态度。他认为历史研究首要的是研究史料,尤其是原始史料。"要让身临其境的人说话,要看那些目击其事的人是怎样记载的",这些才是最可信的和最有价值的东西。但他并不认为这些史料可以不加区别地随意运用,而是要对这些史料进行严格考订,对作者的思想与背景认真研究,因为这些史料有些是抄袭的,有的是辩护的,有的是实闻实录,不加区别会给我们的历史研究带来损害[1]。(三)让史料自己说话。他强调历史学家一定要采取一种客观主义的态度,他提出了一句名言"如实直书"[2],即历史学家必须对史料保持客观、中立的态度,而让史料自己来说话,也就是历史学家要避免评判过去,只是把自己局限在表明事情是怎样发生的既可。这是一种"不偏不倚"的态度,他说:"对事实进行精确的陈述,虽然可能会枯燥及不具备逻辑必然性,但它无疑是最高原则。"[3]这就是他的客观主义原则,而这条原则成为了传统历史学的核心准则,按照他们的理解,如果把可靠史料的批评考证、不偏不倚的理解与客观公正的叙述结合起来,是可以再现出过去历史的真相的。(四)兰克并不认为历史就是那些零散的、杂乱的史料的简单集合,历史是有自己发展的规律,研究历史的更关键之处是去发现规律,掌握规律,以期对未来有一定的指导意义。伊格尔斯说:"19世纪科学的历史学和古老的历史学的文艺传统之间的断裂,一点也不像许多19世纪的历史学家们所设想的那样大。科学的历史学话语就包含有文学的

---

① 章士嵘:《西方历史理论的进化》,山西教育出版社 2004 年版,第 162 页。
② 何兆武、陈启能:《当代西方史学理论》,上海社会科学院出版社 2003 年版,第 14 页。
③ 何兆武:《历史理论和史学理论》,商务印书馆 1999 年版,第 224 页

想象在内,而古老的文学传统也是在重建真实的过去之中寻找真理的。"①其实,他们所遵循的原则,以及对于历史的观念是一脉相承的。相对于 20 世纪新历史观念来说,这就是传统的史学观,也被称之为"历史主义"。这种历史主义,并不仅仅是我们前面所讨论的具体的历史研究方法,还包含着一些更根本的理念原则,可以说这是一种历史哲学。而这种历史哲学带来的不只是方法论的革新,更重要的是它带来了一种历史解释模式——宏观历史解释模式。其基本主张如下:

第一,假定一种真实的、客观的、可复原的历史的存在。这是传统史学最核心的观念。无论是古代以特殊文体形式进行的叙述,还是近代通过对史料加以考订研究,人们的心中始终有一种信念,那就是过去是真实存在的。它就存在于这些事件之中,存在于这些史料、考古发现之中。这里所说的过去,不是一个抽象的、泛指的名词,而是意味着一种真相,唯一的真相,这才是人们信念中的核心部分。比如古代人们的生活情况是什么样的? 古代的经济、政治,以及文化都有怎样的特征? 说过去是客观存在的,就等于说这些真相也都是客观存在的,只有当我们的历史再现出来,符合这个所谓的客观真相,那么历史研究才达到了目的。这种关于历史的观念是与传统的真理观紧密联系在一起的,和传统认识论一致的。

第二,历史合规律性与合目的性的观念。也许在远古时代,人们只是想通过历史的叙述显示人性的状况,还没有意识到历史是合规律性地发展演变的。到了启蒙运动以后,启蒙理性所赋予历史学的就必定会有这一条,并假借康德之口说出来。合规律性的观念既是人类的普遍理性理解世界的一种必然,同时也是自然科学带给人的一种信念和信心,又是自然科学影响所致。当人们提出历史是一种科学时,其实就是仿照自然科学建立的,并把自然科学的工具移植过来。人们希望像我们理解自然一样地理解人类历史,像我们能够认识自然的本质和规律那样地去认识历史的本质和规律。于是在人们的信念中就形成了这样一种观念,历史也像自然界一样,是合理性的、有秩序的,也有自己发展演变的规律,只要我

---

① (美)格奥尔格·伊格尔斯:《二十世纪的历史学:从科学的客观性到后现代的挑战》,何兆武译,山东大学出社 2006 年版,第 2 页。

们能够把握住人类历史发展的规律，我们就可以避免重蹈过去灾难之覆辙，并使历史向着更为人性化的、更为合理的、更为公正和公平的方向发展。然而，当人们形成这样一个观念的同时，另一个观念也就随之产生了，那就是历史发展的合目的性。人类历史的规律和自然界发展的规律是不同的，这关键就体现在它的目的性上了，即人类历史总是从低级向高级、从野蛮向文明、从人性的异化向人性的复归发展的。在文艺复兴时期，人们关于我们这个时代是否比过去进步，还曾经有过争论，但到了18世纪，人们普遍认为，现代是远比过去进步的时代了。到了康德、黑格尔，历史的合目的性的观念，和社会进步观念已经被确立下来。这种社会进步观念是近代启蒙理性带给我们的重要的精神遗产之一，也是现代性的一个核心的价值维度。

第三，连续性与总体历史观。既然社会发展是一个进步的过程，于是人类历史就成为了一个连续的过程，一个时间链条，历史上发生的任何事件就都成为了这个总体链条中不可或缺的一环。于是，这种进步就从最低级开始，逐渐向着高级、更高级发展演变，于是人类社会就必然要有一个开端，由此开端不断地向前发展。历史上出现的任何事物，都必定要有自身发展演变过程。没有原始社会就根本不会有人类社会历史，同样，如果没有奴隶社会，也就不会有资本主义社会，更谈不上有什么社会主义和共产主义社会。大到每一种社会形态都是这个总体历史发展链条中不可缺少的一个环节，小到每一个历史事件也是这种历史发展连续性中一个过程、一种痕迹，绝不能缺少。于是，起源的思想在历史学中根深蒂固，人们习惯于在研究任何问题时都去寻找它的起源，揭示其从起源到发展，到最终成形的全过程，并从这种揭示中寻找历史发展的规律。这也就是说，从总体历史连续性的角度来理解，人类的过去，现在和未来，都是这个时间链条中的一个环节，并且是按照历史自身的规律发展变化着，因而了解过去，知道现在，指导未来，这就构成了一个完整的历史解释模式。

第四，线性时间和因果决定论。在传统历史学观念之中，历史是按照一维的，单向的线性时间发展的，这是一个从过去到现在、再到未来的，从起源到发展演变的不可逆的过程。在此过程中，事物的发展变化是严格遵循这一种因果决定论的，即有什么样的前因，就会产生什么样的结果，反过来说也一样,有什么样的结果,就必然有什么样的原因,历史显示着一种必然性。这点,我们翻开任何一本历史教科书都能体会到,如我们说法国大革命的历史必然性,说巴黎公社起义失败的历史必然性,说中国革命必须走农村包围城市的必然性等等。仿佛历史从其产生时开始就早已经被决定了该向哪里发展,历史学家的任务就是揭示出这种历史发展的必然性而已。这种观念完全摒弃了历史偶然的因素,固守单一时间顺序,否定了历史可能性的存在,把历史变成了一种机械运动过程,因而在20世纪中期以后遭到了最猛烈的抨击和批判。

三、宏观历史解释模式的贡献与局限

这种传统史学的宏观解释模式,在史学理论的发展过程中,在人类科学文化史的发展中,乃至于对现代性精神的塑造方面都曾作出过自己的贡献。

第一,传统史学的宏观解释模式的出现,使得历史学摆脱了神学的禁锢和影响,也摆脱了纯粹思辨哲学式解释历史,或完全依赖于文学想象和直觉的历史学研究方法,使之真正成为了一门科学,这是它最大的贡献。希罗多德《历史》一书,除了叙述确实曾经发生过的事件之外,夹杂了大量的神话、传说、梦兆和神谕等内容,虽然文学性与可读性极高,但作为历史学著作的价值因而大大地打了折扣。古希腊人最早有了历史意识,但他们"历史观念的一个弱点就是所谓的反历史倾向的问题,科林伍德称之为实质主义。他们喜欢去寻找物质现象背后的实质,柏拉图关于形式的学说就是一个典型。……我们知道,凡不变的东西就不是历史的,成为历史的东西都是瞬息万变的。古希腊的大多数思想家都认为变化低于存在,只有存在才是知识的唯一对象,同存在相比,变化是低下的"。托马斯·阿奎那在《神学大全》中,提出了关于上帝存在的五种后天证明方法,即从运动出发的证明;从动力因出发的证明;从必然和可能的存在出发的证明;从完善程度出发的证明;从宇宙秩序出发的证明。他认为这是五种通向上帝的途径,即通往天国之途径。而这五种证明过程实际上就包含了历史研究,也就是说,托马斯·阿奎那是把历史理解为人类靠近上帝,走向天国之城的一种途径。

　　可见,虽然历史研究早已经开始,历史著作已经出现,但那个时期的历史研究还没有完全摆脱宗教或思辨哲学的影响,没有成为一门真正独立的科学。中国古代的史学虽然较少这种宗教与思辨哲学的影响,却与文学纠葛在一起,与叙事、语言,与风骨、气韵等一些审美原则纠结在一起。我们只要读一读中国古代的文论著作,多半都是那种诗文评的文本,就会发现史学叙事,是文学艺术中的一个重要的类别,人们对它的认识也完全是从文学、从艺术审美等角度来认识和理解这些东西的,而其所叙述的史实的真实性倒在其次。所以,建立起一种真正科学的历史学,显得尤为重要。

　　这种科学的历史学首先面对的是对象问题,什么是历史学应该研究的对象,在任何一个时代,大概史料作为历史学研究的对象从来没有被怀疑过,但什么是史料却是个说不清楚的问题,诸如那些没有根据的远古时代的传说是不是史料? 那些流传于民间的传说故事是不是史料? 类似问题只有在近代,当历史学成为了一门独立的科学时,才得到了明确的规定,即其与历史的真实性联系在一起,注重实证性。即能否成为史料并不看这些事件讲述的是不是过去的事件,而是看它是否能够实证。于是,除了传统意义上的史料之外,还大大地扩展了可成为史料的范围,诸如语言文字的资料,诸如出土的古代文物,流传的艺术品等等都具有了史料性质。

　　科学的历史学必定要有它明确的研究目的。中国古人早就有鉴往知来之说,西方历史学研究中也有类似的说法,这也可以说是历史研究的一个重要目的。但这些说法都是在没有科学根据的情形下说出来的,也就是说,在不明确如何鉴往的情形下,怎么知来呢? 这一点和上面讨论的问题是紧密相连的,即历史学应该研究的对象是什么? 这只有在近代,当历史学已经成为了一门独特的科学,有了自己的研究对象才能得到较好的解决。于是,兰克的史学思想是把这个问题分成了两个问题来解决的。首先,历史学研究要真实地再现出过去,所以他强调客观化的态度和方法,强调对于史料要做到不偏不倚,要"严格排斥一切价值判断和形而上学的思辨"而进行一种纯客观的研究①才能够再现出曾经真实存在过的历史。而在这个"如实直书"的基础上,我们才能把对那些个别现象的认识,上升到具有普遍性的观念,才可以从中把握历史发展的本质和规律,并以此来指导现实,为将来提供借鉴。

第二,宏观历史解释模式,为研究历史提供了方法论的指导。方法论实际上也是包含了一种基本的历史观念的,即把整个历史看成是一个整体,一个连续的、单向一维时间的过程,是一个不可逆的事件的序列,因而每一个事件也就成了这个序列中的一环。如发生在 18 世纪末期的法国大革命,它注定只能发生在那个特定的历史时期,而它的发生,是人类历史发展连续过程中必然出现的一个环节,且对于后来的世界历史产生了重大的影响。法国大革命已经不仅仅是法国大革命,而且是封建社会解体的信号,还是后来整个欧洲,乃至于整个世界日益高涨、风起云涌的民主革命与民族解放运动的先声。这就确定了总体历史进程与个别的、具体的历史事件之间的关系,也决定了我们对待这些事件的态度。其次是对待史料问题,不能简单地把这些史料拿来运用,而必须要对之加以甄别和考订。首先是甄别史料的真伪,即为史料画出一个界限。这又要分为两个步骤:其一是区分那些真实的历史记载、直接见闻者的回忆、过去遗留下来的实物等与那些神话、传说、野史、演义;其二是区别具有普遍性的史料和偶然的、个别的史料。第一个方面不用多说,人们都明白。而第二个方面则需要展开说明,有些东西虽然是真实的史料,但它所代表的事件只是在历史上偶然出现的东西,并不具有普遍性,因而不能改变我们对历史的整体看法,而只是将之看成是非本质的东西。其次是对任何史料都必须加以考订,研究其具体语境,当然这个语境有时代的特点、有大的文化氛围影响、有记述者的心境、遭际、经历和思想立场的影响,也有这些史料与其他史料之间的关系等等,这些都要进行认真细致的研究,才能够把握它的本质意义。

第三,普遍理性观点的确立。对历史的认识就是对人自身的认识,对历史的理解也就是理解人自身,当近代宏观史学模式建构起一种普遍理

---

① 章士嵘:《西方历史理论的进化》,山西教育出版社 2004 年版,第 26 页。

性的历史观时,也即意味着人的理性主体的确立。所以,这里说这个贡献,已不仅仅局限在历史学范围之内了,而是启蒙理性精神的确立与传播,也是现代性精神的塑造。历史上的大哲学家和思想家对历史问题的探讨,向来都是和他们的哲学思想、社会政治思想联系在一起的。比如,维科、康德、黑格尔、马克思等等,现当代的克罗齐、伽达默尔、海登·怀特、福柯等等。自文艺复兴以来,人们从宗教蒙昧主义的束缚中解放出来,就开始高举起了理性的大旗,以普遍理性而不是神意来理解世界、理解自身,经过17世纪直到启蒙运动,逐渐建构起了理性主体原则。于是这个世界再不是混沌无序的大杂烩,也不是上帝意志的体现,而是一个合规律性的客观存在,是一个人们可以通过求知加以理解、认识并改造的世界。人自身也同样是遵循着理性原则的,不管是天赋的理性能力也好,还是后天习得的理性规则也好,总之人是合理性的。合理性的人所创造的人类历史也同样是合理性的、有规律可循的,可以被理解、认识和改造的。反过来说,我们对人自身的认识,在很大程度上来自于对人类历史的认识。只要了解一下黑格尔的辩证法,他的精神现象学,即从绝对精神外化为客观世界,再内化为人类精神的否定之否定的辩证过程,即适合于自然界,同时这个过程本身就是历史。所以,当近代史学模式奠定了这种普遍理性在历史研究中的地位时,实际上也就奠定了理性作为现代性的基本维度,对现代社会运行机制不可撼动的统治地位,以及对于现代人的主体性原则。

然而,启蒙运动已经过去了300年了,西方社会早已经实现了现代性社会,并正在暴露着现代化的种种弊端,非西方国家一方面在纷纷走上现代化的道路,但另一方面也在努力避免重蹈西方现代性社会之覆辙,人类历史进入了一个新的时期。人文学术也在经历着种种新的挑战,从19世纪末20世纪初的非理性主义盛行,到语言学转向,以及今天的微观政治学转向,历史学所面临的语境已完全改变,因而传统的宏观历史解释模式愈益暴露了它自身的问题。

杰弗里·巴勒克拉夫提出,传统的历史学,或称之为“历史主义”正在经历挑战。他认为,历史学家工作的外在环境发生了急剧的转变,这个外在环境指的就是社会发展。首先,“现在世界上某个地区发生的事件不再可能像过去那样对其他地区不发生影响，20 世纪的历史名副其实是全世界的历史；其次，科学和技术不可遏制地进展，在所有地区都形成了新型的社会和知识模式；再次，欧洲的重要地位已经下降。欧洲从海外收缩，美国和苏联的优势上升，亚洲和非洲正在崛起。最后是自由主义体系的解体。一种在 19 世纪还闻所未闻的与自由主义体系全然不同的社会和政治制度兴起了"。接下来他讨论"历史主义"虽然在 20 世纪初期就已经遭到了众多的质疑，但它真正陷入危机是二战结束以后，欧洲对于犹太人的灭绝行为，纳粹在东欧的兽行和爆炸在广岛与长崎的原子弹，使人们的自信心开始崩溃，"稍有良知的人不能再以以往的自满心理去看待历史进程了"。并由此，当人面对历史上曾出现的类似屠杀行为，如查理曼大帝、拿破仑、成吉思汗、希特勒等，还能说历史学家使用的范畴是"中性"的，我们的任务仅仅是"叙述"吗？历史学陷入了一场人文科学的危机之中①。

　　由此可见，传统史学的危机，并不是历史学自身的发展造成的，而是其赖以支撑的哲学基础与价值理念基础出现了问题。从 19 世纪末到 20 世纪初，关于传统史学范式的质疑之声不断。首先对其提出质疑的是德国史学家，主要是环绕着卡尔·兰普雷希特的《德国史》展开的讨论。兰普雷希特质疑传统史学模式的两项基本原则，"分派给国家以中心的角色和集中注意力于人物和事件"，并说："在自然科学中，科学方法把自己限于描述孤立的现象的时代早已经过去了。历史学的学术研究也必须以一种发生学的方法取代描述的方法。"②因为这本历史学著作包括除国家政治之外社会、文化等更广泛的内容，因而当时德国正统派与新派历史学家之间展开过一场争论，兰普雷希特也参与其中质疑兰克的史学理论。在法国有一大批历史学家与兰克所代表的传统历史学理论相抵触，他们长期以来有比较重视社会经济、文化、习俗等方面研究的传统。如前所述，其中较为重要的是亨利·贝尔，他主张"以史学为中心统一人类知识"，

---

① （英）杰弗里·巴勒克拉夫：《当代史学主要趋势》，杨豫译，北京大学出版社 2006 年版，第 2 页。

② （美）格奥尔格·伊格尔斯：《二十世纪的历史学：从科学的客观性到后现代的挑战》，何兆武译，山东大学出社 2006 年版，第 34 页。

并倡导"一种跨学科的综合研究"①。

在美国，以鲁滨逊为代表的新史学潮流也加入对传统史学批判和质疑的行列。鲁滨逊于 1912 年出版了《新史学》一书，开宗明义指出："从广义来说，一切关于人类在世界上出现以来所做的或所想事业于痕迹，都包括在历史范围之内。大到可以描述各民族的兴亡，小到描写一个最平凡的人物的习惯和感情。"②他反对传统史学只关注于社会政治史的做法，主张历史研究应扩展其内容；也反对传统史学的封闭性，而主张新史学研究应该利用人类的新科学知识成果；他还特别强调史学的功用和实用价值，即了解过去把握未来。接下来对传统史学观念的局限性构成致命一击的就是法国年鉴学派的两位创始人——吕西安·费弗尔和马克·布洛赫，他们继承西米昂批判传统史学的思想，要打破传统史学所树立的三大偶像：政治偶像、个人偶像、编年纪事偶像，提出了"总体史"的概念，布洛赫指出："唯有总体的历史，才是真历史。"③他们所提出的总体史，和传统史学的总体历史概念不同，传统史学的总体历史是指把历史看做一个总体的进程，而每一个历史事件都是这个时间链条中不可缺少的一环；而年鉴学派提出的总体史是指历史研究应该包括人类社会的各个层次，政治、经济、社会、文化等内容构成一个总体。他们还为反对编年纪事的传统史学方式提出"问题史学"的模式等等。这些对传统史学的批判和质疑，为 20 世纪 40 年代历史学理论彻底抛弃所谓"历史主义"模式奠定了基础。

杰弗里·巴勒克拉夫从传统史学理论对历史学家的日常工作造成的实际后果，概括其具有五大缺陷：（一）历史主义由于否认系统研究方法可以应用于历史学，且特别注重直觉的作用，为主观主义和相对主义打开了大门；（二）历史主义用特殊性和个别性孤立了片面的观点，不去进行概括或试图发现过去之中的共同因素；（三）历史主义意味着陷入更加繁琐的细节；（四）历史主义把历史学引向为研究过去而研究过去，从而导

① 何兆武、陈启能：《当代西方史学理论》，上海社会科学院出版社 2003 年版，第 19 页。
② （英）詹姆斯·鲁滨逊：《新史学》，齐思和译，商务印书馆 1989 年版，第 3 页。
③ （法）布洛赫：《历史学家的技艺》，张和声、程郁译，上海社会科学院出版社 1992 年版，第 39 页。

致历史学家的唯一目的是认识和理解人类的过去的观点；（五）历史主义赞同史学的要素是叙述事件并把事件联系起来，结果必然纠缠于因果关系或陷入"起源偶像崇拜"①。

此外，传统的宏观历史解释模式在理论上也存在着一定的局限。第一，把复杂的历史简单化，把政治史作为历史研究的中心，而忽视了经济、文化等方面的历史流变。在其历史学研究模式中，始终是把政治史作为历史发展的主线，探讨历史的发展就是政治历史、国家发展史、君主或是杰出的英雄人物对历史的贡献，把思想史、经济史、文化史等忽略不计。在新史学看来，这是一种残缺的历史，或者是一种不完整的历史。他们认为，在整个人类历史发展中，一段时间内，也许文化、习俗、经济方式等对于历史发展所起的作用会更大。

第二，单向的线性时间观。传统历史学所理解的时间，就是一种单向的、线性的不可逆的过程，是一个线性时间链条，它有确定的起源，也有确定的发展线索，这是不能更改的。而事件就是这个总体链条上的一个一个的环节，每一个事件何以如此，都是由这个时间链条决定的。但在新史学看来，他们更注重的是一个一个的长时段，在这些长时段之中，由社会政治、经济、文化、习俗等因素综合形成了某种结构，历史的进程是这一综合结构运作影响的结果。在这种综合结构的影响下，历史的发展并不是单向的，线性的时间模式，而是一种更为复杂、更为奇特的多元时间模式。

第三，因果决定论。传统历史学模式一旦把历史学纳入科学的轨道，把历史理解为有序的和合规律性的，历史研究的目的就是要找到历史发展的规律性。由此，他们过于注重历史发展的必然性，强调任何事物都必定有前因与结果，并理解在原因与结果之间的完全契合的联系。于是，历史的发展就只剩下了必然性，从原始社会一直到社会主义社会，历史的发展体现的是一种必然趋势；而且历史上任何一个事件的发生，也都是必然的，它必定有自己的原因，同时也会有自己的结果。于是整个历史进程被理解成为一种严格决定论的机械运动。这点遭到了新史学的批判，在新

---

① （英）杰弗里·巴勒克拉夫：《当代史学主要趋势》，杨豫译，北京大学出版社 2006 年版，第 16 页。

史学看来,历史既有这种严格的必然性的东西,但在历史的进程中也同样有许多偶然的因素,这些偶然的因素对于历史进程的影响有时甚至是更根本的东西。

第四,过于依赖自然科学和实证科学的方法。从历史被当做一门独特的科学开始,人们就理解它应该有像自然科学和实证科学一样的客观性和科学性,于是人们将自然科学和实证科学的方法引进了历史研究领域。像我们前面讲到的兰克所强调的让历史自己来说话,采取一种完全客观公正的、不偏不倚的态度对待历史研究;在对待史料态度上,所谓的考订整理也只是要区别其真伪,以及这种史料产生的具体情境,而这样做的目的是客观地再现出那个曾真实地存在着的过去;他们否定一切主观的价值判断和意义判断等等。这些也同样遭到新史学的批判和质疑。

（刊载于《北方论丛》2010 年第 5 期。）

日常生活批判：一种真正植根于生活世界的文化哲学

——衣俊卿教授访谈

衣俊卿

——追求作为"动词"和生存方式的哲学，坚定不移地拒斥纯粹理论哲学的抽象化和体系化特征

○欣文：衣老师，您是目前中国哲学界比较活跃和多产的中青年学者，我在《中国社会科学》、《哲学研究》等杂志上经常拜读您的大作，2004年您在《中国社会科学》第4期发表的《现代性的维度及其当代命运》一文产生了很大的反响，2005年您不但出版了《人道主义批判理论》和新版《文化哲学》(教育部指定的研究生教学用书)，而且在人民出版社出版了中国学术界第一套日常生活批判丛书，其中包括您的《现代化与日常生活批判》的再版和您的新作《现代化与文化阻滞力》。我的问题是，您担任大学校长职务已经有八年之久，您在如此繁忙的管理工作中如何能保持如此旺盛的学术创造力？

●衣俊卿：我以为，学术研究固然需要充足的时间作保证，但是，更需要一种生命激情的投入。我同哲学有着特殊的机缘，哲学在某种意义上已经成为我的生命的组成部分和重要的生存方式。记得在1977年报考北京大学时，我更倾向于攻读经济和法律，只是由于当时参加录取的哲学系老师的"错爱"，我才投师于北京大学哲学系，而实际上，我的高考分数已高于当时北京大学经济专业和法律专业的录取分数线。然而，这一点并没有影响我四年的学业,也没有影响到毕业后我的哲学生涯。我对这一切无悔无怨。我甚至感到,哲学王国由于对人的创造力的特殊挑战或许是更能充分发挥我的才能的园地。我对哲学有自己的特殊理解,我曾这样表达我的学术心语:从根本上说,在人类文明史中一直与人类共存的哲学,并不是一种给定的、静止的、抽象的、僵死的理论教条和知识体系,而是内在于人类历史和人的生存之中的一种生生不息地涌动的批判性的理性活动和文化建构。哲学对于我而言,不是一个"名词",而是一个"动词";不是谋生的职业,而是最本真的生命活动;不是普遍的逻辑推演,而是个性的生命创造;不是封闭理论体系的建构,而是文化精神的生成。回归现实的生活世界、彰显文化的价值与意义、关怀人的生存境遇,永远是哲学的本分和天命。

○欣文:衣老师,我发现,您一直把自己的研究定位于文化哲学,是不是与您对哲学的这种特殊理解有关?

●衣俊卿:是的。我一直在想,北京大学的"思想自由、兼容并包"的学统和理念给我们这些学子最根本的教诲和影响有两点:一是刨根问底、追根溯源的学术真精神,一是从五四运动传承下来的把自由作为终极价值关怀的文化启蒙理想和文化批判精神。这种教化使我一直拒斥传统哲学的体系化、抽象化、独断化和远离生活世界的特征,从根本上反感传统哲学所构建的抽象的和思辨的理性王国,反感传统哲学的体系和理性教条,以及一切诸如绝对物质、绝对精神、绝对理性、绝对神性等远离人的存在和生命的"实体形而上学"。

具体说来,在哲学研究中,哲学范式的确立是至关重要的。换言之,在哲学研究中,如何研究的问题与研究什么的问题同等重要,也就是说,研究范式与研究对象同等重要,而且密不可分。在我看来,从古希腊开始,在西方哲学史上一直存在着两种不同的哲学范式:一种是追求普遍性知识的、思辨的理论哲学或意识哲学范式;一种是关注生命的价值和意义的实践哲学或文化哲学范式。在很长的历史时期,这种理论哲学或意识哲学范式在哲学研究中处于支配地位,特别是它后来同自然科学合流,开始被自然科学的思想方式所支配,它把自然科学所揭示的因果现象、必然性、线性决定特征、还原性、可计算性、普遍性等,放大为统一的、一元的、无限的世界的普遍规律,由此建立起以理性逻辑、绝对真理、普遍规律为核心的形而上学和认识论体系;同时,又通过抽象化除去生活世界、伦理道德世界、人的历史领域的特殊性和个别性,使之成为数学化和理念化的无限自然世界图景中的一个案例。结果导致了生活世界和人的存在之被遗忘,形成了以黑格尔绝对理念为标志的泛逻辑化的理性主义对于人类思想的专制。从19世纪下半叶到20世纪,新康德主义、胡塞尔的现象学生活世界理论、舍勒的哲学人类学等关注生命的价值和意义的实践哲学或文化哲学范式开始复兴。这一哲学范式不仅在研究对象的意义上回归人的存在领域、回归生活世界,而且在基本的研究方式、研究范式上发生了根本的转变。它们不再强调普遍知识和普遍逻辑,而是立足于把生活世界当做人的生存的意义结构和价值根基来加以展示与重建,在社会行为的互动和主体间的交往中确立人的自由和个性的生成空间。

○欣文:如果从哲学范式的角度看,马克思主义哲学的状况如何呢?

●衣俊卿:我一直坚持认为,马克思本人的学说不仅在研究对象方面,而且在研究范式上都属于真正意义上的实践哲学。马克思对于思辨哲学体系深恶痛绝,在研究人的实践时一直立足于揭示它在具体历史条件下的活动机制,揭示实践活动的自由本质和具体的社会制约条件,从不把实践和历史本身的运动机制抽象和提升为外在于历史、高悬于历史之上的普遍逻辑和必然性。但是,在后来的发展过程中,马克思主义逐渐倾向于意识哲学范式,特别是在斯大林的《论辩证唯物主义和历史唯物主义》那里,马克思主义不仅经历了体系化,而且经历了自然科学化,结果,在马克思那里关于人和实践的具体的和历史的分析,变成了抽象的、普遍的原理和结论。这一原理体系往往忽略人的实践、价值和意义的特殊地位,忽略个性和个别化方法的地位。这种思辨理论哲学或纯粹意识哲学范式的最大弊端是抽象化,即把一切对象抽象化为一些普遍的理论教条,而完全剔除了研究对象自身的历史和文化的丰富性。

○欣文:那么,目前中国哲学研究的范式转换情况如何?

●衣俊卿:应当说,从哲学研究对象的角度来看,世纪之交中国的哲学研究有了重大的进展,例如,人们对于人的存在、实践、异化等问题的普遍关注,对于回归生活世界的普遍呼吁等。我曾把世纪之交中国哲学理性的主要发展趋向和成就概括为四个方面:实践理性的复兴、主体意识的成熟、发展观念的更新、文化精神的重建。

　　然而,从哲学范式的转换来看,我们不能太乐观。我感到,传统思辨理论哲学或纯粹意识哲学范式的抽象化本性对我们的哲学研究至今依旧有很大的影响,以至于人们往往习以为常地从某些原则和原理出发,忽略生活世界原本的丰富性,重新陷入使生活世界抽象化、把"回归生活世界"变成一种时髦的口号的理论误区,其理论剩余只能是没有文化价值和意义,没有血肉的抽象的原则、原理、教条、规律性、必然性等普遍性知识。例如,人们常常不是把生活世界当做人的实践活动在其中得以展开、人的社会结构在其中得以生成的意义结构和文化结构,没有像马克思那样,在现实的实践活动和历史进程中揭示人的存在的客观制约性和自由超越性,而是把实践和生活世界的具体的历史文化内涵抽象掉,概括出某些普遍的特征、功能和决定性的要素。在关于人和实践的研究中,人们往往热衷于争论:实践的本质规定性是主观的,是客观的,还是主客观的统一?实践的功能是什么? 实践的要素和形式包含那些? 人学研究的对象是个体的人,是当代人类,还是个体、群众和人类? 这些问题无疑可以作为人学的问题加以研究,但是,真正回归生活世界的文化哲学对于人和实践的研究不是一般的概念之争,而是立足于人和实践的历史的和现实的文化丰富性,具体揭示不同历史时期、不同地域实践的具体文化内涵和特征。的确,很多时候,我们所反复讨论的一些原理和概念,往往给人一种空泛的、大而化之的感觉,粗看起来很有道理,细思之,往往"不知所云"。正像一些学者注意到的那样,我们的许多原理和结论往往没有明确的"所指",呈现出"能指的狂欢"的状态。

　　——回归生活世界的历史的和文化的丰富性,围绕着人之丰富的存在方式和文化模式,真正确立以生活世界为根基的文化哲学范式

　　○欣文:那么,怎样能够从根本上克服哲学研究的抽象化弊端,使理性回归生活世界不再是一个抽象的口号?

　　●衣俊卿:我以为,关键的问题是我们要确立真正以生活世界为根基的文化哲学范式。近年来,文化哲学在中国学术界已经成为显学,但是,人们对文化哲学的界定往往存在许多差异。我主张,文化哲学不是一种研究狭义的文化现象的哲学分支领域或部门哲学,而是内在于全部哲学研究之中的哲学理解范式和历史解释模式。在常识的理解中,人们习惯于把文化局限于文学、艺术等具体的文化领域或文化形式,把文化当做政治、经济的附属现象或被决定的东西。而在文化哲学视野中,本体性的文化范畴包含两层含义:一方面,从人的生存的角度看,文化是历史地凝结成的稳定的生存方式。文化并不简单地是意识观念和思想方法问题,它像血脉一样,熔铸在总体性文明的各个层面中,自发地左右着人的各种活动。另一方面,从社会历史方位来看,文化不是与政治、经济等相并列的特殊领域或简单附属现象,而是一切社会活动和社会存在领域中内在的、机理性的东西,是从深层制约和影响每一个体和每一种社会活动的生存方式。因此,胡适曾把文化定义为"人们生活的方式",梁漱溟则把文化称做"人类生活的样法"。文化哲学正是对这种"机理"和"样法"的揭示。

在这种意义上,我把自己过去20年的学术研究严格定位到文化哲学范畴之中。无论是关于马克思的实践哲学、异化理论,还是关于人学理论、交往理论和发展哲学的讨论,都是以文化哲学为基本理解范式的。我把自己的文化哲学研究主要分为两个部分,一是西方马克思主义和东欧新马克思主义的文化批判理论,二是现代化进程中的日常生活批判理论。前者致力于揭示发达工业社会条件下的现代性危机,即理性文化危机,后者致力于揭示中国传统日常生活世界的内在文化图式对于现代性生成的阻滞机制,其落脚点均是从特定时代的主导性文化模式和文化精神来解释人类社会历史的演进机制。

〇欣文:衣老师,您能稍稍介绍一下您的哲学发展轨迹吗?您是怎样形成自己关于文化哲学的独特理解的?

●衣俊卿:我把自己的哲学研究轨迹从逻辑上(而不是严格时间上)划分为三个主要阶段。

第一阶段是关注马克思的实践哲学的时期。大学时代,特别是1979年马克思的《1844年经济学哲学手稿》中文版的发表,对我产生了很大的影响。青年马克思的实践哲学思想,尤其是当时成为哲学理论热点的异化理论以及存在主义等当代人本主义思潮,促使我独立地进行哲学思考,由传统教科书的哲学体系向实践哲学的立场转变。临近毕业时,当同学们都纷纷忙于毕业分配事宜时,我坐在位于未名湖畔的图书馆写下了十几万字的关于实践哲学的手稿。我一直认为,实践哲学是马克思学说的核心,我在《中国社会科学》2001年第3期上发表的《马克思思想:人之存在的文化精神》一文中,明确强调,马克思学说的最本质的内容是以人的实践的超越本性为核心的,自觉的历史性、实践性和批判性文化精神。通过实践哲学的研究,我主要致力于从理论上揭示人之自由自觉的存在方式和文化模式。

　　第二阶段是关注新马克思主义的文化批判理论时期。1984—1986年,我在南斯拉夫贝尔格莱德大学进修哲学。出于对实践哲学的关注,我毫不犹豫地选择实践派哲学作为自己研究的对象,并有幸同彼得洛维奇(Gajo Petrović)、马尔科维奇(Mihajlo Marković)、弗兰尼茨基(Pledrag Vranicki)、斯托扬诺维奇(Svetozar Stojanović)等十几位实践派哲学家结识,在他们的热情帮助下,特别是在导师穆尼什奇(Zdravko Munićić)的精心指导下,我用了不到两年时间,完成了博士论文《二战后南斯拉夫哲学家建立人道主义马克思主义的尝试》。从那时起,我一直没有间断西方马克思主义和东欧新马克思主义的研究,先后承担了两项国家社会科学基金项目,发表了《实践派的探索和实践哲学的述评》、《东欧的新马克思主义》、《20世纪的新马克思主义》、《20世纪的文化批判》、《人道主义批判理论》等著作。我的研究方面特点是突破了传统哲学理解框架,坚持文化哲学理解范式,把西方马克思主义解读为一种深刻的文化批判理论,并分别展示了其意识形态批判、技术理性批判、大众文化批判、性格结构和心理机制批判、现代性批判、现代国家批判等批判主题。通过这些研究,我主要致力于揭示发达工业社会条件下人的异化受动的存在方式和文化模式。

　　第三阶段是建构中国的日常生活批判理论的时期。从1989年我在在《哲学动态》第4期发表的《日常生活批判刍议》一文起,到2005年我主编的日常生活批判丛书在人民出版社出版,经过十几年的不懈努力,我初步建立起一种中国语境中的日常生活批判理论。促使我开始日常生活批判的主要动因主要是文化哲学研究的内在逻辑要求和关注中国人生存境遇和文化模式的现实情怀。我在开展关于实践哲学和新马克思主义的文化批判理论的研究中发现,自由自觉的和异化受动的两种生存方式和文化模式并不能涵盖人的全部文化模式,自在自发的生存模式和文化模式同样左右着人类历史的演化。这一发现把我推向日常生活领域,因为在日常生活中占主导地位的行为模式正是自在自发的生存方式和文化模式。

这样一来,我就围绕着人的自由自觉的生存方式和文化模式、异化受动的生存方式和文化模式、自在自发的生存方式和文化模式展开自己的文化哲学研究。在所有的研究中,我认为,最为根本的是不能把这些研究重新封闭到逻辑推演和理论思辨中,而要在生活世界的历史的和文化的丰富性中展示人的存在和社会运行的机制。只有这样,才能克服传统哲学的抽象化弊端,真正确立起回归生活世界的文化哲学范式。

——以现代化进程为背景、以文化转型为表现形态、以人自身的现代化和现代性的重建为宗旨的日常生活批判

○欣文:衣老师,您的学术成果很丰富,在这里我们不可能全面展示,我想集中了解一下你关于日常生活批判的基本思路。

●衣俊卿:我非常赞同你的想法。应当说,在我所开展的几个方面的文化哲学研究中,日常生活批判最具特色,在某种意义上它是我开辟的具有一点独创性的领域。过去 15 年,在日常生活批判领域,我先后承担了教育部人文社会科学规划项目、教育部资助优秀年轻教师金项目、教育部新世纪优秀人才支持计划等项目 5 项,在《中国社会科学》、《哲学研究》等刊物上发表相关论文 30 余篇,主编出版了中国第一套日常生活批判丛书(人民出版社 2005 年 3 月版),其中包括《现代化与日常生活批判》(衣俊卿)、《现代化与文化阻滞力》(衣俊卿)、《日常交往与非日常交往》(王晓东)、《日常思维与非日常思维》(王国有)、《中国传统日常生活世界的文化透视》(杨威)、《走向中国的日常生活批判》(李小娟)。其中有 2 项成果获全国高等学校人文社会科学研究成果奖、2 项获黑龙江省社会科学优秀科研成果奖一等奖。

○欣文:您能概括一下您的日常生活批判的主要内容吗?

●我主要是从两个大的方面来规定日常生活批判的内容的。一是建构日常生活的理论范式,包括从内涵与外延、时间与空间、结构与图式诸方面对日常生活领域的界定;进而从分类学的角度分别阐释日常消费世界、日常交往世界和日常观念世界的内涵;并从总体上揭示日常生活的一般运行特征,如日常生活的一般满足和高峰体验、冲突与裂变、中断与灾变等。通过这些分析,使日常生活得以在理论上显现。二是以现代化进程为背景,特别是以中国的现代化命运为背景,构造日常生活批判重建的模式,从文化学的视角揭示传统日常生活作为传统的、自在的文化的寓所的地位;从历史学的角度阐释日常生活世界从传统向现代的嬗变;从价值学的角度揭示日常生活结构与图式对人的存在和社会发展的正面与负面效应,从而把日常生活的变革与重建作为现代化进程的本质内涵而加以展示与阐发。我的日常生活批判姊妹篇《现代化与日常生活批判》和《现代化与文化阻滞力》集中阐述上述两个方面的内涵,这从它们的副标题可以清楚地看出:《现代化与日常生活批判》的副标题是"人自身现代化的文化透视",《现代化与文化阻滞力》的副标题是"中国社会转型期的日常生活批判"。

○欣文:通过您的概括的确可以看出日常生活批判内容的丰富性。我们是否可以从"日常生活"这一范畴本身开始讨论?

●衣俊卿:的确有必要。在目前我国的学术界,"生活世界"已经成为一个非常时髦的术语,很多人理所当然地、不加反思、不加限定或不加界定地使用,结果,这些理论探讨在增大生活世界理论的影响的同时,也带来很多理论混乱。因此,我们在建构生活世界理论或开展日常生活批判时,首先要解决理论的"对象域"的问题。

我们承认,存在着许多不同的生活世界或日常生活概念,例如,有胡塞尔和哈贝马斯各自的生活世界范畴、海德格尔的日常共在世界范畴、列菲伏尔和赫勒各自的日常生活范畴、许茨的日常生活世界范畴等。这些范畴的价值内涵的确有很大的差异,但我认为,在这些不同的生活世界的范畴中,存在着明显的、内在的、共同的本质规定性,即生活世界从本质上、在根基上表现为一个文化的世界。换言之,文化哲学所致力探讨的作为人的生存的基本方式和社会运行的内在机理的、历史地凝聚成的自觉的或不自觉的文化模式或文化精神,是以生活世界(或日常生活世界)为基本寓所和根基的;反之,生活世界(或日常生活世界)的本质规定性和内在机制正是文化所包蕴的价值、意义、传统、习惯、给定的规则等。因此,哲学理性关注生活世界或日常生活世界的缘由不是其外在的、具体的、琐屑的日常生计和活动,而是体现在衣食住行、饮食男女、婚丧嫁娶、日常交往等活动背后的作为人类给定的知识储备、文化先见、价值取向、非课题化的规则体系、传统习惯等等。这样一来,生活世界必然与人的生存的意义和价值问题密切相关,同时与社会历史运行的内在机理紧密相连。

必须注意的是,各种生活世界理论的基本价值取向存在着很大的差异,例如,胡塞尔主要把生活世界作为价值和意义的源泉,作为现代人超越文化危机的基础;海德格尔和列菲伏尔主要批判被工业文明所切割的现代日常生活世界自身的异化;赫勒主要对自在的日常生活进行批判,目的是使人超越自在的日常存在状态,成为自由的、创造性的、人道化的个体;许茨集中探讨作为"最高的实在"的日常生活世界是如何展开主体间的沟通和交往,如何作为一个给定的文化世界而运转,等等。

我所确定的中国语境中的日常生活批判在价值学维度上更接近赫勒的日常生活人道化的理论。我接受了她的日常生活定义,把日常生活理解为个体生存和再生产的领域,这是处于社会化生产、经济、政治等公共社会活动领域和自觉的精神生产领域之下的由衣食住行、饮食男女,婚丧嫁娶等日常消费活动、日常交往活动和日常观念活动构成的日常生活世界。日常生活世界一般被用来表征与原始文明和传统自然经济时代相联系的个体再生产的领域,代表着自在自发的、自然态度的、非反思的、给定的文化解释体系和规范体系。

○欣文:可以看出,日常生活世界在一般的社会历史理论和哲学理论中,是不被人们所关注的。那么,我们有意识地挖掘这一领域,有什么特别的理论意义和实际价值吗?

●衣俊卿:可以说,把人们习以为常、熟视无睹的日常生活世界确定为哲学和社会历史理论的重要范畴,其意义和价值是多方面的。比如说,有助于我们克服传统思辨理论哲学和纯粹意识哲学范式的抽象化弊端，使哲学理性真正回归生活世界。在这里，我想从文化哲学的视角说明日常生活范畴的课题化对于一般社会历史理论的重大意义。

在日常生活批判理论中，我们把人类社会视做一个金字塔结构：(1)处于金字塔顶部的是科学、艺术和哲学等活动的领域，是非日常的、自觉的人类精神和人类知识领域。由于这一领域所探究和揭示的是关于人本身的知识，关于自由自觉的和对象化的类存在物的知识，因此，也可以称之为自觉的类本质活动领域。(2)处于金字塔中部的是非日常的社会活动领域，主要包括政治、经济、技术操作、经营管理、公共事务、社会化大生产等。赫勒将这一类活动概括为"制度化领域"，因为它涉及社会运行和制度安排，在现代社会中，它主要靠法律和各种制度加以调节维持。(3)处于金字塔底部的是以个体的生存和再生产为宗旨的日常活动领域，它主要包括衣食住行、饮食男女等以个体的肉体生命延续为目的的生活资料的获取与消费活动及其生殖活动；婚丧嫁娶、礼尚往来等以日常语言为媒介，以血缘和天然情感为基础的个体交往活动；以及伴随上述日常活动的重复性的日常观念活动。其中，前两个层面即有组织的社会活动领域和自觉的人类精神生产领域具有共性，构成了非日常生活世界，它与处于人类社会金字塔结构底基的日常生活世界相对应。我们可以发现，这一人类社会结构理论同马克思主义的社会历史理论，即唯物史观关于经济基础和上层建筑的原理相比，较大地拓宽了关于人类社会(人的世界)的定义域，因为经济基础与上层建筑只涵盖了由有组织的社会活动和自觉的精神生产所构成的非日常世界，而没有包括衣食住行等日常世界。而日常世界与非日常世界的整合则能涵盖人类社会的全部存在域。特别要指出的是，传统社会历史理论往往只关心非日常生活世界的政治经济运行规律等宏大问题，而实际上，正是日常生活世界的内在的文化图式从深层次上影响和制约着特定时代的个体的行为方式和社会运行的内在机制。

○欣文：您能进一步表述一下日常生活批判的基本思想吗？

●衣俊卿：我认为，在日常生活批判的各方面内容中，对于日常生活的内在结构和文化图式的分析至关重要，它直接决定着我们的日常生活批判的价值取向。经过分析我发现，日常生活世界的内在结构和基本图式主要由四个方面的要素构成:(1)自在的活动方式:重复性思维与重复性实践;(2)经验主义的活动图式:传统习俗、经验、常识;(3)自然主义的立根基础:生存本能、血缘关系、天然情感;(4)自发的调控系统:家庭、道德、宗教。

依据对日常生活世界的内在结构和文化图式的分析,我这样提炼日常生活批判的基本思想:以衣食住行、饮食男女、婚丧嫁娶、礼尚往来等日常消费活动、交往活动和观念构成的日常生活世界,是一个凭借给定的归类模式和重复性思维以及血缘、天然情感、经验常识、传统习俗等加以维系的自在的、未分化的、近乎于自然的领域,它直接塑造了自在自发的活动主体。这种自发的日常主体是农业文明条件下的典型的活动主体,它与工业文明条件下以技术理性和人本精神为基本素质的自由自觉的和创造性的非日常活动主体格格不入。因此,对于一个民族而言,要实现文化的转型和人自身的现代化,必须经历日常生活世界的批判重建过程,使人超越传统日常生活结构和图式对人的创造活动的束缚,由自在自发的日常生存状态向自由自觉的非日常存在状态跃升。这是日常生活批判的宗旨,也是现代化进程的重要的内在机制。

——中国现代化进程的迟缓的根本原因在于,现代性的生成遭遇到异常发达的日常生活世界的内在文化图式的严重的文化阻滞,因此,在中国语境中开展日常生活批判,就有了特别的现实意义

○欣文:您总提到"中国语境"中的日常生活批判,是否您认为这一理论范式对于解读中国社会历史具有特别的意义?

●衣俊卿:正是这样。中国社会的落后实际上表现在现代化进程的迟缓。著名社会学家韦伯在一百年前曾提出一个社会学难题:为什么中国的社会发展没有走上西方的理性化道路?他从宗教社会学的类型学的视角,认为是儒教和道教的传统主义阻碍了中国的理性化进程。我认为,的确如韦伯所言,在中国现代化进程中,以理性化为特征的现代性的生成遭遇到严重的文化阻滞力,但是,根源不能只从儒家文化精神来寻找。实际上,儒家文化精神的传统主义特征有着更为深刻的文化根基,这就是日常生活世界的自在自发的文化图式。

我们发现,对于世界各个民族,特别是西方发达国家而言,随着人类社会的发展,日常生活在个体和社会的存在与发展中的比重或方位呈现逐步下降或弱化的趋势。日常生活世界曾经是人类社会(人的世界)的原生形态,而非日常生活世界则是人类社会的次生形态。其实人们通常所说的现代性就是西方工业社会在现代化进程中生成的与传统农业社会的经验本性和自然本性相对的一种理性化的文化模式和社会运行机理,它的生成正代表着对自在自发的日常生活的文化图式的超越,是人类社会从自然的和日常的地域性关联中"脱域"出来后形成的一种新的"人为的"理性化的运行机制和行为规则。所以,人的世界的历史建构一般遵循着从日常到非日常的基本途径,而当非日常生活世界真正建构起来并日渐发达时,日常生活世界则逐渐作为人类社会和历史的潜基础结构退隐为背景世界。但是,在中国,情形不完全如此,尽管中国的现代化进程已经有一个多世纪的历史,尽管我们在信息化、全球化的进程中都已经向前走了很远,但农本社会的根基和日常生活世界的文化基因并没有受到根本性的冲击和变革,而是以一种农业文明特有的成熟方式从容地持续生存。因此,在生存方式和文化模式的含义上,大多数民众的活动方式并没有能够从日常的和自然的地域性、经验性和人情化的自在自发的关联中"脱域"出来,而作为新的"人为的"理性化的运行机制和行为规则的现代性则处于"无根基"的漂浮状态。

○欣文:您能简要地描述一下中国传统日常生活世界的内在文化图式的特征,及其对人的行为方式和社会运行机理的深刻影响吗?

●衣俊卿:这是一个大问题,我的《现代化与文化阻滞力》全书都是围绕这一问题展开的。在这里我只能提及几个我们把握这一问题的重要切入点和要点。首先我们应当关注这样一个基点:中国传统农业文明的成熟性孕育了传统日常生活世界的异常发达。以小农经济为主体的自给自足的、稳定的自然经济,家庭本位的社会结构,基于情感和血缘关系的发达的自发伦理规范和礼俗体系等,使中国传统社会从根本上就是一个巨大的日常生活世界。关于这一日常生活世界的文化图式对于现代性的文化阻滞力,我们要关注以下几个看点:

其一,以家庭本位、血缘关系、天然情感、伦理纲常等构筑的自然的或人情化的日常文化图式,和由经验、习惯、传统、风俗、礼俗、家规家法等自发调节的经验性的日常文化图式,造就了中国民众的自在自发的、重复性的、缺乏创新和超越的生存模式,以及对任何革新和变革本能地拒斥的文化心理。

其二,自然性、经验性和人情化的文化模式不仅构成传统日常生活世界的文化图式,而且渗透和同化了非日常的社会活动和精神生产活动,成为社会的内在机理和主导性文化精神。其突出的特点是社会运行的日常化和精神生产的自在化。中国传统社会的制度安排是一种典型的以家庭为本位、"家国同构"的宗法专制的政治制度,一种"家族结构式的社会",一个超稳定的巨大的日常生活世界。同样,儒家等伦理学说的主要导向不是要超越自然关系,不是要人进入一种超越习俗、习惯、经验、常识等自在文化层面的理性境界,而是试图把每个人都纳入一种给定的、自在的、自然的关联之中,使人凭借一种习惯和经验而自在自发、无情无欲、顺其自然地自存。

其三,更为严重的是,在走向全球化时代的社会转型中,我们依旧看到传统日常生活世界的自在自发的文化图式的强大生命力,突出表现在传统的自在自发的日常文化模式的全面反弹,其中一是以经验对抗理性;二是以人情对抗法治和契约,即顽固不化的经验性文化模式和无所不在的人情化文化模式。

○欣文:那么如何能够超越传统日常文化图式对于个体行为和社会运行的深层制约,如何能够突破现代性的内在的文化阻滞力?

●衣俊卿:这是一个非常复杂的话题,涉及社会和个体生存的许多方面。我在具体阐述中国的日常生活批判的途径时曾特别强调了这样几个方面:通过"二位一体"的文化启蒙和现代教育事业,建立理性的和人本的新文化精神对民众的普遍的启蒙机制;建立民主化和理性化社会体制对民众的普遍的制约机制,遏止日常生活结构和图式对非日常活动领域的侵蚀,为自由自觉的非日常主体的生成提供适宜的条件;通过价值的重新评估和深刻的社会重组使普通民众积极地接受开放的、现代化的、城市化的生存方式所内含的非日常价值观念和新文化精神,建立现代化的、城市化的生活方式对民众的普遍的教化机制,等等。

○欣文:看来现代化进程中的日常生活批判的确是任重而道远。不知您下一步将如何深化这一课题的研究?

●衣俊卿:日常生活批判是我所领导的黑龙江大学文化哲学研究中心的重要研究方向之一,我目前正在承担国家哲学社会科学基金项目"现代性的维度及其当代命运"。我将把日常生活批判理论的深化集中到现代性问题上。

关于现代性问题,我的出发点是:现代性不是现代社会的某一方面的、可有可无的、枝节性的特征,而是现代社会的全方位的和本质性的规定性,它以内在机理、深层结构和图式、自觉的文化精神等方式渗透到现代社会的各个层面,成为现代社会的血脉。现代性包含着相互关联的多重维度,例如,个体的主体性与自我意识、理性化的和契约化的公共文化精神、意识形态化的社会历史叙事的现代性,以及表现为经济运行的理性化、行政管理的科层化、公共领域的自律化、公共权力的民主化和契约化,等等。因此,尽管现代性存在着各种危机特征,它依旧包含着巨大的潜在的创造力和自我完善的能力,依旧是当代人类不可或缺的文化支撑力。因此,我不想宏观地、笼统地讨论是应当坚持现代性还是拒斥现代性的抽象问题,而是按照文化哲学范式,回到生活世界的历史的和文化的丰富性,一方面具体揭示现代性及其维度在发达国家的生成机制和文化根基,另一方面具体揭示现代性及其维度在中国社会历史中所遭遇的文化阻滞力。

○欣文:最后一个问题。无论读您的作品,还是同您交谈,都能感受到一种生命的激情和沉重的责任感,您能对自己的特点说几句话吗?

●衣俊卿:怎么说呢? 我可能是一个依旧保持理想主义情怀的人文知识分子。我知道自己的创造力和影响力都是很弱小的,但是,还是自觉不自觉地想成为这个日益平面化、日益世俗化的时代中良知和责任的人文守望者。时下中国社会各种矛盾的文化景观,常常使我情不自禁地吟唱那首忧伤的《弯弯的月亮》:"我的心充满惆怅/不为那弯弯的月亮/只为那今天的村庄/还唱着过去的歌谣。"我在学术论文集《回归生活世界的文化哲学》的序言中,谈到自己的日常生活批判时,曾说了这样一段心语:无论读者能否赞同我的见解,我都希望读者能够透过字里行间看到我对我们这一古老的民族,对人类,对人本身的深深的现实情怀和终极关切。这一探索至少可以告诉我们,哲学原本就是植根于生活世界的文化精神的外显,它同现实的生活世界并不遥远。

（刊载于《学术月刊》2006 年第 1 期。）

敬启著译者

为了推动和反映中国微观政治哲学的研究,我们编纂了这套《微观政治哲学研究丛书》。作为丛书中的重要组成部分,《社会历史理论的微观视域》一书集中展示了微观政治哲学领域中外学者的研究成果,是了解和展示该领域动态和进展的重要窗口。本着全面性、权威性和学术性的原则,我们尽量选择了该领域中重要作品,但是由于条件所限,书中所收纳的部分作品尚未联系到著译者。为保护作品著译者的著作权益,黑龙江大学出版社和中央编译出版社真挚敬启:

凡拥有本书所选作品著作权的著译者,请与黑龙江大学出版社或中央编译出版社联系,我们将依照国家的有关规定及时付酬。在此也特别感谢各位著译者对我们的理解和支持。

联系人:黑龙江大学出版社　中央编译出版社
电话: +86 - 451 - 86604277(黑龙江大学出版社)
　　　 +86 - 010 - 66509360(中央编译出版社)